U0525700

·最新·

军人权益保障法规汇编

（第三版）

法律出版社法规中心 编

法律出版社
LAW PRESS·CHINA

北京

图书在版编目（CIP）数据

最新军人权益保障法规汇编／法律出版社法规中心编.--3版.--北京：法律出版社，2025.--ISBN 978-7-5197-9807-9

Ⅰ.E266

中国国家版本馆CIP数据核字第2024CT9858号

| 最新军人权益保障法规汇编 ZUIXIN JUNREN QUANYI BAOZHANG FAGUI HUIBIAN | 法律出版社法规中心 编 | 责任编辑 翁潇潇
装帧设计 李 瞻 |

出版发行 法律出版社　　　　　　　开本 A5
编辑统筹 法规出版分社　　　　　　印张 18.75　　字数 615千
责任校对 张红蕊　　　　　　　　　版本 2025年1月第3版
责任印制 耿润瑜　　　　　　　　　印次 2025年1月第1次印刷
经　　销 新华书店　　　　　　　　印刷 固安华明印业有限公司

地址：北京市丰台区莲花池西里7号（100073）
网址：www.lawpress.com.cn　　　　销售电话：010-83938349
投稿邮箱：info@lawpress.com.cn　　客服电话：010-83938350
举报盗版邮箱：jbwq@lawpress.com.cn　咨询电话：010-63939796
版权所有·侵权必究

书号：ISBN 978-7-5197-9807-9　　　定价：59.00元
凡购买本社图书，如有印装错误，我社负责退换。电话：010-83938349

目 录

一、综 合

中华人民共和国宪法(2018.3.11 修正)…………………………(1)
中华人民共和国国防法(2020.12.26 修订)……………………(26)
中华人民共和国军人地位和权益保障法(2021.6.10)…………(38)
中国人民解放军选举全国人民代表大会和县级以上地方各级人民
　代表大会代表的办法(2021.4.29 修正)………………………(48)
全国人民代表大会常务委员会关于设立全民国防教育日的决定
　(2001.8.31)………………………………………………………(55)
国务院、中央军委批转全国拥军优属拥政爱民工作领导小组、民政
　部、总政治部全国拥军优属拥政爱民工作会议纪要的通知
　(2004.5.11)………………………………………………………(55)

二、兵役制度

中华人民共和国兵役法(2021.8.20 修订)………………………(62)
中华人民共和国国防动员法(2010.2.26)………………………(72)
中华人民共和国现役军官法(2000.12.28 修正)………………(83)
中华人民共和国预备役人员法(2022.12.30)……………………(92)
全国人民代表大会常务委员会关于中国人民解放军现役士兵衔级
　制度的决定(2022.2.28)………………………………………(103)
中国人民解放军内务条令(试行)(节录)(2018.4.4)……………(104)
中国人民解放军现役士兵服役条例(2010.7.26 修订)…………(134)
中国人民解放军军官军衔条例(1994.5.12 修正)………………(141)
中国人民解放军文职人员条例(2022.12.10 修订)………………(146)

征兵工作条例(2023.4.1修订) …………………………………… (158)
民兵工作条例(2011.1.8修订) …………………………………… (171)

三、荣誉维护

中华人民共和国英雄烈士保护法(2018.4.27) ………………… (177)
中华人民共和国国家勋章和国家荣誉称号法(2015.12.27) …… (182)
全国人民代表大会常务委员会关于设立烈士纪念日的决定(2014.
　8.31) ……………………………………………………………… (184)
烈士褒扬条例(2024.9.27修订) …………………………………… (184)
烈士公祭办法(2023.3.31修订) …………………………………… (195)
烈士安葬办法(2022.11.30修订) ………………………………… (198)
烈士纪念设施保护管理办法(2022.1.24修订) ………………… (202)
境外烈士纪念设施保护管理办法(2020.2.1) …………………… (208)
烈士评定(批准)档案管理办法(2016.10.28) …………………… (211)
为烈属、军属和退役军人等家庭悬挂光荣牌工作实施办法(2018.
　7.29) ……………………………………………………………… (214)
民政部、人力资源社会保障部、财政部、总政治部关于贯彻实施
　《烈士褒扬条例》若干具体问题的意见(2012.5.21) …………… (217)
退役军人事务部关于规范为烈属、军属和退役军人等家庭悬挂光
　荣牌工作的通知(2019.4.4) ……………………………………… (219)
民政部、财政部关于加强零散烈士纪念设施建设管理保护工作的
　通知(2011.3.15) ………………………………………………… (221)
关于进一步加强烈士纪念工作的意见(2013.4.4) ……………… (224)

四、待遇保障

中华人民共和国民法典(节录)(2020.5.28) …………………… (228)
中华人民共和国刑法(节录)(2023.12.29修正) ………………… (228)
中华人民共和国军人保险法(2012.4.27) ……………………… (229)
军队离休退休干部服务管理办法(2021.12.1修订) …………… (236)
退役军人事务部办公厅关于进一步加强军队离退休干部安全管理

工作的通知(2018.12.12) ………………………………… (240)
国务院办公厅、中央军委办公厅转发保监会、发展改革委、财政部、
总参谋部、总政治部、总后勤部、总装备部关于推进商业保险服
务军队建设指导意见的通知(2015.7.30) ……………………… (242)

五、抚恤优待

军人抚恤优待条例(2024.8.5修订) ………………………………… (246)
伤残抚恤管理办法(2019.12.16修订) ……………………………… (260)
执行多样化军事任务民兵预备役人员抚恤优待办法(2014.9.26)
……………………………………………………………………… (268)
优抚医院管理办法(2022.6.28修订) ……………………………… (272)
军人残疾等级评定标准(2011.12.27修订) ………………………… (276)
国务院、中央军委关于批转人力资源社会保障部、总参谋部、总政
治部军人随军家属就业安置办法的通知(2013.10.8) ………… (301)
退役军人事务部等20部门关于加强军人军属、退役军人和其他优
抚对象优待工作的意见(2020.1.9) ……………………………… (304)
退役军人事务部关于深入学习贯彻习近平总书记重要指示精神
进一步做好革命功臣优抚工作的通知(2020.10.23) ………… (310)
民政部、财政部关于军人死亡一次性抚恤金发放有关问题的通知
(2012.9.12) ………………………………………………………… (311)

六、后勤保障

中华人民共和国国防交通法(2016.9.3) …………………………… (313)
中华人民共和国军事设施保护法(2021.6.10修订) ……………… (324)
中华人民共和国军事设施保护法实施办法(2001.1.12) ………… (337)
国防交通条例(2011.1.8修订) ……………………………………… (344)
武器装备质量管理条例(2010.9.30) ……………………………… (351)
民兵武器装备管理条例(2011.1.8修订) …………………………… (358)
军工关键设备设施管理条例(2011.6.24) ………………………… (364)
军服管理条例(2009.1.13) ………………………………………… (368)

军用饮食供应站供水站管理办法(2019.3.2修订) ………………(371)

七、退役保障

1.综合

中华人民共和国退役军人保障法(2020.11.11) ………………(374)
残疾退役军人医疗保障办法(2022.1.5) ……………………(387)
退役军人名录和事迹载入地方志实施办法(试行)(2022.5.20)…(390)
民政部关于进一步规范带病回乡退伍军人认定有关问题的通知
　(2012.8.6) ………………………………………………(394)
退役军人事务部、民政部、财政部等关于加强困难退役军人帮扶援
　助工作的意见(2019.10.9) ……………………………………(395)
退役军人事务部办公厅关于残疾军人证等证件和有关印章使用管
　理问题的通知(2018.11.12) …………………………………(398)
人力资源社会保障部、财政部、总参谋部等关于军人退役基本养老
　保险关系转移接续有关问题的通知(2015.9.30) ………………(399)

2.退役安置

退役军人安置条例(2024.7.29) …………………………………(404)
军队转业干部安置暂行办法(2001.1.19) ………………………(419)
退役安置补助经费管理办法(2019.11.18修正) …………………(430)
伤病残士兵退役交接安置工作规程(试行)(2012.10.20) ………(434)
优抚对象补助经费管理办法(2024.2.2修订) ……………………(440)
优抚对象医疗保障经费管理办法(2024.1.10修订) ……………(443)
逐月领取退役金退役军人服务管理规定(2022.6.1) ……………(446)
国家工商行政管理总局关于进一步发挥工商行政管理职能作用做
　好退役士兵安置工作的通知(2013.10.8) ……………………(449)
民政部、财政部、总参谋部关于士兵退役移交安置工作若干具体问
　题的意见(2014.6.23) …………………………………………(451)
关于解决部分退役士兵社会保险问题的意见(2019.4.28) ………(455)
财政部、退役军人部、人力资源社会保障部等关于解决部分退役士
　兵社会保险问题中央财政补助资金有关事项的通知(2019.7.5)
　………………………………………………………………(457)

退役军人事务部、中共中央组织部、中央精神文明建设指导委员会办公室等关于进一步加强由政府安排工作退役士兵就业安置工作的意见(2018.7.27)……(460)
人力资源社会保障部、财政部、总参谋部等关于退役军人失业保险有关问题的通知(2013.7.30)……(464)

3. 教育培训

国务院关于推行终身职业技能培训制度的意见(节录)(2018.5.3)
……(465)
民政部、财政部、总参谋部关于加强和改进退役士兵教育培训工作的通知(2014.1.16)……(467)
教育部关于进一步落实好退役士兵就读中等职业学校和高等学校相关政策的通知(2014.1.16)……(470)
教育部办公厅、退役军人事务部办公厅、财政部办公厅关于全面做好退役士兵职业教育工作的通知(2019.8.7)……(473)
国务院、中央军委关于加强退役士兵职业教育和技能培训工作的通知(2010.12.9)……(477)

4. 就业创业

退役军人事务部、中共中央组织部、中共中央政法委员会等关于促进新时代退役军人就业创业工作的意见(2018.7.27)……(480)
财政部、税务总局、退役军人事务部关于进一步扶持自主就业退役士兵创业就业有关税收政策的通知(2019.2.2)……(484)
教育部办公厅关于进一步做好高职学校退役军人学生招收、培养与管理工作的通知(2020.10.28)……(487)
退役军人事务部、国家发展改革委、科技部等关于促进退役军人到开发区就业创业的意见(2021.1.27)……(490)

八、军人纠纷解决

中华人民共和国人民检察院组织法(2018.10.26 修订)……(493)
中华人民共和国人民法院组织法(2018.10.26 修订)……(500)
军人违反职责罪案件立案标准的规定(2013.2.26)……(507)
最高人民法院关于军事法院管辖民事案件若干问题的规定(2020.

12.29修正)……………………………………………………（519）
国务院、中央军委关于进一步加强军人军属法律援助工作的意见
　（2014.9.7）………………………………………………（521）
最高人民法院关于进一步加强人民法院涉军案件审判工作的通知
　（2010.7.28）……………………………………………（525）
最高人民法院、解放军总政治部关于认真处理涉军纠纷和案件切
　实维护国防利益和军人军属合法权益的意见(2000.12.25)……（529）
最高人民法院关于进一步发挥职能作用维护国防利益和军人军属
　合法权益的意见(2014.10.29)……………………………（531）
关于加强军地检察机关公益诉讼协作工作的意见(2020.4.22)……（536）

附　　录

人民法院依法维护国防利益和军人军属合法权益典型案例………（541）
英雄烈士保护领域检察公益诉讼典型案例……………………………（545）
检察机关依法维护国防利益、军人军属合法权益典型案(事)例……（563）
全国检察机关依法惩治侵犯军人军属合法权益犯罪典型案例………（582）

动态增补二维码*

---

* 为了方便广大读者能够持续了解、学习与军人权益保障相关的法律文件，本书推出特色动态增补服务。请读者扫描动态增补二维码，查看、阅读本书出版后一段时间内更新的或新发布的法律文件。

一、综　合

中华人民共和国宪法

1. 1982年12月4日第五届全国人民代表大会第五次会议通过
2. 1982年12月4日全国人民代表大会公告公布施行
3. 根据1988年4月12日第七届全国人民代表大会第一次会议通过的《中华人民共和国宪法修正案》、1993年3月29日第八届全国人民代表大会第一次会议通过的《中华人民共和国宪法修正案》、1999年3月15日第九届全国人民代表大会第二次会议通过的《中华人民共和国宪法修正案》、2004年3月14日第十届全国人民代表大会第二次会议通过的《中华人民共和国宪法修正案》和2018年3月11日第十三届全国人民代表大会第一次会议通过的《中华人民共和国宪法修正案》修正

目　录

序　言
第一章　总　纲
第二章　公民的基本权利和义务
第三章　国家机构
　第一节　全国人民代表大会
　第二节　中华人民共和国主席
　第三节　国务院
　第四节　中央军事委员会
　第五节　地方各级人民代表大会和地方各级人民政府
　第六节　民族自治地方的自治机关
　第七节　监察委员会
　第八节　人民法院和人民检察院
第四章　国旗、国歌、国徽、首都

序　言

中国是世界上历史最悠久的国家之一。中国各族人民共同创造了光辉灿烂的文化，具有光荣的革命传统。

一八四〇年以后，封建的中国逐渐变成半殖民地、半封建的国家。中国人民为国家独立、民族解放和民主自由进行了前仆后继的英勇奋斗。

二十世纪，中国发生了翻天覆地的伟大历史变革。

一九一一年孙中山先生领导的辛亥革命，废除了封建帝制，创立了中华民国。但是，中国人民反对帝国主义和封建主义的历史任务还没有完成。

一九四九年，以毛泽东主席为领袖的中国共产党领导中国各族人民，在经历了长期的艰难曲折的武装斗争和其他形式的斗争以后，终于推翻了帝国主义、封建主义和官僚资本主义的统治，取得了新民主主义革命的伟大胜利，建立了中华人民共和国。从此，中国人民掌握了国家的权力，成为国家的主人。

中华人民共和国成立以后，我国社会逐步实现了由新民主主义到社会主义的过渡。生产资料私有制的社会主义改造已经完成，人剥削人的制度已经消灭，社会主义制度已经确立。工人阶级领导的、以工农联盟为基础的人民民主专政，实质上即无产阶级专政，得到巩固和发展。中国人民和中国人民解放军战胜了帝国主义、霸权主义的侵略、破坏和武装挑衅，维护了国家的独立和安全，增强了国防。经济建设取得了重大的成就，独立的、比较完整的社会主义工业体系已经基本形成，农业生产显著提高。教育、科学、文化等事业有了很大的发展，社会主义思想教育取得了明显的成效。广大人民的生活有了较大的改善。

中国新民主主义革命的胜利和社会主义事业的成就，是中国共产党领导中国各族人民，在马克思列宁主义、毛泽东思想的指引下，坚持真理，修正错误，战胜许多艰难险阻而取得的。我国将长期处于社会主义初级阶段。国家的根本任务是，沿着中国特色社会主义道路，集中力量进行社会主义现代化建设。中国各族人民将继续在中国共产党领导下，在马克思列宁主义、毛泽东思想、邓小平理论、"三个代表"重要思想、科学发展观、习近平新时代中国特色社会主义思想指引下，坚持人民民主专政，坚持社会主义道路，坚持改革开放，不断完善社会主义的各项制度，发展社会主义市场经济，发展社会主义民主，健全社会主义法治，贯彻新发展理念,自力更生,艰苦奋斗,逐步实现工业、农业、国防和科学技术的现代化,推动物质文明、政治文明、精神文明、社会文明、生态文明协调发展,把我国建设成为富强民主文明和谐美丽的社会主义现代化强国,实现中华民族伟大复兴。

在我国,剥削阶级作为阶级已经消灭,但是阶级斗争还将在一定范围内长期存在。中国人民对敌视和破坏我国社会主义制度的国内外的敌对势力和敌对分子,必须进行斗争。

台湾是中华人民共和国的神圣领土的一部分。完成统一祖国的大业是包括台湾同胞在内的全中国人民的神圣职责。

社会主义的建设事业必须依靠工人、农民和知识分子,团结一切可以团结的力量。在长期的革命、建设、改革过程中,已经结成由中国共产党领导的,有各民主党派和各人民团体参加的,包括全体社会主义劳动者、社会主义事业的建设者、拥护社会主义的爱国者、拥护祖国统一和致力于中华民族伟大复兴的爱国者的广泛的爱国统一战线,这个统一战线将继续巩固和发展。中国人民政治协商会议是有广泛代表性的统一战线组织,过去发挥了重要的历史作用,今后在国家政治生活、社会生活和对外友好活动中,在进行社会主义现代化建设、维护国家的统一和团结的斗争中,将进一步发挥它的重要作用。中国共产党领导的多党合作和政治协商制度将长期存在和发展。

中华人民共和国是全国各族人民共同缔造的统一的多民族国家。平等团结互助和谐的社会主义民族关系已经确立,并将继续加强。在维护民族团结的斗争中,要反对大民族主义,主要是大汉族主义,也要反对地方民族主义。国家尽一切努力,促进全国各民族的共同繁荣。

中国革命、建设、改革的成就是同世界人民的支持分不开的。中国的前途是同世界的前途紧密地联系在一起的。中国坚持独立自主的对外政策,坚持互相尊重主权和领土完整、互不侵犯、互不干涉内政、平等互利、和平共处的五项原则,坚持和平发展道路,坚持互利共赢开放战略,发展同各国的外交关系和经济、文化交流,推动构建人类命运共同体;坚持反对帝国主义、霸权主义、殖民主义,加强同世界各国人民的团结,支持被压迫民族和发展中国家争取和维护民族独立、发展民族经济的正义斗争,为维护世界和平和促进人类进步事业而努力。

本宪法以法律的形式确认了中国各族人民奋斗的成果,规定了国家的根本制度和根本任务,是国家的根本法,具有最高的法律效力。全国各族人民、一切国家机关和武装力量、各政党和各社会团体、各企业事业组织,都必须以宪法为根本的活动准则,并且负有维护宪法尊严、保证宪法实施的职责。

第一章 总 纲

第一条 【国体】①中华人民共和国是工人阶级领导的、以工农联盟为基础的人民民主专政的社会主义国家。

社会主义制度是中华人民共和国的根本制度。中国共产党领导是中国特色社会主义最本质的特征。禁止任何组织或者个人破坏社会主义制度。

第二条 【政体】中华人民共和国的一切权力属于人民。

人民行使国家权力的机关是全国人民代表大会和地方各级人民代表大会。

人民依照法律规定,通过各种途径和形式,管理国家事务,管理经济和文化事业,管理社会事务。

第三条 【民主集中制原则】中华人民共和国的国家机构实行民主集中制的原则。

全国人民代表大会和地方各级人民代表大会都由民主选举产生,对人民负责,受人民监督。

国家行政机关、监察机关、审判机关、检察机关都由人民代表大会产生,对它负责,受它监督。

中央和地方的国家机构职权的划分,遵循在中央的统一领导下,充分发挥地方的主动性、积极性的原则。

第四条 【民族政策】中华人民共和国各民族一律平等。国家保障各少数民族的合法的权利和利益,维护和发展各民族的平等团结互助和谐关系。禁止对任何民族的歧视和压迫,禁止破坏民族团结和制造民族分裂的行为。

国家根据各少数民族的特点和需要,帮助各少数民族地区加速经济和文化的发展。

---

① 条文主旨为编者所加,下同。

各少数民族聚居的地方实行区域自治,设立自治机关,行使自治权。各民族自治地方都是中华人民共和国不可分离的部分。

各民族都有使用和发展自己的语言文字的自由,都有保持或者改革自己的风俗习惯的自由。

第五条　【法治原则】中华人民共和国实行依法治国,建设社会主义法治国家。

国家维护社会主义法制的统一和尊严。

一切法律、行政法规和地方性法规都不得同宪法相抵触。

一切国家机关和武装力量、各政党和各社会团体、各企业事业组织都必须遵守宪法和法律。一切违反宪法和法律的行为,必须予以追究。

任何组织或者个人都不得有超越宪法和法律的特权。

第六条　【公有制与按劳分配原则】中华人民共和国的社会主义经济制度的基础是生产资料的社会主义公有制,即全民所有制和劳动群众集体所有制。社会主义公有制消灭人剥削人的制度,实行各尽所能、按劳分配的原则。

国家在社会主义初级阶段,坚持公有制为主体、多种所有制经济共同发展的基本经济制度,坚持按劳分配为主体、多种分配方式并存的分配制度。

第七条　【国有经济】国有经济,即社会主义全民所有制经济,是国民经济中的主导力量。国家保障国有经济的巩固和发展。

第八条　【集体经济】农村集体经济组织实行家庭承包经营为基础、统分结合的双层经营体制。农村中的生产、供销、信用、消费等各种形式的合作经济,是社会主义劳动群众集体所有制经济。参加农村集体经济组织的劳动者,有权在法律规定的范围内经营自留地、自留山、家庭副业和饲养自留畜。

城镇中的手工业、工业、建筑业、运输业、商业、服务业等行业的各种形式的合作经济,都是社会主义劳动群众集体所有制经济。

国家保护城乡集体经济组织的合法的权利和利益,鼓励、指导和帮助集体经济的发展。

第九条　【自然资源的归属与利用】矿藏、水流、森林、山岭、草原、荒地、滩涂等自然资源,都属于国家所有,即全民所有;由法律规定属于集体所有的森林和山岭、草原、荒地、滩涂除外。

国家保障自然资源的合理利用,保护珍贵的动物和植物。禁止任何组织或者个人用任何手段侵占或者破坏自然资源。

第十条　【土地制度】城市的土地属于国家所有。

农村和城市郊区的土地,除由法律规定属于国家所有的以外,属于集体所有;宅基地和自留地、自留山,也属于集体所有。

国家为了公共利益的需要,可以依照法律规定对土地实行征收或者征用并给予补偿。

任何组织或者个人不得侵占、买卖或者以其他形式非法转让土地。土地的使用权可以依照法律的规定转让。

一切使用土地的组织和个人必须合理地利用土地。

第十一条　【个体经济、私营经济】在法律规定范围内的个体经济、私营经济等非公有制经济,是社会主义市场经济的重要组成部分。

国家保护个体经济、私营经济等非公有制经济的合法的权利和利益。国家鼓励、支持和引导非公有制经济的发展,并对非公有制经济依法实行监督和管理。

第十二条　【保护公共财产】社会主义的公共财产神圣不可侵犯。

国家保护社会主义的公共财产。禁止任何组织或者个人用任何手段侵占或者破坏国家的和集体的财产。

第十三条　【保护私有财产】公民的合法的私有财产不受侵犯。

国家依照法律规定保护公民的私有财产权和继承权。

国家为了公共利益的需要,可以依照法律规定对公民的私有财产实行征收或者征用并给予补偿。

第十四条　【发展生产与社会保障】国家通过提高劳动者的积极性和技术水平,推广先进的科学技术,完善经济管理体制和企业经营管理制度,实行各种形式的社会主义责任制,改进劳动组织,以不断提高劳动生产率和经济效益,发展社会生产力。

国家厉行节约,反对浪费。

国家合理安排积累和消费,兼顾国家、集体和个人的利益,在发展生产的基础上,逐步改善人民的物质生活和文化生活。

国家建立健全同经济发展水平相适应的社会保障制度。

第十五条　【社会主义市场经济】国家实行社会主义市场经济。

国家加强经济立法,完善宏观调控。

国家依法禁止任何组织或者个人扰乱社会经济秩序。

第十六条　【国有企业】国有企业在法律规定的范围内有权自主经营。

国有企业依照法律规定,通过职工代表大会和其他形式,实行民主管理。

第十七条　【集体经济组织】集体经济组织在遵守有关法律的前提下,有独立进行经济活动的自主权。

集体经济组织实行民主管理,依照法律规定选举和罢免管理人员,决定经营管理的重大问题。

第十八条　【外资经济】中华人民共和国允许外国的企业和其他经济组织或者个人依照中华人民共和国法律的规定在中国投资,同中国的企业或者其他经济组织进行各种形式的经济合作。

在中国境内的外国企业和其他外国经济组织以及中外合资经营的企业,都必须遵守中华人民共和国的法律。它们的合法的权利和利益受中华人民共和国法律的保护。

第十九条　【教育事业】国家发展社会主义的教育事业,提高全国人民的科学文化水平。

国家举办各种学校,普及初等义务教育,发展中等教育、职业教育和高等教育,并且发展学前教育。

国家发展各种教育设施,扫除文盲,对工人、农民、国家工作人员和其他劳动者进行政治、文化、科学、技术、业务的教育,鼓励自学成才。

国家鼓励集体经济组织、国家企业事业组织和其他社会力量依照法律规定举办各种教育事业。

国家推广全国通用的普通话。

第二十条　【科技事业】国家发展自然科学和社会科学事业,普及科学和技术知识,奖励科学研究成果和技术发明创造。

第二十一条　【医疗卫生与体育事业】国家发展医疗卫生事业,发展现代医药和我国传统医药,鼓励和支持农村集体经济组织、国家企业事业组织和街道组织举办各种医疗卫生设施,开展群众性的卫生活动,保护人民健康。

国家发展体育事业,开展群众性的体育活动,增强人民体质。

第二十二条　【文化事业】国家发展为人民服务、为社会主义服务的文学艺术事业、新闻广播电视事业、出版发行事业、图书馆博物馆文化馆和其他文化事业,开展群众性的文化活动。

国家保护名胜古迹、珍贵文物和其他重要历史文化遗产。

第二十三条 【人才培养】国家培养为社会主义服务的各种专业人才,扩大知识分子的队伍,创造条件,充分发挥他们在社会主义现代化建设中的作用。

第二十四条 【精神文明建设】国家通过普及理想教育、道德教育、文化教育、纪律和法制教育,通过在城乡不同范围的群众中制定和执行各种守则、公约,加强社会主义精神文明的建设。

国家倡导社会主义核心价值观,提倡爱祖国、爱人民、爱劳动、爱科学、爱社会主义的公德,在人民中进行爱国主义、集体主义和国际主义、共产主义的教育,进行辩证唯物主义和历史唯物主义的教育,反对资本主义的、封建主义的和其他的腐朽思想。

第二十五条 【计划生育】国家推行计划生育,使人口的增长同经济和社会发展计划相适应。

第二十六条 【生活、生态环境】国家保护和改善生活环境和生态环境,防治污染和其他公害。

国家组织和鼓励植树造林,保护林木。

第二十七条 【国家机关工作原则及工作人员就职宣誓】一切国家机关实行精简的原则,实行工作责任制,实行工作人员的培训和考核制度,不断提高工作质量和工作效率,反对官僚主义。

一切国家机关和国家工作人员必须依靠人民的支持,经常保持同人民的密切联系,倾听人民的意见和建议,接受人民的监督,努力为人民服务。

国家工作人员就职时应当依照法律规定公开进行宪法宣誓。

第二十八条 【社会秩序维护】国家维护社会秩序,镇压叛国和其他危害国家安全的犯罪活动,制裁危害社会治安、破坏社会主义经济和其他犯罪的活动,惩办和改造犯罪分子。

第二十九条 【武装力量】中华人民共和国的武装力量属于人民。它的任务是巩固国防,抵抗侵略,保卫祖国,保卫人民的和平劳动,参加国家建设事业,努力为人民服务。

国家加强武装力量的革命化、现代化、正规化的建设,增强国防力量。

第三十条 【行政区划】中华人民共和国的行政区域划分如下:

（一）全国分为省、自治区、直辖市；

（二）省、自治区分为自治州、县、自治县、市；

（三）县、自治县分为乡、民族乡、镇。

直辖市和较大的市分为区、县。自治州分为县、自治县、市。

自治区、自治州、自治县都是民族自治地方。

第三十一条　【特别行政区】国家在必要时得设立特别行政区。在特别行政区内实行的制度按照具体情况由全国人民代表大会以法律规定。

第三十二条　【对外国人的保护】中华人民共和国保护在中国境内的外国人的合法权利和利益，在中国境内的外国人必须遵守中华人民共和国的法律。

中华人民共和国对于因为政治原因要求避难的外国人，可以给予受庇护的权利。

第二章　公民的基本权利和义务

第三十三条　【公民资格及其平等权】凡具有中华人民共和国国籍的人都是中华人民共和国公民。

中华人民共和国公民在法律面前一律平等。

国家尊重和保障人权。

任何公民享有宪法和法律规定的权利，同时必须履行宪法和法律规定的义务。

第三十四条　【参选权】中华人民共和国年满十八周岁的公民，不分民族、种族、性别、职业、家庭出身、宗教信仰、教育程度、财产状况、居住期限，都有选举权和被选举权；但是依照法律被剥夺政治权利的人除外。

第三十五条　【基本政治自由】中华人民共和国公民有言论、出版、集会、结社、游行、示威的自由。

第三十六条　【宗教信仰自由】中华人民共和国公民有宗教信仰自由。

任何国家机关、社会团体和个人不得强制公民信仰宗教或者不信仰宗教，不得歧视信仰宗教的公民和不信仰宗教的公民。

国家保护正常的宗教活动。任何人不得利用宗教进行破坏社会秩序、损害公民身体健康、妨碍国家教育制度的活动。

宗教团体和宗教事务不受外国势力的支配。

第三十七条　【人身自由】中华人民共和国公民的人身自由不受侵犯。

任何公民,非经人民检察院批准或者决定或者人民法院决定,并由公安机关执行,不受逮捕。

禁止非法拘禁和以其他方法非法剥夺或者限制公民的人身自由,禁止非法搜查公民的身体。

第三十八条 【人格尊严权】中华人民共和国公民的人格尊严不受侵犯。禁止用任何方法对公民进行侮辱、诽谤和诬告陷害。

第三十九条 【住宅权】中华人民共和国公民的住宅不受侵犯。禁止非法搜查或者非法侵入公民的住宅。

第四十条 【通信自由和秘密权】中华人民共和国公民的通信自由和通信秘密受法律的保护。除因国家安全或者追查刑事犯罪的需要,由公安机关或者检察机关依照法律规定的程序对通信进行检查外,任何组织或者个人不得以任何理由侵犯公民的通信自由和通信秘密。

第四十一条 【监督权】中华人民共和国公民对于任何国家机关和国家工作人员,有提出批评和建议的权利;对于任何国家机关和国家工作人员的违法失职行为,有向有关国家机关提出申诉、控告或者检举的权利,但是不得捏造或者歪曲事实进行诬告陷害。

对于公民的申诉、控告或者检举,有关国家机关必须查清事实,负责处理。任何人不得压制和打击报复。

由于国家机关和国家工作人员侵犯公民权利而受到损失的人,有依照法律规定取得赔偿的权利。

第四十二条 【劳动权利义务】中华人民共和国公民有劳动的权利和义务。

国家通过各种途径,创造劳动就业条件,加强劳动保护,改善劳动条件,并在发展生产的基础上,提高劳动报酬和福利待遇。

劳动是一切有劳动能力的公民的光荣职责。国有企业和城乡集体经济组织的劳动者都应当以国家主人翁的态度对待自己的劳动。国家提倡社会主义劳动竞赛,奖励劳动模范和先进工作者。国家提倡公民从事义务劳动。

国家对就业前的公民进行必要的劳动就业训练。

第四十三条 【劳动者的休息权】中华人民共和国劳动者有休息的权利。

国家发展劳动者休息和休养的设施,规定职工的工作时间和休假制度。

第四十四条 【退休制度】国家依照法律规定实行企业事业组织的职工和

国家机关工作人员的退休制度。退休人员的生活受到国家和社会的保障。

第四十五条 【社会保障权利】中华人民共和国公民在年老、疾病或者丧失劳动能力的情况下,有从国家和社会获得物质帮助的权利。国家发展为公民享受这些权利所需要的社会保险、社会救济和医疗卫生事业。

国家和社会保障残废军人的生活,抚恤烈士家属,优待军人家属。

国家和社会帮助安排盲、聋、哑和其他有残疾的公民的劳动、生活和教育。

第四十六条 【受教育权利义务】中华人民共和国公民有受教育的权利和义务。

国家培养青年、少年、儿童在品德、智力、体质等方面全面发展。

第四十七条 【文化活动权】中华人民共和国公民有进行科学研究、文学艺术创作和其他文化活动的自由。国家对于从事教育、科学、技术、文学、艺术和其他文化事业的公民的有益于人民的创造性工作,给以鼓励和帮助。

第四十八条 【妇女的平等权】中华人民共和国妇女在政治的、经济的、文化的、社会的和家庭的生活等各方面享有同男子平等的权利。

国家保护妇女的权利和利益,实行男女同工同酬,培养和选拔妇女干部。

第四十九条 【婚姻家庭制度】婚姻、家庭、母亲和儿童受国家的保护。

夫妻双方有实行计划生育的义务。

父母有抚养教育未成年子女的义务,成年子女有赡养扶助父母的义务。

禁止破坏婚姻自由,禁止虐待老人、妇女和儿童。

第五十条 【华侨、归侨的权益保障】中华人民共和国保护华侨的正当的权利和利益,保护归侨和侨眷的合法的权利和利益。

第五十一条 【公民自由和权利的限度】中华人民共和国公民在行使自由和权利的时候,不得损害国家的、社会的、集体的利益和其他公民的合法的自由和权利。

第五十二条 【维护国家统一和民族团结的义务】中华人民共和国公民有维护国家统一和全国各民族团结的义务。

第五十三条 【遵纪守法的义务】中华人民共和国公民必须遵守宪法和法律,保守国家秘密,爱护公共财产,遵守劳动纪律,遵守公共秩序,尊重社会公德。

第五十四条 【维护祖国的安全、荣誉和利益的义务】中华人民共和国公民有维护祖国的安全、荣誉和利益的义务,不得有危害祖国的安全、荣誉和利益的行为。

第五十五条 【捍卫国家的义务】保卫祖国、抵抗侵略是中华人民共和国每一个公民的神圣职责。

依照法律服兵役和参加民兵组织是中华人民共和国公民的光荣义务。

第五十六条 【纳税的义务】中华人民共和国公民有依照法律纳税的义务。

第三章 国家机构

第一节 全国人民代表大会

第五十七条 【全国人大的性质及常设机关】中华人民共和国全国人民代表大会是最高国家权力机关。它的常设机关是全国人民代表大会常务委员会。

第五十八条 【国家立法权的行使主体】全国人民代表大会和全国人民代表大会常务委员会行使国家立法权。

第五十九条 【全国人大的组成及选举】全国人民代表大会由省、自治区、直辖市、特别行政区和军队选出的代表组成。各少数民族都应当有适当名额的代表。

全国人民代表大会代表的选举由全国人民代表大会常务委员会主持。

全国人民代表大会代表名额和代表产生办法由法律规定。

第六十条 【全国人大的任期】全国人民代表大会每届任期五年。

全国人民代表大会任期届满的两个月以前,全国人民代表大会常务委员会必须完成下届全国人民代表大会代表的选举。如果遇到不能进行选举的非常情况,由全国人民代表大会常务委员会以全体组成人员的三分之二以上的多数通过,可以推迟选举,延长本届全国人民代表大会的任期。在非常情况结束后一年内,必须完成下届全国人民代表大会代表的选举。

第六十一条 【全国人大的会议制度】全国人民代表大会会议每年举行一次,由全国人民代表大会常务委员会召集。如果全国人民代表大会常务委员会认为必要,或者有五分之一以上的全国人民代表大会代表提议,可以临时召集全国人民代表大会会议。

全国人民代表大会举行会议的时候,选举主席团主持会议。

第六十二条　【全国人大的职权】全国人民代表大会行使下列职权:

（一）修改宪法;

（二）监督宪法的实施;

（三）制定和修改刑事、民事、国家机构的和其他的基本法律;

（四）选举中华人民共和国主席、副主席;

（五）根据中华人民共和国主席的提名,决定国务院总理的人选;根据国务院总理的提名,决定国务院副总理、国务委员、各部部长、各委员会主任、审计长、秘书长的人选;

（六）选举中央军事委员会主席;根据中央军事委员会主席的提名,决定中央军事委员会其他组成人员的人选;

（七）选举国家监察委员会主任;

（八）选举最高人民法院院长;

（九）选举最高人民检察院检察长;

（十）审查和批准国民经济和社会发展计划和计划执行情况的报告;

（十一）审查和批准国家的预算和预算执行情况的报告;

（十二）改变或者撤销全国人民代表大会常务委员会不适当的决定;

（十三）批准省、自治区和直辖市的建置;

（十四）决定特别行政区的设立及其制度;

（十五）决定战争和平的问题;

（十六）应当由最高国家权力机关行使的其他职权。

第六十三条　【全国人大的罢免权】全国人民代表大会有权罢免下列人员:

（一）中华人民共和国主席、副主席;

（二）国务院总理、副总理、国务委员、各部部长、各委员会主任、审计长、秘书长;

（三）中央军事委员会主席和中央军事委员会其他组成人员;

（四）国家监察委员会主任;

（五）最高人民法院院长;

（六）最高人民检察院检察长。

第六十四条　【宪法的修改及法律案的通过】宪法的修改,由全国人民代表大会常务委员会或者五分之一以上的全国人民代表大会代表提议,并由全国人民代表大会以全体代表的三分之二以上的多数通过。

法律和其他议案由全国人民代表大会以全体代表的过半数通过。

第六十五条 【全国人大常委会的组成及选举】全国人民代表大会常务委员会由下列人员组成:

委员长,

副委员长若干人,

秘书长,

委员若干人。

全国人民代表大会常务委员会组成人员中,应当有适当名额的少数民族代表。

全国人民代表大会选举并有权罢免全国人民代表大会常务委员会的组成人员。

全国人民代表大会常务委员会的组成人员不得担任国家行政机关、监察机关、审判机关和检察机关的职务。

第六十六条 【全国人大常委会的任期】全国人民代表大会常务委员会每届任期同全国人民代表大会每届任期相同,它行使职权到下届全国人民代表大会选出新的常务委员会为止。

委员长、副委员长连续任职不得超过两届。

第六十七条 【全国人大常委会的职权】全国人民代表大会常务委员会行使下列职权:

(一)解释宪法,监督宪法的实施;

(二)制定和修改除应当由全国人民代表大会制定的法律以外的其他法律;

(三)在全国人民代表大会闭会期间,对全国人民代表大会制定的法律进行部分补充和修改,但是不得同该法律的基本原则相抵触;

(四)解释法律;

(五)在全国人民代表大会闭会期间,审查和批准国民经济和社会发展计划、国家预算在执行过程中所必须作的部分调整方案;

(六)监督国务院、中央军事委员会、国家监察委员会、最高人民法院和最高人民检察院的工作;

(七)撤销国务院制定的同宪法、法律相抵触的行政法规、决定和命令；

（八）撤销省、自治区、直辖市国家权力机关制定的同宪法、法律和行政法规相抵触的地方性法规和决议；

（九）在全国人民代表大会闭会期间，根据国务院总理的提名，决定部长、委员会主任、审计长、秘书长的人选；

（十）在全国人民代表大会闭会期间，根据中央军事委员会主席的提名，决定中央军事委员会其他组成人员的人选；

（十一）根据国家监察委员会主任的提请，任免国家监察委员会副主任、委员；

（十二）根据最高人民法院院长的提请，任免最高人民法院副院长、审判员、审判委员会委员和军事法院院长；

（十三）根据最高人民检察院检察长的提请，任免最高人民检察院副检察长、检察员、检察委员会委员和军事检察院检察长，并且批准省、自治区、直辖市的人民检察院检察长的任免；

（十四）决定驻外全权代表的任免；

（十五）决定同外国缔结的条约和重要协定的批准和废除；

（十六）规定军人和外交人员的衔级制度和其他专门衔级制度；

（十七）规定和决定授予国家的勋章和荣誉称号；

（十八）决定特赦；

（十九）在全国人民代表大会闭会期间，如果遇到国家遭受武装侵犯或者必须履行国际间共同防止侵略的条约的情况，决定战争状态的宣布；

（二十）决定全国总动员或者局部动员；

（二十一）决定全国或者个别省、自治区、直辖市进入紧急状态；

（二十二）全国人民代表大会授予的其他职权。

第六十八条　【全国人大常委会的工作分工】全国人民代表大会常务委员会委员长主持全国人民代表大会常务委员会的工作，召集全国人民代表大会常务委员会会议。副委员长、秘书长协助委员长工作。

委员长、副委员长、秘书长组成委员长会议，处理全国人民代表大会常务委员会的重要日常工作。

第六十九条　【全国人大与其常委会的关系】全国人民代表大会常务委员会对全国人民代表大会负责并报告工作。

第七十条　【全国人大的专门委员会及其职责】全国人民代表大会设立民

族委员会、宪法和法律委员会、财政经济委员会、教育科学文化卫生委员会、外事委员会、华侨委员会和其他需要设立的专门委员会。在全国人民代表大会闭会期间,各专门委员会受全国人民代表大会常务委员会的领导。

各专门委员会在全国人民代表大会和全国人民代表大会常务委员会领导下,研究、审议和拟订有关议案。

第七十一条 【特定问题的调查委员会】全国人民代表大会和全国人民代表大会常务委员会认为必要的时候,可以组织关于特定问题的调查委员会,并且根据调查委员会的报告,作出相应的决议。

调查委员会进行调查的时候,一切有关的国家机关、社会团体和公民都有义务向它提供必要的材料。

第七十二条 【提案权】全国人民代表大会代表和全国人民代表大会常务委员会组成人员,有权依照法律规定的程序分别提出属于全国人民代表大会和全国人民代表大会常务委员会职权范围内的议案。

第七十三条 【质询权】全国人民代表大会代表在全国人民代表大会开会期间,全国人民代表大会常务委员会组成人员在常务委员会开会期间,有权依照法律规定的程序提出对国务院或者国务院各部、各委员会的质询案。受质询的机关必须负责答复。

第七十四条 【司法豁免权】全国人民代表大会代表,非经全国人民代表大会会议主席团许可,在全国人民代表大会闭会期间非经全国人民代表大会常务委员会许可,不受逮捕或者刑事审判。

第七十五条 【言论、表决豁免权】全国人民代表大会代表在全国人民代表大会各种会议上的发言和表决,不受法律追究。

第七十六条 【全国人大代表的义务】全国人民代表大会代表必须模范地遵守宪法和法律,保守国家秘密,并且在自己参加的生产、工作和社会活动中,协助宪法和法律的实施。

全国人民代表大会代表应当同原选举单位和人民保持密切的联系,听取和反映人民的意见和要求,努力为人民服务。

第七十七条 【对全国人大代表的监督和罢免】全国人民代表大会代表受原选举单位的监督。原选举单位有权依照法律规定的程序罢免本单位选出的代表。

第七十八条 【全国人大及其常委会的组织和工作程序】全国人民代表大

会和全国人民代表大会常务委员会的组织和工作程序由法律规定。

第二节 中华人民共和国主席

第七十九条 【主席、副主席的选举及任期】中华人民共和国主席、副主席由全国人民代表大会选举。

有选举权和被选举权的年满四十五周岁的中华人民共和国公民可以被选为中华人民共和国主席、副主席。

中华人民共和国主席、副主席每届任期同全国人民代表大会每届任期相同。

第八十条 【主席的职权】中华人民共和国主席根据全国人民代表大会的决定和全国人民代表大会常务委员会的决定,公布法律,任免国务院总理、副总理、国务委员、各部部长、各委员会主任、审计长、秘书长,授予国家的勋章和荣誉称号,发布特赦令,宣布进入紧急状态,宣布战争状态,发布动员令。

第八十一条 【主席的外交职权】中华人民共和国主席代表中华人民共和国,进行国事活动,接受外国使节;根据全国人民代表大会常务委员会的决定,派遣和召回驻外全权代表,批准和废除同外国缔结的条约和重要协定。

第八十二条 【副主席的职权】中华人民共和国副主席协助主席工作。

中华人民共和国副主席受主席的委托,可以代行主席的部分职权。

第八十三条 【主席、副主席的换届时间】中华人民共和国主席、副主席行使职权到下届全国人民代表大会选出的主席、副主席就职为止。

第八十四条 【主席、副主席的缺位处理】中华人民共和国主席缺位的时候,由副主席继任主席的职位。

中华人民共和国副主席缺位的时候,由全国人民代表大会补选。

中华人民共和国主席、副主席都缺位的时候,由全国人民代表大会补选;在补选以前,由全国人民代表大会常务委员会委员长暂时代理主席职位。

第三节 国务院

第八十五条 【国务院的性质、地位】中华人民共和国国务院,即中央人民政府,是最高国家权力机关的执行机关,是最高国家行政机关。

第八十六条 【国务院的组成】国务院由下列人员组成:

总理,

副总理若干人,

国务委员若干人,

各部部长,

各委员会主任,

审计长,

秘书长。

国务院实行总理负责制。各部、各委员会实行部长、主任负责制。

国务院的组织由法律规定。

第八十七条 【国务院的任期】国务院每届任期同全国人民代表大会每届任期相同。

总理、副总理、国务委员连续任职不得超过两届。

第八十八条 【国务院的工作分工】总理领导国务院的工作。副总理、国务委员协助总理工作。

总理、副总理、国务委员、秘书长组成国务院常务会议。

总理召集和主持国务院常务会议和国务院全体会议。

第八十九条 【国务院的职权】国务院行使下列职权:

(一)根据宪法和法律,规定行政措施,制定行政法规,发布决定和命令;

(二)向全国人民代表大会或者全国人民代表大会常务委员会提出议案;

(三)规定各部和各委员会的任务和职责,统一领导各部和各委员会的工作,并且领导不属于各部和各委员会的全国性的行政工作;

(四)统一领导全国地方各级国家行政机关的工作,规定中央和省、自治区、直辖市的国家行政机关的职权的具体划分;

(五)编制和执行国民经济和社会发展计划和国家预算;

(六)领导和管理经济工作和城乡建设、生态文明建设;

(七)领导和管理教育、科学、文化、卫生、体育和计划生育工作;

(八)领导和管理民政、公安、司法行政等工作;

(九)管理对外事务,同外国缔结条约和协定;

(十)领导和管理国防建设事业;

(十一)领导和管理民族事务,保障少数民族的平等权利和民族自治

地方的自治权利;

（十二）保护华侨的正当的权利和利益,保护归侨和侨眷的合法的权利和利益;

（十三）改变或者撤销各部、各委员会发布的不适当的命令、指示和规章;

（十四）改变或者撤销地方各级国家行政机关的不适当的决定和命令;

（十五）批准省、自治区、直辖市的区域划分,批准自治州、县、自治县、市的建置和区域划分;

（十六）依照法律规定决定省、自治区、直辖市的范围内部分地区进入紧急状态;

（十七）审定行政机构的编制,依照法律规定任免、培训、考核和奖惩行政人员;

（十八）全国人民代表大会和全国人民代表大会常务委员会授予的其他职权。

第九十条　【各部、委首长负责制及各部、委的决定权】国务院各部部长、各委员会主任负责本部门的工作;召集和主持部务会议或者委员会会议、委务会议,讨论决定本部门工作的重大问题。

各部、各委员会根据法律和国务院的行政法规、决定、命令,在本部门的权限内,发布命令、指示和规章。

第九十一条　【审计机关及其职权】国务院设立审计机关,对国务院各部门和地方各级政府的财政收支,对国家的财政金融机构和企业事业组织的财务收支,进行审计监督。

审计机关在国务院总理领导下,依照法律规定独立行使审计监督权,不受其他行政机关、社会团体和个人的干涉。

第九十二条　【国务院与全国人大及其常委会的关系】国务院对全国人民代表大会负责并报告工作;在全国人民代表大会闭会期间,对全国人民代表大会常务委员会负责并报告工作。

第四节　中央军事委员会

第九十三条　【中央军委的组成、职责与任期】中华人民共和国中央军事委员会领导全国武装力量。

中央军事委员会由下列人员组成：

主席，

副主席若干人，

委员若干人。

中央军事委员会实行主席负责制。

中央军事委员会每届任期同全国人民代表大会每届任期相同。

第九十四条　【中央军委主席对全国人大及其常委会负责】中央军事委员会主席对全国人民代表大会和全国人民代表大会常务委员会负责。

第五节　地方各级人民代表大会和地方各级人民政府

第九十五条　【地方人大及政府的设置和组织】省、直辖市、县、市、市辖区、乡、民族乡、镇设立人民代表大会和人民政府。

地方各级人民代表大会和地方各级人民政府的组织由法律规定。

自治区、自治州、自治县设立自治机关。自治机关的组织和工作根据宪法第三章第五节、第六节规定的基本原则由法律规定。

第九十六条　【地方人大的性质及常委会的设置】地方各级人民代表大会是地方国家权力机关。

县级以上的地方各级人民代表大会设立常务委员会。

第九十七条　【地方人大代表的选举】省、直辖市、设区的市的人民代表大会代表由下一级的人民代表大会选举；县、不设区的市、市辖区、乡、民族乡、镇的人民代表大会代表由选民直接选举。

地方各级人民代表大会代表名额和代表产生办法由法律规定。

第九十八条　【地方人大的任期】地方各级人民代表大会每届任期五年。

第九十九条　【地方人大的职权】地方各级人民代表大会在本行政区域内，保证宪法、法律、行政法规的遵守和执行；依照法律规定的权限，通过和发布决议，审查和决定地方的经济建设、文化建设和公共事业建设的计划。

县级以上的地方各级人民代表大会审查和批准本行政区域内的国民经济和社会发展计划、预算以及它们的执行情况的报告；有权改变或者撤销本级人民代表大会常务委员会不适当的决定。

民族乡的人民代表大会可以依照法律规定的权限采取适合民族特点的具体措施。

第一百条 【地方性法规的制定】省、直辖市的人民代表大会和它们的常务委员会,在不同宪法、法律、行政法规相抵触的前提下,可以制定地方性法规,报全国人民代表大会常务委员会备案。

设区的市的人民代表大会和它们的常务委员会,在不同宪法、法律、行政法规和本省、自治区的地方性法规相抵触的前提下,可以依照法律规定制定地方性法规,报本省、自治区人民代表大会常务委员会批准后施行。

第一百零一条 【地方人大的选举权和罢免权】地方各级人民代表大会分别选举并且有权罢免本级人民政府的省长和副省长、市长和副市长、县长和副县长、区长和副区长、乡长和副乡长、镇长和副镇长。

县级以上的地方各级人民代表大会选举并且有权罢免本级监察委员会主任、本级人民法院院长和本级人民检察院检察长。选出或者罢免人民检察院检察长,须报上级人民检察院检察长提请该级人民代表大会常务委员会批准。

第一百零二条 【对地方人大代表的监督和罢免】省、直辖市、设区的市的人民代表大会代表受原选举单位的监督;县、不设区的市、市辖区、乡、民族乡、镇的人民代表大会代表受选民的监督。

地方各级人民代表大会代表的选举单位和选民有权依照法律规定的程序罢免由他们选出的代表。

第一百零三条 【地方人大常委会的组成、地位及职务禁止】县级以上的地方各级人民代表大会常务委员会由主任、副主任若干人和委员若干人组成,对本级人民代表大会负责并报告工作。

县级以上的地方各级人民代表大会选举并有权罢免本级人民代表大会常务委员会的组成人员。

县级以上的地方各级人民代表大会常务委员会的组成人员不得担任国家行政机关、监察机关、审判机关和检察机关的职务。

第一百零四条 【地方人大常委会的职权】县级以上的地方各级人民代表大会常务委员会讨论、决定本行政区域内各方面工作的重大事项;监督本级人民政府、监察委员会、人民法院和人民检察院的工作;撤销本级人民政府的不适当的决定和命令;撤销下一级人民代表大会的不适当的决议;依照法律规定的权限决定国家机关工作人员的任免;在本级人民代表大会闭会期间,罢免和补选上一级人民代表大会的个别代表。

第一百零五条 【地方政府的性质、地位及其负责制】地方各级人民政府是地方各级国家权力机关的执行机关,是地方各级国家行政机关。

地方各级人民政府实行省长、市长、县长、区长、乡长、镇长负责制。

第一百零六条 【地方政府的任期】地方各级人民政府每届任期同本级人民代表大会每届任期相同。

第一百零七条 【地方政府的职权】县级以上地方各级人民政府依照法律规定的权限,管理本行政区域内的经济、教育、科学、文化、卫生、体育事业、城乡建设事业和财政、民政、公安、民族事务、司法行政、计划生育等行政工作,发布决定和命令,任免、培训、考核和奖惩行政工作人员。

乡、民族乡、镇的人民政府执行本级人民代表大会的决议和上级国家行政机关的决定和命令,管理本行政区域内的行政工作。

省、直辖市的人民政府决定乡、民族乡、镇的建置和区域划分。

第一百零八条 【地方政府内部及各级政府之间的关系】县级以上的地方各级人民政府领导所属各工作部门和下级人民政府的工作,有权改变或者撤销所属各工作部门和下级人民政府的不适当的决定。

第一百零九条 【地方政府审计机关的地位和职权】县级以上的地方各级人民政府设立审计机关。地方各级审计机关依照法律规定独立行使审计监督权,对本级人民政府和上一级审计机关负责。

第一百一十条 【地方政府与同级人大、上级政府的关系】地方各级人民政府对本级人民代表大会负责并报告工作。县级以上的地方各级人民政府在本级人民代表大会闭会期间,对本级人民代表大会常务委员会负责并报告工作。

地方各级人民政府对上一级国家行政机关负责并报告工作。全国地方各级人民政府都是国务院统一领导下的国家行政机关,都服从国务院。

第一百一十一条 【居民委员会和村民委员会】城市和农村按居民居住地区设立的居民委员会或者村民委员会是基层群众性自治组织。居民委员会、村民委员会的主任、副主任和委员由居民选举。居民委员会、村民委员会同基层政权的相互关系由法律规定。

居民委员会、村民委员会设人民调解、治安保卫、公共卫生等委员会,办理本居住地区的公共事务和公益事业,调解民间纠纷,协助维护社会治安,并且向人民政府反映群众的意见、要求和提出建议。

第六节　民族自治地方的自治机关

第一百一十二条　【民族自治机关】民族自治地方的自治机关是自治区、自治州、自治县的人民代表大会和人民政府。

第一百一十三条　【自治地方的人大及其常委会的组成】自治区、自治州、自治县的人民代表大会中，除实行区域自治的民族的代表外，其他居住在本行政区域内的民族也应当有适当名额的代表。

　　自治区、自治州、自治县的人民代表大会常务委员会中应当有实行区域自治的民族的公民担任主任或者副主任。

第一百一十四条　【自治地方的政府首长的人选】自治区主席、自治州州长、自治县县长由实行区域自治的民族的公民担任。

第一百一十五条　【民族自治地方的自治权】自治区、自治州、自治县的自治机关行使宪法第三章第五节规定的地方国家机关的职权，同时依照宪法、民族区域自治法和其他法律规定的权限行使自治权，根据本地方实际情况贯彻执行国家的法律、政策。

第一百一十六条　【自治条例和单行条例】民族自治地方的人民代表大会有权依照当地民族的政治、经济和文化的特点，制定自治条例和单行条例。自治区的自治条例和单行条例，报全国人民代表大会常务委员会批准后生效。自治州、自治县的自治条例和单行条例，报省或者自治区的人民代表大会常务委员会批准后生效，并报全国人民代表大会常务委员会备案。

第一百一十七条　【财政自治权】民族自治地方的自治机关有管理地方财政的自治权。凡是依照国家财政体制属于民族自治地方的财政收入，都应当由民族自治地方的自治机关自主地安排使用。

第一百一十八条　【地方性经济的自主权】民族自治地方的自治机关在国家计划的指导下，自主地安排和管理地方性的经济建设事业。

　　国家在民族自治地方开发资源、建设企业的时候，应当照顾民族自治地方的利益。

第一百一十九条　【地方文化事业的自主权】民族自治地方的自治机关自主地管理本地方的教育、科学、文化、卫生、体育事业，保护和整理民族的文化遗产，发展和繁荣民族文化。

第一百二十条　【民族自治地方的公安部队】民族自治地方的自治机关依照国家的军事制度和当地的实际需要，经国务院批准，可以组织本地方维护社会治安的公安部队。

第一百二十一条 【自治机关的公务语言】民族自治地方的自治机关在执行职务的时候,依照本民族自治地方自治条例的规定,使用当地通用的一种或者几种语言文字。

第一百二十二条 【国家对民族自治地方的帮助、扶持】国家从财政、物资、技术等方面帮助各少数民族加速发展经济建设和文化建设事业。

国家帮助民族自治地方从当地民族中大量培养各级干部、各种专业人才和技术工人。

第七节 监察委员会

第一百二十三条 【监察机关】中华人民共和国各级监察委员会是国家的监察机关。

第一百二十四条 【监察委员会的组成及任期】中华人民共和国设立国家监察委员会和地方各级监察委员会。

监察委员会由下列人员组成:

主任,

副主任若干人,

委员若干人。

监察委员会主任每届任期同本级人民代表大会每届任期相同。国家监察委员会主任连续任职不得超过两届。

监察委员会的组织和职权由法律规定。

第一百二十五条 【各级监察委员会间的关系】中华人民共和国国家监察委员会是最高监察机关。

国家监察委员会领导地方各级监察委员会的工作,上级监察委员会领导下级监察委员会的工作。

第一百二十六条 【监察委员会与人大的关系】国家监察委员会对全国人民代表大会和全国人民代表大会常务委员会负责。地方各级监察委员会对产生它的国家权力机关和上一级监察委员会负责。

第一百二十七条 【监察权独立】监察委员会依照法律规定独立行使监察权,不受行政机关、社会团体和个人的干涉。

监察机关办理职务违法和职务犯罪案件,应当与审判机关、检察机关、执法部门互相配合,互相制约。

第八节　人民法院和人民检察院

第一百二十八条　【审判机关】中华人民共和国人民法院是国家的审判机关。

第一百二十九条　【人民法院的设置及任期】中华人民共和国设立最高人民法院、地方各级人民法院和军事法院等专门人民法院。

最高人民法院院长每届任期同全国人民代表大会每届任期相同,连续任职不得超过两届。

人民法院的组织由法律规定。

第一百三十条　【审判公开原则和辩护原则】人民法院审理案件,除法律规定的特别情况外,一律公开进行。被告人有权获得辩护。

第一百三十一条　【审判权独立】人民法院依照法律规定独立行使审判权,不受行政机关、社会团体和个人的干涉。

第一百三十二条　【各级审判机关间的关系】最高人民法院是最高审判机关。

最高人民法院监督地方各级人民法院和专门人民法院的审判工作,上级人民法院监督下级人民法院的审判工作。

第一百三十三条　【法院与人大的关系】最高人民法院对全国人民代表大会和全国人民代表大会常务委员会负责。地方各级人民法院对产生它的国家权力机关负责。

第一百三十四条　【法律监督机关】中华人民共和国人民检察院是国家的法律监督机关。

第一百三十五条　【检察院的设置及任期】中华人民共和国设立最高人民检察院、地方各级人民检察院和军事检察院等专门人民检察院。

最高人民检察院检察长每届任期同全国人民代表大会每届任期相同,连续任职不得超过两届。

人民检察院的组织由法律规定。

第一百三十六条　【检察权独立】人民检察院依照法律规定独立行使检察权,不受行政机关、社会团体和个人的干涉。

第一百三十七条　【各级检察机关间的关系】最高人民检察院是最高检察机关。

最高人民检察院领导地方各级人民检察院和专门人民检察院的工作,上级人民检察院领导下级人民检察院的工作。

第一百三十八条 【检察院与人大的关系】最高人民检察院对全国人民代表大会和全国人民代表大会常务委员会负责。地方各级人民检察院对产生它的国家权力机关和上级人民检察院负责。

第一百三十九条 【诉讼语言】各民族公民都有用本民族语言文字进行诉讼的权利。人民法院和人民检察院对于不通晓当地通用的语言文字的诉讼参与人,应当为他们翻译。

在少数民族聚居或者多民族共同居住的地区,应当用当地通用的语言进行审理;起诉书、判决书、布告和其他文书应当根据实际需要使用当地通用的一种或者几种文字。

第一百四十条 【司法机关间的分工与制衡原则】人民法院、人民检察院和公安机关办理刑事案件,应当分工负责,互相配合,互相制约,以保证准确有效地执行法律。

第四章 国旗、国歌、国徽、首都

第一百四十一条 【国旗、国歌】中华人民共和国国旗是五星红旗。

中华人民共和国国歌是《义勇军进行曲》。

第一百四十二条 【国徽】中华人民共和国国徽,中间是五星照耀下的天安门,周围是谷穗和齿轮。

第一百四十三条 【首都】中华人民共和国首都是北京。

中华人民共和国国防法

1. 1997年3月14日第八届全国人民代表大会第五次会议通过
2. 根据2009年8月27日第十一届全国人民代表大会常务委员会第十次会议《关于修改部分法律的决定》修正
3. 2020年12月26日第十三届全国人民代表大会常务委员会第二十四次会议修订

目　　录

第一章　总　　则
第二章　国家机构的国防职权
第三章　武装力量

第四章　边防、海防、空防和其他重大安全领域防卫
第五章　国防科研生产和军事采购
第六章　国防经费和国防资产
第七章　国防教育
第八章　国防动员和战争状态
第九章　公民、组织的国防义务和权利
第十章　军人的义务和权益
第十一章　对外军事关系
第十二章　附　　则

第一章　总　　则

第一条　【立法目的和根据】为了建设和巩固国防，保障改革开放和社会主义现代化建设的顺利进行，实现中华民族伟大复兴，根据宪法，制定本法。

第二条　【适用范围】国家为防备和抵抗侵略，制止武装颠覆和分裂，保卫国家主权、统一、领土完整、安全和发展利益所进行的军事活动，以及与军事有关的政治、经济、外交、科技、教育等方面的活动，适用本法。

第三条　【国防与国防现代化】国防是国家生存与发展的安全保障。

国家加强武装力量建设，加强边防、海防、空防和其他重大安全领域防卫建设，发展国防科研生产，普及全民国防教育，完善国防动员体系，实现国防现代化。

第四条　【指导思想】国防活动坚持以马克思列宁主义、毛泽东思想、邓小平理论、"三个代表"重要思想、科学发展观、习近平新时代中国特色社会主义思想为指导，贯彻习近平强军思想，坚持总体国家安全观，贯彻新时代军事战略方针，建设与我国国际地位相称、与国家安全和发展利益相适应的巩固国防和强大武装力量。

第五条　【统一领导】国家对国防活动实行统一的领导。

第六条　【国防政策】中华人民共和国奉行防御性国防政策，独立自主、自力更生地建设和巩固国防，实行积极防御，坚持全民国防。

国家坚持经济建设和国防建设协调、平衡、兼容发展，依法开展国防活动，加快国防和军队现代化，实现富国和强军相统一。

第七条　【公民的职责与义务】保卫祖国、抵抗侵略是中华人民共和国每一个公民的神圣职责。

中华人民共和国公民应当依法履行国防义务。

一切国家机关和武装力量、各政党和各人民团体、企业事业组织、社会组织和其他组织,都应当支持和依法参与国防建设,履行国防职责,完成国防任务。

第八条　【拥军优属】国家和社会尊重、优待军人,保障军人的地位和合法权益,开展各种形式的拥军优属活动,让军人成为全社会尊崇的职业。

中国人民解放军和中国人民武装警察部队开展拥政爱民活动,巩固军政军民团结。

第九条　【国际军事交流与合作】中华人民共和国积极推进国际军事交流与合作,维护世界和平,反对侵略扩张行为。

第十条　【表彰和奖励】对在国防活动中作出贡献的组织和个人,依照有关法律、法规的规定给予表彰和奖励。

第十一条　【追究法律责任情形】任何组织和个人违反本法和有关法律,拒绝履行国防义务或者危害国防利益的,依法追究法律责任。

公职人员在国防活动中,滥用职权、玩忽职守、徇私舞弊的,依法追究法律责任。

第二章　国家机构的国防职权

第十二条　【全国人大的国防职权】全国人民代表大会依照宪法规定,决定战争和和平的问题,并行使宪法规定的国防方面的其他职权。

全国人民代表大会常务委员会依照宪法规定,决定战争状态的宣布,决定全国总动员或者局部动员,并行使宪法规定的国防方面的其他职权。

第十三条　【中华人民共和国主席的国防职权】中华人民共和国主席根据全国人民代表大会的决定和全国人民代表大会常务委员会的决定,宣布战争状态,发布动员令,并行使宪法规定的国防方面的其他职权。

第十四条　【国务院的国防职权】国务院领导和管理国防建设事业,行使下列职权:

(一)编制国防建设的有关发展规划和计划;

(二)制定国防建设方面的有关政策和行政法规;

(三)领导和管理国防科研生产;

(四)管理国防经费和国防资产;

(五)领导和管理国民经济动员工作和人民防空、国防交通等方面的

建设和组织实施工作;

(六)领导和管理拥军优属工作和退役军人保障工作;

(七)与中央军事委员会共同领导民兵的建设,征兵工作,边防、海防、空防和其他重大安全领域防卫的管理工作;

(八)法律规定的与国防建设事业有关的其他职权。

第十五条 【中央军委的国防职权】中央军事委员会领导全国武装力量,行使下列职权:

(一)统一指挥全国武装力量;

(二)决定军事战略和武装力量的作战方针;

(三)领导和管理中国人民解放军、中国人民武装警察部队的建设,制定规划、计划并组织实施;

(四)向全国人民代表大会或者全国人民代表大会常务委员会提出议案;

(五)根据宪法和法律,制定军事法规,发布决定和命令;

(六)决定中国人民解放军、中国人民武装警察部队的体制和编制,规定中央军事委员会机关部门、战区、军兵种和中国人民武装警察部队等单位的任务和职责;

(七)依照法律、军事法规的规定,任免、培训、考核和奖惩武装力量成员;

(八)决定武装力量的武器装备体制,制定武器装备发展规划、计划,协同国务院领导和管理国防科研生产;

(九)会同国务院管理国防经费和国防资产;

(十)领导和管理人民武装动员、预备役工作;

(十一)组织开展国际军事交流与合作;

(十二)法律规定的其他职权。

第十六条 【中央军委主席负责制】中央军事委员会实行主席负责制。

第十七条 【协调机制】国务院和中央军事委员会建立协调机制,解决国防事务的重大问题。

中央国家机关与中央军事委员会机关有关部门可以根据情况召开会议,协调解决有关国防事务的问题。

第十八条 【地方各级国家机构的国防职权】地方各级人民代表大会和县级以上地方各级人民代表大会常务委员会在本行政区域内,保证有关国防事务的法律、法规的遵守和执行。

地方各级人民政府依照法律规定的权限,管理本行政区域内的征兵、民兵、国民经济动员、人民防空、国防交通、国防设施保护,以及退役军人保障和拥军优属等工作。

第十九条 【军地联席会议】地方各级人民政府和驻地军事机关根据需要召开军地联席会议,协调解决本行政区域内有关国防事务的问题。

军地联席会议由地方人民政府的负责人和驻地军事机关的负责人共同召集。军地联席会议的参加人员由会议召集人确定。

军地联席会议议定的事项,由地方人民政府和驻地军事机关根据各自职责和任务分工办理,重大事项应当分别向上级报告。

第三章 武装力量

第二十条 【武装力量的任务】中华人民共和国的武装力量属于人民。它的任务是巩固国防,抵抗侵略,保卫祖国,保卫人民的和平劳动,参加国家建设事业,全心全意为人民服务。

第二十一条 【武装力量受共产党领导】中华人民共和国的武装力量受中国共产党领导。武装力量中的中国共产党组织依照中国共产党章程进行活动。

第二十二条 【武装力量的组成以及各自担负的任务】中华人民共和国的武装力量,由中国人民解放军、中国人民武装警察部队、民兵组成。

中国人民解放军由现役部队和预备役部队组成,在新时代的使命任务是为巩固中国共产党领导和社会主义制度,为捍卫国家主权、统一、领土完整,为维护国家海外利益,为促进世界和平与发展,提供战略支撑。现役部队是国家的常备军,主要担负防卫作战任务,按照规定执行非战争军事行动任务。预备役部队按照规定进行军事训练、执行防卫作战任务和非战争军事行动任务;根据国家发布的动员令,由中央军事委员会下达命令转为现役部队。

中国人民武装警察部队担负执勤、处置突发社会安全事件、防范和处置恐怖活动、海上维权执法、抢险救援和防卫作战以及中央军事委员会赋予的其他任务。

民兵在军事机关的指挥下,担负战备勤务、执行非战争军事行动任务和防卫作战任务。

第二十三条 【武装力量须遵守宪法和法律】中华人民共和国的武装力量必须遵守宪法和法律。

第二十四条 【强军之路】中华人民共和国武装力量建设坚持走中国特色强军之路，坚持政治建军、改革强军、科技强军、人才强军、依法治军，加强军事训练，开展政治工作，提高保障水平，全面推进军事理论、军队组织形态、军事人员和武器装备现代化，构建中国特色现代作战体系，全面提高战斗力，努力实现党在新时代的强军目标。

第二十五条 【武装力量的规模】中华人民共和国武装力量的规模应当与保卫国家主权、安全、发展利益的需要相适应。

第二十六条 【兵役与衔级制度】中华人民共和国的兵役分为现役和预备役。军人和预备役人员的服役制度由法律规定。

中国人民解放军、中国人民武装警察部队依照法律规定实行衔级制度。

第二十七条 【文职人员制度】中国人民解放军、中国人民武装警察部队在规定岗位实行文职人员制度。

第二十八条 【军旗、军徽与武警警察部队旗、徽】中国人民解放军军旗、军徽是中国人民解放军的象征和标志。中国人民武装警察部队旗、徽是中国人民武装警察部队的象征和标志。

公民和组织应当尊重中国人民解放军军旗、军徽和中国人民武装警察部队旗、徽。

中国人民解放军军旗、军徽和中国人民武装警察部队旗、徽的图案、样式以及使用管理办法由中央军事委员会规定。

第二十九条 【三个禁止】国家禁止任何组织或者个人非法建立武装组织，禁止非法武装活动，禁止冒充军人或者武装力量组织。

第四章 边防、海防、空防和其他重大安全领域防卫

第三十条 【建设边防、海防和空防】中华人民共和国的领陆、领水、领空神圣不可侵犯。国家建设强大稳固的现代边防、海防和空防，采取有效的防卫和管理措施，保卫领陆、领水、领空的安全，维护国家海洋权益。

国家采取必要的措施，维护在太空、电磁、网络空间等其他重大安全领域的活动、资产和其他利益的安全。

第三十一条 【防卫工作的领导和按职权分工】中央军事委员会统一领导边防、海防、空防和其他重大安全领域的防卫工作。

中央国家机关、地方各级人民政府和有关军事机关,按照规定的职权范围,分工负责边防、海防、空防和其他重大安全领域的管理和防卫工作,共同维护国家的安全和利益。

第三十二条 【国防设施的建设和保障】国家根据边防、海防、空防和其他重大安全领域防卫的需要,加强防卫力量建设,建设作战、指挥、通信、测控、导航、防护、交通、保障等国防设施。各级人民政府和军事机关应当依照法律、法规的规定,保障国防设施的建设,保护国防设施的安全。

第五章　国防科研生产和军事采购

第三十三条 【发展国防科研生产】国家建立和完善国防科技工业体系,发展国防科研生产,为武装力量提供性能先进、质量可靠、配套完善、便于操作和维修的武器装备以及其他适用的军用物资,满足国防需要。

第三十四条 【国防科技工业的方针和规划】国防科技工业实行军民结合、平战结合、军品优先、创新驱动、自主可控的方针。

国家统筹规划国防科技工业建设,坚持国家主导、分工协作、专业配套、开放融合,保持规模适度、布局合理的国防科研生产能力。

第三十五条 【促进国防科技进步】国家充分利用全社会优势资源,促进国防科学技术进步,加快技术自主研发,发挥高新技术在武器装备发展中的先导作用,增加技术储备,完善国防知识产权制度,促进国防科技成果转化,推进科技资源共享和协同创新,提高国防科研能力和武器装备技术水平。

第三十六条 【国防科技人才培养和权益保护】国家创造有利的环境和条件,加强国防科学技术人才培养,鼓励和吸引优秀人才进入国防科研生产领域,激发人才创新活力。

国防科学技术工作者应当受到全社会的尊重。国家逐步提高国防科学技术工作者的待遇,保护其合法权益。

第三十七条 【采购制度】国家依法实行军事采购制度,保障武装力量所需武器装备和物资、工程、服务的采购供应。

第三十八条 【统一领导和计划调控】国家对国防科研生产实行统一领导和计划调控;注重发挥市场机制作用,推进国防科研生产和军事采购活动公平竞争。

国家为承担国防科研生产任务和接受军事采购的组织和个人依法提供必要的保障条件和优惠政策。地方各级人民政府应当依法对承担国防科研生产任务和接受军事采购的组织和个人给予协助和支持。

承担国防科研生产任务和接受军事采购的组织和个人应当保守秘密，及时高效完成任务，保证质量，提供相应的服务保障。

国家对供应武装力量的武器装备和物资、工程、服务，依法实行质量责任追究制度。

第六章　国防经费和国防资产

第三十九条　【保障国防经费】国家保障国防事业的必要经费。国防经费的增长应当与国防需求和国民经济发展水平相适应。

国防经费依法实行预算管理。

第四十条　【国防资产】国家为武装力量建设、国防科研生产和其他国防建设直接投入的资金、划拨使用的土地等资源，以及由此形成的用于国防目的的武器装备和设备设施、物资器材、技术成果等属于国防资产。

国防资产属于国家所有。

第四十一条　【国防资产的调整、处分和管理】国家根据国防建设和经济建设的需要，确定国防资产的规模、结构和布局，调整和处分国防资产。

国防资产的管理机构和占有、使用单位，应当依法管理国防资产，充分发挥国防资产的效能。

第四十二条　【国防资产的保护】国家保护国防资产不受侵害，保障国防资产的安全、完整和有效。

禁止任何组织或者个人破坏、损害和侵占国防资产。未经国务院、中央军事委员会或者国务院、中央军事委员会授权的机构批准，国防资产的占有、使用单位不得改变国防资产用于国防的目的。国防资产中的技术成果，在坚持国防优先、确保安全的前提下，可以根据国家有关规定用于其他用途。

国防资产的管理机构或者占有、使用单位对不再用于国防目的的国防资产，应当按照规定报批，依法改作其他用途或者进行处置。

第七章　国防教育

第四十三条　【开展国防教育】国家通过开展国防教育，使全体公民增强国防观念、强化忧患意识、掌握国防知识、提高国防技能、发扬爱国主义精神,依法履行国防义务。

普及和加强国防教育是全社会的共同责任。

第四十四条 【国防教育的方针、原则】国防教育贯彻全民参与、长期坚持、讲求实效的方针,实行经常教育与集中教育相结合、普及教育与重点教育相结合、理论教育与行为教育相结合的原则。

第四十五条 【国防教育工作的开展】国防教育主管部门应当加强国防教育的组织管理,其他有关部门应当按照规定的职责做好国防教育工作。

军事机关应当支持有关机关和组织开展国防教育工作,依法提供有关便利条件。

一切国家机关和武装力量、各政党和各人民团体、企业事业组织、社会组织和其他组织,都应当组织本地区、本部门、本单位开展国防教育。

学校的国防教育是全民国防教育的基础。各级各类学校应当设置适当的国防教育课程,或者在有关课程中增加国防教育的内容。普通高等学校和高中阶段学校应当按照规定组织学生军事训练。

公职人员应当积极参加国防教育,提升国防素养,发挥在全民国防教育中的模范带头作用。

第四十六条 【国防教育计划、经费】各级人民政府应当将国防教育纳入国民经济和社会发展计划,保障国防教育所需的经费。

第八章 国防动员和战争状态

第四十七条 【国防动员】中华人民共和国的主权、统一、领土完整、安全和发展利益遭受威胁时,国家依照宪法和法律规定,进行全国总动员或者局部动员。

第四十八条 【国防动员准备纳入国家发展规划和计划】国家将国防动员准备纳入国家总体发展规划和计划,完善国防动员体制,增强国防动员潜力,提高国防动员能力。

第四十九条 【战略物资储备】国家建立战略物资储备制度。战略物资储备应当规模适度、储存安全、调用方便、定期更换,保障战时的需要。

第五十条 【国防动员准备和实施】国家国防动员领导机构、中央国家机关、中央军事委员会机关有关部门按照职责分工,组织国防动员准备和实施工作。

一切国家机关和武装力量、各政党和各人民团体、企业事业组织、社会组织、其他组织和公民,都必须依照法律规定完成国防动员准备工作;在国家发布动员令后,必须完成规定的国防动员任务。

第五十一条 【依法征收、征用及补偿】国家根据国防动员需要,可以依法征收、征用组织和个人的设备设施、交通工具、场所和其他财产。

县级以上人民政府对被征收、征用者因征收、征用所造成的直接经济损失,按照国家有关规定给予公平、合理的补偿。

第五十二条 【战争状态】国家依照宪法规定宣布战争状态,采取各种措施集中人力、物力和财力,领导全体公民保卫祖国、抵抗侵略。

第九章 公民、组织的国防义务和权利

第五十三条 【兵役工作】依照法律服兵役和参加民兵组织是中华人民共和国公民的光荣义务。

各级兵役机关和基层人民武装机构应当依法办理兵役工作,按照国务院和中央军事委员会的命令完成征兵任务,保证兵员质量。有关国家机关、人民团体、企业事业组织、社会组织和其他组织,应当依法完成民兵和预备役工作,协助完成征兵任务。

第五十四条 【企事业单位和个人的国防义务】企业事业组织和个人承担国防科研生产任务或者接受军事采购,应当按照要求提供符合质量标准的武器装备或者物资、工程、服务。

企业事业组织和个人应当按照国家规定在与国防密切相关的建设项目中贯彻国防要求,依法保障国防建设和军事行动的需要。车站、港口、机场、道路等交通设施的管理、运营单位应当为军人和军用车辆、船舶的通行提供优先服务,按照规定给予优待。

第五十五条 【公民的国防义务】公民应当接受国防教育。

公民和组织应当保护国防设施,不得破坏、危害国防设施。

公民和组织应当遵守保密规定,不得泄露国防方面的国家秘密,不得非法持有国防方面的秘密文件、资料和其他秘密物品。

第五十六条 【支持国防建设】公民和组织应当支持国防建设,为武装力量的军事训练、战备勤务、防卫作战、非战争军事行动等活动提供便利条件或者其他协助。

国家鼓励和支持符合条件的公民和企业投资国防事业,保障投资者

的合法权益并依法给予政策优惠。

第五十七条 【提出建议、制止危害或检举的权利】公民和组织有对国防建设提出建议的权利,有对危害国防利益的行为进行制止或者检举的权利。

第五十八条 【职责、义务和抚恤优待】民兵、预备役人员和其他公民依法参加军事训练,担负战备勤务、防卫作战、非战争军事行动等任务时,应当履行自己的职责和义务;国家和社会保障其享有相应的待遇,按照有关规定对其实行抚恤优待。

公民和组织因国防建设和军事活动在经济上受到直接损失的,可以依照国家有关规定获得补偿。

第十章 军人的义务和权益

第五十九条 【军人】军人必须忠于祖国,忠于中国共产党,履行职责,英勇战斗,不怕牺牲,捍卫祖国的安全、荣誉和利益。

第六十条 【遵守法纪】军人必须模范地遵守宪法和法律,遵守军事法规,执行命令,严守纪律。

第六十一条 【发扬军队的优良传统】军人应当发扬人民军队的优良传统,热爱人民,保护人民,积极参加社会主义现代化建设,完成抢险救灾等任务。

第六十二条 【表彰制度】军人应当受到全社会的尊崇。

国家建立军人功勋荣誉表彰制度。

国家采取有效措施保护军人的荣誉、人格尊严,依照法律规定对军人的婚姻实行特别保护。

军人依法履行职责的行为受法律保护。

第六十三条 【优待军人】国家和社会优待军人。

国家建立与军事职业相适应、与国民经济发展相协调的军人待遇保障制度。

第六十四条 【退役军人保障制度】国家建立退役军人保障制度,妥善安置退役军人,维护退役军人的合法权益。

第六十五条 【抚恤优待残疾军人】国家和社会抚恤优待残疾军人,对残疾军人的生活和医疗依法给予特别保障。

因战、因公致残或者致病的残疾军人退出现役后,县级以上人民政府应当及时接收安置,并保障其生活不低于当地的平均生活水平。

第六十六条 【优待军人家属和烈士家属】国家和社会优待军人家属,抚恤优待烈士家属和因公牺牲、病故军人的家属。

第十一章 对外军事关系

第六十七条 【我国对外军事关系的原则】中华人民共和国坚持互相尊重主权和领土完整、互不侵犯、互不干涉内政、平等互利、和平共处五项原则,维护以联合国为核心的国际体系和以国际法为基础的国际秩序,坚持共同、综合、合作、可持续的安全观,推动构建人类命运共同体,独立自主地处理对外军事关系,开展军事交流与合作。

第六十八条 【履行国际安全义务】中华人民共和国遵循以联合国宪章宗旨和原则为基础的国际关系基本准则,依照国家有关法律运用武装力量,保护海外中国公民、组织、机构和设施的安全,参加联合国维和、国际救援、海上护航、联演联训、打击恐怖主义等活动,履行国际安全义务,维护国家海外利益。

第六十九条 【支持国际社会有关活动】中华人民共和国支持国际社会实施的有利于维护世界和地区和平、安全、稳定的与军事有关的活动,支持国际社会为公正合理地解决国际争端以及国际军备控制、裁军和防扩散所做的努力,参与安全领域多边对话谈判,推动制定普遍接受、公正合理的国际规则。

第七十条 【遵守有关条约、协定】中华人民共和国在对外军事关系中遵守同外国、国际组织缔结或者参加的有关条约和协定。

第十二章 附　　则

第七十一条 【军人的含义及适用】本法所称军人,是指在中国人民解放军服现役的军官、军士、义务兵等人员。

本法关于军人的规定,适用于人民武装警察。

第七十二条 【特别行政区防务】中华人民共和国特别行政区的防务,由特别行政区基本法和有关法律规定。

第七十三条 【施行日期】本法自2021年1月1日起施行。

中华人民共和国军人地位和权益保障法

1. 2021年6月10日第十三届全国人民代表大会常务委员会第二十九次会议通过
2. 2021年6月10日中华人民共和国主席令第86号公布
3. 自2021年8月1日起施行

目 录

第一章　总　　则
第二章　军人地位
第三章　荣誉维护
第四章　待遇保障
第五章　抚恤优待
第六章　法律责任
第七章　附　　则

第一章　总　　则

第一条　【立法目的和根据】为了保障军人地位和合法权益,激励军人履行职责使命,让军人成为全社会尊崇的职业,促进国防和军队现代化建设,根据宪法,制定本法。

第二条　【适用范围】本法所称军人,是指在中国人民解放军服现役的军官、军士、义务兵等人员。

第三条　【军人职责和使命】军人肩负捍卫国家主权、安全、发展利益和保卫人民的和平劳动的神圣职责和崇高使命。

第四条　【军人的尊崇地位和社会对军人的责任】军人是全社会尊崇的职业。国家和社会尊重、优待军人,保障军人享有与其职业特点、担负职责使命和所做贡献相称的地位和权益,经常开展各种形式的拥军优属活动。

一切国家机关和武装力量、各政党和群团组织、企业事业单位、社会组织和其他组织都有依法保障军人地位和权益的责任,全体公民都应当依法维护军人合法权益。

第五条　【保障工作原则】军人地位和权益保障工作,坚持中国共产党的领导,以服务军队战斗力建设为根本目的,遵循权利与义务相统一、物质保障与精神激励相结合、保障水平与国民经济和社会发展相适应的原则。

第六条 【职责与分工】中央军事委员会政治工作部门、国务院退役军人工作主管部门以及中央和国家有关机关、中央军事委员会有关部门按照职责分工做好军人地位和权益保障工作。

县级以上地方各级人民政府负责本行政区域内有关军人地位和权益保障工作。军队团级以上单位政治工作部门负责本单位的军人地位和权益保障工作。

省军区(卫戍区、警备区)、军分区(警备区)和县、自治县、市、市辖区的人民武装部,负责所在行政区域人民政府与军队单位之间军人地位和权益保障方面的联系协调工作,并根据需要建立工作协调机制。

乡镇人民政府、街道办事处、基层群众性自治组织应当按照职责做好军人地位和权益保障工作。

第七条 【经费保障】军人地位和权益保障所需经费,由中央和地方按照事权和支出责任相适应的原则列入预算。

第八条 【考核评价】中央和国家有关机关、县级以上地方人民政府及其有关部门、军队各级机关,应当将军人地位和权益保障工作情况作为拥军优属、拥政爱民等工作评比和有关单位负责人以及工作人员考核评价的重要内容。

第九条 【社会力量支持】国家鼓励和引导群团组织、企业事业单位、社会组织、个人等社会力量依法通过捐赠、志愿服务等方式为军人权益保障提供支持,符合规定条件的,依法享受税收优惠等政策。

第十条 【建军节活动】每年8月1日为中国人民解放军建军节。各级人民政府和军队单位应当在建军节组织开展庆祝、纪念等活动。

第十一条 【表彰和奖励】对在军人地位和权益保障工作中做出突出贡献的单位和个人,按照国家有关规定给予表彰、奖励。

第二章 军人地位

第十二条 【军人忠于国家忠于党的职责】军人是中国共产党领导的国家武装力量基本成员,必须忠于祖国,忠于中国共产党,听党指挥,坚决服从命令,认真履行巩固中国共产党的领导和社会主义制度的重要职责使命。

第十三条 【军人舍己为民的职责】军人是人民子弟兵,应当热爱人民,全心全意为人民服务,保卫人民生命财产安全,当遇到人民群众生命财产受到严重威胁时,挺身而出、积极救助。

第十四条 【军人保家卫国的职责】军人是捍卫国家主权、统一、领土完整的坚强力量,应当具备巩固国防、抵抗侵略、保卫祖国所需的战斗精神和能力素质,按照实战要求始终保持戒备状态,苦练杀敌本领,不怕牺牲,能打胜仗,坚决完成任务。

第十五条 【军人在国家建设中的职责】军人是中国特色社会主义现代化建设的重要力量,应当积极投身全面建设社会主义现代化国家的事业,依法参加突发事件的应急救援和处置工作。

第十六条 【军人的政治权利】军人享有宪法和法律规定的政治权利,依法参加国家权力机关组成人员选举,依法参加管理国家事务、管理经济和文化事业、管理社会事务。

第十七条 【官兵平等和军队民主】军队实行官兵一致,军人之间在政治和人格上一律平等,应当互相尊重、平等对待。

军队建立健全军人代表会议、军人委员会等民主制度,保障军人知情权、参与权、建议权和监督权。

第十八条 【军人守法义务】军人必须模范遵守宪法和法律,认真履行宪法和法律规定的公民义务,严格遵守军事法规、军队纪律,作风优良,带头践行社会主义核心价值观。

第十九条 【军人履职保障】国家为军人履行职责提供保障,军人依法履行职责的行为受法律保护。

军人因执行任务给公民、法人或者其他组织的合法权益造成损害的,按照有关规定由国家予以赔偿或者补偿。

公民、法人和其他组织应当为军人依法履行职责提供必要的支持和协助。

第二十条 【特定权益和义务】军人因履行职责享有的特定权益、承担的特定义务,由本法和有关法律法规规定。

第三章 荣誉维护

第二十一条 【军人荣誉】军人荣誉是国家、社会对军人献身国防和军队建设、社会主义现代化建设的褒扬和激励,是鼓舞军人士气、提升军队战斗力的精神力量。

国家维护军人荣誉,激励军人崇尚和珍惜荣誉。

第二十二条 【军队对军人的荣誉、信念教育】军队加强爱国主义、集体主义、革命英雄主义教育,强化军人的荣誉意识,培育有灵魂、有本事、有血性、有品德的新时代革命军人,锻造具有铁一般信仰、铁一般信念、铁一般纪律、铁一般担当的过硬部队。

第二十三条 【国家对军人的培育和激励】国家采取多种形式的宣传教育、奖励激励和保障措施,培育军人的职业使命感、自豪感和荣誉感,激发军人建功立业、报效国家的积极性、主动性、创造性。

第二十四条 【军史和军人英模事迹学习教育】全社会应当学习中国人民解放军光荣历史,宣传军人功绩和牺牲奉献精神,营造维护军人荣誉的良好氛围。

各级各类学校设置的国防教育课程中,应当包括中国人民解放军光荣历史、军人英雄模范事迹等内容。

第二十五条 【军人荣誉体系建设】国家建立健全军人荣誉体系,通过授予勋章、荣誉称号和记功、嘉奖、表彰、颁发纪念章等方式,对做出突出成绩和贡献的军人给予功勋荣誉表彰,褒扬军人为国家和人民做出的奉献和牺牲。

第二十六条 【军人接受本军队以外的荣誉授予】军人经军队单位批准可以接受地方人民政府、群团组织和社会组织等授予的荣誉,以及国际组织和其他国家、军队等授予的荣誉。

第二十七条 【军人功勋待遇】获得功勋荣誉表彰的军人享受相应礼遇和待遇。军人执行作战任务获得功勋荣誉表彰的,按照高于平时的原则享受礼遇和待遇。

获得功勋荣誉表彰和执行作战任务的军人的姓名和功绩,按照规定载入功勋簿、荣誉册、地方志等史志。

第二十八条 【媒体宣传】中央和国家有关机关、地方和军队各级有关机关,以及广播、电视、报刊、互联网等媒体,应当积极宣传军人的先进典型和英勇事迹。

第二十九条 【国家对牺牲军人的尊崇】国家和社会尊崇、铭记为国家、人民、民族牺牲的军人,尊敬、礼遇其遗属。

国家建立英雄烈士纪念设施供公众瞻仰,悼念缅怀英雄烈士,开展纪念和教育活动。

国家推进军人公墓建设。军人去世后,符合规定条件的可以安葬在军人公墓。

第三十条 【军人礼遇仪式制度】国家建立军人礼遇仪式制度。在公民入伍、军人退出现役等时机,应当举行相应仪式;在烈士和因公牺牲军人安葬等场合,应当举行悼念仪式。

各级人民政府应当在重大节日和纪念日组织开展走访慰问军队单位、军人家庭和烈士、因公牺牲军人、病故军人的遗属等活动,在举行重要庆典、纪念活动时邀请军人、军人家属和烈士、因公牺牲军人、病故军人的遗属代表参加。

第三十一条 【地方政府对军人荣誉的宣传责任】地方人民政府应当为军人和烈士、因公牺牲军人、病故军人的遗属的家庭悬挂光荣牌。军人获得功勋荣誉表彰,由当地人民政府有关部门和军事机关给其家庭送喜报,并组织做好宣传工作。

第三十二条 【军人的荣誉和名誉受法律保护】军人的荣誉和名誉受法律保护。

军人获得的荣誉由其终身享有,非因法定事由、非经法定程序不得撤销。

任何组织和个人不得以任何方式诋毁、贬损军人的荣誉,侮辱、诽谤军人的名誉,不得故意毁损、玷污军人的荣誉标识。

第四章 待 遇 保 障

第三十三条 【军人待遇保障制度】国家建立军人待遇保障制度,保证军人履行职责使命,保障军人及其家庭的生活水平。

对执行作战任务和重大非战争军事行动任务的军人,以及在艰苦边远地区、特殊岗位工作的军人,待遇保障从优。

第三十四条 【工资待遇】国家建立相对独立、特色鲜明、具有比较优势的军人工资待遇制度。军官和军士实行工资制度,义务兵实行供给制生活待遇制度。军人享受个人所得税优惠政策。

国家建立军人工资待遇正常增长机制。

军人工资待遇的结构、标准及其调整办法,由中央军事委员会规定。

第三十五条 【住房待遇】国家采取军队保障、政府保障与市场配置相结合,实物保障与货币补贴相结合的方式,保障军人住房待遇。

军人符合规定条件的,享受军队公寓住房或者安置住房保障。

国家建立健全军人住房公积金制度和住房补贴制度。军人符合规定条件购买住房的,国家给予优惠政策支持。

第三十六条 【医疗待遇】国家保障军人按照规定享受免费医疗和疾病预防、疗养、康复等待遇。

军人在地方医疗机构就医所需费用,符合规定条件的,由军队保障。

第三十七条 【保险制度】国家实行体现军人职业特点、与社会保险制度相衔接的军人保险制度,适时补充军人保险项目,保障军人的保险待遇。

国家鼓励和支持商业保险机构为军人及其家庭成员提供专属保险产品。

第三十八条 【休息休假权利】军人享有年休假、探亲假等休息休假的权利。对确因工作需要未休假或者未休满假的,给予经济补偿。

军人配偶、子女与军人两地分居的,可以前往军人所在部队探亲。军人配偶前往部队探亲的,其所在单位应当按照规定安排假期并保障相应的薪酬待遇,不得因其享受探亲假期而辞退、解聘或者解除劳动关系。符合规定条件的军人配偶、未成年子女和不能独立生活的成年子女的探亲路费,由军人所在部队保障。

第三十九条 【军人教育培训体系】国家建立健全军人教育培训体系,保障军人的受教育权利,组织和支持军人参加专业和文化学习培训,提高军人履行职责的能力和退出现役后的就业创业能力。

第四十条 【女军人的特殊保护】女军人的合法权益受法律保护。军队应当根据女军人的特点,合理安排女军人的工作任务和休息休假,在生育、健康等方面为女军人提供特别保护。

第四十一条 【军婚的特殊保护】国家对军人的婚姻给予特别保护,禁止任何破坏军人婚姻的行为。

第四十二条 【随军落户权和户籍变动权】军官和符合规定条件的军士,其配偶、未成年子女和不能独立生活的成年子女可以办理随军落户;符合规定条件的军人父母可以按照规定办理随子女落户。夫妻双方均为军人的,其子女可以选择父母中的一方随军落户。

军人服现役所在地发生变动的,已随军的家属可以随迁落户,或者选择将户口迁至军人、军人配偶原户籍所在地或者军人父母、军人配偶父母户籍所在地。

地方人民政府有关部门、军队有关单位应当及时高效地为军人家属随军落户办理相关手续。

第四十三条 【国家对军人户籍的保障责任】国家保障军人、军人家属的户籍管理和相关权益。

公民入伍时保留户籍。

符合规定条件的军人,可以享受服现役所在地户籍人口在教育、养老、医疗、住房保障等方面的相关权益。

军人户籍管理和相关权益保障办法,由国务院和中央军事委员会规定。

第四十四条 【国家对退役军人的安置责任】国家对依法退出现役的军人,依照退役军人保障法律法规的有关规定,给予妥善安置和相应优待保障。

第五章 抚恤优待

第四十五条 【国家对军人、军属的抚恤优待保障】国家和社会尊重军人、军人家庭为国防和军队建设做出的奉献和牺牲,优待军人、军人家属,抚恤优待烈士、因公牺牲军人、病故军人的遗属,保障残疾军人的生活。

国家建立抚恤优待保障体系,合理确定抚恤优待标准,逐步提高抚恤优待水平。

第四十六条 【军属的优待保障】军人家属凭有关部门制发的证件享受法律法规规定的优待保障。具体办法由国务院和中央军事委员会有关部门制定。

第四十七条 【抚恤优待对象的双重待遇】各级人民政府应当保障抚恤优待对象享受公民普惠待遇,同时享受相应的抚恤优待待遇。

第四十八条 【军人死亡抚恤制度】国家实行军人死亡抚恤制度。

军人死亡后被评定为烈士的,国家向烈士遗属颁发烈士证书,保障烈士遗属享受规定的烈士褒扬金、抚恤金和其他待遇。

军人因公牺牲、病故的,国家向其遗属颁发证书,保障其遗属享受规定的抚恤金和其他待遇。

第四十九条 【军人残疾抚恤制度】国家实行军人残疾抚恤制度。

军人因战、因公、因病致残的,按照国家有关规定评定残疾等级并颁发证件,享受残疾抚恤金和其他待遇,符合规定条件的以安排工作、供养、退休等方式妥善安置。

第五十条 【军属、军烈属的住房优待】国家对军人家属和烈士、因公牺牲军人、病故军人的遗属予以住房优待。

军人家属和烈士、因公牺牲军人、病故军人的遗属,符合规定条件申请保障性住房的,或者居住农村且住房困难的,由当地人民政府优先解决。

烈士、因公牺牲军人、病故军人的遗属符合前款规定情形的,当地人民政府给予优惠。

第五十一条 【军人、军属和军烈属的医疗优待】公立医疗机构应当为军人就医提供优待服务。军人家属和烈士、因公牺牲军人、病故军人的遗属,在军队医疗机构和公立医疗机构就医享受医疗优待。

国家鼓励民营医疗机构为军人、军人家属和烈士、因公牺牲军人、病故军人的遗属就医提供优待服务。

国家和社会对残疾军人的医疗依法给予特别保障。

第五十二条 【军人配偶的就业安置优待】国家依法保障军人配偶就业安置权益。机关、群团组织、企业事业单位、社会组织和其他组织,应当依法履行接收军人配偶就业安置的义务。

军人配偶随军前在机关或者事业单位工作的,由安置地人民政府按照有关规定安排到相应的工作单位;在其他单位工作或者无工作单位的,由安置地人民政府提供就业指导和就业培训,优先协助就业。烈士、因公牺牲军人的遗属和符合规定条件的军人配偶,当地人民政府应当优先安排就业。

第五十三条 【随军家属的就业优待】国家鼓励有用工需求的用人单位优先安排随军家属就业。国有企业在新招录职工时,应当按照用工需求的适当比例聘用随军家属;有条件的民营企业在新招录职工时,可以按照用工需求的适当比例聘用随军家属。

第五十四条 【军人配偶就业、创业优待】国家鼓励和扶持军人配偶自主就业、自主创业。军人配偶从事个体经营的,按照国家有关优惠政策给予支持。

第五十五条 【军人子女的教育优待】国家对军人子女予以教育优待。地方各级人民政府及其有关部门应当为军人子女提供当地优质教育资源,创造接受良好教育的条件。

军人子女入读公办义务教育阶段学校和普惠性幼儿园,可以在本人、父母、祖父母、外祖父母或者其他法定监护人户籍所在地,或者父母居住地、部队驻地入学,享受当地军人子女教育优待政策。

军人子女报考普通高中、中等职业学校,同等条件下优先录取;烈士、因公牺牲军人的子女和符合规定条件的军人子女,按照当地军人子女教育优待政策享受录取等方面的优待。

因公牺牲军人的子女和符合规定条件的军人子女报考高等学校,按照国家有关规定优先录取;烈士子女享受加分等优待。

烈士子女和符合规定条件的军人子女按照规定享受奖学金、助学金和有关费用免除等学生资助政策。

国家鼓励和扶持具备条件的民办学校,为军人子女和烈士、因公牺牲军人的子女提供教育优待。

第五十六条 【军属和遗属的养老优待】军人家属和烈士、因公牺牲军人、病故军人的遗属,符合规定条件申请在国家兴办的光荣院、优抚医院集中供养、住院治疗、短期疗养的,享受优先、优惠待遇;申请到公办养老机构养老的,同等条件下优先安排。

第五十七条 【军人、军属、遗属的参观游览及交通优待】军人、军人家属和烈士、因公牺牲军人、病故军人的遗属,享受参观游览公园、博物馆、纪念馆、展览馆、名胜古迹以及文化和旅游等方面的优先、优惠服务。

军人免费乘坐市内公共汽车、电车、轮渡和轨道交通工具。军人和烈士、因公牺牲军人、病故军人的遗属,以及与其随同出行的家属,乘坐境内运行的火车、轮船、长途公共汽车以及民航班机享受优先购票、优先乘车(船、机)等服务,残疾军人享受票价优惠。

第五十八条 【对困难军人家庭的救助】地方人民政府和军队单位对因自然灾害、意外事故、重大疾病等原因,基本生活出现严重困难的军人家庭,应当给予救助和慰问。

第五十九条 【对特殊遇困军人家庭的帮扶援助】地方人民政府和军队单位对在未成年子女入学入托、老年人养老等方面遇到困难的军人家庭,应当给予必要的帮扶。

国家鼓励和支持企业事业单位、社会组织和其他组织以及个人为困难军人家庭提供援助服务。

第六十条 【军人、军属、遗属的权利救济】军人、军人家属和烈士、因公牺牲军人、病故军人遗属的合法权益受到侵害的,有权向有关国家机关和军队单位提出申诉、控告。负责受理的国家机关和军队单位,应当依法及时处理,不得推诿、拖延。依法向人民法院提起诉讼的,人民法院应当优先立案、审理和执行,人民检察院可以支持起诉。

第六十一条　**【法律援助】**军人、军人家属和烈士、因公牺牲军人、病故军人的遗属维护合法权益遇到困难的,法律援助机构应当依法优先提供法律援助,司法机关应当依法优先提供司法救助。

第六十二条　**【公益诉讼】**侵害军人荣誉、名誉和其他相关合法权益,严重影响军人有效履行职责使命,致使社会公共利益受到损害的,人民检察院可以根据民事诉讼法、行政诉讼法的相关规定提起公益诉讼。

第六章　法律责任

第六十三条　**【渎职的法律责任】**国家机关及其工作人员、军队单位及其工作人员违反本法规定,在军人地位和权益保障工作中滥用职权、玩忽职守、徇私舞弊的,由其所在单位、主管部门或者上级机关责令改正;对负有责任的领导人员和直接责任人员,依法给予处分。

第六十四条　**【不履行优待义务的法律责任】**群团组织、企业事业单位、社会组织和其他组织违反本法规定,不履行优待义务的,由有关部门责令改正;对直接负责的主管人员和其他直接责任人员,依法给予处分。

第六十五条　**【损害军人荣誉、名誉的法律责任】**违反本法规定,通过大众传播媒介或者其他方式,诋毁、贬损军人荣誉,侮辱、诽谤军人名誉,或者故意毁损、玷污军人的荣誉标识的,由公安、文化和旅游、新闻出版、电影、广播电视、网信或者其他有关主管部门依据各自的职权责令改正,并依法予以处理;造成精神损害的,受害人有权请求精神损害赔偿。

第六十六条　**【骗取军人名誉、待遇的法律责任】**冒领或者以欺诈、伪造证明材料等手段骗取本法规定的相关荣誉、待遇或者抚恤优待的,由有关部门予以取消,依法给予没收违法所得等行政处罚。

第六十七条　**【民事、行政和刑事责任】**违反本法规定,侵害军人的合法权益,造成财产损失或者其他损害的,依法承担民事责任。

　　违反本法规定,构成违反治安管理行为的,依法给予治安管理处罚;构成犯罪的,依法追究刑事责任。

第七章　附　则

第六十八条　**【军属和遗属】**本法所称军人家属,是指军人的配偶、父母(扶养人)、未成年子女、不能独立生活的成年子女。

本法所称烈士、因公牺牲军人、病故军人的遗属,是指烈士、因公牺牲军人、病故军人的配偶、父母(扶养人)、子女,以及由其承担抚养义务的兄弟姐妹。

第六十九条　【法律适用】中国人民武装警察部队服现役的警官、警士和义务兵等人员,适用本法。

第七十条　【立法委任】省、自治区、直辖市可以结合本地实际情况,根据本法制定保障军人地位和权益的具体办法。

第七十一条　【施行日期】本法自2021年8月1日起施行。

中国人民解放军选举全国人民代表大会和县级以上地方各级人民代表大会代表的办法

1. 1981年6月10日第五届全国人民代表大会常务委员会第十九次会议通过
2. 1996年10月29日第八届全国人民代表大会常务委员会第二十二次会议修订
3. 根据2012年6月30日第十一届全国人民代表大会常务委员会第二十七次会议《关于修改〈中国人民解放军选举全国人民代表大会和县级以上地方各级人民代表大会代表的办法〉的决定》第一次修正
4. 根据2021年4月29日第十三届全国人民代表大会常务委员会第二十八次会议《关于修改〈中国人民解放军选举全国人民代表大会和县级以上地方各级人民代表大会代表的办法〉的决定》第二次修正

目　录

第一章　总　　则
第二章　选举委员会
第三章　代表名额的决定和分配
第四章　选区和选举单位
第五章　代表候选人的提出
第六章　选举程序
第七章　对代表的监督和罢免、辞职、补选
第八章　附　　则

第一章 总 则

第一条 根据《中华人民共和国宪法》和《中华人民共和国全国人民代表大会和地方各级人民代表大会选举法》的有关规定,制定本办法。

第二条 人民解放军现役军人和参加军队选举的其他人员依照本办法选举全国人民代表大会和县级以上地方各级人民代表大会代表。

第三条 人民解放军及人民解放军团级以上单位设立选举委员会。

人民解放军选举委员会领导全军的选举工作,其他各级选举委员会主持本单位的选举工作。

第四条 连和其他基层单位的军人委员会,主持本单位的选举工作。

第五条 人民解放军军人、文职人员,军队管理的离休、退休人员和其他人员,参加军队选举。

驻军的驻地距离当地居民的居住地较远,随军家属参加地方选举有困难的,经选举委员会或者军人委员会批准,可以参加军队选举。

第六条 驻地方工厂、铁路、水运、科研等单位的军代表,在地方院校学习的军队人员,可以参加地方选举。

第七条 本办法第五条所列人员,凡年满十八周岁,不分民族、种族、性别、职业、家庭出身、宗教信仰、教育程度、财产状况、居住期限,都具有选民资格,享有选举权和被选举权。

依照法律被剥夺政治权利的人没有选举权和被选举权。

精神病患者不能行使选举权利的,经选举委员会确认,不参加选举。

第二章 选举委员会

第八条 人民解放军选举委员会的组成人员,由全国人民代表大会常务委员会批准。其他各级选举委员会的组成人员,由上一级选举委员会批准。

下级选举委员会受上级选举委员会的领导。

选举委员会任期五年,行使职权至新的选举委员会产生为止。选举委员会的组成人员调离本单位或者免职、退役的,其在选举委员会中担任的职务自行终止;因职务调整或者其他原因不宜继续在选举委员会中担任职务的,应当免除其在选举委员会中担任的职务。选举委员会的组成人员出缺时,应当及时增补。

第九条 人民解放军选举委员会由十一至十九人组成,设主任一人,副主任一至三人,委员若干人。其他各级选举委员会由七至十七人组成,设主任一人,副主任一至二人,委员若干人。

第十条　团级以上单位的选举委员会组织、指导所属单位的选举,办理下列事项:

（一）审查军人代表大会代表资格;

（二）确定选举日期;

（三）公布人民代表大会代表候选人名单;

（四）主持本级军人代表大会或者军人大会的投票选举;

（五）确定选举结果是否有效,公布当选的人民代表大会代表名单;

（六）主持本级军人代表大会或者军人大会罢免和补选人民代表大会代表、接受人民代表大会代表辞职。

第十一条　选举委员会下设办公室,具体承办本级有关选举的日常工作。

办公室设在政治工作部门,工作人员由本级选举委员会确定。

第三章　代表名额的决定和分配

第十二条　人民解放军应选全国人民代表大会代表的名额,由全国人民代表大会常务委员会决定。

第十三条　中央军事委员会机关部门和战区、军兵种、军事科学院、国防大学、国防科技大学等单位应选全国人民代表大会代表的名额,由人民解放军选举委员会分配。中央军事委员会直属机构参加其代管部门的选举。

第十四条　各地驻军应选县级以上地方各级人民代表大会代表的名额,由驻地各该级人民代表大会常务委员会决定。

有关选举事宜,由省军区（卫戍区、警备区）、军分区（警备区）、人民武装部分别与驻地的人民代表大会常务委员会协商决定。

第四章　选区和选举单位

第十五条　驻军选举县级人民代表大会代表,由驻该行政区域的现役军人和参加军队选举的其他人员按选区直接选举产生。选区按该行政区域内驻军各单位的分布情况划分。

选区的大小,按照每一选区选一名至三名代表划分。

第十六条　驻军应选的设区的市、自治州、省、自治区、直辖市人民代表大会代表,由团级以上单位召开军人代表大会选举产生。

中央军事委员会机关部门和战区、军兵种、军事科学院、国防大学、国防科技大学等单位的军人代表大会,选举全国人民代表大会代表。

第十七条　人民解放军师级以上单位的军人代表大会代表,由下级军人代表大会选举产生。下级单位不召开军人代表大会的,由军人大会选举产生。

旅、团级单位的军人代表大会代表,由连和其他基层单位召开军人大会选举产生。

军人代表大会由选举委员会召集,军人大会由选举委员会或者军人委员会召集。

军人代表大会每届任期五年。军人代表大会代表任期从本届军人代表大会举行第一次会议开始,到下届军人代表大会举行第一次会议为止。

第五章　代表候选人的提出

第十八条　人民解放军选举全国和县级以上地方各级人民代表大会代表,候选人按选区或者选举单位提名产生。

中国共产党在军队中的各级组织,可以推荐代表候选人。选民或者军人代表大会代表,十人以上联名,也可以推荐代表候选人。推荐者应向选举委员会或者军人委员会介绍候选人的情况。接受推荐的代表候选人应当向选举委员会或者军人委员会如实提供个人基本情况。提供的基本情况不实的,选举委员会或者军人委员会应当向选民或者军人代表大会代表通报。

第十九条　人民解放军选举全国和县级以上地方各级人民代表大会代表实行差额选举,代表候选人的人数应多于应选代表的名额。

由选民直接选举的,代表候选人的人数应多于应选代表名额三分之一至一倍;由军人代表大会选举的,代表候选人的人数应多于应选代表名额五分之一至二分之一。

第二十条　由选民直接选举的,代表候选人由选举委员会或者军人委员会汇总后,将代表候选人名单以及代表候选人的基本情况在选举日的十五日以前公布,并交各该选区的选民反复讨论、协商,确定正式代表候选人名单。如果所提代表候选人的人数超过本办法第十九条规定的最高差额比例,由选举委员会或者军人委员会交各该选区的选民讨论、协商,根据较多数选民的意见,确定正式代表候选人名单;对正式代表候选人不能形成较为一致意见的,进行预选,根据预选时得票多少的顺序,确定正式代表候选人名单。正式代表候选人名单以及代表候选人的基本情况应当在选举日的七日以前公布。

  团级以上单位的军人代表大会在选举人民代表大会代表时,提名、酝酿代表候选人的时间不得少于两天。各该级选举委员会将依法提出的代表候选人名单以及代表候选人的基本情况印发军人代表大会全体代表酝酿、讨论。如果所提代表候选人的人数符合本办法第十九条规定的差额比例,直接进行投票选举。如果所提代表候选人的人数超过本办法第十九条规定的最高差额比例,进行预选,根据预选时得票多少的顺序,按照本级军人代表大会确定的具体差额比例,确定正式代表候选人名单,进行投票选举。

第二十一条　军人代表大会在选举全国和县级以上地方各级人民代表大会代表时,代表候选人不限于本级军人代表大会代表。

第二十二条　选举委员会或者军人委员会应当介绍代表候选人的情况。

  推荐代表候选人的组织或者个人可以在选民小组或者军人代表大会小组会议上介绍所推荐的代表候选人的情况。直接选举时,选举委员会或者军人委员会根据选民的要求,应当组织代表候选人与选民见面,由代表候选人介绍本人的情况,回答选民的问题。但是,在选举日必须停止对代表候选人的介绍。

第六章　选举程序

第二十三条　直接选举时,各选区应当召开军人大会进行选举,或者按照方便选民投票的原则设立投票站进行选举。驻地分散或者行动不便的选民,可以在流动票箱投票。投票选举由军人委员会或者选举委员会主持。

  军人代表大会的投票选举,由选举委员会主持。

第二十四条　人民解放军选举全国和县级以上地方各级人民代表大会代表,一律采用无记名投票的方法。选举时应当设有秘密写票处。

  选民因残疾等原因不能写选票,可以委托他信任的人代写。

第二十五条　选民如果在选举期间外出,经军人委员会或者选举委员会同意,可以书面委托其他选民代为投票。每一选民接受的委托不得超过三人,并应当按照委托人的意愿代为投票。

第二十六条　选举人对代表候选人可以投赞成票,可以投反对票,可以另选其他任何选民,也可以弃权。

第二十七条　投票结束后,由选民推选的或者军人代表大会代表推选的监票、计票人员和选举委员会或者军人委员会的人员将投票人数和票数加以核对,作出记录,并由监票人签字。

代表候选人的近亲属不得担任监票人、计票人。

第二十八条 每次选举所投的票数,多于投票人数的无效,等于或者少于投票人数的有效。

每一选票所选的人数,多于规定应选代表人数的作废,等于或者少于规定应选代表人数的有效。

第二十九条 直接选举时,参加投票的选民超过选区全体选民的半数,选举有效。代表候选人获得参加投票的选民过半数的选票时,始得当选。

军人代表大会选举时,代表候选人获得全体代表过半数的选票,始得当选。

第三十条 获得过半数选票的代表候选人的人数超过应选代表名额时,以得票多的当选。如遇票数相等不能确定当选人时,应就票数相等的候选人再次投票,以得票多的当选。

获得过半数选票的当选代表的人数少于应选代表名额时,不足的名额另行选举。另行选举时,根据在第一次投票时得票多少的顺序,按照本办法第十九条规定的差额比例,确定候选人名单。如果只选一人,候选人应为二人。

依照前款规定另行选举县级人民代表大会代表时,代表候选人以得票多的当选,但是得票数不得少于选票的三分之一;团级以上单位的军人代表大会在另行选举设区的市、自治州、省、自治区、直辖市和全国人民代表大会代表时,代表候选人获得军人代表大会全体代表过半数的选票,始得当选。

第三十一条 选举结果由选举委员会或者军人委员会根据本办法确定是否有效,并予以宣布。

第七章 对代表的监督和罢免、辞职、补选

第三十二条 人民解放军选出的全国和县级以上地方各级人民代表大会代表,受选民和原选举单位的监督。选民或者选举单位都有权罢免自己选出的代表。

第三十三条 对于县级人民代表大会代表,原选区选民十人以上联名,可以向旅、团级选举委员会书面提出罢免要求。

罢免要求应当写明罢免理由。被提出罢免的代表有权在军人大会上提出申辩意见,也可以书面提出申辩意见。

旅、团级选举委员会应当将罢免要求和被提出罢免的代表的书面申辩意见印发原选区选民。

表决罢免要求,由旅、团级选举委员会主持。

第三十四条　军人代表大会举行会议时,团级以上单位的选举委员会可以提出对由该级军人代表大会选出的人民代表大会代表的罢免案。罢免案应当写明罢免理由。

军人代表大会举行会议时,被提出罢免的代表有权在会议上提出申辩意见,或者书面提出申辩意见。罢免案经会议审议后予以表决。

第三十五条　罢免代表采用无记名投票的表决方式。

第三十六条　罢免县级人民代表大会代表,须经原选区过半数的选民通过。

罢免由军人代表大会选出的人民代表大会代表,由各该级军人代表大会过半数的代表通过。

罢免的决议,须报送同级人民代表大会常务委员会和军队上一级选举委员会备案。

第三十七条　人民解放军选出的设区的市、自治州、省、自治区、直辖市和全国人民代表大会代表,可以向原选举单位的选举委员会书面提出辞职。人民解放军选出的县级人民代表大会代表,可以向原选区的选举委员会或者军人委员会书面提出辞职。接受辞职,须经军人代表大会或者军人大会全体人员的过半数通过,并报送各该级人民代表大会常务委员会和军队上一级选举委员会备案。

因执行任务等原因无法召开军人代表大会的,团级以上单位的选举委员会可以接受各该级选出的设区的市、自治州、省、自治区、直辖市和全国人民代表大会代表辞职。选举委员会接受人民代表大会代表辞职后,应当及时通报选举产生该代表的军人代表大会的代表,并报送各该级人民代表大会常务委员会和军队上一级选举委员会备案。

第三十八条　代表在任期内因故出缺,由原选区或者原选举单位补选。

人民解放军选出的县级以上地方各级人民代表大会代表,在任期内调离本行政区域的,其代表资格自行终止,缺额另行补选。

补选代表时,代表候选人的名额可以多于应选代表的名额,也可以同应选代表的名额相等。

因执行任务等原因无法召开军人代表大会的,可以由本级选举委员会进行补选。

第八章 附 则

第三十九条 人民解放军的选举经费,由军费开支。

全国人民代表大会常务委员会关于设立全民国防教育日的决定

2001年8月31日第九届全国人民代表大会常务委员会第二十三次会议通过

为普及国防教育,增强全民的国防观念,根据《中华人民共和国国防教育法》第十二条的规定,第九届全国人民代表大会常务委员会第二十三次会议决定:每年九月的第三个星期六为全民国防教育日。

国务院、中央军委批转全国拥军优属拥政爱民工作领导小组、民政部、总政治部全国拥军优属拥政爱民工作会议纪要的通知

1. 2004年5月11日发布
2. 国发〔2004〕15号

各省、自治区、直辖市人民政府,国务院各部委、各直属机构,各军区、省军区、各军,各军兵种、各总部、军事科学院、国防大学、国防科学技术大学,武警部队(军级以上单位):

现将全国拥军优属拥政爱民工作领导小组、民政部、总政治部《全国拥军优属拥政爱民工作会议纪要》批转给你们,请结合实际,认真贯彻执行。

拥军优属、拥政爱民是我党我军我国人民的优良传统和特有的政治优势,军政军民团结是中国革命和建设事业取得胜利的重要保证。进一步做好新形势下的双拥工作,加强军政军民团结,对于维护国家安全、统一和社

会政治稳定,保证改革开放和社会主义现代化建设的顺利进行,实现全面建设小康社会的宏伟目标,推进国防和军队建设,具有重大而深远的意义。《全国拥军优属拥政爱民工作会议纪要》系统总结了十多年来双拥工作的经验,对新形势下开展双拥工作的指导思想、基本任务、创新发展和组织领导提出了明确要求,是当前和今后一个时期开展双拥工作的基本依据。地方各级人民政府和全军各部队,要以邓小平理论和"三个代表"重要思想为指导,站在国家长治久安和民族兴旺发达的高度,把双拥工作作为事关全局的战略任务来抓,不断巩固和发展军政军民同呼吸、共命运、心连心的大好局面,为促进国家改革发展稳定和军队现代化建设做出新的贡献。

全国拥军优属拥政爱民工作会议纪要

全国拥军优属拥政爱民工作领导小组　民政部　总政治部

(2004年1月9日)

经国务院、中央军委批准,全国拥军优属拥政爱民工作领导小组(以下简称全国双拥工作领导小组)、民政部、总政治部于2004年1月,在北京召开了全国拥军优属拥政爱民工作会议。会议以邓小平理论和"三个代表"重要思想为指导,认真贯彻党的十六大精神,总结交流了1991年全国双拥工作会议以来的经验,研究部署了当前和今后一个时期的双拥工作任务,命名表彰了双拥模范城(县)、双拥模范单位和个人。中共中央政治局常委、国务院总理温家宝代表党中央、国务院、中央军委作了重要讲话。中共中央政治局委员、国务院副总理、全国双拥工作领导小组组长回良玉作了拥军优属拥政爱民工作报告。北京市人民政府、山东省人民政府、南京军区、空军等军地单位在会上介绍了做好新形势下双拥工作的经验。全国双拥工作领导小组全体成员,各省、自治区、直辖市双拥工作领导小组负责同志,解放军四总部和各大单位、武警部队领导,双拥模范城(县)、双拥模范单位和个人代表等600余人出席了会议。

会议指出,拥军优属、拥政爱民,是在中国共产党领导下我国亿万军民的伟大创造,是我党我军我国人民的优良传统和特有的政治优势。党的三代领导核心始终高度重视双拥工作。毛泽东同志作出了"兵民是胜利之本"的精辟论断,亲自倡导和推动了双拥运动。邓小平同志提出军民一致的原则不能变,亲自倡导了军民共建社会主义精神文明和创建双拥模范城(县)活动。江泽民同志强调,要像爱护眼睛一样爱护军政军民团结,巩固和发展同呼吸、共命运、心连心的新型军政军民关系。党的十六大以来,以胡锦涛同志为总书记的党中央明确提出,要加强国防教育,增强全民国防观念,广泛深入开展双拥共建活动,加强军政军民团结,形成国防建设和经济建设相互促进、协调发展的机制。十多年来,在党的军政军民团结思想理论指引下,双拥工作在继承优良传统的基础上创新发展,取得了历史性成就。以爱国主义为核心的国防教育深入人心,军民共建和创建双拥模范城(县)活动蓬勃开展,双拥政策法规制度不断完善,军地相互支持与协作更加有力。双拥工作所形成的坚强的军政军民团结,在关系国家主权、安全和统一的重大事件面前,在抗御洪水、地震、森林大火等严重自然灾害的紧急关键时刻,在推进改革开放和现代化建设的伟大事业中,发挥了极其重要的作用。特别是在1998年抗洪抢险、2003年抗击非典和淮河特大洪水的斗争中,广大军民密切配合,顽强拼搏,共同创造了人类历史上战胜自然灾害和重大疫病的奇迹。

会议强调,进入新世纪新阶段,我们正在全面建设小康社会,完善社会主义市场经济体制,推进中国特色军事变革,现代化建设的任务更加光荣而艰巨。这既为双拥工作提供了新的发展机遇,也对双拥工作提出了更高的标准和要求。双拥工作要坚持以邓小平理论和"三个代表"重要思想为指导,全面贯彻十六大精神,紧紧围绕全面建设小康社会,以增强经济实力、国防实力和民族凝聚力为目标,以维护社会稳定、促进经济发展、推进军队现代化建设为重点,完善政策法规体系,创新群众性活动方式,建立协调顺畅的运行机制,与时俱进抓好各项任务的落实,巩固和发展军政军民团结,为国家改革发展稳定和军队现代化建设提供可靠有力的保障。

一、充分认识新形势下加强军政军民团结的极端重要性

我党我军我国发展的历史充分证明,无论是战争年代还是和平建设时期,双拥工作都是一项带有全局性、战略性的工作,军政军民团结始终是我们战胜困难、夺取胜利的重要法宝。当前,国际局势仍处在深刻复杂的变化之中,局部动荡和地区冲突时有发生,恐怖主义、霸权主义、国际犯罪活动对人类和平与发展构成严重威胁,以综合国力为标志的国际竞争

日趋激烈。国内改革发展进入关键时期,面临不少突出的矛盾和问题。我们要战胜前进道路上的种种困难和风险,完成祖国统一大业,实现全面建设小康社会的宏伟目标,更加需要全党全军全国人民紧密团结,更加需要亿万军民齐心协力不懈奋斗。在党的领导下,把军政军民团结的伟大作用充分发挥出来,把广大军民同心同德干事业的积极性充分调动起来,就没有克服不了的困难,我们的事业就会无往而不胜。地方各级人民政府和部队领导机关一定要站在国家长治久安和民族兴旺发达的高度,把双拥工作作为一项事关全局的战略任务,一如既往地重视双拥、支持双拥、推动双拥。

二、深入进行以爱国主义为核心的国防教育和双拥宣传教育

国防观念和双拥意识,是建设和巩固国防、增强军政军民团结的思想基础。要认真贯彻国防教育法,广泛开展以爱国主义为核心,以拥军优属、拥政爱民光荣传统为重要内容的宣传教育,引导广大人民群众牢固树立"没有一个人民的军队,便没有人民的一切"的思想,把支持国防和军队建设作为义不容辞的责任;引导部队官兵牢固树立"军队打胜仗,人民是靠山"的思想,充分认识人民军队源于人民、服务人民的本质,不断强化广大军民的国防观念和双拥意识,自觉为双拥工作尽一份责任、出一份力量。要把国防教育和双拥宣传教育纳入国民教育体系和部队教育计划,完善组织机构,制定规范统一的教育纲要。以领导干部和大中小学生为重点,抓好不同层次人员的教育。积极开展全民国防教育日、军营一日等活动,充分发挥新闻媒体和国防教育基地功能,增强教育的影响力和实效性。

三、围绕实现全面建设小康社会目标加强军地协作

实现全面建设小康社会的宏伟目标,需要党政军民的共同努力。全军和武警部队要按照中央军委的部署要求,围绕实现国家全面、协调和可持续发展,研究制定参加和支持全面建设小康社会的规划。集中力量援建国家重点工程,主动承担急难险重任务。积极参加西部大开发,支援基础设施建设,参与生态环境治理。发挥人才、技术等优势,支持东北地区等老工业基地的振兴发展。继续开展扶贫帮困,支持"兴边富民"行动。切实做好抢险救灾工作,保护改革开放成果和人民群众生命财产安全。各地区、各有关部门要为部队支援地方经济建设创造必要条件。

要着眼于促进社会主义物质文明、政治文明和精神文明协调发展,扎

实开展军民共建社会主义精神文明活动。组织军民共同学习实践"三个代表"重要思想,大力传播社会主义新思想、新道德、新风尚,弘扬和培育民族精神,积极参加创建文明城市、文明村镇、文明行业、文明社区等活动,认真总结经验,宣传典型,不断提高军民共建社会主义精神文明活动的水平。

四、适应中国特色军事变革做好支持军队建设工作

建立强大的军队和巩固的国防,是全党全军全国人民的共同责任。各地区、各有关部门要围绕推进中国特色军事变革,积极配合部队搞好体制编制调整改革,协助做好军事设施保护和人员安置等工作。切实把支持军队现代化建设作为拥军重点,配合部队完成训练演习任务,支持重点军事工程建设,形成军地协调行动、共谋打赢的局面。研究制订支持军队实施人才战略工程措施,多形式、多渠道帮助培养高素质新型军事人才。继续协助部队做好后勤保障社会化工作,搞好基础设施建设,改善战备、训练和生活条件。进行经济建设特别是基础设施建设,要按照"平战结合、军民结合"的要求,充分考虑军事需求,形成国防建设与经济建设相互促进、协调发展的机制。

五、切实把维护社会稳定作为双拥工作重要任务

完成改革发展的各项任务,必须保持社会稳定。要教育广大军民充分认清保持社会稳定的极端重要性,倍加顾全大局,倍加珍视团结,倍加维护稳定。组织军民积极参加民族团结进步活动,搞好党的民族宗教政策的宣传教育,旗帜鲜明地维护社会稳定、维护民族团结、维护祖国统一。引导转业退伍军人珍惜荣誉,发扬传统,自觉维护稳定大局。加强军警民联防,依法维护社会治安秩序。对危害国家安全和社会稳定的突发性事件,部队和地方要密切配合,果断处置,及时消除不稳定因素。军地双方要从维护稳定大局出发,积极预防和妥善处理军民纠纷。对军地历史遗留问题,要认真梳理,尽快解决,防止久拖不决引发纠纷。

六、认真抓好拥军优抚安置政策的落实

拥军优抚安置工作,涉及部队官兵和优抚对象的切身利益,直接关系到军队稳定、国防巩固和社会发展。各地区、各有关部门要采取有力措施,切实抓好落实。坚持计划分配和自主择业相结合,做好军队转业干部安置工作。完善军队离退休干部安置政策,确保政治、生活待遇落实。采取政府安排、自谋职业等多种形式,拓宽城镇退役士兵安置渠道。进一步

完善政策，及时妥善安置滞留部队的伤病残人员。坚持行政调配和市场调节相结合，做好随军家属劳动就业工作。坚持国家保障和社会优待相结合，保证老红军、烈属、伤残军人、老复员军人等重点优抚对象的生活水平达到或高于当地群众的平均生活水平，切实做好军人子女入学入托等工作。及时妥善处理部队官兵涉法问题，维护军人及其家属合法权益。

要针对拥军优抚安置工作遇到的矛盾和问题，加强政策法规建设，抓紧修订《军人抚恤优待条例》，起草军人权益保障法等法律草案，力争尽早出台。各地要结合实际，制定地方性法规和有关政策，并加强检查监督，促进拥军优抚安置工作落实。

七、以改革创新的精神推进双拥工作深入发展

双拥工作要永葆生机与活力，必须适应新形势，发扬老传统，开创新局面。要认真分析新形势下双拥工作出现的新情况、新问题，研究加强军政军民团结的新思路、新办法。积极探索新型经济组织和新的社会阶层开展拥军活动的途径和办法，扩大双拥工作的群众基础。组织开展行业拥军、社区拥军，推进双拥工作社会化。把政府行为与社会行为、以情双拥与依法双拥、行政调节与市场调节结合起来，不断完善双拥工作运行机制。进一步完善双拥模范城（县）命名标准，强化激励竞争机制，提高创建活动质量。广泛开展争创双拥模范单位、争当双拥模范个人活动，把拥军优属、拥政爱民的光荣传统发扬光大，变成广大军民的自觉行动。要加强双拥工作的理论研究和舆论引导，力争推出一批有深度、有价值的理论成果，推出一批事迹过硬、时代感强、社会影响大的先进典型，推出一批充分反映双拥实践的文学艺术力作，指导和推动双拥工作不断发展。

八、进一步加强双拥工作的组织领导

双拥工作是一项社会工程，各地区、各有关部门和部队领导机关要高度重视，把双拥工作纳入经济社会发展和部队建设总体规划，摆上重要议事日程，经常分析形势，研究解决重大问题；主要领导对双拥工作要常议常抓，并带头参加双拥活动。各级双拥工作领导小组要认真履行组织、协调、指导双拥工作的职责，领导小组成员单位要结合担负的双拥任务，完善政策规定，抓好工作落实。建立领导小组成员单位报告工作制度，增强履行双拥工作职责的意识。关心、重视和支持各级双拥办建设，配齐配强干部，落实办公经费，完善军地合署办公制度。军地双拥工作职能部门要积极为党政军领导当好参谋，积极主动做好双拥工作。省军区系统要组

织协调当地驻军同政府、人民群众之间的联系,做好驻军拥政爱民活动的协调工作。要发扬求真务实的精神,加强对基层双拥工作的指导,建立领导干部双拥联系点制度,推动双拥工作广泛开展和各项任务的落实。

二、兵役制度

中华人民共和国兵役法

1. 1984 年 5 月 31 日第六届全国人民代表大会第二次会议通过
2. 根据 1998 年 12 月 29 日第九届全国人民代表大会常务委员会第六次会议《关于修改〈中华人民共和国兵役法〉的决定》第一次修正
3. 根据 2009 年 8 月 27 日第十一届全国人民代表大会常务委员会第十次会议《关于修改部分法律的决定》第二次修正
4. 根据 2011 年 10 月 29 日第十一届全国人民代表大会常务委员会第二十三次会议《关于修改〈中华人民共和国兵役法〉的决定》第三次修正
5. 2021 年 8 月 20 日第十三届全国人民代表大会常务委员会第三十次会议修订

目　　录

第一章　总　　则
第二章　兵役登记
第三章　平时征集
第四章　士兵的现役和预备役
第五章　军官的现役和预备役
第六章　军队院校从青年学生中招收的学员
第七章　战时兵员动员
第八章　服役待遇和抚恤优待
第九章　退役军人的安置
第十章　法律责任
第十一章　附　　则

第一章　总　　则

第一条 【立法目的和根据】为了规范和加强国家兵役工作,保证公民依法服兵役,保障军队兵员补充和储备,建设巩固国防和强大军队,根据宪法,制定本法。

第二条 【保卫祖国、抵抗侵略】保卫祖国、抵抗侵略是中华人民共和国每一个公民的神圣职责。

第三条 【兵役制度】中华人民共和国实行以志愿兵役为主体的志愿兵役与义务兵役相结合的兵役制度。

第四条 【兵役工作原则】兵役工作坚持中国共产党的领导,贯彻习近平强军思想,贯彻新时代军事战略方针,坚持与国家经济社会发展相协调,坚持与国防和军队建设相适应,遵循服从国防需要、聚焦备战打仗、彰显服役光荣、体现权利和义务一致的原则。

第五条 【服兵役义务】中华人民共和国公民,不分民族、种族、职业、家庭出身、宗教信仰和教育程度,都有义务依照本法的规定服兵役。

有严重生理缺陷或者严重残疾不适合服兵役的公民,免服兵役。

依照法律被剥夺政治权利的公民,不得服兵役。

第六条 【兵役的种类】兵役分为现役和预备役。在中国人民解放军服现役的称军人;预编到现役部队或者编入预备役部队服预备役的,称预备役人员。

第七条 【军人和预备役人员的权利和义务】军人和预备役人员,必须遵守宪法和法律,履行公民的义务,同时享有公民的权利;由于服兵役而产生的权利和义务,由本法和其他相关法律法规规定。

第八条 【军人和预备役人员的职责】军人必须遵守军队的条令和条例,忠于职守,随时为保卫祖国而战斗。

预备役人员必须按照规定参加军事训练、担负战备勤务、执行非战争军事行动任务,随时准备应召参战,保卫祖国。

军人和预备役人员入役时应当依法进行服役宣誓。

第九条 【兵役工作部门】全国的兵役工作,在国务院、中央军事委员会领导下,由国防部负责。

省军区(卫戍区、警备区)、军分区(警备区)和县、自治县、不设区的市、市辖区的人民武装部,兼各该级人民政府的兵役机关,在上级军事机关和同级人民政府领导下,负责办理本行政区域的兵役工作。

机关、团体、企业事业组织和乡、民族乡、镇的人民政府,依照本法的规定完成兵役工作任务。兵役工作业务,在设有人民武装部的单位,由人民武装部办理;不设人民武装部的单位,确定一个部门办理。普通高等学校应当有负责兵役工作的机构。

第十条　【相关部门的职责】县级以上地方人民政府兵役机关应当会同相关部门,加强对本行政区域内兵役工作的组织协调和监督检查。

县级以上地方人民政府和同级军事机关应当将兵役工作情况作为拥军优属、拥政爱民评比和有关单位及其负责人考核评价的内容。

第十一条　【加强兵役工作信息化建设】国家加强兵役工作信息化建设,采取有效措施实现有关部门之间信息共享,推进兵役信息收集、处理、传输、存储等技术的现代化,为提高兵役工作质量效益提供支持。

兵役工作有关部门及其工作人员应当对收集的个人信息严格保密,不得泄露或者向他人非法提供。

第十二条　【加强兵役宣传教育】国家采取措施,加强兵役宣传教育,增强公民依法服兵役意识,营造服役光荣的良好社会氛围。

第十三条　【褒奖和表彰】军人和预备役人员建立功勋的,按照国家和军队关于功勋荣誉表彰的规定予以褒奖。

组织和个人在兵役工作中作出突出贡献的,按照国家和军队有关规定予以表彰和奖励。

第二章　兵役登记

第十四条　【兵役登记制度】国家实行兵役登记制度。兵役登记包括初次兵役登记和预备役登记。

第十五条　【登记对象】每年十二月三十一日以前年满十八周岁的男性公民,都应当按照兵役机关的安排在当年进行初次兵役登记。

机关、团体、企业事业组织和乡、民族乡、镇的人民政府,应当根据县、自治县、不设区的市、市辖区人民政府兵役机关的安排,负责组织本单位和本行政区域的适龄男性公民进行初次兵役登记。

初次兵役登记可以采取网络登记的方式进行,也可以到兵役登记站(点)现场登记。进行兵役登记,应当如实填写个人信息。

第十六条　【预备役登记】经过初次兵役登记的未服现役的公民,符合预备役条件的,县、自治县、不设区的市、市辖区人民政府兵役机关可以根据需要,对其进行预备役登记。

第十七条　【兵役登记信息变更】退出现役的士兵自退出现役之日起四十日内,退出现役的军官自确定安置地之日起三十日内,到安置地县、自治县、不设区的市、市辖区人民政府兵役机关进行兵役登记信息变更；其中，符合预备役条件，经部队确定需要办理预备役登记的，还应当办理预备役登记。

第十八条　【兵役登记工作负责部门】县级以上地方人民政府兵役机关负责本行政区域兵役登记工作。

县、自治县、不设区的市、市辖区人民政府兵役机关每年组织兵役登记信息核验，会同有关部门对公民兵役登记情况进行查验，确保兵役登记及时，信息准确完整。

第三章　平时征集

第十九条　【征集人数、次数、时间和要求】全国每年征集服现役的士兵的人数、次数、时间和要求，由国务院和中央军事委员会的命令规定。

县级以上地方各级人民政府组织兵役机关和有关部门组成征集工作机构，负责组织实施征集工作。

第二十条　【征集对象】年满十八周岁的男性公民，应当被征集服现役；当年未被征集的，在二十二周岁以前仍可以被征集服现役。普通高等学校毕业生的征集年龄可以放宽至二十四周岁，研究生的征集年龄可以放宽至二十六周岁。

根据军队需要，可以按照前款规定征集女性公民服现役。

根据军队需要和本人自愿，可以征集年满十七周岁未满十八周岁的公民服现役。

第二十一条　【应征公民】经初次兵役登记并初步审查符合征集条件的公民，称应征公民。

在征集期间，应征公民应当按照县、自治县、不设区的市、市辖区征集工作机构的通知，按时参加体格检查等征集活动。

应征公民符合服现役条件，并经县、自治县、不设区的市、市辖区征集工作机构批准的，被征集服现役。

第二十二条　【优先履行服兵役】在征集期间，应征公民被征集服现役，同时被机关、团体、企业事业组织招录或者聘用的，应当优先履行服兵役义务；有关机关、团体、企业事业组织应当服从国防和军队建设的需要，支持兵员征集工作。

第二十三条　【缓征】应征公民是维持家庭生活唯一劳动力的，可以缓征。

第二十四条 【不征集】应征公民因涉嫌犯罪正在被依法监察调查、侦查、起诉、审判或者被判处徒刑、拘役、管制正在服刑的,不征集。

第四章 士兵的现役和预备役

第二十五条 【现役士兵的种类】现役士兵包括义务兵役制士兵和志愿兵役制士兵,义务兵役制士兵称义务兵,志愿兵役制士兵称军士。

第二十六条 【义务兵服现役的期限】义务兵服现役的期限为二年。

第二十七条 【军士】义务兵服现役期满,根据军队需要和本人自愿,经批准可以选改为军士;服现役期间表现特别优秀的,经批准可以提前选改为军士。根据军队需要,可以直接从非军事部门具有专业技能的公民中招收军士。

军士实行分级服现役制度。军士服现役的期限一般不超过三十年,年龄不超过五十五周岁。

军士分级服现役的办法和直接从非军事部门招收军士的办法,按照国家和军队有关规定执行。

第二十八条 【退役】士兵服现役期满,应当退出现役。

士兵因国家建设或者军队编制调整需要退出现役的,经军队医院诊断证明本人健康状况不适合继续服现役的,或者因其他特殊原因需要退出现役的,经批准可以提前退出现役。

第二十九条 【士兵服现役和退出现役的时间】士兵服现役的时间自征集工作机构批准入伍之日起算。

士兵退出现役的时间为部队下达退出现役命令之日。

第三十条 【预备役】依照本法第十七条规定经过预备役登记的退出现役的士兵,由部队会同兵役机关根据军队需要,遴选确定服士兵预备役;经过考核,适合担任预备役军官职务的,服军官预备役。

第三十一条 【服士兵预备役】依照本法第十六条规定经过预备役登记的公民,符合士兵预备役条件的,由部队会同兵役机关根据军队需要,遴选确定服士兵预备役。

第三十二条 【士兵服预备役的年龄限制】预备役士兵服预备役的最高年龄,依照其他有关法律规定执行。

预备役士兵达到服预备役最高年龄的,退出预备役。

第五章 军官的现役和预备役

第三十三条 【现役军官选拔和招收对象】现役军官从下列人员中选拔、

招收：

（一）军队院校毕业学员；

（二）普通高等学校应届毕业生；

（三）表现优秀的现役士兵；

（四）军队需要的专业技术人员和其他人员。

战时根据需要，可以从现役士兵、军队院校学员、征召的预备役军官和其他人员中直接任命军官。

第三十四条 【预备役军官种类】预备役军官包括下列人员：

（一）确定服军官预备役的退出现役的军官；

（二）确定服军官预备役的退出现役的士兵；

（三）确定服军官预备役的专业技术人员和其他人员。

第三十五条 【军官服役的最高年龄】军官服现役和服预备役的最高年龄，依照其他有关法律规定执行。

第三十六条 【现役军官退出现役】现役军官按照规定服现役已满最高年龄或者衔级最高年限的，退出现役；需要延长服现役或者暂缓退出现役的，依照有关法律规定执行。

现役军官按照规定服现役未满最高年龄或者衔级最高年限，因特殊情况需要退出现役的，经批准可以退出现役。

第三十七条 【服军官预备役及退出预备役】依照本法第十七条规定经过预备役登记的退出现役的军官、依照本法第十六条规定经过预备役登记的公民，符合军官预备役条件的，由部队会同兵役机关根据军队需要，遴选确定服军官预备役。

预备役军官按照规定服预备役已满最高年龄的，退出预备役。

第六章　军队院校从青年学生中招收的学员

第三十八条 【从青年学生中招收学员】根据军队建设的需要，军队院校可以从青年学生中招收学员。招收学员的年龄，不受征集服现役年龄的限制。

第三十九条 【毕业】学员完成学业达到军队培养目标的，由院校发给毕业证书；按照规定任命为现役军官或者军士。

第四十条 【多种方式分流】学员未达到军队培养目标或者不符合军队培养要求的，由院校按照国家和军队有关规定发给相应证书，并采取多种方式分流；其中，回入学前户口所在地的学员，就读期间其父母已办理户口迁移手续的，可以回父母现户口所在地，由县、自治县、不设区的市、市辖区的人民政府按照国家有关规定接收安置。

第四十一条　【开除学籍】学员被开除学籍的，回入学前户口所在地；就读期间其父母已办理户口迁移手续的，可以回父母现户口所在地，由县、自治县、不设区的市、市辖区的人民政府按照国家有关规定办理。

第四十二条　【军队院校从现役士兵中招收学员的适用条款】军队院校从现役士兵中招收的学员，适用本法第三十九条、第四十条、第四十一条的规定。

第七章　战时兵员动员

第四十三条　【平时战备工作】为了应对国家主权、统一、领土完整、安全和发展利益遭受的威胁，抵抗侵略，各级人民政府、各级军事机关，在平时必须做好战时兵员动员的准备工作。

第四十四条　【国防动员】在国家发布动员令或者国务院、中央军事委员会依照《中华人民共和国国防动员法》采取必要的国防动员措施后，各级人民政府、各级军事机关必须依法迅速实施动员，军人停止退出现役，休假、探亲的军人立即归队，预备役人员随时准备应召服现役，经过预备役登记的公民做好服预备役被征召的准备。

第四十五条　【战时遇特殊情况的征召】战时根据需要，国务院和中央军事委员会可以决定适当放宽征召男性公民服现役的年龄上限，可以决定延长公民服现役的期限。

第四十六条　【战后复原及其安置】战争结束后，需要复员的军人，根据国务院和中央军事委员会的复员命令，分期分批地退出现役，由各级人民政府妥善安置。

第八章　服役待遇和抚恤优待

第四十七条　【军人待遇保障】国家保障军人享有符合军事职业特点、与其履行职责相适应的工资、津贴、住房、医疗、保险、休假、疗养等待遇。军人的待遇应当与国民经济发展相协调，与社会进步相适应。

　　女军人的合法权益受法律保护。军队应当根据女军人的特点，合理安排女军人的工作任务和休息休假，在生育、健康等方面为女军人提供特别保护。

第四十八条 【预备役人员待遇保障】预备役人员参战、参加军事训练、担负战备勤务、执行非战争军事行动任务，享受国家规定的伙食、交通等补助。预备役人员是机关、团体、企业事业组织工作人员的，参战、参加军事训练、担负战备勤务、执行非战争军事行动任务期间，所在单位应当保持其原有的工资、奖金和福利待遇。预备役人员的其他待遇保障依照有关法律法规和国家有关规定执行。

第四十九条 【军人优待政策】军人按照国家有关规定，在医疗、金融、交通、参观游览、法律服务、文化体育设施服务、邮政服务等方面享受优待政策。公民入伍时保留户籍。

军人因战、因公、因病致残的，按照国家规定评定残疾等级，发给残疾军人证，享受国家规定的待遇、优待和残疾抚恤金。因工作需要继续服现役的残疾军人，由所在部队按照规定发给残疾抚恤金。

军人牺牲、病故，国家按照规定发给其遗属抚恤金。

第五十条 【义务兵家庭优待金制度】国家建立义务兵家庭优待金制度。义务兵家庭优待金标准由地方人民政府制定，中央财政给予定额补助。具体补助办法由国务院退役军人工作主管部门、财政部门会同中央军事委员会机关有关部门制定。

义务兵和军士入伍前是机关、团体、事业单位或者国有企业工作人员的，退出现役后可以选择复职复工。

义务兵和军士入伍前依法取得的农村土地承包经营权，服现役期间应当保留。

第五十一条 【军属待遇保障】现役军官和军士的子女教育，家属的随军、就业创业以及工作调动，享受国家和社会的优待。

符合条件的军人家属，其住房、医疗、养老按照有关规定享受优待。

军人配偶随军未就业期间，按照国家有关规定享受相应的保障待遇。

第五十二条 【预备役人员的抚恤优待】预备役人员因参战、参加军事训练、担负战备勤务、执行非战争军事行动任务致残、牺牲的，由当地人民政府依照有关规定给予抚恤优待。

第九章 退役军人的安置

第五十三条 【义务兵退役后的安置】对退出现役的义务兵，国家采取自主就业、安排工作、供养等方式妥善安置。

义务兵退出现役自主就业的,按照国家规定发给一次性退役金,由安置地的县级以上地方人民政府接收,根据当地的实际情况,可以发给经济补助。国家根据经济社会发展,适时调整退役金的标准。

服现役期间平时获得二等功以上荣誉或者战时获得三等功以上荣誉以及属于烈士子女的义务兵退出现役,由安置地的县级以上地方人民政府安排工作;待安排工作期间由当地人民政府按照国家有关规定发给生活补助费;根据本人自愿,也可以选择自主就业。

因战、因公、因病致残的义务兵退出现役,按照国家规定的评定残疾等级采取安排工作、供养等方式予以妥善安置;符合安排工作条件的,根据本人自愿,也可以选择自主就业。

第五十四条 【军士退役后的安置】对退出现役的军士,国家采取逐月领取退役金、自主就业、安排工作、退休、供养等方式妥善安置。

军士退出现役,服现役满规定年限的,采取逐月领取退役金方式予以妥善安置。

军士退出现役,服现役满十二年或者符合国家规定的其他条件的,由安置地的县级以上地方人民政府安排工作;待安排工作期间由当地人民政府按照国家有关规定发给生活补助费;根据本人自愿,也可以选择自主就业。

军士服现役满三十年或者年满五十五周岁或者符合国家规定的其他条件的,作退休安置。

因战、因公、因病致残的军士退出现役,按照国家规定的评定残疾等级采取安排工作、退休、供养等方式予以妥善安置;符合安排工作条件的,根据本人自愿,也可以选择自主就业。

军士退出现役,不符合本条第二款至第五款规定条件的,依照本法第五十三条规定的自主就业方式予以妥善安置。

第五十五条 【军官退役后的安置】对退出现役的军官,国家采取退休、转业、逐月领取退役金、复员等方式妥善安置;其安置方式的适用条件,依照有关法律法规的规定执行。

第五十六条 【残疾军人、患慢性病的军人退役后的安置】残疾军人、患慢性病的军人退出现役后,由安置地的县级以上地方人民政府按照国务院、中央军事委员会的有关规定负责接收安置;其中,患过慢性病旧病复发需要治疗的,由当地医疗机构负责给予治疗,所需医疗和生活费用,本人经济困难的,按照国家规定给予补助。

第十章　法　律　责　任

第五十七条　【有服兵役义务的公民违法行为的惩处】有服兵役义务的公民有下列行为之一的,由县级人民政府责令限期改正;逾期不改正的,由县级人民政府强制其履行兵役义务,并处以罚款:

(一)拒绝、逃避兵役登记的;

(二)应征公民拒绝、逃避征集服现役的;

(三)预备役人员拒绝、逃避参加军事训练、担负战备勤务、执行非战争军事行动任务和征召的。

有前款第二项行为,拒不改正的,不得录用为公务员或者参照《中华人民共和国公务员法》管理的工作人员,不得招录、聘用为国有企业和事业单位工作人员,两年内不准出境或者升学复学,纳入履行国防义务严重失信主体名单实施联合惩戒。

第五十八条　【逃避服兵役的处罚】军人以逃避服兵役为目的,拒绝履行职责或者逃离部队的,按照中央军事委员会的规定给予处分。

军人有前款行为被军队除名、开除军籍或者被依法追究刑事责任的,依照本法第五十七条第二款的规定处罚;其中,被军队除名的,并处以罚款。

明知是逃离部队的军人而招录、聘用的,由县级人民政府责令改正,并处以罚款。

第五十九条　【机关、团体、企事业组织妨害兵役工作行为的处罚】机关、团体、企业事业组织拒绝完成本法规定的兵役工作任务的,阻挠公民履行兵役义务的,或者有其他妨害兵役工作行为的,由县级以上地方人民政府责令改正,并可以处以罚款;对单位负有责任的领导人员、直接负责的主管人员和其他直接责任人员,依法予以处罚。

第六十条　【阻碍兵役工作执法行为的处罚】扰乱兵役工作秩序,或者阻碍兵役工作人员依法执行职务的,依照《中华人民共和国治安管理处罚法》的规定处罚。

第六十一条　【国家工作人员和军人在兵役工作中违法的处罚】国家工作人员和军人在兵役工作中,有下列行为之一的,依法给予处分:

(一)贪污贿赂的;

(二)滥用职权或者玩忽职守的;

(三)徇私舞弊,接送不合格兵员的;

(四)泄露或者向他人非法提供兵役个人信息的。

第六十二条 【刑事责任】违反本法规定,构成犯罪的,依法追究刑事责任。

第六十三条 【处罚实施】本法第五十七条、第五十八条、第五十九条规定的处罚,由县级以上地方人民政府兵役机关会同有关部门查明事实,经同级地方人民政府作出处罚决定后,由县级以上地方人民政府兵役机关、发展改革、公安、退役军人工作、卫生健康、教育、人力资源和社会保障等部门按照职责分工具体执行。

第十一章 附 则

第六十四条 【适用范围】本法适用于中国人民武装警察部队。

第六十五条 【施行日期】本法自2021年10月1日起施行。

中华人民共和国国防动员法

1. 2010年2月26日第十一届全国人民代表大会常务委员会第十三次会议通过
2. 2010年2月26日中华人民共和国主席令第25号公布
3. 自2010年7月1日起施行

目 录

第一章　总　　则

第二章　组织领导机构及其职权

第三章　国防动员计划、实施预案与潜力统计调查

第四章　与国防密切相关的建设项目和重要产品

第五章　预备役人员的储备与征召

第六章　战略物资储备与调用

第七章　军品科研、生产与维修保障

第八章　战争灾害的预防与救助

第九章　国防勤务

第十章　民用资源征用与补偿

第十一章　宣传教育
第十二章　特别措施
第十三章　法律责任
第十四章　附　　则

第一章　总　　则

第一条　【立法目的和根据】为了加强国防建设,完善国防动员制度,保障国防动员工作的顺利进行,维护国家的主权、统一、领土完整和安全,根据宪法,制定本法。

第二条　【适用对象】国防动员的准备、实施以及相关活动,适用本法。

第三条　【国防动员建设目标】国家加强国防动员建设,建立健全与国防安全需要相适应、与经济社会发展相协调、与突发事件应急机制相衔接的国防动员体系,增强国防动员能力。

第四条　【国防动员原则】国防动员坚持平战结合、军民结合、寓军于民的方针,遵循统一领导、全民参与、长期准备、重点建设、统筹兼顾、有序高效的原则。

第五条　【公民和组织的义务】公民和组织在和平时期应当依法完成国防动员准备工作;国家决定实施国防动员后,应当完成规定的国防动员任务。

第六条　【经费保障】国家保障国防动员所需经费。国防动员经费按照事权划分的原则,分别列入中央和地方财政预算。

第七条　【表彰和奖励】国家对在国防动员工作中作出突出贡献的公民和组织,给予表彰和奖励。

第二章　组织领导机构及其职权

第八条　【国防动员的决定权限与发布】国家的主权、统一、领土完整和安全遭受威胁时,全国人民代表大会常务委员会依照宪法和有关法律的规定,决定全国总动员或者局部动员。国家主席根据全国人民代表大会常务委员会的决定,发布动员令。

第九条　【全国国防动员的组织实施】国务院、中央军事委员会共同领导全国的国防动员工作,制定国防动员工作的方针、政策和法规,向全国人民代表大会常务委员会提出实施全国总动员或者局部动员的议案,根据全国人民代表大会常务委员会的决定和国家主席发布的动员令,组织国防动员的实施。

　　国家的主权、统一、领土完整和安全遭受直接威胁必须立即采取应对措施时，国务院、中央军事委员会可以根据应急处置的需要，采取本法规定的必要的国防动员措施，同时向全国人民代表大会常务委员会报告。

第十条　【地方国防动员的组织实施】地方人民政府应当贯彻和执行国防动员工作的方针、政策和法律、法规；国家决定实施国防动员后，应当根据上级下达的国防动员任务，组织本行政区域国防动员的实施。

　　县级以上地方人民政府依照法律规定的权限管理本行政区域的国防动员工作。

第十一条　【负责国防动员工作的部门】县级以上人民政府有关部门和军队有关部门在各自的职责范围内，负责有关的国防动员工作。

第十二条　【国防动员委员会的职责】国家国防动员委员会在国务院、中央军事委员会的领导下负责组织、指导、协调全国的国防动员工作；按照规定的权限和程序议定的事项，由国务院和中央军事委员会的有关部门按照各自职责分工组织实施。军区国防动员委员会、县级以上地方各级国防动员委员会负责组织、指导、协调本区域的国防动员工作。

第十三条　【国防动员委员会的办事机构】国防动员委员会的办事机构承担本级国防动员委员会的日常工作，依法履行有关的国防动员职责。

第十四条　【国防动员的解除】国家的主权、统一、领土完整和安全遭受的威胁消除后，应当按照决定实施国防动员的权限和程序解除国防动员的实施措施。

第三章　国防动员计划、实施预案与潜力统计调查

第十五条　【国防动员计划、实施预案与潜力统计调查制度】国家实行国防动员计划、国防动员实施预案和国防动员潜力统计调查制度。

第十六条　【国防动员计划和实施预案的编制】国防动员计划和国防动员实施预案，根据国防动员的方针和原则、国防动员潜力状况和军事需求编制。军事需求由军队有关部门按照规定的权限和程序提出。

　　国防动员实施预案与突发事件应急处置预案应当在指挥、力量使用、信息和保障等方面相互衔接。

第十七条　【编制和审批的有关规定】各级国防动员计划和国防动员实施

预案的编制和审批,按照国家有关规定执行。

第十八条　【政府及相关部门的职责】县级以上人民政府应当将国防动员的相关内容纳入国民经济和社会发展计划。军队有关部门应当将国防动员实施预案纳入战备计划。

县级以上人民政府及其有关部门和军队有关部门应当按照职责落实国防动员计划和国防动员实施预案。

第十九条　【统计机构的职责】县级以上人民政府统计机构和有关部门应当根据国防动员的需要,准确及时地向本级国防动员委员会的办事机构提供有关统计资料。提供的统计资料不能满足需要时,国防动员委员会办事机构可以依据《中华人民共和国统计法》和国家有关规定组织开展国防动员潜力专项统计调查。

第二十条　【评估检查制度】国家建立国防动员计划和国防动员实施预案执行情况的评估检查制度。

第四章　与国防密切相关的建设项目和重要产品

第二十一条　【具备国防功能】根据国防动员的需要,与国防密切相关的建设项目和重要产品应当贯彻国防要求,具备国防功能。

第二十二条　【项目和产品目录】与国防密切相关的建设项目和重要产品目录,由国务院经济发展综合管理部门会同国务院其他有关部门以及军队有关部门拟定,报国务院、中央军事委员会批准。

列入目录的建设项目和重要产品,其军事需求由军队有关部门提出;建设项目审批、核准和重要产品设计定型时,县级以上人民政府有关主管部门应当按照规定征求军队有关部门的意见。

第二十三条　【质量要求】列入目录的建设项目和重要产品,应当依照有关法律、行政法规和贯彻国防要求的技术规范和标准进行设计、生产、施工、监理和验收,保证建设项目和重要产品的质量。

第二十四条　【补贴或者其他优惠政策】企业事业单位投资或者参与投资列入目录的建设项目建设或者重要产品研究、开发、制造的,依照有关法律、行政法规和国家有关规定,享受补贴或者其他政策优惠。

第二十五条　【指导和政策扶持】县级以上人民政府应当对列入目录的建设项目和重要产品贯彻国防要求工作给予指导和政策扶持,有关部门应当按照职责做好有关的管理工作。

第五章　预备役人员的储备与征召

第二十六条　【预备役人员储备制度】国家实行预备役人员储备制度。

国家根据国防动员的需要,按照规模适度、结构科学、布局合理的原则,储备所需的预备役人员。

国务院、中央军事委员会根据国防动员的需要,决定预备役人员储备的规模、种类和方式。

第二十七条　【预备役人员储备的形式】预备役人员按照专业对口、便于动员的原则,采取预编到现役部队、编入预备役部队、编入民兵组织或者其他形式进行储备。

国家根据国防动员的需要,建立预备役专业技术兵员储备区。

国家为预备役人员训练、储备提供条件和保障。预备役人员应当依法参加训练。

第二十八条　【储备工作的组织实施】县级以上地方人民政府兵役机关负责组织实施本行政区域预备役人员的储备工作。县级以上地方人民政府有关部门、预备役人员所在乡(镇)人民政府、街道办事处或者企业事业单位,应当协助兵役机关做好预备役人员储备的有关工作。

第二十九条　【离开预备役登记地报告制度】预编到现役部队和编入预备役部队的预备役人员、预定征召的其他预备役人员,离开预备役登记地一个月以上的,应当向其预备役登记的兵役机关报告。

第三十条　【征召通知】国家决定实施国防动员后,县级人民政府兵役机关应当根据上级的命令,迅速向被征召的预备役人员下达征召通知。

接到征召通知的预备役人员应当按照通知要求,到指定地点报到。

第三十一条　【协助征召工作】被征召的预备役人员所在单位应当协助兵役机关做好预备役人员的征召工作。

从事交通运输的单位和个人,应当优先运送被征召的预备役人员。

第三十二条　【国防动员后不得擅自离开登记地】国家决定实施国防动员后,预定征召的预备役人员,未经其预备役登记地的县级人民政府兵役机关批准,不得离开预备役登记地;已经离开预备役登记地的,接到兵役机关通知后,应当立即返回或者到指定地点报到。

第六章　战略物资储备与调用

第三十三条　【战略物资储备和调用制度】国家实行适应国防动员需要的

战略物资储备和调用制度。

战略物资储备由国务院有关主管部门组织实施。

第三十四条 【承担战略物资储备任务单位的职责】承担战略物资储备任务的单位,应当按照国家有关规定和标准对储备物资进行保管和维护,定期调整更换,保证储备物资的使用效能和安全。

国家按照有关规定对承担战略物资储备任务的单位给予补贴。

第三十五条 【战略物资调用的规定与批准】战略物资按照国家有关规定调用。国家决定实施国防动员后,战略物资的调用由国务院和中央军事委员会批准。

第三十六条 【其他物资的储备和调用的规定】国防动员所需的其他物资的储备和调用,依照有关法律、行政法规的规定执行。

第七章 军品科研、生产与维修保障

第三十七条 【军品科研、生产和维修保障的动员体系】国家建立军品科研、生产和维修保障动员体系,根据战时军队订货和装备保障的需要,储备军品科研、生产和维修保障能力。

本法所称军品,是指用于军事目的的装备、物资以及专用生产设备、器材等。

第三十八条 【军品科研、生产和维修保障方案】军品科研、生产和维修保障能力储备的种类、布局和规模,由国务院有关主管部门会同军队有关部门提出方案,报国务院、中央军事委员会批准后组织实施。

第三十九条 【承担转产、扩大生产军品和维修保障任务单位的职责】承担转产、扩大生产军品和维修保障任务的单位,应当根据所担负的国防动员任务,储备所需的设备、材料、配套产品、技术,建立所需的专业技术队伍,制定和完善预案与措施。

第四十条 【各级人民政府的协调与支持】各级人民政府应当支持和帮助承担转产、扩大生产军品任务的单位开发和应用先进的军民两用技术,推广军民通用的技术标准,提高转产、扩大生产军品的综合保障能力。

国务院有关主管部门应当对重大的跨地区、跨行业的转产、扩大生产军品任务的实施进行协调,并给予支持。

第四十一条 【承担转产、扩大生产军品任务的单位职责】国家决定实施国防动员后,承担转产、扩大生产军品任务的单位,应当按照国家军事订货合同和转产、扩大生产的要求,组织军品科研、生产,保证军品质量,按时交付订货,协助军队完成维修保障任务。为转产、扩大生产军品提供能源、材料、设备和配套产品的单位,应当优先满足转产、扩大生产军品的需要。

国家对因承担转产、扩大生产军品任务造成直接经济损失的单位给予补偿。

第八章　战争灾害的预防与救助

第四十二条　【战争灾害的预防与救助制度】国家实行战争灾害的预防与救助制度,保护人民生命和财产安全,保障国防动员潜力和持续动员能力。

第四十三条　【分级防护制度】国家建立军事、经济、社会目标和首脑机关分级防护制度。分级防护标准由国务院、中央军事委员会规定。

军事、经济、社会目标和首脑机关的防护工作,由县级以上人民政府会同有关军事机关共同组织实施。

第四十四条　【承担防护任务的单位职责】承担军事、经济、社会目标和首脑机关防护任务的单位,应当制定防护计划和抢险抢修预案,组织防护演练,落实防护措施,提高综合防护效能。

第四十五条　【平战结合的医疗卫生救护体系】国家建立平战结合的医疗卫生救护体系。国家决定实施国防动员后,动员医疗卫生人员、调用药品器材和设备设施,保障战时医疗救护和卫生防疫。

第四十六条　【人员、物资的疏散和隐蔽工作的组织实施】国家决定实施国防动员后,人员、物资的疏散和隐蔽,在本行政区域进行的,由本级人民政府决定并组织实施;跨行政区域进行的,由相关行政区域共同的上一级人民政府决定并组织实施。

承担人员、物资疏散和隐蔽任务的单位,应当按照有关人民政府的决定,在规定时间内完成疏散和隐蔽任务。

第四十七条　【启动应急救助机制】战争灾害发生时,当地人民政府应当迅速启动应急救助机制,组织力量抢救伤员、安置灾民、保护财产,尽快消除战争灾害后果,恢复正常生产生活秩序。

遭受战争灾害的人员和组织应当及时采取自救、互救措施,减少战争灾害造成的损失。

第九章 国防勤务

第四十八条 【国防勤务】国家决定实施国防动员后,县级以上人民政府根据国防动员实施的需要,可以动员符合本法规定条件的公民和组织担负国防勤务。

本法所称国防勤务,是指支援保障军队作战、承担预防与救助战争灾害以及协助维护社会秩序的任务。

第四十九条 【担负国防勤务的公民】十八周岁至六十周岁的男性公民和十八周岁至五十五周岁的女性公民,应当担负国防勤务;但有下列情形之一的,免予担负国防勤务:

(一)在托儿所、幼儿园和孤儿院、养老院、残疾人康复机构、救助站等社会福利机构从事管理和服务工作的公民;

(二)从事义务教育阶段学校教学、管理和服务工作的公民;

(三)怀孕和在哺乳期内的女性公民;

(四)患病无法担负国防勤务的公民;

(五)丧失劳动能力的公民;

(六)在联合国等政府间国际组织任职的公民;

(七)其他经县级以上人民政府决定免予担负国防勤务的公民。

有特殊专长的专业技术人员担负特定的国防勤务,不受前款规定的年龄限制。

第五十条 【担负国防勤务人员的职责】被确定担负国防勤务的人员,应当服从指挥、履行职责、遵守纪律、保守秘密。担负国防勤务的人员所在单位应当给予支持和协助。

第五十一条 【担负国防勤务的部门】交通运输、邮政、电信、医药卫生、食品和粮食供应、工程建筑、能源化工、大型水利设施、民用核设施、新闻媒体、国防科研生产和市政设施保障等单位,应当依法担负国防勤务。

前款规定的单位平时应当按照专业对口、人员精干、应急有效的原则组建专业保障队伍,组织训练、演练,提高完成国防勤务的能力。

第五十二条 【国防勤务工作的组织与指挥】公民和组织担负国防勤务,由县级以上人民政府负责组织。

担负预防与救助战争灾害、协助维护社会秩序勤务的公民和专业保障队伍,由当地人民政府指挥,并提供勤务和生活保障;跨行政区域执行勤务的,由相关行政区域的县级以上地方人民政府组织落实相关保障。

担负支援保障军队作战勤务的公民和专业保障队伍,由军事机关指挥,伴随部队行动的由所在部队提供勤务和生活保障;其他的由当地人民政府提供勤务和生活保障。

第五十三条 【担负国防勤务的人员的待遇与抚恤】担负国防勤务的人员在执行勤务期间,继续享有原工作单位的工资、津贴和其他福利待遇;没有工作单位的,由当地县级人民政府参照民兵执行战备勤务的补贴标准给予补贴;因执行国防勤务伤亡的,由当地县级人民政府依照《军人抚恤优待条例》等有关规定给予抚恤优待。

第十章 民用资源征用与补偿

第五十四条 【民用资源的征用】国家决定实施国防动员后,储备物资无法及时满足动员需要的,县级以上人民政府可以依法对民用资源进行征用。

本法所称民用资源,是指组织和个人所有或者使用的用于社会生产、服务和生活的设施、设备、场所和其他物资。

第五十五条 【民用资源的征用程序】任何组织和个人都有接受依法征用民用资源的义务。

需要使用民用资源的中国人民解放军现役部队和预备役部队、中国人民武装警察部队、民兵组织,应当提出征用需求,由县级以上地方人民政府统一组织征用。县级以上地方人民政府应当对被征用的民用资源予以登记,向被征用人出具凭证。

第五十六条 【免予征用的民用资源】下列民用资源免予征用:

(一)个人和家庭生活必需的物品和居住场所;

(二)托儿所、幼儿园和孤儿院、养老院、残疾人康复机构、救助站等社会福利机构保障儿童、老人、残疾人和救助对象生活必需的物品和居住场所;

(三)法律、行政法规规定免予征用的其他民用资源。

第五十七条 【民用资源的改造】被征用的民用资源根据军事要求需要进行改造的,由县级以上地方人民政府会同有关军事机关组织实施。

承担改造任务的单位应当按照使用单位提出的军事要求和改造方案进行改造,并保证按期交付使用。改造所需经费由国家负担。

第五十八条 【民用资源的返还与补偿】被征用的民用资源使用完毕,县级以上地方人民政府应当及时组织返还;经过改造的,应当恢复原使用功能后返还;不能修复或者灭失的,以及因征用造成直接经济损失的,按照国家有关规定给予补偿。

第五十九条　【其他征用民用资源或者采取临时性管制措施的规定】中国人民解放军现役部队和预备役部队、中国人民武装警察部队、民兵组织进行军事演习、训练,需要征用民用资源或者采取临时性管制措施的,按照国务院、中央军事委员会的有关规定执行。

第十一章　宣传教育

第六十条　【宣传教育的组织】各级人民政府应当组织开展国防动员的宣传教育,增强公民的国防观念和依法履行国防义务的意识。有关军事机关应当协助做好国防动员的宣传教育工作。

第六十一条　【单位团体组织学习】国家机关、社会团体、企业事业单位和基层群众性自治组织,应当组织所属人员学习和掌握必要的国防知识与技能。

第六十二条　【宣传工作的开展】各级人民政府应当运用各种宣传媒体和宣传手段,对公民进行爱国主义、革命英雄主义宣传教育,激发公民的爱国热情,鼓励公民踊跃参战支前,采取多种形式开展拥军优属和慰问活动,按照国家有关规定做好抚恤优待工作。

新闻出版、广播影视和网络传媒等单位,应当按照国防动员的要求做好宣传教育和相关工作。

第十二章　特别措施

第六十三条　【特别措施范围】国家决定实施国防动员后,根据需要,可以依法在实施国防动员的区域采取下列特别措施:

（一）对金融、交通运输、邮政、电信、新闻出版、广播影视、信息网络、能源水源供应、医药卫生、食品和粮食供应、商业贸易等行业实行管制;

（二）对人员活动的区域、时间、方式以及物资、运载工具进出的区域进行必要的限制;

（三）在国家机关、社会团体和企业事业单位实行特殊工作制度;

（四）为武装力量优先提供各种交通保障;

（五）需要采取的其他特别措施。

第六十四条　【特别措施的决定权限】在全国或者部分省、自治区、直辖市实行特别措施,由国务院、中央军事委员会决定并组织实施;在省、自治区、直辖市范围内的部分地区实行特别措施,由国务院、中央军事委员会决定,由特别措施实施区域所在省、自治区、直辖市人民政府和同级军事机关组织实施。

第六十五条 【特别措施的组织实施】组织实施特别措施的机关应当在规定的权限、区域和时限内实施特别措施。特别措施实施区域内的公民和组织,应当服从组织实施特别措施的机关的管理。

第六十六条 【特别措施的终止】采取特别措施不再必要时,应当及时终止。

第六十七条 【法律程序的中止】因国家发布动员令,诉讼、行政复议、仲裁活动不能正常进行的,适用有关时效中止和程序中止的规定,但法律另有规定的除外。

第十三章 法律责任

第六十八条 【公民不履行义务行为的处理】公民有下列行为之一的,由县级人民政府责令限期改正;逾期不改的,强制其履行义务:

(一)预编到现役部队和编入预备役部队的预备役人员、预定征召的其他预备役人员离开预备役登记地一个月以上未向预备役登记的兵役机关报告的;

(二)国家决定实施国防动员后,预定征召的预备役人员未经预备役登记的兵役机关批准离开预备役登记地,或者未按照兵役机关要求及时返回,或者未到指定地点报到的;

(三)拒绝、逃避征召或者拒绝、逃避担负国防勤务的;

(四)拒绝、拖延民用资源征用或者阻碍对被征用的民用资源进行改造的;

(五)干扰、破坏国防动员工作秩序或者阻碍从事国防动员工作的人员依法履行职责的。

第六十九条 【企业事业单位不履行义务的处理】企业事业单位有下列行为之一的,由有关人民政府责令限期改正;逾期不改的,强制其履行义务,并可以处以罚款:

(一)在承建的贯彻国防要求的建设项目中未按照国防要求和技术规范、标准进行设计或者施工、生产的;

(二)因管理不善导致战略储备物资丢失、损坏或者不服从战略物资调用的;

(三)未按照转产、扩大生产军品和维修保障任务的要求进行军品科研、生产和维修保障能力储备,或者未按照规定组建专业技术队伍的;

(四)拒绝、拖延执行专业保障任务的;

(五)拒绝或者故意延误军事订货的;

(六)拒绝、拖延民用资源征用或者阻碍对被征用的民用资源进行改造的;

(七)阻挠公民履行征召、担负国防勤务义务的。

第七十条 【管理人员的违纪处分】有下列行为之一的,对直接负责的主管人员和其他直接责任人员,依法给予处分:

(一)拒不执行上级下达的国防动员命令的;

(二)滥用职权或者玩忽职守,给国防动员工作造成严重损失的;

(三)对征用的民用资源,拒不登记、出具凭证,或者违反规定使用造成严重损坏,以及不按照规定予以返还或者补偿的;

(四)泄露国防动员秘密的;

(五)贪污、挪用国防动员经费、物资的;

(六)滥用职权,侵犯和损害公民或者组织合法权益的。

第七十一条 【违反本法的治安处罚与刑事责任】违反本法规定,构成违反治安管理行为的,依法给予治安管理处罚;构成犯罪的,依法追究刑事责任。

第十四章 附 则

第七十二条 【施行日期】本法自2010年7月1日起施行。

中华人民共和国现役军官法

1. 1988年9月5日第七届全国人民代表大会常务委员会第三次会议通过
2. 根据1994年5月12日第八届全国人民代表大会常务委员会第七次会议《关于修改〈中国人民解放军现役军官服役条例〉的决定》第一次修正
3. 根据2000年12月28日第九届全国人民代表大会常务委员会第十九次会议《关于修改〈中国人民解放军现役军官服役条例〉的决定》第二次修正

目 录

第一章 总 则
第二章 军官的基本条件、来源和培训

第三章　军官的考核和职务任免
第四章　军官的交流和回避
第五章　军官的奖励和处分
第六章　军官的待遇
第七章　军官退出现役
第八章　附　　则

第一章　总　　则

第一条　【立法目的】为了建设一支革命化、年轻化、知识化、专业化的现役军官队伍,以利于人民解放军完成国家赋予的任务,制定本法。

第二条　【现役军官】人民解放军现役军官(以下简称军官)是被任命为排级以上职务或者初级以上专业技术职务,并被授予相应军衔的现役军人。

军官按照职务性质分为军事军官、政治军官、后勤军官、装备军官和专业技术军官。

第三条　【军官的法律地位】军官是国家工作人员的组成部分。

军官履行宪法和法律赋予的神圣职责,在社会生活中享有与其职责相应的地位和荣誉。

国家依法保障军官的合法权益。

第四条　【军官的选用】军官的选拔和使用,坚持任人唯贤、德才兼备、注重实绩、适时交流的原则,实行民主监督,尊重群众公论。

第五条　【军官的待遇】国家按照优待现役军人的原则,确定军官的各种待遇。

第六条　【军官退役】军官符合本法规定的退出现役条件的,应当退出现役。

第七条　【军官管理】人民解放军总政治部主管全军的军官管理工作,团级以上单位的政治机关主管本单位的军官管理工作。

第二章　军官的基本条件、来源和培训

第八条　【军官的条件】军官必须具备下列基本条件:

(一)忠于祖国,忠于中国共产党,有坚定的革命理想、信念,全心全意为人民服务,自觉献身国防事业;

(二)遵守宪法和法律、法规,执行国家的方针、政策和军队的规章、制度,服从命令,听从指挥;

（三）具有胜任本职工作所必需的理论、政策水平、现代军事、科学文化、专业知识，组织、指挥能力，经过院校培训并取得相应学历，身体健康；

（四）爱护士兵，以身作则，公道正派，廉洁奉公，艰苦奋斗，不怕牺牲。

第九条　【军官的来源】军官的来源：

（一）选拔优秀士兵和普通中学毕业生入军队院校学习毕业；

（二）接收普通高等学校毕业生；

（三）由文职干部改任；

（四）招收军队以外的专业技术人员和其他人员。

战时根据需要，可以从士兵、征召的预备役军官和非军事部门的人员中直接任命军官。

第十条　【军官的培训】人民解放军实行经院校培训提拔军官的制度。

军事、政治、后勤、装备军官每晋升一级指挥职务，应当经过相应的院校或者其他训练机构培训。担任营级以下指挥职务的军官，应当经过初级指挥院校培训；担任团级和师级指挥职务的军官，应当经过中级指挥院校培训；担任军级以上指挥职务的军官，应当经过高级指挥院校培训。

在机关任职的军官应当经过相应的院校培训。

专业技术军官每晋升一级专业技术职务，应当经过与其所从事专业相应的院校培训；院校培训不能满足需要时，应当通过其他方式，完成规定的继续教育任务。

第三章　军官的考核和职务任免

第十一条　【军官的考核】各级首长和政治机关应当按照分工对所属军官进行考核。

考核军官，应当实行领导和群众相结合，根据军官的基本条件和中央军事委员会规定的军官考核标准、程序、方法，以工作实绩为主，全面考核。考核结果分为优秀、称职、不称职三个等次，并作为任免军官职务的主要依据。考核结果应当告知本人。

任免军官职务，应当先经考核；未经考核不得任免。

第十二条　【军官的任免】军官职务的任免权限：

（一）总参谋长、总政治部主任至正师职军官职务，由中央军事委员会主席任免；

（二）副师职（正旅职）、正团职（副旅职）军官职务和高级专业技术军官职务，由总参谋长、总政治部主任、总后勤部部长和政治委员、总装备部部长和政治委员、大军区及军兵种或者相当大军区级单位的正职首长任免，副大军区级单位的正团职（副旅职）军官职务由副大军区级单位的正职首长任免；

（三）副团职、正营职军官职务和中级专业技术军官职务，由集团军或者其他有任免权的军级单位的正职首长任免，独立师的正营职军官职务由独立师的正职首长任免；

（四）副营职以下军官职务和初级专业技术军官职务，由师（旅）或者其他有任免权的师（旅）级单位的正职首长任免。

前款所列军官职务的任免，按照中央军事委员会规定的程序办理。

第十三条　【暂时免职与临时指派】在执行作战、抢险救灾等紧急任务时，上级首长有权暂时免去违抗命令、不履行职责或者不称职的所属军官的职务，并可以临时指派其他军人代理；因其他原因，军官职务出现空缺时，上级首长也可以临时指派军人代理。

依照前款规定暂时免去或者临时指派军人代理军官职务，应当尽快报请有任免权的上级审核决定，履行任免手续。

第十四条　【作战部队军官任职年龄】作战部队的军事、政治、后勤、装备军官平时任职的最高年龄分别为：

（一）担任排级职务的，三十岁；

（二）担任连级职务的，三十五岁；

（三）担任营级职务的，四十岁；

（四）担任团级职务的，四十五岁；

（五）担任师级职务的，五十岁；

（六）担任军级职务的，五十五岁；

（七）担任大军区级职务的，副职六十三岁，正职六十五岁。

在舰艇上服役的营级和团级职务军官，任职的最高年龄分别为四十五岁和五十岁；从事飞行的团级职务军官，任职的最高年龄为五十岁。

作战部队的师级和军级职务军官，少数工作需要的，按照任免权限经过批准，任职的最高年龄可以适当延长，但是师级和正军职军官延长的年龄最多不得超过五岁，副军职军官延长的年龄最多不得超过三岁。

第十五条　【非作战部队军官任职年龄】作战部队以外单位的副团职以下

军官和大军区级职务军官,任职的最高年龄依照本法第十四条第一款的相应规定执行;正团职军官,任职的最高年龄为五十岁;师级职务军官,任职的最高年龄为五十五岁;副军职和正军职军官,任职的最高年龄分别为五十八岁和六十岁。

第十六条 【专业技术军官任职年龄】专业技术军官平时任职的最高年龄分别为:

(一)担任初级专业技术职务的,四十岁;

(二)担任中级专业技术职务的,五十岁;

(三)担任高级专业技术职务的,六十岁。

担任高级专业技术职务的军官,少数工作需要的,按照任免权限经过批准,任职的最高年龄可以适当延长,但是延长的年龄最多不得超过五岁。

第十七条 【主官任职年限】担任排、连、营、团、师(旅)、军级主官职务的军官,平时任职的最低年限分别为三年。

第十八条 【机关和院校军官任职年限】机关和院校的股长、科长、处长、局长、部长及相当领导职务的军官,任职的最低年限参照本法第十七条的规定执行。

机关和院校的参谋、干事、秘书、助理员、教员等军官,每个职务等级任职的最低年限为三年。

第十九条 【专业技术军官任职年限】专业技术军官平时任职的最低年限,按照中央军事委员会的有关规定执行。

第二十条 【军官晋升】军官任职满最低年限后,才能根据编制缺额和本人德才条件逐职晋升。

军官德才优秀、实绩显著、工作需要的,可以提前晋升;特别优秀的,可以越职晋升。

第二十一条 【军官晋升条件】军官晋升职务,应当具备拟任职务所要求的任职经历、文化程度、院校培训等资格。具体条件由中央军事委员会规定。

第二十二条 【军职任命依据】军官职务应当按照编制员额和编制职务等级任命。

第二十三条 【考核与待遇】军官经考核不称职的,应当调任下级职务或者改做其他工作,并按照新任职务确定待遇。

第二十四条 【任职最高年限】担任师、军、大军区级职务的军官,正职和副职平时任职的最高年限分别为十年。任职满最高年限的,应当免去现任职务。

第二十五条 【派遣军官】根据国防建设的需要,军队可以向非军事部门派遣军官,执行军队交付的任务。

第二十六条 【军官改任】军官可以按照中央军事委员会的规定改任文职干部。

第四章 军官的交流和回避

第二十七条 【军官的交流】军官应当在不同岗位或者不同单位之间进行交流,具体办法由中央军事委员会根据本法规定。

第二十八条 【任职年限与交流】军官在一个岗位任职满下列年限的,应当交流:

(一)作战部队担任师级以下主官职务的,四年;担任军级主官职务的,五年;

(二)作战部队以外单位担任军级以下主官职务的,五年;

(三)机关担任股长、科长、处长及相当领导职务的,四年;担任局长、部长及相当领导职务的,五年;但是少数专业性强和工作特别需要的除外。

担任师级和军级领导职务的军官,在本单位连续工作分别满二十五年和三十年的,应当交流。

担任其他职务的军官,也应当根据需要进行交流。

第二十九条 【艰苦地区的军官交流】在艰苦地区工作的军官向其他地区交流,按照中央军事委员会的有关规定执行。

第三十条 【军官任职回避】军官之间有夫妻关系、直系血亲关系、三代以内旁系血亲关系以及近姻亲关系的,不得担任有直接上下级或者间隔一级领导关系的职务,不得在同一单位担任双方直接隶属于同一首长的职务,也不得在担任领导职务一方的机关任职。

第三十一条 【军官的避籍】军官不得在其原籍所在地的军分区(师级警备区)和县、市、市辖区的人民武装部担任主官职务,但是工作特别需要的除外。

第三十二条 【回避与例外】军官在执行职务时,涉及本人或者涉及与本人有本法第三十条所列亲属关系人员的利益关系的,应当回避,但是执行作战任务和其他紧急任务的除外。

第五章 军官的奖励和处分

第三十三条 【军官的奖励】军官在作战和军队建设中做出突出贡献或者取得显著成绩,以及为国家和人民做出其他较大贡献的,按照中央军事委员会的规定给予奖励。

奖励分为:嘉奖、三等功、二等功、一等功、荣誉称号以及中央军事委员会规定的其他奖励。

第三十四条 【军官的处分】军官违反军纪的,按照中央军事委员会的规定给予处分。

处分分为:警告、严重警告、记过、记大过、降职(级)或者降衔、撤职、开除军籍以及中央军事委员会规定的其他处分。

第三十五条 【被撤职军官】对被撤职的军官,根据其所犯错误的具体情况,任命新的职务;未任命新的职务的,应当确定职务等级待遇。

第三十六条 【违法犯罪】军官违反法律,构成犯罪的,依法追究刑事责任。

第六章 军官的待遇

第三十七条 【军官的工资】军官实行职务军衔等级工资制和定期增资制度,按照国家和军队的有关规定享受津贴和补贴,并随着国民经济的发展适时调整。具体标准和办法由中央军事委员会规定。

军官按照规定离职培训、休假、治病疗养以及免职待分配期间,工资照发。

第三十八条 【医疗与保险】军官享受公费医疗待遇。有关部门应当做好军官的医疗保健工作,妥善安排军官的治病和疗养。

军官按照国家和军队的有关规定享受军人保险待遇。

第三十九条 【军官的住房】军官住房实行公寓住房与自有住房相结合的保障制度。军官按照规定住用公寓住房或者购买自有住房,享受相应的住房补贴和优惠待遇。

第四十条 【军官的休假】军官享受休假待遇。上级首长应当每年按照规定安排军官休假。

执行作战任务部队的军官停止休假。

国家发布动员令后,按照动员令应当返回部队的正在休假的军官,应当自动结束休假,立即返回本部。

第四十一条 【随军】军官的家属随军、就业、工作调动和子女教育,享受国家和社会优待。

军官具备家属随军条件的,经师(旅)级以上单位的政治机关批准,其配偶和未成年子女、无独立生活能力的子女可以随军,是农村户口的,转为城镇户口。

部队移防或者军官工作调动的,随军家属可以随调。

军官年满五十岁、身边无子女的,可以调一名有工作的子女到军官所在地。所调子女已婚的,其配偶和未成年子女、无独立生活能力的子女可以随调。

随军的军官家属、随调的军官子女及其配偶的就业和工作调动,按照国务院和中央军事委员会的有关规定办理。

第四十二条 【家属安置】军官牺牲、病故后,其随军家属移交政府安置管理。具体办法由国务院和中央军事委员会规定。

第七章 军官退出现役

第四十三条 【服役年限】军事、政治、后勤、装备军官平时服现役的最低年限分别为:

(一)担任排级职务的,八年;

(二)担任连级职务的,副职十年,正职十二年;

(三)担任营级职务的,副职十四年,正职十六年;

(四)担任团级职务的,副职十八年,正职二十年。

第四十四条 【专业技术军官的服役年限】专业技术军官平时服现役的最低年限分别为:

(一)担任初级专业技术职务的,十二年;

(二)担任中级专业技术职务的,十六年;

(三)担任高级专业技术职务的,二十年。

第四十五条 【提前退役】军官未达到平时服现役的最低年限的,不得退出现役。但是有下列情形之一的,应当提前退出现役:

(一)伤病残不能坚持正常工作的;

(二)经考核不称职又不宜作其他安排的;

(三)犯有严重错误不适合继续服现役的;

(四)调离军队,到非军事部门工作的;

（五）因军队体制编制调整精简需要退出现役的。

军官未达到平时服现役的最低年限，要求提前退出现役未获批准，经教育仍坚持退出现役的，给予降职（级）处分或者取消其军官身份后，可以作出退出现役处理。

第四十六条　【到龄退役】军官达到平时服现役的最高年龄的，应当退出现役。

军官平时服现役的最高年龄分别为：
（一）担任正团职职务的，五十岁；
（二）担任师级职务的，五十五岁；
（三）担任军级职务的，副职五十八岁，正职六十岁；
（四）担任其他职务的，服现役的最高年龄与任职的最高年龄相同。

第四十七条　【未到龄退役】军官未达到平时服现役的最高年龄，有下列情形之一的，应当退出现役：
（一）任职满最高年限后需要退出现役的；
（二）伤病残不能坚持正常工作的；
（三）受军队编制员额限制，不能调整使用的；
（四）调离军队，到非军事部门工作的；
（五）有其他原因需要退出现役的。

第四十八条　【退役的批准】军官退出现役的批准权限与军官职务的任免权限相同。

第四十九条　【退役的安置】军官退出现役后，采取转业由政府安排工作和职务，或者由政府协助就业、发给退役金的方式安置；有的也可以采取复员或者退休的方式安置。

担任师级以上职务和高级专业技术职务的军官，退出现役后作退休安置，有的也可以作转业安置或者其他安置。

担任团级以下职务和初级、中级专业技术职务的军官，退出现役后作转业安置或者其他安置。

对退出现役由政府安排工作和职务以及由政府协助就业、发给退役金的军官，政府应当根据需要进行职业培训。

未达到服现役的最高年龄，基本丧失工作能力的军官，退出现役后作退休安置。

服现役满三十年以上或者服现役和参加工作满三十年以上，或者年满五十岁以上的军官,担任师级以上职务,本人提出申请,经组织批准的,退出现役后可以作退休安置;担任团级职务,不宜作转业或者其他安置的,可以由组织批准退出现役后作退休安置。

第五十条　【军官的离休】军官达到服现役的最高年龄,符合国家规定的离休条件的,可以离职休养。因工作需要或者其他原因,经过批准,可以提前或者推迟离休。

第五十一条　【安置管理】军官退出现役后的安置管理具体办法由国务院和中央军事委员会规定。

军官离职休养和军级以上职务军官退休后,按照国务院和中央军事委员会的有关规定安置管理。

第八章　附　则

第五十二条　【实施办法的制定】人民解放军总政治部根据本法制定实施办法,报国务院和中央军事委员会批准后施行。

第五十三条　【武警警官的法律适用】中国人民武装警察部队现役警官适用本法,具体办法由国务院和中央军事委员会规定。

第五十四条　【施行与废止】本法(原称《中国人民解放军现役军官服役条例》)自1989年1月1日起施行。1978年8月18日第五届全国人民代表大会常务委员会批准、1978年8月19日国务院和中央军事委员会颁布的《中国人民解放军干部服役条例》同时废止。

中华人民共和国预备役人员法

1. 2022年12月30日第十三届全国人民代表大会常务委员会第三十八次会议通过
2. 2022年12月30日中华人民共和国主席令第127号公布
3. 自2023年3月1日起施行

目　录

第一章　总　　则
第二章　预备役军衔
第三章　选拔补充

第四章　教育训练和晋升任用
第五章　日常管理
第六章　征　　召
第七章　待遇保障
第八章　退出预备役
第九章　法律责任
第十章　附　　则

第一章　总　　则

第一条　【立法目的和根据】为了健全预备役人员制度，规范预备役人员管理，维护预备役人员合法权益，保障预备役人员有效履行职责使命，加强国防力量建设，根据宪法和《中华人民共和国国防法》、《中华人民共和国兵役法》，制定本法。

第二条　【预备役人员】本法所称预备役人员，是指依法履行兵役义务，预编到中国人民解放军现役部队或者编入中国人民解放军预备役部队服预备役的公民。

预备役人员分为预备役军官和预备役士兵。预备役士兵分为预备役军士和预备役兵。

预备役人员是国家武装力量的成员，是战时现役部队兵员补充的重要来源。

第三条　【预备役人员工作的指导思想】预备役人员工作坚持中国共产党的领导，贯彻习近平强军思想，坚持总体国家安全观，贯彻新时代军事战略方针，以军事需求为牵引，以备战打仗为指向，以质量建设为着力点，提高预备役人员履行使命任务的能力和水平。

第四条　【职责和权益保障】预备役人员必须服从命令、严守纪律，英勇顽强、不怕牺牲，按照规定参加政治教育和军事训练、担负战备勤务、执行非战争军事行动任务，随时准备应召参战，保卫祖国。

国家依法保障预备役人员的地位和权益。预备役人员享有与其履行职责相应的荣誉和待遇。

第五条　【管理部门】中央军事委员会领导预备役人员工作。

中央军事委员会政治工作部门负责组织指导预备役人员管理工作，中央军事委员会国防动员部门负责组织预备役人员编组、动员征集等有关工作,中央军事委员会机关其他部门按照职责分工负责预备役人员有关工作。

中央国家机关、县级以上地方人民政府和同级军事机关按照职责分工做好预备役人员有关工作。

编有预备役人员的部队(以下简称部队)负责所属预备役人员政治教育、军事训练、执行任务和有关选拔补充、日常管理、退出预备役等工作。

第六条 【军地联席会议和纳入考核】县级以上地方人民政府和有关军事机关应当根据预备役人员工作需要召开军地联席会议,协调解决有关问题。

县级以上地方人民政府和同级军事机关,应当将预备役人员工作情况作为拥军优属、拥政爱民评比和有关单位及其负责人考核评价的内容。

第七条 【其他单位应支持、协助预备役人员的工作】机关、团体、企业事业组织和乡镇人民政府、街道办事处应当支持预备役人员履行预备役职责,协助做好预备役人员工作。

第八条 【信息化建设和保密义务】国家加强预备役人员工作信息化建设。

中央军事委员会政治工作部门会同中央国家机关、中央军事委员会机关有关部门,统筹做好信息数据系统的建设、维护、应用和信息安全管理等工作。

有关部门和单位、个人应当对在预备役人员工作过程中知悉的国家秘密、军事秘密和个人隐私、个人信息予以保密,不得泄露或者向他人非法提供。

第九条 【经费】预备役人员工作所需经费,按照财政事权和支出责任划分原则列入中央和地方预算。

第十条 【表彰和奖励】预备役人员在履行预备役职责中做出突出贡献的,按照国家和军队有关规定给予表彰和奖励。

组织和个人在预备役人员工作中做出突出贡献的,按照国家和军队有关规定给予表彰和奖励。

第二章 预备役军衔

第十一条 【预备役军衔制度】国家实行预备役军衔制度。

预备役军衔是区分预备役人员等级、表明预备役人员身份的称号和标志,是党和国家给予预备役人员的地位和荣誉。

第十二条 【预备役军衔等级】预备役军衔分为预备役军官军衔、预备役军士军衔和预备役兵军衔。

预备役军官军衔设二等七衔:

(一)预备役校官:预备役大校、上校、中校、少校;

(二)预备役尉官:预备役上尉、中尉、少尉。

预备役军士军衔设三等七衔:

(一)预备役高级军士:预备役一级军士长、二级军士长、三级军士长;

(二)预备役中级军士:预备役一级上士、二级上士;

(三)预备役初级军士:预备役中士、下士。

预备役兵军衔设两衔:预备役上等兵、列兵。

第十三条 【预备役军衔分类】预备役军衔按照军种划分种类,在预备役军衔前冠以军种名称。

预备役军官分为预备役指挥管理军官和预备役专业技术军官,分别授予预备役指挥管理军官军衔和预备役专业技术军官军衔。

预备役军衔标志式样和佩带办法由中央军事委员会规定。

第十四条 【预备役军衔的授予和晋升】预备役军衔的授予和晋升,以预备役人员任职岗位、德才表现、服役时间和做出的贡献为依据,具体办法由中央军事委员会规定。

第十五条 【退役保留军衔】预备役人员退出预备役的,其预备役军衔予以保留,在其军衔前冠以"退役"。

第十六条 【降低军衔等级和取消或剥夺军衔】对违反军队纪律的预备役人员,按照中央军事委员会的有关规定,可以降低其预备役军衔等级。

依照本法规定取消预备役人员身份的,相应取消其预备役军衔;预备役人员犯罪或者退出预备役后犯罪,被依法判处剥夺政治权利或者有期徒刑以上刑罚的,应当剥夺其预备役军衔。

批准取消或者剥夺预备役军衔的权限,与批准授予相应预备役军衔的权限相同。

第三章 选 拔 补 充

第十七条 【预备役人员条件】预备役人员应当符合下列条件:

(一)忠于祖国,忠于中国共产党,拥护社会主义制度,热爱人民,热爱国防和军队;

(二)遵守宪法和法律,具有良好的政治素质和道德品行;

(三)年满十八周岁;

(四)具有履行职责的身体条件和心理素质;

(五)具备岗位要求的文化程度和工作能力;

(六)法律、法规规定的其他条件。

第十八条 【预备役人员的选拔补充】预备役人员主要从符合服预备役条件、经过预备役登记的退役军人和专业技术人才、专业技能人才中选拔补充。

预备役登记依照《中华人民共和国兵役法》有关规定执行。

第十九条 【预备役人员的选拔补充计划的制定和实施】预备役人员的选拔补充计划由中央军事委员会确定。中央军事委员会机关有关部门会同有关中央国家机关,指导部队和县级以上地方人民政府兵役机关实施。

第二十条 【预备役人员的遴选确定】部队应当按照规定的标准条件,会同县级以上地方人民政府兵役机关遴选确定预备役人员。

预备役人员服预备役的时间自批准服预备役之日起算。

第二十一条 【兵役机关职责】县级以上地方人民政府兵役机关应当向部队及时、准确地提供本行政区域公民预备役登记信息,组织预备役人员选拔补充对象的政治考核、体格检查等工作,办理相关入役手续。

第二十二条 【预备役人员选拔补充】机关、团体、企业事业组织和乡镇人民政府、街道办事处,应当根据部队需要和县、自治县、不设区的市、市辖区人民政府兵役机关的安排,组织推荐本单位、本行政区域符合条件的人员参加预备役人员选拔补充。

被推荐人员应当按照规定参加预备役人员选拔补充。

第二十三条 【授予预备役军衔】部队应当按照规定,对选拔补充的预备役人员授予预备役军衔、任用岗位职务。

第四章 教育训练和晋升任用

第二十四条 【教育训练】预备役人员的教育训练,坚持院校教育、训练实践、职业培训相结合,纳入国家和军队教育培训体系。

军队和预备役人员所在单位应当按照有关规定开展预备役人员教育

训练。

第二十五条　【被授予和晋升军衔、任职前应接受训练】预备役人员在被授予和晋升预备役军衔、任用岗位职务前,应当根据需要接受相应的教育训练。

第二十六条　【参加军事训练和临战训练】预备役人员应当按照规定参加军事训练,达到军事训练大纲规定的训练要求。

年度军事训练时间由战区级以上军事机关根据需要确定。

中央军事委员会可以决定对预备役人员实施临战训练,预备役人员必须按照要求接受临战训练。

第二十七条　【参加职业培训】预备役人员在服预备役期间应当按照规定参加职业培训,提高履行预备役职责的能力。

第二十八条　【考核】对预备役人员应当进行考核。考核工作由部队按照规定组织实施,考核结果作为其预备役军衔晋升、职务任用、待遇调整、奖励惩戒等的依据。

预备役人员的考核结果应当通知本人和其预备役登记地县、自治县、不设区的市、市辖区人民政府兵役机关以及所在单位,并作为调整其职位、职务、职级、级别、工资和评定职称等的依据之一。

第二十九条　【预备役人员的晋升和改选】预备役人员表现优秀,符合条件的,可以按照规定晋升预备役军衔、任用部队相应岗位职务。

预备役兵服预备役满规定年限,根据军队需要和本人自愿,经批准可以选改为预备役军士。

预备役人员任用岗位职务的批准权限由中央军事委员会规定。

第五章　日　常　管　理

第三十条　【及时报告事项和相互通报制度】预备役人员有单位变更、迁居、出国(境)、患严重疾病、身体残疾等重要事项以及联系方式发生变化的,应当及时向部队报告。

预备役人员有前款规定情况或者严重违纪违法、失踪、死亡的,预备役人员所在单位和乡镇人民政府、街道办事处应当及时报告县、自治县、不设区的市、市辖区人民政府兵役机关。

部队应当与县、自治县、不设区的市、市辖区人民政府兵役机关建立相互通报制度,准确掌握预备役人员动态情况。

第三十一条　【变更预备役登记信息】预备役人员因迁居等原因需要变更

预备役登记地的,相关县、自治县、不设区的市、市辖区人民政府兵役机关应当及时变更其预备役登记信息。

第三十二条 【参加召集】预备役人员参加军事训练、担负战备勤务、执行非战争军事行动任务等的召集,由部队通知本人,并通报其所在单位和预备役登记地县、自治县、不设区的市、市辖区人民政府兵役机关。

召集预备役人员担负战备勤务、执行非战争军事行动任务,应当经战区级以上军事机关批准。

预备役人员所在单位和预备役登记地县、自治县、不设区的市、市辖区人民政府兵役机关,应当协助召集预备役人员。

预备役人员应当按照召集规定时间到指定地点报到。

第三十三条 【按照军队有关规定管理事项】预备役人员参加军事训练、担负战备勤务、执行非战争军事行动任务等期间,由部队按照军队有关规定管理。

第三十四条 【预备役服装和标志服饰】预备役人员按照军队有关规定穿着预备役制式服装、佩带预备役标志服饰。

任何单位和个人不得非法生产、买卖预备役制式服装和预备役标志服饰。

第三十五条 【做好执行任务的准备】预备役人员应当落实军队战备工作有关规定,做好执行任务的准备。

第六章 征 召

第三十六条 【征召】在国家发布动员令或者国务院、中央军事委员会依法采取必要的国防动员措施后,部队应当根据上级的命令,迅速向被征召的预备役人员下达征召通知,并通报其预备役登记地县、自治县、不设区的市、市辖区人民政府兵役机关和所在单位。

预备役人员接到征召通知后,必须按照要求在规定时间到指定地点报到。国家发布动员令后,尚未接到征召通知的预备役人员,未经部队和预备役登记地兵役机关批准,不得离开预备役登记地;已经离开的,应当立即返回或者原地待命。

第三十七条 【其他单位配合征召义务】预备役登记地县、自治县、不设区的市、市辖区人民政府兵役机关,预备役人员所在单位和乡镇人民政府、街道办事处,应当督促预备役人员响应征召,为预备役人员征召提供必要的支持和协助,帮助解决困难,维护预备役人员合法权益。

从事交通运输的单位和个人应当优先运送被征召的预备役人员。

预备役人员因被征召,诉讼、行政复议、仲裁活动不能正常进行的,适用有关时效中止和程序中止的规定,但是法律另有规定的除外。

第三十八条 【暂缓征召】预备役人员有下列情形之一的,经其预备役登记地县、自治县、不设区的市、市辖区人民政府兵役机关核实,并经部队批准,可以暂缓征召:

(一)患严重疾病处于治疗期间暂时无法履行预备役职责;

(二)家庭成员生活不能自理,且本人为唯一监护人、赡养人、扶养人,或者家庭发生重大变故必须由本人亲自处理;

(三)女性预备役人员在孕期、产假、哺乳期内;

(四)涉嫌严重职务违法或者职务犯罪正在被监察机关调查,或者涉嫌犯罪正在被侦查、起诉、审判;

(五)法律、法规规定的其他情形。

第三十九条 【转服现役】被征召的预备役人员,根据军队有关规定转服现役。

预备役人员转服现役,由其预备役登记地县、自治县、不设区的市、市辖区人民政府兵役机关办理入伍手续。预备役人员转服现役的,按照有关规定改授相应军衔、任用相应岗位职务,履行军人职责。

第四十条 【退出现役】国家解除国防动员后,由预备役人员转服现役的军人需要退出现役的,按照军人退出现役的有关规定由各级人民政府妥善安置。被征召的预备役人员未转服现役的,部队应当安排其返回,并通知其预备役登记地县、自治县、不设区的市、市辖区人民政府兵役机关和所在单位。

第七章 待遇保障

第四十一条 【津贴补贴制度】国家建立激励与补偿相结合的预备役人员津贴补贴制度。

预备役人员按照规定享受服役津贴;参战、参加军事训练、担负战备勤务、执行非战争军事行动任务期间,按照规定享受任务津贴。

预备役人员参战、参加军事训练、担负战备勤务、执行非战争军事行动任务期间,按照规定享受相应补贴和伙食、交通等补助;其中,预备役人员是机关、团体、企业事业组织工作人员的,所在单位应当保持其原有的工资、奖金、福利和保险等待遇。

预备役人员津贴补贴的标准及其调整办法由中央军事委员会规定。

第四十二条　【医疗待遇】预备役人员参战,享受军人同等医疗待遇;参加军事训练、担负战备勤务、执行非战争军事行动任务期间,按照规定享受国家和军队相应医疗待遇。

军队医疗机构按照规定为预备役人员提供优先就医等服务。

第四十三条　【人身意外伤害保险】预备役人员参加军事训练、担负战备勤务、执行非战争军事行动任务期间,军队为其购买人身意外伤害保险。

第四十四条　【救助、慰问以及援助】预备役人员参战、参加军事训练、担负战备勤务、执行非战争军事行动任务期间,其家庭因自然灾害、意外事故、重大疾病等原因,基本生活出现严重困难的,地方人民政府和部队应当按照有关规定给予救助和慰问。

国家鼓励和支持人民团体、企业事业组织、社会组织和其他组织以及个人,为困难预备役人员家庭提供援助服务。

第四十五条　【所在单位不得因预备役人员履行预备役职责而对其作出处理】预备役人员所在单位不得因预备役人员履行预备役职责,对其作出辞退、解聘或者解除劳动关系、免职、降低待遇、处分等处理。

第四十六条　【优惠和扶持政策】预备役人员所在单位按照国家有关规定享受优惠和扶持政策。

预备役人员创办小微企业、从事个体经营等活动,可以按照国家有关规定享受融资优惠等政策。

第四十七条　【享受优待】预备役人员按照规定享受优待。

预备役人员因参战、参加军事训练、担负战备勤务、执行非战争军事行动任务伤亡的,由县级以上地方人民政府按照国家有关规定给予抚恤。

第四十八条　【举行仪式】预备役人员被授予和晋升预备役军衔,获得功勋荣誉表彰,以及退出预备役时,部队应当举行仪式。

第四十九条　【女性预备役人员的合法权益受法律保护】女性预备役人员的合法权益受法律保护。部队应当根据女性预备役人员的特点,合理安排女性预备役人员的岗位和任务。

第五十条　【退出预备役后的荣誉和待遇】预备役人员退出预备役后,按照规定享受相应的荣誉和待遇。

第八章 退出预备役

第五十一条 【服预备役的年限】预备役军官、预备役军士在本衔级服预备役的最低年限为四年。

预备役军官、预备役军士服预备役未满本衔级最低年限的,不得申请退出预备役;满最低年限的,本人提出申请、经批准可以退出预备役。

预备役兵服预备役年限为四年,其中,预备役列兵、上等兵各为二年。预备役兵服预备役未满四年的,不得申请退出预备役。预备役兵服预备役满四年未被选改为预备役军士的,应当退出预备役。

第五十二条 【服预备役的最高年龄】预备役人员服预备役达到最高年龄的,应当退出预备役。预备役人员服预备役的最高年龄:

(一)预备役指挥管理军官:预备役尉官为四十五周岁,预备役校官为六十周岁;

(二)预备役专业技术军官:预备役尉官为五十周岁,预备役校官为六十周岁;

(三)预备役军士:预备役下士、中士、二级上士均为四十五周岁,预备役一级上士、三级军士长、二级军士长、一级军士长均为五十五周岁;

(四)预备役兵为三十周岁。

第五十三条 【退出预备役的情形】预备役军官、预备役军士服预备役未满本衔级最低年限或者未达到最高年龄,预备役兵服预备役未满规定年限或者未达到最高年龄,有下列情形之一的,应当安排退出预备役:

(一)被征集或者选拔补充服现役的;

(二)因军队体制编制调整改革或者优化预备役人员队伍结构需要退出的;

(三)因所在单位或者岗位变更等原因,不适合继续服预备役的;

(四)因伤病残无法履行预备役职责的;

(五)法律、法规规定的其他情形。

第五十四条 【不得退出预备役的情形】预备役军官、预备役军士服预备役满本衔级最低年限或者达到最高年龄,预备役兵服预备役满规定年限或者达到最高年龄,有下列情形之一的,不得退出预备役:

(一)国家发布动员令或者国务院、中央军事委员会依法采取国防动员措施要求的;

(二)正在参战或者担负战备勤务、执行非战争军事行动任务的;

（三）涉嫌违反军队纪律正在接受审查或者调查、尚未作出结论的；

（四）法律、法规规定的其他情形。

前款规定的情形消失的，预备役人员可以提出申请，经批准后退出预备役。

第五十五条　【取消预备役人员身份的情形】预备役人员有下列情形之一的，应当取消预备役人员身份：

（一）预备役军官、预备役军士服预备役未满本衔级最低年限，预备役兵服预备役未满规定年限，本人要求提前退出预备役，经教育仍坚持退出预备役的；

（二）连续两年部队考核不称职的；

（三）因犯罪被追究刑事责任的；

（四）法律、法规规定的其他情形。

第五十六条　【退出预备役的时间】预备役人员退出预备役的时间为下达退出预备役命令之日。

第五十七条　【批准退出预备役的权限】批准预备役人员退出预备役的权限，与批准晋升相应预备役军衔的权限相同。

第九章　法律责任

第五十八条　【拒绝、逃避预备役义务的法律责任】经过预备役登记的公民拒绝、逃避参加预备役人员选拔补充的，预备役人员拒绝、逃避参加军事训练、担负战备勤务、执行非战争军事行动任务和征召的，由县级人民政府责令限期改正；逾期不改的，由县级人民政府强制其履行兵役义务，并处以罚款；属于公职人员的，还应当依法给予处分。

预备役人员有前款规定行为的，部队应当按照有关规定停止其相关待遇。

第五十九条　【违反纪律的法律责任】预备役人员参战、参加军事训练、担负战备勤务、执行非战争军事行动任务期间，违反纪律的，由部队按照有关规定给予处分。

第六十条　【预备役工作中渎职等的法律责任】国家机关及其工作人员、军队单位及其工作人员在预备役人员工作中滥用职权、玩忽职守、徇私舞弊，或者有其他违反本法规定行为的，由其所在单位、主管部门或者上级机关责令改正；对负有责任的领导人员和直接责任人员，依法给予处分。

第六十一条 【相关单位妨害预备役人员工作行为的法律责任】机关、团体、企业事业组织拒绝完成本法规定的预备役人员工作任务的,阻挠公民履行预备役义务的,或者有其他妨害预备役人员工作行为的,由县级以上地方人民政府责令改正,并可以处以罚款;对负有责任的领导人员和直接责任人员,依法给予处分、处罚。

非法生产、买卖预备役制式服装和预备役标志服饰的,依法予以处罚。

第六十二条 【刑事责任】违反本法规定,构成犯罪的,依法追究刑事责任。

第六十三条 【相关部门查明事实和执行职责】本法第五十八条、第六十一条第一款规定的处罚,由县级以上地方人民政府兵役机关会同有关部门查明事实,经同级地方人民政府作出处罚决定后,由县级以上地方人民政府兵役机关和有关部门按照职责分工具体执行。

第十章 附 则

第六十四条 【适用范围】中国人民武装警察部队退出现役的人员服预备役的,适用本法。

第六十五条 【施行日期】本法自2023年3月1日起施行。《中华人民共和国预备役军官法》同时废止。

全国人民代表大会常务委员会关于中国人民解放军现役士兵衔级制度的决定

1. 2022年2月28日第十三届全国人民代表大会常务委员会第三十三次会议通过
2. 自2022年3月31日起施行

为了深化国防和军队改革,加强军队的指挥和管理,推进国防和军队现代化,根据宪法,现就中国人民解放军现役士兵衔级制度作如下决定:

一、士兵军衔是表明士兵身份、区分士兵等级的称号和标志,是党和国家给予士兵的地位和荣誉。

士兵军衔分为军士军衔、义务兵军衔。

二、军士军衔设三等七衔:

（一）高级军士：一级军士长、二级军士长、三级军士长；

（二）中级军士：一级上士、二级上士；

（三）初级军士：中士、下士。

军士军衔中，一级军士长为最高军衔，下士为最低军衔。

三、义务兵军衔由高至低分为上等兵、列兵。

四、士兵军衔按照军种划分种类，在军衔前冠以军种名称。

五、军衔高的士兵与军衔低的士兵，军衔高的为上级。军衔高的士兵在职务上隶属于军衔低的士兵的，职务高的为上级。

六、士兵军衔的授予、晋升，以本人任职岗位、德才表现和服役贡献为依据。

七、士兵军衔的标志式样和佩带办法，由中央军事委员会规定。

士兵必须按照规定佩带与其军衔相符的军衔标志。

八、士兵服现役的衔级年限和军衔授予、晋升、降级、剥夺以及培训、考核、任用等管理制度，由中央军事委员会规定。

九、中国人民武装警察部队现役警士、义务兵的衔级制度，适用本决定。

十、本决定自2022年3月31日起施行。

中国人民解放军内务条令（试行）（节录）

1. 2018年3月22日中央军委常务会议通过
2. 2018年4月4日中央军事委员会命令军令〔2018〕58号发布
3. 自2018年5月1日起施行

第一章 总 则

第一条 为了规范中国人民解放军的内务制度，加强内务建设，根据有关法律和军队建设的实际，制定本条令。

第二条 本条令是中国人民解放军内务建设的基本依据，适用于中国人民解放军现役军人和单位（不含企业、事业单位），以及参训的预备役人员。

第三条 中国人民解放军的内务建设，是军队进行各项建设的基础，是巩固和提高战斗力的重要保证。基本任务是，使每个军人明确和认真履行职责，维护军队良好的内外关系，建立正规的战备、训练、工作、生活秩序，培养优良的作风和严格的纪律，保证军队圆满完成任务。

第四条 中国人民解放军是中国共产党缔造和领导的,用马克思列宁主义、毛泽东思想、邓小平理论、"三个代表"重要思想、科学发展观、习近平新时代中国特色社会主义思想武装的人民军队,是中华人民共和国的武装力量,是人民民主专政的坚强柱石。紧紧地和人民站在一起,全心全意地为人民服务,是这支军队的唯一宗旨。中国人民解放军必须始终不渝地保持人民军队的性质,忠于党,忠于社会主义,忠于祖国,忠于人民。中国人民解放军的任务是,巩固国防,抵抗侵略,保卫祖国,保卫人民的和平劳动,参加国家建设事业。中国人民解放军在新时代的使命任务是,坚决维护中国共产党的领导和中国特色社会主义制度,坚决维护国家主权、安全、发展利益,坚决维护国家发展的重要战略机遇期,坚决维护地区与世界和平,为实现"两个一百年"奋斗目标、实现中华民族伟大复兴的中国梦提供战略支撑。

第五条 建设一支听党指挥、能打胜仗、作风优良的人民军队,是党在新时代的强军目标。中国人民解放军必须高举中国特色社会主义伟大旗帜,坚持党的基本理论、基本路线、基本方略,贯彻毛泽东军事思想、邓小平新时期军队建设思想、江泽民国防和军队建设思想、胡锦涛国防和军队建设思想、习近平强军思想,贯彻新形势下军事战略方针,坚持走中国特色强军之路,坚持政治建军、改革强军、科技兴军、依法治军,更加注重聚焦实战,更加注重创新驱动,更加注重体系建设,更加注重集约高效,更加注重军民融合,全面加强军队革命化、现代化、正规化建设,构建中国特色现代作战体系,提高有效履行新时代军队使命任务能力,不忘初心,牢记使命,为实现党在新时代的强军目标、全面建成世界一流军队而奋斗。

第六条 中国人民解放军的内务建设,必须贯彻政治建军原则。必须毫不动摇坚持党对军队绝对领导的根本原则和制度,确保人民军队永远跟党走。必须强化政治意识、大局意识、核心意识、看齐意识,坚决维护权威、维护核心、维护和贯彻军委主席负责制。发挥党委的领导核心作用、党支部的战斗堡垒作用和党员的先锋模范作用。坚持官兵一致、军民一致、军政一致,坚持政治民主、经济民主、军事民主。培育和践行社会主义核心价值观和当代革命军人核心价值观,确保部队在思想上、政治上、行动上与党中央、中央军委保持高度一致,确保官兵绝对忠诚、绝对纯洁、绝对可靠。发挥政治工作生命线作用,培养有灵魂、有本事、有血性、有品德的新时代革命军人,锻造铁一般信仰、铁一般信念、铁一般纪律、铁一般担当的过硬部队。

第七条 中国人民解放军的内务建设,必须贯彻改革强军战略。深化国防和军队改革,破除体制性障碍、结构性矛盾、政策性问题。坚持把抓改革任务落实作为重大政治责任,读懂改革、吃透改革、投身改革,坚决维护党中央、中央军委改革决策部署的权威性和严肃性。

第八条 中国人民解放军的内务建设,必须贯彻科技兴军战略。树立科技是核心战斗力的思想,坚持向科技创新要战斗力,坚持自主创新的战略基点,瞄准世界军事科技前沿,不断提高科技创新对人民军队建设和战斗力发展的贡献率,加快军队建设向质量效能型和科技密集型转变,建设创新型人民军队。

第九条 中国人民解放军的内务建设,必须贯彻依法治军方略。加快构建中国特色军事法治体系,加快实现治军方式根本性转变,形成党委依法决策、机关依法指导、部队依法行动、官兵依法履职的良好局面,提高国防和军队建设法治化水平。推进军事管理革命,全面从严治军,坚持严字当头、一严到底,保持正规的战备、训练、工作、生活秩序,保持高度集中统一和安全稳定。

第十条 中国人民解放军的内务建设,必须始终聚焦备战打仗。牢固树立战斗队思想,必须发扬"一不怕苦、二不怕死"的战斗精神,培养英勇顽强的战斗作风。坚持战斗力这个唯一的根本的标准,把谋打赢作为最大职责,按照能打胜仗的要求搞建设抓准备,锻造召之即来、来之能战、战之必胜的精兵劲旅。

第十一条 各级党委、首长和机关对本条令的施行负有重要责任,必须按级负责,各司其职,加强检查和监督,认真贯彻落实。

第二章 军人宣誓

第十二条 中国人民解放军军人,是在中国人民解放军服现役的中华人民共和国公民。

第十三条 军人宣誓,是军人对自己肩负的神圣职责和光荣使命的承诺和保证。军人誓词是:

我是中国人民解放军军人,我宣誓:

服从中国共产党的领导,全心全意为人民服务,服从命令,忠于职守,严守纪律,保守秘密,英勇顽强,不怕牺牲,苦练杀敌本领,时刻准备战斗,绝不叛离军队,誓死保卫祖国。

第十四条 公民入伍后,必须进行军人宣誓,宣誓的基本要求:

(一)宣誓时间不迟于入伍(入校)后90日;

(二)宣誓前,部(分)队首长应当对宣誓人进行中国人民解放军性质、宗旨、任务和军人使命等教育;

(三)宣誓必须庄重严肃,着装整齐;宣誓地点通常选择在具有教育意义的场所;旅(团)级以上单位组织宣誓时,通常举行迎军旗和送军旗仪式;

(四)宣誓可以结合授衔、授装进行;

(五)宣誓结束后,宣誓人应当在所在单位的宣誓名册上签名;宣誓名册按照规定存档。

第十五条 军人宣誓大会的程序通常是:

(一)宣誓大会开始;

(二)奏唱军歌;

(三)主持人讲话(简要说明宣誓的意义,讲解誓词的基本精神);

(四)宣读誓词(宣誓人立正,右手握拳上举,由预先指定的一名宣誓人在队前逐句领读誓词,其他人高声复诵);

(五)宣誓人代表讲话;

(六)其他代表致词;

(七)首长讲话;

(八)奏唱《三大纪律八项注意》歌;

(九)宣誓大会结束。

宣誓时,若举行迎、送军旗仪式,迎军旗在宣誓大会开始后进行,送军旗在宣誓大会结束前进行;若结合授衔、授装进行,应当先授衔、授装,后宣读誓词。

第十六条 部(分)队组织战前动员、授装、纪念等活动,可以组织宣誓。宣誓的要求、程序和誓词内容,由旅(团)级以上单位根据任务、环境、人员等确定。

第十七条 军人退出现役前,士兵通常集体举行向军旗告别仪式;军官可以举行向军旗告别仪式。举行向军旗告别仪式通常与宣布退役命令一并进行,其基本要求和程序参照本条令第十四条、第十五条的规定执行。

第十八条 举行军人宣誓和向军旗告别仪式时,应当将军旗置于显著位置;没有授予军旗的单位可以使用军徽。

第三章 军人职责

第一节 士兵职责

第十九条 中国人民解放军义务兵的基本职责:

(一)努力学习马克思列宁主义、毛泽东思想、邓小平理论、"三个代表"重要思想、科学发展观、习近平新时代中国特色社会主义思想,贯彻党的路线、方针、政策,遵守国家的法律法规,执行军队的法规制度;

(二)服从命令,听从指挥,英勇顽强,不怕牺牲,坚决完成任务;

(三)刻苦训练,熟练掌握军事技能,努力提高打仗本领;

(四)熟练操作使用和认真维护武器装备,使其经常保持良好状态;

(五)严守纪律,服从管理,尊重领导,团结同志,爱护集体荣誉,维护良好形象;

(六)艰苦奋斗,厉行节约,爱护公物;

(七)积极学习科学技术和文化知识,提高科学文化素养;

(八)落实安全要求,严格保守国家和军队的秘密。

第二十条 中国人民解放军士官除履行义务兵的基本职责外,还应当履行以下基本职责:

(一)刻苦钻研专业技术,精通本职业务;

(二)勇挑重担,以身作则,积极发挥骨干作用;

(三)协助军官做好思想政治工作和行政管理工作;

(四)尊重领导,团结同志,积极发挥纽带作用。

第二十一条 士兵的专业职责,由有关法规规定。

第二十二条 从地方普通中学毕业生和部队士兵中招收的军队院校学员,按照本条令第十九条的规定履行职责。

第二节 军官职责

第二十三条 中国人民解放军军官的基本职责:

(一)深入学习马克思列宁主义、毛泽东思想、邓小平理论、"三个代表"重要思想、科学发展观、习近平新时代中国特色社会主义思想,贯彻党的路线、方针、政策,遵守国家的法律法规,执行军队的法规制度;

(二)服从命令,听从指挥,身先士卒,冲锋在前;

(三)精通本职业务,掌握打仗本领,坚决完成各项任务;
(四)熟练掌握和认真管理所配备的装备,使其保持良好状态;
(五)忠诚勇敢,敢于担当,清正廉洁;
(六)爱护士兵,尊重下级,团结同志,自觉接受教育、管理和监督,处处做好表率;
(七)拥政爱民,维护军队良好形象;
(八)带头落实安全要求,严格保守国家和军队的秘密,防范事故、案件。

中国人民解放军文职干部按照前款规定履行职责。

第二十四条 军官(文职干部)的专业职责,由有关法规规定。

第三节 主管人员职责

第二十五条 旅(团)长职责

旅(团)长和旅(团)政治委员同为全旅(团)人员的首长,共同负责全旅(团)的工作。旅(团)长对全旅(团)的军事工作负主要责任,履行下列职责:

(一)了解和掌握全旅(团)情况,根据上级的指示和意图,适时提出军事工作的具体任务和要求,领导部属贯彻执行;
(二)领导全旅(团)的战备工作,指挥全旅(团)完成作战任务;
(三)领导全旅(团)的军事训练,规定营、连的训练任务,经常进行督促检查,保证军事训练任务的完成;
(四)教育和带领全旅(团)贯彻执行法规制度,严格行政管理,遵纪守法,严守秘密,预防各种事故、案件;
(五)掌握全旅(团)的编制和实力情况,严格执行编制规定;
(六)掌握所属主战武器装备战技术性能,组织开展战法研究演练,提高实战运用能力;
(七)教育培养所属官兵,不断提高其军政素质和业务能力;
(八)领导保障工作,关心部属的物质、文化生活,帮助解决实际问题;
(九)领导机关建设,发挥机关的职能作用;
(十)领导全旅(团)完成上级赋予的其他任务。

第二十六条 旅(团)政治委员职责

旅(团)政治委员和旅(团)长同为全旅(团)人员的首长,共同负责全旅(团)的工作。旅(团)政治委员对全旅(团)的政治工作负主要责任,其职责按照《中国人民解放军政治工作条例》的有关规定执行。

第二十七条 营长职责

营长和政治教导员同为全营人员的首长,共同负责全营的工作。营长对全营的军事工作负主要责任,履行下列职责:

(一)了解和掌握全营情况,根据上级军事工作的指示、计划和要求,制定落实的具体措施,领导部属贯彻执行;

(二)领导全营的战备工作,落实战备措施,指挥全营完成战斗任务;

(三)领导全营的军事训练,组织落实训练计划,保证训练任务的完成;

(四)教育和带领全营贯彻执行法规制度,严格行政管理,遵纪守法,严守秘密,预防各种事故、案件;

(五)掌握全营的军事实力,做好人员和装备管理工作;

(六)掌握所属主战武器装备战技术性能,组织开展战法研究演练,提高实战运用能力;

(七)教育培养所属官兵,不断提高其军政素质和业务能力;

(八)管理好伙食,关心部属的物质、文化生活,帮助解决实际问题;

(九)完成上级赋予的其他任务。

第二十八条 政治教导员职责

政治教导员和营长同为全营人员的首长,共同负责全营的工作。政治教导员对全营的政治工作负主要责任,其职责按照《中国人民解放军政治工作条例》的有关规定执行。

第二十九条 连长职责

连长和政治指导员同为全连人员的首长,共同负责全连的工作。连长对全连的军事工作负主要责任,履行下列职责:

(一)熟悉全连情况,根据上级的指示和要求,结合实际,计划安排军事工作,领导部属贯彻执行;

(二)领导全连落实战备措施,指挥全连完成战斗任务;

(三)组织领导全连的军事训练,按照计划完成训练任务,提高全连人员的技术战术水平;

(四)教育和带领全连贯彻执行有关法规制度,严格行政管理,遵纪

守法,严守秘密,预防各种事故、案件;

（五）掌握全连的军事实力,搞好人员和装备的管理;

（六）教育和培养所属官兵,提高干部骨干组织指挥能力和管理教育能力;

（七）组织全连的保障工作;

（八）关心爱护部属,帮助解决实际问题;

（九）完成上级赋予的其他任务。

第三十条　政治指导员职责

政治指导员和连长同为全连人员的首长,共同负责全连的工作。政治指导员对全连的政治工作负主要责任,其职责按照《中国人民解放军政治工作条例》的有关规定执行。

第三十一条　排长职责

排长对全排的工作负完全责任,履行下列职责:

（一）领导全排落实战备措施,指挥全排完成战斗任务;

（二）领导全排完成训练任务,提高全排人员的军政素质;

（三）领导全排遵纪守法,严格执行规章制度,维护正规的生活秩序,养成良好作风;

（四）教育全排爱护装备,严格执行装备的保养、保管和使用规定;

（五）帮助班长、副班长提高组织指挥能力和管理教育能力;

（六）掌握全排人员的思想情况和心理状况,关心爱护士兵,做好思想政治工作和心理疏导工作,增强团结,保证各项任务的完成;

（七）教育和监督全排严守秘密,落实安全措施,预防各种事故、案件;

（八）完成上级赋予的其他任务。

第三十二条　班长职责

班长对全班的工作负完全责任,履行下列职责:

（一）带领全班做好战斗准备,指挥全班完成战斗任务;

（二）带领全班完成训练任务,提高全班人员的军政素质;

（三）带领全班严格执行规章制度,严格组织纪律,养成良好作风;

（四）带领全班爱护武器装备,严格遵守使用规定,熟练掌握武器装备;

（五）掌握全班人员的思想情况和心理状况,及时做好思想政治工作

和心理疏导工作,搞好全班团结,保证各项任务的完成;

(六)教育和监督全班严守秘密,落实安全措施,预防各种事故、案件;

(七)完成上级赋予的其他任务。

第三十三条 旅(团)、营、连的副职领导隶属于本单位军政主官,协助主官工作;在主官临时离开工作岗位时,根据上级或者主官的指定代行主官职责。

副班长隶属于班长,协助班长工作;在班长临时离开工作岗位时,根据上级或者班长的指定代行班长职责。

第三十四条 相当于旅(团)、营、连、排、班的单位的各类主管人员职责,参照本节有关规定执行。

第六章 军人着装

第一节 着装的基本要求

第六十三条 军人应当配套穿着军服,佩带军衔、级别资历章(勋表)等标志服饰,做到着装整洁庄重、军容严整、规范统一(军服的配套穿着和标志服饰的佩带见附录五,标志服饰的缀钉方法见附录六)。

军人退出现役后,参加国家和军队组织的重大纪念、庆典活动,通常着便服,也可以按照活动组织单位的要求,着服役期间的军服,佩带国家和军队统一颁发的徽章。

第六十四条 军人工作单位发生变动,需要改变军种着装的,按照有关规定执行。

第六十五条 季节换装的时间和要求,通常由驻地警备工作领导机构统一规定;驻地无警备工作领导机构的,由师(旅)级以上单位首长确定。

军人参加集体活动的统一着装,由活动组织单位确定。

第六十六条 军队单位和个人不得自制军服,不得购买仿制军服以及标志服饰。军人不得变卖、拆改军服,不得将军服和标志服饰出借或者赠送给地方单位和人员。

第二节 作训服

第六十七条 军人在作战、战备、训练、执勤、遂行非战争军事行动任务时,应当着作训服。其他需要统一着作训服的时机和场合,由旅(团)级以上单位确定。

第六十八条 着夏作训服时,通常不扣上衣第一粒钮扣,可以将衣袖上卷

(穿着前,先将袖子向外翻卷至腋下缝处,然后将袖口以外部分向外翻卷至与袖口接缝处,再将袖口下翻盖住翻卷部分),扣好钮扣,迷彩图案或者袖口正面外露。

第六十九条　着冬作训服时,应当将上衣拉链拉到顶,衣领对折外翻,扣好钮扣。

着作训大衣时,应当将拉链拉到顶,扣好钮扣;使用风帽时,可以取下绒领;不使用风帽时,可以取下风帽。

第七十条　着作训服,通常穿作战靴(裤口扣紧塞入靴内,系带扎紧塞入靴内);课外(业余)活动时,可以穿作训鞋(裤口扣紧)。参加训练、执勤、操课、检(校)阅或者携带武器、战斗装具时,应当扎编织外腰带。

着作训服佩带武器装具的相关标准和要求,按照有关规定执行。

第七十一条　航空、航天、舰(船)艇、医疗、防疫、试验等特殊岗位工作需要时,应当配套穿着专用防护服或者工作服。

第七十二条　体能训练服,通常在体能训练、课外(业余)活动时穿着。

第三节　常　服

第七十三条　军人在日常工作、学习、集体生活时,通常着常服。

第七十四条　春秋常服,通常在春季、秋季穿着;驻高原、寒冷地区的部队,冬季驻南方地区的部队,可以根据实际情况统一穿着。海军军人着春秋常服时,由旅级以上单位确定统一着白色或者藏青色春秋常服。

第七十五条　夏常服,通常在夏季穿着;春季、秋季驻南方地区的部队,可以根据实际情况统一穿着。

着夏常服时,应当戴夏常服帽,不系领带,不扣领扣,下摆扎于裤(裙)内;着长袖夏常服时,应当扣好上衣袖口、袖衩钮扣。

第七十六条　冬常服、制式毛衣(绒衣)、棉大衣、常服大衣,通常在冬季穿着。春季、秋季驻寒区的部队,可以根据实际情况统一穿着冬常服。着冬常服或者制式毛衣(绒衣)时,可以统一外穿棉大衣或者常服大衣。着冬常服、常服大衣时,通常戴常服大檐帽(卷檐帽),根据实际需要可以由旅(团)级以上单位确定戴冬帽。穿常服大衣时,可以围制式围巾。围巾置于大衣领内,竖向对折,折口朝下围于脖领处,围巾上沿高于大衣领不得超过3厘米;围巾折口在衣领前交叉,男军官的左压右,女军官的右压左。

冬季在室内非集体活动时可以外着制式毛衣（男军人内着制式衬衣、不系领带、不扣领扣）、绒衣。

第七十七条 着春秋常服、冬常服参加操课、检（校）阅时，通常扎外腰带。

第四节 礼 服

第七十八条 军官参加下列活动，应当着军官礼服：

（一）党中央、国务院、中央军委组织的建党、建军、国庆和纪念抗日战争胜利等重大纪念、庆典活动；

（二）晋升（授予）军衔仪式；

（三）授予军旗仪式。

第七十九条 军官参加下列活动，可以着军官礼服：

（一）党的全国代表大会、全国人民代表大会和中国人民政治协商会议全国委员会大会；

（二）全国、全军英雄模范表彰大会；

（三）军委机关部门，战区，军兵种，军事科学院、国防大学、国防科技大学，以及战区军种和其他副战区级单位组织的庆功表彰大会、重大纪念活动；

（四）省（自治区、直辖市），以及香港特别行政区、澳门特别行政区举行的重大庆典活动；

（五）外事活动。

2人以上参加前款规定的同一活动，应当统一着装。

第八十条 中国人民解放军仪仗队官兵执行仪仗司礼任务时，应当着仪仗队礼宾服。

中央军委组织的外事活动的礼兵，中央军委确定的执行其他重要礼仪任务的礼兵，驻香港部队、驻澳门部队重大迎外任务的礼兵，可以着礼兵礼宾服。

中国人民解放军军乐团演奏员执行司礼演奏任务时，应当着军乐团礼宾服；其他时机和场合不得着军乐团礼宾服。

中央军委确定的执行其他礼仪演奏任务的军乐演奏员，可以着军乐演奏员礼宾服。

文工团演员执行演出任务时，通常着文工团演出服；其他时机和场合不得着文工团演出服。

第七章 军容风纪
第一节 仪　　容

第八十一条 军人应当军容严整,遵守下列规定:

（一）着军服在营区外以及在室内携带武器时,应当戴军帽;着军服在室(户)外通常戴军帽,不戴军帽的时机和场合由旅(团)级以上单位确定;戴作训帽、大檐帽(卷檐帽)、夏常服帽时,帽檐前缘与眉同高;戴冬帽时,护脑下缘距眉约1.5厘米;水兵帽稍向右倾,帽墙下缘距右眉约1.5厘米,距左眉约3厘米;军官大檐帽饰带应当并拢,并保持水平;士兵大檐帽风带不用时应当拉紧并保持水平;大檐帽(卷檐帽)、水兵帽松紧带不使用时,不得露于帽外;

（二）除军人宣誓仪式、晋升(授予)军衔仪式、授旗仪式等重要集体活动和卫兵执勤外,着军服进入室内通常自行脱帽,按照规定放置,组织其他集体活动时可以统一脱帽;驾驶和乘坐车辆时,可以脱帽;因其他特殊情况不适宜脱帽时,由在场最高首长临时确定;

（三）着军服时应当穿军鞋、穿制式袜子;在实验室、重要洞库等特殊场所,可以统一穿具有防尘、防静电等功能的工作用鞋(袜);不得赤脚穿鞋;

（四）着军服时应当按照规定扣好衣扣,不得挽袖(着夏作训服时除外),不得披衣、敞怀、卷裤腿;

（五）军服内着毛衣、绒衣、绒背心、棉衣时,下摆不得外露;着衬衣(内衣)时,下摆扎于裤内;内着非制式衣服的不得外露;

（六）不得将军服外衣与便服外衣混穿;

（七）不得将摘下标志服饰的军服作便服穿着;

（八）不得着印有不文明图案、文字的便服;不得衣冠不整、穿着暴露、袒胸露背进入办公场所;

（九）不得着自制、仿制的军服;

（十）着军服时不得骑乘非军用摩托车。

第八十二条 军人非因公外出可以着军服,也可以着便服。女军人怀孕期间和给养员外出采购时,可以着便服。

第八十三条 军人头发应当整洁。军人发型应当在规定的发型示例(军人发型示例见附录十)中选择(生理原因或者医疗需要除外),不得蓄留怪异发型。男军人不得蓄胡须,鬓角发际不得超过耳廓内线的二分之一,蓄发(戴假发)不得露于帽外,帽墙下发长不得超过1.5厘米;女军人发辫不得过肩。军人染发只准染与本人原发色一致的颜色。

第八十四条　军人服役期间不得文身。着军服时,不得化浓妆,不得留长指甲和染指甲;不得围非制式围巾,不得戴非制式手套,不得在外露的腰带上系挂钥匙和饰物等,不得戴耳环、项链、领饰、戒指、手镯(链、串)、装饰性头饰等首饰;不得在非雨雪天打伞,打伞时应当使用黑色雨伞,通常左手持伞;除工作需要和眼疾外,不得戴有色眼镜。

第八十五条　军人着军服佩带国家和军队统一颁发的徽章以及特殊的识别标志时,应当遵守下列规定:

(一)参加重大庆典活动,可以在军服胸前适当位置佩带勋章、奖章、荣誉章、纪念章;

(二)参加重要会议、重大演习和其他重要活动,可以按照要求佩带专用识别标志;

(三)从地方普通中学毕业生和部队士兵中招收的军队院校学员,可以佩带院(校)徽;

(四)营区出入证只限于出入本营区时出示,不得佩带在军服上。

第二节　举　　止

第八十六条　军人必须举止端正,谈吐文明,军语标准,精神振作,姿态良好。不得袖手、背手和将手插入衣袋,不得边走边吸烟、吃东西、扇扇子,不得搭肩挽臂。

第八十七条　军人参加集会、晚会,必须按照规定的时间和顺序入场,按照指定的位置就座,遵守会场秩序,不得迟到早退。散会时,依次退场。

第八十八条　军人外出,必须遵守公共秩序和交通规则,遵守社会公德,举止文明,自觉维护军队的声誉。不得猬集街头、嬉笑打闹和喧哗。乘坐公共交通工具时,主动给老人、幼童、孕妇和伤、病、残人员让座。与他人发生纠纷时,应当依法处理。

第八十九条　军人遇到人民群众生命财产受到严重威胁时,应当见义勇为,积极救助。

第九十条　军人不得赌博、打架斗殴,不得参加迷信活动。

第九十一条　军人不得酗酒,不得违规喝酒,不得酒后驾驶机动车辆、舰(船)艇、飞机以及操作武器装备。

第九十二条　军人不得参加宗教组织和宗教活动,不得围观和参与社会游行、示威、静坐等活动,不得传抄、张贴、私藏非法印刷品,不得组织和参与串联、集体上访。

军人在网络购物、邮寄物品、使用共享交通工具等需要填写单位、身份等信息时,不得涉及部队番号和其他军事秘密。

第九十三条　军人不得购买、传看渲染色情、暴力、迷信和低级庸俗的书刊、图片以及音(视)频,不得购买、私存、携带管制刀具、仿真枪等违禁物品。

第九十四条　军人在公共场所和其他禁止吸烟的场所不得吸烟。

第九十五条　军队文艺工作者扮演我军官兵,军人给报刊、杂志等提供军人肖像、着军服主持节目、参加访谈,必须严格执行军容风纪的规定,维护军队和军人形象。

第九十六条　军人不得摆摊设点,不得以军人的名义、肖像做商业广告。

第三节　军容风纪检查

第九十七条　军容风纪是军人的仪表和风貌,是军队作风纪律和战斗力的表现。部(分)队在经常进行军容风纪教育的同时,必须建立健全检查制度。连级单位每半月、营级单位每月、旅(团)级以上单位每季度至少进行1次军容风纪检查,及时纠正问题并讲评。季节换装时,应当组织军容风纪检查。

第九十八条　旅(团)级以上单位应当指定分队,独立驻防的营(连)级单位应当指定人员,担负营区及其附近军容风纪纠察任务。警备工作领导机构应当组织警备纠察分队对外出军人的军容风纪进行检查纠察。

纠察人员对违反军容风纪的军人应当令其立即改正,对不服从纠察和严重违反军容风纪的军人应当给予批评教育,必要时予以扣留并通知其所在单位负责人领回严肃处理。

纠察人员应当佩带纠察袖标,纠察袖标由中央军委训练管理部制定式样,中央军委后勤保障部制发。

第十一章　日　常　战　备

第一节　日常战备的基本要求

第二百一十三条　部(分)队必须高度重视战备工作,严格执行战备法规制度,紧密结合形势任务,经常进行战备教育,增强战备观念,建立正规的战备秩序,保持良好的战备状态。

第二百一十四条　部(分)队应当制定完善战备方案,经常组织部属熟悉方案内容,进行必要的演练。

编制、人员、装备、战场和形势任务等情况发生变化时,应当及时修订战备方案。

第二百一十五条 部(分)队各类战备物资,应当区分携行、运行、后留,分别放置,并做到定人、定物、定车、定位。战备物资应当结合日常训练、正常供应周转和重大战备行动,进行更新轮换,使其处于良好状态。战备物资不得随意动用;经批准动用的,应当及时补充。后留和上交的物资,应当建立登记和移交手续。个人运行和后留物品应当统一保管,并按照有关规定注记清楚。

第二百一十六条 部(分)队应当按照规定保持装备完好率、在航率和人员在位率,保持指挥信息系统常态化运行,保证随时遂行各种任务。

第二节 紧急集合

第二百一十七条 部(分)队应当根据上级的紧急战备号令,或者在下列情况下实行紧急集合:

（一）发现或者遭到敌人的突然袭击;

（二）受到火灾、水灾、地震、台风等自然灾害威胁或者袭击;

（三）上级赋予紧急任务或者发生重大意外情况。

第二百一十八条 部(分)队首长应当预先制定紧急集合方案。紧急集合方案通常规定下列事项:

（一）紧急集合场的位置,进出道路及其区分;

（二）警报信号和通知的方法;

（三）各分队(全体人员)到达集合场的时限;

（四）着装要求和携带的装备、物资、粮秣数量;

（五）调整勤务的组织和通信联络方法;

（六）值班分队的行动方案;

（七）警戒的组织、伪装、防空和防核、防化学、防生物以及防燃烧武器袭击的措施;

（八）留守人员的组织、不能随队伤病员的安置和物资的处理工作。

第二百一十九条 部(分)队接到紧急集合命令(信号),应当迅速而有秩序地按照紧急集合的有关规定,准时到达指定位置,完成战斗或者机动的准备。

部(分)队首长根据情况及时增派或者撤收警戒;督促全体人员迅速集合;检查人数和装备;采取保障安全的措施;指挥部(分)队迅速执行任务。

第二百二十条 为锻炼提高部(分)队紧急行动能力,检查战斗准备状况,通常连级单位每月、营级单位每季度、旅(团)级单位每半年进行 1 次紧急集合。紧急集合的具体时间由部(分)队首长根据任务和所处环境等情况确定。

第二百二十一条 舰(船)艇部队、航空兵部队和导弹部队的部署操演、实兵拉动、战斗值班(战备)等级转进、战斗演练,按照战区、军兵种有关规定执行。

第三节 节日战备

第二百二十二条 各级应当按照战备工作有关规定,周密组织节日战备。

第二百二十三条 节日战备前,各级应当组织战备教育和战备检查,制定战备方案,修订完善应急行动方案,落实各项战备保障措施。

第二百二十四条 节日战备期间,各级应当加强战备值班。担负战备值班任务的部(分)队,做好随时出动执行任务的准备。

第二百二十五条 节日战备结束后,各级应当逐级上报节日战备情况,组织部(分)队恢复经常性戒备状态。

第十二章 军事训练和野营管理

第一节 军事训练管理

第二百二十六条 各级应当加强军事训练管理工作,把实战化贯穿渗透于军事训练管理全过程各领域,坚持战训一致、训管结合,坚持依法治训、按纲施训,端正训风、演风、考风,从实战需要出发从难从严组训,确保人员、内容、时间、质量落实。

第二百二十七条 各级应当严格落实军事训练基本制度,以训促管,以管促训,正规训练秩序,强化作风养成。

第二百二十八条 各级应当树立正确安全观,坚决克服以牺牲战斗力为代价消极保安全,坚决杜绝无视安全风险违规施训,大胆训练、科学训练、安全训练。

第二百二十九条 军人应当严格执行通用体能训练标准,落实军人体重强制达标要求。

第二节 野营管理

第二百三十条 部(分)队在野外驻训、行军、宿营等野营活动前,应当认真做好准备,进行思想动员和政策纪律教育,同野营地区人民政府取得联系,了解当地社情和环境,协商解决部队宿营等问题。野营活动中,应当尊重当地风俗习惯,保护环境和文物古迹,遵守群众纪律,维护军政、军民团结。

第二百三十一条 野营管理,原则上执行本条令各章的有关规定,特别注意下列事项:

(一)切实掌握部队的思想情况,做好思想政治工作,及时发现和解决问题;

(二)结合任务和驻地社情、环境等情况,制定管理措施,严格纪律,严密组织警戒警卫,确保人员和装备安全;

(三)建立顺畅的通信联络,必要时可以利用地方的通信设备,但应当严格执行保密规定;

(四)加强查铺查哨,严格请销假制度;

(五)轻武器通常随身携带,也可以根据情况集中保管;车辆、火炮、机械应当进入临时车场、炮场、机械场;履带车辆应当规定单独进出道路;增设车场、炮场、机械场值日员,实行昼夜值班;

(六)油料、炸药、弹药等易燃、易爆物品,应当分别放置在安全地方;军需物资存放在通风和不易发生火灾的地方;存放场地应当设有消防设备、器材,并加强警戒;

(七)改善伙食,注意饮食卫生;搞好饮用水源的调查、保护,必要时进行化验、消毒,并派专人看管;

(八)临时厕所应当距厨房和水源50米以外;驻地应当经常打扫,在指定地点倒垃圾;

(九)做好官兵医疗保障,开展卫生防病活动;

(十)主动会同地方有关部门做好安全保密工作;必要时,还应当加强战斗准备,制定应对意外情况的措施;

(十一)露营时,应当正确选择和设置营地,并根据不同地区的特点和季节、气象变化情况,采取防冻、防暑、防洪、防山体滑坡、防台风、防雷击、防火、防潮、防疫等措施,防止人员伤亡和装备损坏。

第二百三十二条 部(分)队离开野营地时,应当清扫驻地,掩埋临时挖掘的厕所,消除危险物品,平复或者移交工事,清点物资,结算账目,检查遵守群众纪律情况,征求地方人民政府和群众的意见,向有关单位和群众致谢。

第十三章 日 常 管 理
第一节 零散人员管理

第二百三十三条 各级首长、机关应当加强对单独执行任务人员、探亲(休假)人员、公勤人员、伤病员、免职人员、转业(退休)待安置人员等的管理教育,使他们保持良好的军人形象和严格的作风纪律,自觉维护军队的荣誉。

第二百三十四条 单独执行任务人员

(一)对单独执行任务的军人,其上级领导、机关应当根据任务性质、时限和所处环境,明确责任、提出要求、交代注意事项,并掌握人员思想和工作情况,及时给予帮助、指导和解决实际问题;

(二)2人以上执行任务时,应当根据任务性质、人员数量组成临时班、组,并指定班长、组长;执行重要任务或者10人以上执行任务时,应当指定军官负责;

(三)军人单独执行任务时,应当遵纪守法,严格执行规章制度,按照首长意图,积极完成任务,并主动与上级领导、机关保持联系;时间较长时,应当定期汇报思想和工作情况,重大问题及时报告;

(四)参加国家和地方文艺、体育、教育、医疗卫生、科研等团体或者组织活动的人员,除执行本条第一至第三项规定外,还应当服从管理,维护军政、军民团结,展示军队良好形象;

(五)赴国(境)外执行援助、维和、学习、交流、访问、竞赛等任务的人员,除执行本条第一至第三项规定外,还应当严格遵守外事纪律,尊重当地的宗教和风俗习惯,接受驻外使(领)馆武官处领导管理。使(领)馆武官处应当加强对赴国(境)外人员的教育管理,定期向有关部门报告情况,发现严重违纪、违法行为以及发生事故、案件时,及时报告并协助调查处理。

第二百三十五条 探亲(休假)人员

(一)军人探亲(休假)主要用于休息和处理个人事务;

(二)探亲(休假)人员应当按照批准的时间、地点、路线、事由执行;

需要更改时,应当及时向单位首长报告,并保持联系,保证部队有紧急战备任务时能够及时召回;

(三)单位首长应当向探亲(休假)人员提出要求,交代注意事项;军人在探亲(休假)期间应当按照要求主动向单位首长报告探亲(休假)情况;处理家庭纠纷和其他纠纷时,应当依法办事,依靠军队组织和地方人民政府妥善处理。

第二百三十六条　公勤人员

(一)公勤人员应当按照编制配备,不得超编或者占用;

(二)公勤人员的选用由使用单位考察推荐,首长批准,机关职能部门办理调入手续;重要岗位的公勤人员应当经过政审后方可以调入;不合格的公勤人员应当及时调换;

(三)公勤人员通常集中居住、统一管理教育;

(四)公勤人员应当遵守作息时间,坚持一日生活制度;除因工作需要或者其他原因并经主管首长批准外,应当参加早操、操课等集体活动。

第二百三十七条　伤病员

(一)伤病员到医院、卫生队、卫生连住院前,士兵由连队(队、站、室、所、库)首长,军官由直接首长交代注意事项,提出具体要求,必要时派人护送;对长期住院者,应当适时看望;

(二)伤病员住院期间的管理由医院、卫生队、卫生连负责;对不服从管理、违反纪律者,医院、卫生队、卫生连应当及时通知其所在单位严肃处理;伤病员出院时,医院、卫生队、卫生连应当对其住院期间的表现作出鉴定,并将伤病员出院时间提前通知其所在单位;医院、卫生队、卫生连不得给出院的伤病员批探亲假(休假);

(三)伤病员住院期间,必须遵守医院、卫生队、卫生连的规定,服从管理;所在单位应当主动了解伤病员的病情以及住院期间的表现,出院时通常派人将其接回;

(四)出院人员和外出看病就诊后的人员,必须及时直接返回所在单位,不得私自回家或者绕道他地。

疗养人员的管理参照前款规定执行。

第二百三十八条　免职人员

(一)免职人员所在单位应当按照规定对其进行领导和管理,掌握思想情况,帮助解决实际问题;

（二）免职人员应当遵守各项制度要求,自觉参加集体学习、教育等活动,认真完成领导赋予的各项任务。

第二百三十九条 转业(退休)待安置人员

（一）对转业(退休)待安置人员,其上级领导、机关应当提出明确要求、交代注意事项,并掌握转业待安置人员的思想和安置情况,及时给予帮助、指导和解决实际问题;

（二）转业(退休)待安置人员应当遵纪守法,严格执行规章制度,主动与上级领导、机关保持联系,并定期汇报思想和安置情况,遇到重要问题及时报告。

第二节 军人健康保护

第二百四十条 各级应当严格执行军人健康保护相关规定,加强军人健康管理,积极开展健康教育、健康检查、疾病防护、心理卫生服务等活动,增强官兵的身体素质和心理素质。

第二百四十一条 新兵编入部队前,必须进行包括理发、洗澡、换衣在内的卫生整顿和体格复查、病史登记、心理测试;进行卫生防病知识教育以及预防接种。

对来自疫区或者运输途中发生传染病的新兵,应当实施集体检疫,发现传染病病人或者疑似传染病病人,必须根据病种迅速采取隔离、消毒等相应的预防控制措施。

第二百四十二条 经常进行健康教育,培养官兵良好的卫生习惯,做到饭前便后洗手,不吃(喝)不洁净的食物(水),不暴饮暴食;勤洗澡,勤理发,勤剪指甲,勤洗晒衣服被褥;不随地吐痰和便溺,不乱扔果皮、烟头、纸屑等废弃物;保持室内和公共场所的清洁卫生。提倡戒烟。

第二百四十三条 深入开展爱国卫生活动,整治环境卫生,搞好卫生设施建设和管理,增强防疫防病意识。

第二百四十四条 按照规定对军人进行健康检查,军官、士官通常每年进行1次,义务兵在服役第二年进行1次,并建立电子健康档案。对查出患有疾病的人员,应当及时治疗,不适宜继续服役的,及时报请有关部门按照规定安排其退出现役。

第二百四十五条 军人患病应当及时将病情报告直接首长,经批准后前往就医,由经治医师决定门诊、住院或者回队治疗,并根据病情开具相关证明。对急症病人,医疗卫生机构必须随时诊治。

第二百四十六条　各级领导应当重视军人疗养工作,严格落实军人疗养计划。疗养机构应当加强组织实施疗养人员的预防保健、伤病治疗、功能康复,以及飞行、潜艇和潜水人员的健康鉴定、生理和心理及救生训练等疗养保障工作。

第二百四十七条　各级应当重视部队训练和军事作业中的卫生安全与防护,遵循医学科学规律,合理安排训练科目与强度,加强卫生防护指导,预防和减少训练伤、职业损伤。

第二百四十八条　各级应当重视心理卫生服务工作,军级单位每年、师(旅、团)级单位每季度、营(连)级单位每月开展1次心理卫生服务活动,做好心理教育、心理测评、心理咨询和心理疏导等,确保官兵心理健康。对有严重心理疾患的官兵应当及时送诊就医。

第三节　财务和伙食管理

第二百四十九条　部(分)队首长必须加强对财务工作的领导,坚持依法管财、服务官兵、厉行节约、注重绩效的原则,建立健全经费管理、实物验收、资产登记、账目公布、财务交接等制度。

第二百五十条　军队单位和人员应当严格遵守财经纪律,加强财务监督。不得侵占官兵经济利益,不得虚报冒领经费物资,不得用公款公物请客送礼,不得拖欠、克扣、挪用伙食费,不得扩大伙食费开支范围,不得设账外账和"小金库",不得私分公款公物,不得出租、出借银行账户,不得私借公款和公款私存,不得报销应当由个人支付的费用。

第二百五十一条　军队单位和人员应当严格按照经费标准和供应实力领报各项经费。由基层单位掌管的各项经费,应当建立账目及时记账,做到日清月结、账款相符、精打细算,按照规定范围计划开支,及时公布,定期检查。由基层单位代领代报的工资、津贴、探亲路费、差旅费等,应当按时领取,及时发放和结算。

第二百五十二条　现金和票据管理,应当做到收支有据,手续齐全,保管安全。

第二百五十三条　部(分)队首长必须重视伙食管理,分工专人负责,科学调剂伙食,保证营养均衡,讲究色香味形,提高饭菜质量,改善就餐环境,节约食物、燃料和用水,关心伤病员的饮食,尊重少数民族官兵的饮食习惯,保证伙食达到灶别规定的食物定量标准,并在任何情况下保证官兵基本的饮食需要。

第二百五十四条 挑选身体健康、思想好的士兵担任炊事员。基层伙食单位应当至少保持1名具有等级厨师水平的炊事员在岗。

第二百五十五条 发挥军人委员会经济民主组在伙食管理中的作用。经济民主组通常由本单位1名军官担任组长,由司务长(管理员、舰艇军需)、炊事班长和若干名士兵担任成员。

经济民主组通常每周活动1次,主要负责了解和反映官兵对伙食的意见,研究改善办法,审查食谱;监督经费开支,定期检查账目,防止贪污、挪用、铺张浪费和侵占官兵利益。

第二百五十六条 基层伙食单位每周制订1次食谱。食谱由司务长、给养员、炊事班长提出,交经济民主组审查,经旅(团)军需部门审定后公布实行。

第二百五十七条 按时公布伙食账目。月终结账后,编制伙食账目公布表,由经济民主组和单位首长审查盖章并及时公布。

第二百五十八条 逐日登记给养消耗。每日消耗的主副食品、调料和燃料,由炊事班长和厨房值班员共同计量并进行登记。

第二百五十九条 基层伙食单位设厨房值班员,由副班长和指定的士兵轮流担任。厨房值班员履行下列职责:

(一)验收购买的食物,并在单据上签字;

(二)监督按照就餐人数做饭,在给养逐日消耗登记凭证上签字,并在食堂设置的经济民主栏或者电子屏幕上公布当日消耗,必要时可以向全体人员解释说明;

(三)督促炊事人员按时做好饭菜并留样;

(四)督促炊事人员搞好个人卫生,检查并协助搞好食堂卫生;

(五)通知炊事人员做病号饭和给执勤、外出人员留饭。

第二百六十条 基层单位首长在节假日应当参加和组织官兵帮厨,安排炊事人员轮休,保证炊事人员劳逸结合。

第二百六十一条 食堂应当保持清洁,有消毒、防蝇、防鼠、防虫和流水洗手、洗碗设备。炊事用具用后必须洗净,放置有序。食物的采购、制作、存放应当符合卫生要求。实行配餐、自助餐或者分餐制度。公用餐具和个人餐具,必须洗净、消毒,防止传染病和食物中毒。

第二百六十二条　旅(团)级以上单位每半年对基层单位的炊事人员进行1次健康检查,发现传染病和化脓性、渗出性皮肤病患者,必须立即调离诊治。

第二百六十三条　军人一般不得从基层伙食单位购买食物,家属来队无法在驻地购买的,可以按照采购价从基层伙食单位购买。

基层伙食单位的义务兵和供给制学员,除在外执行任务、住院等情况外,不得退伙;享受伙食灶别的军官和士官,除探亲(休假)和家属来队自行起伙可以分别退伙不超过1个月外,不得退伙。

上级人员和军人家属、亲友来队在基层单位就餐,按照规定交纳伙食费和军粮差价补贴。

第二百六十四条　旅(团)级单位生活服务中心负责基层单位所需主副食品、炊事燃料的筹措、加工、供应和结算。

生活服务中心实施服务和保障,不得创收营利。供应的食品必须保证质量,确保安全,其价格不得高于当地市场批发价格。

建立司务长轮流值班制度,基层单位司务长参与并监督生活服务中心的工作和管理。

第二百六十五条　实行饮食社会化保障的单位应当建立健全伙食管理机制,加强对伙食质量、价格、卫生等方面的监督。

第四节　车辆使用管理

第二百六十六条　部(分)队应当严格按照车辆编配用途、性能和规定的动用数量、行驶区域使用,按照规定组织车辆初驶、封存、启封、保养和检查,准确掌握车辆的动用、数量、质量、车公里消耗和维护保养等动态情况。

第二百六十七条　驾驶军用车辆,应当严格遵守国家道路交通安全法规和军队车辆使用管理有关规定,随身携带身份证件、军队车辆驾驶证、行车执照和派车命令,不得持军队车辆驾驶证驾驶地方机动车辆,不得持地方驾驶证驾驶军队机动车辆。

第二百六十八条　公务用车实行集中管理。不得公车私用,不得作为个人固定用车,不得用于探亲、休假、旅游等非公务活动。节假日期间除特殊工作需要外应当停驶。

第五节　装备管理

第二百六十九条　部(分)队必须严格执行装备管理的有关法规制度,加强日常管理,防止装备丢失、损坏、锈蚀、失效和霉烂变质,保证装备始终处于良好状态。

第二百七十条 部(分)队应当经常进行爱护装备和管理、使用装备的教育。除结合训练、执勤进行教育外,在新兵入伍、部队改(换)装、年度装备普查等时机,必须进行专业教育,使官兵增强爱护装备的意识,掌握维护保养、保管、检查和正确使用的方法。

第二百七十一条 旅(团)级以上单位首长对所属主要装备、营级以下单位首长对所属装备,应当熟悉其基本性能、数量、质量情况和日常管理要求。连级以下单位的军官和士兵,对配发或者分管的装备,应当会操作使用、会检查、会维护保养、会排除一般故障。修理分队的军官和士兵,对掌管的检查、检测、维护、修理等设备,应当会使用;对所保障的部队装备,会检测、会调试、会维护、会修理。

第二百七十二条 部(分)队应当加强对训练器材、教具和设备的管理,严格落实保管制度,认真维护保养,适时检查,正确使用,防止丢失和损坏。

第二百七十三条 装备的维护保养

(一)兵器室集中保管的轻武器,每周擦拭或者分解擦拭1次;随身携带的轻武器每日擦拭1次;用于训练、执勤的轻武器,每次使用后擦拭和每周分解擦拭1次,实弹射击后必须分解擦拭;擦拭武器包括对武器及其配套的器材进行清洁、润滑、调整和更换油液等,由班、组和使用人员实施;

(二)其他装备器材的维护保养,按照有关规定执行;

(三)装备除定期维护保养外,凡使用之后或者被雨、雪、雾、露浸湿和泥沙沾污,应当及时擦拭保养;

(四)对封存和外出人员留下的装备,应当指定专人定期维护保养;

(五)发现装备损坏,应当及时上报,并根据损坏程度及时组织修复;如果本单位不能修复,应当按照上级要求组织送修或者就地修理。

第二百七十四条 装备的保管

(一)部(分)队装备器材的保管,应当按照有关规定执行,符合技术标准和安全要求;

(二)轻武器通常存放在兵器室内;兵器室应当设置完备的安全设施,并设双锁,钥匙由连队(队、站、室、所、库)主官和军械员分别掌管;枪、弹应当分室或者分柜存放,每周清点不少于2次;

（三）各类装备应当按照有关规定分类放置，酸、碱、有毒、易燃、易爆品必须单独存放，严格管理制度和规定，认真落实安全措施；

（四）存放的装备、弹药必须账、物、卡相符，严禁留存账外装备、弹药；

（五）严禁任何单位或者个人擅自拆卸、转借、交换装备器材，严禁出租、变卖装备器材；

（六）装备的交接和送修，应当严格手续，及时登记、统计；装备的损失、消耗如实上报。

第二百七十五条　装备的检查

装备检查的主要内容：装备的类型、数量、质量、完好率、在航率、制度落实情况和存在问题等。

（一）对随身携带或者用于训练、执勤的武器，连级单位每日、营级单位每月、旅（团）级单位每季度检查1次；对集中保管的轻武器和大型装备，班每周、排每半月、连级单位和营级单位每月、旅（团）级单位每季度检查1次；班、排的检查与维护保养一并进行；

（二）师、旅（团）级单位每年普查1次，由单位首长主持，业务部门组织实施；

（三）装备除定期检查外，在使用前和使用后，必须进行检查；

（四）装备的技术性能检查（检测、测试），通常与装备的维护保养一并进行。

第二百七十六条　装备的使用

（一）必须按照编配用途和技术性能使用装备，按照规定填写装备履历书、证明书等；

（二）必须掌握装备的技术性能，严格遵守操作规程和安全规定；

（三）装备不得挪作他用；严禁擅自动用非职掌的装备；

（四）封存的装备，不得违反有关规定动用；紧急情况下动用，应当经直接首长批准，并及时向批准封存的上级报告；

（五）弹药的使用遵循"用旧存新，用零存整"的原则，严格执行启封规定；弹药不得挪作他用；

（六）注意节约弹药、油料、器材和其他物资；

（七）已批准退役、报废的装备，应当严格管理、单独存放并作出标志，不得继续使用；对于能够拆件利用的，应当按照有关规定权限审批，严禁擅自拆卸。

第二百七十七条 装备场区管理

（一）根据任务、所处条件和装备数量，按照实用、安全、坚固、环保、节能的要求，设置相应装备场区；不便于设装备场区的单位，应当执行装备场区的有关规定；

（二）各类装备场区的位置必须确保安全，便于装备的进出、停放、维护、修理；

（三）各类装备应当按照队列顺序停放；封存的和常用的应当分开；

（四）各类装备场区内应当设置安全、消防设施；严禁存放无关物资，严禁堵塞通路；

（五）装备出场前，必须经过严格的技术检查，回场后及时检查、保养。

各类装备场区必须建立值班制度；值班员由部（分）队首长指派，受部（分）队首长领导和业务部门指导，履行下列职责：

（一）掌握装备的类型、数量、动态、停放位置，检查其技术状况，监督场内技术勤务工作的实施；

（二）维护场区内秩序和整洁；

（三）管理场区内设施设备，使其经常保持良好状态；

（四）严格人员、装备出入手续，并进行登记；

（五）发生意外情况时，立即处置和报告。

必要时，各类装备场区可以增设值日员，协助值班员工作。

第六节 移动电话和国际互联网的使用管理

第二百七十八条 军人使用移动电话，实行实名制管理。旅（团）级以上单位应当对使用人员的姓名、部职别、电话号码和移动电话品牌型号，以及微信号、QQ号等进行登记备案。

第二百七十九条 公网移动电话只能作为非涉密事项联络工具，使用时应当遵守下列规定：

（一）严禁在执行作战、战备、训练、演习、执勤等任务时携带和使用公网移动电话；

（二）严禁将公网移动电话带入作战（值班）室、情报室、机要室、保密室、文印室、传真室、通信枢纽、涉密会议会场、重要仓库、导弹发射阵地、武器装备试验场、战备工程等涉密场所；

（三）严禁使用公网移动电话谈论、传输、处理和存储涉密信息；

（四）严禁将公网移动电话联接涉密计算机；

（五）严禁在涉密公务活动中使用公网移动电话录像、录音、拍照和开启定位功能。

其他具有录像、录音、拍照和定位功能的公网移动终端使用管理，参照前款规定执行。

第二百八十条 军用移动电话主要用于各级首长、机关、部队军事行动和日常办公的通信保障，使用时应当遵守下列规定：

（一）严禁在非加密状态下谈论、传输、处理、存储超出防护等级的信息或者长期存储涉密数据信息；

（二）严禁在加密状态下谈论、传输、处理、存储机密级以上的信息或者长期存储涉密数据信息；

（三）严禁与国际互联网、其他民用网络及非办公计算机、其他电子产品联接；

（四）严禁与外国人或者在外国驻华使（领）馆、机构和国际组织工作的人员通信；

（五）严禁借转给他人使用；

（六）严禁未经审批携带出国（境）；

（七）严禁故意损毁、拆装或者到地方单位维修。

第二百八十一条 军队单位应当在禁止使用移动电话的场所设置禁用标志和存放设施，重要涉密部位应当配置有效的技术管控设备，核心涉密场所必须进行严格检查，防止违规带入使用。

第二百八十二条 基层单位官兵在由个人支配的课外活动时间、休息日、节假日等时间，可以使用公网移动电话。不使用时，通常集中保管。具体使用时机和管理办法，由旅（团）级以上单位结合实际制定。

机关人员使用公网移动电话的管理办法，由旅（团）级以上单位结合实际制定。

第二百八十三条 军营网吧可以在旅（团）级以上单位或者单独驻防的营（连）级单位集中设立，设立前严格履行审批手续，做到专机入网、专室放置、专盘存储、专人管理。

第二百八十四条 军队单位和人员使用国际互联网，应当严格遵守下列规定：

（一）严禁涉密计算机联接国际互联网；

（二）严禁涉密计算机安装、使用无线上网卡；

（三）严禁涉密计算机开通红外、蓝牙等无线联接、传递功能；

（四）严禁将使用无线上网卡的私人计算机和具有无线联网功能的可穿戴设备带入涉密场所；

（五）严禁在联接国际互联网的计算机上使用涉密或者曾经涉密的移动存储载体；

（六）严禁在联接国际互联网的计算机上存储、处理或者传递涉密信息；

（七）严禁在联接国际互联网的计算机上存储显示军人身份的信息；

（八）严禁在国际互联网上谈论、发布、传播、泄露涉密和敏感信息；

（九）严禁违反规定在国际互联网上开设网站、网页以及博客、论坛、微博、微信公众号、贴吧、QQ群、头条号、网络直播、知乎、分答等新媒体账号；

（十）严禁以部队番号、代号建立QQ、微信、微博等网络社群；

（十一）严禁计算机在军队内部网络和国际互联网之间交叉联接；

（十二）严禁存储载体在涉密计算机和联接国际互联网的计算机之间交叉使用。

第二百八十五条 军队单位应当加强对本单位使用国际互联网的日常管理，抓好上网登记、终端管理、保密检查、技术服务等制度的落实。

第七节 营区管理

第二百八十六条 部（分）队应当按照实战化、正规化的要求加强营区管理，教育官兵和其他有关人员自觉遵纪守法，讲究文明，维护良好的战备、训练、工作、生活秩序，保证营区安全、整洁。

第二百八十七条 营区治安

（一）严格营门出入管理，人员应当凭统一制发的出入证、临时出入证或者有效证件出入营门；营区管理部门负责人员情况审核、出入证和临时出入证的制发、回收；必要时持物外出应当开具持物证明；有条件的营区，可以利用门禁、监控等系统进行辅助管理；

（二）严格控制外来人员、车辆进入营区，对确需进入营区的外来人

员,应当严格履行登记手续,检查其证件和携带物品,说明营区管理的有关要求和注意事项;

(三)聘用家政服务人员和社会化保障人员应当进行审查、登记,经批准后方可以聘用;

(四)严禁打架斗殴、酗酒、赌博、私藏违禁物品、侵占公共财产或者他人财产以及其他不良行为;

(五)严禁在营区内使用气枪、仿真枪、弓弩、弹弓等;严禁在营区内私自使用无人飞行器;严禁在允许的时间、地点以外燃放烟花爆竹;

(六)禁止流动商贩进入营区买卖或者在营门旁摆摊设点;

(七)禁止快递人员独自进入营区,接收网购商品应当在营区外进行;确需进入营区的,必须由接收人员办理相关手续并进行必要的安全检查;

(八)禁止共享交通工具进入营区。

第二百八十八条 营区秩序

(一)营区内各种设施应当实用、耐用、简朴、配套、完好,体现军事、军队特征,符合战备和安全要求;加强军号(信号)的规范使用,营造军号嘹亮的军营氛围;

(二)保持工作环境的整齐、清洁、肃静,工作时间不得追逐打闹、嬉笑聊天;

(三)在规定的午睡(午休)和就寝时间内,应当保持安静,不得进行影响他人休息的活动;

(四)营区的各类标志标识应当醒目、齐全、规范;车辆应当按照指定地点停放,按照规定的路线、速度行驶;禁止鸣喇叭、试刹车;骑自行车不得带人(学龄前儿童除外),出入营门应当下车;

(五)严格遵守礼堂、操场、课堂、饭堂、浴室、体育场所和娱乐场所的规则,做到守纪律、有秩序、讲礼貌;

(六)不得在营区张贴、设立商业广告;除对外开放的场所外,不得在营区建筑物上使用霓虹灯显示单位名称;

(七)按照规定经批准对外开放的场所,应当与军事行政区隔开;

(八)城市驻军不得在营区内饲养家禽家畜;不驻城市的部队养殖、种植应当统一规划,保持营区整洁;

(九)不得擅自砍伐、损坏花草树木,不得破坏绿化设施;不得擅自挖沙、采石、取土;不得私搭乱建。

第二百八十九条 重视营区的环境和文物保护。按照国家和军队的有关规定,采取环境和文物保护措施;协同地方人民政府和群众共同保护环境、文物和生态资源,防止污染以及其他公害。修建军事设施、场地,应当符合营区规划,做到合理布局、绿色环保,科学利用自然资源,注意保护营区内文物和古树名木。

第二百九十条 加强防火和消防知识教育,设置消防标识,制定防火措施,管好火源、电源。集中居住的旅(团)级以上单位应当指定分队兼负消防任务,并进行必要的消防训练。对各种消防设施和器材,指定专人管理,定期检查,防止挪用和损坏。

第二百九十一条 营区管理,应当以营院为单位组织实施。不同建制单位同驻一个营区时,由共同的上级单位指定单位负责组织管理。

营区内的军事行政区和家属生活区应当设置隔离设施,实行分区管理。旅级以上单位可以结合实际制定家属生活区的具体管理办法。

第八节 安全管理

第二百九十二条 各级应当认真履行安全管理职责,严格执行安全法规制度,建立健全各类安全问题防范和处置机制,防止和减少事故,及时妥善处理安全问题。

第二百九十三条 各级应当教育训练所属官兵掌握常见事故防范的基本知识、基本技能及有关规定,做好车辆交通事故、工程作业事故、误击误炸事故、火灾事故、溺水事故、坠落事故、触电事故、中毒事故、飞行事故、舰艇事故、装备事故、爆炸事故、医疗事故以及其他事故和自然灾害的防范。

第二百九十四条 各级应当严格落实安全分析制度,研究安全管理状况,查找薄弱环节,制定完善安全预案,采取有效对策措施。

军委机关部门和战区、军兵种以及相当等级单位每年、战区军种以及相当等级单位每半年,军、师、旅(团)级单位每季度,营级以下单位每月,应当组织1次安全分析。组织重大活动、执行危险性较大的任务时,或者在敏感特殊时期、季节更替、环境改变、人员变动等时机,应当及时进行专题分析。

第二百九十五条 旅(团)级以上单位应当对重要军事目标以及组织重大活动、执行危险性任务面临的安全风险适时进行评估,并采取相应措施降低或者规避风险。

第二百九十六条 各级应当加强安全检查,及时报告和通报安全检查情况,对存在的问题和隐患进行认真纠治整改。

军委机关部门和战区、军兵种以及相当等级单位每年,战区军种以及相当等级单位、军级单位每半年,师、旅(团)级单位每季度,营级以下单位每月,应当组织1次综合检查。针对安全管理中的倾向性问题或者重大安全隐患,适时组织专项检查。

第二百九十七条 发生事故、案件必须按照有关规定及时如实上报,查明原因,正确处理,不得弄虚作假、隐情不报、急情缓报、重情轻报。

中国人民解放军现役士兵服役条例

1. 1988年9月23日国务院、中央军事委员会第14号令发布
2. 根据1993年4月27日国务院、中央军事委员会令第113号《关于修改〈中国人民解放军现役士兵服役条例〉的决定》第一次修订
3. 根据1999年6月30日国务院、中央军事委员会令第269号《关于修改〈中国人民解放军现役士兵服役条例〉的决定》第二次修订
4. 2010年7月26日国务院、中央军事委员会令第578号修订公布

第一章 总 则

第一条 为了完善士兵服役制度,提高士兵队伍素质,加强中国人民解放军的革命化、现代化、正规化建设,根据《中华人民共和国兵役法》的有关规定,制定本条例。

第二条 现役士兵是依照法律规定,经兵役机关批准服现役,并依照本条例规定被授予相应军衔的义务兵和士官。

第三条 士兵必须牢固树立当代革命军人核心价值观,忠于中国共产党,忠于祖国,热爱社会主义,全心全意为人民服务;忠于职守,刻苦钻研军事技术,熟练掌握武器装备,具备执行多样化军事任务的过硬本领;严格遵守国家的法律、法规和军队的条令、条例,尊重领导,服从命令,听从指挥;随时准备打仗,抵抗侵略,保卫祖国。

第四条 中国人民解放军总参谋部(以下简称总参谋部)主管全军的兵员

工作，各级司令机关主管本单位的兵员工作。

国务院有关部门和地方各级人民政府，依照本条例以及有关法律、法规的规定，协助军队做好兵员工作。

第二章 士兵的服现役管理

第五条 公民依照法律规定，在中国人民解放军履行兵役义务，必须经县级兵役机关批准。

士兵服现役的时间，自兵役机关批准服现役之日起，至部队下达退役命令之日止计算。

第六条 义务兵服现役的期限为2年。

第七条 士官从服现役期满的义务兵中选取，或者从军队院校毕业的士官学员中任命，也可以从非军事部门具有专业技能的公民中直接招收。士官必须具备下列基本条件：

（一）志愿献身国防事业；

（二）能胜任本职工作；

（三）具有初中毕业以上文化程度；

（四）身体健康，品行良好。

第八条 士官实行分级服现役制度。士官分级服现役年限为：初级士官最高6年，中级士官最高8年，高级士官可以服现役14年以上。初级士官、中级士官在本级最高服现役年限内，按照岗位编制规定确定服现役时间。

士官分级服现役的批准权限为：初级士官由团（旅）级单位批准；中级士官由师（旅）级单位批准；高级士官由军级单位批准，批准前应当逐级上报总参谋部兵员工作主管部门审核。

各单位应当将批准的士官逐级上报总参谋部兵员工作主管部门登记注册。

第九条 士官担任除副班长、班长以外的分队行政或者专业技术领导、管理职务的，必须经军事院校培训。

士官担任专业技术工作职务的，应当经相应专业技术培训，并达到规定的技能等级标准。

直接从非军事部门具有专业技能的公民中招收的士官，应当经入伍训练和任职培训。

第十条 士兵担任副班长、班长或者相当于班长职务的,由营级单位的主官任免。

战斗中,因伤亡影响作战指挥时,连级单位的主官可以任命副班长、班长或者相当于班长的职务,但战斗间隙应当立即上报备案。

士官担任除副班长、班长以外的分队行政或者专业技术领导、管理职务的,由团(旅)级单位的主官任免。

第十一条 士兵的调配使用,应当严格按照编制的规定执行。

第十二条 士兵在军、师(旅)、团级单位范围内调动的,由调入和调出单位的共同上一级司令机关批准;在军区级单位范围内跨军级单位调动的,由军区级单位司令机关兵员工作主管部门批准;跨军区级单位调动的,由总参谋部兵员工作主管部门批准。

第十三条 新入伍的士兵,必须经入伍训练;专业技术兵必须经3个月以上的专业技术培训;班长必须经3个月以上的集训。

第十四条 部队应当每年对士兵进行综合考评,考评结果作为士兵使用、晋升、奖惩和选取士官的依据。

第三章 士兵的军衔

第十五条 士兵军衔按照兵役性质分为:

(一)士官:一级军士长、二级军士长、三级军士长、四级军士长、上士、中士、下士;

(二)义务兵:上等兵、列兵。

第十六条 士兵军衔按照军衔等级分为:

(一)高级士官:一级军士长、二级军士长、三级军士长;

(二)中级士官:四级军士长、上士;

(三)初级士官:中士、下士;

(四)兵:上等兵、列兵。

士兵军衔中,列兵为最低军衔,一级军士长为最高军衔。

第十七条 海军、空军士兵的军衔前分别冠以"海军"、"空军"。

第十八条 士兵军衔的授予、晋升,以本人所任职务、服现役年限和德才表现为依据。

第十九条 士兵军衔的授予、晋升:

(一)兵:服现役第一年的义务兵,授予列兵军衔;服现役第二年的列兵,晋升为上等兵。

(二)初级士官:上等兵服现役期满选取为初级士官的,晋升为下士;下士期满3年继续服现役的,晋升为中士。

(三)中级士官:中士服现役期满3年选取为中级士官的,晋升为上士;上士期满4年继续服现役的,晋升为四级军士长。

(四)高级士官:四级军士长服现役期满4年选取为高级士官的,晋升为三级军士长;三级军士长期满4年继续服现役的,晋升为二级军士长;二级军士长期满4年继续服现役的,晋升为一级军士长。

直接从非军事部门具有专业技能的公民中招收的士官,首次授予的军衔等级,根据其在普通高等学校学习时间和从事本专业工作时间确定。

军队院校士官学员毕业时的军衔晋升,比照其同年入伍士官的军衔等级确定。

第二十条　士兵军衔应当按照规定的服现役年限晋升;服现役第一年的列兵被任命为班长职务的,晋升为上等兵军衔。

第二十一条　士兵军衔授予、晋升的批准权限:

(一)一级军士长、二级军士长由军区级单位司令机关批准;三级军士长由军级单位的主官批准;四级军士长、上士由师(旅)级单位的主官批准;中士、下士由团(旅)级单位的主官批准。

(二)兵的军衔由连级单位的主官批准;服现役第一年的列兵担任班长职务晋升为上等兵军衔的,由营级单位的主官批准。

第二十二条　兵的军衔的授予、晋升,由连级单位的主官队前宣布;士官军衔的授予、晋升,由批准单位的主官以命令下达。

第二十三条　士兵在院校和训练机构学习期间军衔的晋升,由本人隶属单位办理。

士兵住院治疗期间军衔的晋升,由原单位办理。士兵因病和非因公致伤致残住院或者病休时间,连续计算超过半年的,军衔暂缓晋升,暂缓期限不得少于半年;医疗终结后符合条件继续服现役的,应当按期晋升。

第二十四条　士兵涉嫌违法违纪被依法审查期间,军衔暂不晋升;经审查没有违法违纪情形的,应当按期晋升。

第二十五条　军衔高的士兵与军衔低的士兵,军衔高的为上级。军衔高的士兵在职务上隶属于军衔低的士兵的,职务高的为上级。

第二十六条　士兵必须按照规定佩带与其军衔相符的军衔标志。

第二十七条　士兵军衔的授予、晋升办法,由总参谋部规定。

第四章　士兵的奖惩

第二十八条　对在作战、训练、执勤和工作中表现突出,取得显著成绩,以及为国家和人民做出其他较大贡献的士兵,应当给予奖励。奖励的项目、条件、批准权限和实施程序按照中央军事委员会的规定执行。

第二十九条　对违反纪律和故意或者过失给国家、军队和人民造成损失,或者在群众中产生不良影响的士兵,应当给予处分。处分的项目、条件、批准权限和实施程序按照中央军事委员会的规定执行。

第三十条　士兵在服现役期间,受除名处分的,由批准机关出具证明并派专人将其档案材料送回原征集地县级兵役机关;受开除军籍处分的,由批准机关出具证明并派专人遣送,地方人民政府应当予以接收。

第五章　士兵的待遇

第三十一条　义务兵享受供给制生活待遇,按照军衔和服现役年限发给津贴。

士官实行工资制和定期增资制度,其基本工资由军衔级别工资、军龄工资组成,并按照国家和军队的有关规定享受津贴和补贴。

第三十二条　士兵享受国家和军队规定的保险待遇。

第三十三条　担任副班长、班长或者相当于班长职务和担任分队行政或者专业技术领导、管理职务的士兵,按照规定发给职务津贴。

士兵代理军官职务期间,按照规定发给与其代理职务相应的岗位津贴。

第三十四条　士兵在服现役期间,享受公费医疗待遇。有关部门按照规定妥善安排特殊岗位士兵的疗养。

第三十五条　士兵家庭生活有困难的,可以给予适当补助。

第三十六条　士官家属的随军、就业、工作调动和士官子女教育,享受国家和社会的优待。

高级士官以及其他符合国家规定条件的士官,经师(旅)级以上单位的政治机关批准,其配偶和未成年的子女、无独立生活能力的子女可以随军,是农村户口的转为城镇户口,当地人民政府应当准予落户。部队移防或者士官工作调动的,随军家属可以随调。

第三十七条　士官家属符合随军条件未随军的,由军队发给分居补助费和医疗补助费。

第三十八条　士官牺牲、病故的,其随军家属移交人民政府安置管理,按照国务院、中央军事委员会关于牺牲、病故军官的随军家属移交人民政府安置管理的规定执行。

第三十九条　士官按照国家和军队的有关规定,享受住房补贴、住房公积金和房租补贴。家属随军的士官,实行公寓住房与自有住房相结合的住房政策,具体办法由军队有关总部规定。

士官未随军配偶来队探亲,由团级以上单位按照规定提供临时来队住房。

第四十条　士官按照下列规定,享受探亲假和休假的待遇:

（一）未婚士官与父母不在一地生活的,下士任期内享受两次探望父母假,每次假期20日;中士以上士官每年享受一次探望父母假,假期30日。已婚士官与父母不在一地生活的,每两年享受一次探望父母假,假期20日。

（二）已婚士官与配偶不在一地生活的,每年享受一次探望配偶假,假期40日。

（三）已婚士官与配偶、父母不在一地生活,但其配偶与其父母或者父母一方居住在一地的,只享受探望配偶的假期;与配偶、父母均不在一地生活,一年内同时符合探望配偶和探望父母条件的,只享受一次探亲假,假期45日。

（四）不享受探望父母假和探望配偶假的高级士官,每年享受一次休假,服现役不满20年的假期20日,满20年的假期30日。

士官探亲假期不含途中时间,往返路费按照规定的标准报销。

对在高原、边海防和特殊岗位工作的士官,可以适当增加假期,具体办法由总参谋部规定。

第四十一条　执行作战任务的部队的士官停止探亲和休假。国家发布动员令或者部队紧急战备需要召回时,正在探亲、休假的士官应当立即结束探亲、休假,返回本部。

第六章　士兵退出现役

第四十二条　士兵符合下列条件之一的,应当退出现役:

（一）义务兵服现役期满未被选取为士官的;

（二）士官服现役满本级规定最高年限未被选取为高一级士官的,在本级服现役期限内因岗位编制限制不能继续服现役的;

（三）服现役满30年需要退出现役的或者年满55周岁的;

（四）因战、因公、因病致残被评定残疾等级后,不能坚持正常工作的;

（五）患病医疗期满或者医疗终结,经军队医院证明和军级以上单位卫生部门审核确认,不适宜继续服现役的;

（六）因军队编制调整需要退出现役的;

（七）因国家建设需要退出现役的;

（八）士兵家庭成员遇有重大疾病、遭受重大灾难等变故,确需本人维持家庭正常生活,经士兵家庭所在地的县级人民政府退役士兵安置工作主管部门证明,经师(旅)级以上单位司令机关批准退出现役的;

（九）其他原因不适宜继续服现役,经师(旅)级以上单位司令机关批准退出现役的。

第四十三条　服现役期限未满的义务兵,符合《中华人民共和国兵役法》第二十条和其他有关规定的,经师(旅)级以上单位司令机关批准,可以提前退出现役。

第四十四条　战时,士兵因伤病住院治疗后,经医院证明不宜继续服现役的,不再介绍回原部队,由军队医院或者后方团级以上单位办理手续退出现役。

第四十五条　士兵退出现役时,按照规定发给退出现役补助费;患有慢性病的,按照规定发给医疗补助费。

第四十六条　士兵退出现役在返家途中违法违纪的,沿途军事机关应当协助当地有关部门劝阻制止;构成犯罪的,由当地司法机关依法处理。

第四十七条　退伍义务兵和复员士官,应当自部队下达退役命令之日起30日内到安置地的退役士兵安置工作主管部门报到;评定残疾等级的,应当在60日内向安置地的县级人民政府主管部门申请转接抚恤关系。

第四十八条　对退出现役的士兵,按照国家有关规定妥善安置。

第四十九条　士兵退出现役时,按照《中华人民共和国兵役法》的有关规定服预备役的,由部队确定其预备役军衔。

第七章 附　　则

第五十条　本条例适用于中国人民武装警察部队。

第五十一条　本条例自 2010 年 8 月 1 日起施行。

中国人民解放军军官军衔条例

1. 1988 年 7 月 1 日第七届全国人民代表大会常务委员会第二次会议通过
2. 根据 1994 年 5 月 12 日第八届全国人民代表大会常务委员会第七次会议《关于修改〈中国人民解放军军官军衔条例〉的决定》修正

目　录

第一章　总　　则
第二章　现役军官军衔等级的设置
第三章　现役军官职务等级编制军衔
第四章　现役军官军衔的首次授予
第五章　现役军官军衔的晋级
第六章　现役军官军衔的降级、取消和剥夺
第七章　现役军官军衔的标志和佩带
第八章　附　　则

第一章 总　　则

第一条　根据《中华人民共和国宪法》和《中华人民共和国兵役法》的有关规定,制定本条例。

第二条　为加强中国人民解放军的革命化、现代化、正规化建设,有利于军队的指挥和管理,增强军官的责任心和荣誉感,实行军官军衔制度。

第三条　军官军衔是区分军官等级、表明军官身份的称号、标志和国家给予军官的荣誉。

第四条　军官军衔按照军官的服役性质分为现役军官军衔和预备役军官军衔。

第五条　军衔高的军官对军衔低的军官,军衔高的为上级。当军衔高的军官在职务上隶属于军衔低的军官时,职务高的为上级。

第六条　现役军官转入预备役的,在其军衔前冠以"预备役"。现役军官退役的,其军衔予以保留,在其军衔前冠以"退役"。

第二章　现役军官军衔等级的设置

第七条　军官军衔设下列三等十级:

（一）将官:上将、中将、少将;

（二）校官:大校、上校、中校、少校;

（三）尉官:上尉、中尉、少尉。

第八条　军官军衔依照下列规定区分:

（一）军事、政治、后勤军官:上将、中将、少将,大校、上校、中校、少校,上尉、中尉、少尉。

海军、空军军官在军衔前分别冠以"海军"、"空军"。

（二）专业技术军官:中将、少将,大校、上校、中校、少校,上尉、中尉、少尉。在军衔前冠以"专业技术"。

第三章　现役军官职务等级编制军衔

第九条　人民解放军实行军官职务等级编制军衔。

第十条　中华人民共和国中央军事委员会领导全国武装力量。中央军事委员会实行主席负责制。中央军事委员会主席不授予军衔。

中央军事委员会副主席的职务等级编制军衔为上将。

中央军事委员会委员的职务等级编制军衔为上将。

第十一条　军事、政治、后勤军官实行下列职务等级编制军衔:

人民解放军总参谋长、总政治部主任:上将;

正大军区职:上将、中将;

副大军区职:中将、少将;

正军职:少将、中将;

副军职:少将、大校;

正师职:大校、少将;

副师职（正旅职）:上校、大校;

正团职（副旅职）:上校、中校;

副团职:中校、少校;

正营职:少校、中校;

副营职：上尉、少校；

正连职：上尉、中尉；

副连职：中尉、上尉；

排职：少尉、中尉。

第十二条 专业技术军官实行下列职务等级编制军衔：

高级专业技术职务：中将至少将；

中级专业技术职务：大校至上尉；

初级专业技术职务：中校至少尉。

第四章 现役军官军衔的首次授予

第十三条 军官军衔按照军官职务等级编制军衔授予。

第十四条 授予军官军衔以军官所任职务、德才表现、工作实绩、对革命事业的贡献和在军队中服役的经历为依据。

第十五条 初任军官职务的人员依照下列规定首次授予军衔：

（一）军队中等专业学校毕业的，授予少尉军衔；

大学专科毕业的，授予少尉军衔，可以按照人民解放军总政治部的有关规定授予中尉军衔；

大学本科毕业的，授予中尉军衔，可以按照人民解放军总政治部的有关规定授予少尉军衔；

获得硕士学位的，授予上尉军衔，可以按照人民解放军总政治部的有关规定授予中尉军衔；研究生班毕业，未获得硕士学位的，授予中尉军衔；

获得博士学位的，授予少校军衔，可以按照人民解放军总政治部的有关规定授予上尉军衔。

（二）战时士兵被任命为军官职务的，按照军官职务等级编制军衔，授予相应的军衔。

（三）军队文职干部和非军事部门的人员被任命为军官职务的，按照军官职务等级编制军衔，授予相应的军衔。

第十六条 首次授予军官军衔，依照下列规定的权限予以批准：

（一）上将、中将、少将、大校、上校，由中央军事委员会主席批准授予；

（二）中校、少校，由人民解放军各总部、大军区、军兵种或者其他相

当于大军区级单位的正职首长批准授予;

(三)上尉、中尉、少尉,由集团军或者其他有军官职务任免权的军级单位的正职首长批准授予。

第五章 现役军官军衔的晋级

第十七条 军官军衔按照下列期限晋级:

(一)平时军官军衔晋级的期限:少尉晋升中尉,大学专科以上毕业的为二年,其他为三年;中尉晋升上尉、上尉晋升少校、少校晋升中校、中校晋升上校、上校晋升大校各为四年;大校以上军衔晋级为选升,以军官所任职务、德才表现和对国防建设的贡献为依据;

(二)战时军官军衔晋级的期限可以缩短,具体办法由中央军事委员会根据战时情况规定。

军官在院校学习的时间,计算在军衔晋级的期限内。

第十八条 军官军衔一般应当按照规定的期限逐级晋升。

第十九条 军官军衔晋级的期限届满,因违犯军纪,按照中央军事委员会的有关规定不够晋级条件的,延期晋级或者退出现役。

第二十条 军官由于职务提升,其军衔低于新任职务等级编制军衔的最低军衔的,提前晋升至新任职务等级编制军衔的最低军衔。

第二十一条 军官在作战或者工作中建立突出功绩的,其军衔可以提前晋级。

第二十二条 被决定任命为中央军事委员会副主席、委员职务的军官晋升为上将的,由中央军事委员会主席授予上将军衔。

第二十三条 本法第二十二条规定以外的军官军衔的晋级,按照军官职务的任免权限批准。但是,下列军官军衔晋级,按照以下规定批准:

(一)副师职(正旅职)军官晋升为大校的,专业技术军官晋升为大校、少将、中将的,由中央军事委员会主席批准;

(二)专业技术军官晋升为上校的,由人民解放军各总部、大军区、军兵种或者其他相当于大军区级单位的正职首长批准;

(三)副营职军官晋升为少校的,专业技术军官晋升为少校、中校的,由集团军或者其他有军官职务任免权的军级单位的正职首长批准。

第六章 现役军官军衔的降级、取消和剥夺

第二十四条 军官因不胜任现任职务被调任下级职务,其军衔高于新任职

务等级编制军衔的最高军衔的,应当调整至新任职务等级编制军衔的最高军衔。调整军衔的批准权限与其原军衔的批准权限相同。

第二十五条　军官违犯军纪的,按照中央军事委员会的有关规定,可以给予军衔降级处分。军衔降级的批准权限与首次批准授予该级军衔的权限相同。

军官军衔降级不适用于少尉军官。

第二十六条　军官军衔降级的,其军衔晋级的期限按照降级后的军衔等级重新计算。

军官受军衔降级处分后,对所犯错误已经改正并在作战或者工作中有显著成绩的,其军衔晋级的期限可以缩短。

第二十七条　对撤销军官职务并取消军官身份的人员,取消其军官军衔。取消军官军衔的批准权限与首次批准授予该级军衔的权限相同。

军官被开除军籍的,取消其军衔。取消军衔的批准权限与批准开除军籍的权限相同。

第二十八条　军官犯罪,被依法判处剥夺政治权利或者三年以上有期徒刑的,由法院判决剥夺其军衔。

退役军官犯罪的,依照前款规定剥夺其军衔。

军官犯罪被剥夺军衔,在服刑期满后,需要在军队中服役并授予军官军衔的,依照本条例第十六条的规定办理。

第七章　现役军官军衔的标志和佩带

第二十九条　军官军衔的肩章、符号式样和佩带办法,由中央军事委员会颁布。

第三十条　军官佩带的肩章、符号必须与其军衔相符。

第八章　附　　则

第三十一条　预备役军官军衔制度,另行规定。

第三十二条　士兵军衔制度,由国务院和中央军事委员会规定。

第三十三条　中国人民武装警察部队实行警衔制度,具体办法由国务院和中央军事委员会规定。

第三十四条　人民解放军总参谋部、总政治部根据本条例制定实施办法,报中央军事委员会批准后施行。

第三十五条　本条例自公布之日起施行。

中国人民解放军文职人员条例

1. 2005年6月23日国务院、中央军事委员会令第438号公布
2. 2017年9月27日国务院、中央军事委员会令第689号第一次修订
3. 2022年12月10日国务院、中央军事委员会令第757号第二次修订

第一章 总 则

第一条 为了规范文职人员的管理,保障文职人员合法权益,建设德才兼备的高素质、专业化文职人员队伍,促进军事人员现代化建设,根据《中华人民共和国国防法》等有关法律,制定本条例。

第二条 本条例所称文职人员,是指在军队编制岗位依法履行职责的非服兵役人员,是军队人员的组成部分,依法享有国家工作人员相应的权利、履行相应的义务。

第三条 文职人员管理坚持中国共产党的绝对领导,深入贯彻习近平强军思想,贯彻军委主席负责制,落实新时代党的组织路线,坚持党管干部、党管人才,坚持人才是第一资源,坚持公开、平等、竞争、择优,依照法定的权限、条件、标准和程序进行。

第四条 文职人员主要编配在军民通用、非直接参与作战,且专业性、保障性、稳定性较强的岗位,按照岗位性质分为管理类文职人员、专业技术类文职人员、专业技能类文职人员。管理类文职人员和专业技术类文职人员是党的干部队伍的重要组成部分。

第五条 军队建立与军人、公务员、事业单位工作人员相独立的文职人员政策制度体系。文职人员政策制度应当体现军事职业特点,构建完善的管理、保障机制。

军队对文职人员实行分类分级管理,提高管理效能和科学化水平。

第六条 中央军事委员会统一领导全军文职人员管理工作,中央军事委员会政治工作部负责组织指导全军文职人员管理工作。团级以上单位的政治工作部门在党委领导下,负责本单位的文职人员管理工作。

中央和国家有关机关、地方有关机关、军队有关单位应当按照职责分工,做好文职人员的招录聘用、教育培训、户籍管理、社会保障、人力资源

管理、抚恤优待、退休管理等工作,为文职人员提供公共服务和便利。

第七条 国家和军队依法保障文职人员享有与其身份属性、职业特点、职责使命和所作贡献相称的地位和权益,鼓励文职人员长期稳定地为国防和军队建设服务。

军队有关单位会同中央和国家有关机关、地方有关机关建立文职人员联合工作机制,协调做好跨军地文职人员管理有关工作。

第八条 对在文职人员管理工作中作出突出贡献的单位和个人,按照国家和军队有关规定给予表彰、奖励。

第二章 基本条件、职责、义务和权利

第九条 文职人员应当具备下列基本条件:

(一)具有中华人民共和国国籍;

(二)年满18周岁;

(三)符合军队招录聘用文职人员的政治条件;

(四)志愿服务国防和军队建设;

(五)符合岗位要求的文化程度、专业水平和工作能力;

(六)具有正常履行职责的身体条件和心理素质;

(七)法律、法规规定的其他条件。

第十条 文职人员主要履行下列职责:

(一)根据所任岗位,从事行政事务等管理工作,教育教学、科学研究、工程技术、医疗卫生等专业技术工作,操作维护、勤务保障等专业技能工作;

(二)根据需要,参加军事训练和战备值勤;

(三)根据需要,在作战和有作战背景的军事行动中承担支援保障任务,以及参加非战争军事行动;

(四)法律、法规规定的其他职责。

第十一条 文职人员应当履行下列义务:

(一)忠于中国共产党,忠于社会主义,忠于祖国,忠于人民,努力为国防和军队建设服务;

(二)遵守宪法、法律、法规和军队有关规章制度;

(三)服从命令,听从指挥,遵守纪律,保守秘密,发扬军队优良传统,维护军队良好形象;

（四）认真履职尽责，团结协作，勤奋敬业，努力提高工作质量和效率；

（五）学习和掌握履行职责所需要的科学文化、专业知识和技术技能，提高职业能力；

（六）清正廉洁，公道正派，恪守职业道德，模范遵守社会公德、家庭美德；

（七）根据需要，依法转服现役；

（八）法律、法规规定的其他义务。

第十二条 文职人员享有下列权利：

（一）获得勋章、荣誉称号、奖励、表彰以及纪念章等；

（二）获得工资报酬，享受相应的福利待遇、抚恤优待和社会保障；

（三）获得履行职责应当具有的工作条件和劳动保护；

（四）参加培训；

（五）非因法定事由、非经法定程序，不被免职、降职（级）、辞退、终止或者解除聘用合同、处分等；

（六）申请辞职或者解除聘用合同，申请人事争议处理，提出申诉和控告；

（七）法律、法规规定的其他权利。

第三章　岗位设置与级别

第十三条 军队建立文职人员岗位管理制度。

军队根据职责任务、人员编制设定文职人员岗位，明确岗位类别、岗位职务层级、岗位等级。

文职人员岗位类别，分为管理岗位、专业技术岗位、专业技能岗位。根据岗位特点和管理需要，可以划分若干具体类别。

文职人员岗位职务层级，在管理岗位和专业技术岗位设置。

文职人员岗位等级，根据岗位类别，分为文员等级、专业技术岗位等级、专业技能岗位等级。

第十四条 管理类文职人员实行岗位职务层级与文员等级并行制度。

担任领导职务的管理类文职人员的岗位职务层级，由高到低分为七个层级，即军队文职部级副职、军队文职局级正职、军队文职局级副职、军队文职处级正职、军队文职处级副职、军队文职科级正职、军队文职科级副职。

文员等级在军队文职局级以下设置,由高到低分为十二个等级,即一级文员至十二级文员。

军队文职局级以下岗位职务层级对应的最低文员等级是:

(一)军队文职局级正职:一级文员;

(二)军队文职局级副职:二级文员;

(三)军队文职处级正职:四级文员;

(四)军队文职处级副职:六级文员;

(五)军队文职科级正职:八级文员;

(六)军队文职科级副职:十级文员。

第十五条 专业技术类文职人员实行岗位职务层级和专业技术岗位等级管理制度。

专业技术类文职人员岗位职务层级的设置和管理,按照军队有关规定执行。

专业技术类文职人员的专业技术岗位等级,由高到低分为十三个等级,即专业技术一级至十三级。

第十六条 专业技能类文职人员岗位分为技术工岗位和普通工岗位。

技术工岗位文职人员实行专业技能岗位等级管理制度,由高到低分为五个等级,即专业技能一级至五级;普通工岗位文职人员不分等级。

第十七条 文职人员实行级别管理制度。

文职人员级别,根据所任岗位职务层级、岗位等级及其德才表现、工作实绩和资历确定。

文职人员级别的设置和管理,以及与岗位职务层级、岗位等级的对应关系,按照军队有关规定执行。

文职人员的岗位职务层级、岗位等级与级别是确定文职人员工资以及其他待遇的主要依据。

第四章 招录聘用

第十八条 军队实行公开招考、直接引进、专项招录相结合的文职人员招录聘用制度。

公开招考,适用于新招录聘用七级文员、专业技术八级、专业技能三级以下和普通工岗位的文职人员。

直接引进,适用于选拔高层次人才和特殊专业人才。

专项招录,适用于从退役军人等特定群体中招录聘用文职人员。

第十九条 新招录聘用的文职人员,除应当具备本条例第九条规定的基本条件以外,还应当具备军队规定的拟任岗位有关资格条件。其中,文职人员首次招录聘用的最高年龄分别为:

(一)军队文职局级副职、二级文员以上岗位,以及专业技术七级以上岗位的,50周岁;

(二)军队文职处级正职至军队文职科级正职、三级文员至八级文员、专业技术八级至专业技术十级岗位,以及专业技能二级以上岗位的,45周岁;

(三)军队文职科级副职、九级文员至十二级文员、专业技术十一级至专业技术十三级岗位,以及专业技能三级以下和普通工岗位的,35周岁。

根据军队建设和执行任务需要,可以按照军队有关规定适当放宽文职人员招录聘用的最高年龄限制等条件。

文职人员岗位应当优先招录聘用符合条件的退役军人。

第二十条 公开招考文职人员,一般按照制定计划、发布信息、资格审查、统一笔试、面试、体格检查、政治考核、结果公示、审批备案的程序进行。

直接引进和专项招录文职人员的程序,按照国家和军队有关规定执行。

第二十一条 招录聘用军队文职部级副职和专业技术三级以上岗位文职人员,由中央军事委员会审批。招录聘用其他管理类文职人员和专业技术类文职人员,由中央军事委员会机关部委、中央军事委员会直属机构、战区、军兵种、中央军事委员会直属单位审批。招录聘用专业技能类文职人员,由师级以上单位审批。

第二十二条 新招录聘用的文职人员按照军队有关规定实行试用期。试用期满考核合格的,按照规定任职定级;考核不合格的或者试用期内本人自愿放弃的,取消录用。

第五章 培 训

第二十三条 军队根据文职人员履行职责、改善知识结构和提高职业能力需要,对文职人员实施分类分级培训。

文职人员的培训,坚持军队院校教育、部队训练实践、军事职业教育相结合。

第二十四条 文职人员的培训,分为初任培训、晋升培训、岗位培训。

对新招录聘用的文职人员应当进行初任培训,使其具备适应岗位必备的军政素质和基本业务能力。

对拟晋升岗位职务层级的文职人员应当进行晋升培训,提高其政治能力、管理能力和专业能力。

根据岗位特点和工作需要,应当对文职人员进行岗位培训,提高其履行职责能力。

第二十五条 文职人员培训纳入军队人员培训体系统一组织实施。

军队可以利用国家和社会资源,对文职人员进行培训。中央和国家有关机关、地方有关机关应当积极支持军队开展文职人员培训工作。

第二十六条 军队根据工作需要,可以安排文职人员参加学历升级教育,选派文职人员参加有关学习培训。

第二十七条 用人单位应当对文职人员培训情况进行登记,并归入文职人员人事档案。

培训情况作为文职人员资格评定、考核、任用等的依据之一。

第六章 考 核

第二十八条 文职人员实行分类分级考核。

文职人员的考核,应当全面考核文职人员的政治品质、专业能力、担当精神、工作实绩、廉洁自律等情况。

第二十九条 文职人员的考核,分为年度考核、聘(任)期考核、专项考核。

年度考核,主要考核文职人员年度履行职责的总体情况。

聘(任)期考核,主要考核文职人员在一个聘(任)期内的总体情况。

专项考核,主要考核拟任用文职人员的总体情况,以及文职人员执行任务、参加教育培训、试用期表现等情况。

第三十条 文职人员的考核工作,由用人单位或者其上级单位按照军队有关规定组织实施。

第三十一条 文职人员的考核,应当形成考核报告、评语、鉴定或者等次等结果。其中,文职人员年度考核结果,分为优秀、称职、基本称职、不称职四个等次;聘(任)期考核和专项考核,根据需要明确考核结果等次。

考核结果作为文职人员任用、工资待遇确定、奖惩实施、续聘竞聘和辞退解聘等的主要依据。

第七章 任 用

第三十二条 文职人员的任用,包括岗位职务任免、岗位职务层级升降,以及岗位等级和级别的确定与调整。

第三十三条 文职人员实行委任制和聘用制相结合的任用方式。对实行聘用制的文职人员,用人单位应当与其签订聘用合同。

担任领导职务的管理类文职人员实行任期制。

文职人员的任用条件、权限和办理程序,以及聘用合同管理和领导职务任期管理的具体办法,由中央军事委员会规定。

第三十四条 对不适宜或者不胜任现岗位的文职人员,用人单位应当调整其岗位,并重新确定其岗位职务层级、岗位等级和级别。

文职人员调整任职、辞职、被辞退、终止和解除聘用合同、退休、岗位编制撤销,以及受到开除处分的,原职务自行免除;因其他情形需要免职的,按照军队有关规定执行。

第三十五条 文职人员职称、职业资格和职业技能等级的取得,按照国家和军队有关规定执行。

文职人员在招录聘用前取得的职称、职业资格和职业技能等级,用人单位应当予以认可。

文职人员退出军队后,在军队工作期间取得的职称、职业资格和职业技能等级仍然有效。

第八章 交 流

第三十六条 文职人员在用人单位本专业领域岗位长期稳定工作,根据需要可以组织交流。

第三十七条 文职人员的交流分为军队内部交流和跨军地交流两种方式,以军队内部交流为主。

文职人员交流,应当具备拟任岗位资格条件,且相应岗位编制有空缺。

第三十八条 符合下列情形之一的,文职人员可以在军队内部交流:

(一)因执行任务需要充实力量的;

(二)本单位无合适人选且不宜通过招录聘用补充的;

（三）改善队伍结构需要调整任职的；
（四）任期届满需要调整任职，或者按照规定需要任职回避的；
（五）法律、法规等有关规定明确的其他情形。

第三十九条　因国家重大战略以及重大工程、重大项目、重大任务急需干部或者紧缺专业技术人才的，军队有关单位可以根据具体需求，按照干部管理权限商中央和国家有关机关、地方有关机关、国有企业和事业单位选调干部或者专业技术人才到文职人员岗位工作。

根据工作需要，中央和国家有关机关、地方有关机关、国有企业和事业单位可以按照干部管理权限，根据国家和军队有关规定，通过"一事一议"方式选调文职人员到有关单位工作。

第四十条　文职人员有下列情形之一的，除本条例第三十八条第一项规定情形外，不得交流：
（一）招录聘用后工作未满2年的；
（二）工作特别需要、暂无合适接替人选的；
（三）因涉嫌违纪违法正在接受纪律审查、监察调查，或者涉嫌犯罪，司法程序尚未终结的；
（四）法律、法规规定其他不得交流的情形。

第九章　教育管理

第四十一条　用人单位应当根据军队有关规定，结合文职人员身份属性和岗位职责，坚持统分结合、注重效能原则，坚持尊重激励与监督约束并重，做好文职人员的教育管理工作，营造干事创业的良好环境。

第四十二条　用人单位应当加强文职人员队伍的思想政治建设，引导文职人员投身强军兴军实践，培养政治合格、业务熟练、敢于担当、积极作为、恪尽职守、遵规守纪的职业操守，培育热爱军队、服务国防的职业认同。

第四十三条　用人单位应当加强对文职人员的安全管理和保密教育，对涉密岗位文职人员，按照国家和军队有关规定进行管理。

文职人员因公、因私出国（境）的管理，按照国家和军队有关规定执行。

第四十四条　文职人员可以按照军队有关规定，参加军地本专业领域学术组织，以及社会团体的组织及其活动。军队鼓励支持从事专业技术工作的文职人员参加国家和地方的人才工程计划、军民科技协同创新等活动。

从事专业技术工作的文职人员,在履行好岗位职责、完成本职工作的前提下,经批准可以到军队以外单位兼职。

第四十五条 军队建立文职人员宣誓制度。

文职人员应当严格遵守军队内务管理有关规定。

文职人员服装的制式及其标志服饰由中央军事委员会规定。

第四十六条 对在国防和军队建设中取得突出成绩、为国家和人民作出突出贡献的文职人员,按照国家和军队有关规定给予勋章、荣誉称号、奖励、表彰以及纪念章等。

文职人员可以按照国家和军队有关规定接受地方人民政府、群团组织和社会组织,以及国际组织和其他国家、军队给予的荣誉。

第四十七条 文职人员与用人单位发生的人事争议,按照国家和军队有关规定依法处理。

文职人员对涉及本人的考核结果、辞职辞退、处分决定等不服的,可以申请复核、提出申诉。

文职人员认为用人单位及有关人员侵犯其合法权益的,可以依法提出控告。

对文职人员的复核申请、申诉或者控告,军队有关单位应当及时受理。

第四十八条 文职人员招录聘用、考核、任用、奖惩、人事争议处理等工作,实行回避制度。

第四十九条 文职人员的人事档案,按照军队有关规定进行管理。

第五十条 军队用人单位按照国家有关规定,进行组织机构登记。

第十章 待遇保障

第五十一条 军队建立与国家机关事业单位工作人员待遇政策相衔接、体现"优才优待、优绩优奖"激励导向的文职人员待遇保障体系。

第五十二条 文职人员依法享受相应的政治待遇、工作待遇和生活待遇。

文职人员的政治待遇,按照国家和军队有关规定执行。

文职人员在军队工作期间根据所任岗位职务层级和岗位等级等,享受军队规定的办公用房、公务用车等工作待遇;免职、退出军队的,调整或者取消相应的工作待遇。

第五十三条 军队建立统一的文职人员工资制度。文职人员工资包括基本工资、津贴、补贴等。

在军队技术密集型单位，可以实行文职人员绩效工资。

第五十四条 用人单位及其文职人员应当按照国家有关规定参加社会保险，依法缴纳社会保险费。

军队根据国家有关规定，为文职人员建立补充保障。

第五十五条 文职人员享受国家和军队规定的社会化、货币化住房保障政策。

用人单位及其文职人员应当按照规定缴存、使用住房公积金，缴存的住房公积金由所在地住房公积金管理中心统一管理。

文职人员可以按照军队有关规定租住军队集体宿舍或者公寓住房。

第五十六条 文职人员享受国家和军队规定的医疗补助和医疗保健政策。文职人员在作战和有作战背景的军事行动中承担支援保障任务，以及参加非战争军事行动期间，实行军队免费医疗。

第五十七条 文职人员的抚恤优待，按照国家和军队有关规定执行。

文职人员因在作战和有作战背景的军事行动中承担支援保障任务，参加非战争军事行动以及军级以上单位批准且列入军事训练计划的军事训练造成伤亡的，其抚恤优待参照有关军人抚恤优待的规定执行。

第五十八条 文职人员按照军队有关规定享受探亲休假、交通补助、看望慰问、困难救济和子女入托等福利待遇。

第五十九条 文职人员办理落户，以及配偶子女随迁等，按照国家和军队有关规定执行。

第六十条 对文职人员中的高层次人才和特殊专业人才，按照国家和军队有关规定给予相关优惠待遇。对符合规定条件的，军队可以实行年薪制、协议工资、项目工资等市场化薪酬制度。

军队可以为文职人员岗位重要人才购买相关保险。文职人员可以享受科技成果转化收益。

第十一章 退　　出

第六十一条 实行委任制的文职人员辞职，或者被用人单位辞退的；实行聘用制的文职人员解除、终止聘用合同，或者用人单位解除、终止聘用合同的，按照军队有关规定执行。

第六十二条 文职人员因用人单位精简整编等原因需要退出军队的，由军队有关单位会同中央和国家有关机关、地方有关机关根据不同情形按照有关政策予以妥善安排。

第六十三条 用人单位可以依法辞退文职人员或者单方面解除聘用合同。

有下列情形之一的,用人单位不得辞退文职人员或者单方面解除聘用合同:

(一)因公(工)负伤或者患职业病,经劳动能力鉴定机构鉴定为一级至六级伤残的;

(二)患病或者负伤,在规定的医疗期内的;

(三)女性文职人员在孕期、产期、哺乳期内的;

(四)法律、法规规定的其他情形。

第六十四条 文职人员可以依法辞职或者单方面解除聘用合同。

有下列情形之一的,文职人员不得辞职或者单方面解除聘用合同:

(一)未满军队规定最低工作年限的;

(二)国家发布动员令或者宣布进入战争状态时;

(三)部队受领作战任务或者遭敌突然袭击时;

(四)在作战和有作战背景的军事行动中承担支援保障任务,参加非战争军事行动以及军级以上单位批准且列入军事训练计划的军事训练期间;

(五)在涉及核心、重要军事秘密等特殊岗位任职或者离开上述岗位不满军队规定的脱密期限的;

(六)正在接受审计、纪律审查、监察调查,或者涉嫌犯罪,司法程序尚未终结的;

(七)法律、法规规定或者聘用合同约定的其他情形。

第六十五条 文职人员符合国家和军队规定退休条件的,应当退休。

文职人员退休后,享受国家和军队规定的相应待遇。各级人民政府退役军人工作主管部门牵头承担退休文职人员服务管理工作,人力资源社会保障、医保等相关部门和街道(乡镇)、社区(村)按照职责分工做好相关工作。

第六十六条 文职人员退出军队的,由军队有关单位按照任用权限审批。

第六十七条 文职人员自退出军队之日起,与用人单位的人事关系即行终止。用人单位应当按照国家和军队有关规定,及时办理文职人员人事档案、社会保险、住房公积金等关系转移的相关手续。

符合国家和军队规定的补偿情形的,用人单位应当给予文职人员经济补偿。

文职人员退出军队后,从业限制和脱密期管理按照国家和军队有关规定执行。

第十二章 法律责任

第六十八条 军队有关单位及其工作人员,在文职人员管理工作中违反本条例规定,有下列情形之一的,由其所在单位或者上级单位给予通报批评,责令限期改正;对负有责任的领导人员和直接责任人员,依法给予处分;构成犯罪的,依法追究刑事责任:

(一)不按照编制限额、资格条件、规定程序进行文职人员招录聘用的;

(二)在招录聘用等工作中发生泄露试题、违反考场纪律以及其他严重影响公开、公正行为的;

(三)不按照规定进行文职人员培训、考核、任用、交流、回避、奖惩以及办理退出的;

(四)违反规定调整文职人员工资、福利、保险待遇标准的;

(五)不按照规定受理和处理文职人员申诉、控告的;

(六)违反本条例规定的其他情形。

第六十九条 中央和国家有关机关、地方有关机关及其工作人员,在文职人员管理工作中滥用职权、玩忽职守、徇私舞弊的,对负有责任的领导人员和直接责任人员依法给予处分;构成犯罪的,依法追究刑事责任。

第七十条 文职人员违纪违法、失职失责的,按照规定给予处理;构成犯罪的,依法追究刑事责任。

文职人员违反国家和军队有关规定或者聘用合同约定,给用人单位造成损失的,依法承担赔偿责任。

第七十一条 文职人员辞职或者被辞退、解除聘用合同,且存在严重违约失信行为的,或者被军队开除的,不得再次进入军队工作。

第十三章 附 则

第七十二条 对军队建设急需的高层次人才和特殊专业人才,可以在文职人员岗位设置、人事管理和待遇保障等方面采取特殊措施,具体办法由中央军事委员会规定。

第七十三条 国家和军队对深化国防和军队改革期间现役军人转改的文职

人员另有规定的,从其规定。

第七十四条　本条例下列用语的含义:

（一）用人单位,是指与文职人员建立人事关系的军队团级以上建制单位;

（二）聘用制,是指以签订聘用合同的形式确定用人单位与文职人员基本人事关系的用人方式;

（三）委任制,是指不签订聘用合同、以直接任用的形式确定用人单位与文职人员基本人事关系的用人方式。

第七十五条　中国人民武装警察部队文职人员,适用本条例。

第七十六条　本条例自2023年1月1日起施行。

征兵工作条例

1. 1985年10月24日国务院、中央军事委员会发布
2. 根据2001年9月5日国务院、中央军事委员会令第316号《关于修改〈征兵工作条例〉的决定》第一次修订
3. 2023年4月1日国务院、中央军事委员会令第759号第二次修订

第一章　总　　则

第一条　为了规范和加强征兵工作,根据《中华人民共和国兵役法》,制定本条例。

第二条　征兵工作坚持中国共产党的领导,贯彻习近平强军思想,贯彻新时代军事战略方针,服从国防需要,聚焦备战打仗,依法、精准、高效征集高素质兵员。

第三条　征兵是保障军队兵员补充、建设巩固国防和强大军队的一项重要工作。根据国防需要征集公民服现役的工作,适用本条例。

各级人民政府和军事机关应当依法履行征兵工作职责,完成征兵任务。

公民应当依法服兵役,自觉按照本条例的规定接受征集。

第四条　全国的征兵工作,在国务院、中央军事委员会领导下,由国防部负责,具体工作由国防部征兵办公室承办。国务院、中央军事委员会建立全

国征兵工作部际联席会议制度,统筹协调全国征兵工作。

省、市、县各级征兵工作领导小组负责统筹协调本行政区域的征兵工作。县级以上地方人民政府组织兵役机关和宣传、教育、公安、人力资源社会保障、交通运输、卫生健康以及其他有关部门组成征兵办公室,负责组织实施本行政区域的征兵工作,承担本级征兵工作领导小组日常工作。有关部门在本级人民政府征兵办公室的统一组织下,按照职责分工做好征兵有关工作。

机关、团体、企业事业组织和乡、民族乡、镇的人民政府以及街道办事处,应当根据县、自治县、不设区的市、市辖区人民政府的安排和要求,办理本单位和本行政区域的征兵工作。设有人民武装部的单位,征兵工作由人民武装部办理;不设人民武装部的单位,确定一个部门办理。普通高等学校负责征兵工作的机构,应当协助兵役机关办理征兵工作有关事项。

第五条　全国每年征兵的人数、次数、时间和要求,由国务院、中央军事委员会的征兵命令规定。

县级以上地方人民政府和同级军事机关根据上级的征兵命令,科学分配征兵任务,下达本级征兵命令,部署本行政区域的征兵工作。

县级以上地方人民政府和同级军事机关建立征兵任务统筹机制,优先保证普通高等学校毕业生和对政治、身体条件或者专业技能有特别要求的兵员征集;对本行政区域内普通高等学校,可以直接分配征兵任务;对遭受严重灾害或者有其他特殊情况的地区,可以酌情调整征兵任务。

第六条　县级以上地方人民政府兵役机关应当会同有关部门加强对本行政区域内征兵工作的监督检查。

县级以上地方人民政府和同级军事机关应当将征兵工作情况作为有关单位及其负责人考核评价的内容。

第七条　军地有关部门应当将征兵信息化建设纳入国家电子政务以及军队信息化建设,实现兵役机关与宣传、发展改革、教育、公安、人力资源社会保障、卫生健康、退役军人工作以及军地其他部门间的信息共享和业务协同。

征兵工作有关部门及其工作人员应当对收集的个人信息依法予以保密,不得泄露或者向他人非法提供。

第八条　机关、团体、企业事业组织应当深入开展爱国主义、革命英雄主义、军队光荣历史和服役光荣的教育,增强公民国防观念和依法服兵役意识。

县级以上地方人民政府兵役机关应当会同宣传部门,协调组织网信、教育、文化等部门,开展征兵宣传工作,鼓励公民积极应征。

第九条 对在征兵工作中作出突出贡献的组织和个人,按照国家和军队有关规定给予表彰和奖励。

第二章 征兵准备

第十条 县级以上地方人民政府征兵办公室应当适时调整充实工作人员,开展征兵业务培训;根据需要,按照国家有关规定采取政府购买服务等方式开展征兵辅助工作。

第十一条 县、自治县、不设区的市、市辖区人民政府兵役机关应当适时发布兵役登记公告,组织机关、团体、企业事业组织和乡、民族乡、镇的人民政府以及街道办事处,对本单位和本行政区域当年12月31日以前年满18周岁的男性公民进行初次兵役登记,对参加过初次兵役登记的适龄男性公民进行信息核验更新。

公民初次兵役登记由其户籍所在地县、自治县、不设区的市、市辖区人民政府兵役机关负责,可以采取网络登记的方式进行,也可以到兵役登记站(点)现场登记。本人因身体等特殊原因不能自主完成登记的,可以委托其亲属代为登记,户籍所在地乡、民族乡、镇的人民政府以及街道办事处应当予以协助。

第十二条 县、自治县、不设区的市、市辖区人民政府兵役机关对经过初次兵役登记的男性公民,依法确定应服兵役、免服兵役或者不得服兵役,在公民兵役登记信息中注明,并出具兵役登记凭证。县、自治县、不设区的市、市辖区人民政府有关部门按照职责分工,为兵役机关核实公民兵役登记信息提供协助。

根据军队需要,可以按照规定征集女性公民服现役。

第十三条 依照法律规定应服兵役的公民,经初步审查具备下列征集条件的,为应征公民:

(一)拥护中华人民共和国宪法,拥护中国共产党领导和社会主义制度;

(二)热爱国防和军队,遵纪守法,具有良好的政治素质和道德品行;

(三)符合法律规定的征集年龄;

(四)具有履行军队岗位职责的身体条件、心理素质和文化程度等;

(五)法律规定的其他条件。

第十四条　应征公民缓征、不征集的,依照有关法律的规定执行。

第十五条　应征公民应当在户籍所在地应征;经常居住地与户籍所在地不在同一省、自治区、直辖市,符合规定条件的,可以在经常居住地应征。应征公民为普通高等学校的全日制在校生、应届毕业生的,可以在入学前户籍所在地或者学校所在地应征。

第十六条　县级以上人民政府公安、卫生健康、教育等部门按照职责分工,对应征公民的思想政治、健康状况和文化程度等信息进行初步核查。

应征公民根据乡、民族乡、镇和街道办事处人民武装部(以下统称基层人民武装部)或者普通高等学校负责征兵工作的机构的通知,在规定时限内,自行到全国范围内任一指定的医疗机构参加初步体检,初步体检结果在全国范围内互认。

第十七条　基层人民武装部和普通高等学校负责征兵工作的机构选定初步核查、初步体检合格且思想政治好、身体素质强、文化程度高的应征公民为当年预定征集的对象,并通知本人。

县、自治县、不设区的市、市辖区人民政府兵役机关和基层人民武装部、普通高等学校负责征兵工作的机构应当加强对预定征集的应征公民的管理、教育和考察,了解掌握基本情况。

预定征集的应征公民应当保持与所在地基层人民武装部或者普通高等学校负责征兵工作的机构的联系,并根据县、自治县、不设区的市、市辖区人民政府兵役机关的通知按时应征。

预定征集的应征公民所在的机关、团体、企业事业组织应当督促其按时应征,并提供便利。

第三章　体格检查

第十八条　征兵体格检查由征集地的县级以上地方人民政府征兵办公室统一组织,本级卫生健康行政部门具体负责实施,有关单位予以协助。

第十九条　县级以上地方人民政府征兵办公室会同本级卫生健康行政部门指定符合标准条件和管理要求的医院或者体检机构设立征兵体检站。本行政区域内没有符合标准条件和管理要求的医院和体检机构的,经省级人民政府征兵办公室和卫生健康行政部门批准,可以选定适合场所设立临时征兵体检站。

设立征兵体检站的具体办法,由中央军事委员会机关有关部门会同国务院有关部门制定。

第二十条　基层人民武装部应当组织预定征集的应征公民按时到征兵体检站进行体格检查。送检人数由县、自治县、不设区的市、市辖区人民政府征兵办公室根据上级赋予的征兵任务和当地预定征集的应征公民体质情况确定。

体格检查前,县级以上地方人民政府征兵办公室应当组织对体检对象的身份、户籍、文化程度、专业技能、病史等相关信息进行现场核对。

第二十一条　负责体格检查工作的医务人员,应当严格执行应征公民体格检查标准、检查办法和其他有关规定,保证体格检查工作的质量。

对兵员身体条件有特别要求的,县级以上地方人民政府征兵办公室应当安排部队接兵人员参与体格检查工作。

第二十二条　县级以上地方人民政府征兵办公室根据需要组织对体格检查合格的应征公民进行抽查;抽查发现不合格人数比例较高的,应当全部进行复查。

第四章　政治考核

第二十三条　征兵政治考核由征集地的县级以上地方人民政府征兵办公室统一组织,本级公安机关具体负责实施,有关单位予以协助。

第二十四条　征兵政治考核主要考核预定征集的应征公民政治态度、现实表现及其家庭成员等情况。

第二十五条　对预定征集的应征公民进行政治考核,有关部门应当按照征兵政治考核的规定,核实核查情况,出具考核意见,形成考核结论。

对政治条件有特别要求的,县、自治县、不设区的市、市辖区人民政府征兵办公室还应当组织走访调查;走访调查应当安排部队接兵人员参加并签署意见,未经部队接兵人员签署意见的,不得批准入伍。

第五章　审定新兵

第二十六条　县级以上地方人民政府征兵办公室应当在审定新兵前,集中组织体格检查、政治考核合格的人员进行役前教育。役前教育的时间、内容、方式以及相关保障等由省级人民政府征兵办公室规定。

第二十七条　县、自治县、不设区的市、市辖区人民政府征兵办公室应当组织召开会议集体审定新兵,对体格检查、政治考核合格的人员军事职业适应能力、文化程度、身体和心理素质等进行分类考评、综合衡量,择优确定拟批准服现役的应征公民,并合理分配入伍去向。审定新兵的具体办法由国防部征兵办公室制定。

第二十八条 烈士、因公牺牲军人、病故军人的子女、兄弟姐妹和现役军人子女,本人自愿应征并且符合条件的,应当优先批准服现役。

第二十九条 退出现役的士兵,本人自愿应征并且符合条件的,可以批准再次入伍,优先安排到原服现役单位或者同类型岗位服现役;具备任军士条件的,可以直接招收为军士。

第三十条 县、自治县、不设区的市、市辖区人民政府征兵办公室应当及时向社会公示拟批准服现役的应征公民名单,公示期不少于5个工作日。对被举报和反映有问题的拟批准服现役的应征公民,经调查核实不符合服现役条件或者有违反廉洁征兵有关规定情形的,取消入伍资格,出现的缺额从拟批准服现役的应征公民中依次递补。

第三十一条 公示期满,县、自治县、不设区的市、市辖区人民政府征兵办公室应当为批准服现役的应征公民办理入伍手续,开具应征公民入伍批准书,发给入伍通知书,并通知其户籍所在地的户口登记机关。新兵自批准入伍之日起,按照规定享受现役军人有关待遇保障。新兵家属享受法律法规规定的义务兵家庭优待金和其他优待保障。

县、自治县、不设区的市、市辖区人民政府征兵办公室应当为新兵建立入伍档案,将应征公民入伍批准书、应征公民政治考核表、应征公民体格检查表以及国防部征兵办公室规定的其他材料装入档案。

第三十二条 县级以上地方人民政府可以采取购买人身意外伤害保险等措施,为应征公民提供相应的权益保障。

第三十三条 已被普通高等学校录取或者正在普通高等学校就学的学生,被批准服现役的,服役期间保留入学资格或者学籍,退出现役后两年内允许入学或者复学。

第三十四条 在征集期间,应征公民被征集服现役,同时被机关、团体、企业事业组织招录或者聘用的,应当优先履行服兵役义务;有关机关、团体、企业事业组织应当支持其应征入伍,有条件的应当允许其延后入职。

被批准服现役的应征公民,是机关、团体、企业事业组织工作人员的,由原单位发给离职当月的全部工资、奖金及各种补贴。

第六章 交接运输新兵

第三十五条 交接新兵采取兵役机关送兵、新兵自行报到以及部队派人领兵、接兵等方式进行。

依托部队设立的新兵训练机构成规模集中组织新兵训练的，由兵役机关派人送兵或者新兵自行报到；对政治、身体条件或者专业技能有特别要求的兵员，通常由部队派人接兵；其他新兵通常由部队派人领兵。

第三十六条 在征兵开始日的15日前，军级以上单位应当派出联络组，与省级人民政府征兵办公室联系，商定补兵区域划分、新兵交接方式、被装保障、新兵运输等事宜。

第三十七条 由兵役机关送兵的，应当做好下列工作：

（一）省级人民政府征兵办公室与新兵训练机构商定送兵到达地点、途中转运和交接等有关事宜，制定送兵计划，明确送兵任务；

（二）征集地的县、自治县、不设区的市、市辖区人民政府征兵办公室于新兵起运前完成新兵档案审核并密封，出发前组织新兵与送兵人员集体见面；

（三）新兵训练机构在驻地附近交通便利的车站、港口码头、机场设立接收点，负责接收新兵，并安全送达营区，于新兵到达营区24小时内与送兵人员办理完毕交接手续。

第三十八条 由新兵自行报到的，应当做好下列工作：

（一）县、自治县、不设区的市、市辖区人民政府征兵办公室根据上级下达的计划，与新兵训练机构商定新兵报到地点、联系办法、档案交接和人员接收等有关事宜，及时向新兵训练机构通报新兵名单、人数、到达时间等事项；

（二）县、自治县、不设区的市、市辖区人民政府征兵办公室书面告知新兵报到地点、时限、联系办法、安全要求和其他注意事项；

（三）新兵训练机构在新兵报到地点的车站、港口码头、机场设立报到处，组织接收新兵；

（四）新兵训练机构将新兵实际到达时间、人员名单及时函告征集地的县、自治县、不设区的市、市辖区人民政府征兵办公室；

（五）新兵未能按时报到的，由县、自治县、不设区的市、市辖区人民政府征兵办公室查明情况，督促其尽快报到，并及时向新兵训练机构通报情况，无正当理由不按时报到或者不报到的，按照有关规定处理。

第三十九条 由部队派人领兵的,应当做好下列工作:

(一)领兵人员于新兵起运前7至10日内到达领兵地区,对新兵档案进行审核,与新兵集体见面,及时协商解决发现的问题。县、自治县、不设区的市、市辖区人民政府征兵办公室于部队领兵人员到达后,及时将新兵档案提供给领兵人员;

(二)交接双方于新兵起运前1日,在县、自治县、不设区的市、市辖区人民政府征兵办公室所在地或者双方商定的交通便利的地点,一次性完成交接。

第四十条 由部队派人接兵的,应当做好下列工作:

(一)接兵人员于征兵开始日前到达接兵地区,协助县、自治县、不设区的市、市辖区人民政府征兵办公室开展工作,共同把好新兵质量关;

(二)县、自治县、不设区的市、市辖区人民政府征兵办公室向部队接兵人员介绍征兵工作情况,商定交接新兵等有关事宜;

(三)交接双方在起运前完成新兵及其档案交接。

第四十一条 兵役机关送兵和部队派人领兵、接兵的,在兵役机关与新兵训练机构、部队交接前发生的问题以兵役机关为主负责处理,交接后发生的问题以新兵训练机构或者部队为主负责处理。

新兵自行报到的,新兵到达新兵训练机构前发生的问题以兵役机关为主负责处理,到达后发生的问题以新兵训练机构为主负责处理。

第四十二条 兵役机关送兵和部队派人领兵、接兵的,交接双方应当按照征集地的县、自治县、不设区的市、市辖区人民政府征兵办公室统一编制的新兵花名册,清点人员,核对档案份数,当面点交清楚,并在新兵花名册上签名确认。交接双方在交接过程中,发现新兵人数、档案份数有问题的,应当协商解决后再办理交接手续;发现有其他问题的,先行办理交接手续,再按照有关规定处理。

新兵自行报到的,档案由征集地的县、自治县、不设区的市、市辖区人民政府征兵办公室自新兵起运后10日内通过机要邮寄或者派人送交新兵训练机构。

第四十三条 新兵训练机构自收到新兵档案之日起5日内完成档案审查;部队领兵、接兵人员于新兵起运48小时前完成档案审查。档案审查发现问题的,函告或者当面告知征集地的县、自治县、不设区的市、市辖区人民政府征兵办公室处理。

对新兵档案中的问题,征集地的县、自治县、不设区的市、市辖区人民政府征兵办公室自收到新兵训练机构公函之日起25日内处理完毕;部队领兵、接兵人员当面告知的,应当于新兵起运24小时前处理完毕。

第四十四条　新兵的被装,由军队被装调拨单位调拨到县、自治县、不设区的市、市辖区人民政府兵役机关指定地点,由县、自治县、不设区的市、市辖区人民政府兵役机关在新兵起运前发给新兵。

第四十五条　中央军事委员会后勤保障部门应当会同国务院交通运输主管部门组织指导有关单位制定新兵运输计划。

在征兵开始日后的5日内,省级人民政府征兵办公室应当根据新兵的人数和乘车、船、飞机起止地点,向联勤保障部队所属交通运输军事代表机构提出本行政区域新兵运输需求。

第四十六条　联勤保障部队应当组织军地有关单位实施新兵运输计划。军地有关单位应当加强新兵运输工作协调配合,交通运输企业应当及时调配运力,保证新兵按照运输计划安全到达新兵训练机构或者部队。

县、自治县、不设区的市、市辖区人民政府征兵办公室和部队领兵、接兵人员,应当根据新兵运输计划按时组织新兵起运;在起运前,应当对新兵进行编组,并进行安全教育和检查,防止发生事故。

交通运输军事代表机构以及沿途军用饮食供应站应当主动解决新兵运输中的有关问题。军用饮食供应站和送兵、领兵、接兵人员以及新兵应当接受交通运输军事代表机构的指导。

第四十七条　新兵起运时,有关地方人民政府应当组织欢送;新兵到达时,新兵训练机构或者部队应当组织欢迎。

第七章　检疫、复查和退回

第四十八条　新兵到达新兵训练机构或者部队后,新兵训练机构或者部队应当按照规定组织新兵检疫和复查。经检疫发现新兵患传染病的,应当及时隔离治疗,并采取必要的防疫措施;经复查发现新兵入伍前有犯罪嫌疑的,应当采取必要的控制措施。

第四十九条　经检疫和复查,发现新兵因身体原因不适宜服现役,或者政治情况不符合条件的,作退回处理。作退回处理的期限,自新兵到达新兵训练机构或者部队之日起,至有批准权的军队政治工作部门批准后向原征集地的设区的市级或者省级人民政府征兵办公室发函之日止,不超过

45日。

因身体原因退回的，须经军队医院检查证明，由旅级以上单位政治工作部门批准，并函告原征集地的设区的市级人民政府征兵办公室。

因政治原因退回的，新兵训练机构或者部队应当事先与原征集地的省级人民政府征兵办公室联系核查，确属不符合条件的，经旅级以上单位政治工作部门核实，由军级以上单位政治工作部门批准，并函告原征集地的省级人民政府征兵办公室。

第五十条　新兵自批准入伍之日起，至到达新兵训练机构或者部队后45日内，受伤或者患病的，军队医疗机构给予免费治疗，其中，可以治愈、不影响服现役的，不作退回处理；难以治愈或者治愈后影响服现役的，由旅级以上单位根据军队医院出具的认定结论，函告原征集地的设区的市级人民政府征兵办公室，待病情稳定出院后作退回处理，退回时间不受限制。

第五十一条　退回人员返回原征集地后，由原征集地人民政府按照有关规定纳入社会保障体系，享受相应待遇。

需回地方接续治疗的退回人员，旅级以上单位应当根据军队医院出具的证明，为其开具接续治疗函，并按照规定给予军人保险补偿；原征集地人民政府应当根据接续治疗函，安排有关医疗机构予以优先收治；已经参加当地基本医疗保险的，医疗费用按照规定由医保基金支付；符合医疗救助条件的，按照规定实施救助。

第五十二条　新兵作退回处理的，新兵训练机构或者部队应当做好退回人员的思想工作，派人将退回人员及其档案送回原征集地的设区的市级人民政府征兵办公室；经与原征集地的设区的市级人民政府征兵办公室协商达成一致，也可以由其接回退回人员及其档案。

退回人员及其档案交接手续，应当自新兵训练机构、部队人员到达之日起7个工作日内，或者征兵办公室人员到达之日起7个工作日内办理完毕。

第五十三条　原征集地的设区的市级人民政府征兵办公室应当及时核实退回原因以及有关情况，查验退回审批手续以及相关证明材料，核对新兵档案，按照国家和军队有关规定妥善保存和处置新兵档案。

原征集地的设区的市级人民政府征兵办公室对退回人员身体复查结果有异议的，按照规定向指定的医学鉴定机构提出鉴定申请；医学鉴定机构应当在5个工作日内完成鉴定工作,形成最终鉴定结论。经鉴定,符合退回条件的,由原征集地的设区的市级人民政府征兵办公室接收;不符合退回条件的,继续服现役。

第五十四条 对退回的人员,原征集地的县、自治县、不设区的市、市辖区人民政府征兵办公室应当注销其应征公民入伍批准书,通知其户籍所在地的户口登记机关。

第五十五条 退回人员原是机关、团体、企业事业组织工作人员的,原单位应当按照有关规定准予复工、复职;原是已被普通高等学校录取或者正在普通高等学校就学的学生的,原学校应当按照有关规定准予入学或者复学。

第五十六条 义务兵入伍前有下列行为之一的,作退回处理,作退回处理的期限不受本条例第四十九条第一款的限制,因被征集服现役而取得的相关荣誉、待遇、抚恤优待以及其他利益,由有关部门予以取消、追缴:

(一)入伍前有犯罪行为或者记录,故意隐瞒的;

(二)入伍前患有精神类疾病、神经系统疾病、艾滋病(含病毒携带者)、恶性肿瘤等影响服现役的严重疾病,故意隐瞒的;

(三)通过提供虚假入伍材料或者采取行贿等非法手段取得入伍资格的。

按照前款规定作退回处理的,由军级以上单位政治工作部门函告原征集地的省级人民政府征兵办公室进行调查核实;情况属实的,报军级以上单位批准后,由原征集地的县、自治县、不设区的市、市辖区人民政府征兵办公室负责接收。

第八章 经费保障

第五十七条 开展征兵工作所需经费按照隶属关系分级保障。兵役征集费开支范围、管理使用办法,由中央军事委员会机关有关部门会同国务院有关部门制定。

第五十八条 新兵被装调拨到县、自治县、不设区的市、市辖区人民政府兵役机关指定地点所需的费用,由军队被装调拨单位负责保障;县、自治县、不设区的市、市辖区人民政府兵役机关下发新兵被装所需的运输费列入兵役征集费开支。

第五十九条 征集的新兵,实行兵役机关送兵或者新兵自行报到的,从县、自治县、不设区的市、市辖区新兵集中点前往新兵训练机构途中所需的车船费、伙食费、住宿费,由新兵训练机构按照规定报销;部队派人领兵、接兵的,自部队接收之日起,所需费用由部队负责保障。军队有关部门按照统一组织实施的军事运输安排产生的运费,依照有关规定结算支付。

第六十条　送兵人员同新兵一起前往新兵训练机构途中所需的差旅费,由新兵训练机构按照规定报销;送兵人员在新兵训练机构办理新兵交接期间,住宿由新兵训练机构负责保障,伙食补助费和返回的差旅费列入兵役征集费开支。

第六十一条　新兵训练机构或者部队退回不合格新兵的费用,在与有关地方人民政府征兵办公室办理退回手续之前,由新兵训练机构或者部队负责;办理退回手续之后,新兵训练机构或者部队人员返回的差旅费由其所在单位按照规定报销,其他费用由有关地方人民政府征兵办公室负责。

第六十二条　义务兵家庭优待金按照国家有关规定由中央财政和地方财政共同负担,实行城乡统一标准,由批准入伍地的县、自治县、不设区的市、市辖区人民政府按照规定发放。

县级以上人民政府征兵办公室应当向本级财政、退役军人工作主管部门提供当年批准入伍人数,用于制定义务兵家庭优待金分配方案。

第九章　战时征集

第六十三条　国家发布动员令或者国务院、中央军事委员会依法采取国防动员措施后,各级人民政府和军事机关必须按照要求组织战时征集。

第六十四条　战时根据需要,国务院和中央军事委员会可以在法律规定的范围内调整征集公民服现役的条件和办法。

战时根据需要,可以重点征集退役军人,补充到原服现役单位或者同类型岗位。

第六十五条　国防部征兵办公室根据战时兵员补充需求,指导县级以上地方人民政府征兵办公室按照战时征集的条件和办法组织实施征集工作。

第六十六条　应征公民接到兵役机关的战时征集通知后,必须按期到指定地点参加应征。

机关、团体、企业事业组织和乡、民族乡、镇的人民政府以及街道办事处必须组织本单位和本行政区域战时征集对象,按照规定的时间、地点报到。

从事交通运输的单位和个人,应当优先运送战时征集对象;其他组织和个人应当为战时征集对象报到提供便利。

第十章 法律责任

第六十七条 有服兵役义务的公民拒绝、逃避兵役登记的,应征公民拒绝、逃避征集服现役的,依法给予处罚。

新兵以逃避服兵役为目的,拒绝履行职责或者逃离部队的,依法给予处分或者处罚。

第六十八条 机关、团体、企业事业组织拒绝完成征兵任务的,阻挠公民履行兵役义务的,或者有其他妨害征兵工作行为的,对单位及负有责任的人员,依法给予处罚。

第六十九条 国家工作人员、军队人员在征兵工作中,有贪污贿赂、徇私舞弊、滥用职权、玩忽职守以及其他违反征兵工作规定行为的,依法给予处分。

第七十条 违反本条例规定,构成犯罪的,依法追究刑事责任。

第七十一条 本条例第六十七条、第六十八条规定的处罚,由县级以上地方人民政府兵役机关会同有关部门查明事实,经同级地方人民政府作出处罚决定后,由县级以上地方人民政府兵役机关、发展改革、公安、卫生健康、教育、人力资源社会保障等部门按照职责分工具体执行。

第十一章 附 则

第七十二条 征集公民到中国人民武装警察部队服现役的工作,适用本条例。

第七十三条 从非军事部门招收现役军官(警官)、军士(警士)的体格检查、政治考核、办理入伍手续等工作,参照本条例有关规定执行。

第七十四条 本条例自2023年5月1日起施行。

民兵工作条例

1. 1990年12月24日国务院、中央军事委员会令第71号发布
2. 根据2011年1月8日国务院令第588号《关于废止和修改部分行政法规的决定》修订

第一章 总 则

第一条 为了做好民兵工作,加强国防后备力量建设,根据《中华人民共和国兵役法》的有关规定,制定本条例。

第二条 民兵是中国共产党领导的不脱离生产的群众武装组织,是中华人民共和国武装力量的组成部分,是中国人民解放军的助手和后备力量。

第三条 民兵工作的任务是:

(一)建立和巩固民兵组织,提高民兵军政素质,配备和管理民兵武器装备,储备战时所需的后备兵员;

(二)发动民兵参加社会主义现代化建设,组织民兵担负战备执勤,维护社会治安;

(三)组织民兵参军参战,支援前线,抵抗侵略,保卫祖国。

第四条 民兵工作应当贯彻人民战争思想,坚持劳武结合,坚持民兵制度与预备役制度、民兵工作与战时兵员动员准备工作的结合。

第五条 全国的民兵工作在国务院、中央军委领导下,由中国人民解放军总参谋部主管。

军区按照上级赋予的任务,负责本区域的民兵工作。

省军区(含卫戍区、警备区,下同)、军分区(含警备区,下同)、县(含市、市辖区,下同)人民武装部,是本地区的军事领导指挥机关,负责本区域的民兵工作。

乡、民族乡、镇、街道和企业事业单位设立的人民武装部,负责办理本区域、本单位的民兵工作,按规定不设立人民武装部的街道、企业事业单位,确定一个部门办理。

第六条 乡、民族乡、镇、街道和企业事业单位的人民武装部体制的变动,按照国家有关规定办理。

第七条　地方各级人民政府必须加强对民兵工作的领导,统筹安排民兵工作,组织和监督完成民兵工作任务。地方各级人民政府的有关部门,应当协助军事机关开展民兵工作,解决有关问题。

企业事业单位应当按照当地人民政府和本地区军事领导指挥机关的要求,把民兵工作纳入管理计划,完成民兵工作任务。

第八条　民兵应当做到:服从组织领导,听从上级指挥,掌握军事技术,爱护武器装备,学习政治文化,带头参加生产劳动,遵守法律、法规,保护群众利益。

第二章　民兵组织

第九条　民兵的组建范围,按照《中华人民共和国兵役法》第三十七条的规定执行。

第十条　公民应当依照《中华人民共和国兵役法》第三十七条、三十八条的规定参加民兵组织。

第十一条　民兵按照便于领导、便于活动、便于执行任务的原则编组。农村一般以行政村为单位编民兵连或者营,城市一般以企业事业单位、街道为单位编民兵排、连、营、团。

基干民兵单独编组,根据民兵人数分别编班、排、连、营或者团。

根据战备需要和现有武器装备,在基干民兵中组建民兵专业技术分队;在重点人防城市、交通枢纽和其他重要防卫目标地区,组建民兵高炮营、团。民兵专业技术分队可以跨单位编组。

第十二条　民兵干部由政治思想好、身体健康、年纪较轻、有一定文化知识和军事素质、热爱民兵工作的人员担任。

民兵干部应当优先从转业、退伍军人中选拔。

第十三条　民兵干部由本单位提名,由基层人民武装部或者本地区军事领导指挥机关按照任免权限任命。

企业事业单位的民兵连以上军政主官,由本单位负责人兼任。

基干民兵连长或者营长,由专职人民武装干部或者本单位负责人兼任。

第十四条　民兵组织每年整顿一次。整顿的内容包括:对民兵进行宣传教育、民兵的出入转队、调配干部、工作总结、清点装备、健全制度、集结点验等项工作。

退出现役的士兵,符合服预备役条件的,应当及时编入民兵组织。

第三章 政 治 工 作

第十五条 民兵政治工作应当学习人民解放军的政治工作经验,继承和发扬民兵工作的优良传统,保证民兵工作方针、政策的贯彻执行和各项任务的完成。

第十六条 民兵政治教育以中国共产党的基本路线和国防教育为重点,进行民兵性质任务、优良传统、爱国主义、革命英雄主义、形势战备和政策法制等教育。

民兵政治教育主要结合组织整顿、军事训练、征兵和重大节日活动进行。

第十七条 民兵政治教育,平时应当根据民兵军事训练、战备执勤的任务、要求和民兵思想实际做好民兵的思想政治工作,提高练兵习武的自觉性,发动民兵带头参加社会主义物质文明和精神文明建设。战时应当动员民兵参军参战,支援前线,组织民兵开展杀敌立功、瓦解敌军等活动,保证战斗、战勤任务的完成。

第十八条 对专职人民武装干部的培养、选拔、调整和配备,应当按照有关规定进行。专职人民武装干部的任免,由本地区军事领导指挥机关按照任免权限办理。

第四章 军 事 训 练

第十九条 民兵军事训练应当按照总参谋部颁发的《民兵军事训练大纲》进行,实施规范化训练。全国每年的训练任务,由总参谋部规定后,逐级下达。

第二十条 民兵的军事训练由县人民武装部组织实施。专职人民武装干部的军事训练,由军分区组织实施。

军兵种机关、部队和军事院校,应当协助省军区、军分区、县人民武装部开展民兵军事训练。

第二十一条 对参加军事训练的基干民兵,应当进行考核。考核合格的,由县人民武装部进行登记。民兵军事训练成绩评定标准,由总参谋部制定。

第二十二条 县应当逐步建立民兵军事训练基地,对民兵实行集中训练。

民兵军事训练基地应当健全管理制度,完善基本设施,保障军事训练的需要。

第二十三条 民兵军事训练的教材、器材,分级负责解决。总参谋部负责组织编印教材和配发部分制式训练器材,其余所需的训练器材,由省军区、军分区、县人民武装部分别购置或者调整解决。

民兵训练教材、器材应当严格管理,不得挪作它用。

第二十四条　农村的民兵和民兵干部在参加军事训练期间,由当地人民政府采取平衡负担的办法,按照当地同等劳力的收入水平给予误工补贴。

企业事业单位的民兵和民兵干部在参加军事训练期间,由原单位照发工资和奖金,原有的福利待遇不变;其伙食补助和往返差旅费由原单位按照国家规定在有关项目中开支。

企业事业单位自行组织的民兵活动,所需费用由本单位负责解决。

第五章　武器装备

第二十五条　民兵武器装备的发展和配备,由总参谋部统一规划。军区、省军区、军分区和县人民武装部根据上级的规划,进行配备和补充。

第二十六条　民兵武器装备的配备应当根据基干民兵的组建计划和战备、执勤、军事训练的需要,做到保证重点,合理布局。

第二十七条　民兵配属部队执行作战、支前任务所需武器装备,由县人民武装部配发;到达部队后,由所在部队补充。

第二十八条　民兵武器装备的调动,按照管辖范围,分别由县人民武装部、军分区、省军区、军区批准,跨军区调动或者调出民兵系统的,由总参谋部批准。

民兵武器装备,不得擅自借出。因执勤、训练需要借用配发给民兵或者民兵组织的武器装备时,必须报经县人民武装部批准。

第二十九条　民兵武器装备的保管,按照总参谋部的规定办理。

保管民兵武器装备的单位,必须有坚固的库(室)、健全的管理制度。武器库(室)必须有专人看管,有报警、消防等安全设施。

第三十条　掌握武器的民兵和民兵武器库(室)的看管人员,应当按照有关规定由人民武装部门审查批准。

第三十一条　民兵武器装备的修理,农村的,由县人民武装部负责;城市的,由配有武器装备的单位负责。上述单位不能修理的武器,由军分区、省军区、军区修械所(厂)修理。

第六章　战备执勤

第三十二条　民兵战备执勤,由县人民武装部根据上级赋予的任务,制定计划,具体组织实施。

第三十三条 陆海边防地区和其他战备重点地区的民兵组织,应当根据上级军事机关的要求,与驻地的人民解放军和人民武装警察部队实行联防。

发现敌人袭扰、空降和潜入等紧急情况,民兵应当在当地军事机关组织指挥下迅速进行围歼或者搜捕。

战时,民兵应当配合部队作战,担负各项战斗勤务,支援前线,保护群众,保卫生产。

民兵应当配合公安机关维护社会治安。

第三十四条 组织民兵担负勤务,应当爱惜民力,严加控制。

陆海边防民兵固定哨所的设立,由军分区根据战备需要提出方案,报省军区批准。

使用民兵担负守护桥梁、隧道、仓库等重要目标勤务,由目标归属单位根据国家有关规定提出申请,报省军区批准。

民兵担负治安勤务,由本地区军事领导指挥机关报同级人民政府批准,并报上级军事机关备案。在厂矿范围内,使用民兵担负维护治安、保护生产方面的勤务,由厂矿批准,报县人民武装部备案。

第三十五条 民兵担负勤务的报酬或者补助,由使用单位支付。

民兵守护重要目标执勤点所需营房、营具、厨具和通信、照明、饮水、警戒等设施,以及执勤民兵的生活补贴、执勤用品、必要的文化用品、医疗、伤亡抚恤等经费,由目标归属单位解决。

第三十六条 对参战、执行战勤任务、参加军事训练和维护社会治安中伤亡民兵的优待、安置和抚恤,按照国家有关规定办理。

第七章 民兵事业费

第三十七条 民兵事业费是保障民兵建设的专项经费,是国家预算的组成部分,应当严格管理,专款专用。

第三十八条 民兵事业费由省军区、军分区、县人民武装部按级负责管理。

民兵事业费的年度指标,由省军区根据全年民兵工作任务,向省(含自治区、直辖市,下同)人民政府编造预算,经批准后组织实施。

省军区后勤部与省财政厅(局)建立财务领报关系。省军区、军分区司令部负责拟制经费的分配和使用计划,后勤部负责财务的管理和监督。

县人民武装部是民兵事业费的基层开支单位,直接掌管民兵事业费的使用。

第三十九条　民兵事业费应当主要分配到县人民武装部使用。省军区、军分区两级留用的民兵事业费,除民兵装备管理维修费外,不得超过全省总指标的 20%。

第四十条　民兵事业费主要用于民兵的军事训练、武器装备管理维修、组织建设、政治工作等项开支。

第四十一条　民兵事业费的使用和管理实施办法,由省人民政府、省军区制定。

民兵事业费的预算、决算和使用管理,由财政部、总参谋部实施监督,并接受审计机关的审计。

第八章　奖励和惩处

第四十二条　民兵、民兵组织和人民武装干部在参战、支前中做出显著成绩的,参照《中国人民解放军纪律条令》规定的奖励项目和批准权限,由军队给予奖励;在完成民兵工作或者执行维护社会治安等其他任务中做出显著成绩的,由地方人民政府、本地区的军事领导指挥机关给予奖励。

第四十三条　依照本条例规定,公民应当参加民兵组织而拒绝参加的,民兵拒绝、逃避军事训练和执行任务经教育不改的,由人民武装部门提请民兵所在单位给予行政处分,或者提请地方人民政府有关部门给予行政处罚,并强制其履行兵役义务。

民兵拒绝、逃避参军、参战、支前、维护社会治安等重大任务,或者在执行任务中因玩忽职守造成严重后果的,参照《中华人民共和国兵役法》的有关规定处罚;构成犯罪的,依法追究刑事责任。

第四十四条　对违反本条例规定,拒绝建立或者擅自取消民兵组织,拒绝完成民兵工作任务的单位,由本地区军事领导指挥机关报同级人民政府批准,对该单位给予批评或者行政处罚,对该单位负责人给予行政处分,并责令限期改正。

第九章　附　　则

第四十五条　本条例由中国人民解放军总参谋部负责解释。

第四十六条　本条例自 1991 年 1 月 1 日起施行。1978 年 8 月国防部颁布的《民兵工作条例》即行废止。

三、荣誉维护

中华人民共和国英雄烈士保护法

1. 2018年4月27日第十三届全国人民代表大会常务委员会第二次会议通过
2. 2018年4月27日中华人民共和国主席令第5号公布
3. 自2018年5月1日起施行

第一条 【立法目的和根据】为了加强对英雄烈士的保护,维护社会公共利益,传承和弘扬英雄烈士精神、爱国主义精神,培育和践行社会主义核心价值观,激发实现中华民族伟大复兴中国梦的强大精神力量,根据宪法,制定本法。

第二条 【英雄烈士的范围】国家和人民永远尊崇、铭记英雄烈士为国家、人民和民族作出的牺牲和贡献。

近代以来,为了争取民族独立和人民解放,实现国家富强和人民幸福,促进世界和平和人类进步而毕生奋斗、英勇献身的英雄烈士,功勋彪炳史册,精神永垂不朽。

第三条 【英雄烈士事迹和精神的宣传教育】英雄烈士事迹和精神是中华民族的共同历史记忆和社会主义核心价值观的重要体现。

国家保护英雄烈士,对英雄烈士予以褒扬、纪念,加强对英雄烈士事迹和精神的宣传、教育,维护英雄烈士尊严和合法权益。

全社会都应当崇尚、学习、捍卫英雄烈士。

第四条 【英雄烈士的保护】各级人民政府应当加强对英雄烈士的保护,将宣传、弘扬英雄烈士事迹和精神作为社会主义精神文明建设的重要内容。

县级以上人民政府负责英雄烈士保护工作的部门和其他有关部门应当依法履行职责,做好英雄烈士保护工作。

军队有关部门按照国务院、中央军事委员会的规定,做好英雄烈士保护工作。

县级以上人民政府应当将英雄烈士保护工作经费列入本级预算。

第五条 【烈士纪念日】每年 9 月 30 日为烈士纪念日,国家在首都北京天安门广场人民英雄纪念碑前举行纪念仪式,缅怀英雄烈士。

县级以上地方人民政府、军队有关部门应当在烈士纪念日举行纪念活动。

举行英雄烈士纪念活动,邀请英雄烈士遗属代表参加。

第六条 【组织纪念活动】在清明节和重要纪念日,机关、团体、乡村、社区、学校、企业事业单位和军队有关单位根据实际情况,组织开展英雄烈士纪念活动。

第七条 【人民英雄纪念碑】国家建立并保护英雄烈士纪念设施,纪念、缅怀英雄烈士。

矗立在首都北京天安门广场的人民英雄纪念碑,是近代以来中国人民和中华民族争取民族独立解放、人民自由幸福和国家繁荣富强精神的象征,是国家和人民纪念、缅怀英雄烈士的永久性纪念设施。

人民英雄纪念碑及其名称、碑题、碑文、浮雕、图形、标志等受法律保护。

第八条 【纪念设施的保护管理】县级以上人民政府应当将英雄烈士纪念设施建设和保护纳入国民经济和社会发展规划、城乡规划,加强对英雄烈士纪念设施的保护和管理;对具有重要纪念意义、教育意义的英雄烈士纪念设施依照《中华人民共和国文物保护法》的规定,核定公布为文物保护单位。

中央财政对革命老区、民族地区、边疆地区、贫困地区英雄烈士纪念设施的修缮保护,应当按照国家规定予以补助。

第九条 【纪念设施向社会开放】英雄烈士纪念设施应当免费向社会开放,供公众瞻仰、悼念英雄烈士,开展纪念教育活动,告慰先烈英灵。

前款规定的纪念设施由军队有关单位管理的,按照军队有关规定实行开放。

第十条 【纪念设施的环境和氛围】英雄烈士纪念设施保护单位应当健全服务和管理工作规范,方便瞻仰、悼念英雄烈士,保持英雄烈士纪念设施庄严、肃穆、清净的环境和氛围。

任何组织和个人不得在英雄烈士纪念设施保护范围内从事有损纪念英雄烈士环境和氛围的活动,不得侵占英雄烈士纪念设施保护范围内的土地和设施,不得破坏、污损英雄烈士纪念设施。

第十一条 【送迎、安葬仪式】安葬英雄烈士时,县级以上人民政府、军队有关部门应当举行庄严、肃穆、文明、节俭的送迎、安葬仪式。

第十二条 【祭扫制度和礼仪规范】国家建立健全英雄烈士祭扫制度和礼仪规范,引导公民庄严有序地开展祭扫活动。

县级以上人民政府有关部门应当为英雄烈士遗属祭扫提供便利。

第十三条 【纪念形式】县级以上人民政府有关部门应当引导公民通过瞻仰英雄烈士纪念设施、集体宣誓、网上祭奠等形式,铭记英雄烈士的事迹,传承和弘扬英雄烈士的精神。

第十四条 【位于国外的英雄烈士纪念】英雄烈士在国外安葬的,中华人民共和国驻该国外交、领事代表机构应当结合驻在国实际情况组织开展祭扫活动。

国家通过与有关国家的合作,查找、收集英雄烈士遗骸、遗物和史料,加强对位于国外的英雄烈士纪念设施的修缮保护工作。

第十五条 【对烈士事迹和精神的研究】国家鼓励和支持开展对英雄烈士事迹和精神的研究,以辩证唯物主义和历史唯物主义为指导认识和记述历史。

第十六条 【对烈士史料的研究和宣传】各级人民政府、军队有关部门应当加强对英雄烈士遗物、史料的收集、保护和陈列展示工作,组织开展英雄烈士史料的研究、编纂和宣传工作。

国家鼓励和支持革命老区发挥当地资源优势,开展英雄烈士事迹和精神的研究、宣传和教育工作。

第十七条 【纳入国民教育体系】教育行政部门应当以青少年学生为重点,将英雄烈士事迹和精神的宣传教育纳入国民教育体系。

教育行政部门、各级各类学校应当将英雄烈士事迹和精神纳入教育内容,组织开展纪念教育活动,加强对学生的爱国主义、集体主义、社会主义教育。

第十八条 【文化产品宣传】文化、新闻出版、广播电视、电影、网信等部门应当鼓励和支持以英雄烈士事迹为题材、弘扬英雄烈士精神的优秀文学艺术作品、广播电视节目以及出版物的创作生产和宣传推广。

第十九条 【媒体宣传形式】广播电台、电视台、报刊出版单位、互联网信息服务提供者,应当通过播放或者刊登英雄烈士题材作品、发布公益广告、开设专栏等方式,广泛宣传英雄烈士事迹和精神。

第二十条 【公益活动】国家鼓励和支持自然人、法人和非法人组织以捐赠财产、义务宣讲英雄烈士事迹和精神、帮扶英雄烈士遗属等公益活动的方式，参与英雄烈士保护工作。

自然人、法人和非法人组织捐赠财产用于英雄烈士保护的，依法享受税收优惠。

第二十一条 【抚恤优待制度】国家实行英雄烈士抚恤优待制度。英雄烈士遗属按照国家规定享受教育、就业、养老、住房、医疗等方面的优待。抚恤优待水平应当与国民经济和社会发展相适应并逐步提高。

国务院有关部门、军队有关部门和地方人民政府应当关心英雄烈士遗属的生活情况，每年定期走访慰问英雄烈士遗属。

第二十二条 【名誉权保护】禁止歪曲、丑化、亵渎、否定英雄烈士事迹和精神。

英雄烈士的姓名、肖像、名誉、荣誉受法律保护。任何组织和个人不得在公共场所、互联网或者利用广播电视、电影、出版物等，以侮辱、诽谤或者其他方式侵害英雄烈士的姓名、肖像、名誉、荣誉。任何组织和个人不得将英雄烈士的姓名、肖像用于或者变相用于商标、商业广告，损害英雄烈士的名誉、荣誉。

公安、文化、新闻出版、广播电视、电影、网信、市场监督管理、负责英雄烈士保护工作的部门发现前款规定行为的，应当依法及时处理。

第二十三条 【网络监管职责】网信和电信、公安等有关部门在对网络信息进行依法监督管理工作中，发现发布或者传输以侮辱、诽谤或者其他方式侵害英雄烈士的姓名、肖像、名誉、荣誉的信息的，应当要求网络运营者停止传输，采取消除等处置措施和其他必要措施；对来源于中华人民共和国境外的上述信息，应当通知有关机构采取技术措施和其他必要措施阻断传播。

网络运营者发现其用户发布前款规定的信息的，应当立即停止传输该信息，采取消除等处置措施，防止信息扩散，保存有关记录，并向有关主管部门报告。网络运营者未采取停止传输、消除等处置措施的，依照《中华人民共和国网络安全法》的规定处罚。

第二十四条 【举报】任何组织和个人有权对侵害英雄烈士合法权益和其他违反本法规定的行为，向负责英雄烈士保护工作的部门、网信、公安等有关部门举报，接到举报的部门应当依法及时处理。

第二十五条 【提起诉讼】对侵害英雄烈士的姓名、肖像、名誉、荣誉的行为,英雄烈士的近亲属可以依法向人民法院提起诉讼。

英雄烈士没有近亲属或者近亲属不提起诉讼的,检察机关依法对侵害英雄烈士的姓名、肖像、名誉、荣誉,损害社会公共利益的行为向人民法院提起诉讼。

负责英雄烈士保护工作的部门和其他有关部门在履行职责过程中发现第一款规定的行为,需要检察机关提起诉讼的,应当向检察机关报告。

英雄烈士近亲属依照第一款规定提起诉讼的,法律援助机构应当依法提供法律援助服务。

第二十六条 【侵害烈士名誉权的法律责任】以侮辱、诽谤或者其他方式侵害英雄烈士的姓名、肖像、名誉、荣誉,损害社会公共利益的,依法承担民事责任;构成违反治安管理行为的,由公安机关依法给予治安管理处罚;构成犯罪的,依法追究刑事责任。

第二十七条 【从事有损纪念英雄烈士环境和氛围活动的法律责任】在英雄烈士纪念设施保护范围内从事有损纪念英雄烈士环境和氛围的活动的,纪念设施保护单位应当及时劝阻;不听劝阻的,由县级以上地方人民政府负责英雄烈士保护工作的部门、文物主管部门按照职责规定给予批评教育,责令改正;构成违反治安管理行为的,由公安机关依法给予治安管理处罚。

亵渎、否定英雄烈士事迹和精神,宣扬、美化侵略战争和侵略行为,寻衅滋事,扰乱公共秩序,构成违反治安管理行为的,由公安机关依法给予治安管理处罚;构成犯罪的,依法追究刑事责任。

第二十八条 【损害纪念设施的法律责任】侵占、破坏、污损英雄烈士纪念设施的,由县级以上人民政府负责英雄烈士保护工作的部门责令改正;造成损失的,依法承担民事责任;被侵占、破坏、污损的纪念设施属于文物保护单位的,依照《中华人民共和国文物保护法》的规定处罚;构成违反治安管理行为的,由公安机关依法给予治安管理处罚;构成犯罪的,依法追究刑事责任。

第二十九条 【渎职】县级以上人民政府有关部门及其工作人员在英雄烈士保护工作中滥用职权、玩忽职守、徇私舞弊的,对直接负责的主管人员和其他直接责任人员,依法给予处分;构成犯罪的,依法追究刑事责任。

第三十条 【施行日期】本法自 2018 年 5 月 1 日起施行。

中华人民共和国国家勋章和国家荣誉称号法

1. 2015年12月27日第十二届全国人民代表大会常务委员会第十八次会议通过
2. 2015年12月27日中华人民共和国主席令第38号公布
3. 自2016年1月1日起施行

第一条 【立法目的和根据】为了褒奖在中国特色社会主义建设中作出突出贡献的杰出人士,弘扬民族精神和时代精神,激发全国各族人民建设富强、民主、文明、和谐的社会主义现代化国家的积极性,实现中华民族伟大复兴,根据宪法,制定本法。

第二条 【国家最高荣誉和适用范围】国家勋章和国家荣誉称号为国家最高荣誉。

国家勋章和国家荣誉称号的设立和授予,适用本法。

第三条 【共和国勋章和友谊勋章】国家设立"共和国勋章",授予在中国特色社会主义建设和保卫国家中作出巨大贡献、建立卓越功勋的杰出人士。

国家设立"友谊勋章",授予在我国社会主义现代化建设和促进中外交流合作、维护世界和平中作出杰出贡献的外国人。

第四条 【国家荣誉称号】国家设立国家荣誉称号,授予在经济、社会、国防、外交、教育、科技、文化、卫生、体育等各领域各行业作出重大贡献、享有崇高声誉的杰出人士。

国家荣誉称号的名称冠以"人民",也可以使用其他名称。国家荣誉称号的具体名称由全国人民代表大会常务委员会在决定授予时确定。

第五条 【议案提出主体】全国人民代表大会常务委员会委员长会议根据各方面的建议,向全国人民代表大会常务委员会提出授予国家勋章、国家荣誉称号的议案。

国务院、中央军事委员会可以向全国人民代表大会常务委员会提出授予国家勋章、国家荣誉称号的议案。

第六条 【决定主体】全国人民代表大会常务委员会决定授予国家勋章和国家荣誉称号。

第七条 【授予主体】中华人民共和国主席根据全国人民代表大会常务委

员会的决定,向国家勋章和国家荣誉称号获得者授予国家勋章、国家荣誉称号奖章,签发证书。

第八条 【友谊勋章的直接授予】中华人民共和国主席进行国事活动,可以直接授予外国政要、国际友人等人士"友谊勋章"。

第九条 【授予仪式】国家在国庆日或者其他重大节日、纪念日,举行颁授国家勋章、国家荣誉称号的仪式;必要时,也可以在其他时间举行颁授国家勋章、国家荣誉称号的仪式。

第十条 【国家功勋簿】国家设立国家功勋簿,记载国家勋章和国家荣誉称号获得者及其功绩。

第十一条 【获得者的待遇】国家勋章和国家荣誉称号获得者应当受到国家和社会的尊重,享有受邀参加国家庆典和其他重大活动等崇高礼遇和国家规定的待遇。

第十二条 【宣传获得者的功绩和事迹】国家和社会通过多种形式,宣传国家勋章和国家荣誉称号获得者的卓越功绩和杰出事迹。

第十三条 【终身享有】国家勋章和国家荣誉称号为其获得者终身享有,但依照本法规定被撤销的除外。

第十四条 【佩带和保管】国家勋章和国家荣誉称号获得者应当按照规定佩带国家勋章、国家荣誉称号奖章,妥善保管勋章、奖章及证书。

第十五条 【获得者去世后勋章、奖章及证书的处理】国家勋章和国家荣誉称号获得者去世的,其获得的勋章、奖章及证书由其继承人或者指定的人保存;没有继承人或者被指定人的,可以由国家收存。

国家勋章、国家荣誉称号奖章及证书不得出售、出租或者用于从事其他营利性活动。

第十六条 【国家勋章、国家荣誉称号的追授】生前作出突出贡献符合本法规定授予国家勋章、国家荣誉称号条件的人士,本法施行后去世的,可以向其追授国家勋章、国家荣誉称号。

第十七条 【获得者的义务】国家勋章和国家荣誉称号获得者,应当珍视并保持国家给予的荣誉,模范地遵守宪法和法律,努力为人民服务,自觉维护国家勋章和国家荣誉称号的声誉。

第十八条 【国家勋章、国家荣誉称号的撤销】国家勋章和国家荣誉称号获得者因犯罪被依法判处刑罚或者有其他严重违法、违纪等行为,继续享有国家勋章、国家荣誉称号将会严重损害国家最高荣誉的声誉的,由全国人民代表大会常务委员会决定撤销其国家勋章、国家荣誉称号并予以公告。

第十九条 【办理机构】国家勋章和国家荣誉称号的有关具体事项,由国家功勋荣誉表彰有关工作机构办理。

第二十条 【国务院、中央军委在职权范围内开展工作】国务院、中央军事委员会可以在各自的职权范围内开展功勋荣誉表彰奖励工作。

第二十一条 【施行日期】本法自2016年1月1日起施行。

全国人民代表大会常务委员会
关于设立烈士纪念日的决定

2014年8月31日第十二届全国人民代表大会常务委员会第十次会议通过

近代以来,为了争取民族独立和人民自由幸福,为了国家繁荣富强,无数的英雄献出了生命,烈士的功勋彪炳史册,烈士的精神永垂不朽。为了弘扬烈士精神,缅怀烈士功绩,培养公民的爱国主义、集体主义精神和社会主义道德风尚,培育和践行社会主义核心价值观,增强中华民族的凝聚力,激发实现中华民族伟大复兴中国梦的强大精神力量,第十二届全国人民代表大会常务委员会第十次会议决定:

将9月30日设立为烈士纪念日。每年9月30日国家举行纪念烈士活动。

烈士褒扬条例

1. 2011年7月26日国务院令第601号公布
2. 根据2019年3月2日国务院令第709号《关于修改部分行政法规的决定》第一次修订
3. 根据2019年8月1日国务院令第718号《关于修改〈烈士褒扬条例〉的决定》第二次修订
3. 2024年9月27日国务院令第791号第三次修订

第一章 总 则

第一条 为了弘扬烈士精神,抚恤优待烈士遗属,根据《中华人民共和国英雄烈士保护法》等有关法律,制定本条例。

第二条　公民在保卫祖国、社会主义建设以及促进世界和平和人类进步事业中英勇牺牲被评定为烈士的,依照本条例的规定予以褒扬。烈士的遗属,依照本条例的规定享受抚恤优待。

第三条　烈士褒扬工作坚持中国共产党的领导。

国家褒扬、纪念和保护烈士,维护烈士尊严荣誉,保障烈士遗属合法权益,宣传烈士事迹和精神,弘扬社会主义核心价值观,在全社会营造崇尚烈士、缅怀烈士、学习烈士、捍卫烈士、关爱烈士遗属的氛围。

第四条　国家对烈士遗属的抚恤优待应当与经济社会发展水平相适应,随经济社会的发展逐步提高。

烈士褒扬和烈士遗属抚恤优待经费列入预算,应当按照规定用途使用,接受财政部门、审计机关的监督。

第五条　全社会应当支持烈士褒扬工作,优待帮扶烈士遗属。

鼓励和支持社会力量为烈士褒扬和烈士遗属抚恤优待提供捐助。

第六条　国务院退役军人工作主管部门负责全国的烈士褒扬工作。县级以上地方人民政府退役军人工作主管部门负责本行政区域的烈士褒扬工作。

第七条　对在烈士褒扬工作中做出显著成绩的单位和个人,按照有关规定给予表彰、奖励。

第二章　烈士的评定

第八条　公民牺牲符合下列情形之一的,评定为烈士:

(一)在依法查处违法犯罪行为、执行国家安全工作任务、执行反恐怖任务、执行特勤警卫任务、执行突发事件应急处置与救援任务中牺牲的;

(二)抢险救灾或者其他为了抢救、保护国家财产、集体财产、公民生命财产牺牲的;

(三)在执行外交任务或者国家派遣的对外援助、维持国际和平、执法合作任务中牺牲的;

(四)在执行武器装备科研试验任务中牺牲的;

(五)其他牺牲情节特别突出,堪为楷模的。

军人牺牲,军队文职人员、预备役人员、民兵、民工以及其他人员因参战、执行作战支援保障任务、参加非战争军事行动、参加军事训练、执行军事勤务牺牲应当评定烈士的,依照《军人抚恤优待条例》的有关规定评定。

第九条　申报烈士,属于本条例第八条第一款第一项、第二项规定情形的,由死者生前所在工作单位、死者遗属或者事件发生地的组织、公民,向死者生前工作单位所在地、死者遗属户籍所在地或者事件发生地的县级人民政府退役军人工作主管部门提供有关死者牺牲情节等材料。收到材料的县级人民政府退役军人工作主管部门应当及时调查核实,提出评定烈士的报告,报本级人民政府。本级人民政府审核后逐级上报至省、自治区、直辖市人民政府审查评定。评定为烈士的,由省、自治区、直辖市人民政府送国务院退役军人工作主管部门复核。

属于本条例第八条第一款第三项、第四项规定情形的,由国务院有关部门提出评定烈士的报告,送国务院退役军人工作主管部门审查评定。

属于本条例第八条第一款第五项规定情形的,由死者生前所在工作单位、死者遗属或者事件发生地的组织、公民,向死者生前工作单位所在地、死者遗属户籍所在地或者事件发生地的县级人民政府退役军人工作主管部门提供有关死者牺牲情节等材料。收到材料的县级人民政府退役军人工作主管部门应当及时调查核实,提出评定烈士的报告,报本级人民政府。本级人民政府审核后逐级上报至省、自治区、直辖市人民政府,由省、自治区、直辖市人民政府审核后送国务院退役军人工作主管部门审查评定。

第十条　军队评定的烈士,由中央军事委员会政治工作部送国务院退役军人工作主管部门复核。

第十一条　国务院退役军人工作主管部门应当将复核结果告知烈士评定机关。通过复核的,由烈士评定机关向烈士遗属户籍所在地县级人民政府退役军人工作主管部门发送烈士评定通知书。

国务院退役军人工作主管部门评定的烈士,由其直接向烈士遗属户籍所在地县级人民政府退役军人工作主管部门发送烈士评定通知书。

第十二条　国务院退役军人工作主管部门负责将烈士名单呈报党和国家功勋荣誉表彰工作委员会。

烈士证书以党和国家功勋荣誉表彰工作委员会办公室名义制发。

第十三条　县级以上地方人民政府每年在烈士纪念日举行颁授仪式,向烈士遗属颁授烈士证书。

第十四条 有关组织、个人对烈士评定、复核结果有异议的，可以向烈士评定或者复核机关反映。接到反映的机关应当及时调查处理。

第三章 烈士褒扬金和烈士遗属的抚恤优待

第十五条 国家建立烈士褒扬金制度。烈士褒扬金标准为烈士牺牲时上一年度全国城镇居民人均可支配收入的 30 倍。战时，参战牺牲的烈士褒扬金标准可以适当提高。

烈士褒扬金由烈士证书持有人户籍所在地县级人民政府退役军人工作主管部门发给烈士的父母（抚养人）、配偶、子女；没有父母（抚养人）、配偶、子女的，发给烈士未满 18 周岁的兄弟姐妹和已满 18 周岁但无生活费来源且由烈士生前供养的兄弟姐妹。

第十六条 烈士遗属除享受本条例第十五条规定的烈士褒扬金外，属于《军人抚恤优待条例》以及相关规定适用范围的，还按照规定享受一次性抚恤金，标准为烈士牺牲时上一年度全国城镇居民人均可支配收入的 20 倍加烈士本人 40 个月的基本工资，由县级人民政府退役军人工作主管部门发放；属于《工伤保险条例》以及相关规定适用范围的，还按照规定享受一次性工亡补助金以及相当于烈士本人 40 个月基本工资的烈士遗属特别补助金，其中一次性工亡补助金按照《工伤保险条例》规定发放，烈士遗属特别补助金由县级人民政府退役军人工作主管部门发放。

不属于前款规定范围的烈士遗属，由县级人民政府退役军人工作主管部门发给一次性抚恤金，标准为烈士牺牲时上一年度全国城镇居民人均可支配收入的 20 倍加 40 个月的中国人民解放军少尉军官基本工资。

第十七条 符合下列条件之一的烈士遗属，还享受定期抚恤金：

（一）烈士的父母（抚养人）、配偶无劳动能力、无生活费来源，或者收入水平低于当地居民平均生活水平的；

（二）烈士的子女未满 18 周岁，或者已满 18 周岁但因残疾或者正在上学而无生活费来源的；

（三）由烈士生前供养的兄弟姐妹未满 18 周岁，或者已满 18 周岁但因正在上学而无生活费来源的。

符合前款规定条件享受定期抚恤金的烈士遗属，由其户籍所在地县级人民政府退役军人工作主管部门依据其申请，在审核确认其符合条件当月起发给定期抚恤金。

第十八条　定期抚恤金标准参照上一年度全国居民人均可支配收入水平确定。定期抚恤金的标准及其调整办法,由国务院退役军人工作主管部门会同国务院财政部门规定。

第十九条　烈士遗属享受定期抚恤金后生活仍有特殊困难的,由县级人民政府通过发放生活补助、按照规定给予临时救助或者其他方式帮助解决。

第二十条　烈士生前的配偶再婚后继续赡养烈士父母(抚养人),继续抚养烈士未满18周岁或者已满18周岁但无劳动能力、无生活费来源且由烈士生前供养的兄弟姐妹的,由其户籍所在地县级人民政府退役军人工作主管部门依据其申请,参照烈士遗属定期抚恤金的标准给予定期补助。

第二十一条　国家按照规定为居住在农村和城镇无工作单位且年满60周岁、在国家建立定期抚恤金制度时已满18周岁的烈士子女发放定期生活补助,由其户籍所在地县级人民政府退役军人工作主管部门依据其申请,在审核确认其符合条件当月起发放。

第二十二条　享受定期抚恤金、补助的烈士遗属户籍迁移的,应当同时办理定期抚恤金、补助转移手续。当年的定期抚恤金、补助由户籍迁出地县级人民政府退役军人工作主管部门发放,自次年1月起由户籍迁入地县级人民政府退役军人工作主管部门发放。

第二十三条　县级以上地方人民政府退役军人工作主管部门应当与有关部门加强协同配合、信息共享,比对人员信息、待遇领取等情况,每年对享受定期抚恤金、补助对象进行确认,及时协助符合本条例规定条件的烈士遗属办理领取定期抚恤金、补助等手续,对不再符合条件的,停发定期抚恤金、补助。

享受定期抚恤金、补助的烈士遗属死亡的,继续发放6个月其原享受的定期抚恤金、补助,作为丧葬补助费。

第二十四条　国家建立健全荣誉激励机制,褒扬彰显烈士家庭甘于牺牲奉献的精神。地方人民政府应当为烈士遗属家庭悬挂光荣牌,为烈士遗属发放优待证,邀请烈士遗属代表参加重大庆典、纪念活动。

第二十五条　国家建立健全烈士遗属关爱帮扶制度。地方人民政府应当每年定期走访慰问、常态化联系烈士遗属,关心烈士遗属生活情况,为烈士遗属优先优惠提供定期体检、短期疗养、心理疏导、精神抚慰、法律援助、人文关怀等服务。对烈士未成年子女和无赡养人的烈士父母(抚养人)

实行联系人制度,加强关爱照顾。

第二十六条 烈士遗属在军队医疗卫生机构和政府举办的医疗卫生机构按照规定享受相应的医疗优惠待遇,具体办法由国务院退役军人工作主管部门和中央军事委员会后勤保障部会同国务院财政、卫生健康、医疗保障等部门规定。

第二十七条 烈士的子女、兄弟姐妹本人自愿应征并且符合征兵条件的,优先批准其服现役;报考军队文职人员的,按照规定享受优待。烈士子女符合公务员考录条件的,在同等条件下优先录用为公务员。

烈士遗属符合就业条件的,由当地人民政府优先提供政策支持和就业服务,促进其实现稳定就业。烈士遗属已经就业,用人单位经济性裁员时,应当优先留用。烈士遗属从事经营活动的,享受国家和当地人民政府规定的优惠政策。

第二十八条 烈士子女接受学前教育和义务教育的,应当按照国家有关规定予以优待。烈士子女报考普通高中、中等职业学校的,按照当地政策享受录取等方面的优待;报考高等学校本、专科的,按照国家有关规定予以优待;报考研究生的,在同等条件下优先录取。在公办幼儿园和公办学校就读的,按照规定享受资助政策。

第二十九条 符合当地住房保障条件的烈士遗属承租、购买保障性住房的,县级以上地方人民政府有关部门应当给予优先照顾。居住在农村的烈士遗属住房有困难的,由当地人民政府帮助解决。

第三十条 烈士遗属凭优待证,乘坐境内运行的铁路旅客列车、轮船、长途客运班车和民航班机,享受购票、安检、候乘、通行等优先服务,随同出行的家属可以一同享受优先服务。鼓励地方人民政府为烈士遗属乘坐市内公共汽车、电车、轮渡和轨道交通工具提供优待服务,具体办法由当地人民政府规定。

烈士遗属参观游览图书馆、博物馆、美术馆、科技馆、纪念馆、体育场馆等公共文化设施和公园、展览馆、名胜古迹、景区等,按照规定享受优先优惠服务,具体办法由省、自治区、直辖市人民政府规定。

第三十一条 老年、残疾或者未满16周岁的烈士遗属,符合规定条件的可以根据本人意愿在光荣院、优抚医院集中供养。

各类社会福利机构应当优先接收烈士遗属,公办福利机构应当为烈士遗属提供优惠服务。

第四章 烈士纪念设施的保护和管理

第三十二条 按照国家有关规定修建的烈士陵园、纪念堂馆、纪念碑亭、纪念塔祠、纪念塑像、纪念广场和烈士骨灰堂、烈士墓、烈士英名墙等烈士纪念设施,受法律保护。

第三十三条 对烈士纪念设施实行分级保护,根据纪念意义、建设规模、保护状况等分为国家级烈士纪念设施、省级烈士纪念设施、设区的市级烈士纪念设施和县级烈士纪念设施。分级的具体标准由国务院退役军人工作主管部门规定。

国家级烈士纪念设施,由国务院退役军人工作主管部门报国务院批准后公布。

地方各级烈士纪念设施,由县级以上地方人民政府退役军人工作主管部门报本级人民政府批准后公布,并报上一级人民政府退役军人工作主管部门备案。

第三十四条 县级以上地方人民政府应当加强对烈士纪念设施的规划、建设、修缮、管理、维护,并将烈士纪念设施建设、修缮纳入国民经济和社会发展有关规划、国土空间规划等规划,确定烈士纪念设施保护单位,划定烈士纪念设施保护范围,设立保护标志,为安葬和纪念烈士提供良好的场所。

烈士纪念设施保护标志式样,由国务院退役军人工作主管部门规定。

第三十五条 烈士纪念设施的保护范围,应当根据烈士纪念设施的类别、规模、保护级别以及周围环境情况等划定,在烈士纪念设施边界外保持合理安全距离,确保烈士纪念设施周边环境庄严肃穆。

国家级烈士纪念设施的保护范围,由所在地省、自治区、直辖市人民政府划定,并由其退役军人工作主管部门报国务院退役军人工作主管部门备案。

地方各级烈士纪念设施的保护范围,由批准其保护级别的人民政府划定,并由其退役军人工作主管部门报上一级人民政府退役军人工作主管部门备案。

第三十六条 县级以上人民政府有关部门应当做好烈士纪念设施的保护和管理工作,严格履行新建、迁建、改扩建烈士纪念设施审批和改陈布展、讲解词审查程序,及时办理烈士纪念设施不动产登记,实行规范管理,提升烈士纪念设施管理效能。

未经批准，不得新建、迁建、改扩建烈士纪念设施。

第三十七条　烈士纪念设施应当免费向社会开放，供公众瞻仰、悼念烈士，开展纪念教育活动。

烈士纪念设施保护单位应当健全管理工作规范，维护纪念烈士活动的秩序，提高管理和服务水平。

第三十八条　烈士纪念设施保护单位应当搜集、整理、保管、陈列烈士遗物和事迹史料。属于文物的，依照有关法律、法规的规定予以保护。

第三十九条　烈士纪念设施保护单位应当根据事业发展和实际工作需要配备研究馆员和英烈讲解员，提高展陈和讲解人员专业素养，发挥红色资源优势，拓展宣传教育功能。

第四十条　烈士纪念设施名称应当严格按照批准保护级别时确定名称规范表述。

国家级烈士纪念设施确需更名的，由省、自治区、直辖市人民政府退役军人工作主管部门提出申请，经国务院退役军人工作主管部门批准后公布，并报国务院备案。

地方各级烈士纪念设施确需更名的，由省、自治区、直辖市人民政府退役军人工作主管部门批准后公布，并报本级人民政府和国务院退役军人工作主管部门备案。

第四十一条　任何组织和个人不得侵占烈士纪念设施保护范围内的土地和设施，不得以任何方式破坏、污损烈士纪念设施。

禁止在烈士纪念设施保护范围内进行其他工程建设。在烈士纪念设施保护范围周边进行工程建设，不得破坏烈士纪念设施的历史风貌，不得影响烈士纪念设施安全或者污染其环境。

第四十二条　任何组织和个人不得在烈士纪念设施保护范围内为烈士以外的其他人修建纪念设施或者安放骨灰、埋葬遗体。

第四十三条　任何组织和个人不得在烈士纪念设施保护范围内从事与纪念烈士无关或者有损烈士形象、有损纪念烈士环境和氛围的活动。

第四十四条　烈士在烈士陵园安葬。未在烈士陵园安葬的，县级以上地方人民政府退役军人工作主管部门征得烈士遗属同意，可以迁移到烈士陵园安葬，当地没有烈士陵园的，可以予以集中安葬。安葬烈士时，县级以上地方人民政府应当举行庄严、肃穆、文明、节俭的送迎、安葬仪式。

战时，参战牺牲烈士遗体收殓安葬工作由县级以上人民政府有关部门和军队有关部门负责,具体按照国家和军队有关规定办理。

第五章　烈士遗骸和遗物的保护

第四十五条　烈士遗骸、遗物受法律保护。

　　烈士遗物应当妥善保护、管理。

第四十六条　国务院退役军人工作主管部门会同有关部门制定烈士遗骸搜寻、发掘、鉴定整体工作规划和年度工作计划,有序组织实施烈士遗骸搜寻、发掘、鉴定工作,县级以上地方人民政府有关部门应当协同配合。

第四十七条　县级以上人民政府退役军人工作主管部门负责组织搜寻、发掘、鉴定烈士遗骸,有关组织和个人应当支持配合。

第四十八条　任何组织和个人发现疑似烈士遗骸时,应当及时报告当地县级人民政府退役军人工作主管部门。县级以上人民政府退役军人工作主管部门应当会同党史、公安、档案、文物、规划等有关部门,利用档案史料、现场遗物和技术鉴定比对等确定遗骸身份。对确定为烈士遗骸的,应当根据遗骸的现状、地点、环境等确定保护方式。

第四十九条　县级以上人民政府退役军人工作主管部门应当妥善保护烈士遗骸,按照规定安葬或者安放;对烈士遗物登记造册,妥善保管,有效运用;按照规定管理烈士遗骸的鉴定数据信息。

第五十条　鼓励支持有条件的教学科研机构、社会组织和其他社会力量有序参与烈士遗骸搜寻、发掘、鉴定和保护工作。

第五十一条　国家通过对外交流合作,搜寻查找在国外牺牲和失踪烈士的遗骸、遗物、史料信息,加强保护工作。

第五十二条　建立政府主导、社会协同、公民参与的工作机制,利用烈士遗骸搜寻鉴定成果和技术手段为烈士确认身份、寻找亲属。具体办法由国务院退役军人工作主管部门会同有关部门规定。

第六章　烈士事迹和精神的宣传弘扬

第五十三条　加强烈士事迹和精神的宣传、教育。各级人民政府应当把宣传、弘扬烈士事迹和精神作为社会主义精神文明建设的重要内容,加强爱国主义、集体主义、社会主义教育。

　　机关、团体、企业事业单位和其他组织应当采取多种形式纪念烈士,学习、宣传烈士事迹和精神。

第五十四条　县级以上人民政府应当在烈士纪念日举行烈士纪念活动,邀请烈士遗属代表参加。

在清明节和重要纪念日,机关、团体、企业事业单位和其他组织根据实际情况,组织开展烈士纪念活动。

第五十五条 教育行政部门应当以青少年学生为重点,将烈士事迹和精神宣传教育纳入国民教育体系。各级各类学校应当加强烈士事迹和精神教育,定期组织学生瞻仰烈士纪念设施。提倡青少年入队入团仪式、开学教育、主题团队日活动等在烈士纪念设施举行。

文化、新闻出版、广播电视、电影、网信等部门应当鼓励和支持以烈士事迹为题材、弘扬烈士精神的优秀文学艺术作品、广播电视和网络视听节目以及出版物的创作生产和宣传推广。

广播电台、电视台、报刊出版单位和网络视听平台以及其他互联网信息服务提供者应当通过播放或者刊登烈士题材作品、发布公益广告、开设专栏等方式,广泛宣传烈士事迹和精神。

第五十六条 建立健全烈士祭扫制度和礼仪规范,倡导网络祭扫、绿色祭扫,引导公民庄严有序开展祭扫纪念活动,鼓励社会力量积极参与烈士纪念设施保护、烈士事迹讲解、烈士纪念场所秩序维护等工作。

县级以上人民政府退役军人工作主管部门应当为社会公众祭扫纪念活动提供便利,做好服务保障工作。烈士纪念设施所在地人民政府退役军人工作主管部门对前来祭扫的烈士遗属,应当做好接待服务工作。烈士遗属户籍所在地人民政府退役军人工作主管部门组织烈士遗属前往烈士纪念设施祭扫的,应当妥善安排,确保安全;对自行前往异地祭扫的烈士遗属按照规定给予补助。

第五十七条 地方人民政府应当组织收集、整理、展陈烈士遗物、史料,编纂烈士英名录,将烈士事迹载入地方志。县级以上地方人民政府退役军人工作主管部门应当会同有关部门做好烈士史料研究工作。

第七章 法律责任

第五十八条 县级以上地方人民政府和有关部门、单位及其工作人员有下列情形之一的,对负有责任的领导人员和直接责任人员依法给予处分:

(一)违反本条例规定评定、复核烈士或者审批抚恤优待的;

(二)不按照规定的标准、数额、对象审批或者发放烈士褒扬金或者抚恤金、补助的;

(三)不按照规定履行烈士纪念设施保护、管理职责的；

(四)利用职务便利谋取私利的；

(五)在烈士褒扬工作中滥用职权、玩忽职守、徇私舞弊的。

第五十九条 县级以上地方人民政府和有关部门、单位及其工作人员套取、挪用、贪污烈士褒扬和烈士遗属抚恤优待经费的，由上级主管部门责令退回、追回，对负有责任的领导人员和直接责任人员依法给予处分。

第六十条 负有烈士遗属优待义务的单位不履行优待义务的，由县级以上地方人民政府退役军人工作主管部门责令限期履行义务；逾期仍未履行的，处2万元以上5万元以下的罚款；对负有责任的领导人员和直接责任人员依法给予处分。

第六十一条 冒领烈士褒扬金、抚恤金、补助，出具虚假证明或者伪造证件、印章骗取烈士褒扬金或者抚恤金、补助的，由县级以上地方人民政府退役军人工作主管部门取消相关待遇、追缴违法所得，并由其所在单位或者有关部门依法给予处分。

第六十二条 烈士遗属因犯罪被判处有期徒刑、剥夺政治权利或者被通缉期间，中止其享受的抚恤和优待；被判处死刑、无期徒刑的，取消其抚恤优待资格。

烈士遗属有前款规定情形的，由省、自治区、直辖市人民政府退役军人工作主管部门按照国家有关规定中止或者取消其抚恤优待相关待遇，报国务院退役军人工作主管部门备案。

第六十三条 违反本条例规定，有下列行为之一的，由县级以上人民政府退役军人工作主管部门责令改正，恢复原状、原貌；造成损失的，依法承担民事责任：

(一)未经批准新建、迁建、改扩建烈士纪念设施的；

(二)非法侵占烈士纪念设施保护范围内的土地、设施的；

(三)破坏、污损烈士纪念设施的；

(四)在烈士纪念设施保护范围内进行其他工程建设的；

(五)在烈士纪念设施保护范围内为烈士以外的其他人修建纪念设施、安放骨灰、埋葬遗体的。

第六十四条 在烈士纪念设施保护范围内从事与纪念烈士无关或者有损烈士形象、有损纪念烈士环境和氛围的活动的，烈士纪念设施保护单位应当及时劝阻；不听劝阻的，由县级以上地方人民政府退役军人工作主管部门给予批评教育,责令改正。

第六十五条 擅自发掘、鉴定、处置烈士遗骸,或者利用烈士遗物损害烈士尊严和合法权益的,由县级以上地方人民政府退役军人工作主管部门责令停止相关行为。

第六十六条 违反本条例规定,构成违反治安管理行为的,依法给予治安管理处罚;构成犯罪的,依法追究刑事责任。

第八章 附 则

第六十七条 本条例所称战时,按照国家和军队有关规定执行。

国家综合性消防救援队伍人员在执行任务中牺牲应当评定烈士的,按照国家有关规定执行。

第六十八条 烈士证书、烈士评定通知书由国务院退役军人工作主管部门印制。

第六十九条 位于国外的烈士纪念设施的保护,由国务院退役军人工作主管部门会同外交部等有关部门办理。烈士在国外安葬的,由中华人民共和国驻该国外交、领事代表机构结合驻在国实际情况组织开展祭扫活动。

第七十条 本条例自2025年1月1日起施行。

烈士公祭办法

1. 2014年3月31日民政部令第52号公布
2. 2023年3月31日退役军人事务部令第9号修订

第一条 为了缅怀纪念烈士,传承和弘扬烈士精神,做好烈士公祭工作,根据有关法律法规和国家有关规定,制定本办法。

第二条 烈士公祭是国家缅怀纪念为争取民族独立和人民解放、实现国家富强和人民幸福、促进世界和平和人类进步而毕生奋斗、英勇牺牲的烈士的活动。

第三条 在清明节、国庆节或者烈士纪念日等重大庆典日、重要纪念日,县级以上地方人民政府在本行政区域内举行的烈士公祭活动,适用本办法。

烈士公祭活动应当庄严、肃穆、隆重、节俭。

第四条 举行烈士公祭活动,由县级以上地方人民政府退役军人工作主管部门提出建议和方案,报请同级人民政府组织实施。

第五条 烈士公祭活动应当在烈士纪念场所举行。

上级地方人民政府与下级地方人民政府在同一烈士纪念场所举行烈士公祭活动,应当合并进行。

第六条 烈士公祭活动方案应当包括以下内容:

(一)烈士公祭活动时间、地点;

(二)参加烈士公祭活动人员及其现场站位和着装要求;

(三)烈士公祭仪式仪程;

(四)烈士公祭活动的组织协调、宣传报道、交通和安全警卫、医疗保障、经费保障、礼兵仪仗、天气预报、现场布置和物品器材准备等事项的分工负责单位及负责人。

第七条 烈士公祭活动应当安排党、政、军和人民团体负责人参加,组织烈士遗属代表、老战士和退役军人代表、学校师生代表、各界干部群众代表、军队人员代表等参加。

第八条 参加烈士公祭活动人员着装应当庄重得体,可以按照规定穿着制式服装,佩戴获得的荣誉勋章、奖章、纪念章等。

第九条 烈士公祭活动现场应当标明肃穆区域,设置肃穆提醒标志。

在肃穆区域内,应当言行庄重,不得喧哗。

第十条 烈士公祭仪式由组织活动的地方人民政府或者其退役军人工作主管部门的负责人主持。

烈士公祭仪式不设主席台,参加烈士公祭仪式人员应当面向烈士纪念碑(塔)等设施肃立。

第十一条 烈士公祭仪式一般应当按照下列程序进行:

(一)礼兵就位;

(二)主持人向烈士纪念碑(塔)等设施行鞠躬礼,宣布烈士公祭仪式开始;

(三)奏唱《中华人民共和国国歌》;

(四)宣读祭文;

(五)少先队员献唱《我们是共产主义接班人》;

(六)向烈士敬献花篮或者花圈,奏《献花曲》;

(七)整理绶带或者挽联;

（八）向烈士行三鞠躬礼；

（九）瞻仰烈士纪念碑（塔）等设施。

向烈士行三鞠躬礼后可以邀请参加活动的代表发言。

第十二条 在国庆节或者烈士纪念日等重大庆典日、重要纪念日进行烈士公祭的，可以采取向烈士纪念碑（塔）等设施敬献花篮的仪式，按照下列程序进行：

（一）礼兵就位；

（二）主持人向烈士纪念碑（塔）等设施行鞠躬礼，宣布敬献花篮仪式开始；

（三）奏唱《中华人民共和国国歌》；

（四）全体人员向烈士默哀；

（五）少先队员献唱《我们是共产主义接班人》；

（六）向烈士敬献花篮，奏《献花曲》；

（七）整理缎带；

（八）瞻仰烈士纪念碑（塔）等设施。

第十三条 烈士公祭仪式中的礼兵仪仗、花篮花圈护送由组织活动的地方人民政府协调当地驻军有关部门负责安排解放军或者武警部队官兵担任。

烈士公祭仪式可以安排军乐队或者其他乐队演奏乐曲，也可以播放音乐。

第十四条 烈士公祭活动的花篮或者花圈由党、政、军、人民团体及各界群众等敬献。

花篮的缎带或者花圈的挽联为红底黄字，上联书写烈士永垂不朽，下联书写敬献单位或个人。

整理缎带或者挽联按照先整理上联、后整理下联的顺序，双手整理。

默哀时应当脱帽，时间一般不少于一分钟。

瞻仰烈士纪念设施时一般按照顺时针方向绕行一周，活动人数较多的，也可以分别按顺时针或者逆时针方向绕行半周。

第十五条 县级以上地方人民政府在组织烈士公祭活动时，可以根据实际情况，引导公民通过观看烈士公祭活动直播、瞻仰烈士纪念设施、集体宣誓等，铭记烈士事迹，传承和弘扬烈士精神。

各级各类学校应当组织学生以适当方式参加烈士公祭，加强爱国主义、集体主义、社会主义教育。

第十六条　烈士纪念设施保护单位应当结合烈士公祭活动,采取多种形式广泛宣讲烈士英雄事迹和相关重大历史事件,配合有关单位开展爱国主义、集体主义、社会主义教育和其他主题教育活动。

第十七条　烈士纪念设施保护单位应当创新工作方式方法,健全服务和管理工作规范,保持烈士纪念场所庄严、肃穆、清净的环境和气氛,做好服务接待工作;可以按照庄严、有序、便捷的原则组织开展网上祭奠活动,方便广大人民群众瞻仰、悼念烈士。

第十八条　单位、个人在烈士纪念设施保护范围内组织开展缅怀纪念活动,应当文明有序,遵守有关祭扫礼仪规范,并接受烈士纪念设施保护单位管理。

单位组织开展集体缅怀纪念活动,可以参照本办法第十一条规定程序进行,也可以根据实际情况简化程序。

第十九条　对影响烈士公祭活动的,或者在烈士纪念设施保护范围内从事有损纪念烈士环境和气氛的活动的,烈士纪念设施保护单位应当及时劝阻;不听劝阻的,由县级以上地方人民政府退役军人工作主管部门按照职责规定给予批评教育,责令改正。

第二十条　任何单位和个人不得利用烈士公祭从事商业活动。

第二十一条　违反本办法规定,构成违反治安管理行为的,依法给予治安管理处罚;构成犯罪的,依法追究刑事责任。

第二十二条　对安葬在国外的烈士,驻外使领馆应当结合驻在国实际情况,参照本办法规定组织开展烈士公祭等祭扫纪念活动。

第二十三条　本办法自 2023 年 5 月 1 日起施行。

烈士安葬办法

1. 2013 年 4 月 3 日民政部令第 46 号公布
2. 2022 年 11 月 30 日退役军人事务部令第 8 号修订

第一条　为了褒扬和尊崇烈士,做好烈士安葬工作,根据《中华人民共和国英雄烈士保护法》、《烈士褒扬条例》等法律法规,制定本办法。

第二条 烈士应当在烈士陵园或者烈士集中安葬墓区安葬。

烈士陵园、烈士集中安葬墓区是国家建立的专门安葬、纪念、宣传烈士的重要场所,受法律保护。

第三条 确定烈士安葬地和安排烈士安葬活动,应当征求烈士遗属意见。

烈士可以在牺牲地、生前户籍所在地、遗属户籍所在地或者生前工作单位所在地安葬。烈士安葬地确定后,就近在安葬地的烈士陵园或者烈士集中安葬墓区安葬烈士。

第四条 烈士骨灰盒或者灵柩应当覆盖中华人民共和国国旗。需要覆盖中国共产党党旗或者中国人民解放军军旗的,按照有关规定执行。

国旗、党旗、军旗不能同时覆盖,不得随遗体火化或者随骨灰盒、灵柩掩埋,安葬后由安葬地烈士纪念设施保护单位保存,也可以赠送给烈士遗属留作纪念。

第五条 运送烈士骨灰或者遗体(骸),由烈士牺牲地、烈士安葬地县级以上地方人民政府共同安排,并举行送迎仪式。

送迎工作方案由烈士牺牲地、烈士安葬地县级以上地方人民政府退役军人工作主管部门商相关部门制定并报同级人民政府批准后实施。

送迎仪式一般按下列程序进行:

(一)仪式开始;

(二)整理烈士灵柩(骨灰盒)并覆盖国旗(或者党旗、军旗);

(三)奏国歌;

(四)向烈士默哀;

(五)起灵;

(六)仪式结束。

烈士生前为现役军人的,烈士骨灰或者遗体(骸)运送任务可由烈士牺牲地县级以上地方人民政府会同军队有关单位承担。

第六条 烈士安葬地县级以上地方人民政府应当举行庄严、肃穆、文明、节俭的烈士安葬仪式。

烈士安葬仪式应当邀请当地党委、政府和有关部门负责同志,烈士遗属代表、烈士生前所在单位代表,机关、团体、学校、企业事业单位、社会组织、军队等有关单位代表和退役军人代表参加。

烈士安葬仪式可以邀请解放军、武警部队官兵或者人民警察承担礼兵仪仗、花篮护送等任务;可以邀请军乐队或者其他乐队演奏乐曲,也可以播放音乐。

第七条　烈士安葬仪式一般按下列程序进行：

（一）仪式开始；

（二）礼迎烈士；

（三）奏国歌；

（四）宣读烈士评定文件、烈士生平事迹并致悼词或者祭文；

（五）向烈士默哀；

（六）安葬烈士骨灰或者遗体（骸）；

（七）向烈士敬献花篮（花圈）；

（八）仪式结束。

第八条　安葬烈士的方式包括：

（一）将烈士骨灰安葬于烈士墓区或者烈士骨灰堂；

（二）将烈士遗体（骸）安葬于烈士墓区；

（三）其他安葬方式。

安葬烈士应当遵守国家殡葬管理有关规定，尊重少数民族的丧葬习俗，倡导绿色、节地、生态安葬方式。

第九条　烈士墓穴、骨灰安放格位，由烈士纪念设施保护单位按照规定确定。

第十条　安葬烈士骨灰的墓穴面积一般不超过1平方米。允许土葬的地区，安葬烈士遗体（骸）的墓穴面积一般不超过4平方米。

第十一条　烈士墓碑碑文或者骨灰盒标识牌文字应当经烈士安葬地县级以上地方人民政府退役军人工作主管部门审定，内容应当包括烈士姓名、性别、民族、籍贯、出生年月、牺牲时间、单位、职务、简要事迹等基本信息，落款一般为安葬地县级以上地方人民政府。

第十二条　烈士墓区应当规划科学、布局合理，环境整洁、肃穆。烈士墓和烈士骨灰存放设施应当形制统一、用料优良，确保施工建设质量。

第十三条　烈士陵园、烈士集中安葬墓区的保护单位应当向烈士遗属发放烈士安葬证明书，载明烈士姓名、安葬时间和安葬地点等。没有烈士遗属的，应当将烈士安葬情况向烈士生前户籍所在地县级人民政府退役军人工作主管部门备案。

烈士生前有工作单位的，应当将安葬情况向烈士生前所在单位通报。

第十四条　烈士在烈士陵园或者烈士集中安葬墓区安葬后，原则上不迁葬。

对未在烈士陵园或者烈士集中安葬墓区安葬的零散烈士墓，县级以上地方人民政府退役军人工作主管部门应当根据实际情况并征得烈士遗属同意，就近迁入烈士陵园或者烈士集中安葬墓区。

第十五条　在生产生活或者相关工作中发现、发掘的疑似烈士遗骸，按照有关规定，经鉴定确认为烈士遗骸的，应当就近在烈士陵园或者烈士集中安葬墓区及时妥善安葬；已确认身份的，应当及时通知其亲属并邀请出席安葬仪式。

第十六条　烈士牺牲后无法搜寻到遗体（骸）、无法查找到安葬地或者安葬地在境外的，可在烈士牺牲地、生前户籍所在地或者遗属户籍所在地烈士陵园、烈士集中安葬墓区英名墙，纪念相关战役（战争）烈士陵园英名墙等设施镌刻烈士姓名予以纪念，但不得在烈士陵园或者烈士集中安葬墓区建造衣冠冢或者空墓。

第十七条　烈士陵园、烈士集中安葬墓区的保护单位应当建立烈士安葬信息档案，及时收集、整理、陈列有纪念意义的烈士遗物、事迹资料，烈士遗属、有关单位和个人应当予以配合。

第十八条　在烈士纪念日等重要纪念日和节日时，机关、团体、学校、企业事业单位和军队有关单位应当组织开展烈士纪念活动，祭奠缅怀烈士，弘扬英烈精神。

烈士陵园、烈士集中安葬墓区的保护单位及所在地人民政府退役军人工作主管部门对前来祭扫的烈士遗属和社会群众，应当做好接待服务工作。

第十九条　鼓励和支持社会殡仪专业服务机构等社会力量为烈士安葬提供专业化、规范化服务。

第二十条　战时牺牲人员遗体收殓安葬、在境外搜寻发掘的烈士遗骸归国安葬按照有关规定执行。

第二十一条　本办法自2023年2月1日起施行。

烈士纪念设施保护管理办法

1. 2013年6月27日民政部令第47号公布
2. 2022年1月24日退役军人事务部令第6号修订

第一章 总 则

第一条 为加强烈士纪念设施保护管理，传承弘扬英烈精神和爱国主义精神，更好发挥烈士纪念设施褒扬英烈、教育后人的红色资源作用，根据《中华人民共和国英雄烈士保护法》《烈士褒扬条例》和国家有关规定，制定本办法。

第二条 本办法所称烈士纪念设施，是指在中华人民共和国境内按照国家有关规定为纪念缅怀英烈专门修建的烈士陵园、烈士墓、烈士骨灰堂、烈士英名墙、纪念堂馆、纪念碑亭、纪念塔祠、纪念塑像、纪念广场等设施。

第三条 烈士纪念设施应当按照基础设施完备、保护状况优良、机构制度健全、服务管理规范、功能发挥显著的要求，加强保护管理工作。

第四条 国务院退役军人工作主管部门负责指导全国烈士纪念设施的保护管理工作。县级以上地方人民政府退役军人工作主管部门负责本行政区域烈士纪念设施的保护管理工作。

第五条 烈士纪念设施应当由县级以上人民政府退役军人工作主管部门报请同级人民政府确定保护单位，具体负责烈士纪念设施保护管理工作，加强工作力量，明确管理责任。不能确定保护单位的，应当由县级以上人民政府退役军人工作主管部门报请同级人民政府明确管理单位进行保护管理。

第六条 县级以上人民政府退役军人工作主管部门会同财政、发展改革等部门安排烈士纪念设施保护管理和维修改造经费，用于烈士纪念设施维修改造、设备更新、环境整治、展陈宣传和祭扫纪念活动等工作，接受财政、审计部门和社会监督。

第二章 分级保护

第七条 国家对烈士纪念设施实行分级保护，根据其纪念意义、建设规模、保护状况等可分别确定为：

（一）国家级烈士纪念设施；

（二）省级烈士纪念设施；

（三）设区的市级烈士纪念设施；

（四）县级烈士纪念设施。

未确定保护级别的烈士纪念设施由所在地县级人民政府退役军人工作主管部门进行保护管理或者委托有关单位、组织或者个人进行保护管理。对于零散烈士墓应当集中迁移保护，确不具备集中保护条件的，应当明确保护力量和管理责任。

第八条　符合下列基本条件之一的烈士纪念设施，可以申报国家级烈士纪念设施：

（一）为纪念在中国革命、建设、改革等各个历史时期的重大事件、重要战役和主要革命根据地斗争中牺牲的烈士而修建的烈士纪念设施；

（二）为纪念在全国有重要影响的著名烈士而修建的烈士纪念设施；

（三）位于革命老区、民族地区的规模较大的烈士纪念设施；

（四）为纪念为中国革命斗争牺牲的知名国际友人而修建的纪念设施；

（五）规模较大、基础设施完备、规划建设特色明显，具有全国性知名度或较强区域影响力的其他烈士纪念设施。

地方各级烈士纪念设施的申报条件，由同级人民政府退役军人工作主管部门制定，报上一级人民政府退役军人工作主管部门备案。

第九条　申报国家级烈士纪念设施，由省级人民政府退役军人工作主管部门提出申请，经国务院退役军人工作主管部门审核，报国务院批准后公布。

申报地方各级烈士纪念设施，由拟核定其保护级别的县级以上人民政府退役军人工作主管部门向本级人民政府提出申请，经本级人民政府批准后公布，并在公布后二十个工作日内报上一级人民政府退役军人工作主管部门备案。

第十条　申报烈士纪念设施保护级别，应提供以下材料：

（一）烈士纪念设施基本情况；

（二）烈士纪念设施保护单位或者管理单位情况；

（三）烈士纪念设施建设批准相关材料；

（四）烈士纪念设施建设规划平面图；

（五）土地使用权属（不动产权属）和保护范围证明；

（六）主要纪念设施的现状照片；

（七）需要提供的其他资料。

第十一条 烈士纪念设施应当设立保护标志，由公布其保护级别的县级以上人民政府退役军人工作主管部门负责设立。

烈士纪念设施保护标志式样，由国务院退役军人工作主管部门统一制定。

第三章 规划建设

第十二条 烈士纪念设施应当纳入当地国民经济和社会发展规划等相关规划，发挥好爱国主义教育基地、国防教育基地作用。

第十三条 烈士纪念设施保护单位和管理单位应当向所在地不动产登记机构申请办理不动产登记，确认烈士纪念设施不动产权属。

第十四条 烈士纪念设施保护或管理单位的上级主管部门应当根据烈士纪念设施的类别、规模、保护级别以及周边环境等情况，提出划定烈士纪念设施保护范围的方案，报同级人民政府批准后公布，并报上一级人民政府退役军人工作主管部门备案。

第十五条 新建、迁建、改扩建烈士纪念设施应当从严控制，未经批准不得建设。对于反映同一历史人物、同一历史事件，已建烈士纪念设施的，原则上不得重复建设。

涉及重大革命历史题材、已故领导同志、已故著名党史人物、已故著名党外人士、已故近代名人的烈士纪念设施的新建、迁建、改扩建，应当按规定逐级上报，经党中央、国务院批准后实施。

不涉及以上内容的，应当由所在地县级以上人民政府退役军人工作主管部门提出申请，经核定其保护级别的县级以上人民政府退役军人工作主管部门审核并报同级人民政府批准后实施。

第十六条 新建、迁建、改扩建烈士纪念设施应当提出书面申请，申请材料包括项目名称、建设理由、建设内容、展陈内容、占地面积、建筑面积、用地性质、投资估算、资金来源等内容，并依法依规办理相关审批手续。新建烈士纪念设施的，应当同时提交申报保护级别文件。

第十七条 烈士纪念设施名称应当严格按照核定保护级别时确定名称规范

表述。

地方各级烈士纪念设施确需更名的,应由省级人民政府退役军人工作主管部门批准后公布,并报同级人民政府和国务院退役军人工作主管部门备案。

国家级烈士纪念设施确需更名的,由省级人民政府退役军人工作主管部门提出申请,经国务院退役军人工作主管部门批准后公布,并报国务院备案。

第四章 维护利用

第十八条 烈士纪念设施保护单位和管理单位应当保证设施设备外观完整、题词碑文字迹清晰,保持庄严、肃穆、清净的环境和氛围,为社会公众提供良好的瞻仰和教育场所。

第十九条 烈士纪念设施应当免费向社会开放。

第二十条 烈士纪念设施保护单位和管理单位应当按照国家有关规定,加强对烈士纪念设施中文物和历史建筑物的保护管理。

对属于不可移动文物的烈士纪念设施,依据文物保护法律法规划定保护范围和建设控制地带,并按照文物保护标准做好相关防护措施;对可移动文物,应当设立专门库房,分级建档,妥善保管。

第二十一条 烈士纪念设施保护单位和管理单位应当开展英烈史料的收集整理、事迹编纂和陈列展示工作,挖掘研究英烈事迹和精神。

第二十二条 烈士纪念设施保护单位和管理单位应当及时更新优化展陈,在保持基本陈列相对稳定的前提下,及时补充完善体现时代精神和新史料新成果的展陈内容,经审批可每 5 年进行一次局部改陈布展,每 10 年进行一次全面改陈布展。

地方各级烈士纪念设施改陈布展,由县级以上人民政府退役军人工作主管部门提出申请,基本陈列改陈布展大纲和版式稿经核定其保护级别的县级以上人民政府退役军人工作主管部门商有关部门审定。

国家级烈士纪念设施改陈布展,由省级人民政府退役军人工作主管部门报国务院退役军人工作主管部门审定。

第二十三条 县级以上人民政府退役军人工作主管部门应当会同相关部门建立解说词研究审查制度,切实把好政治关、史实关,增强讲解的准确性、完整性和权威性。

第二十四条　烈士纪念设施保护单位和管理单位应当协助配合机关、团体、乡村、社区、学校、企事业单位和军队有关单位开展烈士纪念日公祭活动和其他纪念活动,维护活动秩序,提高服务水平。

第二十五条　烈士纪念设施保护单位和管理单位应当为烈士亲属和社会公众日常祭扫和瞻仰活动提供便利,创新服务方式,做好保障工作,推行文明绿色生态祭扫。

烈士纪念设施保护单位和管理单位应当配合接待异地祭扫的县级以上人民政府退役军人工作主管部门妥善安排祭扫活动,按照国家有关规定为自行前往异地祭扫的烈士亲属提供服务保障。

第二十六条　县级以上人民政府退役军人工作主管部门应当指导烈士纪念设施保护单位和管理单位充分发挥红色资源优势,拓展宣传教育功能,扩大社会影响力。

烈士纪念设施保护单位和管理单位应当加强网络宣传教育,通过开设网站和利用新媒体平台,为社会公众提供网上祭扫和学习教育平台,宣传英烈事迹,弘扬英烈精神。

第五章　组织管理

第二十七条　烈士纪念设施保护单位和管理单位应当健全服务和管理工作规范,完善内部规章制度,提高管理和服务水平。

第二十八条　县级以上人民政府退役军人工作主管部门应当加强对烈士纪念设施保护管理工作的监督考核。

省级人民政府退役军人工作主管部门应当会同有关部门每4年对本地区烈士纪念设施进行一次排查,建立排查档案。对保护不力、管理不善、作用发挥不充分的烈士纪念设施保护单位或管理单位进行通报批评,限期整改;情节严重的,依法依规追究责任。

第二十九条　烈士纪念设施保护单位和管理单位应当根据事业发展和实际工作需要科学合理设置岗位,明确岗位职责,定期组织业务培训和学习交流。

烈士纪念设施保护单位应当配备研究馆员和英烈讲解员,并注重提高其专业素养,也可采取利用志愿者力量、购买服务等方式组织具有相关专业知识的人员和机构提供研究和讲解服务。

第三十条　鼓励支持自然人、法人和非法人组织以捐赠财产等方式,参与烈士纪念设施保护管理工作。自然人、法人和非法人组织捐赠财产用于烈士纪念设施保护管理活动的,依法享受税收优惠。

县级以上人民政府退役军人工作主管部门应当会同文物部门指导烈士纪念设施保护单位和管理单位妥善保管捐赠的革命文物、烈士遗物等物品,建立健全捐赠档案,对捐赠的单位和个人按照国家有关规定给予精神鼓励或者物质奖励。

第三十一条　县级以上人民政府退役军人工作主管部门可通过政府购买服务等方式加强烈士纪念设施保护管理工作力量。

烈士纪念设施保护单位和管理单位可以设立志愿服务站点,招募志愿者开展志愿服务,鼓励退役军人、烈士亲属、机关干部、专家学者和青年学生到烈士纪念设施担任义务讲解员、红色宣讲员、文明引导员,参与设施保护、讲解宣讲和秩序维护等工作。

第六章　责任追究

第三十二条　烈士纪念设施保护范围内的土地和设施受法律保护,任何组织和个人不得在烈士纪念设施保护范围内从事与纪念英烈无关或者有损纪念英烈环境和氛围的活动,不得侵占烈士纪念设施保护范围内的土地和设施,不得破坏、污损烈士纪念设施。

第三十三条　在烈士纪念设施保护范围内从事有损纪念英烈环境和氛围活动的,烈士纪念设施保护单位和管理单位应当及时劝阻;不听劝阻的,由县级以上人民政府退役军人工作主管部门会同有关部门按照职责规定给予批评教育,责令改正。

第三十四条　非法侵占烈士纪念设施保护范围内的土地、设施,破坏、污损烈士纪念设施,或者在烈士纪念设施保护范围内为不符合安葬条件的人员修建纪念设施、安葬或安放骨灰或者遗体的,由所在地县级以上人民政府退役军人工作主管部门责令改正,恢复原状、原貌;造成损失的,依法承担民事责任。

第三十五条　烈士纪念设施保护单位和管理单位及其主管部门工作人员有下列行为之一的,由上级人民政府退役军人工作主管部门对其直接负责的责任人和其他主管人员进行批评教育,责令改正;情节严重的,依法依规追究责任:

(一)滥用职权、玩忽职守、徇私舞弊,造成烈士纪念设施、史料遗物遭受损失的；

(二)贪污、挪用烈士纪念设施保护管理经费的；

(三)未经批准擅自新建、迁建、改扩建烈士纪念设施的；

(四)其他违反相关法律法规行为的。

第三十六条 违反本办法规定,构成违反治安管理行为的,依法给予治安管理处罚;构成犯罪的,依法追究刑事责任。

第七章 附 则

第三十七条 本办法自 2022 年 3 月 1 日起施行。

境外烈士纪念设施保护管理办法

1. 2020 年 2 月 1 日退役军人事务部、外交部、财政部、中央军委政治工作部令第 2 号公布
2. 自 2020 年 4 月 1 日起施行

第一条 为了传承和弘扬烈士精神,加强境外烈士纪念设施保护管理,彰显我国良好国家形象,根据《中华人民共和国英雄烈士保护法》、《烈士褒扬条例》和国家有关规定,制定本办法。

第二条 本办法所称境外烈士纪念设施,是指在中华人民共和国境外为纪念中国烈士修建的烈士陵园、纪念堂馆、纪念碑亭、纪念塔祠、纪念塑像、烈士骨灰堂、烈士墓等设施。

第三条 境外烈士纪念设施保护管理领导小组统筹协调境外烈士纪念设施保护管理工作。

境外烈士纪念设施保护管理领导小组由退役军人事务部会同外交部、财政部、中央军委政治工作部等部门组成。退役军人事务部负责领导小组日常事务,驻外使领馆协助处理有关具体工作。

第四条 境外烈士纪念设施保护管理应当尊重历史、结合现实,根据纪念设施现状、所在国情况以及双边关系,经与所在国政府有关部门协商,通过签署双边合作协议等方式,明确保护管理具体事项。

第五条 境外烈士纪念设施保护管理工作包括下列事项：

(一)调查核实烈士纪念设施,查找、收集烈士遗骸、遗物；

（二）修缮保护、新建迁建烈士纪念设施；
（三）负责烈士纪念设施日常维护管理；
（四）搜集、整理、编纂、陈列、展示、保管烈士事迹和遗物史料；
（五）组织开展烈士祭扫和宣传纪念活动；
（六）其他相关事项。

第六条 境外烈士纪念设施保护管理工作所需经费，由中央财政安排，列入部门预算。

第七条 境外烈士纪念设施保护管理领导小组应当掌握境外烈士纪念设施基本情况并建立档案。

退役军人事务部、烈士生前所在工作单位或其主管部门应当根据历史线索和资料，调查核实境外烈士纪念设施，搜寻查找烈士遗骸，驻外使领馆提供协助。

第八条 境外烈士纪念设施一般就地修缮保护。对于散落在境外的烈士墓，可以依托当地现有境外烈士纪念设施集中保护管理。

第九条 具有重大历史意义、确需新建境外烈士纪念设施的，以及因修缮保护需要或者因所在国建设规划等原因确需迁建境外烈士纪念设施的，应当按照有关规定经批准后实施。

第十条 境外烈士纪念设施保护管理领导小组应当与所在国政府有关部门协商划定境外烈士纪念设施保护范围，明确不得侵占保护范围内的土地和设施，不得单方面拆除、变更、迁移纪念设施，在保护范围内不得从事与纪念烈士无关的活动。

第十一条 境外烈士纪念设施保护管理领导小组与所在国政府有关部门协商确定境外烈士纪念设施管理方式，驻外使领馆可以根据纪念设施现状、所在国情况提出建议。

确定由所在国政府负责管理的，境外烈士纪念设施保护管理领导小组应当协调所在国政府有关部门指定专门机构进行管理。

确定由我国政府负责管理的，由境外烈士纪念设施保护管理领导小组或授权驻外使领馆通过签署委托协议的方式，委托中资企业（机构）、所在国华侨华人友好社团等进行管理，也可以委托所在国华侨华人进行管理。

第十二条 各有关部门和单位应当开展烈士史料收集整理、事迹编纂和陈列展示工作，宣传烈士英雄事迹，褒扬英烈风范，加深我国同所在国的友谊。

烈士史料等属于文物的,依照有关法律法规的规定予以保护。

第十三条 在烈士纪念日、清明节或者其他重要纪念日期间,驻外使领馆应当结合所在国情况组织烈士公祭活动。

烈士公祭活动可以根据实际情况邀请所在国政府、中资企业(机构)、华侨华人和社会各界代表参加。

第十四条 驻外使领馆可以结合实际,为赴所在国祭扫的烈士家属提供协助,引导赴所在国参观访问的我国代表团、旅游者及旅居所在国我国侨民、留学生前往境外烈士纪念设施瞻仰祭扫。

烈士纪念活动应当庄严、肃穆,符合我国祭扫习惯和境外烈士纪念设施所在国习俗。

第十五条 驻外使领馆应当敦促境外烈士纪念设施管理机构或者人员对在境外烈士纪念设施举行的各项祭扫纪念活动进行登记。

第十六条 驻外使领馆应当敦促境外烈士纪念设施管理机构或者人员做好纪念设施保护范围内的设施维护、安全保卫、绿化美化、环境卫生等工作。

第十七条 侵占境外烈士纪念设施保护范围内土地、设施,破坏、污损境外烈士纪念设施,在保护范围内从事与纪念活动无关的活动的,驻外使领馆应当敦促境外烈士纪念设施管理机构或者人员及时制止。情节严重、造成损害后果的,驻外使领馆应当通过外交途径向所在国政府提出交涉,敦促其严肃处理;涉及已返回境内中国公民的,驻外使领馆应当敦促所在国相关部门将相关材料移交境外烈士纪念设施保护管理领导小组,由有关部门依法处理。

第十八条 我国在境外的其他因公牺牲人员纪念设施保护管理工作,参照本办法执行。

第十九条 香港特别行政区、澳门特别行政区和台湾地区烈士纪念设施的保护管理,参照国家有关规定执行。

第二十条 本办法自 2020 年 4 月 1 日起施行。

烈士评定(批准)档案管理办法

1. 2016年10月28日民政部、公安部、国家档案局、中央军委政治工作部印发
2. 民发〔2016〕192号

第一条 为规范烈士评定(批准)档案管理,弘扬烈士精神,根据《中华人民共和国档案法》《烈士褒扬条例》和《军人抚恤优待条例》等有关规定,制定本办法。

第二条 本办法所称烈士评定(批准)档案是指在评定(批准)烈士工作中形成的,以烈士个人为单位整理的,具有保存价值的各种载体和形式的历史记录。

烈士评定(批准)档案是国家专业档案的重要组成部分,属于民生档案范畴。

第三条 烈士评定(批准)档案工作由评定(批准)烈士的政府的相关部门或者军队政治机关负责,并在业务上接受上级烈士评定(批准)主管部门和同级档案行政管理部门的监督和指导。

依据《烈士褒扬条例》第八条第一款第(一)项、第(二)项规定情形评定的烈士,其档案由省级人民政府民政部门集中管理。依据《烈士褒扬条例》第八条第一款第(三)项、第(四)项、第(五)项规定情形评定的烈士,其档案由国务院民政部门集中管理。依据《军人抚恤优待条例》第八条规定情形批准的烈士,其档案由军队军级以上单位政治机关集中管理。

第四条 烈士评定(批准)档案应当内容完整、管理规范、使用方便。

任何组织和个人不得据为己有、拒绝归档或者擅自销毁。

第五条 依据《烈士褒扬条例》第八条第一款第(一)项、第(二)项规定情形评定的烈士,归档材料应当包括:

(一)烈士评定申请书;

(二)申请人有效身份证件复印件;

(三)烈士牺牲情节的描述和证明材料;

(四)县级人民政府民政部门调查核实的材料;

(五)县级、市级人民政府提出的评定烈士的报告;

（六）省级人民政府民政部门的审查意见等材料；

（七）省级人民政府评定烈士的批复或者有关文件；

（八）烈士通知书存根；

（九）烈士评定备案报告；

（十）其他需要归档的材料。

第六条 依据《烈士褒扬条例》第八条第一款第（三）项、第（四）项、第（五）项规定情形评定的烈士，归档材料应当包括：

（一）烈士评定申请书（有关部门提出的评定报告）；

（二）烈士牺牲情节的描述和证明材料；

（三）国务院民政部门的审查材料；

（四）国务院民政部门评定烈士的文件；

（五）烈士通知书存根；

（六）其他需要归档的材料。

第七条 依据《军人抚恤优待条例》第八条规定情形批准的烈士，归档材料应当包括：

（一）烈士批准申请书；

（二）烈士牺牲情节的描述和证明材料；

（三）军队有关部门的审查材料；

（四）军队有关部门批准烈士的文件；

（五）烈士通知书存根；

（六）其他需要归档的材料。

第八条 烈士评定（批准）材料的归档，应当符合以下要求：

（一）归档的文件材料应当齐全、完整、排列有序；装订结实、整齐；备考表填写真实、清楚；归档文件目录或者卷内文件目录明晰、准确；

（二）归档的文件材料中有视频图像、照片或者复印件的，应当图文清晰；

（三）归档的文件材料应当在相关手续办理完毕后及时整理归档；

（四）在烈士评定（批准）工作过程中形成的电子文件，应当按照《电子文件归档和管理规范》（GB/T 18894）要求进行整理归档，重要的电子文件应当同时打印出纸质文件一并归档。

第九条 烈士评定（批准）归档材料的整理原则和方法：

（一）以烈士个人为单位，一人一卷。

（二）按本办法第五条、第六条或者第七条的顺序排列卷内材料。

（三）卷与卷之间按照形成时间顺序排列。形成时间顺序以烈士评定（批准）时间为准。

（四）在每卷档案内首页上端的空白处（或者档案封套和档案袋的封面）加盖归档章，并填写有关内容。归档章设置全宗号、年度、卷号等项目（式样见附件1）。

（五）按卷号的顺序，为每一卷烈士评定（批准）档案编制归档文件目录，置于卷内首页之前。归档文件目录设置序号、责任者、文号、题名、日期、页数、备注等项目（式样见附件2）。

（六）每卷档案及其归档文件目录应当以无酸纸封套或者档案袋等有利于长期保管和利用的方式加以固定。

（七）按照卷号的顺序将每卷档案依次装入档案盒并填写档案盒封面、盒脊和备考表的项目。档案盒封面应当标明档案集中管理部门的单位名称和烈士评定（批准）档案名称（式样见附件3）。档案盒盒脊设置全宗号、年度、起止卷号和盒号等项目（式样见附件4）。备考表置于盒内，说明本盒文件的情况，并填写整理人、检查人和归档日期（式样见附件5）。

（八）每年形成的烈士评定（批准）档案必须编制目录。目录设置卷号、姓名、烈士通知书号、备注等项目（式样见附件6）。

（九）每年的档案目录加封面后装订成册，一式三份，并编制目录号。档案目录封面设置全宗号、机构名称、目录号、年度、编制机关、编制日期等项目（式样见附件7）。

（十）归档章、档案盒封面、档案盒盒脊式样的规格参考《归档文件整理规则》（DA/T 22）规定的相关式样的规格，归档文件目录、备考表、烈士评定（批准）档案目录、烈士评定（批准）档案目录封面用纸幅面尺寸采用国际标准A4型（长×宽为297mm×210mm）。

第十条 烈士评定（批准）档案保管期限为永久。

第十一条 烈士评定（批准）档案应当存放在档案库房进行管理，并配备相应的设施设备。

库房应当采取有效的防火、防盗、防高温、防潮、防光、防尘、防鼠、防虫、防磁等安全措施，要保持库房的清洁和库内适宜的温湿度，确保档案的完整和安全。

第十二条 各级民政部门和公安、军队中与烈士褒扬工作相关的单位因工作需要可以利用烈士评定（批准）档案。

其他有关单位、组织经烈士评定（批准）档案集中管理单位的烈士褒扬部门和档案保管机构同意，办理相关手续后，可以利用指定的档案。

烈士家属经烈士评定（批准）档案集中管理单位的烈士褒扬部门和档案保管机构同意，办理相关手续后，可以阅览、摘录烈士本人的档案。

利用烈士评定（批准）档案，严禁损毁、涂改、抽换、圈划、批注、污染等行为。

第十三条　涉及国家秘密、个人隐私的烈士评定（批准）档案，应当按照国家有关法律法规规定保管利用。

第十四条　烈士评定（批准）档案应当使用信息化等现代化手段进行管理。

第十五条　烈士评定（批准）档案在烈士评定（批准）部门保存一定期限后，应当向相关的国家综合档案馆移交或者军队各大单位档案馆移交。

第十六条　中国人民武装警察部队烈士批准的档案管理适用本办法。

第十七条　本办法由民政部、国家档案局、公安部、中央军委政治工作部负责解释。

第十八条　本办法自发布之日起实施。

附件：（略）

为烈属、军属和退役军人等家庭悬挂光荣牌工作实施办法

1. 2018 年 7 月 29 日国务院办公厅印发
2. 国办发〔2018〕72 号

第一条　为做好悬挂光荣牌工作，弘扬拥军优属优良传统，营造爱国拥军、尊崇军人的浓厚社会氛围，推进军人荣誉体系建设，依据《烈士褒扬条例》、《军人抚恤优待条例》等有关法规政策，制定本办法。

第二条　本办法的适用对象是烈士遗属、因公牺牲军人遗属、病故军人遗属（以下统称"三属"）家庭和中国人民解放军现役军人（以下简称现役军人）家庭、退役军人家庭。

主动为持《中华人民共和国烈士证明书》、《中华人民共和国军人因

公牺牲证明书》、《中华人民共和国军人病故证明书》的"三属"家庭和现役军人家庭、退役军人家庭悬挂光荣牌。对于非持证的烈士、因公牺牲军人、病故军人的父母(抚养人)、配偶和子女家庭,依申请悬挂光荣牌。

同时具备两个以上悬挂光荣牌条件的家庭,只悬挂一个光荣牌。

第三条　光荣牌称号统一为"光荣之家"。

第四条　悬挂光荣牌工作坚持彰显荣誉、规范有序、分级负责、属地落实的原则。

第五条　退役军人事务部统一设计和规范光荣牌的样式、监督光荣牌制作,光荣牌落款为省(自治区、直辖市)人民政府、新疆生产建设兵团。

省级人民政府退役军人事务主管部门负责本省份光荣牌的统一制作。

县级人民政府退役军人事务主管部门会同当地人民武装部门组织落实本行政区域内光荣牌的具体悬挂工作。

第六条　光荣牌的悬挂位置应尊重悬挂家庭的意愿,一般悬挂在其大门适当位置,保证醒目、协调、庄严、得体。

因建筑结构、材质等因素不适合悬挂的,可在客厅醒目位置摆放。

第七条　悬挂光荣牌的对象居住地或户籍所在地改变,或发生光荣牌老化破损等情形,可申请更换光荣牌。

现役军人退出现役或去世后,其家庭继续悬挂光荣牌。

悬挂光荣牌家庭的"三属"或退役军人去世后,该家庭可继续悬挂光荣牌,但不再更换。

第八条　悬挂、更换光荣牌工作原则上于每年建军节或春节前进行。

集中悬挂或更换光荣牌时,村(居)民委员会或社区应举行悬挂仪式,安排专人负责安装悬挂。悬挂仪式应简朴、庄重、热烈。

第九条　悬挂光荣牌对象及其家庭成员依法被判处刑事处罚或被公安机关处以治安管理处罚且产生恶劣影响的,现役军人被除名、开除军籍的,取消其家庭悬挂光荣牌资格,已悬挂的由县级人民政府退役军人事务主管部门负责收回。

被公安机关处以治安管理处罚后能够主动改正错误、积极消除负面影响的,经县级人民政府退役军人事务主管部门审核同意,可以恢复悬挂光荣牌。

第十条　省级人民政府退役军人事务主管部门要加强对悬挂光荣牌工作的

指导和检查督促,对工作不及时、不到位的,要责令限期整改。退役军人事务部会同军地有关部门定期组织抽查,并通报情况。

第十一条 悬挂光荣牌工作列入全国和省级双拥模范城(县)创建考评内容,作为创建双拥模范城(县)的重要条件。

第十二条 县级人民政府退役军人事务主管部门要建立健全悬挂光荣牌工作建档立卡制度,汇总相关信息和统计数据,及时录入全国优抚信息管理系统,加强信息数据管理。

第十三条 各地区应结合悬挂光荣牌工作和本地实际,视情开展送年画春联、走访慰问和为立功现役军人家庭送立功喜报等活动。

第十四条 本办法适用于中国人民武装警察部队官兵家庭。

第十五条 本办法由退役军人事务部负责解释。

第十六条 本办法自印发之日起施行。本办法实施前已悬挂的光荣牌,原则上继续保留,需要更换时按照本办法办理。

附件:光荣牌设计和技术标准

附件

光荣牌设计和技术标准

光荣牌(式样图附后)材质为钛金牌,底色为金黄色、沙底镀金;规格为280毫米×135毫米,厚度1毫米;"光荣之家"字样为红色套亮金边,方正魏碑简体132号字,四个字规格为202毫米×43毫米,距上边31毫米,左右居中;"×××人民政府"字样为方正宋体黑色32号简体字,规格为82毫米×11毫米,距下边29毫米,距右边32毫米;左下角配长城图案、亮金色,规格为155毫米×36毫米,距下边15毫米,距左边16毫米;红色花边宽4毫米,距边缘10毫米,花边内线粗0.7毫米,花边外线粗1毫米。右下花边内"退役军人事务部监制"字样为方正宋体黑色20号字,规格为73毫米×6.8毫米,距下边16.5毫米,与"×××人民政府"右端对齐。

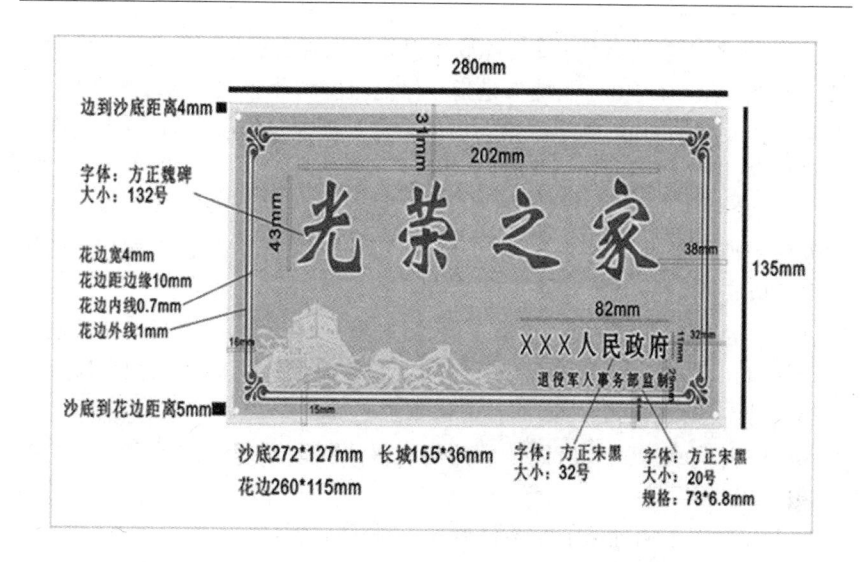

民政部、人力资源社会保障部、财政部、总政治部 关于贯彻实施《烈士褒扬条例》若干具体问题的意见

1. 2012年5月21日发布
2. 民发〔2012〕83号

各省、自治区、直辖市民政厅(局)、人力资源社会保障厅(局)、财政厅(局),新疆生产建设兵团民政局、人力资源社会保障局、财务局,各军区、各军兵种、各总部、军事科学院、国防大学、国防科学技术大学、武警部队政治部:

《烈士褒扬条例》(以下简称《条例》)已于2011年7月26日公布,自2011年8月1日起施行。为了进一步做好烈士褒扬工作,现就贯彻实施《条例》若干具体问题提出如下意见:

一、《条例》施行后牺牲人员的烈士评定工作,适用《条例》。符合规定条件的评定为烈士,烈士遗属依照《条例》规定享受抚恤优待。

《条例》施行前牺牲人员的烈士评定工作,适用其牺牲时施行的有关法规。符合规定条件的可以批准为烈士,烈士遗属的一次性抚恤待遇按照《革命烈士褒扬条例》及其解释和相关法规规定享受。

二、《条例》第二条中的"牺牲",是指在保卫祖国和社会主义建设事业中,为国家和人民的利益,勇于献出自己的生命。被评定为烈士的,应当死难情节突出,堪为楷模。

不符合烈士评定条件、属于《军人抚恤优待条例》及有关法规规定的因公牺牲或者病故情形的,应当认定为因公牺牲或者病故,并按相应的规定予以抚恤。

三、属于《条例》第八条第一款第一项、第二项规定情形的,省级人民政府民政部门在向省级人民政府呈报评定烈士材料时,应同时抄送国务院民政部门,抄送材料包括:

(一)省级人民政府民政部门向省级人民政府呈报的评定烈士的报告;

(二)烈士牺牲情节原始材料或证明材料的复印件;

(三)其他相关材料。

四、省、自治区、直辖市人民政府按照《条例》第九条第二款规定评定烈士后,省级人民政府民政部门应在二十个工作日内报送国务院民政部门备案,备案材料包括:

(一)省级人民政府民政部门提出的备案报告;

(二)省级人民政府评定烈士的有关文件或批复。

国务院民政部门对材料进行审查并按程序予以备案,并定期公布烈士备案结果。

对逾期不报送备案或备案工作中出现审查不合格的,国务院民政部门将予以通告,并责令改正。

五、军队有关部门依照《条例》第八条第二款评定烈士后,由解放军总政治部汇总并按季度将该季度评定烈士有关材料送国务院民政部门备案。

六、烈士褒扬金由颁发烈士证书的县级人民政府民政部门负责发放,所需经费由当地财政部门垫支。

中央财政每年根据上年度烈士评定备案工作的情况,及时审核下达烈士褒扬金。

七、《条例》第十二条规定的"月工资"是指烈士牺牲当月的本人月基本工资。属于《工伤保险条例》适用范围的,月工资是指烈士牺牲前12个月平均月缴费工资。本人工资高于统筹地区职工平均工资300%的,按照统筹地区职工平均工资的300%计算;本人工资低于统筹地区职工平均工资60%的,按照统筹地区职工平均工资的60%计算。

一次性抚恤金由颁发烈士证书的县级人民政府民政部门负责发放,所需经费按原渠道解决。

属于《工伤保险条例》适用范围的,一次性工亡补助金以及相当于烈士本人40个月工资的烈士遗属特别补助金按照《烈士褒扬条例》和《工伤保险条例》的有关规定发放。

八、烈士褒扬金、一次性抚恤金、一次性工亡补助金、烈士遗属特别补助金应该及时足额发放。发给对象和数额分配根据烈士遗属协商结果确定,协商不成的平均分配。

九、改建、扩建国家级烈士纪念设施的,应当报国务院民政部门批准。

退役军人事务部关于规范为烈属、军属和退役军人等家庭悬挂光荣牌工作的通知

2019年4月4日退役军人事务部发布

各省、自治区、直辖市退役军人事务厅(局),新疆生产建设兵团退役军人事务局:

《为烈属、军属和退役军人等家庭悬挂光荣牌工作实施办法》(以下简称《实施办法》)印发以来,各地按照国务院部署,稳步推进各项工作,整体进展顺利。目前各地悬挂光荣牌已进入高峰期,但也暴露出一些问题和不足,主要是个别地区让对象自行领取光荣牌、不为户籍不在本地的长住对象悬挂光荣牌、不悬挂全国统一样式的光荣牌、仪式感和宣传不够等,严重影响了工作效果和对象满意度,必须引起高度重视,立即整改。现就规范悬挂光荣牌工作有关事项通知如下。

一、严肃落实政策,切实压实责任。严格按照《实施办法》规定要求,坚持彰显荣誉、规范有序、分级负责、属地落实的原则,层层压实责任,确保工作高效落实,符合条件的对象应挂尽挂。自《实施办法》印发之日起,现役军人退出现役或去世后,给其家庭继续悬挂,烈士、因公牺牲军人、病故军人遗属或退役军人去世后,不再为其家庭重新悬挂或更换光荣牌。要以

对象户籍所在地为悬挂主要依据,对象户籍所在地或居住地改变,按照其申请悬挂或更换光荣牌,不能简单地以户籍不在当地为理由拒绝、推诿。各省份退役军人事务厅(局)要加强督促检查,发现问题严格问责、严肃处理,绝不迁就姑息。

二、注重悬挂仪式,充分体现尊崇。认真落实《实施办法》和《关于做好为烈属、军属和退役军人等家庭悬挂光荣牌工作的通知》(退役军人部函〔2019〕5号)相关要求,切实注重和突出悬挂光荣牌的仪式感。要结合本地实际,精心组织举行集中悬挂仪式,做到既简朴、庄重,又热情、热烈。要尊重对象意愿选择悬挂或摆放方式,需要悬挂的必须安排专人负责悬挂到位,坚决杜绝出现让悬挂对象自行领取光荣牌的现象,真正把好事办好、实事做实,把党和政府的关心关爱送达每位对象的心坎上。

三、及时建档立卡,实施动态管理。要建立健全悬挂光荣牌工作建档立卡制度,结合退役军人和其他优抚对象信息采集工作,依托全国优抚信息管理系统及时建立完善的电子台账。电子台账应包括悬挂光荣牌家庭户主的基本信息、人员类别、户籍所在地、现长住地、悬挂时间、悬挂方式和变动情况等信息项目。要实施动态管理和定期更新,在今年5月1日前完成悬挂光荣牌任务的同时,高标准落实建档立卡工作,切实做到悬挂情况清楚明晰,悬挂对象信息档案齐全规范。同时,加强和当地人民武装部等部门的联系沟通,结合新兵入伍、老兵退役等情况,及时更新信息数据,切实实现定期更新、动态管理,形成长效工作机制。

四、加强集中宣传,营造浓厚氛围。借助各种媒介、采取多种方式,加强对悬挂光荣牌工作的宣传报道,既要报道工作进展,让对象知道何时能够挂上光荣牌,也要报道工作成效、宣传国家优抚政策,在全社会营造尊重退役军人、尊崇现役军人的浓厚氛围。要注意收集各级在开展悬挂光荣牌、退役军人和其他优抚对象信息采集工作中的先进经验做法和事迹等信息,包括图片、视频、典型故事等,以便后期宣传和资料存档。相关信息请于4月30日前以光盘形式报送我部。

民政部、财政部关于加强零散烈士纪念设施建设管理保护工作的通知

1. 2011年3月15日发布
2. 民发〔2011〕32号

各省、自治区、直辖市民政厅（局）、财政厅（局），各计划单列市民政局、财政局，新疆生产建设兵团民政局、财务局：

在我党领导的长期革命斗争和社会主义建设中，无数先烈英勇牺牲，为民族独立、人民幸福和国家富强做出了巨大贡献。党和国家历来高度重视烈士褒扬工作，各级党委和政府为缅怀先烈，兴建了大量烈士纪念设施，并不断加强建设管理保护工作，提升建设管理保护水平，烈士纪念设施整体面貌得到改观，管理保护工作取得了长足进步。但由于受诸多因素的影响，全国仍有一些零散烈士纪念设施急需修缮保护。为加强零散烈士纪念设施建设管理保护工作，现就有关事项通知如下：

一、充分认识加强零散烈士纪念设施建设管理保护工作的重要意义

零散烈士纪念设施是我国烈士纪念设施的重要组成部分，是安葬、缅怀、褒扬革命先烈的重要场所，是对广大人民群众进行爱国主义和革命传统教育的重要载体，是不可再生的红色宝贵资源。加强零散烈士纪念设施建设管理保护工作，对于促进烈士褒扬工作创新发展、进一步加强在全社会弘扬烈士精神、促进社会和谐稳定和全面进步具有重要而深远的意义。各级民政、财政部门要充分认清新形势下做好零散烈士纪念设施建设管理保护工作的重要意义，从政治、全局和事业成败的高度出发，以对国家和民族负责、对历史和未来负责的态度，通过加强领导、密切协作、广泛宣传、共同努力，把零散烈士纪念设施建设好、管理好、保护好。

二、明确把握指导思想、总体目标和基本原则

（一）指导思想。以邓小平理论和"三个代表"重要思想为指导，深入贯彻落实科学发展观，全面加强零散烈士纪念设施建设管理保护工作，实施抢救保护工程，努力提升建设管理保护水平，充分发挥主题功能，推进烈士褒扬工作的创新发展，进一步在全社会弘扬烈士精神，为构建社会主

义和谐社会做出新的贡献。

（二）总体目标。从 2011 年开始，依托现有烈士陵园，统筹规划，适当集中，分类实施，力争在 2014 年 10 月 1 日前完成所有散葬烈士墓的迁移、整合、修缮工作，完成零散烈士纪念设施的维修改造，基本建立起长效管理保护机制，充分发挥烈士纪念设施"褒扬烈士、教育群众"的主题功能。

（三）基本原则。

统筹安排，分步实施。要对零散烈士纪念设施建设管理保护工作进行总体安排，综合考虑各有关因素，分步有序推进各项工作。

以人为本，尊重习俗。要充分尊重和体谅烈属的意愿，尊重地方习俗，注重人文关怀，把握好烈士墓动土迁移过程中的每一个细节。

立足当前，着眼长远。要根据本地当前的实际情况，科学整合现有烈士纪念设施资源。在改扩建工程中，既要避免起点过低，又要防止盲目贪大。注重设计的庄重、新颖并富有时代气息，力争把每一个抢救保护工程建成精品。

广泛宣传，强化制度。要广泛宣传，突出主题，注重实效，通过宣传为开展工作营造良好氛围。要强化制度建设，研究建立烈士纪念设施建设管理保护规范、标准和日常管理等制度，为加强烈士纪念设施建设管理保护工作提供保障。

三、全力推动零散烈士纪念设施建设管理保护工作

（一）高度重视，全面开展零散烈士纪念设施普查工作。各地民政部门要按照《民政部关于开展烈士纪念设施普查工作的通知》（民函〔2010〕341 号）的要求，对辖区内的县级以上烈士纪念设施管理保护单位和未列入县级以上管理保护的零散烈士纪念设施进行全面摸底调查，深入细致做好相关工作，做到不遗漏、不重复、无错误，如实填报各项信息。要按照时间要求，把握好工作进度，及时准确地把普查信息录入到全国烈士纪念设施管理保护系统，为全面实施抢救保护工程打好基础。各地民政部门要在普查工作的基础上，制定本地区的零散烈士纪念设施抢救保护总体规划和实施方案，按照有关要求报民政部。

（二）加大投入，切实保障零散烈士纪念设施建设管理保护工作顺利开展。地方各级民政、财政部门要根据本地普查数据资料、抢救保护总体规划和实施方案等实际情况认真核算资金需求。地方各级财政部门要按照属地管理、责任明确、分级负担的原则,及时、足额将零散烈士纪念设施抢救保护工作经费纳入财政预算。省级财政要切实加大资金投入力度。中央财政将根据零散烈士纪念设施普查数据、抢救保护总体规划、各地工作进展、地方财力差别等情况对各地开展零散烈士纪念设施抢救保护工作给予一次性补助。各地要按照有关规定加强零散烈士纪念设施抢救保护专项补助资金的使用管理。补助资金要实行专项管理、分账核算、专款专用,并按有关资金管理制度的规定严格使用,健全内控制度,严禁截留、挤占和挪用。

(三)全面部署,抓紧实施零散烈士纪念设施集中抢救保护工程。各地要根据抢救保护总体规划和实施方案,组织实施集中抢救保护工程。对无人管理的,按其规模分类保护,规模较大的烈士墓群就地改建成烈士陵园;规模较小的以县、乡为单位适当集中,当地有烈士陵园的迁入烈士陵园安葬,没有烈士陵园的在烈士墓相对集中的地方修建烈士陵园。对乡镇管理的,原则上就地改造,完善相关设施。对烈士亲属管理的,在协商的基础上,迁入烈士陵园集中安葬或签订管理协议继续由亲属管理。抢救保护工程分期分批组织实施。今年下半年选择一批基础好的地区先期开展一期工程,力争在新中国成立65周年之前完成全部抢救保护工程。

(四)加强管理,逐步建立长效管理保护机制。零散烈士纪念设施集中抢救保护工程完成后,各级人民政府要根据散葬烈士墓的迁移、整合、修缮及零散烈士纪念设施维修改造情况,将其纳入相应的管理保护体系。各地要结合实际情况,充实烈士纪念设施保护单位管理力量,给予必要的人员和经费保障,切实落实好各项日常管理和维护工作。

四、加强领导,确保零散烈士纪念设施建设管理保护工作顺利实施

零散烈士纪念设施建设管理保护工作是一项社会各界广泛关注,广大人民群众和烈属十分期盼的政治工程、民心工程。各地、各有关部门要高度重视,充分认识加强零散烈士纪念设施建设管理保护工作的重要性和紧迫性,切实增强政治责任感和使命感。要加强组织领导和部门协作,根据工作实际情况由民政部门牵头成立专门工作小组,充实工作力量,统筹安排,精心组织;要落实工作责任,充分发挥职能作用,加强协调,注重形成工作合力,注重完善工作方式,确保每项工作有序进行;要多方筹集资金,加大投入力度,为建设管理保护工作提供必要的财力支持;要加大宣传力度,充分发挥新闻媒体作用,向社会广泛宣传此项工作的重大意义、社会效果,争得人民群众的支持和广泛参与,尤其是在烈士墓动土迁移过程中,要适时通报工程进度,得到烈士亲属的理解和支持,营造良好的工作氛围;要加强督促检查,确保各项工作按时高标准完成。民政部将会同财政部等有关部门对各地工作情况进行督促检查。

关于进一步加强烈士纪念工作的意见

2013年4月4日中共中央办公厅、国务院办公厅、中央军委办公厅印发

在中国革命、建设、改革各个历史时期,涌现出无数为民族独立、人民解放和国家富强、人民幸福矢志奋斗、无私奉献、英勇牺牲的烈士,他们的功勋彪炳史册,他们的精神成为激励全国各族人民为实现中华民族伟大复兴而不懈奋斗的力量源泉。中央历来高度重视烈士纪念工作,出台了一系列政策措施,推动烈士纪念工作取得明显成效。随着形势任务的发展变化,烈士纪念工作还存在一些不足,特别是有的地方和部门对这项工作重视不够,公众参与度不高,相关制度机制不完善。为深入贯彻落实党的十八大精神,着力推进社会主义核心价值体系建设,经中央同意,现就进一步加强烈士纪念工作提出如下意见。

一、大力弘扬烈士精神

各地区各部门各单位要充分利用报刊、广播、影视、网络等媒体,广泛宣传烈士精神。积极开展主题教育活动,运用专题展览、报告会、阅读活动等多种形式,将弘扬烈士精神融入群众性文化活动之中。鼓励创作出版以烈士英雄事迹为题材、群众喜闻乐见的文艺作品和通俗读物,积极开展烈士史料编纂工作,制作展播反映烈士纪念设施建设保护管理的专题片,创办开通中华英烈网。整合军地资源,拓展研究领域,深入挖掘和大力弘扬在不同历史时期形成的烈士精神,在全社会营造缅怀烈士、崇尚烈士、学习烈士的浓厚氛围。

二、广泛开展纪念烈士活动

每年清明节、国庆节等节日和重要纪念日期间,各级党委、政府和驻军部队以及企事业单位、社会组织要充分利用烈士纪念设施、爱国主义教育基地、国防教育基地等红色资源,组织开展祭奠烈士、缅怀英烈活动。

采取有力措施,引导广大干部群众积极参与瞻仰烈士纪念设施、献花植树等经常性纪念活动,将烈士纪念活动融入日常生活、学校教育和红色旅游。充分运用现代信息技术手段,开展网上祭奠活动。研究设立烈士纪念日,建立健全烈士祭扫制度和礼仪规范等相关规章制度,让人民群众充分参与,确保烈士纪念活动深入持久、庄严有序开展。

三、坚持用烈士英雄事迹教育青少年

要在中小学充实关于著名烈士英雄事迹教育的内容,利用课堂教学、主题教育等对学生进行形式多样的思想道德教育。积极组织老红军、老八路、老战士、老党员和烈士后人,为青少年讲授烈士生平和英雄事迹,增强宣传教育活动的吸引力和感染力。坚持在入队、入团、入党、入伍等人生成长的重要时机,倡导在18岁成人、学生毕业时,组织开展烈士英雄事迹教育活动,通过参观瞻仰烈士纪念设施、集体宣誓仪式、网上祭奠英烈等形式,引导广大青少年铭记烈士的英名和壮举,进一步树立正确的世界观、人生观、价值观,增强历史责任感和使命感。

四、加强烈士纪念设施保护管理

各级党委、政府和有关部门要整合各地区各部门烈士纪念设施资源,理顺隶属关系,明确保护管理责任,统一归口民政部门实施保护管理,充分发挥烈士纪念设施的整体效能。认真落实烈士纪念设施保护管理相关法规,研究制定烈士纪念设施建设规范和标准,完善烈士纪念设施保护管理办法,明确分级保护管理责任,加大经费投入和保护管理力度。高质量高标准完成零散烈士纪念设施抢救保护工程,积极稳妥推进境外烈士纪念设施保护管理工作,建立健全保护管理长效机制。加强烈士史料和遗物的收集、抢救、挖掘、保护和陈列展示工作。对已公布为文物的烈士纪念设施,要按照文物保护法有关规定加强保护、管理与利用。动员社会力量支持烈士纪念设施建设保护管理,研究制定社会捐赠、志愿服务、义务劳动等方面的政策规定。建立检查监督机制,严肃查处人为破坏和污损烈士纪念设施的行为。

五、完善烈属抚恤优待政策

各级党委和政府要不断完善烈属优待帮扶政策,进一步强化政府主体责任,逐步提高烈属抚恤金标准,妥善解决烈属生活、医疗、住房和子女教育、就业等方面存在的实际困难。对符合条件的烈属家庭,优先配租配售保障性住房或发放廉租住房租赁补贴;对住房困难的农村烈属家庭,当地政府要积极帮助解决困难。切实加强优抚医院、光荣院建设,最大限度地满足烈属医疗、供养服务需求。定期走访慰问烈属,精心组织烈属祭扫活动,认真落实为烈属挂光荣牌工作,积极动员社会力量为烈属送温暖献爱心,让广大烈属切实感受到党和政府的关心关爱,感受到全社会的尊重。

六、认真履行部门职责

民政部门要统筹协调规划烈士纪念工作,研究制定烈士褒扬政策规定,做好烈士评定备案、烈属抚恤优待、纪念设施保护管理和组织指导祭扫活动等工作。宣传部门要加强对烈士纪念工作宣传报道的指导协调,逐步将符合条件的烈士纪念设施命名为爱国主义教育基地,并落实相关政策。党史、军史研究部门要加强对烈士精神的理论研究。组织、机构编制和人力资源社会保障部门要在队伍建设、人才培养等方面,加大对烈士纪念工作的支持力度。发展改革部门要将烈士纪念设施建设和保护纳入国民经济和社会发展规划,将重要烈士纪念设施纳入红色旅游发展规划。教育部门要以青少年学生为重点,把烈士英雄事迹宣传教育贯穿到国民教育体系。财政部门要加大经费保障力度,健全经费保障使用管理办法。文化、新闻出版广电等部门要鼓励和支持弘扬烈士精神的文学艺术、影视作品,以及报刊、图书、数字、音像电子等出版物的创作生产和宣传推广。文物部门要做好涉及烈士的文物鉴定和普查工作,加强对革命文物保护管理的指导。旅游部门要积极引导广大群众参观瞻仰烈士纪念设施,接受英雄事迹教育。工会、共青团、妇联等人民团体要组织企业职工、青少年、妇女开展纪念烈士活动。军队和武警部队要支持和配合地方政府做好烈士纪念工作,努力形成齐抓共管、共同推进的良好局面。

七、强化组织领导

各级党委和政府要加强对烈士纪念工作的组织领导和统筹协调,坚持继承与发展并举、建设与保护并重,努力推动烈士纪念工作深入持久开展。建立党委统一领导、政府行政主导、部门主动配合、社会广泛参与的工作机制,定期研究解决烈士纪念工作中存在的困难和问题。将烈士纪念工作落实情况纳入文明城市、双拥模范城(县)创建活动考评内容,同步考评、同步推进。把烈士纪念设施日常保护管理和维修改造经费纳入同级财政预算,民政部门会同财政部门安排中央财政性资金对国家级和零散烈士纪念设施维修改造给予补助,并对中西部地区予以倾斜。强化烈士纪念设施保护单位的公益属性,根据烈士纪念设施分级保护管理标准和工作需要,调整优化机构设置,充实人员力量。按照稳定队伍、充实力量、提高素质的要求,加强教育培训,健全激励机制,注重选拔使用,努力建设一支政治坚定、业务精湛、结构合理、甘于奉献的工作人员队伍,为烈士纪念工作提供人才保障。

四、待遇保障

中华人民共和国民法典(节录)

1. 2020年5月28日第十三届全国人民代表大会第三次会议通过
2. 2020年5月28日中华人民共和国主席令第45号公布
3. 自2021年1月1日起施行

第一千零八十一条 【军婚的保护】现役军人的配偶要求离婚,应当征得军人同意,但是军人一方有重大过错的除外。

中华人民共和国刑法(节录)

1. 1979年7月1日第五届全国人民代表大会第二次会议通过
2. 1997年3月14日第八届全国人民代表大会第五次会议修订
3. 根据1998年12月29日第九届全国人民代表大会常务委员会第六次会议通过的《关于惩治骗购外汇、逃汇和非法买卖外汇犯罪的决定》、1999年12月25日第九届全国人民代表大会常务委员会第十三次会议通过的《中华人民共和国刑法修正案》、2001年8月31日第九届全国人民代表大会常务委员会第二十三次会议通过的《中华人民共和国刑法修正案(二)》、2001年12月29日第九届全国人民代表大会常务委员会第二十五次会议通过的《中华人民共和国刑法修正案(三)》、2002年12月28日第九届全国人民代表大会常务委员会第三十一次会议通过的《中华人民共和国刑法修正案(四)》、2005年2月28日第十届全国人民代表大会常务委员会第十四次会议通过的《中华人民共和国刑法修正案(五)》、2006年6月29日第十届全国人民代表大会常务委员会第二十二次会议通过的《中华人民共和国刑法修正案(六)》、2009年2月28日第十一届全国人民代表大会常务委员会第七次会议通过的《中华人民共和国刑法修正案(七)》、2009年8月27日第十一届全国人民代表大会常务委员会第十次会议通过的《关于修改部分法律的决定》、2011年2月25日第十一届全国人民代表大会常务委员会第十九次会议通过的《中华人民共和国刑法修正案(八)》、2015年8月29日第十二届全国人民代表大会常务委员会第十六次会议通过的《中华人民共和国刑法修正案(九)》、2017年11月4日第十二届全国人民代表大会常务委员会第三十次会议通过的《中华人民共和国刑法修正案(十)》、2020年12月26日第十三届全国人民代表大会常务委员会第二十四次会议通过的《中华人民共和国刑法修正案(十一)》和2023年12月29日第十四届全国人民代表大会常务委员会第七次会议通过的《中华人民共和国刑法修正案(十二)》修正

第二百五十九条 【破坏军婚罪】明知是现役军人的配偶而与之同居或者结婚的,处三年以下有期徒刑或者拘役。

【强奸罪】利用职权、从属关系,以胁迫手段奸淫现役军人的妻子的,依照本法第二百三十六条的规定定罪处罚。

中华人民共和国军人保险法

1. 2012年4月27日第十一届全国人民代表大会常务委员会第二十六次会议通过
2. 2012年4月27日中华人民共和国主席令第56号公布
3. 自2012年7月1日起施行

目　　录

第一章　总　　则
第二章　军人伤亡保险
第三章　退役养老保险
第四章　退役医疗保险
第五章　随军未就业的军人配偶保险
第六章　军人保险基金
第七章　保险经办与监督
第八章　法律责任
第九章　附　　则

第一章　总　　则

第一条 【立法目的】为了规范军人保险关系,维护军人合法权益,促进国

防和军队建设,制定本法。

第二条 【法律适用】 国家建立军人保险制度。

军人伤亡保险、退役养老保险、退役医疗保险和随军未就业的军人配偶保险的建立、缴费和转移接续等适用本法。

第三条 【军人保险制度与社会保险制度相衔接】 军人保险制度应当体现军人职业特点,与社会保险制度相衔接,与经济社会发展水平相适应。

国家根据社会保险制度的发展,适时补充完善军人保险制度。

第四条 【财政拨款和政策支持】 国家促进军人保险事业的发展,为军人保险提供财政拨款和政策支持。

第五条 【主管部门】 中国人民解放军军人保险主管部门负责全军的军人保险工作。国务院社会保险行政部门、财政部门和军队其他有关部门在各自职责范围内负责有关的军人保险工作。

军队后勤(联勤)机关财务部门负责承办军人保险登记、个人权益记录、军人保险待遇支付等工作。

军队后勤(联勤)机关财务部门和地方社会保险经办机构,按照各自职责办理军人保险与社会保险关系转移接续手续。

第六条 【军人参保待遇】 军人依法参加军人保险并享受相应的保险待遇。

军人有权查询、核对个人缴费记录和个人权益记录,要求军队后勤(联勤)机关财务部门和地方社会保险经办机构依法办理养老、医疗等保险关系转移接续手续,提供军人保险和社会保险咨询等相关服务。

第二章 军人伤亡保险

第七条 【死亡保险金】 军人因战、因公死亡的,按照认定的死亡性质和相应的保险金标准,给付军人死亡保险金。

第八条 【残疾保险金】 军人因战、因公、因病致残的,按照评定的残疾等级和相应的保险金标准,给付军人残疾保险金。

第九条 【认定标准】 军人死亡和残疾的性质认定、残疾等级评定和相应的保险金标准,按照国家和军队有关规定执行。

第十条 【不享受军人伤亡保险待遇的情况】 军人因下列情形之一死亡或者致残的,不享受军人伤亡保险待遇:

(一)故意犯罪的;

(二)醉酒或者吸毒的;

（三）自残或者自杀的；
（四）法律、行政法规和军事法规规定的其他情形。

第十一条 【退役后旧伤复发军人的待遇】已经评定残疾等级的因战、因公致残的军人退出现役参加工作后旧伤复发的，依法享受相应的工伤待遇。

第十二条 【个人不缴保费】军人伤亡保险所需资金由国家承担，个人不缴纳保险费。

第三章　退役养老保险

第十三条 【退役养老保险补助】军人退出现役参加基本养老保险的，国家给予退役养老保险补助。

第十四条 【补助标准】军人退役养老保险补助标准，由中国人民解放军总后勤部会同国务院有关部门，按照国家规定的基本养老保险缴费标准、军人工资水平等因素拟订，报国务院、中央军事委员会批准。

第十五条 【基本养老保险关系转移接续】军人入伍前已经参加基本养老保险的，由地方社会保险经办机构和军队后勤（联勤）机关财务部门办理基本养老保险关系转移接续手续。

第十六条 【缴费年限合并】军人退出现役后参加职工基本养老保险的，由军队后勤（联勤）机关财务部门将军人退役养老保险关系和相应资金转入地方社会保险经办机构，地方社会保险经办机构办理相应的转移接续手续。

军人服现役年限与入伍前和退出现役后参加职工基本养老保险的缴费年限合并计算。

第十七条 【退役后参加社保的转移接续手续】军人退出现役后参加新型农村社会养老保险或者城镇居民社会养老保险的，按照国家有关规定办理转移接续手续。

第十八条 【退役后转公务员岗位的养老保险办法】军人退出现役到公务员岗位或者参照公务员法管理的工作人员岗位的，以及现役军官、文职干部退出现役自主择业的，其养老保险办法按照国家有关规定执行。

第十九条 【按退休方式安置的退役军人的养老保险办法】军人退出现役采取退休方式安置的，其养老办法按照国务院和中央军事委员会的有关规定执行。

第四章　退役医疗保险

第二十条 【退役医疗保险补助】参加军人退役医疗保险的军官、文职干部和士官应当缴纳军人退役医疗保险费,国家按照个人缴纳的军人退役医疗保险费的同等数额给予补助。

义务兵和供给制学员不缴纳军人退役医疗保险费,国家按照规定的标准给予军人退役医疗保险补助。

第二十一条 【退役医保缴费标准和补助标准】军人退役医疗保险个人缴费标准和国家补助标准,由中国人民解放军总后勤部会同国务院有关部门,按照国家规定的缴费比例、军人工资水平等因素确定。

第二十二条 【基本医保关系转移接续】军人入伍前已经参加基本医疗保险的,由地方社会保险经办机构和军队后勤(联勤)机关财务部门办理基本医疗保险关系转移接续手续。

第二十三条 【退役后参加医保的转移接续手续】军人退出现役后参加职工基本医疗保险的,由军队后勤(联勤)机关财务部门将军人退役医疗保险关系和相应资金转入地方社会保险经办机构,地方社会保险经办机构办理相应的转移接续手续。

军人服现役年限视同职工基本医疗保险缴费年限,与入伍前和退出现役后参加职工基本医疗保险的缴费年限合并计算。

第二十四条 【退役后参加医保的手续】军人退出现役后参加新型农村合作医疗或者城镇居民基本医疗保险的,按照国家有关规定办理。

第五章 随军未就业的军人配偶保险

第二十五条 【随军未就业的军人配偶保险缴费和补助】国家为随军未就业的军人配偶建立养老保险、医疗保险等。随军未就业的军人配偶参加保险,应当缴纳养老保险费和医疗保险费,国家给予相应的补助。

随军未就业的军人配偶保险个人缴费标准和国家补助标准,按照国家有关规定执行。

第二十六条 【随军前参加社保的转移接续手续】随军未就业的军人配偶随军前已经参加社会保险的,由地方社会保险经办机构和军队后勤(联勤)机关财务部门办理保险关系转移接续手续。

第二十七条 【配偶实现就业或军人退役时社保关系的转移】随军未就业的军人配偶实现就业或者军人退出现役时,由军队后勤(联勤)机关财务部门将其养老保险、医疗保险关系和相应资金转入地方社会保险经办机构,地方社会保险经办机构办理相应的转移接续手续。

军人配偶在随军未就业期间的养老保险、医疗保险缴费年限与其在地方参加职工基本养老保险、职工基本医疗保险的缴费年限合并计算。

第二十八条 【配偶达到退休年龄时社保关系的转移】随军未就业的军人配偶达到国家规定的退休年龄时,按照国家有关规定确定退休地,由军队后勤(联勤)机关财务部门将其养老保险关系和相应资金转入退休地社会保险经办机构,享受相应的基本养老保险待遇。

第二十九条 【地方政府与随军配偶就业、培训方面的相互协作】地方人民政府和有关部门应当为随军未就业的军人配偶提供就业指导、培训等方面的服务。

随军未就业的军人配偶无正当理由拒不接受当地人民政府就业安置,或者无正当理由拒不接受当地人民政府指定部门、机构介绍的适当工作、提供的就业培训的,停止给予保险缴费补助。

第六章 军人保险基金

第三十条 【军人保险基金的内容】军人保险基金包括军人伤亡保险基金、军人退役养老保险基金、军人退役医疗保险基金和随军未就业的军人配偶保险基金。各项军人保险基金按照军人保险险种分别建账,分账核算,执行军队的会计制度。

第三十一条 【军人保险基金的资金构成】军人保险基金由个人缴费、中央财政负担的军人保险资金以及利息收入等资金构成。

第三十二条 【保险费的缴纳】军人应当缴纳的保险费,由其所在单位代扣代缴。

随军未就业的军人配偶应当缴纳的保险费,由军人所在单位代扣代缴。

第三十三条 【纳入年度国防费预算】中央财政负担的军人保险资金,由国务院财政部门纳入年度国防费预算。

第三十四条 【预算、决算管理】军人保险基金按照国家和军队的预算管理制度,实行预算、决算管理。

第三十五条 【专户存储】军人保险基金实行专户存储,具体管理办法按照国家和军队有关规定执行。

第三十六条 【军人保险基金的管理机构】军人保险基金由中国人民解放军总后勤部军人保险基金管理机构集中管理。

军人保险基金管理机构应当严格管理军人保险基金,保证基金安全。

第三十七条 【专款专用】军人保险基金应当专款专用,按照规定的项目、范围和标准支出,任何单位和个人不得贪污、侵占、挪用,不得变更支出项目、扩大支出范围或者改变支出标准。

第七章 保险经办与监督

第三十八条 【军人保险经办管理制度】军队后勤(联勤)机关财务部门和地方社会保险经办机构应当建立健全军人保险经办管理制度。

军队后勤(联勤)机关财务部门应当按时足额支付军人保险金。

军队后勤(联勤)机关财务部门和地方社会保险经办机构应当及时办理军人保险和社会保险关系转移接续手续。

第三十九条 【建立保险档案及提供社保咨询服务】军队后勤(联勤)机关财务部门应当为军人及随军未就业的军人配偶建立保险档案,及时、完整、准确地记录其个人缴费和国家补助,以及享受军人保险待遇等个人权益记录,并定期将个人权益记录单送达本人。

军队后勤(联勤)机关财务部门和地方社会保险经办机构应当为军人及随军未就业的军人配偶提供军人保险和社会保险咨询等相关服务。

第四十条 【军人保险信息系统建设】军人保险信息系统由中国人民解放军总后勤部负责统一建设。

第四十一条 【对保险基金收支和管理情况的监督】中国人民解放军总后勤部财务部门和中国人民解放军审计机关按照各自职责,对军人保险基金的收支和管理情况实施监督。

第四十二条 【对单位和个人守法情况的监督】军队后勤(联勤)机关、地方社会保险行政部门,应当对单位和个人遵守本法的情况进行监督检查。

军队后勤(联勤)机关、地方社会保险行政部门实施监督检查时,被检查单位和个人应当如实提供与军人保险有关的资料,不得拒绝检查或者谎报、瞒报。

第四十三条 【信息保密】军队后勤(联勤)机关财务部门和地方社会保险经办机构及其工作人员,应当依法为军队单位和军人的信息保密,不得以任何形式泄露。

第四十四条 【举报、投诉】任何单位或者个人有权对违反本法规定的行为进行举报、投诉。

军队和地方有关部门、机构对属于职责范围内的举报、投诉,应当依法处理;对不属于本部门、本机构职责范围的,应当书面通知并移交有权处理的部门、机构处理。有权处理的部门、机构应当及时处理,不得推诿。

第八章 法律责任

第四十五条 【军队后勤(联勤)机关财务部门、社保经办机构违法行为的处罚】军队后勤(联勤)机关财务部门、社会保险经办机构,有下列情形之一的,由军队后勤(联勤)机关或者社会保险行政部门责令改正;对直接负责的主管人员和其他直接责任人员依法给予处分;造成损失的,依法承担赔偿责任:

(一)不按照规定建立、转移接续军人保险关系的;

(二)不按照规定收缴、上缴个人缴纳的保险费的;

(三)不按照规定给付军人保险金的;

(四)篡改或者丢失个人缴费记录等军人保险档案资料的;

(五)泄露军队单位和军人的信息的;

(六)违反规定划拨、存储军人保险基金的;

(七)有违反法律、法规损害军人保险权益的其他行为的。

第四十六条 【贪污、侵占、挪用军人保险基金的处罚】贪污、侵占、挪用军人保险基金的,由军队后勤(联勤)机关责令限期退回,对直接负责的主管人员和其他直接责任人员依法给予处分。

第四十七条 【以欺诈等手段骗取军人保险待遇的处罚】以欺诈、伪造证明材料等手段骗取军人保险待遇的,由军队后勤(联勤)机关和社会保险行政部门责令限期退回,并依法给予处分。

第四十八条 【刑事责任】违反本法规定,构成犯罪的,依法追究刑事责任。

第九章 附 则

第四十九条 【失业保险缴费年限】军人退出现役后参加失业保险的,其服现役年限视同失业保险缴费年限,与入伍前和退出现役后参加失业保险的缴费年限合并计算。

第五十条 【相关规定的法律适用】本法关于军人保险权益和义务的规定,适用于人民武装警察;中国人民武装警察部队保险基金管理,按照中国人民武装警察部队资金管理体制执行。

第五十一条 【施行日期】本法自2012年7月1日起施行。

军队离休退休干部服务管理办法

1. 2014年9月23日民政部令第53号公布
2. 2021年12月1日退役军人事务部令第5号修订

第一章 总 则

第一条 为了做好军队离休退休干部服务管理工作,根据《中华人民共和国退役军人保障法》和国家有关规定,制定本办法。

本办法所称军队离休退休干部,是指移交政府安置的由退役军人事务部门服务管理的中国人民解放军和中国人民武装警察部队离休退休干部(以下简称军休干部)。

第二条 军休干部服务管理应当从维护军休干部的合法权益出发,贯彻执行国家关于军休干部的法律法规和政策,完善军休干部服务保障和教育管理机制,落实军休干部政治待遇和生活待遇。

军休干部服务管理坚持政治关心、生活照顾、服务优先、依法管理的原则。

第三条 军休干部服务管理工作坚持党的领导,由退役军人事务部门主管,军休服务管理机构(以下简称军休机构)具体组织实施。

退役军人事务部门应当依法负责军休干部服务管理工作,及时研究解决存在的问题,监督检查军休服务管理相关法律法规和政策措施落实情况。

军休机构是服务和管理军休干部的专设机构,包括军休服务管理中心、军休所、军休服务站等,承担军休干部服务管理具体工作。

第四条 军休干部服务管理应当与经济发展相协调,与社会进步相适应,实行国家保障与社会化服务相结合。

第五条 对在军休干部服务管理中做出突出贡献的单位和个人,按照国家有关规定给予表彰、奖励。

第二章 服务管理内容

第六条 退役军人事务部门、军休机构应当加强军休干部思想政治工作,引导军休干部继续发扬人民军队优良传统,模范遵守宪法和法律法规,永葆政治本色。

第七条 退役军人事务部门、军休机构应当按照规定落实军休干部政治待遇,组织军休干部阅读有关文件、听取党和政府重要会议精神传达等。

退役军人事务部门应当主动协调当地离退休干部管理部门,将军休干部纳入本级老干部工作体系。

第八条 退役军人事务部门在国家、地方和军队举行重大庆典和重大政治活动时,应当按照要求组织军休干部参加。

第九条 退役军人事务部门应当协调当地人民政府和军队有关负责人,在八一建军节、春节等重大节日走访慰问军休干部。

第十条 退役军人事务部门应当按规定落实军休干部荣誉疗养制度,对服役期间或移交安置后作出突出贡献的军休干部,分层级、分批次组织疗养。

第十一条 军休机构应当做好以下服务保障工作:

(一)举行新接收军休干部迎接仪式。

(二)按时发放军休干部离退休费和津贴补贴,帮助符合条件的军休干部落实优抚待遇。

(三)协调做好军休干部的医疗保障工作,落实体检制度,建立健康档案,开展医疗保健知识普及活动,引导军休干部科学保健、健康养生。

(四)培育军休干部文化队伍,开展军休文化体育活动,引导和鼓励军休干部参与社会文化活动。

(五)开展经常性走访探望,定期了解军休干部情况和需求,提供必要的关心照顾。

(六)协助办理军休干部去世后的丧葬事宜,按照政策规定落实遗属待遇。

第十二条 退役军人事务部门、军休机构应当依法依规加强对军休干部参加社会组织、出国(境)、著作出书、发表言论等事项的管理,督促军休干部遵纪守法和遵守军休机构各项规章制度。

第十三条 退役军人事务部门、军休机构应当鼓励支持军休干部保持和发扬优良传统,发挥自身优势,继续贡献力量。

第三章　服务管理方式

第十四条　军休机构应当建立健全工作制度,为军休干部老有所养、老有所医、老有所教、老有所学、老有所为、老有所乐创造条件。

第十五条　军休机构应当建立值班制度,并采取定期联系、定人包户等方式,为军休干部提供及时、方便的日常服务保障。

第十六条　军休机构应当坚持共性服务和个性化服务相结合,为军休干部提供细致周到的服务。对失能、失智、重病、高龄、独居、空巢等军休干部,应当重点照顾并提供必要帮助。

第十七条　军休机构应当按照退役军人事务部门制定的规范标准,推进服务管理工作标准化建设,确保规范运行。

第十八条　军休机构应当推进社会化服务,根据需要引进医疗、养老、志愿服务等方面力量,为军休干部提供多元服务。

第十九条　退役军人事务部门、军休机构应当加强信息化建设,充分运用信息化技术,发挥军休安置服务管理信息系统、网络"军休所"等信息化平台作用,提高工作效率,实现精准服务。

第二十条　退役军人事务部门、军休机构应当推进军休老年大学建设,线上线下融合,扩大教学供给,提高办学水平,不断满足军休干部终身学习需求。

第二十一条　退役军人事务部门应当健全军休机构服务网格,加强军休干部服务保障。

第二十二条　军休干部管理委员会是在军休机构内军休干部自我教育、自我管理、自我服务的群众性组织。

军休机构内设有军休干部管理委员会的,军休机构党组织应当加强对军休干部管理委员会的领导,按照有关规定组织开展活动,发挥军休干部管理委员会的作用,定期听取军休干部管理委员会工作情况报告,研究解决其反映的问题。

第四章　军休机构建设

第二十三条　退役军人事务部门根据安置管理工作实际,按照统筹规划、合理布局、精干高效、便于服务的原则设置、调整军休机构。

第二十四条　军休机构实行法定代表人负责制,对重大问题实行科学决策、民主决策。

军休机构应当依法依规落实政策公开、财务公开、服务公开，接受军休干部和工作人员监督。

第二十五条　军休机构应当加强党组织建设，改进和创新军休干部党组织工作，落实党的组织生活制度，增强党组织的政治功能和组织力，使之成为组织、凝聚、教育军休干部和工作人员的坚强堡垒。

加强军休干部中的流动党员管理，将流动党员就近安排在暂住地军休机构党组织参加组织生活。

第二十六条　军休机构应当加强基础设施建设，设置会议室、活动室、阅览室、荣誉室等场所，根据军休干部特点和需求，因地制宜开展适老化改造，具备条件的可引进或设立养老、医疗、助餐等功能设施，建立必要的室外文化体育活动场地，创造良好休养环境。

第二十七条　军休机构应当按规定用好军休经费，加强军休经费和国有资产管理，提高使用效益，接受有关部门的审计监督。

第二十八条　军休机构应当加强军休干部档案管理。

第二十九条　军休机构应当加强安全管理，制定并落实卫生、灾害等突发事件应急预案，增强风险防控和应急处置能力，及时消除安全隐患，防止安全责任事故发生。

第五章　服务管理工作人员

第三十条　退役军人事务部门应当加强军休服务管理工作人员队伍建设，在编制员额内配齐配强工作力量，优化队伍结构。

第三十一条　军休机构在编制员额内新聘用工作人员，除国家政策性安置、按照人事管理权限由上级任命、涉密岗位等人员外，应当面向社会公开招聘，同等条件下优先聘用退役军人、军人家属。

第三十二条　退役军人事务部门可以通过引进专业化服务等渠道充实工作力量。

第三十三条　服务管理工作人员应当强化能力素质和作风纪律，树牢全心全意为军休干部服务的意识。

第三十四条　退役军人事务部门、军休机构应当定期开展教育培训、岗位练兵、业务竞赛等活动，提高工作人员思想政治素质、政策理论水平和服务管理能力。

第三十五条　退役军人事务部门应当建立以军休干部满意度为主要内容的

服务管理工作监督考评体系,定期对军休机构及其负责人进行测评。

退役军人事务部门、军休机构应当建立工作人员绩效考核、岗位交流制度。对军休政策落实不到位、工作推进不力的人员,按照有关规定进行处理。

第六章 附 则

第三十六条 中国人民解放军和中国人民武装警察部队移交政府安置的退休军(警)士的服务管理参照本办法执行。

第三十七条 本办法自2022年1月1日起施行。

退役军人事务部办公厅关于进一步加强军队离退休干部安全管理工作的通知

2018年12月12日退役军人事务部办公厅发布

各省、自治区、直辖市退役军人事务厅(局):

时下正值隆冬季节,火灾、煤气中毒等各类安全事故易发高发。军队离退休干部服务管理机构(以下简称军休机构)担负着党中央、国务院、中央军委赋予的服务保障军队离退休干部(以下简称军休干部)的重要职责任务,抓好安全管理工作、确保军休干部身心安全至关重要。为深入贯彻习近平总书记关于安全生产系列重要指示精神,全面落实党中央、国务院关于安全生产的决策部署,进一步加强军休干部安全管理工作,现就有关事项通知如下:

一、提高防范意识,加强技能培训

各级退役军人事务部门和军休机构要加强对军休干部和工作人员的安全教育培训,促使他们强化安全理念、树立红线意识、掌握处置程序,为抓好安全管理工作夯实思想和技能基础。要结合本单位工作生活环境和军休干部实际,采取发放宣传材料、开展知识咨询、举办安全宣讲等形式,组织学习安全相关法律法规和管理制度。利用开设专题专栏、播放宣传影片、悬挂安全横幅、张贴宣传标语、推送微信短信等方式,展开全方位、立体式安全宣传,营造良好安全氛围。通过组织观看警示教育展览、参观安全体验中心、探访社区安全教育基地等方法,进行互动体验式安全教育,推动党和国家关于安全工作的系列决策部署和重要指示精神进机构、进家庭,实现安全法律法规家喻户晓、安全常识人人皆知。要结合军休干部日常生活安全需求,举办安全基本技能培训,安排专业人员或邀请专家进行防火、防盗、防诈骗等专题讲座,对行动不便的军休干部登门授课。深入开展应急演练活动,邀请消防人员进行各种险情下防护、逃生的现场演示,切实增强军休干部和工作人员的安全自助自救能力。

二、严格履职尽责,增强服务效能

各级退役军人事务部门和军休机构要把加强军休干部思想教育和满足军休干部身心安全需求结合起来,抓紧抓好。要统一军休干部思想认识,组织他们认真学习《人民日报》评论员文章,支持对极少数打着"退役军人"旗号的违法犯罪分子进行依法打击,维护广大退役军人形象,确保在思想上政治上行动上同以习近平同志为核心的党中央保持高度一致。要完善定人包户制度,定期走访军休干部,及时了解他们的身体状况和需求。坚持全时值班制度,健全安全管理应急预案,有效应对突发状况。建立自我互助制度,鼓励军休干部和工作人员成立互助小组,定期查找身边安全隐患,积极开展互帮互助活动。要加强对空巢、失独、病重、高龄及失能、半失能等重点对象的服务保障,建立并及时更新信息档案,提高走访联系频率,每周至少走访1次,及时掌握有关情况。对患重病、大病的空巢军休干部,积极协调本人或家属同意,将其送到医院进行专业看护治疗。关注军休干部心理健康,鼓励社会工作者、志愿者走进军休机构,提供专业心理疏导,防止因精神疾病而导致极端情况。

三、加大排查力度,根治安全隐患

各级退役军人事务部门要对军休机构安全管理情况开展全覆盖排查、全方位治理。要重点检查军休机构24小时值班和重要时期领导带班制度是否严格执行,电气火使用等各类安全管理制度是否建立健全,定人、定岗、定责的安全责任制度是否落实到位,消防设施是否符合要求并保持畅通,车辆管理、派遣、维护是否严格规范等。要持续加强对老旧住宅小区、军休干部活动室等用火用电安全管理督查和高层建筑消防安全综合治理,从细摸排高危敏感场所,逐个详细登记,逐一落实监管责任。对排查中发现的各类隐患问题和薄弱环节要列出清单、建立台账,限期整改、务求实效。对一时不能整改的,要采取有效防范措施,责任到人,整改结果要由主要负责人签字确认。要强化隐患排查治理监督,实行重大安全隐患挂账督办,组织"回头看",做到检查、整改、验收闭环管理,确保安全风险点真正得到有效清除。

四、加强组织领导,压实安全责任

各级退役军人事务部门要始终把军休机构安全管理列为重点工作,纳入议事日程,召开专题会议,及时研究部署,切实加强领导,帮助他们解决关键性安全问题,在组织机构、人才队伍、资金支持等方面提供保障。要坚持党政同责、一岗双责、齐抓共管、失职追责,按照"谁主管、谁负责"的原则,建立主要负责同志负总责,分管负责同志具体抓,安全管理人员和岗位员工具体负责的安全工作管理责任制,层层落实责任,层层传导压力,确保各项安全制度措施落实到位。要针对军休工作特点,压实军休机构主体责任,确保安全责任落实到每个环节、每个岗位、每位人员,细化到每个具体位置、每项工作标准,确保人人肩上有担子、个个身上有责任。对因失职渎职、工作不力造成严重安全后果的,要依法依规追究相关责任人责任。

国务院办公厅、中央军委办公厅转发保监会、发展改革委、财政部、总参谋部、总政治部、总后勤部、总装备部关于推进商业保险服务军队建设指导意见的通知

1. 2015 年 7 月 30 日发布
2. 国办发〔2015〕60 号

各省、自治区、直辖市人民政府,国务院各部委、各直属机构,各军区、各军兵种、各总部、军事科学院、国防大学、国防科学技术大学,武警部队:

保监会、发展改革委、财政部、总参谋部、总政治部、总后勤部、总装备部《关于推进商业保险服务军队建设的指导意见》已经国务院、中央军委同意,现转发给你们,请认真贯彻执行。

推进商业保险服务军队建设工作,有利于军民融合深度发展,拓宽保险服务领域,完善具有中国特色的军人保险制度体系。各地区、军地各有关部门要站在战略和全局的高度,充分认识商业保险服务军队建设的重要意义,自觉

把思想和行动统一到党中央、国务院、中央军委决策部署上来，以高度负责的精神，认真履行职责，加强组织协调，抓好工作落实，提供优质高效的商业保险服务，以实际行动促进国防和军队现代化建设，维护国家改革发展稳定大局。

关于推进商业保险服务军队建设的指导意见

保监会　发展改革委　财政部
总参谋部　总政治部　总后勤部　总装备部

为贯彻落实党的十八大和十八届三中、四中全会精神，推动军民融合深度发展，进一步发挥商业保险服务军队建设的作用，根据《中华人民共和国保险法》等法律制度规定，结合军队和保险业实际，现提出以下意见：

一、充分认识商业保险服务军队建设的重要意义

（一）推进商业保险服务军队建设，是保障军人权益的重要举措。军队是国家的坚强柱石，担负着维护国家主权、安全、领土完整，保障国家和平发展的神圣使命。近年来，围绕建设一支听党指挥、能打胜仗、作风优良的人民军队这一党在新形势下的强军目标，部队官兵认真履行使命任务，不断加大训练难度强度，风险保障需求日益提升。推进商业保险服务军队建设，有利于建立健全军民结合的多层次、多渠道风险保障体系，减少军人后顾之忧，维护军人权益，增强军队凝聚力战斗力，服务军队建设科学发展。

（二）建立完善具有中国特色的军人保险制度体系，是促进保险业持续健康发展的重要契机。保险是市场经济条件下风险管理的基本手段，在促进经济社会发展和保障人民群众生产生活方面发挥着积极作用。建立完善具有中国特色的军人保险制度体系，有利于完善对军队单位和军队人员及其家庭成员的保险服务，对于创新保险服务方式，拓宽保险服务领域，提高保险运行效率，促进保险业持续健康发展，具有重要意义。

二、基本原则

（三）政府支持、市场主导。坚持政策扶持与市场运作相结合，以市场化为导向，加强对军人商业保险发展的政策引导支持，积极发挥商业保险作用，不断创新军人保险保障方式，拓宽军人保险保障渠道，增强军人保险保障能力。

（四）军民融合、互利共赢。注重发挥资源整合优势，综合考虑军事保密、监督管理能力、商业保险机构服务水平等因素，合理确定军地各方职责，密切分工协作，坚持走军民融合式发展路子，实现军民合作共赢。

（五）专业运作、持续发展。遵循商业保险规律，利用保险机构专业优势，合理测算、规范运作，开发军人商业保险产品，鼓励军队单位和军队人员及其家庭成员自愿投保，提高保险运行效率和保障水平，推动军人商业保险可持续发展。

三、鼓励提供优质保险服务

（六）开发丰富多样的保险产品。支持保险机构在国家和军队政策制度框架内，开发针对性强的军队单位团体保险产品并提供一揽子保险解决方案。根据军队特殊需求，研究开发适用于军队房产、车辆等资产的财产保险品种，探索建立军队重大自然灾害风险分散机制。研究开发团体人身保险产品，化解军队人员职业风险。支持保险机构为军队人员及其家庭成员开发多样化的养老险、健康险、意外险、家庭财产险、机动车辆险、信用保证险、责任险等专属保险产品，为军队人员及其家庭成员提供多层次、多类别和长期均衡的保险保障。

（七）给予适度优惠。保险机构应当有效分散风险，建立专门的军人商业保险风险数据库，坚持收益覆盖风险和保本微利的定价原则，合理确定保险费率，开发军人商业保险专属产品，营造公平竞争市场环境。鼓励保险机构对军队单位和军队人员及其家庭成员购买非专属保险产品给予适度优惠。

（八）提供高效优质承保理赔服务。保险机构要加强经营管理，提高军人商业保险的工作效率和服务质量。鼓励保险机构为军队购买商业保险制订一揽子保险计划，探索创新承保、理赔、风险管理等服务，建立快速受理、快速理赔、快速结案机制，提供更加优质、高效、便捷的军人商业保险服务，支持保险机构设立专门服务网点，满足军人商业保险业务需要。

四、加强政策引导支持

（九）落实税收优惠政策。对保险机构开展军队单位和军队人员及其家庭成员的保险业务，按照税收法律法规及相关规定征免税收。

（十）优化保险服务外部条件。军队探索通过商业保险手段，建立市场化的风险管理和损失补偿机制。在符合保密规定前提下,军队单位为保险机构的项目风险评估、承保方案设计和精算定价提供必要基础数据。参保军队单位和军队人员及其家庭成员要在记名投保、理赔账户确认、理赔凭证提交等方面,为保险机构承保、查勘定损、理赔和风险管理等提供便利,在符合保密规定前提下,允许保险机构开展现场查勘定损等服务;对于特别重大的财产保险损失,如因保密原因保险机构无法开展现场查勘定损等服务的,参保军队单位的上级军人保险主管部门应出具证明。

五、健全工作保障机制

（十一）加强组织领导。发挥军队军人保险委员会在商业保险服务军队建设中的统筹作用,逐步建立健全军地商业保险工作机制,加强组织协调,定期交流情况,共同研究制定相关制度和支持政策。保险机构要与参保军队单位建立对接机制,了解军队单位和军队人员及其家庭成员的保险需求,沟通解决理赔等保险服务中可能出现的问题。充分发挥现有保险纠纷调解组织功能作用,高效、妥善化解保险纠纷。

（十二）做好保密工作。建立保险机构开展军人商业保险保密审查制度,加强保密管理。开展军人商业保险的保险机构要站在维护国家利益和军事利益的高度,增强保密意识,建立完善保密制度,明确保密工作要求;对军人商业保险业务实行单独代码、单独核算、分账管理,在统计、财务、查询等功能上进行特殊处理;将经办军人商业保险的员工纳入保密工作范围,开展有针对性的保密法纪教育。军队单位要与承保保险机构签订保密协议,对投保标的及其相关信息实行分类管理,严格做好涉密信息的保密工作。

（十三）加大宣传力度。开展军人商业保险的保险机构要做好军人商业保险的咨询、宣传工作,帮助部队官兵了解政策,用足、用好政策,维护好自身保险权益。军队单位要为保险机构的保险宣传提供便利条件。

六、明确服务对象范围

（十四）本意见所称军队单位是指军队团级以上建制单位;军队人员是指现役军官、文职干部,士兵和供给制学员,以及军队文职人员和军队正式职工;家庭成员是指军队人员的配偶、子女和父母。

（十五）本意见适用于中国人民武装警察部队。

五、抚恤优待

军人抚恤优待条例

1. 2004年8月1日国务院、中央军事委员会令第413号公布
2. 根据2011年7月29日国务院、中央军事委员会令第602号《关于修改〈军人抚恤优待条例〉的决定》第一次修订
3. 根据2019年3月2日国务院令第709号《关于修改部分行政法规的决定》第二次修订
4. 2024年8月5日国务院、中央军事委员会令第788号第三次修订

第一章 总 则

第一条 为了保障国家对军人的抚恤优待,激励军人保卫祖国、建设祖国的献身精神,加强国防和军队现代化建设,让军人成为全社会尊崇的职业,根据《中华人民共和国国防法》、《中华人民共和国兵役法》、《中华人民共和国军人地位和权益保障法》、《中华人民共和国退役军人保障法》等有关法律,制定本条例。

第二条 本条例所称抚恤优待对象包括:
(一)军人;
(二)服现役和退出现役的残疾军人;
(三)烈士遗属、因公牺牲军人遗属、病故军人遗属;
(四)军人家属;
(五)退役军人。

第三条 军人抚恤优待工作坚持中国共产党的领导。

军人抚恤优待工作应当践行社会主义核心价值观,贯彻待遇与贡献匹配、精神与物质并重、关爱与服务结合的原则,分类保障,突出重点,逐步推进抚恤优待制度城乡统筹,健全抚恤优待标准动态调整机制,确保抚恤优待保障水平与经济社会发展水平、国防和军队建设需要相适应。

第四条 国家保障抚恤优待对象享受社会保障和基本公共服务等公民普惠待遇,同时享受相应的抚恤优待待遇。

在审核抚恤优待对象是否符合享受相应社会保障和基本公共服务等条件时,抚恤金、补助金和优待金不计入抚恤优待对象个人和家庭收入。

第五条 国务院退役军人工作主管部门负责全国的军人抚恤优待工作;县级以上地方人民政府退役军人工作主管部门负责本行政区域内的军人抚恤优待工作。

中央和国家有关机关、中央军事委员会有关部门、地方各级有关机关应当在各自职责范围内做好军人抚恤优待工作。

第六条 按照中央与地方财政事权和支出责任划分原则,军人抚恤优待所需经费主要由中央财政负担,适度加大省级财政投入力度,减轻基层财政压力。

县级以上地方人民政府应当对军人抚恤优待工作经费予以保障。

中央和地方财政安排的军人抚恤优待所需经费和工作经费,实施全过程预算绩效管理,并接受财政、审计部门的监督。

第七条 国家鼓励和引导群团组织、企业事业单位、社会组织、个人等社会力量依法通过捐赠、设立基金、志愿服务等方式为军人抚恤优待工作提供支持和帮助。

全社会应当关怀、尊重抚恤优待对象,开展各种形式的拥军优属活动,营造爱国拥军、尊崇军人浓厚氛围。

第八条 国家推进军人抚恤优待工作信息化,加强抚恤优待对象综合信息平台建设,加强部门协同配合、信息共享,实现对抚恤优待对象的精准识别,提升军人抚恤优待工作服务能力和水平。

国家建立享受定期抚恤补助对象年度确认制度和冒领待遇追责机制,确保抚恤优待资金准确发放。

第九条 对在军人抚恤优待工作中做出显著成绩的单位和个人,按照国家有关规定给予表彰和奖励。

第二章 军人死亡抚恤

第十条 烈士遗属享受烈士褒扬金、一次性抚恤金,并可以按照规定享受定期抚恤金、丧葬补助、一次性特别抚恤金等。

因公牺牲军人遗属、病故军人遗属享受一次性抚恤金,并可以按照规定享受定期抚恤金、丧葬补助、一次性特别抚恤金等。

第十一条　军人牺牲,符合下列情形之一的,评定为烈士:
（一）对敌作战牺牲,或者对敌作战负伤在医疗终结前因伤牺牲的;
（二）因执行任务遭敌人或者犯罪分子杀害,或者被俘、被捕后不屈遭敌人杀害或者被折磨牺牲的;
（三）为抢救和保护国家财产、集体财产、公民生命财产或者执行反恐怖任务和处置突发事件牺牲的;
（四）因执行军事演习、战备航行飞行、空降和导弹发射训练、试航试飞任务以及参加武器装备科研试验牺牲的;
（五）在执行外交任务或者国家派遣的对外援助、维持国际和平任务中牺牲的;
（六）其他牺牲情节特别突出,堪为楷模的。
军人在执行对敌作战、维持国际和平、边海防执勤或者抢险救灾等任务中失踪,被宣告死亡的,按照烈士对待。
评定烈士,属于因战牺牲的,由军队团级以上单位政治工作部门批准;属于非因战牺牲的,由军队军级以上单位政治工作部门批准;属于本条第一款第六项规定情形的,由中央军事委员会政治工作部批准。

第十二条　军人死亡,符合下列情形之一的,确认为因公牺牲:
（一）在执行任务中、工作岗位上或者在上下班途中,由于意外事件死亡的;
（二）被认定为因战、因公致残后因旧伤复发死亡的;
（三）因患职业病死亡的;
（四）在执行任务中或者在工作岗位上因病猝然死亡的;
（五）其他因公死亡的。
军人在执行对敌作战、维持国际和平、边海防执勤或者抢险救灾以外的其他任务中失踪,被宣告死亡的,按照因公牺牲对待。
军人因公牺牲,由军队团级以上单位政治工作部门确认;属于本条第一款第五项规定情形的,由军队军级以上单位政治工作部门确认。

第十三条　军人除本条例第十二条第一款第三项、第四项规定情形以外,因其他疾病死亡的,确认为病故。
军人非执行任务死亡,或者失踪被宣告死亡的,按照病故对待。
军人病故,由军队团级以上单位政治工作部门确认。

第十四条　军人牺牲被评定为烈士、确认为因公牺牲或者病故后,由军队有关部门或者单位向烈士遗属、因公牺牲军人遗属、病故军人遗属户籍所在地县级人民政府退役军人工作主管部门发送《烈士评定通知书》、《军人因公牺牲通知书》、《军人病故通知书》和《军人因公牺牲证明书》、《军人病故证明书》。烈士证书的颁发按照《烈士褒扬条例》的规定执行,《军人因公牺牲证明书》、《军人病故证明书》由本条规定的县级人民政府退役军人工作主管部门发给因公牺牲军人遗属、病故军人遗属。

遗属均为军人且无户籍的,军人单位所在地作为遗属户籍地。

第十五条 烈士褒扬金由领取烈士证书的烈士遗属户籍所在地县级人民政府退役军人工作主管部门,按照烈士牺牲时上一年度全国城镇居民人均可支配收入30倍的标准发给其遗属。战时,参战牺牲的烈士褒扬金标准可以适当提高。

军人死亡,根据其死亡性质和死亡时的月基本工资标准,由收到《烈士评定通知书》、《军人因公牺牲通知书》、《军人病故通知书》的县级人民政府退役军人工作主管部门,按照以下标准发给其遗属一次性抚恤金:烈士和因公牺牲的,为上一年度全国城镇居民人均可支配收入的20倍加本人40个月的基本工资;病故的,为上一年度全国城镇居民人均可支配收入的2倍加本人40个月的基本工资。月基本工资或者津贴低于少尉军官基本工资标准的,按照少尉军官基本工资标准计算。被追授军衔的,按照所追授的军衔等级以及相应待遇级别确定月基本工资标准。

第十六条 服现役期间获得功勋荣誉表彰的军人被评定为烈士、确认为因公牺牲或者病故的,其遗属在应当享受的一次性抚恤金的基础上,由县级人民政府退役军人工作主管部门按照下列比例增发一次性抚恤金:

(一)获得勋章或者国家荣誉称号的,增发40%;

(二)获得党中央、国务院、中央军事委员会单独或者联合授予荣誉称号的,增发35%;

(三)立一等战功、获得一级表彰或者获得中央军事委员会授权的单位授予荣誉称号的,增发30%;

(四)立二等战功、一等功或者获得二级表彰并经批准的,增发25%;

(五)立三等战功或者二等功的,增发15%;

(六)立四等战功或者三等功的,增发5%。

军人死亡后被追授功勋荣誉表彰的,比照前款规定增发一次性抚恤金。

服现役期间多次获得功勋荣誉表彰的烈士、因公牺牲军人、病故军人,其遗属由县级人民政府退役军人工作主管部门按照其中最高的增发比例,增发一次性抚恤金。

第十七条　对生前作出特殊贡献的烈士、因公牺牲军人、病故军人,除按照本条例规定发给其遗属一次性抚恤金外,军队可以按照有关规定发给其遗属一次性特别抚恤金。

第十八条　烈士褒扬金发给烈士的父母(抚养人)、配偶、子女;没有父母(抚养人)、配偶、子女的,发给未满18周岁的兄弟姐妹和已满18周岁但无生活费来源且由该军人生前供养的兄弟姐妹。

一次性抚恤金发给烈士遗属、因公牺牲军人遗属、病故军人遗属,遗属的范围按照前款规定确定。

第十九条　对符合下列条件的烈士遗属、因公牺牲军人遗属、病故军人遗属,由其户籍所在地县级人民政府退役军人工作主管部门依据其申请,在审核确认其符合条件当月起发给定期抚恤金:

(一)父母(抚养人)、配偶无劳动能力、无生活费来源,或者收入水平低于当地居民平均生活水平的;

(二)子女未满18周岁或者已满18周岁但因上学或者残疾无生活费来源的;

(三)兄弟姐妹未满18周岁或者已满18周岁但因上学无生活费来源且由该军人生前供养的。

定期抚恤金标准应当参照上一年度全国居民人均可支配收入水平确定,具体标准及其调整办法,由国务院退役军人工作主管部门会同国务院财政部门规定。

第二十条　烈士、因公牺牲军人、病故军人生前的配偶再婚后继续赡养烈士、因公牺牲军人、病故军人父母(抚养人),继续抚养烈士、因公牺牲军人、病故军人生前供养的未满18周岁或者已满18周岁但无劳动能力且无生活费来源的兄弟姐妹的,由其户籍所在地县级人民政府退役军人工作主管部门继续发放定期抚恤金。

第二十一条　对领取定期抚恤金后生活仍有特殊困难的烈士遗属、因公牺牲军人遗属、病故军人遗属,县级以上地方人民政府可以增发抚恤金或者采取其他方式予以困难补助。

第二十二条　享受定期抚恤金的烈士遗属、因公牺牲军人遗属、病故军人遗属死亡的,继续发放6个月其原享受的定期抚恤金,作为丧葬补助。

第二十三条 军人失踪被宣告死亡的,在其被评定为烈士、确认为因公牺牲或者病故后,又经法定程序撤销对其死亡宣告的,由原评定或者确认机关取消其烈士、因公牺牲军人或者病故军人资格,并由发证机关收回有关证件,终止其家属原享受的抚恤待遇。

第三章 军人残疾抚恤

第二十四条 残疾军人享受残疾抚恤金,并可以按照规定享受供养待遇、护理费等。

第二十五条 军人残疾,符合下列情形之一的,认定为因战致残:

(一)对敌作战负伤致残的;

(二)因执行任务遭敌人或者犯罪分子伤害致残,或者被俘、被捕后不屈遭敌人伤害或者被折磨致残的;

(三)为抢救和保护国家财产、集体财产、公民生命财产或者执行反恐怖任务和处置突发事件致残的;

(四)因执行军事演习、战备航行飞行、空降和导弹发射训练、试航试飞任务以及参加武器装备科研试验致残的;

(五)在执行外交任务或者国家派遣的对外援助、维持国际和平任务中致残的;

(六)其他因战致残的。

军人残疾,符合下列情形之一的,认定为因公致残:

(一)在执行任务中、工作岗位上或者在上下班途中,由于意外事件致残的;

(二)因患职业病致残的;

(三)在执行任务中或者在工作岗位上突发疾病受伤致残的;

(四)其他因公致残的。

义务兵和初级军士除前款第二项、第三项规定情形以外,因其他疾病导致残疾的,认定为因病致残。

第二十六条 残疾的等级,根据劳动功能障碍程度和生活自理障碍程度确定,由重到轻分为一级至十级。

残疾等级的具体评定标准由国务院退役军人工作主管部门会同国务院人力资源社会保障部门、卫生健康部门和军队有关部门规定。

第二十七条　军人因战、因公致残经治疗伤情稳定后,符合评定残疾等级条件的,应当及时评定残疾等级。义务兵和初级军士因病致残经治疗病情稳定后,符合评定残疾等级条件的,本人(无民事行为能力人或者限制民事行为能力人由其监护人)或者所在单位应当及时提出申请,在服现役期间评定残疾等级。

因战、因公致残,残疾等级被评定为一级至十级的,享受抚恤;因病致残,残疾等级被评定为一级至六级的,享受抚恤。评定残疾等级的,从批准当月起发给残疾抚恤金。

第二十八条　因战、因公、因病致残性质的认定和残疾等级的评定权限是:

(一)义务兵和初级军士的残疾,由军队军级以上单位卫生部门会同相关部门认定和评定;

(二)军官、中级以上军士的残疾,由军队战区级以上单位卫生部门会同相关部门认定和评定;

(三)退出现役的军人和移交政府安置的军队离休退休干部、退休军士需要认定残疾性质和评定残疾等级的,由省级人民政府退役军人工作主管部门认定和评定。

评定残疾等级,应当依据医疗卫生专家小组出具的残疾等级医学鉴定意见。

残疾军人由认定残疾性质和评定残疾等级的机关发给《中华人民共和国残疾军人证》。

第二十九条　军人因战、因公致残,未及时评定残疾等级,退出现役后,本人(无民事行为能力人或者限制民事行为能力人由其监护人)应当及时申请补办评定残疾等级;凭原始档案记载及原始病历能够证明服现役期间的残情和伤残性质符合评定残疾等级条件的,可以评定残疾等级。

被诊断、鉴定为职业病或者因体内残留弹片致残,符合残疾等级评定条件的,可以补办评定残疾等级。

军人被评定残疾等级后,在服现役期间或者退出现役后原致残部位残疾情况发生明显变化,原定残疾等级与残疾情况明显不符,本人(无民事行为能力人或者限制民事行为能力人由其监护人)申请或者军队卫生部门、地方人民政府退役军人工作主管部门提出需要调整残疾等级的,可以重新评定残疾等级。申请调整残疾等级应当在上一次评定残疾等级1年后提出。

第三十条 退出现役的残疾军人或者向政府移交的残疾军人,应当自军队办理退役手续或者移交手续后60日内,向户籍迁入地县级人民政府退役军人工作主管部门申请转入抚恤关系,按照残疾性质和等级享受残疾抚恤金。其退役或者向政府移交当年的残疾抚恤金由所在部队发给,迁入地县级人民政府退役军人工作主管部门从下一年起按照当地的标准发给。

因工作需要继续服现役的残疾军人,经军队军级以上单位批准,由所在部队按照规定发给残疾抚恤金。

第三十一条 残疾军人的抚恤金标准应当参照上一年度全国城镇单位就业人员年平均工资水平确定。残疾抚恤金的标准以及一级至十级残疾军人享受残疾抚恤金的具体办法,由国务院退役军人工作主管部门会同国务院财政部门规定。

对领取残疾抚恤金后生活仍有特殊困难的残疾军人,县级以上地方人民政府可以增发抚恤金或者采取其他方式予以困难补助。

第三十二条 退出现役的因战、因公致残的残疾军人因旧伤复发死亡的,由县级人民政府退役军人工作主管部门按照因公牺牲军人的抚恤金标准发给其遗属一次性抚恤金,其遗属按照国家规定享受因公牺牲军人遗属定期抚恤金待遇。

退出现役的残疾军人因病死亡的,对其遗属继续发放12个月其原享受的残疾抚恤金,作为丧葬补助;其中,因战、因公致残的一级至四级残疾军人因病死亡的,其遗属按照国家规定享受病故军人遗属定期抚恤金待遇。

第三十三条 退出现役时为一级至四级的残疾军人,由国家供养终身;其中,对需要长年医疗或者独身一人不便分散供养的,经省级人民政府退役军人工作主管部门批准,可以集中供养。

第三十四条 对退出现役时分散供养的一级至四级、退出现役后补办或者调整为一级至四级、服现役期间因患精神障碍评定为五级至六级的残疾军人发给护理费,护理费的标准为:

(一)因战、因公一级和二级残疾的,为当地上一年度城镇单位就业人员月平均工资的50%;

(二)因战、因公三级和四级残疾的,为当地上一年度城镇单位就业人员月平均工资的40%;

（三）因病一级至四级残疾的，为当地上一年度城镇单位就业人员月平均工资的30%；

（四）因精神障碍五级至六级残疾的，为当地上一年度城镇单位就业人员月平均工资的25%。

退出现役并移交地方的残疾军人的护理费，由县级以上地方人民政府退役军人工作主管部门发给。未退出现役或者未移交地方的残疾军人的护理费，由所在部队按照军队有关规定发给。移交政府安置的离休退休残疾军人的护理费，按照国家和军队有关规定执行。

享受护理费的残疾军人在优抚医院集中收治期间，护理费由优抚医院统筹使用。享受护理费的残疾军人在部队期间，由单位从地方购买照护服务的，护理费按照规定由单位纳入购买社会服务费用统一管理使用。

第三十五条　残疾军人因残情需要配制假肢、轮椅、助听器等康复辅助器具，正在服现役的，由军队军级以上单位负责解决；退出现役的，由省级人民政府退役军人工作主管部门负责解决，所需经费由省级人民政府保障。

第四章　优　　待

第三十六条　抚恤优待对象依法享受家庭优待金、荣誉激励、关爱帮扶，以及教育、医疗、就业、住房、养老、交通、文化等方面的优待。

第三十七条　国家完善抚恤优待对象表彰、奖励办法，构建精神与物质并重的荣誉激励制度体系，建立抚恤优待对象荣誉激励机制，健全邀请参加重大庆典活动、开展典型宣传、悬挂光荣牌、制发优待证、送喜报、载入地方志、组织短期疗养等政策制度。

第三十八条　国家建立抚恤优待对象关爱帮扶机制，逐步完善抚恤优待对象生活状况信息档案登记制度，有条件的地方可以设立退役军人关爱基金，充分利用退役军人关爱基金等开展帮扶援助，加大对生活发生重大变故、遇到特殊困难的抚恤优待对象的关爱帮扶力度。

乡镇人民政府、街道办事处通过入户走访等方式，主动了解本行政区域抚恤优待对象的生活状况，及时发现生活困难的抚恤优待对象，提供协助申请、组织帮扶等服务。基层群众性自治组织应当协助做好抚恤优待对象的走访帮扶工作。鼓励发挥社会组织、社会工作者和志愿者作用，为抚恤优待对象提供心理疏导、精神抚慰、法律援助、人文关怀等服务。县级以上人民政府应当采取措施，为乡镇人民政府、街道办事处以及基层群众性自治组织开展相关工作提供条件和支持。

第三十九条 国家对烈士遗属逐步加大教育、医疗、就业、养老、住房、交通、文化等方面的优待力度。

国务院有关部门、军队有关部门和地方人民政府应当关心烈士遗属的生活情况,开展走访慰问,及时给予烈士遗属荣誉激励和精神抚慰。

烈士子女符合公务员、社区专职工作人员考录、聘用条件的,在同等条件下优先录用或者聘用。

第四十条 烈士、因公牺牲军人、病故军人的子女、兄弟姐妹以及军人子女,本人自愿应征并且符合征兵条件的,优先批准服现役;报考军队文职人员的,按照规定享受优待。

第四十一条 国家兴办优抚医院、光荣院,按照规定为抚恤优待对象提供优待服务。县级以上人民政府应当充分利用现有医疗和养老服务资源,因地制宜加强优抚医院、光荣院建设,收治或者集中供养孤老、生活不能自理的退役军人。

参战退役军人、烈士遗属、因公牺牲军人遗属、病故军人遗属和军人家属,符合规定条件申请在国家兴办的优抚医院、光荣院集中供养、住院治疗、短期疗养的,享受优先、优惠待遇。

各类社会福利机构应当优先接收抚恤优待对象。烈士遗属、因公牺牲军人遗属、病故军人遗属和军人家属,符合规定条件申请入住公办养老机构的,同等条件下优先安排。

第四十二条 国家建立中央和地方财政分级负担的义务兵家庭优待金制度,义务兵服现役期间,其家庭由批准入伍地县级人民政府发给优待金,同时按照规定享受其他优待。

义务兵和军士入伍前依法取得的农村土地承包经营权,服现役期间应当保留。

义务兵从部队发出的平信,免费邮递。

第四十三条 烈士子女报考普通高中、中等职业学校、高等学校,按照《烈士褒扬条例》等法律法规和国家有关规定享受优待。在公办幼儿园和公办学校就读的,按照国家有关规定享受各项学生资助等政策。

因公牺牲军人子女、一级至四级残疾军人子女报考普通高中、中等职业学校、高等学校,在录取时按照国家有关规定给予优待;接受学历教育的,按照国家有关规定享受各项学生资助等政策。

军人子女入读公办义务教育阶段学校和普惠性幼儿园,可以在本人、父母、祖父母、外祖父母或者其他法定监护人户籍所在地,或者父母居住地、部队驻地入学,享受当地军人子女教育优待政策;报考普通高中、中等职业学校、高等学校,按照国家有关规定优先录取;接受学历教育的,按照国家有关规定享受各项学生资助等政策。地方各级人民政府及其有关部门应当按照法律法规和国家有关规定为军人子女创造接受良好教育的条件。

残疾军人、义务兵和初级军士退出现役后,报考中等职业学校和高等学校,按照国家有关规定享受优待。优先安排残疾军人参加学习培训,按照规定享受国家资助政策。退役军人按照规定免费参加教育培训。符合条件的退役大学生士兵复学、转专业、攻读硕士研究生等,按照国家有关规定享受优待政策。

抚恤优待对象享受教育优待的具体办法由国务院退役军人工作主管部门会同国务院教育部门规定。

第四十四条 国家对一级至六级残疾军人的医疗费用按照规定予以保障,其中参加工伤保险的一级至六级残疾军人旧伤复发的医疗费用,由工伤保险基金支付。

七级至十级残疾军人旧伤复发的医疗费用,已经参加工伤保险的,由工伤保险基金支付;未参加工伤保险,有工作单位的由工作单位解决,没有工作单位的由当地县级以上地方人民政府负责解决。七级至十级残疾军人旧伤复发以外的医疗费用,未参加医疗保险且本人支付有困难的,由当地县级以上地方人民政府酌情给予补助。

抚恤优待对象在军队医疗卫生机构和政府举办的医疗卫生机构按照规定享受优待服务,国家鼓励社会力量举办的医疗卫生机构为抚恤优待对象就医提供优待服务。参战退役军人、残疾军人按照规定享受医疗优惠。

抚恤优待对象享受医疗优待和优惠的具体办法由国务院退役军人工作主管部门和中央军事委员会后勤保障部会同国务院财政、卫生健康、医疗保障等部门规定。

中央财政对地方给予适当补助,用于帮助解决抚恤优待对象的医疗费用困难问题。

第四十五条 义务兵和军士入伍前是机关、群团组织、事业单位或者国有企业工作人员,退出现役后以自主就业方式安置的,可以选择复职复工,其工资、福利待遇不得低于本单位同等条件工作人员的平均水平;服现役期间,其家属继续享受该单位工作人员家属的有关福利待遇。

残疾军人、义务兵和初级军士退出现役后,报考公务员的,按照国家有关规定享受优待。

第四十六条 国家依法保障军人配偶就业安置权益。机关、群团组织、企业事业单位、社会组织和其他组织,应当依法履行接收军人配偶就业安置的义务。经军队团级以上单位政治工作部门批准随军的军官家属、军士家属,由驻军所在地公安机关办理落户手续。

军人配偶随军前在机关或者事业单位工作的,由安置地人民政府及其主管部门按照国家有关规定,安排到相应的工作单位。其中,随军前是公务员的,采取转任等方式,在规定的编制限额和职数内,结合当地和随军家属本人实际情况,原则上安置到机关相应岗位;随军前是事业单位工作人员的,采取交流方式,在规定的编制限额和设置的岗位数内,结合当地和随军家属本人实际情况,原则上安置到事业单位相应岗位。经个人和接收单位双向选择,也可以按照规定安置到其他单位适宜岗位。

军人配偶随军前在其他单位工作或者无工作单位且有就业能力和就业意愿的,由安置地人民政府提供职业指导、职业介绍、职业培训等就业服务,按照规定落实相关扶持政策,帮助其实现就业。

烈士遗属、因公牺牲军人遗属和符合规定条件的军人配偶,当地人民政府应当优先安排就业。符合条件的军官和军士退出现役时,其配偶和子女可以按照国家有关规定随调随迁。

第四十七条 国家鼓励有用工需求的用人单位优先安排随军家属就业。国有企业在新招录职工时,应当按照用工需求的适当比例聘用随军家属;有条件的民营企业在新招录职工时,可以按照用工需求的适当比例聘用随军家属。

国家鼓励和扶持有条件、有意愿的军人配偶自主就业、自主创业,按照规定落实相关扶持政策。

第四十八条 驻边疆国境的县(市)、沙漠区、国家确定的边远地区中的三类地区和军队确定的特、一、二类岛屿部队的军官、军士,其符合随军条件无法随军的家属,可以选择在军人、军人配偶原户籍所在地或者军人父母、军人配偶父母户籍所在地自愿落户,所在地人民政府应当妥善安置。

第四十九条　随军的烈士遗属、因公牺牲军人遗属、病故军人遗属,移交地方人民政府安置的,享受本条例和当地人民政府规定的优待。

第五十条　退出现役后,在机关、群团组织、企业事业单位和社会组织工作的残疾军人,享受与所在单位工伤人员同等的生活福利和医疗待遇。所在单位不得因其残疾将其辞退、解除聘用合同或者劳动合同。

第五十一条　国家适应住房保障制度改革发展要求,逐步完善抚恤优待对象住房优待办法,适当加大对参战退役军人、烈士遗属、因公牺牲军人遗属、病故军人遗属的优待力度。符合当地住房保障条件的抚恤优待对象承租、购买保障性住房的,县级以上地方人民政府有关部门应当给予优先照顾。居住农村的符合条件的抚恤优待对象,同等条件下优先纳入国家或者地方实施的农村危房改造相关项目范围。

第五十二条　军人凭军官证、军士证、义务兵证、学员证等有效证件,残疾军人凭《中华人民共和国残疾军人证》,烈士遗属、因公牺牲军人遗属、病故军人遗属凭优待证,乘坐境内运行的铁路旅客列车、轮船、长途客运班车和民航班机,享受购票、安检、候乘、通行等优先服务,随同出行的家属可以一同享受优先服务;残疾军人享受减收国内运输经营者对外公布票价50%的优待。

　　军人、残疾军人凭证免费乘坐市内公共汽车、电车、轮渡和轨道交通工具。

第五十三条　抚恤优待对象参观游览图书馆、博物馆、美术馆、科技馆、纪念馆、体育场馆等公共文化设施和公园、展览馆、名胜古迹等按照规定享受优待及优惠服务。

第五十四条　军人依法享受个人所得税优惠政策。退役军人从事个体经营或者企业招用退役军人,符合条件的,依法享受税收优惠。

第五章　法律责任

第五十五条　军人抚恤优待管理单位及其工作人员挪用、截留、私分军人抚恤优待所需经费和工作经费,构成犯罪的,依法追究相关责任人员的刑事责任;尚不构成犯罪的,对相关责任人员依法给予处分。被挪用、截留、私分的军人抚恤优待所需经费和工作经费,由上一级人民政府退役军人工作主管部门、军队有关部门责令追回。

第五十六条　军人抚恤优待管理单位及其工作人员、参与军人抚恤优待工作的单位及其工作人员有下列行为之一的,由其上级主管部门责令改正;情节严重,构成犯罪的,依法追究相关责任人员的刑事责任;尚不构成犯罪的,对相关责任人员依法给予处分:

(一)违反规定审批军人抚恤待遇的;

(二)在审批军人抚恤待遇工作中出具虚假诊断、鉴定、证明的;

(三)不按照规定的标准、数额、对象审批或者发放抚恤金、补助金、优待金的;

(四)在军人抚恤优待工作中利用职权谋取私利的;

(五)有其他违反法律法规行为的。

第五十七条 负有军人优待义务的单位不履行优待义务的,由县级以上地方人民政府退役军人工作主管部门责令限期履行义务;逾期仍未履行的,处以2万元以上5万元以下罚款;对直接负责的主管人员和其他直接责任人员,依法给予处分。因不履行优待义务使抚恤优待对象受到损失的,应当依法承担赔偿责任。

第五十八条 抚恤优待对象及其他人员有下列行为之一的,由县级以上地方人民政府退役军人工作主管部门、军队有关部门取消相关待遇、追缴违法所得,并由其所在单位或者有关部门依法给予处分;构成犯罪的,依法追究刑事责任:

(一)冒领抚恤金、补助金、优待金的;

(二)伪造残情、伤情、病情骗取医药费等费用或者相关抚恤优待待遇的;

(三)出具虚假证明,伪造证件、印章骗取抚恤金、补助金、优待金的;

(四)其他弄虚作假骗取抚恤优待待遇的。

第五十九条 抚恤优待对象被判处有期徒刑、剥夺政治权利或者被通缉期间,中止发放抚恤金、补助金;被判处死刑、无期徒刑以及被军队开除军籍的,取消其抚恤优待资格。

抚恤优待对象有前款规定情形的,由省级人民政府退役军人工作主管部门按照国家有关规定中止或者取消其抚恤优待相关待遇,报国务院退役军人工作主管部门备案。

第六章 附 则

第六十条 本条例适用于中国人民武装警察部队。

第六十一条 军队离休退休干部和退休军士的抚恤优待，按照本条例有关军人抚恤优待的规定执行。

参试退役军人参照本条例有关参战退役军人的规定执行。

因参战以及参加非战争军事行动、军事训练和执行军事勤务伤亡的预备役人员、民兵、民工、其他人员的抚恤，参照本条例的有关规定办理。

第六十二条 国家按照规定为符合条件的参战退役军人、带病回乡退役军人、年满60周岁农村籍退役士兵、1954年10月31日之前入伍后经批准退出现役的人员，以及居住在农村和城镇无工作单位且年满60周岁、在国家建立定期抚恤金制度时已满18周岁的烈士子女，发放定期生活补助。

享受国家定期生活补助的参战退役军人去世后，继续发放6个月其原享受的定期生活补助，作为丧葬补助。

第六十三条 深化国防和军队改革期间现役军人转改的文职人员，按照本条例有关军人抚恤优待的规定执行。

其他文职人员因在作战和有作战背景的军事行动中承担支援保障任务、参加非战争军事行动以及军级以上单位批准且列入军事训练计划的军事训练伤亡的抚恤优待，参照本条例的有关规定办理。

第六十四条 本条例自2024年10月1日起施行。

伤残抚恤管理办法

1. 2007年7月31日民政部令第34号公布
2. 根据2013年7月5日民政部令第50号《关于修改〈伤残抚恤管理办法〉的决定》第一次修订
3. 2019年12月16日退役军人事务部令第1号第二次修订

第一章 总 则

第一条 为了规范和加强退役军人事务部门管理的伤残抚恤工作，根据《军人抚恤优待条例》等法规，制定本办法。

第二条 本办法适用于符合下列情况的中国公民：

（一）在服役期间因战因公致残退出现役的军人，在服役期间因病评定了残疾等级退出现役的残疾军人；

（二）因战因公负伤时为行政编制的人民警察；

（三）因参战、参加军事演习、军事训练和执行军事勤务致残的预备役人员、民兵、民工以及其他人员；

（四）为维护社会治安同违法犯罪分子进行斗争致残的人员；

（五）为抢救和保护国家财产、人民生命财产致残的人员；

（六）法律、行政法规规定应当由退役军人事务部门负责伤残抚恤的其他人员。

前款所列第（三）、第（四）、第（五）项人员根据《工伤保险条例》应当认定视同工伤的，不再办理因战、因公伤残抚恤。

第三条 本办法第二条所列人员符合《军人抚恤优待条例》及有关政策中因战因公致残规定的，可以认定因战因公致残；个人对导致伤残的事件和行为负有过错责任的，以及其他不符合因战因公致残情形的，不得认定为因战因公致残。

第四条 伤残抚恤工作应当遵循公开、公平、公正的原则。县级人民政府退役军人事务部门应当公布有关评残程序和抚恤金标准。

第二章 残疾等级评定

第五条 评定残疾等级包括新办评定残疾等级、补办评定残疾等级、调整残疾等级。

新办评定残疾等级是指对本办法第二条第一款第（一）项以外的人员认定因战因公残疾性质，评定残疾等级。补办评定残疾等级是指对现役军人因战因公致残未能及时评定残疾等级，在退出现役后依据《军人抚恤优待条例》的规定，认定因战因公残疾性质、评定残疾等级。调整残疾等级是指对已经评定残疾等级，因原致残部位残疾情况变化与原评定的残疾等级明显不符的人员调整残疾等级级别，对达不到最低评残标准的可以取消其残疾等级。

属于新办评定残疾等级的，申请人应当在因战因公负伤或者被诊断、鉴定为职业病3年内提出申请；属于调整残疾等级的，应当在上一次评定残疾等级1年后提出申请。

第六条 申请人（精神病患者由其利害关系人帮助申请，下同）申请评定残疾等级，应当向所在单位提出书面申请。申请人所在单位应及时审查评定残疾等级申请,出具书面意见并加盖单位公章,连同相关材料一并报送户籍地县级人民政府退役军人事务部门审查。

没有工作单位的或者以原致残部位申请评定残疾等级的,可以直接向户籍地县级人民政府退役军人事务部门提出申请。

第七条　申请人申请评定残疾等级,应当提供以下真实确切材料:书面申请,身份证或者居民户口簿复印件,退役军人证(退役军人登记表)、人民警察证等证件复印件,本人近期二寸免冠彩色照片。

申请新办评定残疾等级,应当提交致残经过证明和医疗诊断证明。致残经过证明应包括相关职能部门提供的执行公务证明,交通事故责任认定书、调解协议书、民事判决书、医疗事故鉴定书等证明材料;抢救和保护国家财产、人民生命财产致残或者为维护社会治安同犯罪分子斗争致残证明;统一组织参战、参加军事演习、军事训练和执行军事勤务的证明材料。医疗诊断证明应包括加盖出具单位相关印章的门诊病历原件、住院病历复印件及相关检查报告。

申请补办评定残疾等级,应当提交因战因公致残档案记载或者原始医疗证明。档案记载是指本人档案中所在部队作出的涉及本人负伤原始情况、治疗情况及善后处理情况等确切书面记载。职业病致残需提供有直接从事该职业病相关工作经历的记载。医疗事故致残需提供军队后勤卫生机关出具的医疗事故鉴定结论。原始医疗证明是指原所在部队体系医院出具的能说明致残原因、残疾情况的病情诊断书、出院小结或者门诊病历原件、加盖出具单位相关印章的住院病历复印件。

申请调整残疾等级,应当提交近 6 个月内在二级甲等以上医院的就诊病历及医院检查报告、诊断结论等。

第八条　县级人民政府退役军人事务部门对报送的有关材料进行核对,对材料不全或者材料不符合法定形式的应当告知申请人补充材料。

县级人民政府退役军人事务部门经审查认为申请人符合因战因公负伤条件的,在报经设区的市级人民政府以上退役军人事务部门审核同意后,应当填写《残疾等级评定审批表》,并在受理之日起 20 个工作日内,签发《受理通知书》,通知本人到设区的市级人民政府以上退役军人事务部门指定的医疗卫生机构,对属于因战因公导致的残疾情况进行鉴定,由医疗卫生专家小组根据《军人残疾等级评定标准》,出具残疾等级医学鉴定意见。职业病的残疾情况鉴定由省级人民政府退役军人事务部门指定的承担职业病诊断的医疗卫生机构作出;精神病的残疾情况鉴定由省级人民政府退役军人事务部门指定的二级以上精神病专科医院作出。

县级人民政府退役军人事务部门依据医疗卫生专家小组出具的残疾等级医学鉴定意见对申请人拟定残疾等级,在《残疾等级评定审批表》上签署意见,加盖印章,连同其他申请材料,于收到医疗卫生专家小组签署意见之日起20个工作日内,一并报送设区的市级人民政府退役军人事务部门。

县级人民政府退役军人事务部门对本办法第二条第一款第(一)项人员,经审查认为不符合因战因公负伤条件的,或者经医疗卫生专家小组鉴定达不到补评或者调整残疾等级标准的,应当根据《军人抚恤优待条例》相关规定逐级上报省级人民政府退役军人事务部门。对本办法第二条第一款第(一)项以外的人员,经审查认为不符合因战因公负伤条件的,或者经医疗卫生专家小组鉴定达不到新评或者调整残疾等级标准的,应当填写《残疾等级评定结果告知书》,连同申请人提供的材料,退还申请人或者所在单位。

第九条 设区的市级人民政府退役军人事务部门对报送的材料审查后,在《残疾等级评定审批表》上签署意见,并加盖印章。

对符合条件的,于收到材料之日起20个工作日内,将上述材料报送省级人民政府退役军人事务部门。对不符合条件的,属于本办法第二条第一款第(一)项人员,根据《军人抚恤优待条例》相关规定上报省级人民政府退役军人事务部门;属于本办法第二条第一款第(一)项以外的人员,填写《残疾等级评定结果告知书》,连同申请人提供的材料,逐级退还申请人或者其所在单位。

第十条 省级人民政府退役军人事务部门对报送的材料初审后,认为符合条件的,逐级通知县级人民政府退役军人事务部门对申请人的评残情况进行公示。公示内容应当包括致残的时间、地点、原因、残疾情况(涉及隐私或者不宜公开的不公示)、拟定的残疾等级以及县级退役军人事务部门联系方式。公示应当在申请人工作单位所在地或者居住地进行,时间不少于7个工作日。县级人民政府退役军人事务部门应当对公示中反馈的意见进行核实并签署意见,逐级上报省级人民政府退役军人事务部门,对调整等级的应当将本人持有的伤残人员证一并上报。

省级人民政府退役军人事务部门应当对公示的意见进行审核,在

《残疾等级评定审批表》上签署审批意见,加盖印章。对符合条件的,办理伤残人员证(调整等级的,在证件变更栏处填写新等级),于公示结束之日起60个工作日内逐级发给申请人或者其所在单位。对不符合条件的,填写《残疾等级评定结果告知书》,连同申请人提供的材料,于收到材料之日或者公示结束之日起60个工作日内逐级退还申请人或者其所在单位。

第十一条　申请人或者退役军人事务部门对医疗卫生专家小组作出的残疾等级医学鉴定意见有异议的,可以到省级人民政府退役军人事务部门指定的医疗卫生机构重新进行鉴定。

省级人民政府退役军人事务部门可以成立医疗卫生专家小组,对残疾情况与应当评定的残疾等级提出评定意见。

第十二条　伤残人员以军人、人民警察或者其他人员不同身份多次致残的,退役军人事务部门按上述顺序只发给一种证件,并在伤残证件变更栏上注明再次致残的时间和性质,以及合并评残后的等级和性质。

致残部位不能合并评残的,可以先对各部位分别评残。等级不同的,以重者定级;两项(含)以上等级相同的,只能晋升一级。

多次致残的伤残性质不同的,以等级重者定性。等级相同的,按因战、因公、因病的顺序定性。

第三章　伤残证件和档案管理

第十三条　伤残证件的发放种类:

(一)退役军人在服役期间因战因公因病致残的,发给《中华人民共和国残疾军人证》;

(二)人民警察因战因公致残的,发给《中华人民共和国伤残人民警察证》;

(三)退出国家综合性消防救援队伍的人员在职期间因战因公因病致残的,发给《中华人民共和国残疾消防救援人员证》;

(四)因参战、参加军事演习、军事训练和执行军事勤务致残的预备役人员、民兵、民工以及其他人员,发给《中华人民共和国伤残预备役人员、伤残民兵民工证》;

(五)其他人员因公致残的,发给《中华人民共和国因公伤残人员证》。

第十四条 伤残证件由国务院退役军人事务部门统一制作。证件的有效期:15 周岁以下为 5 年,16-25 周岁为 10 年,26-45 周岁为 20 年,46 周岁以上为长期。

第十五条 伤残证件有效期满或者损毁、遗失的,证件持有人应当到县级人民政府退役军人事务部门申请换发证件或者补发证件。伤残证件遗失的须本人登报声明作废。

县级人民政府退役军人事务部门经审查认为符合条件的,填写《伤残人员换证补证审批表》,连同照片逐级上报省级人民政府退役军人事务部门。省级人民政府退役军人事务部门将新办理的伤残证件逐级通过县级人民政府退役军人事务部门发给申请人。各级退役军人事务部门应当在 20 个工作日内完成本级需要办理的事项。

第十六条 伤残人员前往我国香港特别行政区、澳门特别行政区、台湾地区定居或者其他国家和地区定居前,应当向户籍地(或者原户籍地)县级人民政府退役军人事务部门提出申请,由户籍地(或者原户籍地)县级人民政府退役军人事务部门在变更栏内注明变更内容。对需要换发新证的,"身份证号"处填写定居地的居住证件号码。"户籍地"为国内抚恤关系所在地。

第十七条 伤残人员死亡的,其家属或者利害关系人应及时告知伤残人员户籍地县级人民政府退役军人事务部门,县级人民政府退役军人事务部门应当注销其伤残证件,并逐级上报省级人民政府退役军人事务部门备案。

第十八条 退役军人事务部门对申报和审批的各种材料、伤残证件应当有登记手续。送达的材料或者证件,均须挂号邮寄或者由申请人签收。

第十九条 县级人民政府退役军人事务部门应当建立伤残人员资料档案,一人一档,长期保存。

第四章 伤残抚恤关系转移

第二十条 残疾军人退役或者向政府移交,必须自军队办理了退役手续或者移交手续后 60 日内,向户籍迁入地的县级人民政府退役军人事务部门申请转入抚恤关系。退役军人事务部门必须进行审查、登记、备案。审查的材料有:《户口登记簿》、《残疾军人证》、军队相关部门监制的《军人残疾等级评定表》、《换领〈中华人民共和国残疾军人证〉申报审批表》、退役证件或者移交政府安置的相关证明。

县级人民政府退役军人事务部门应当对残疾军人残疾情况及有关材料进行审查,必要时可以复查鉴定残疾情况。认为符合条件的,将《残疾军人证》及有关材料逐级报送省级人民政府退役军人事务部门。省级人民政府退役军人事务部门审查无误的,在《残疾军人证》变更栏内填写新的户籍地、重新编号,并加盖印章,将《残疾军人证》逐级通过县级人民政府退役军人事务部门发还申请人。各级退役军人事务部门应当在 20 个工作日内完成本级需要办理的事项。如复查、鉴定残疾情况的可以适当延长工作日。

《军人残疾等级评定表》或者《换领〈中华人民共和国残疾军人证〉申报审批表》记载的残疾情况与残疾等级明显不符的,县级退役军人事务部门应当暂缓登记,逐级上报省级人民政府退役军人事务部门通知原审批机关更正,或者按复查鉴定的残疾情况重新评定残疾等级。伪造、变造《残疾军人证》和评残材料的,县级人民政府退役军人事务部门收回《残疾军人证》不予登记,并移交当地公安机关处理。

第二十一条　伤残人员跨省迁移户籍时,应同步转移伤残抚恤关系,迁出地的县级人民政府退役军人事务部门根据伤残人员申请及其伤残证件和迁入地户口簿,将伤残档案、迁入地户口簿复印件以及《伤残人员关系转移证明》,发送迁入地县级人民政府退役军人事务部门,并同时将此信息逐级上报本省级人民政府退役军人事务部门。

迁入地县级人民政府退役军人事务部门在收到上述材料和申请人提供的伤残证件后,逐级上报省级人民政府退役军人事务部门。省级人民政府退役军人事务部门在向迁出地省级人民政府退役军人事务部门核实无误后,在伤残证件变更栏内填写新的户籍地、重新编号,并加盖印章,逐级通过县级人民政府退役军人事务部门发还申请人。各级退役军人事务部门应当在 20 个工作日内完成本级需要办理的事项。

迁出地退役军人事务部门邮寄伤残档案时,应当将伤残证件及其军队或者地方相关的评残审批表或者换证表复印备查。

第二十二条　伤残人员本省、自治区、直辖市范围内迁移的有关手续,由省、自治区、直辖市人民政府退役军人事务部门规定。

第五章　抚恤金发放

第二十三条　伤残人员从被批准残疾等级评定后的下一个月起,由户籍地县级人民政府退役军人事务部门按照规定予以抚恤。伤残人员抚恤关系转移的,其当年的抚恤金由部队或者迁出地的退役军人事务部门负责发给,从下一年起由迁入地退役军人事务部门按当地标准发给。由于申请人原因造成抚恤金断发的,不再补发。

第二十四条　在境内异地(指非户籍地)居住的伤残人员或者前往我国香港特别行政区、澳门特别行政区、台湾地区定居或者其他国家和地区定居的伤残人员,经向其户籍地(或者原户籍地)县级人民政府退役军人事务部门申请并办理相关手续后,其伤残抚恤金可以委托他人代领,也可以委托其户籍地(或者原户籍地)县级人民政府退役军人事务部门存入其指定的金融机构账户,所需费用由本人负担。

第二十五条　伤残人员本人(或者其家属)每年应当与其户籍地(或者原户籍地)的县级人民政府退役军人事务部门联系一次,通过见面、人脸识别等方式确认伤残人员领取待遇资格。当年未联系和确认的,县级人民政府退役军人事务部门应当经过公告或者通知本人或者其家属及时联系、确认;经过公告或者通知本人或者其家属后60日内仍未联系、确认的,从下一个月起停发伤残抚恤金和相关待遇。

伤残人员(或者其家属)与其户籍地(或者原户籍地)退役军人事务部门重新确认伤残人员领取待遇资格后,从下一个月起恢复发放伤残抚恤金和享受相关待遇,停发的抚恤金不予补发。

第二十六条　伤残人员变更国籍、被取消残疾等级或者死亡的,从变更国籍、被取消残疾等级或者死亡后的下一个月起停发伤残抚恤金和相关待遇,其伤残人员证件自然失效。

第二十七条　有下列行为之一的,由县级人民政府退役军人事务部门给予警告,停止其享受的抚恤、优待,追回非法所得;构成犯罪的,依法追究刑事责任:

　　(一)伪造残情的;
　　(二)冒领抚恤金的;
　　(三)骗取医药费等费用的;
　　(四)出具假证明,伪造证件、印章骗取抚恤金和相关待遇的。

第二十八条　县级人民政府退役军人事务部门依据人民法院生效的法律文书、公安机关发布的通缉令或者国家有关规定,对具有中止抚恤、优待情形的伤残人员,决定中止抚恤、优待,并通知本人或者其家属、利害关系人。

第二十九条 中止抚恤的伤残人员在刑满释放并恢复政治权利、取消通缉或者符合国家有关规定后,经本人(精神病患者由其利害关系人)申请,并经县级退役军人事务部门审查符合条件的,从审核确认的下一个月起恢复抚恤和相关待遇,原停发的抚恤金不予补发。办理恢复抚恤手续应当提供下列材料:本人申请、户口登记簿、司法机关的相关证明。需要重新办证的,按照证件丢失规定办理。

第六章 附 则

第三十条 本办法适用于中国人民武装警察部队。

第三十一条 因战因公致残的深化国防和军队改革期间部队现役干部转改的文职人员,因参加军事训练、非战争军事行动和作战支援保障任务致残的其他文职人员,因战因公致残消防救援人员、因病致残评定了残疾等级的消防救援人员,退出军队或国家综合性消防救援队伍后的伤残抚恤管理参照退出现役的残疾军人有关规定执行。

第三十二条 未列入行政编制的人民警察,参照本办法评定伤残等级,其伤残抚恤金由所在单位按规定发放。

第三十三条 省级人民政府退役军人事务部门可以根据本地实际情况,制定具体工作细则。

第三十四条 本办法自2007年8月1日起施行。

附件:(略)

执行多样化军事任务
民兵预备役人员抚恤优待办法

1. 2014年9月26日民政部、财政部、总参谋部、总政治部印发
2. 民发〔2014〕212号

第一条 为了激励民兵预备役人员牺牲奉献精神,积极参加和完成多样化军事任务,根据《中华人民共和国国防法》、《军人抚恤优待条例》、《烈士褒扬条例》,制定本办法。

第二条 本办法所称的民兵预备役人员执行的多样化军事任务,是指由县

级以上地方人民政府和同级军事机关共同组织或者批准的下列任务：

（一）配属或者配合部队作战，独立执行作战任务，为部队作战提供支援保障，参与战时管制和维护社会秩序，担负武器装备、军用物资紧急生产和运输保卫等参战支前任务。

（二）支援配合部队和地方有关部门，参加海上维权行动，担负维护网络、电磁空间安全等任务。

（三）执行陆海边防地区和其他战备重点地区的侦察、警戒、巡逻等战备勤务，担负桥梁、隧道、仓库等重要目标守护任务。

（四）参加民兵预备役部队军事训练、演习，或者配合、保障部队军事训练、演习和科研试验等任务。

（五）协助公安、武警部队维护社会治安，依法查处违法犯罪行为，打击各类恐怖组织和处置恐怖袭击等突发事件，以及发生骚乱、动乱、暴乱时维护社会正常秩序等反恐维稳任务。

（六）在国家、地方重大活动中担负安全保卫和警戒任务。

（七）执行自然灾害、事故灾难和公共卫生事件等抢险救援任务。

（八）执行由地方人民政府和军事机关共同组织或者批准的其他多样化军事任务。

第三条　民兵预备役人员执行多样化军事任务死亡，符合下列情形之一的，评定为烈士：

（一）对敌作战或者直接支援保障部队作战死亡的，以及对敌作战或者直接支援保障部队作战负伤在医疗终结前因伤死亡的；

（二）因执行参战支前或者维护边疆、海洋领土主权等任务遭敌人或者犯罪分子杀害，或者被俘、被捕后不屈遭敌人杀害或者折磨致死的；

（三）为执行反恐怖、抢险救灾任务或者处置突发事件死亡的；

（四）因执行军事演习任务，或者参加武器装备科研试验死亡的；

（五）其他牺牲情节特别突出，堪为楷模的。

民兵预备役人员在执行对敌作战、直接支援保障部队作战、反恐怖、维护主权、边海防执勤或者抢险救灾任务中失踪，经法定程序宣告死亡的，按照烈士对待。

属于本办法第三条第一款第一、二、三、四项规定情形的，由负责组织指挥的部队团级以上单位政治机关出具证明，由县级人民政府提出评定烈士的报告，并逐级上报至省级人民政府审查评定。评定为烈士的，由省级人民政府送国务院民政部门备案。属于第三条第一款第五项规定情形的，由负责组织指挥的部队团级以上单位政治机关出具证明，由县级人民政府提出评定烈士的报告，并逐级上报至省级人民政府，由省级人民政府审查后，送国务院民政部门审查评定。

第四条 民兵预备役人员执行多样化军事任务死亡，符合下列情形之一的，确认为因公牺牲：

（一）在执行多样化军事任务中由于意外事件死亡的；

（二）被认定为因执行多样化军事任务致残后因旧伤复发死亡的；

（三）在执行多样化军事任务中因病猝然死亡的；

（四）其他因执行多样化军事任务死亡的。

民兵预备役人员在执行对敌作战、直接支援保障部队作战、反恐怖、维护主权、边海防执勤或者抢险救灾以外的其他多样化军事任务中失踪，经法定程序宣告死亡的，按照因公牺牲对待。

民兵预备役人员因公牺牲，由负责组织指挥的军队团级以上政治机关提出审核意见，属于有工作单位或《工伤保险条例》规定适用范围的，由其所在单位或者相关部门确认；不属于上述范围的，由其遗属户口所在地的县级以上人民政府民政部门确认。

第五条 对烈士遗属、因公牺牲人员遗属，由县级人民政府民政部门分别发给烈士证书、因公牺牲证书。

第六条 执行多样化军事任务的民兵预备役人员死亡，被评定为烈士的，按照《烈士褒扬条例》的有关规定，发给烈士遗属烈士褒扬金。

烈士遗属除享受烈士褒扬金外，属于《军人抚恤优待条例》以及相关规定适用范围的，还享受因公牺牲一次性抚恤金；属于《工伤保险条例》以及相关规定适用范围的，还享受一次性工亡补助金以及相当于本人40个月工资的遗属特别补助金；不属于上述规定范围的烈士遗属，由县级人民政府民政部门发给一次性抚恤金，标准为烈士牺牲时上一年度全国城镇居民人均可支配收入的20倍加40个月的中国人民解放军排职少尉军官工资。

对于符合享受定期抚恤金条件的烈士遗属，由其户口所在地的县级人民政府民政部门发给《定期抚恤金领取证》，凭证领取定期抚恤金。

其他抚恤事项，按照《烈士褒扬条例》有关规定执行。

第七条 执行多样化军事任务的民兵预备役人员死亡，被确认为因公牺牲的,属于《军人抚恤优待条例》及相关规定适用范围的,享受因公牺牲一次性抚恤金;属于《工伤保险条例》以及相关规定适用范围的,享受一次性工亡补助金,以及相当于本人40个月工资的遗属特别补助金;不属于上述规定范围的遗属,由县级人民政府民政部门发给一次性抚恤金,标准为因公牺牲时上一年度全国城镇居民人均可支配收入的20倍加40个月的中国人民解放军排职少尉军官工资。

因公牺牲民兵预备役人员遗属的其他抚恤事项,参照《军人抚恤优待条例》、《工伤保险条例》以及相关规定执行。

第八条 因第三条第一款规定的情形之一导致残疾的,认定为因战致残;因第四条第一款规定的情形之一导致残疾的,认定为因公致残。

民兵预备役人员执行多样化军事任务致残,须由负责组织指挥的部队团级以上单位政治机关出具证明。属于《工伤保险条例》适用范围的,按照《工伤保险条例》有关规定评定残疾等级,并享受相关待遇;对不属于《工伤保险条例》适用范围的,按照《军人抚恤优待条例》、《伤残抚恤管理办法》有关规定评定残疾等级,并享受相关待遇。

第九条 民兵预备役人员执行多样化军事任务死亡后被评定为烈士的,其遗属按照《烈士褒扬条例》规定享受有关优待。执行多样化军事任务民兵预备役人员的其他优待事项,按照国家有关规定执行。

民兵预备役人员执行多样化军事任务期间,其家庭生产、生活遇到实际困难的,当地军分区、人民武装部应当协调地方有关部门和单位帮助解决。

第十条 停止或者取消抚恤优待对象享受的抚恤优待,按照《军人抚恤优待条例》、《烈士褒扬条例》有关规定执行。

第十一条 执行多样化军事任务的民工以及其他人员的抚恤优待,参照本办法办理。

第十二条 本办法由民政部负责解释。

第十三条 本办法自下发之日起执行。

优抚医院管理办法

1. 2011年6月9日民政部令第41号公布
2. 2022年6月28日退役军人事务部、国家卫生健康委员会、国家医疗保障局令第7号修订

第一条 为了加强优抚医院管理,服务国防和军队建设,推动让退役军人成为全社会尊重的人,让军人成为全社会尊崇的职业,根据《中华人民共和国退役军人保障法》、《中华人民共和国基本医疗卫生与健康促进法》、《军人抚恤优待条例》、《医疗机构管理条例》和国家有关规定,制定本办法。

第二条 优抚医院是国家为残疾退役军人和在服役期间患严重慢性病、精神疾病的退役军人等优抚对象提供医疗和供养服务的优抚事业单位,是担负特殊任务的医疗机构,主要包括综合医院、康复医院、精神病医院等,名称统一为"荣军优抚医院"。

优抚医院坚持全心全意为优抚对象服务的办院宗旨,坚持优抚属性,遵循医疗机构建设和管理规律。

第三条 国务院退役军人工作主管部门负责全国优抚医院工作。县级以上地方人民政府退役军人工作主管部门负责本行政区域内优抚医院工作。

退役军人工作主管部门应当会同卫生健康主管部门加强对优抚医院的指导,为优抚医院医务人员的培训进修等创造条件,支持有条件的优抚医院在医疗、科研、教学等方面全面发展。

第四条 国家兴办优抚医院,所需经费按照事权划分列入各级预算。

第五条 设置优抚医院,应当符合国家有关规定和优抚医院布局规划。

卫生健康主管部门应当会同退役军人工作主管部门,将优抚医院设置纳入当地医疗机构设置规划统筹考虑。

省级人民政府退役军人工作主管部门应当会同省级人民政府卫生健康主管部门根据优抚对象数量和医疗供养需求情况,适应伤病残退役军人移交安置工作和服务备战打仗需要,制定本行政区域内优抚医院布局和发展规划,并报国务院退役军人工作主管部门和国务院卫生健康主管

部门备案。

优抚医院布局和发展规划应当纳入当地经济和社会发展总体规划和卫生健康、医疗保障事业发展规划,建设水平应当与当地经济和社会发展、卫生健康事业发展相适应。

第六条 因符合条件优抚对象数量较少等情形未建设优抚医院的地方,可以采取购买服务等方式,协调当地其他医疗机构为优抚对象提供医疗服务。

优抚医院应当依法履行相关职责,符合条件的按程序纳入基本医疗保险定点医疗机构、工伤保险协议医疗机构、工伤康复协议机构管理范围。

第七条 优抚医院在建设、用地、水电、燃气、供暖、电信等方面依法享受国家有关优惠政策。

鼓励公民、法人和其他组织对优抚医院提供捐助和服务。

优抚医院各项经费应当按照批复的预算执行,接受财政、审计部门和社会的监督。

第八条 对在优抚医院工作中成绩显著的单位和个人,按照国家有关规定给予表彰和奖励。

第九条 优抚医院根据主管部门下达的任务,收治下列优抚对象:

(一)需要常年医疗或者独身一人不便分散供养的一级至四级残疾退役军人;

(二)在服役期间患严重慢性病的残疾退役军人和带病回乡退役军人;

(三)在服役期间患精神疾病,需要住院治疗的退役军人;

(四)短期疗养的优抚对象;

(五)主管部门安排收治的其他人员。

优抚医院应当在完成主管部门下达的收治任务的基础上,为其他优抚对象提供优先或者优惠服务。

第十条 优抚医院应当为在院优抚对象提供良好的医疗服务和生活保障,主要包括:

(一)健康检查;

(二)疾病诊断、治疗和护理;

(三)康复训练;

(四)健康指导;

(五)辅助器具安装;

(六)精神慰藉;

(七)生活必需品供给;

(八)生活照料;

(九)文体活动。

第十一条 优抚医院应当加强对在院优抚对象的思想政治工作,发挥优抚对象在光荣传统教育中的重要作用。

第十二条 优抚医院针对在院残疾退役军人的残情特点,实施科学有效的医学治疗,探索常见后遗症、并发症的防治方法,促进生理机能恢复,提高残疾退役军人生活质量。

第十三条 优抚医院应当采取积极措施,控制在院慢性病患者病情,减轻其痛苦,降低慢性疾病对患者造成的生理和心理影响。

第十四条 优抚医院对在院精神疾病患者进行综合治疗,促进患者精神康复。

对精神病患者实行分级管理,预防发生自杀、自伤、伤人、出走等行为。

第十五条 优抚医院应当规范入院、出院程序。

属于第九条规定收治范围的优抚对象,可以由本人(精神病患者由其利害关系人)提出申请,或者由村(社区)退役军人服务站代为提出申请,经县级人民政府退役军人工作主管部门审核,由优抚医院根据主管部门下达的任务和计划安排入院。省级人民政府退役军人工作主管部门可以指定优抚医院收治符合条件的优抚对象。

在院优抚对象基本治愈或者病情稳定,符合出院条件的,由优抚医院办理出院手续。

在院优抚对象病故的,优抚医院应当及时报告主管部门,并协助优抚对象常住户口所在地退役军人工作主管部门妥善办理丧葬事宜。

第十六条 优抚医院应当按照国家有关规定建立健全病历管理制度,设置病案管理部门或者配备专兼职人员,负责病历和病案管理工作。

第十七条 退役军人工作主管部门应当定期组织优抚医院开展巡回医疗活动,积极为院外优抚对象提供医疗服务。

第十八条 优抚医院应当在做好优抚对象服务工作的基础上,积极履行医疗机构职责,发挥自身医疗专业特长,为社会提供优质医疗服务。

　　优抚医院应当通过社会服务提升业务能力,改善医疗条件,不断提高医疗和供养水平。

第十九条　优抚医院在设置审批、登记管理、命名、执业和监督等方面应当符合国家有关医疗机构管理的法律法规和相关规定,执行卫生健康主管部门有关医疗机构的相关标准。

第二十条　优抚医院实行党委领导下的院长负责制,科室实行主任(科长)负责制。

第二十一条　优抚医院应当加强党的建设,充分发挥基层党组织战斗堡垒作用和党员先锋模范作用,促进思想政治和医德医风建设。

第二十二条　优抚医院实行国家规定的工资制度,合理确定医务人员薪酬水平,完善内部分配和激励机制,促进医务人员队伍建设。

第二十三条　优抚医院建立职工代表大会制度,保障职工参与医院的民主决策、民主管理和民主监督。

第二十四条　优抚医院应当树立现代管理理念,推进现代化、标准化、信息化建设;强化重点专科建设,发挥专业技术优势;建立完整的医护管理、感染控制、药品使用、医疗事故预防和安全、消防等规章制度,提高医院管理水平。

第二十五条　优抚医院实行岗位责任制,设立专业技术类、管理类、工勤技能类等岗位并明确相关职责;实行24小时值班制度,按照医院分级护理等有关要求为收治对象提供护理服务。

第二十六条　优抚医院应当完善人才培养和引进机制,积极培养和引进学科带头人,同等条件下优先聘用曾从事医务工作的退役军人,建立一支适应现代化医院发展要求的技术和管理人才队伍。

第二十七条　优抚医院应当加强与军队医院、其他社会医院、医学院校的合作与交流,开展共建活动,在人才、技术等领域实现资源共享和互补。

第二十八条　优抚医院应当加强医院文化建设,积极宣传优抚对象的光荣事迹,形成有拥军特色的医院文化。

第二十九条　优抚医院的土地、房屋、设施、设备和其他财产归优抚医院管理和使用,任何单位和个人不得侵占。

　　侵占、破坏优抚医院财产的,由当地人民政府退役军人工作主管部门责令限期改正;造成损失的,依法承担赔偿责任。

第三十条　优抚对象应当遵守优抚医院各项规章制度,尊重医护人员工作,自觉配合医护人员的管理。对违反相关规定的,由优抚医院或者主管部门进行批评教育,情节严重的,依法追究相应责任。

第三十一条　优抚医院违反本办法规定,提供的医疗和供养服务不符合要求的,由优抚医院主管部门责令改正;逾期不改正的,对直接负责的责任人和其他主管人员依法给予处分;造成损失的,依法承担责任。

优抚医院造成收治对象人身损害或发生医疗事故、医疗纠纷的,应当依法处置。

优抚医院违反国家有关医疗机构管理的法律法规和相关规定的,由县级以上地方人民政府卫生健康主管部门依法依规处理。

第三十二条　承担优抚对象收治供养任务的其他医疗机构对优抚对象的诊疗服务工作,可以参照本办法有关规定执行。

第三十三条　本办法自2022年8月1日起施行。

军人残疾等级评定标准

1. 2011年12月27日民政部、人力资源和社会保障部、卫生部、总后勤部修订印发
2. 民发〔2011〕218号

依据《军人抚恤优待条例》,综合考虑残疾军人于医疗期满后的器官缺损、功能障碍、心理障碍和对医疗护理依赖的程度,将现役军人因战、因公(含职业病)致残等级评定标准由重至轻分为1~10级,其中,1~6级同时适用于因病致残的义务兵和初级士官。

一、具有下列残情之一,器官缺失或功能完全丧失,其他器官不能代偿,存在特殊医疗依赖和完全护理依赖的,为一级:

1. 植物状态(持续三个月以上);
2. 极重度智能减退;
3. 四肢瘫肌力3级或三肢瘫肌力2级;
4. 重度运动障碍;
5. 双肘关节以上缺失或功能完全丧失(含肘关节离断);
6. 双下肢高位及一上肢高位缺失(股骨上三分之一、肱骨上三分之

一缺失);

 7. 肩、肘、髋、膝关节中 5 个以上关节功能完全丧失;

 8. 脊柱损伤后致完全截瘫;

 9. 全身瘢痕占体表面积>90%,四肢大关节中 6 个以上关节功能不全;

 10. 全面部瘢痕并重度毁容;

 11. 双眼球摘除;

 12. 双眼无光感或仅有光感但光定位不准;

 13. 双侧上、下颌骨完全缺损;

 14. 呼吸困难Ⅳ级,需终生依赖机械通气;

 15. 大部分小肠切除,残余小肠不足 50cm;

 16. 小肠移植术后移植肠功能不全,不能耐受肠内营养或普通饮食;

 17. 慢性肾功能不全(尿毒症期)6 个月以上需终生血液透析维持治疗(无法行肾移植手术)。

二、具有下列残情之一,器官严重缺损或畸形,有严重功能障碍或并发症,存在特殊医疗依赖和大部分护理依赖的,为二级:

 1. 重度智能减退;

 2. 后组颅神经双侧完全麻痹;

 3. 三肢瘫肌力 3 级或截瘫、偏瘫肌力 2 级;

 4. 器质性精神障碍、精神分裂症,病程≥2 年,经连续住院治疗≥2 年,症状不缓解,生活、劳动和社交能力基本丧失;

 5. 双前臂缺失或双手功能完全丧失(不含肘关节离断);

 6. 双下肢高位缺失(股骨上三分之一以上);

 7. 双膝、双踝强直于非功能位或功能完全丧失;

 8. 肩、肘、髋、膝关节中 4 个关节功能完全丧失;

 9. 全身瘢痕占体表面积>80%,四肢大关节中 4 个以上关节功能不全;

 10. 面部瘢痕占全面部的 90%并重度毁容;

 11. 一眼有或无光感,另眼矫正视力≤0.02 或双眼视野≤8%(或半径≤5°);

 12. 双眼矫正视力<0.02 或双眼视野≤8%(或半径≤5°);

 13. 双侧上颌骨或双侧下颌骨完全缺损;

14. 一侧上颌骨并对侧下颌骨完全缺损；

15. 肺功能严重损害，呼吸困难Ⅳ级，需依赖氧疗维持生命；

16. 食管损伤后无法行食管重建术，依赖胃造瘘或空肠造瘘进食；

17. 气管食管瘘无法手术修补，不能正常进食；

18. 双肺或心肺联合移植术后；

19. 器质性心脏病心功能Ⅳ级或心室扩大伴左室射血分数≤35%（含高原性心脏病心功能Ⅳ级）；

20. 器质性心脏病两次以上反复发作的血流动力学不稳定的室性心动过速/心室颤动（器质性心脏病不包括急性心肌梗死40天内）；

21. 小肠移植术后（能够耐受普通饮食或肠内营养）；

22. 大部分小肠切除，残余小肠50～100cm；

23. 肝切除术后或胆道损伤伴肝功能重度损害；

24. 原位肝移植术后；

25. 肝外伤后发生门脉高压三联症或布—加(Budd—chiari)综合征；

26. 全胰切除；

27. 慢性肾功能不全（肾功能衰竭期）6个月以上，终生依赖药物治疗或间断透析；

28. 尘肺Ⅲ期伴肺功能中度损害，或呼吸困难Ⅲ级；

29. 放射性肺炎后，两叶以上肺纤维化，伴肺功能中度损伤或呼吸困难Ⅲ级；

30. 急性白血病治疗后未缓解；

31. 重型再生障碍性贫血（免疫治疗或造血干细胞移植后未缓解）；

32. 骨髓增生异常综合征 RAEB；

33. 淋巴瘤Ⅲ～Ⅳ期，治疗后病情继续进展；

34. 急性极重度骨髓型放射病。

三、具有下列残情之一，器官严重缺损或畸形，有严重功能障碍或并发症，存在特殊医疗依赖和部分护理依赖的，为三级：

1. 中度运动障碍；

2. 截瘫或偏瘫肌力3级；

3. 双手全肌瘫肌力3级；

4. 后组颅神经双侧不完全麻痹，或单侧完全麻痹；

5. 器质性精神障碍、精神分裂症，病程≥2年，每年经系统治疗≥3

次,症状仍缓解不全或有危险、冲动行为,生活、劳动和社交能力大部分丧失;

6. 一手缺失(腕关节平面),另一手拇指缺失(含掌骨);
7. 双手拇、食指(含掌骨)缺失或功能完全丧失;
8. 肘上缺失(含肘关节离断);
9. 一侧腕关节平面缺失或一侧手功能完全丧失,伴另一手中度功能不全;
10. 双髋、双膝关节中,有两个关节缺失或无功能及另一关节功能重度不全;
11. 单侧腕上缺失合并一侧踝上缺失;
12. 全身瘢痕占体表面积>70%,四肢大关节中2个以上关节功能不全;
13. 面部瘢痕>80%并中度毁容;
14. 一眼有或无光感,另眼矫正视力≤0.05或视野≤16%(或半径≤10°);
15. 双眼矫正视力<0.05或双眼视野≤16%(或半径≤10°);
16. 一侧眼球摘除或眶内容物剜出,另眼矫正视力<0.3或视野≤24%(或半径≤15°);
17. 呼吸完全依赖气管套管或造口;
18. 无吞咽功能,完全依赖胃管进食;
19. 同侧上、下颌骨完全缺损;
20. 一侧上或下颌骨完全缺损,伴口腔、颜面软组织缺损>30cm^2;
21. 肺功能重度损害,呼吸困难Ⅲ级;
22. 一侧全肺切除并胸廓改形术后,或一侧胸廓改形术(切除肋骨≥6根)后伴中度肺功能损害;
23. 器质性心脏病心功能Ⅲ级或心室扩大伴左室射血分数≤40%(含高原性心脏病心功能Ⅲ级);
24. Ⅲ°房室传导阻滞,未安装永久起搏器;
25. 主动脉夹层动脉瘤(未行手术者);
26. 高血压3级伴心、脑、肾任一脏器严重损害(含高原高血压病3级);
27. 腹壁全层缺损≥1/2,无法修复;

28. 肝切除术后或胆道损伤伴肝功能中度损害；

29. 大部分小肠切除，残余小肠 100～150cm；

30. 慢性肾功能不全（肾功能失代偿期 6 个月以上）；

31. 肾移植术后，移植肾功能不全（肾功能不全代偿期）；

32. 永久性输尿管腹壁造瘘；

33. 膀胱全切除；

34. 肝硬化失代偿期 Child—Pugh C 级，反复发生肝性脑病或顽固性腹水；

35. 重度炎症性肠病（糖皮质激素依赖、抵抗或使用糖皮质激素期间病情持续活动）；

36. 腹部多次手术、腹腔炎症或腹腔放射等原因造成的反复发作的肠梗阻伴营养不良；

37. 尘肺Ⅲ期；

38. 尘肺Ⅱ期伴肺功能中度损害或呼吸困难Ⅲ级；

39. 尘肺Ⅰ、Ⅱ期伴活动性肺结核；

40. 放射性肺炎后两叶肺纤维化，伴肺功能中度损伤或呼吸困难Ⅲ级；

41. 淋巴瘤Ⅲ～Ⅳ期，需定期化疗；

42. 胰岛细胞瘤（含增生）术后复发；

43. 糖尿病出现下列并发症之一者：心功能Ⅲ级、肾功能不全失代偿、双眼增殖性视网膜病变、下肢坏疽致截肢。

四、具有下列残情之一，器官严重缺损或畸形，有严重功能障碍或并发症，存在特殊医疗依赖和小部分护理依赖的，为四级：

1. 中度智能减退；

2. 重度癫痫；

3. 完全混合性失语或完全性感觉性失语；

4. 双手部分肌瘫肌力 2 级；

5. 单肢瘫肌力 2 级；

6. 双足全肌瘫肌力 2 级；

7. 器质性精神障碍、精神分裂症，病程≥2 年，每年经系统治疗≥2 次，仍有突出的妄想，持久或反复出现的幻觉，思维贫乏、意志减退、情感淡漠等症状，生活、劳动和社交能力部分丧失；

8. 双拇指腕掌关节平面完全缺失或无功能；

9. 前臂缺失或手功能完全丧失；

10. 一侧膝以下小腿缺失，另一侧前足缺失；

11. 一侧下肢高位截肢；

12. 一足踝平面缺失，另一足功能完全丧失；

13. 双膝以下缺失；

14. 脊柱损伤术后不完全性截瘫，双下肢肌力4级伴大小便功能障碍；

15. 全身瘢痕占体表面积＞60%，四肢大关节中一个关节功能不全；

16. 面部瘢痕＞60%并轻度毁容；

17. 一眼有或无光感，另眼矫正视力＜0.3或视野≤32%（或半径≤20°）；

18. 一眼矫正视力＜0.05，另一眼矫正视力≤0.1；

19. 双眼矫正视力＜0.1或视野≤32%（或半径≤20°）；

20. 双耳感音神经性聋，双耳听力损失≥90dBHL；

21. 吞咽障碍，仅能进全流食；

22. 一侧上颌骨部分缺损，伴口腔、颜面软组织缺损＞20cm^2；

23. 下颌骨缺损8cm以上，伴口腔、颜面软组织缺损＞20cm^2；

24. 双侧颞下颌关节强直，完全不能张口；

25. 舌缺损＞全舌2/3；

26. 双侧完全性面瘫；

27. 肺功能中度损害，呼吸困难Ⅱ级；

28. 一侧全肺切除或双侧肺叶切除伴中度肺功能损害，呼吸困难Ⅱ级；

29. 严重胸部外伤后伴有呼吸困难Ⅱ级；

30. 食管重建术后狭窄，仅能进流食；

31. 心脏移植术后；

32. 单肺移植术后；

33. 莫氏Ⅱ°Ⅱ型房室传导阻滞或病态窦房结综合征，需植入但因禁忌证不能植入永久起搏器；

34. 治疗无效的非器质性心脏病两次以上反复发作的血流动力学不稳定的室性心动过速或心室颤动；

35. 全胃切除；

36. 大部分小肠切除，包括回盲部或右半结肠切除，残余小肠 150～200cm；

37. 全结肠、直肠和肛门切除，回肠造瘘；

38. 外伤后重度肛门排便失禁；

39. 胰次全切除合并有胰岛素依赖；

40. 肾移植术后；

41. 永久性膀胱造瘘；

42. 神经原性膀胱伴双肾积水、残余尿量 >50ml；

43. 阴茎缺失；

44. 50 岁以下未育妇女双侧卵巢切除或功能丧失；

45. 会阴、阴道严重挛缩、畸形，难以修复；

46. 阴道闭锁；

47. 慢性胰腺炎伴胰腺功能损害，伴糖尿病或中重度营养不良，需要胰岛素或消化酶长期替代治疗；

48. 尘肺 II 期；

49. 尘肺 I 期伴肺功能中度损害或呼吸困难 II 级；

50. 肝硬化失代偿期 Child—Pugh B 级或 C 级，曾发生食管胃底静脉曲张出血、肝性脑病或腹水；

51. 粒细胞缺乏症，长期依赖药物治疗；

52. 急性重度骨髓型放射病；

53. 慢性粒细胞白血病治疗后进展或造血干细胞移植后复发；

54. 慢性再生障碍性贫血，血红蛋白持续低于 60g/L，需长期治疗；

55. 频繁发作的阵发性睡眠性血红蛋白尿，血红蛋白持续低于 60g/L，需长期治疗；

56. 骨髓增生异常综合征，血红蛋白持续低于 60g/L，需长期治疗；

57. 造血干细胞移植术后慢性广泛性移植物抗宿主病；

58. I 型糖尿病伴糖尿病肾病或双眼增殖性视网膜病变；

59. 功能性垂体瘤、肾上腺功能性肿瘤（原发性醛固酮增多症、皮质醇增多症、嗜铬细胞瘤等）因禁忌证无法手术或术后复发。

五、具有下列残情之一，器官大部缺损或明显畸形，有较重功能障碍或并发症，存在一般医疗依赖的，为五级：

1. 完全运动性或不完全性感觉性失语；
2. 完全性失用、失写、失读、失认；
3. 四肢瘫肌力 4 级；
4. 单肢瘫肌力 3 级；
5. 单手全肌瘫肌力 3 级；
6. 双足全肌瘫肌力 3 级；
7. 后组颅神经单侧不完全麻痹；
8. 双手部分肌瘫肌力 3 级；
9. 器质性精神障碍、精神分裂症、双相情感障碍,病程≥2 年,经系统治疗≥1 次,仍残留部分幻觉、妄想、情感反应迟钝、意志减退、抑郁、消极等症状,劳动和社交能力部分丧失；
10. 单侧膝以下缺失；
11. 一手拇指缺失(含掌骨),另一手除拇指外三指缺失；
12. 一手拇指无功能,另一手除拇指外三指功能丧失；
13. 双前足缺失(跖骨以远含跖骨)；
14. 一髋(或一膝)功能完全丧失；
15. 全身瘢痕占体表面积＞50%；
16. 面部瘢痕＞40%并符合毁容标准 6 项中之一；
17. 50 岁以下未育妇女双侧乳房完全缺损或严重瘢痕畸形；
18. 50 岁以下未育妇女双侧乳腺切除；
19. 一眼矫正视力＜0.05,另眼矫正视力＜0.3 或双眼视野≤40% (或半径≤25°)；
20. 一眼矫正视力＜0.1,另眼矫正视力＜0.3；
21. 双眼矫正视力＜0.3 或双眼视野≤40%(或半径25°)；
22. 一侧眼球摘除,0.3≤另眼矫正视力＜0.8；
23. 第Ⅲ对颅神经完全麻痹；
24. 双眼外伤性青光眼术后,需用药物维持眼压者,且视野≤48%(或半径≤30°)；
25. 双耳感音神经性聋,双耳听力损失≥80dBHL；
26. 鼻缺损＞1/3 或双耳廓完全缺损；
27. 一侧完全性面瘫合并另一侧不完全性面瘫；
28. 一侧上颌骨部分缺损,伴口腔、颜面软组织缺损＞10cm^2；

29. 下颌骨缺损长 4cm 以上,伴口腔、颜面软组织缺损 >10cm^2;
30. 上唇或下唇缺损 >1/2;
31. 面颊部洞穿性缺损 >20cm^2;
32. 舌缺损 > 全舌 1/3;
33. 心脏瓣膜置换或成形术后;
34. 冠状动脉旁路移植术和室壁瘤切除术;
35. 血管代用品重建胸主动脉,术后仍有其它胸主动脉夹层或动脉瘤;
36. 胸主动脉夹层或动脉瘤腔内支架治疗术后;
37. 心脏穿透伤修补术后心肌缺血或心肌梗死;
38. 双侧肺叶切除术后或肺叶切除并胸廓改形术后,肺功能轻度损害,呼吸困难Ⅰ级;
39. 严重胸部外伤,并轻度肺功能损害,呼吸困难Ⅰ级;
40. 气管食管瘘手术修补或支架治疗后遗留气道狭窄或吞咽功能障碍;
41. 器质性心脏病心功能Ⅱ级,或左室射血分数≤45%(含高原性心脏病心功能Ⅱ级);
42. 高血压 3 级伴心、脑、肾任一脏器中度损害(含高原高血压病 3 级);
43. 各种心律失常且伴永久起搏器植入术后;
44. 肛门、直肠切除,结肠部分切除,结肠造瘘;
45. 大部分小肠切除,残余小肠 150~200cm,回盲部保留;
46. 肝切除术后或胆道损伤伴轻度肝功能损害;
47. 胰腺切除 2/3 伴胰岛素依赖;
48. 慢性肾功能不全(肾功能不全代偿期 6 个月以上);
49. 肾病 24 小时尿蛋白定量 >2.0g,持续 6 个月以上,经肾穿刺活检明确病理诊断,长期依赖药物治疗;
50. 原发性完全性肾小管酸中毒,终生依赖药物治疗;
51. 肝硬化代偿期 Child—Pugh A 级,伴有食管胃底静脉曲张;
52. 重度慢性活动性肝炎;
53. 炎症性肠病服用免疫调节剂 2 年以上,症状仍有发作或伴营养不良;

54. 慢性胰腺炎伴反复急性发作；

55. 尿道瘘不能修复；

56. 两侧睾丸及附睾缺损,生殖功能重度损害；

57. 双侧输精管缺损,不能修复；

58. 50 岁以下未育妇女子宫切除或次全切除；

59. 50 岁以下未育妇女双侧输卵管切除；

60. 50 岁以下已育妇女双侧卵巢切除或无功能；

61. 会阴部瘢痕致阴道狭窄、尿道外口狭窄、肛门狭窄不能修复(达其中 2 项)；

62. 完全性中枢性尿崩症伴一个以上垂体前叶靶腺轴功能损害；

63. 两个以上垂体前叶靶腺轴功能损害；

64. 尿道狭窄需定期行扩张术；

65. 双侧肾上腺缺失或肾上腺皮质功能不全,需长期药物替代治疗；

66. 神经原性膀胱不伴肾积水；

67. 淋巴瘤 I 期、II 期,需要定期化疗；

68. 血小板持续减少($\leqslant 30 \times 10^9/L$)难治伴反复出血；

69. 痛风伴有严重并发症(痛风石致关节功能受损或痛风肾病致肾功能受损)。

六、具有下列残情之一,器官大部缺损或明显畸形,有中度功能障碍或并发症,存在一般医疗依赖的,为六级：

1. 轻度智能减退；

2. 中度癫痫；

3. 轻度运动障碍；

4. 三肢瘫肌力 4 级；

5. 双足部分肌瘫肌力 2 级；

6. 单足全肌瘫肌力 2 级；

7. 脑叶切除术后；

8. Chair—II 畸形和脊髓空洞症伴运动和感觉障碍；

9. 器质性精神障碍、精神分裂症、分裂情感性障碍、妄想性障碍、双相情感障碍,病程≥1 年,经系统治疗≥1 次后,精神症状缓解但仍需维持治疗；

10. 躁狂发作、复发性抑郁障碍、创伤后应激障碍,病程≥2 年,经系

统治疗≥2次后仍需继续维持治疗;

11.强迫症,病程≥2年,经系统治疗≥2次,症状缓解不全,需继续维持治疗;

12.人格改变:表现为情绪不稳,缺乏自我控制能力,易激惹,反复的暴怒发作和攻击行为,行为不顾及后果,症状持续时间≥1年,社会功能明显受损;

13.一拇指掌骨以远缺失(含掌骨);

14.一拇指无功能,另一手除拇指外有两指功能完全丧失;

15.一手三指(含拇指)掌指关节以远缺失;

16.除拇指外其余四指掌指关节以远缺失或功能完全丧失;

17.肩、肘、腕关节之一功能完全丧失;

18.一髋或一膝关节重度功能不全;

19.一侧踝以下缺失;

20.一侧踝关节畸形,功能完全丧失;

21.下肢骨折成角畸形>15°,并有肢体短缩>4cm;

22.四肢大关节人工关节置换术后;

23.鼻缺损>1/4或一侧耳廓全缺损;

24.全身瘢痕占体表面积>40%;

25.面部瘢痕>20%;

26.全头皮缺损或瘢痕性秃发;

27.女性双侧乳房完全缺损或严重瘢痕畸形;

28.一眼矫正视力≤0.05,另眼矫正视力等于0.3或双眼视野≤48%(或半径≤30°);

29.双眼矫正视力等于0.3或双眼视野≤48%(或半径≤30°);

30.一侧眼球摘除另眼矫正视力≥0.8;

31.双耳感音神经性聋,双耳听力损失≥70dBHL;

32.前庭功能障碍,睁眼行走困难,不能并足站立;

33.双侧颞下颌关节功能不全,张口度(上、下中切牙切缘间距,下同)<1cm;

34.口腔、颜面软组织缺损>20cm^2;

35.一侧完全性面瘫;

36.肺爆震伤后肺功能轻度损害,呼吸困难Ⅰ级;

37. 气管、支气管成形术后管腔狭窄伴有呼吸困难Ⅰ级,或支架术后;

38. 喉返神经损伤致饮食呛咳、误吸;

39. 吞咽障碍,仅能进半流食;

40. 食管重建术后经造影检查证实吻合口狭窄,仅能进半流食,或内镜证实反流性食管炎粘膜损害融合≥2/3管周;

41. 支气管胸膜瘘;

42. 经治疗未转复的持续性心房颤动;

43. 冠心病伴心绞痛,并且经冠状动脉造影或冠状动脉CT三维重建证实存在狭窄≥50%的病变血管;

44. 冠状动脉旁路移植术后;

45. 冠状动脉疾病介入治疗术后;

46. 莫氏Ⅱ°Ⅱ型房室传导阻滞或病态窦房结综合征,植入永久起搏器;

47. 高原性心脏病心功能Ⅰ级;

48. 胃切除≥2/3;

49. 胰腺切除≥1/2伴胰岛素依赖;

50. 腹壁缺损≥1/4,不能修复;

51. 甲状腺功能低下;

52. 甲状旁腺功能低下;

53. 原发性甲状旁腺功能亢进术后伴中度骨质疏松;

54. 完全性中枢性尿崩症;

55. 内分泌源性浸润性突眼;

56. 糖尿病合并神经、心血管、脑血管、肾脏、视网膜等两种以上器官明显损害或致严重体位性低血压;

57. 肾损伤致高血压;

58. 一侧肾切除;

59. 双侧睾丸萎缩,血睾酮低于正常值;

60. 外伤后阴茎勃起功能障碍;

61. 阴茎部分切除术后(冠状沟以近);

62. 50岁以下未育妇女单侧卵巢切除;

63. 骨盆骨折致产道狭窄(50岁以下未育者);

64. 会阴部瘢痕导致阴道狭窄或尿道外口狭窄或肛门狭窄,不能修复；

65. 尘肺Ⅰ期,肺功能轻度损害,呼吸困难Ⅰ级；

66. 肺纤维化,肺功能轻度损害,呼吸困难Ⅰ级；

67. 吸入性肺损伤伴肺功能轻度损害,呼吸困难Ⅰ级；

68. 肺叶切除术,并轻度肺功能损害,呼吸困难Ⅰ级；

69. 重度哮喘；

70. 支气管扩张症伴反复感染或咯血(每年≥3次,咯血量每次30ml以上)；

71. 慢性活动性肺结核规律治疗≥2年,痰结核杆菌阳性；

72. 肾脏疾病致24小时尿蛋白定量0.5g～1.9g达6个月以上,经肾穿刺活检明确病理诊断,长期依赖药物治疗；

73. 原发性不完全性肾小管酸中毒,需终生依赖药物治疗；

74. 肝硬化代偿期(Child—Pugh A 级)伴肝功能轻度损害；

75. 中度慢性活动性肝炎(肝组织病理学检查G3S1—3/G1—3S3)；

76. 反复发生的不明原因的消化道出血并慢性中度以上贫血；

77. 白血病完全缓解或造血干细胞移植术后；

78. 淋巴瘤完全缓解；

79. 中度骨髓型放射病；

80. 类风湿关节炎三个以上关节区X线平片Ⅱ期改变；

81. 强直性脊柱炎X线平片有双侧骶髂关节Ⅱ级改变或经CT片证实；

82. 弥漫性结缔组织病或系统性血管炎；

83. 一个垂体前叶靶腺轴功能受损；

84. 异物色素沉着或色素脱失超过颜面总面积的50%；

85. 重度特发性骨质疏松或伴脆性骨折的重度骨质疏松。

七、具有下列残情之一,器官大部分缺损或畸形,有轻度功能障碍或并发症,存在一般医疗依赖的,为七级：

1. 不完全性失用、失写、失读、失认或不完全性运动性失语；

2. 截瘫或偏瘫肌力4级；

3. 双手全肌瘫肌力4级；

4. 单手部分肌瘫肌力3级；

5. 双足部分肌瘫肌力3级；

6. 单足全肌瘫肌力3级；
7. 象限盲或偏盲；
8. 骨盆骨折严重移位，影响功能；
9. 一侧前足（跖骨以远）缺失，另一足仅残留踇趾；
10. 一侧前足（跖骨以远）缺失，另一足除踇趾外，2~5趾畸形，功能丧失；
11. 一侧全足功能丧失，另一足部分功能丧失；
12. 一拇指指间关节以远缺失或腕掌关节功能丧失；
13. 一手除拇指外，其他2~3指（含食指）近侧指间关节离断，或功能完全丧失；
14. 双足踇趾全失或一足踇趾全失兼有其他足趾失去两个以上；
15. 肩、肘、腕、踝关节之一功能重度不全；
16. 髂骨、跟骨骨髓炎，反复发作一年以上；
17. 肢体短缩>4cm；
18. 髋、膝关节之一中度功能不全；
19. 鼻缺损>1/5；
20. 一耳或双耳廓累计缺损>2/3；
21. 全身瘢痕占体表面积>30%；
22. 面部瘢痕>15%；
23. 头皮缺损或瘢痕性秃发>50%；
24. 女性一侧乳房缺损或严重瘢痕畸形，另一侧部分缺损或瘢痕畸形；
25. 一眼有或无光感，另眼矫正视力≥0.8；
26. 一眼矫正视力≤0.05，另眼矫正视力≥0.6；
27. 一眼矫正视力≤0.1，另眼矫正视力≥0.4；
28. 双眼矫正视力≤0.4或双眼视野≤64%（或半径≤40°）；
29. 眼球内异物未取出者；
30. 第Ⅳ或第Ⅵ对颅神经麻痹，或眼外肌损伤致复视者；
31. 单眼外伤性青光眼术后，需用药物维持眼压者；
32. 双耳感音神经性聋，双耳听力损失≥60dBHL；
33. 牙槽骨损伤长度>8cm，牙齿脱落10颗以上；
34. 双侧不完全性面瘫；

35. 部分胸廓改形术后；
36. 食管重建术后合并轻中度返流性食管炎；
37. 左半、右半或横结肠切除，或结肠切除≥1/2；
38. 外伤后肛门排便轻度失禁；
39. 脾切除；
40. 轻度排尿障碍伴膀胱容量缩小；
41. 男性生殖功能轻度损害；
42. 50岁以下未育妇女单侧乳腺切除；
43. 女性双侧乳腺切除；
44. 已育女性子宫切除或次全切除；
45. 已育女性双侧输卵管切除；
46. 已育女性单侧卵巢切除；
47. 阴道狭窄；
48. 尘肺Ⅰ期，肺功能正常；
49. 放射性白细胞减少≤3×10^9/L；
50. 放射性血小板减少≤60×10^9/L；
51. 轻度骨髓型放射病。

八、具有下列残情之一，器官部分缺损，形态明显异常，有轻度功能障碍，存在一般医疗依赖的，为八级：

1. 轻度癫痫；
2. 单肢瘫或单手全肌瘫肌力4级；
3. 双手部分肌瘫肌力4级；
4. 双足部分肌瘫肌力4级；
5. 单足全肌瘫肌力4级；
6. 颅骨缺损≥25cm^2；
7. 脊柱骨折内固定术后；
8. 一手除拇指、食指外，有两指近侧指间关节离断或功能完全丧失；
9. 一足踇趾缺失，另一足非踇趾一趾缺失或功能完全丧失；
10. 一足除踇趾外，其他三趾缺失或功能完全丧失；
11. 四肢骨折非关节活动方向成角畸形≥15°；
12. 四肢长骨慢性骨髓炎，反复发作一年以上；
13. 下肢短缩>2cm；

14. 肩、肘、腕、踝关节之一功能中度不全;

15. 膝关节交叉韧带修复重建术后;

16. 全身瘢痕占体表面积>20%;

17. 面部瘢痕>10%;

18. 头皮缺损或瘢痕性秃发>30%;

19. 女性一侧乳房完全缺损或严重瘢痕畸形;

20. 一眼矫正视力≤0.2,另眼矫正视力≥0.5;

21. 双眼矫正视力≤0.5或双眼视野≤80%(或半径≤50°);

22. 双侧睑外翻合并睑闭合不全;

23. 外伤性青光眼行抗青光眼手术后眼压控制正常者;

24. 感音神经性聋,双耳听力损失≥50dBHL或一耳听力损失≥90dBHL;

25. 发声及构音困难;

26. 一耳或双耳廓缺损累计>1/3;

27. 双侧鼻腔或鼻咽部闭锁;

28. 牙槽骨损伤长度>6cm,牙齿脱落8颗以上;

29. 舌缺损>全舌1/6;

30. 双侧颞下颌关节功能不全,张口度<2cm;

31. 肺叶切除术后;

32. 双侧多根多处肋骨骨折(≥3根);

33. 血管代用品重建胸主动脉术后(其余胸主动脉无夹层或动脉瘤);

34. 食管外伤或成形术后咽下运动不正常;

35. 食管切除重建术后;

36. 膈肌破裂修补术后伴膈神经麻痹;

37. 肺内多处异物存留;

38. 气管损伤成形术后;

39. 胃部分切除、胃肠重建术后;

40. 小肠部分切除;

41. 肝部分切除;

42. 胆道修补或胆肠吻合术后;

43. 胰腺部分切除;

44. 双侧输卵管缺损,不能修复;

45. 异物色素沉着或色素脱失超过颜面总面积30%。

九、具有下列残情之一,器官部分缺损,形态明显异常,有轻度功能障碍的,为九级:

1. 颅骨缺损 $9cm^2 \sim 24cm^2$;

2. 一手食指两节缺失;

3. 一拇指掌指关节功能不全;

4. 一手食、中指两指末节缺失;

5. 一足𨂿趾末节缺失;

6. 跗骨骨折影响足弓;

7. 跟骨、距骨骨折;

8. 指(趾)骨慢性骨髓炎,反复发作一年以上;

9. 脊椎滑脱术后、椎间盘突出术后、髌骨骨折或脱位术后、半月板切除术后(不含椎间盘内减压术);

10. 陈旧性肩关节脱位肩关节成形术后、肩袖损伤修复术后;

11. 四肢大关节外伤手术后,残留创伤性关节炎,无积液;

12. 脊柱椎体骨折,前缘高度压缩>1/2,无需手术;

13. 四肢大关节创伤性滑膜炎术后,经病理诊断证实;

14. 全身瘢痕占体表面积>10%;

15. 面部瘢痕>5%;

16. 头皮缺损或瘢痕性秃发>10%;

17. 女性一侧乳房部分缺损或瘢痕畸形;

18. 一眼矫正视力≤0.3,另眼矫正视力>0.6;

19. 双眼矫正视力≤0.6;

20. 泪器损伤,手术无效;

21. 一侧睑外翻合并睑闭合不全;

22. 睑球粘连影响眼球转动;

23. 上睑下垂盖及瞳孔1/3者;

24. 眶壁骨折致眼球内陷、两眼球突出度相差>2mm或错位变形影响外观者;

25. 第Ⅴ对颅神经眼支麻痹;

26. 感音神经性聋,双耳听力损失≥40dBHL或一耳听力损失≥

80dBHL；

27. 发声及构音不清；

28. 一耳或双耳廓缺损累计＞1/5；

29. 一侧不完全性面瘫；

30. 牙槽骨损伤长度＞4cm，牙脱落6颗以上；

31. 颌面部多发性骨折术后面部畸形、咬合错乱；

32. 心脏异物滞留或异物摘除术后；

33. 心脏、大血管损伤修补术后；

34. 肺段切除或修补术后；

35. 支气管成形术后；

36. 阴茎部分切除术后（冠状沟以远）；

37. 肾部分切除术后；

38. 脾部分切除术后；

39. 子宫修补术后；

40. 一侧睾丸、附睾切除；

41. 一侧输精管缺损，不能修复；

42. 一侧肾上腺缺损；

43. 单侧输卵管切除；

44. 阴道修补或成形术后。

十、具有下列残情之一，器官部分缺损，形态异常，有轻度功能障碍的，为十级：

1. 脑外伤半年后有发作性头痛，住院超过1个月，脑电图异常（3次以上）；

2. 脑外伤后，边缘智能；

3. 脑外伤后颅骨缺损 $3cm^2 \sim 9cm^2$ 或颅骨缺损 $\geq 9cm^2$ 行颅骨修补术后；

4. 颅内异物；

5. 除拇指外，其余任一手指末节缺失；

6. 脊柱椎体骨折，前缘高度压缩＜1/2，无需手术；

7. 四肢长骨干骨折术后；

8. 肌腱及韧带损伤术后合并轻度功能障碍；

9. 两节及以上脊柱横突骨折不愈合合并腰痛；

10. 创伤后四肢大关节之一轻度功能不全;
11. 全身瘢痕占体表面积>5%;
12. 面部瘢痕>2%;
13. 头皮缺损或瘢痕性秃发>5%;
14. 一眼矫正视力≤0.5,另眼矫正视力≥0.8;
15. 双眼矫正视力<0.8;
16. 放射性或外伤性白内障Ⅰ—Ⅱ期;
17. 放射性或外伤性白内障术后人工晶状体眼,矫正视力正常或术后无晶体眼,矫正视力正常;
18. 一侧或双侧睑外翻或睑闭合不全行成形术矫正,但仍影响外观;
19. 上睑下垂盖及瞳孔1/3,行成形术,但仍影响外观;
20. 睑球粘连影响转动,行成形术,但眼球转动仍有限制;
21. 晶状体部分脱位;
22. 角巩膜穿通伤治愈;
23. 眶内异物未取出;
24. 外伤性瞳孔散大;
25. 感音神经性聋,双耳听力损失≥30dBHL 或一耳听力损失≥70dBHL;
26. 前庭功能障碍,闭眼不能并足站立;
27. 严重声音嘶哑;
28. 一耳或双耳再造术后;
29. 嗅觉完全丧失;
30. 单侧鼻腔和(或)鼻孔闭锁;
31. 一侧颞下颌关节功能不全,张口度<2.5cm;
32. 颌面部有异物存留;
33. 牙槽骨损伤长度>4cm,牙脱落4颗以上;
34. 肋骨骨折≥3根;
35. 肺内异物存留;
36. 腹腔脏器损伤修补术后;
37. 一侧卵巢部分切除;
38. 异物色素沉着或色素脱失超过颜面总面积25%。
说明:

1. 医疗期满系指损伤在现代医疗水平的情况下,按照一般医疗常规,继续治疗已无意义(可能存在医疗依赖);伤者所遗留的功能障碍相对为永久固定性或呈不可逆转性;精神病患者系统治疗指住院治疗3个月以上。

2. 职业病或职业暴露引起的器官损伤、功能障碍、心理障碍及对医疗护理依赖,依据本标准相关残情进行等级评定。

3. 本标准未列载的各种恶性肿瘤及其它伤、病致残情况,可参照相应残情进行等级评定。

4. 对于同一器官或系统多处损伤,或一个以上器官同时受到损伤者,应先对单项伤残程度进行鉴定。如几项伤残等级不同,以重者定级;两项以上等级相同,最多晋升一级。

5. 各种实验室检查结果必须取近半年内三次检查结果的平均值,并结合临床症状判断分级(内分泌代谢疾病经替代治疗除外)。

6. 前庭功能障碍是指耳科前庭系统出现器质性损害,造成平衡功能受损者。评定前庭功能残情者,必须提交前庭功能检查结果(含人体姿态平衡检查项目和眼震电图检查项目)。因肌肉、关节或其他神经损害引起的平衡障碍,按有关学科残情定级。

7. 评定视力障碍残情必须提交如下客观检查资料:

(1)视野;

(2)眼前后节照相;

(3)眼前后节OCT检查;

(4)眼底造影和眼电生理检查;

(5)眼眶、眼球影像资料。

8. 评定五官面容形态必须提供照片资料。

附件:功能分级判定依据及基准

附件:

功能分级判定依据及基准

一、医疗依赖分级

1. 特殊医疗依赖:伤、病致残于医疗期满后,仍需终身接受特殊药物

(如:免疫抑制剂)或特殊医疗器械(如:呼吸机、血液透析)治疗。

2. 一般医疗依赖:伤、病致残于医疗期满后,仍需终身接受一般药物(如:降压药、抗凝药)治疗。

二、护理依赖分级

1. 完全护理依赖:伤、病致残于医疗期满后,生活完全不能自理,进食、翻身、大小便、穿衣洗漱、自我移动5项均需依赖他人护理。

2. 大部分护理依赖:伤、病致残于医疗期满后,生活大部分不能自理,进食、翻身、大小便、穿衣洗漱、自我移动5项中有3~4项需依赖他人护理。

3. 部分护理依赖:伤、病致残于医疗期满后,生活部分不能自理,进食、翻身、大小便、穿衣洗漱、自我移动5项中有2项需依赖他人护理。

4. 小部分护理依赖:伤、病致残于医疗期满后,生活小部分不能自理,进食、翻身、大小便、穿衣洗漱、自我移动5项中有1项需依赖他人护理。

三、智能减退分级

1. 极重度智能减退:(1)记忆损伤,记忆商(MQ)0~19;(2)智商(IQ)<20;(3)生活完全不能自理。

2. 重度智能减退:(1)记忆损伤,MQ20~34;(2)IQ20~34;(3)生活大部不能自理。

3. 中度智能减退:(1)记忆损伤,MQ35~49;(2)IQ35~49;(3)生活能部分自理。

4. 轻度智能减退:(1)记忆损伤,MQ50~69;(2)IQ50~69;(3)生活勉强能自理,能做一般简单的非技术性工作。

5. 边缘智能:(1)记忆损伤,MQ70~86;(2)IQ 70~86;(3)抽象思维能力或思维的广度、深度、机敏性显示不良,不能完成高级复杂的脑力劳动。

四、癫痫分级

1. 重度癫痫:各种类型的癫痫发作,经系统服药治疗两年后,全身性强直——阵挛发作、单纯或复杂部分发作,伴自动症或精神症状(相当于大发作、精神运动性发作)平均每月3次以上,经两家三级医院24小时脑电图监测提示重度异常脑电图各2次。

2. 中度癫痫:各种类型的癫痫发作,经系统服药治疗两年后,全身性强直——阵挛发作、单纯或复杂部分发作,伴自动症或精神症状(相当于大发作、精神运动性发作)平均每月 1—2 次或每日均有失神发作和其他类型发作,经两家三级医院 24 小时脑电图监测提示中度异常脑电图各 1 次。

3. 轻度癫痫:需系统服药治疗方能控制的各种类型癫痫发作,偶有各种类型癫痫发作,常规脑电图检查异常 3 次。

五、颜面毁容分级

1. 重度:具有下述六项中 4 项者。
2. 中度:具有下述六项中 3 项者。
3. 轻度:具有下述六项中 2 项者。

(1)眉毛缺失;(2)睑外翻或缺失;(3)耳廓部分缺失;(4)鼻翼部分缺失;(5)唇外翻或小口畸形;(6)颈部瘢痕畸形。

六、非肢体瘫性运动障碍分级

1. 重度运动障碍:肌张力异常及共济失调导致不能自行进食、大小便、洗漱、翻身和穿衣。
2. 中度运动障碍:肌张力异常及共济失调导致上述动作困难,但在他人帮助下可以完成。
3. 轻度运动障碍:肌张力异常及共济失调导致完成上述运动虽有一些困难,但基本可以自理。

七、肢体瘫性运动障碍肌力分级

1. 0 级:肌肉完全瘫痪,毫无收缩。
2. 1 级:可看到或触及肌肉轻微收缩,但不能产生动作。
3. 2 级:肌肉在不受重力影响下,可进行运动,即肢体能在平面上移动,但不能抬离平面。
4. 3 级:在和地心引力相反的方向中尚能完成其动作,但不能对抗外加的阻力。
5. 4 级:能对抗一定的阻力,但较正常人为低。
6. 5 级:正常肌力。

八、关节功能分级

1. 关节功能完全丧失:指关节僵硬(或挛缩)固定于非功能位,或关节周围肌肉韧带缺失或麻痹松弛,关节呈连枷状或严重不稳,无法完成其功能。
2. 关节功能重度不全:残留关节屈伸范围约占正常的三分之一,较难完成原有劳动并对日常生活有明显影响。

3. 关节功能中度不全:残留关节屈伸范围约占正常的三分之二,能基本完成原有劳动,对日常生活有一定影响。

4. 关节功能轻度不全:残留关节屈伸范围约占正常的三分之二以上,对日常生活无明显影响。

九、吞咽障碍分级

1. 极重度吞咽障碍:因鼻咽返流、呛咳、误咽、颈部咽漏、下咽部狭窄等造成的吞咽困难,只能依赖胃管或胃造瘘。

2. 重度吞咽障碍:因鼻咽返流、呛咳、误咽、颈部咽漏、下咽部狭窄等造成的吞咽困难,只能进流食。

3. 中度吞咽障碍:因鼻咽返流、呛咳、误咽、颈部咽漏、下咽部狭窄造等成的吞咽困难,只能进半流食。

十、发声及构音障碍分级

评定声音嘶哑残情者,必须提交图像资料(电子动态喉镜或纤维喉镜)。

1. 发声及构音困难:呼吸通道虽无障碍,但有失声、构音不全等明显言语发音障碍。

2. 发声及构音不清:发声不畅、构音含混等言语发音障碍。

3. 严重声音嘶哑:声带损伤、小结等器质性损害致不能胜任原来的嗓音职业工作。

十一、肝功能损害分级

1. 肝功能重度损害

(1)血浆白蛋白<28g/L;(2)血清胆红素>85.5μmol/L;(3)顽固性腹水;(4)肝性脑病;(5)凝血酶原时间活动度<40%。

2. 肝功能中度损害

(1)血浆白蛋白28~32g/L;(2)血清胆红素51.3~85.5μmol/L;(3)无或少量腹水;(4)无或轻度肝性脑病;(5)凝血酶原时间活动度60~40%。

3. 肝功能轻度损害

(1)血浆白蛋白32~35g/L;(2)血清胆红素34.2~51.3μmol/L;(3)无腹水;(4)无肝性脑病;(5)凝血酶原时间活动度>60%。

十二、排尿障碍分级

1. 重度排尿障碍:真性重度尿失禁或排尿困难(残余尿≥50mL)。

2. 轻度排尿障碍:真性轻度尿失禁或排尿困难(残余尿<50mL)。

十三、生殖功能损害分级

1. 生殖功能重度损害:精液中精子缺如。

2. 生殖功能轻度损害:精液中精子数<500万/mL或异常精子、死精子、运动能力很弱精子任何一项>30%。

十四、肛门失禁分级

1. 重度:(1)大便不能控制;(2)肛门括约肌收缩力很弱或丧失;(3)肛门括约肌收缩反射很弱或消失;(4)直肠内压测定,肛门注水法<20cmH$_2$O。

2. 轻度:(1)稀便不能控制;(2)肛门括约肌收缩力较弱;(3)肛门括约肌收缩反射较弱;(4)直肠内压测定,肛门注水法20~30cmH$_2$O。

十五、心功能分级

1. Ⅳ级:任何体力活动均引起症状,休息时亦可有心力衰竭或心绞痛。

2. Ⅲ级:体力活动明显受限,静息时无不适,低于日常活动量即乏力、心悸、气促或心绞痛。

3. Ⅱ级:静息时无不适,但稍重于日常生活活动量即致乏力、心悸、气促或心绞痛。

4. Ⅰ级:体力活动不受限制。

十六、高血压分级

1. 高血压3级:在未服药情况下,不同时间3次所测平均血压,收缩压≥180mmHg和/或舒张压≥110mmHg。

2. 高血压2级:在未服药情况下,不同时间3次所测平均血压,收缩压160mmHg~179mmHg和/或舒张压100mmHg~109mmHg。

3. 高血压1级:在未服药情况下,不同时间3次所测平均血压,收缩压140mmHg~159mmHg和/或舒张压90mmHg~99mmHg。

十七、高血压致脏器损害程度分级

1. 严重损害:有器质性的损害,并有器官的功能衰竭,如:偏瘫、失语或语言困难、认知障碍、痴呆、心力衰竭、肾功能衰竭、糖尿病并发症、夹层动脉瘤、视力障碍、失明等。

2. 中度损害:有器质性的损害,但功能代偿,如:左心室肥厚、血清肌酐轻度升高、微量白蛋白尿等。

十八、肾损伤性高血压判定

肾损伤所致高血压系指血压的两项指标(收缩压≥160mmHg,舒张压≥90mmHg)只需具备一项即可成立。

十九、呼吸困难分级

1. 呼吸困难Ⅳ级:(1)静息时气短;(2)动脉血氧分压<50mmHg;(3)阻塞性通气功能减退,一秒钟用力呼气量占预计值<30%,或者限制性通气功能减退,肺活量占预计值<50%。

2. 呼吸困难Ⅲ级:(1)稍活动(穿衣,谈话)即气短;(2)动脉血氧分压50~59mmHg;(3)阻塞性通气功能减退,一秒钟用力呼气量占预计值30~49%,或者限制性通气功能减退,肺活量占预计值50~59%。

3. 呼吸困难Ⅱ级:(1)平路步行100米即气短;(2)动脉血氧分压60mmHg~69mmHg;(3)阻塞性通气功能减退,一秒钟用力呼气量占预计值50~79%,或者限制性通气功能减退,肺活量占预计值60~69%。

4. 呼吸困难Ⅰ级:(1)平路快步或登山、上楼时气短明显;(2)动脉血氧分压70mmHg~79mmHg;(3)阻塞性通气功能减退,一秒钟用力呼气量占预计值80~90%,或者限制性通气功能减退,肺活量占预计值70~80%。

二十、非急性发作期哮喘重度

症状频繁发作(每周≥3次),夜间哮喘频繁发作(每月≥2次),严重影响睡眠,体力活动受限,PEF或FEV1<60%预计值,PEF变异率>30%。

二十一、慢性肾功能不全分期

1. 尿毒症期:(1)尿素氮>28.6mmol/L;(2)肌酐≥707μmol/L;(3)GFR<10ml/min。

2. 肾功能衰竭期:(1)尿素氮17.9~28.6mmol/L;(2)肌酐443~707μmol/L;(3)GFR10~20ml/min。

3. 肾功能不全失代偿期:(1)尿素氮7.1mmol/L~17.9mmol/L;(2)肌酐178μmol/L~442μmol/L;(3)GFR20ml/min~50ml/min。

4. 肾功能不全代偿期:(1)尿素氮正常;(2)肌酐133μmol/L~177μmol/L;(3)GFR50ml/min~80ml/min。

二十二、评定听力障碍残情方法

1. 必须提交如下听功能检查资料:(1)纯音测听(含语言频率听阈阈值和听力图);(2)听觉诱发电位(含听阈阈值和图形);(3)声阻抗(含鼓室压图+声反射+声反射衰减);(4)耳声发射。

2. 听力损伤计算法:取患耳的语言频率 500Hz、1000Hz 及 2000Hz 纯音气导听阈值,即(HL500 + HL1000 + HL2000)÷3(dB)。若听阈超过 90dBHL,仍按 90dBHL 计算。如所得均值不是整数,则小数点后之尾数采用四舍五入法进为整数。

二十三、面神经损伤的评定

面神经损伤分中枢性和周围性损伤。本标准所涉及到的面神经损伤主要指周围性病变。一侧完全性面神经损伤系指面神经的五个分支(颞支、颧支、颊支、下颌缘支及颈支)支配的全部颜面肌肉瘫痪,表现为:

1. 额纹消失,不能皱眉;
2. 眼睑不能充分闭合,鼻唇沟变浅;
3. 口角下垂,不能示齿、鼓腮、吹口哨、饮食时汤水流逸。

不完全性面神经损伤系指出现部分上述症状和体征及鳄鱼泪综合征、面肌间歇抽搐或在面部运动时出现联动者。

国务院、中央军委关于批转人力资源社会保障部、总参谋部、总政治部军人随军家属就业安置办法的通知

1. 2013 年 10 月 8 日发布
2. 国发〔2013〕42 号

各省、自治区、直辖市人民政府,国务院各部委、各直属机构,各军区、各军兵种、各总部,军事科学院、国防大学、国防科学技术大学,武警部队:

国务院、中央军委同意人力资源社会保障部、总参谋部、总政治部《军人随军家属就业安置办法》,现转发给你们,请认真贯彻执行。

做好军人随军家属就业安置工作,事关广大官兵切身利益,事关军队战斗力建设,事关社会和谐发展,对深入贯彻落实党的十八大精神,实现党在新形势下的强军目标,全面建成小康社会具有重要意义。制定印发《军人随军家属就业安置办法》,是贯彻落实国家有关优待军人随军家属就业安置法律法规的客观要求,是增强部队凝聚力战斗力的实际举措,是服务部队、服务基层、服务官兵的具体体现。地方各级人民政府、各有关部门和军队各级,要站在维护国家安全、构建社会主义和谐社会的高度,

充分认清做好新形势下军人随军家属就业安置工作的重要意义,切实加强组织领导,军地双方密切配合,加大安置工作力度,完善配套措施,积极主动地抓好工作落实,努力提高随军家属就业安置工作的质量和水平。要做好政策宣传和教育引导工作,在全社会营造关心支持国防和军队建设的良好氛围,支持和鼓励广大官兵及其家属立足本职,奋发进取,为实现中国梦强军梦作出新的贡献。

军人随军家属就业安置办法

人力资源社会保障部　总参谋部　总政治部

第一条　为保障国家和社会对军人随军家属就业安置的优待,实现随军家属充分就业,促进军队战斗力建设与社会和谐发展,根据有关法律法规,制定本办法。

第二条　本办法所称随军家属,是指经军队师(旅)级以上单位政治机关批准,并办理了随军手续的现役军人配偶。

第三条　随军家属为国防和军队建设作出了奉献,其就业安置享受国家和社会的优待。国家机关、人民团体和企事业单位等,都有接收安置随军家属的义务。

第四条　随军家属就业安置工作应当贯彻国家就业安置政策,坚持社会就业为主、内部安置为辅,鼓励扶持自主择业创业,不断提高随军家属就业安置质量和水平。

第五条　地方各级人民政府负有做好随军家属就业安置工作的重要责任,应当根据国家有关政策法规,结合本地区实际,制定随军家属就业安置具体办法,指导、督促有关部门和单位落实随军家属就业安置工作。

第六条　军队各级应当积极配合地方人民政府及其有关部门做好随军家属就业安置工作,主动提供随军家属相关情况,教育引导随军家属树立正确的就业观,组织随军家属参加职业技能培训,并做好内部安置工作。

省军区(卫戍区、警备区,下同)系统是驻地部队随军家属就业安置工作的牵头组织单位,应当充分发挥桥梁纽带作用,协调地方人民政府制定具体安置办法,并协同抓好工作落实。

第七条　随军前是在编在岗公务员的随军家属,按照属地管理、专业对口、就地就近原则,在编制职数范围内由接收单位结合本单位和本人实际情况,按照有关规定进行安置。接收单位明确人员后,应当在6个月内办理接收手续。

第八条　随军前是事业单位在编人员的随军家属,按照属地管理、专业对口、就地就近原则,由驻地人民政府督导各事业单位在编制内拿出一定数量的岗位进行定向招聘。接收单位明确人员后,应当在6个月内办理接收手续。

随军家属符合事业单位招聘条件的,同等条件下优先聘用。

第九条　随军前在中央和地方实行垂直管理单位工作的随军家属,是公务员的参照本办法第七条、是事业单位在编人员的参照本办法第八条进行安置。各地垂直管理单位应当支持和落实当地政府安置随军家属的任务,具体办法由省军区系统会同驻地人民政府根据相关单位的编制情况、用人需求,商相关单位制定。

第十条　烈士遗属、因公牺牲军人遗属和战时荣立二等功以上奖励军人的随军家属需要安置就业的,当地人民政府应当优先安置。

第十一条　国家鼓励有用工需求的企业安置随军家属就业。国有、国有控股和国有资本占主导地位企业在新招录职工时,应当根据企业的实际用工需求和岗位任职资格要求,结合随军家属专业特长、经历学历等情况,按照适当比例择优聘用随军家属,具体比例由各省级人民政府确定。

第十二条　地方各级人民政府应当将就业困难的随军家属纳入政府就业扶持范围,通过提供就业服务、鼓励企业吸纳、公益性岗位援助等方式有针对性地帮助就业。

第十三条　地方各级人民政府及其有关部门应当积极鼓励和扶持随军家属自主择业、自主创业;对从事个体经营的随军家属,按照国家有关优惠政策给予支持。

第十四条　驻地偏远、缺乏社会就业依托的部队,应当充分挖掘内部安置潜力,通过开办营区服务网点等形式,最大限度安置随军家属,缓解社会就业压力。军队和地方人民政府有关部门应当给予必要的帮助和支持。

第十五条　地方各级人民政府及其有关部门应当鼓励随军家属根据其特长、就业意向和社会用工需求,积极参加职业培训。对参加职业培训的,按规定给予职业培训补贴;通过初次职业技能鉴定并取得职业资格证书的,按规定给予职业技能鉴定补贴。

随军家属经培训并参加职业技能鉴定合格的,发放相应的职业资格证书。

第十六条 军地各级应当加强对随军家属就业安置工作的组织领导,成立由地方人民政府、省军区系统和驻军组成的随军家属就业安置工作协调领导小组,负责随军家属就业安置工作。

第十七条 随军家属就业安置工作协调领导小组应在每年年初召开会议,部署年度安置工作;年中进行一次检查督导,查找整改问题;年底进行总结通报,促进工作落实。

人力资源社会保障部与解放军总政治部建立联合督导机制,对各省、自治区、直辖市落实随军家属就业安置工作情况进行检查指导。

第十八条 中国人民武装警察部队随军家属就业安置,按照本办法执行。

第十九条 本办法自 2013 年 10 月 8 日起施行,以往有关随军家属优待安置的规定与本办法不一致的,以本办法为准。

退役军人事务部等 20 部门关于加强军人军属、退役军人和其他优抚对象优待工作的意见

1. 2020 年 1 月 9 日退役军人事务部、中共中央宣传部、国家发展和改革委员会、教育部、公安部、民政部、司法部、财政部、住房和城乡建设部、交通运输部、文化和旅游部、国家卫生健康委员会、中国银行保险监督管理委员会、国家信访局、国家林业和草原局、中国民用航空局、中央军委政治工作部、中央军委后勤保障部、中央军委国防动员部、中国国家铁路集团有限公司发布
2. 退役军人部发〔2020〕1 号

各省、自治区、直辖市党委宣传部,人民政府发展改革委、教育厅(教委)、公安厅(局)、民政厅(局)、司法厅(局)、财政厅(局)、住房和城乡建设厅(委)、交通运输厅(局、委)、文化和旅游厅(局)、卫生健康委、退役军人事务厅(局)、各银保监局、信访局(办)、林业和草原主管部门,民航各地区管理局、各运输航空公司、各机场公司,新疆生产建设兵团党委宣传部、发展改革委、教育局、公安局、民政局、司法局、财政局、住房和城乡建设局、交通局、文化体育广电和旅游局、卫生健康委、退役军人事务局、信访局、

林业和草原局,各战区、各军兵种、军委机关各部门、军事科学院、国防大学、国防科技大学、武警部队政治工作部(局、处)、后勤保障部门,各铁路局集团公司:

军人军属、退役军人和其他优抚对象(以下简称优抚对象)为国防和军队建设作出了重要贡献,应当得到国家和社会的优待。为认真贯彻落实习近平总书记关于退役军人工作重要论述精神,扎实做好优待工作,努力让优抚对象受到全社会尊重,让军人成为全社会尊崇的职业,现提出如下意见。

一、把握总体要求

(一)指导思想。

以习近平新时代中国特色社会主义思想为指导,全面贯彻落实党的十九大精神,适应国家经济社会发展、国防和军队建设的新形势,顺应广大优抚对象对美好生活的新期待,坚持国家和社会相结合的工作方针,秉持体现尊崇、体现激励的政策导向,因地制宜、尽力而为、量力而行,逐步建立健全优待政策体系,营造爱国拥军、尊重优抚对象浓厚社会氛围,增强优抚对象的荣誉感、获得感。

(二)基本原则。

坚持现役与退役衔接。在加强军人军属优待的基础上,进一步建立完善退役军人和其他优抚对象优待政策制度,更好地体现国家和社会对国防贡献的褒扬。

坚持优待与贡献匹配。综合考虑优抚对象为国防和军队建设所作贡献,给予相应优待,树立贡献越大优待越多的鲜明导向,促进优待工作更加科学规范。

坚持关爱与管理结合。根据优抚对象的现实表现,给予必要的奖惩,引导优抚对象珍惜荣誉,自觉做爱国奉献、遵纪守法、诚信明理的公民。

坚持当前与长远统筹。立足当前国家经济社会发展实际,建立基本优待目录清单,逐步拓展优待领域,丰富优待内容;注重长远可持续发展,统筹规划优待政策制度,不断完善优待工作体系。

二、规范优待内容

(三)在荣誉激励方面,着眼建立健全优抚对象荣誉体系,进一步强化精神褒扬和荣誉激励。为烈属、军属和退役军人等家庭悬挂光荣牌,为优抚对象家庭发春节慰问信,为入伍、退役的军人举行迎送仪式。邀请优秀优抚对象代表参加国家和地方重要庆典和纪念活动。将服现役期间荣获个人二等功以上奖励的现役军人、退役军人名录载入地方志。对个人立功、获得荣誉称号或勋章的现役军人,由当地人民政府给其家庭送喜报。优先聘请优秀优抚对象担任编外辅导员、讲解员等,发挥其参与社会公益事业的优势作用。倡导利用大型集会、赛事播报、航班、车船及机场、车站、码头的广播视频等载体和形式,宣传优抚对象中优秀典型的先进事迹,不断扩大荣誉优待的范围和影响。

(四)在生活方面,不断完善优抚对象抚恤、补助、援助等政策制度,健全抚恤补助标准动态调整机制,保障享受国家定期抚恤补助优抚对象的抚恤优待与国家经济社会发展相适应。调整定期抚恤补助标准时,适当向贡献大的优抚对象倾斜。各地要及时建档立卡,对因生活发生重大变故遇到突发性、临时性特殊困难的优抚对象,在享受社会保障待遇后仍有困难的,按照规定给予必要的帮扶援助。逐步完善现役军人配偶随军就业创业政策,以及随军未就业期间基本生活补贴等制度,激励现役军人安心服役、奉献国防。

(五)在养老方面,国家兴办的光荣院、优抚医院,对鳏寡孤独的优抚对象实行集中供养,对常年患病卧床、生活不能自理的优抚对象以及荣获个人二等功以上奖励现役军人的父母,优先提供服务并按规定减免相关费用。对生活长期不能自理且纳入当地最低生活保障范围的老年优抚对象,各地应根据其失能程度等情况优先给予护理补贴。积极推动与老年人日常生活密切相关的服务行业为老年优抚对象提供优先、优惠服务。鼓励各级各类养老机构优先接收优抚对象,提供适度的优惠服务。

(六)在医疗方面,各地按照保证质量、方便就医的原则,明确本地区医疗优待定点服务机构,为残疾军人、烈属、因公牺牲军人遗属、病故军人遗属(以下简称"三属")、现役军人家属、老复员军人、参战参试退役军人、带病回乡退伍军人开通优先窗口,提供普通门诊优先挂号、取药、缴费、检查、住院服务。各级各类地方医疗机构优先为伤病残、老龄优抚对象提供家庭医生签约和健康教育、慢性病管理等基本公共卫生服务。组织优抚医院为残疾军人、"三属"、现役军人家属、老复员军人、参战参试退役军人、带病回乡退伍军人优惠体检,提供免收普通门诊挂号费和优先就诊、检查、住院等服务。

(七)在住房方面,适应国家住房保障制度改革发展要求,逐步完善优抚对象住房优待办法，改善优抚对象基本住房条件。在审查优抚对象是否符合购买当地保障性住房或租住公共租赁住房条件时，抚恤、补助和优待金、护理费不计入个人和家庭收入。符合当地住房保障条件的优抚对象，在公租房保障中优先予以解决。对符合条件并享受国家定期抚恤补助的优抚对象租住公租房，可给予适当租金补助或者减免。对居住农村的符合条件的优抚对象，同等条件下优先纳入国家或地方实施的农村危房改造相关项目范围。

（八）在教育方面，认真落实现有政策，不断丰富优待内容。符合条件的现役军人、烈士和因公牺牲军人子女就近就便入读公办义务教育阶段学校和幼儿园、托儿所；报考普通高等学校，在同等条件下优先录取。切实保障驻偏远海岛、高原高寒等艰苦地区现役军人的子女，在其父母或其他法定监护人户籍所在地易地优先就近就便入读公办义务教育阶段学校和幼儿园、托儿所，报考普通高中、中等职业学校时降分录取，按规定享受学生资助政策。现役军人子女未随迁留在原驻地或原户籍地的，在就读地享受当地军人子女教育优待政策。优先安排残疾军人参加学习培训，按规定享受国家资助政策。退役军人按规定免费参加教育培训。实施对符合条件的退役大学生士兵复学、调整专业、攻读研究生等优待政策。加大教育支持力度，通过单列计划、单独招生以及学费和助学金资助等措施，为退役军人接受高等教育提供更多机会，帮助退役军人改善知识结构，提升就业竞争力。

（九）在文化交通方面，博物馆、纪念馆、美术馆等公共文化设施和实行政府定价或指导价管理的公园、展览馆、名胜古迹、景区，对现役军人、残疾军人、"三属"、现役军人家属按规定提供减免门票等优待。现役军人、残疾军人、"三属"乘坐境内运行的火车（高铁）、轮船、客运班车以及民航班机时，享受优先购买车（船）票或值机、安检、乘车（船、机），可使用优先通道（窗口），随同出行的家属可一同享受优先服务。现役军人、残疾军人免费乘坐市内公共汽车、电车和轨道交通工具；残疾军人乘坐境内运行的火车、轮船、长途公共汽车和民航班机享受减收正常票价50%的优惠。

（十）在其他社会优待方面，广泛动员社会力量参与优待工作，不断创新社会优待方式和内容。倡导鼓励志愿者参与面向优抚对象的志愿服务。法律服务机构优先提供法律服务，法律援助机构依法提供免费的法律服务。鼓励银行为优抚对象提供优先办理业务，免收卡工本费、卡年费、小额账户管理费、跨行转账费，以及其他个性化专属金融优惠服务。各地影(剧)院在放映(演出)前义务播放爱国拥军公益广告或宣传短视频，鼓励为优抚对象提供减免入场票价等优惠服务。

三、健全管理机制

（十一）建立优待证制度。国家坚持统筹兼顾、稳步推进的原则，充分运用信息技术手段，逐步为退役军人和"三属"统一制作颁发优待证，作为享受相应优待的有效证件。残疾军人凭残疾军人证，军队离退休干部、退休士官凭离休干部荣誉证、军官退休证、文职干部退休证、退休士官证，现役军人凭军(警)官证、士官证、义务兵证、学员证等有效证件享受相应优待，现役军人家属凭部队发的相关证件享受相应优待。退役军人事务部制定优待证管理办法，规范优待项目、优待期限，建立发放、变更、信息查验、收回、废止等制度。

（十二）明确优待目录。立足当前、着眼长远，在建立完善优待政策制度、逐步健全优待工作体系的同时，依据国家有关法规政策规定，明确当前一个时期需要落地见效的基本优待目录清单。随着国家经济社会发展、国防和军队建设需要以及优待工作不断创新，退役军人事务部负责会同军地有关部门，适时调整更新优待目录，充实完善优待项目，及时向社会发布，组织抓好落实。

（十三）完善奖惩措施。建立健全奖惩结合、公平规范、能进能出的优待动态管理机制，激励优抚对象发扬传统、珍惜荣誉、保持良好形象。对积极投身地方经济社会发展、国防和军队建设，作出新的突出贡献受到表彰的优抚对象，应给予表彰和奖励。对依法被刑事处罚或受到治安管理处罚、影响恶劣的，违反《信访条例》有关规定，挑头集访、闹访被劝阻、批评、教育仍不改正的，现役军人被除名、开除军籍的，取消其享受优待资格，已颁发优待证的由当地县级人民政府退役军人事务主管部门负责收回。受到治安管理处罚，挑头集访、闹访被取消优待资格后能够主动改正错误、积极消除负面影响的，经当地县级人民政府退役军人事务主管部门审核同意，可以恢复优待资格。

四、加强组织领导

（十四）压实工作责任。做好优待工作是党、国家、军队和全社会的共同责任。军地有关部门要切实提高政治站位，加强组织领导，建立联动机制,明确责任分工,充分调动社会力量参与,形成统筹推进、分工负责、齐抓共建的良好工作格局。各地要列支相关经费,对优惠项目予以补贴。各级地方人民政府退役军人事务主管部门要发挥组织和督导作用,及时制定实施方案和任务清单,健全监督检查、跟踪问效和通报具体办法,推动优待工作落地见效。军地各相关部门和单位要认真履行服务优抚对象、服务国防和军队建设的职责,主动担当、积极作为,全力抓好本系统优待工作任务的有效落实。

(十五)严密组织实施。军地各相关部门和单位要把优待政策落实情况纳入年度工作绩效考评范畴,作为参加双拥模范城(县)、模范单位和个人评选的重要条件,作为文明城市、文明单位评选和社会信用评价的重要依据。建立工作目标责任制,明确标准、细化举措,制定路线图、时间表,做到各项工作任务有部署、有督促、有总结。强化监督检查和惩戒激励措施,严格跟踪问效和通报制度,及时总结推广经验,宣传表彰先进单位和个人,对消极推诿、落实不力的要及时通报批评,情节严重的严肃问责。

(十六)强化教育引导。深入宣传新时代国家优待政策和相关法律法规,引导优抚对象充分认识党和政府的关心关爱,准确领会优待工作的原则、内容和要求,合理确立政策预期,依法按政策享受国家和社会优待。大力宣扬优秀优抚对象先进事迹,引导退役军人保持发扬人民军队的优良传统和作风,积极为改革发展和社会稳定作贡献。加强爱国拥军和国防教育,动员社会各界自觉拥军优属,营造爱国拥军、心系国防浓厚氛围,推动让军人成为全社会尊崇的职业。

军人军属同时享受国家和军队规定的其他优待。

院士和专业技术三级以上,以及相当职级现役干部转改的文职人员,按照本意见有关现役军人的优待规定执行;其他文职人员参照现役军人享受本意见有关优待,具体办法另行制定。

退役军人事务部负责本意见的解释工作。

省级人民政府退役军人事务主管部门要会同军地有关部门根据本意见,结合实际适时研究制定具体实施办法和优待目录清单。

附件:军人军属、退役军人和其他优抚对象基本优待目录清单(略)

退役军人事务部关于深入学习贯彻习近平总书记重要指示精神进一步做好革命功臣优抚工作的通知

2020 年 10 月 23 日发布

各省、自治区、直辖市退役军人事务厅(局),新疆生产建设兵团退役军人事务局:

10 月 21 日,习近平总书记给四川省革命伤残军人休养院全体同志回信,高度评价中国人民志愿军在抗美援朝战争中发扬伟大爱国主义精神和革命英雄主义精神,为保家卫国作出的重要贡献;深情缅怀志愿军将士及英雄模范们的不朽功绩;充分肯定四川省革命伤残军人休养院全体同志 60 多年来展现的初心不改、奋斗不止的精神;号召全党全社会要崇尚英雄、学习英雄、关爱英雄,大力弘扬英雄精神。为有力推进各级退役军人事务部门深入学习贯彻习近平总书记重要指示精神,进一步抓细抓实革命功臣优抚工作,现将有关要求通知如下:

一、迅速传达学习,进一步增强做好革命功臣优抚工作的政治责任感

在隆重纪念中国人民解放军抗美援朝出国作战 70 周年之际,习近平总书记亲自给志愿军老战士回信,具有特殊而重要的意义。各地退役军人事务部门要迅速组织学习传达,领导干部要带头学习,在深刻领会的基础上,将习近平总书记的重要指示精神传达给每一名工作人员。要采取交流发言、专题研讨等多种方式,不断深化思想认识,强化使命担当,切实提高退役军人事务系统工作人员使命感和责任感,满腔热忱做好退役军人各项工作。要将习近平总书记的重要指示精神传达给每一名优抚对象,切实传递党中央和习近平总书记对他们的深切关怀,鼓舞他们继续发扬对党忠诚、心系家国的赤诚情怀,为党和人民事业作出新贡献。

二、强化服务意识,用心用情做好革命功臣优抚工作

习近平总书记的回信,对做好退役军人各项工作提出更高要求。各级退役军人事务部门要进一步强化责任意识、服务意识,结合"三基"建

设年活动,开展政策培训,提升工作人员的政策水平和业务能力,树牢严谨细致、认真负责的工作作风,确保各项政策待遇落实落地。要结合建档立卡、常态化联系退役军人制度的落实与推进,组织各级工作人员特别是基层工作人员定期走访服务对象,深入细致排查各类对象,特别是抗美援朝老战士、烈属、伤残军人等优抚对象的生活状况,了解服务对象实际需求,对生活存在困难的,及时纳入帮扶援助范围。要加深与优抚对象的感情,注意服务工作中的礼仪礼节,满腔热情为优抚对象服务。

三、讲好红色故事,营造崇尚英雄的浓厚社会氛围

革命功臣等优抚对象,为国家、为国防作出的贡献大,是进行革命传统教育、传承红色基因的鲜活教材。各级退役军人事务部门要认真深入挖掘和搜集整理革命功臣事迹,创新宣传形式,通过报刊杂志、广播电视及互联网等媒体平台,向社会广泛宣传,让英雄的故事进入千家万户,进而在全社会营造崇尚英雄、学习英雄、关爱英雄、大力弘扬英雄精神的浓厚氛围。

四、加强优抚事业单位建设,为革命功臣提供优质康养环境

优抚医院、光荣院等优抚事业单位是服务革命功臣的重要阵地。要全力推进转隶工作,切实把优抚事业单位转隶移交作为一项重要任务,主动向当地党委、政府领导和机构编制管理部门汇报情况,争取多方理解和支持,切实做到应转尽转。要科学规划布局,根据优抚对象数量等实际情况,视情新建、改扩建、整合升级优抚医院及光荣院,加快提升服务保障能力,不断改善医疗康养条件,营造安心舒适的生活环境,确保革命功臣等优抚对象病有所医、老有所养、老有所乐、安享晚年。

各地贯彻落实情况及时报退役军人事务部。

民政部、财政部关于军人死亡一次性抚恤金发放有关问题的通知

1. 2012 年 9 月 12 日发布
2. 民发〔2012〕157 号

各省、自治区、直辖市民政厅(局)、财政厅(局),新疆生产建设兵团民政局、财务局:

根据国务院、中央军委公布的《关于修改〈军人抚恤优待条例〉的决定》(中华人民共和国国务院、中华人民共和国中央军事委员会第602号令)，自2011年8月1日起，对军人死亡一次性抚恤金标准进行了调整，即烈士和因公牺牲的，为上一年度全国城镇居民人均可支配收入的20倍加本人40个月的工资；病故的，为上一年度全国城镇居民人均可支配收入的2倍加本人40个月的工资。标准调整后，一些省市来电咨询一次性抚恤金计发的具体事宜，为便于各地操作执行，现就有关问题通知如下：

一、一次性抚恤金标准中"全国城镇居民人均可支配收入"确定依据

军人死亡一次性抚恤金标准中"全国城镇居民人均可支配收入"以国家统计局发布的年度国民经济和社会发展统计公报中有关数据为准。

二、一次性抚恤金标准中"本人月工资"计发办法

中央军委2006年6月11日印发了《军队工资制度调整改革方案》(〔2006〕5号)，自2006年7月1日起，对军人基本工资结构进行了调整。根据调整后的基本工资结构，军人死亡一次性抚恤金标准中"本人月工资"计发办法为：

(一)在职军官、文职干部、月工资高于排职少尉军官工资标准的在职士官死亡，按本人生前最后一个月基本工资为基数计发。其中：

1. 在职军官、文职干部为本人职务(专业技术等级)工资、军衔(级别)工资和军龄工资之和；

2. 月工资高于排职少尉军官工资标准的在职士官为本人军衔级别工资和军龄工资之和。

(二)月工资低于排职少尉军官工资标准的在职士官死亡，按照排职职务工资(一档标准)、少尉军衔工资(一档标准)和军龄工资(按本人服役年限计算)之和计发。

(三)军队离退休干部、退休士官(志愿兵)死亡，按本人生前最后一个月享受的国家规定的基本离退休费为基数计发，即本人离退休时计发的基本离退休费和本人离退休后历次按国家规定增加的基本离退休费之和。

(四)义务兵和月工资低于排职少尉军官工资标准的其他军人死亡，按照排职职务工资(一档标准)、少尉军衔工资(一档标准)之和计发。

六、后勤保障

中华人民共和国国防交通法

1. 2016年9月3日第十二届全国人民代表大会常务委员会第二十二次会议通过
2. 2016年9月3日中华人民共和国主席令第50号公布
3. 自2017年1月1日起施行

目 录

第一章 总　　则
第二章 国防交通规划
第三章 交通工程设施
第四章 民用运载工具
第五章 国防运输
第六章 国防交通保障
第七章 国防交通物资储备
第八章 法律责任
第九章 附　　则

第一章 总　　则

第一条　【立法目的】为了加强国防交通建设，促进交通领域军民融合发展，保障国防活动顺利进行，制定本法。

第二条　【适用范围】以满足国防需要为目的，在铁路、道路、水路、航空、管道以及邮政等交通领域进行的规划、建设、管理和资源使用活动，适用本法。

第三条　【工作原则】国家坚持军民融合发展战略，推动军地资源优化配置、合理共享，提高国防交通平时服务、急时应急、战时应战的能力，促进经济建设和国防建设协调发展。

国防交通工作遵循统一领导、分级负责、统筹规划、平战结合的原则。

第四条 【主管机关与责任主体】 国家国防交通主管机构负责规划、组织、指导和协调全国的国防交通工作。国家国防交通主管机构的设置和工作职责，由国务院、中央军事委员会规定。

县级以上地方人民政府国防交通主管机构负责本行政区域的国防交通工作。

县级以上人民政府有关部门和有关军事机关按照职责分工，负责有关的国防交通工作。

省级以上人民政府有关部门和军队有关部门建立国防交通军民融合发展会商机制，相互通报交通建设和国防需求等情况，研究解决国防交通重大问题。

第五条 【公民和组织权利、义务】 公民和组织应当依法履行国防交通义务。

国家鼓励公民和组织依法参与国防交通建设，并按照有关规定给予政策和经费支持。

第六条 【经费纳入预算】 国防交通经费按照事权划分的原则，列入政府预算。

企业事业单位用于开展国防交通日常工作的合理支出，列入本单位预算，计入成本。

第七条 【依法征用】 县级以上人民政府根据国防需要，可以依法征用民用运载工具、交通设施、交通物资等民用交通资源，有关组织和个人应当予以配合，履行相关义务。

民用交通资源征用的组织实施和补偿，依照有关法律、行政法规执行。

第八条 【宣传教育】 各级人民政府应当将国防交通教育纳入全民国防教育，通过多种形式开展国防交通宣传活动，普及国防交通知识，增强公民的国防交通观念。

各级铁路、道路、水路、航空、管道、邮政等行政管理部门（以下统称交通主管部门）和相关企业事业单位应当对本系统、本单位的人员进行国防交通教育。

设有交通相关专业的院校应当将国防交通知识纳入相关专业课程或者单独开设国防交通相关课程。

第九条　【保密义务】任何组织和个人对在国防交通工作中知悉的国家秘密和商业秘密负有保密义务。

第十条　【表彰和奖励】对在国防交通工作中作出突出贡献的组织和个人，按照国家有关规定给予表彰和奖励。

第十一条　【加强信息化建设】国家加强国防交通信息化建设，为提高国防交通保障能力提供支持。

第十二条　【行业管制、国防动员措施、临时性措施】战时和平时特殊情况下，需要在交通领域采取行业管制、为武装力量优先提供交通保障等国防动员措施的，依照《中华人民共和国国防法》、《中华人民共和国国防动员法》等有关法律执行。

　　武装力量组织进行军事演习、训练，需要对交通采取临时性管制措施的，按照国务院、中央军事委员会的有关规定执行。

第十三条　【国防交通联合指挥机构】战时和平时特殊情况下，国家根据需要，设立国防交通联合指挥机构，统筹全国或者局部地区的交通运输资源，统一组织指挥全国或者局部地区的交通运输以及交通设施设备的抢修、抢建与防护。相关组织和个人应当服从统一指挥。

第二章　国防交通规划

第十四条　【国防交通规划的范围和编制要求】国防交通规划包括国防交通工程设施建设规划、国防交通专业保障队伍建设规划、国防交通物资储备规划、国防交通科研规划等。

　　编制国防交通规划应当符合下列要求：

　　（一）满足国防需要，有利于平战快速转换，保障国防活动顺利进行；

　　（二）兼顾经济社会发展需要，突出重点，注重效益，促进资源融合共享；

　　（三）符合城乡规划和土地利用总体规划，与国家综合交通运输体系发展规划相协调；

　　（四）有利于加强边防、海防交通基础设施建设，扶持沿边、沿海经济欠发达地区交通运输发展；

　　（五）保护环境，节约土地、能源等资源。

第十五条　【纳入国民经济和社会发展规划】县级以上人民政府应当将国防交通建设纳入国民经济和社会发展规划。

国务院及其有关部门和省、自治区、直辖市人民政府制定交通行业以及相关领域的发展战略、产业政策和规划交通网络布局,应当兼顾国防需要,提高国家综合交通运输体系保障国防活动的能力。

国务院有关部门应当将有关国防要求纳入交通设施、设备的技术标准和规范。有关国防要求由国家国防交通主管机构征求军队有关部门意见后汇总提出。

第十六条 【国防交通工程设施建设规划编制主体】国防交通工程设施建设规划,由县级以上人民政府国防交通主管机构会同本级人民政府交通主管部门编制,经本级人民政府发展改革部门审核后,报本级人民政府批准。

下级国防交通工程设施建设规划应当依据上一级国防交通工程设施建设规划编制。

编制国防交通工程设施建设规划,应当征求有关军事机关和本级人民政府有关部门的意见。县级以上人民政府有关部门编制综合交通运输体系发展规划和交通工程设施建设规划,应当征求本级人民政府国防交通主管机构的意见,并纳入国防交通工程设施建设的相关内容。

第十七条 【国防交通专业保障队伍建设规划编制主体】国防交通专业保障队伍建设规划,由国家国防交通主管机构会同国务院有关部门和军队有关部门编制。

第十八条 【国防交通物资储备规划编制主体】国防交通物资储备规划,由国防交通主管机构会同军地有关部门编制。

中央储备的国防交通物资,由国家国防交通主管机构会同国务院交通主管部门和军队有关部门编制储备规划。

地方储备的国防交通物资,由省、自治区、直辖市人民政府国防交通主管机构会同本级人民政府有关部门和有关军事机关编制储备规划。

第十九条 【国防交通科研规划编制主体】国防交通科研规划,由国家国防交通主管机构会同国务院有关部门和军队有关部门编制。

第三章 交通工程设施

第二十条 【交通工程设施建设准则】建设国防交通工程设施,应当以国防交通工程设施建设规划为依据,保障战时和平时特殊情况下国防交通畅通。

建设其他交通工程设施,应当依法贯彻国防要求,在建设中采用增强其国防功能的工程技术措施,提高国防交通保障能力。

第二十一条 【国防交通工程设施设计、施工、竣工验收】国防交通工程设施应当按照基本建设程序、相关技术标准和规范以及国防要求进行设计、施工和竣工验收。相关人民政府国防交通主管机构组织军队有关部门参与项目的设计审定、竣工验收等工作。

交通工程设施建设中为增加国防功能修建的项目应当与主体工程同步设计、同步建设、同步验收。

第二十二条 【为经济生活提供便利】国防交通工程设施在满足国防活动需要的前提下,应当为经济社会活动提供便利。

第二十三条 【国防交通工程设施管理主体】国防交通工程设施管理单位负责国防交通工程设施的维护和管理,保持其国防功能。

国防交通工程设施需要改变用途或者作报废处理的,由国防交通工程设施管理单位逐级上报国家国防交通主管机构或者其授权的国防交通主管机构批准。

县级以上人民政府应当加强对国防交通工程设施维护管理工作的监督检查。

第二十四条 【不得影响正常使用,危及设施安全】任何组织和个人进行生产和其他活动,不得影响国防交通工程设施的正常使用,不得危及国防交通工程设施的安全。

第二十五条 【国防交通主管机关了解情况】县级以上人民政府国防交通主管机构负责向本级人民政府交通主管部门以及相关企业事业单位了解交通工程设施建设项目的立项、设计、施工等情况;有关人民政府交通主管部门以及相关企业事业单位应当予以配合。

第二十六条 【国防交通主管机构及时向军事机关通报情况】县级以上人民政府国防交通主管机构应当及时向有关军事机关通报交通工程设施建设情况,并征求其贯彻国防要求的意见,汇总后提出需要贯彻国防要求的具体项目。

第二十七条 【贯彻国防要求的交通工程设施建设项目由各部门协商确定,费用由国家承担】对需要贯彻国防要求的交通工程设施建设项目,由有关人民政府国防交通主管机构会同本级人民政府发展改革部门、财政部门、交通主管部门和有关军事机关,与建设单位协商确定贯彻国防要求的具体事宜。

交通工程设施新建、改建、扩建项目因贯彻国防要求增加的费用由国家承担。有关部门应当对项目的实施予以支持和保障。

第二十八条 【各级人民政府对国防交通建设项目给予政策支持】各级人民政府对国防交通工程设施建设项目和贯彻国防要求的交通工程设施建设项目,在土地使用、城乡规划、财政、税费等方面,按照国家有关规定给予政策支持。

第四章 民用运载工具

第二十九条 【国家国防交通主管机构确定类别和范围】国家国防交通主管机构应当根据国防需要,会同国务院有关部门和军队有关部门,确定需要贯彻国防要求的民用运载工具的类别和范围,及时向社会公布。

国家鼓励公民和组织建造、购置、经营前款规定的类别和范围内的民用运载工具及其相关设备。

第三十条 【人民政府国防交通主管机构应当向登记管理部门和建造、购置人了解情况】县级以上人民政府国防交通主管机构应当向民用运载工具登记管理部门和建造、购置人了解需要贯彻国防要求的民用运载工具的建造、购置、使用等情况,有关公民和组织应当予以配合。

第三十一条 【人民政府国防交通主管机构提出贯彻国防要求具体项目】县级以上人民政府国防交通主管机构应当及时将掌握的民用运载工具基本情况通报有关军事机关,并征求其贯彻国防要求的意见,汇总后提出需要贯彻国防要求的民用运载工具的具体项目。

第三十二条 【各部门协商具体项目,并签订相关协议】对需要贯彻国防要求的民用运载工具的具体项目,由县级以上人民政府国防交通主管机构会同本级人民政府财政部门、交通主管部门和有关军事机关,与有关公民和组织协商确定贯彻国防要求的具体事宜,并签订相关协议。

第三十三条 【费用由国家承担,有关部门给予支持】民用运载工具因贯彻国防要求增加的费用由国家承担。有关部门应当对民用运载工具贯彻国防要求的实施予以支持和保障。

各级人民政府对贯彻国防要求的民用运载工具在服务采购、运营范围等方面,按照有关规定给予政策支持。

第三十四条 【所有权人、承租人、经营人负责维护和管理】贯彻国防要求的民用运载工具所有权人、承租人、经营人负责民用运载工具的维护和管理,保障其使用效能。

第五章 国防运输

第三十五条 【国防运输基本原则】县级以上人民政府交通主管部门会同军队有关交通运输部门按照统一计划、集中指挥、迅速准确、安全保密的原则,组织国防运输。

承担国防运输任务的公民和组织应当优先安排国防运输任务。

第三十六条 【组织建设支援力量】国家以大中型运输企业为主要依托,组织建设战略投送支援力量,增强战略投送能力,为快速组织远距离、大规模国防运输提供有效支持。

承担战略投送支援任务的企业负责编组人员和装备,根据有关规定制定实施预案,进行必要的训练、演练,提高执行战略投送任务的能力。

第三十七条 【人民政府和军事机关加强保障设施建设,相关单位提供必要保障】各级人民政府和军事机关应当加强国防运输供应、装卸等保障设施建设。

县级以上地方人民政府和相关企业事业单位,应当根据国防运输的需要提供饮食饮水供应、装卸作业、医疗救护、通行与休整、安全警卫等方面的必要的服务或者保障。

第三十八条 【国家驻外机构和我国企业及境外机构应提供协助】国家驻外机构和我国从事国际运输业务的企业及其境外机构,应当为我国实施国际救援、海上护航和维护国家海外利益的军事行动的船舶、飞机、车辆和人员的补给、休整提供协助。

国家有关部门应当对前款规定的机构和企业为海外军事行动提供协助所需的人员和运输工具、货物等的出境入境提供相关便利。

第三十九条 【公民和组织完成任务的费用由使用单位支付】公民和组织完成国防运输任务所发生的费用,由使用单位按照不低于市场价格的原则支付。具体办法由国务院财政部门、交通主管部门和中央军事委员会后勤保障部规定。

第四十条 【军队可以在相关企业、地区派驻军事代表】军队根据需要,可以在相关交通企业或者交通企业较为集中的地区派驻军事代表,会同有关单位共同完成国防运输和交通保障任务。

军事代表驻在单位和驻在地人民政府有关部门,应当为军事代表开展工作提供便利。

军事代表的派驻和工作职责,按照国务院、中央军事委员会的有关规定执行。

第六章 国防交通保障

第四十一条 【国防交通主管机构组织人民政府和军事机关制定保障措施】各级国防交通主管机构组织人民政府有关部门和有关军事机关制定国防交通保障方案,明确重点交通目标、线路以及保障原则、任务、技术措施和组织措施。

第四十二条 【国务院有关部门和人民政府组织企事业单位抢修】国务院有关部门和县级以上地方人民政府按照职责分工,组织有关企业事业单位实施交通工程设施抢修、抢建和运载工具抢修,保障国防活动顺利进行。有关军事机关应当给予支持和协助。

第四十三条 【管理单位和保障单位应当编制保障预案】国防交通保障方案确定的重点交通目标的管理单位和预定承担保障任务的单位,应当根据有关规定编制重点交通目标保障预案,并做好相关准备。

第四十四条 【管理单位和保障单位应做好应急措施】重点交通目标的管理单位和预定承担保障任务的单位,在重点交通目标受到破坏威胁时,应当立即启动保障预案,做好相应准备;在重点交通目标遭受破坏时,应当按照任务分工,迅速组织实施工程加固和抢修、抢建,尽快恢复交通。

与国防运输有关的其他交通工程设施遭到破坏的,其管理单位应当及时按照管理关系向上级报告,同时组织修复。

第四十五条 【国防交通主管机构会同有关部门确定控制范围土地】县级以上人民政府国防交通主管机构会同本级人民政府国土资源、城乡规划等主管部门确定预定抢建重要国防交通工程设施的土地,作为国防交通控制范围,纳入土地利用总体规划和城乡规划。

未经县级以上人民政府国土资源主管部门、城乡规划主管部门和国防交通主管机构批准,任何组织和个人不得占用作为国防交通控制范围的土地。

第四十六条 【重点目标的对空、对海防御,地面防卫,工程技术防护及其他交通设施防护】重点交通目标的对空、对海防御,由军队有关部门纳入对空、对海防御计划,统一组织实施。

重点交通目标的地面防卫,由其所在地县级以上人民政府和有关军事机关共同组织实施。

重点交通目标的工程技术防护,由其所在地县级以上人民政府交通主管部门会同本级人民政府国防交通主管机构、人民防空主管部门,组织指导其管理单位和保障单位实施。

重点交通目标以外的其他交通设施的防护,由其所在地县级以上人民政府按照有关规定执行。

第四十七条　【特殊需要应按权限和程序采取措施】因重大军事行动和国防科研生产试验以及与国防相关的保密物资、危险品运输等特殊需要,县级以上人民政府有关部门应当按照规定的权限和程序,在相关地区的陆域、水域、空域采取必要的交通管理措施和安全防护措施。有关军事机关应当给予协助。

第四十八条　【交通主管部门组织企事业单位开展训练、演练】县级以上人民政府交通主管部门和有关军事机关、国防交通主管机构应当根据需要,组织相关企业事业单位开展国防交通专业保障队伍的训练、演练。

国防交通专业保障队伍由企业事业单位按照有关规定组建。

参加训练、演练的国防交通专业保障队伍人员的生活福利待遇,参照民兵参加军事训练的有关规定执行。

第四十九条　【国防交通专业保障队伍执行任务,由人民政府统一调配】国防交通专业保障队伍执行国防交通工程设施抢修、抢建、防护和民用运载工具抢修以及人员物资抢运等任务,由县级以上人民政府国防交通主管机构会同本级人民政府交通主管部门统一调配。

国防交通专业保障队伍的车辆、船舶和其他机动设备,执行任务时按照国家国防交通主管机构的规定设置统一标志,可以优先通行。

第五十条　【人民政府对承担任务的企业和个人给予政策支持】各级人民政府对承担国防交通保障任务的企业和个人,按照有关规定给予政策支持。

第七章　国防交通物资储备

第五十一条　【国家建立国防交通物资储备制度】国家建立国防交通物资储备制度,保证战时和平时特殊情况下国防交通顺畅的需要。

国防交通物资储备应当布局合理、规模适度,储备的物资应当符合国家规定的质量标准。

国防交通储备物资的品种由国家国防交通主管机构会同国务院有关部门和军队有关部门规定。

第五十二条　【国防交通储备物资存储管理制度的建立健全】国务院交通主管部门和省、自治区、直辖市人民政府国防交通主管机构，应当按照有关规定确定国防交通储备物资储存管理单位，监督检查国防交通储备物资管理工作。

国防交通储备物资储存管理单位应当建立健全管理制度，按照国家有关规定和标准对储备物资进行保管、维护和更新，保证储备物资的使用效能和安全，不得挪用、损坏和丢失储备物资。

第五十三条　【特殊情况下的物资调用】战时和平时特殊情况下执行交通防护和抢修、抢建任务，或者组织重大军事演习，抢险救灾以及国防交通专业保障队伍训练、演练等需要的，可以调用国防交通储备物资。

调用中央储备的国防交通物资，由国家国防交通主管机构批准；调用地方储备的国防交通物资，由省、自治区、直辖市人民政府国防交通主管机构批准。

国防交通储备物资储存管理单位，应当严格执行储备物资调用指令，不得拒绝或者拖延。

未经批准，任何组织和个人不得动用国防交通储备物资。

第五十四条　【国防交通储备物资的改用用途或报废处理】国防交通储备物资因产品技术升级、更新换代或者主要技术性能低于使用维护要求，丧失储备价值的，可以改变用途或者作报废处理。

中央储备的国防交通物资需要改变用途或者作报废处理的，由国家国防交通主管机构组织技术鉴定并审核后，报国务院财政部门审批。

地方储备的国防交通物资需要改变用途或者作报废处理的，由省、自治区、直辖市人民政府国防交通主管机构组织技术鉴定并审核后，报本级人民政府财政部门审批。

中央和地方储备的国防交通物资改变用途或者报废获得的收益，应当上缴本级国库，纳入财政预算管理。

第八章　法　律　责　任

第五十五条　【违反本法规定的法律责任】违反本法规定，有下列行为之一的，由县级以上人民政府交通主管部门或者国防交通主管机构责令限期改正,对负有直接责任的主管人员和其他直接责任人员依法给予处分;有违法所得的,予以没收,并处违法所得一倍以上五倍以下罚款：

（一）擅自改变国防交通工程设施用途或者作报废处理的;

（二）拒绝或者故意拖延执行国防运输任务的;

（三）拒绝或者故意拖延执行重点交通目标抢修、抢建任务的;

（四）拒绝或者故意拖延执行国防交通储备物资调用命令的;

（五）擅自改变国防交通储备物资用途或者作报废处理的;

（六）擅自动用国防交通储备物资的;

（七）未按照规定保管、维护国防交通储备物资,造成损坏、丢失的。

上述违法行为造成财产损失的,依法承担赔偿责任。

第五十六条 【相关部门工作人员违法的法律责任】国防交通主管机构、有关军事机关以及交通主管部门和其他相关部门的工作人员违反本法规定,有下列情形之一的,对负有直接责任的主管人员和其他直接责任人员依法给予处分：

（一）滥用职权或者玩忽职守,给国防交通工作造成严重损失的;

（二）贪污、挪用国防交通经费、物资的;

（三）泄露在国防交通工作中知悉的国家秘密和商业秘密的;

（四）在国防交通工作中侵害公民或者组织合法权益的。

第五十七条 【治安管理处罚与刑事追责】违反本法规定,构成违反治安管理行为的,依法给予治安管理处罚;构成犯罪的,依法追究刑事责任。

第九章 附 则

第五十八条 【术语含义】本法所称国防交通工程设施,是指国家为国防目的修建的交通基础设施以及国防交通专用的指挥、检修、装卸、仓储等工程设施。

本法所称国防运输,是指政府和军队为国防目的运用军民交通运输资源,运送人员、装备、物资的活动。军队运用自身资源进行的运输活动,按照中央军事委员会有关规定执行。

第五十九条 【适用范围】与国防交通密切相关的信息设施、设备和专业保障队伍的建设、管理、使用活动,适用本法。

国家对信息动员另有规定的,从其规定。

第六十条 【施行日期】本法自2017年1月1日起施行。

中华人民共和国军事设施保护法

1. 1990年2月23日第七届全国人民代表大会常务委员会第十二次会议通过
2. 根据2009年8月27日第十一届全国人民代表大会常务委员会第十次会议《关于修改部分法律的决定》第一次修正
3. 根据2014年6月27日第十二届全国人民代表大会常务委员会第九次会议《关于修改〈中华人民共和国军事设施保护法〉的决定》第二次修正
4. 2021年6月10日第十三届全国人民代表大会常务委员会第二十九次会议修订

目　录

第一章　总　　则
第二章　军事禁区、军事管理区的划定
第三章　军事禁区的保护
第四章　军事管理区的保护
第五章　没有划入军事禁区、军事管理区的军事设施的保护
第六章　管理职责
第七章　法律责任
第八章　附　　则

第一章　总　则

第一条　【立法目的和根据】为了保护军事设施的安全，保障军事设施的使用效能和军事活动的正常进行，加强国防现代化建设，巩固国防，抵御侵略，根据宪法，制定本法。

第二条　【军事设施】本法所称军事设施，是指国家直接用于军事目的的下列建筑、场地和设备：
　　（一）指挥机关，地上和地下的指挥工程、作战工程；
　　（二）军用机场、港口、码头；
　　（三）营区、训练场、试验场；
　　（四）军用洞库、仓库；
　　（五）军用信息基础设施，军用侦察、导航、观测台站，军用测量、导

航、助航标志；

（六）军用公路、铁路专用线，军用输电线路，军用输油、输水、输气管道；

（七）边防、海防管控设施；

（八）国务院和中央军事委员会规定的其他军事设施。

前款规定的军事设施，包括军队为执行任务必需设置的临时设施。

第三条 【军事设施保护工作】军事设施保护工作坚持中国共产党的领导。各级人民政府和军事机关应当共同保护军事设施，维护国防利益。

国务院、中央军事委员会按照职责分工，管理全国的军事设施保护工作。地方各级人民政府会同有关军事机关，管理本行政区域内的军事设施保护工作。

有关军事机关应当按照规定的权限和程序，提出需要地方人民政府落实的军事设施保护需求，地方人民政府应当会同有关军事机关制定具体保护措施并予以落实。

设有军事设施的地方，有关军事机关和县级以上地方人民政府应当建立军地军事设施保护协调机制，相互配合，监督、检查军事设施的保护工作，协调解决军事设施保护工作中的问题。

第四条 【保护义务】中华人民共和国的组织和公民都有保护军事设施的义务。

禁止任何组织或者个人破坏、危害军事设施。

任何组织或者个人对破坏、危害军事设施的行为，都有权检举、控告。

第五条 【统筹兼顾】国家统筹兼顾经济建设、社会发展和军事设施保护，促进经济社会发展和军事设施保护相协调。

第六条 【分类保护、确保重点方针】国家对军事设施实行分类保护、确保重点的方针。军事设施的分类和保护标准，由国务院和中央军事委员会规定。

第七条 【扶持政策、措施】国家对因设有军事设施、经济建设受到较大影响的地方，采取相应扶持政策和措施。具体办法由国务院和中央军事委员会规定。

第八条 【表彰、奖励】对在军事设施保护工作中做出突出贡献的组织和个人，依照有关法律、法规的规定给予表彰和奖励。

第二章　军事禁区、军事管理区的划定

第九条　【军事禁区、军事管理区】军事禁区、军事管理区根据军事设施的性质、作用、安全保密的需要和使用效能的要求划定，具体划定标准和确定程序，由国务院和中央军事委员会规定。

本法所称军事禁区，是指设有重要军事设施或者军事设施安全保密要求高、具有重大危险因素，需要国家采取特殊措施加以重点保护，依照法定程序和标准划定的军事区域。

本法所称军事管理区，是指设有较重要军事设施或者军事设施安全保密要求较高、具有较大危险因素，需要国家采取特殊措施加以保护，依照法定程序和标准划定的军事区域。

第十条　【军事禁区、军事管理区的确定】军事禁区、军事管理区由国务院和中央军事委员会确定，或者由有关军事机关根据国务院和中央军事委员会的规定确定。

军事禁区、军事管理区的撤销或者变更，依照前款规定办理。

第十一条　【军事禁区、军事管理区的范围划定】陆地和水域的军事禁区、军事管理区的范围，由省、自治区、直辖市人民政府和有关军级以上军事机关共同划定，或者由省、自治区、直辖市人民政府、国务院有关部门和有关军级以上军事机关共同划定。空中军事禁区和特别重要的陆地、水域军事禁区的范围，由国务院和中央军事委员会划定。

军事禁区、军事管理区的范围调整，依照前款规定办理。

第十二条　【设置标志牌】军事禁区、军事管理区应当由县级以上地方人民政府按照国家统一规定的样式设置标志牌。

第十三条　【军事禁区、军事管理区范围的划定或者调整】军事禁区、军事管理区范围的划定或者调整，应当在确保军事设施安全保密和使用效能的前提下，兼顾经济建设、生态环境保护和当地居民的生产生活。

因军事设施建设需要划定或者调整军事禁区、军事管理区范围的，应当在军事设施建设项目开工建设前完成。但是，经战区级以上军事机关批准的除外。

第十四条　【依法办理征收、征用不动产等情形】军事禁区、军事管理区范围的划定或者调整，需要征收、征用土地、房屋等不动产，压覆矿产资源，或者使用海域、空域等的，依照有关法律、法规的规定办理。

第十五条　【临时军事禁区、临时军事管理区范围的划定】军队为执行任务

设置的临时军事设施需要划定陆地、水域临时军事禁区、临时军事管理区范围的,由县级以上地方人民政府和有关团级以上军事机关共同划定,并各自向上一级机关备案。其中,涉及有关海事管理机构职权的,应当在划定前征求其意见。划定之后,由县级以上地方人民政府或者有关海事管理机构予以公告。

军队执行任务结束后,应当依照前款规定的程序及时撤销划定的陆地、水域临时军事禁区、临时军事管理区。

第三章 军事禁区的保护

第十六条 【军事禁区障碍物或者界线标志的设置】军事禁区管理单位应当根据具体条件,按照划定的范围,为陆地军事禁区修筑围墙、设置铁丝网等障碍物,为水域军事禁区设置障碍物或者界线标志。

水域军事禁区的范围难以在实际水域设置障碍物或者界线标志的,有关海事管理机构应当向社会公告水域军事禁区的位置和边界。海域的军事禁区应当在海图上标明。

第十七条 【禁止进入军事禁区】禁止陆地、水域军事禁区管理单位以外的人员、车辆、船舶等进入军事禁区,禁止航空器在陆地、水域军事禁区上空进行低空飞行,禁止对军事禁区进行摄影、摄像、录音、勘察、测量、定位、描绘和记述。但是,经有关军事机关批准的除外。

禁止航空器进入空中军事禁区,但依照国家有关规定获得批准的除外。

使用军事禁区的摄影、摄像、录音、勘察、测量、定位、描绘和记述资料,应当经有关军事机关批准。

第十八条 【陆地和水域军事禁区的禁止行为】在陆地军事禁区内,禁止建造、设置非军事设施,禁止开发利用地下空间。但是,经战区级以上军事机关批准的除外。

在水域军事禁区内,禁止建造、设置非军事设施,禁止从事水产养殖、捕捞以及其他妨碍军用舰船行动、危害军事设施安全和使用效能的活动。

第十九条 【安全控制范围】在陆地、水域军事禁区内采取的防护措施不足以保证军事设施安全保密和使用效能,或者陆地、水域军事禁区内的军事设施具有重大危险因素的,省、自治区、直辖市人民政府和有关军事机关,或者省、自治区、直辖市人民政府、国务院有关部门和有关军事机关根据军事设施性质、地形和当地经济建设、社会发展情况,可以在共同划定陆地、水域军事禁区范围的同时,在禁区外围共同划定安全控制范围,并在其外沿设置安全警戒标志。

安全警戒标志由县级以上地方人民政府按照国家统一规定的样式设置,地点由军事禁区管理单位和当地县级以上地方人民政府共同确定。

水域军事禁区外围安全控制范围难以在实际水域设置安全警戒标志的,依照本法第十六条第二款的规定执行。

第二十条 【军事禁区外安全控制范围内的限制行为】划定陆地、水域军事禁区外围安全控制范围,不改变原土地及土地附着物、水域的所有权。在陆地、水域军事禁区外围安全控制范围内,当地居民可以照常生产生活,但是不得进行爆破、射击以及其他危害军事设施安全和使用效能的活动。

因划定军事禁区外围安全控制范围影响不动产所有权人或者用益物权人行使权利的,依照有关法律、法规的规定予以补偿。

第四章 军事管理区的保护

第二十一条 【障碍物、界线标志的设置】军事管理区管理单位应当根据具体条件,按照划定的范围,为军事管理区修筑围墙、设置铁丝网或者界线标志。

第二十二条 【许可进入】军事管理区管理单位以外的人员、车辆、船舶等进入军事管理区,或者对军事管理区进行摄影、摄像、录音、勘察、测量、定位、描绘和记述,必须经军事管理区管理单位批准。

第二十三条 【陆地和水域军事管理区内的禁止行为】在陆地军事管理区内,禁止建造、设置非军事设施,禁止开发利用地下空间。但是,经军级以上军事机关批准的除外。

在水域军事管理区内,禁止从事水产养殖;未经军级以上军事机关批准,不得建造、设置非军事设施;从事捕捞或者其他活动,不得影响军用舰船的战备、训练、执勤等行动。

第二十四条 【军民合用设施的管理办法】划为军事管理区的军民合用港口的水域,实行军地分区管理;在地方管理的水域内需要新建非军事设施的,必须事先征得军事设施管理单位的同意。

划为军事管理区的军民合用机场、港口、码头的管理办法,由国务院和中央军事委员会规定。

第五章　没有划入军事禁区、军事管理区的军事设施的保护

第二十五条　【军事设施保护】没有划入军事禁区、军事管理区的军事设施,军事设施管理单位应当采取措施予以保护;军队团级以上管理单位也可以委托当地人民政府予以保护。

第二十六条　【采石、取土、爆破等活动不得危害军事设施】在没有划入军事禁区、军事管理区的军事设施一定距离内进行采石、取土、爆破等活动,不得危害军事设施的安全和使用效能。

第二十七条　【安全保护范围】没有划入军事禁区、军事管理区的作战工程外围应当划定安全保护范围。作战工程的安全保护范围,应当根据作战工程性质、地形和当地经济建设、社会发展情况,由省、自治区、直辖市人民政府和有关军事机关共同划定,或者由省、自治区、直辖市人民政府、国务院有关部门和有关军事机关共同划定。在作战工程布局相对集中的地区,作战工程安全保护范围可以连片划定。县级以上地方人民政府应当按照有关规定为作战工程安全保护范围设置界线标志。

　　作战工程安全保护范围的撤销或者调整,依照前款规定办理。

第二十八条　【划定安全保护范围注意事项】划定作战工程安全保护范围,不改变原土地及土地附着物的所有权。在作战工程安全保护范围内,当地居民可以照常生产生活,但是不得进行开山采石、采矿、爆破;从事修筑建筑物、构筑物、道路和进行农田水利基本建设、采伐林木等活动,不得危害作战工程安全和使用效能。

　　因划定作战工程安全保护范围影响不动产所有权人或者用益物权人行使权利的,依照有关法律、法规的规定予以补偿。

　　禁止私自开启封闭的作战工程,禁止破坏作战工程的伪装,禁止阻断进出作战工程的通道。未经作战工程管理单位师级以上的上级主管军事机关批准,不得对作战工程进行摄影、摄像、录音、勘察、测量、定位、描绘和记述,不得在作战工程内存放非军用物资器材或者从事种植、养殖等生产活动。

　　新建工程和建设项目,确实难以避开作战工程的,应当按照国家有关规定提出拆除或者迁建、改建作战工程的申请;申请未获批准的,不得拆除或者迁建、改建作战工程。

第二十九条　【军用机场净空保护区域内的禁止行为】在军用机场净空保

护区域内,禁止修建超出机场净空标准的建筑物、构筑物或者其他设施,不得从事影响飞行安全和机场助航设施使用效能的活动。

军用机场管理单位应当定期检查机场净空保护情况,发现修建的建筑物、构筑物或者其他设施超过军用机场净空保护标准的,应当及时向有关军事机关和当地人民政府主管部门报告。有关军事机关和当地人民政府主管部门应当依照本法规定及时处理。

第三十条　【有关军事机关和地方人民政府的义务】有关军事机关应当向地方人民政府通报当地军用机场净空保护有关情况和需求。

地方人民政府应当向有关军事机关通报可能影响军用机场净空保护的当地有关国土空间规划和高大建筑项目建设计划。

地方人民政府应当制定保护措施,督促有关单位对军用机场净空保护区域内的高大建筑物、构筑物或者其他设施设置飞行障碍标志。

第三十一条　【净空保护工作】军民合用机场以及由军队管理的保留旧机场、直升机起落坪的净空保护工作,适用军用机场净空保护的有关规定。

公路飞机跑道的净空保护工作,参照军用机场净空保护的有关规定执行。

第三十二条　【保护军用管线安全】地方各级人民政府和有关军事机关采取委托看管、分段负责等方式,实行军民联防,保护军用管线安全。

地下军用管线应当设立路由标石或者永久性标志,易遭损坏的路段、部位应当设置标志牌。已经公布具体位置、边界和路由的海域水下军用管线应当在海图上标明。

第三十三条　【军用无线电固定设置电磁环境保护范围内的禁止行为】在军用无线电固定设施电磁环境保护范围内,禁止建造、设置影响军用无线电固定设施使用效能的设备和电磁障碍物体,不得从事影响军用无线电固定设施电磁环境的活动。

军用无线电固定设施电磁环境的保护措施,由军地无线电管理机构按照国家无线电管理相关规定和标准共同确定。

军事禁区、军事管理区内无线电固定设施电磁环境的保护,适用前两款规定。

军用无线电固定设施电磁环境保护涉及军事系统与非军事系统间的无线电管理事宜的,按照国家无线电管理的有关规定执行。

第三十四条　【对边防、海防管控设施的保护】未经国务院和中央军事委员会批准或者国务院和中央军事委员会授权的机关批准,不得拆除、移动边防、海防管控设施,不得在边防、海防管控设施上搭建、设置民用设施。在边防、海防管控设施周边安排建设项目,不得危害边防、海防管控设施安全和使用效能。

第三十五条 【**对军用测量标志的保护**】任何组织和个人不得损毁或者擅自移动军用测量标志。在军用测量标志周边安排建设项目,不得危害军用测量标志安全和使用效能。

军用测量标志的保护,依照有关法律、法规的规定执行。

第六章 管理职责

第三十六条 【**编制国民经济和社会发展规划等应兼顾军事设施保护的需要**】县级以上地方人民政府编制国民经济和社会发展规划、安排可能影响军事设施保护的建设项目,国务院有关部门、地方人民政府编制国土空间规划等规划,应当兼顾军事设施保护的需要,并按照规定书面征求有关军事机关的意见。必要时,可以由地方人民政府会同有关部门、有关军事机关对建设项目进行评估。

国务院有关部门或者县级以上地方人民政府有关部门审批前款规定的建设项目,应当审查征求军事机关意见的情况;对未按规定征求军事机关意见的,应当要求补充征求意见;建设项目内容在审批过程中发生的改变可能影响军事设施保护的,应当再次征求有关军事机关的意见。

有关军事机关应当自收到征求意见函之日起三十日内提出书面答复意见;需要请示上级军事机关或者需要勘察、测量、测试的,答复时间可以适当延长,但通常不得超过九十日。

第三十七条 【**配合地方经济建设、生态环保和社会发展需求**】军队编制军事设施建设规划、组织军事设施项目建设,应当考虑地方经济建设、生态环境保护和社会发展的需要,符合国土空间规划等规划的总体要求,并进行安全保密环境评估和环境影响评价。涉及国土空间规划等规划的,应当征求国务院有关部门、地方人民政府的意见,尽量避开生态保护红线、自然保护地、地方经济建设热点区域和民用设施密集区域。确实不能避开,需要将生产生活设施拆除或者迁建的,应当依法进行。

第三十八条 【**地方政府的建设项目或者旅游景点应避开军事设施**】县级以上地方人民政府安排建设项目或者开辟旅游景点,应当避开军事设施。

确实不能避开,需要将军事设施拆除、迁建或者改作民用的,由省、自治区、直辖市人民政府或者国务院有关部门和战区级军事机关商定,并报国务院和中央军事委员会批准或者国务院和中央军事委员会授权的机关批准;需要将军事设施改建的,由有关军事机关批准。

因前款原因将军事设施拆除、迁建、改建或者改作民用的,由提出需求的地方人民政府依照有关规定给予有关军事机关政策支持或者经费补助。将军事设施迁建、改建涉及用地用海用岛的,地方人民政府应当依法及时办理相关手续。

第三十九条 【拆除军事设施】军事设施因军事任务调整、周边环境变化和自然损毁等原因,失去使用效能并无需恢复重建的,军事设施管理单位应当按照规定程序及时报国务院和中央军事委员会批准或者国务院和中央军事委员会授权的机关批准,予以拆除或者改作民用。

军队执行任务结束后,应当及时将设置的临时军事设施拆除。

第四十条 【军民合用设施需经批准】军用机场、港口实行军民合用的,需经国务院和中央军事委员会批准。军用码头实行军民合用的,需经省、自治区、直辖市人民政府或者国务院有关部门会同战区级军事机关批准。

第四十一条 【制定具体保护措施】军事禁区、军事管理区和没有划入军事禁区、军事管理区的军事设施,县级以上地方人民政府应当会同军事设施管理单位制定具体保护措施,可以公告施行。

划入军事禁区、军事管理区的军事设施的具体保护措施,应当随军事禁区、军事管理区范围划定方案一并报批。

第四十二条 【各级军事机关的职责】各级军事机关应当严格履行保护军事设施的职责,教育军队人员爱护军事设施,保守军事设施秘密,建立健全保护军事设施的规章制度,监督、检查、解决军事设施保护工作中的问题。

有关军事机关应当支持配合军事设施保护执法、司法活动。

第四十三条 【军事设施管理单位的职责】军事设施管理单位应当认真执行有关保护军事设施的规章制度,建立军事设施档案,对军事设施进行检查、维护。

军事设施管理单位对军事设施的重要部位应当采取安全监控和技术防范措施,并及时根据军事设施保护需要和科技进步升级完善。

军事设施管理单位不得将军事设施用于非军事目的,但因执行应急救援等紧急任务的除外。

第四十四条 【军事设施管理单位的报告义务】军事设施管理单位应当了解掌握军事设施周边建设项目等情况,发现可能危害军事设施安全和使用效能的,应当及时向有关军事机关和当地人民政府主管部门报告,并配合有关部门依法处理。

第四十五条 【军事禁区、军事管理区管理单位的职责】军事禁区、军事管理区的管理单位应当依照有关法律、法规的规定,保护军事禁区、军事管理区内的生态环境、自然资源和文物。

第四十六条 【军用管线的保护】军事设施管理单位必要时应当向县级以上地方人民政府提供地下、水下军用管线的位置资料。地方进行建设时,当地人民政府应当对地下、水下军用管线予以保护。

第四十七条 【各级人民政府的职责】各级人民政府应当加强国防和军事设施保护教育,使全体公民增强国防观念,保护军事设施,保守军事设施秘密,制止破坏、危害军事设施的行为。

第四十八条 【定期检查和评估】县级以上地方人民政府应当会同有关军事机关,定期组织检查和评估本行政区域内军事设施保护情况,督促限期整改影响军事设施保护的隐患和问题,完善军事设施保护措施。

第四十九条 【军事设施保护目标责任制和考核评价制度】国家实行军事设施保护目标责任制和考核评价制度,将军事设施保护目标完成情况作为对地方人民政府、有关军事机关和军事设施管理单位及其负责人考核评价的内容。

第五十条 【设立公安机构】军事禁区、军事管理区需要公安机关协助维护治安管理秩序的,经国务院和中央军事委员会决定或者由有关军事机关提请省、自治区、直辖市公安机关批准,可以设立公安机构。

第五十一条 【违法行为的制止】违反本法规定,有下列情形之一的,军事设施管理单位的执勤人员应当予以制止:

(一)非法进入军事禁区、军事管理区或者在陆地、水域军事禁区上空低空飞行的;

(二)对军事禁区、军事管理区非法进行摄影、摄像、录音、勘察、测量、定位、描绘和记述的;

(三)进行破坏、危害军事设施的活动的。

第五十二条 【有第51条所列情形的处理措施】有本法第五十一条所列情

形之一,不听制止的,军事设施管理单位依照国家有关规定,可以采取下列措施:

(一)强制带离、控制非法进入军事禁区、军事管理区或者驾驶、操控航空器在陆地、水域军事禁区上空低空飞行的人员,对违法情节严重的人员予以扣留并立即移送公安、国家安全等有管辖权的机关;

(二)立即制止信息传输等行为,扣押用于实施违法行为的器材、工具或者其他物品,并移送公安、国家安全等有管辖权的机关;

(三)在紧急情况下,清除严重危害军事设施安全和使用效能的障碍物;

(四)在危及军事设施安全或者执勤人员生命安全等紧急情况下依法使用武器。

军人、军队文职人员和军队其他人员有本法第五十一条所列情形之一的,依照军队有关规定处理。

第七章 法律责任

第五十三条 【违法从事水产养殖等活动的处罚】违反本法第十七条、第十八条、第二十三条规定,擅自进入水域军事禁区,在水域军事禁区内从事水产养殖、捕捞,在水域军事管理区内从事水产养殖,或者在水域军事管理区内从事捕捞等活动影响军用舰船行动的,由交通运输、渔业等主管部门给予警告,责令离开,没收渔具、渔获物。

第五十四条 【违法建造军事设施的处罚】违反本法第十八条、第二十三条、第二十四条规定,在陆地、水域军事禁区、军事管理区内建造、设置非军事设施,擅自开发利用陆地军事禁区、军事管理区地下空间,或者在划为军事管理区的军民合用港口地方管理的水域未征得军事设施管理单位同意建造、设置非军事设施的,由住房和城乡建设、自然资源、交通运输、渔业等主管部门责令停止兴建活动,对已建成的责令限期拆除。

第五十五条 【违法进行开山采石等活动的处罚】违反本法第二十八条第一款规定,在作战工程安全保护范围内开山采石、采矿、爆破的,由自然资源、生态环境等主管部门以及公安机关责令停止违法行为,没收采出的产品和违法所得;修筑建筑物、构筑物、道路或者进行农田水利基本建设影响作战工程安全和使用效能的,由自然资源、生态环境、交通运输、农业农村、住房和城乡建设等主管部门给予警告,责令限期改正。

第五十六条 【违法破坏作战工程的处罚】违反本法第二十八条第三款规定,私自开启封闭的作战工程,破坏作战工程伪装,阻断作战工程通道,将作战工程用于存放非军用物资器材或者种植、养殖等生产活动的,由公安机关以及自然资源等主管部门责令停止违法行为,限期恢复原状。

第五十七条 【擅自拆除作战工程等行为的处罚】违反本法第二十八条第四款、第三十四条规定,擅自拆除、迁建、改建作战工程,或者擅自拆除、移动边防、海防管控设施的,由住房和城乡建设主管部门、公安机关等责令停止违法行为,限期恢复原状。

第五十八条 【修建超高建筑物等的处罚】违反本法第二十九条第一款规定,在军用机场净空保护区域内修建超出军用机场净空保护标准的建筑物、构筑物或者其他设施的,由住房和城乡建设、自然资源主管部门责令限期拆除超高部分。

第五十九条 【建造影响军用无线电固定设施的处罚】违反本法第三十三条规定,在军用无线电固定设施电磁环境保护范围内建造、设置影响军用无线电固定设施使用效能的设备和电磁障碍物体,或者从事影响军用无线电固定设施电磁环境的活动的,由自然资源、生态环境等主管部门以及无线电管理机构给予警告,责令限期改正;逾期不改正的,查封干扰设备或者强制拆除障碍物。

第六十条 【依治安管理处罚法第23条处罚】有下列行为之一的,适用《中华人民共和国治安管理处罚法》第二十三条的处罚规定:

(一)非法进入军事禁区、军事管理区或者驾驶、操控航空器在陆地、水域军事禁区上空低空飞行,不听制止的;

(二)在军事禁区外围安全控制范围内,或者在没有划入军事禁区、军事管理区的军事设施一定距离内,进行危害军事设施安全和使用效能的活动,不听制止的;

(三)在军用机场净空保护区域内,进行影响飞行安全和机场助航设施使用效能的活动,不听制止的;

(四)对军事禁区、军事管理区非法进行摄影、摄像、录音、勘察、测量、定位、描绘和记述,不听制止的;

(五)其他扰乱军事禁区、军事管理区管理秩序和危害军事设施安全的行为,情节轻微,尚不够刑事处罚的。

第六十一条 【依治安管理处罚法第28条处罚】违反国家规定,故意干扰军用无线电设施正常工作的,或者对军用无线电设施产生有害干扰,拒不按照有关主管部门的要求改正的,依照《中华人民共和国治安管理处罚法》第二十八条的规定处罚。

第六十二条 【依治安管理处罚法第33条处罚】毁坏边防、海防管控设施以及军事禁区、军事管理区的围墙、铁丝网、界线标志或者其他军事设施的,依照《中华人民共和国治安管理处罚法》第三十三条的规定处罚。

第六十三条 【追究刑事责任的行为】有下列行为之一,构成犯罪的,依法追究刑事责任:

(一)破坏军事设施的;

(二)过失损坏军事设施,造成严重后果的;

(三)盗窃、抢夺、抢劫军事设施的装备、物资、器材的;

(四)泄露军事设施秘密,或者为境外的机构、组织、人员窃取、刺探、收买、非法提供军事设施秘密的;

(五)破坏军用无线电固定设施电磁环境,干扰军用无线电通讯,情节严重的;

(六)其他扰乱军事禁区、军事管理区管理秩序和危害军事设施安全的行为,情节严重的。

第六十四条 【对军人、军队文职人员和军队其他人员违法行为的处罚】军人、军队文职人员和军队其他人员有下列行为之一,按照军队有关规定给予处分;构成犯罪的,依法追究刑事责任:

(一)有本法第五十三条至第六十三条规定行为的;

(二)擅自将军事设施用于非军事目的,或者有其他滥用职权行为的;

(三)擅离职守或者玩忽职守的。

第六十五条 【对公职人员违法行为的处罚】公职人员在军事设施保护工作中有玩忽职守、滥用职权、徇私舞弊等行为的,依法给予处分;构成犯罪的,依法追究刑事责任。

第六十六条 【海警机构和有关部门依法处罚】违反本法规定,破坏、危害军事设施的,属海警机构职权范围的,由海警机构依法处理。

违反本法规定,有其他破坏、危害军事设施行为的,由有关主管部门依法处理。

第六十七条 【赔偿责任】违反本法规定,造成军事设施损失的,依法承担赔偿责任。

第六十八条　【战时违法的法律责任】战时违反本法的,依法从重追究法律责任。

第八章　附　　则

第六十九条　【武警部队所属军事设施的保护】中国人民武装警察部队所属军事设施的保护,适用本法。

第七十条　【重要武器装备设施的保护】国防科技工业重要武器装备的科研、生产、试验、存储等设施的保护,参照本法有关规定执行。具体办法和设施目录由国务院和中央军事委员会规定。

第七十一条　【立法委任】国务院和中央军事委员会根据本法制定实施办法。

第七十二条　【施行日期】本法自2021年8月1日起施行。

中华人民共和国军事设施保护法实施办法

2001年1月12日国务院令第298号公布施行

第一章　总　　则

第一条　根据《中华人民共和国军事设施保护法》(以下简称军事设施保护法)的规定,制定本办法。

第二条　设有军事设施的地方,县级以上地方人民政府和驻地有关军事机关共同成立军事设施保护委员会,负责协调、指导本行政区域内的军事设施保护工作。

军事设施保护委员会的办事机构设在省军区(卫戍区、警备区)、军分区(警备区)、县(自治县、市、市辖区)人民武装部,具体办理军事设施保护委员会的日常工作。

第三条　军事设施保护委员会履行下列职责:

(一)依照军事设施保护法律、法规和国家的方针、政策,制定军事设施保护措施;

(二)组织指导本行政区域内的军事设施保护工作,协调解决军事设施保护工作的有关事宜；

（三）组织开展军事设施保护的宣传教育工作；

（四）组织开展军事设施保护法律、法规执行情况的监督检查。

第四条　中国人民解放军总参谋部在国务院和中央军事委员会的领导下，主管全国的军事设施保护工作，指导各级军事设施保护委员会的工作。

军区司令机关主管辖区内的军事设施保护工作，指导辖区内各级军事设施保护委员会的工作。

上级军事设施保护委员会指导下级军事设施保护委员会的工作。

第五条　国务院有关部门在各自的职责范围内，负责军事设施保护的有关工作，并协助军事机关落实军事设施保护措施。

县级以上地方人民政府负责本行政区域内军事设施保护的有关工作，并协助驻地军事机关落实军事设施保护措施。

第六条　军事机关应当向驻地人民政府介绍军事设施的有关情况，听取驻地人民政府的意见；地方人民政府应当向驻地军事机关介绍经济建设的有关情况，听取驻地军事机关的意见。

第七条　各级人民政府和军事机关对在军事设施保护工作中做出显著成绩的组织和个人，给予表彰、奖励。

第二章　军事禁区、军事管理区的保护

第八条　军事禁区、军事管理区的确定及其范围的划定，以及军事禁区外围安全控制范围的划定，依照军事设施保护法和国务院、中央军事委员会的有关规定办理。

第九条　在水域军事禁区内，禁止非军用船只进入，禁止建筑、设置非军事设施，禁止从事水产养殖、捕捞以及其他有碍军用舰船行动和安全保密的活动。

第十条　在水域军事管理区内，禁止建筑、设置非军事设施，禁止从事水产养殖；从事捕捞或者其他活动，不得影响军用舰船的行动。

第十一条　划为军事管理区的军民合用港口的水域，实行军地分区管理；在地方管理的水域内需要新建非军事设施的，必须事先征得有关军事设施管理单位的同意。

第十二条　军事禁区、军事管理区应当设立标志牌。标志牌的样式、质地和

规格由省、自治区、直辖市军事设施保护委员会规定，标志牌由县级以上地方人民政府负责设立。

水域军事禁区、军事管理区的范围难以在实际水域设置界线标志或者障碍物表示的，由当地交通、渔业行政主管部门共同向社会公告，并由测绘主管部门在海图上标明。

第三章 作战工程的保护

第十三条 军事设施保护法所称作战工程，包括坑道、永备工事以及配套的专用道路、桥涵以及水源、供电、战备用房等附属设施。

第十四条 未划入军事禁区、军事管理区的作战工程应当在作战工程外围划定安全保护范围。作战工程的安全保护范围，根据工程部署、地形和当地经济建设情况，由省军区或者作战工程管理单位的上级军级以上主管军事机关提出方案，报军区和省、自治区、直辖市人民政府批准。

在作战工程布局相对集中的地区，作战工程安全保护范围可以连片划定。

第十五条 作战工程安全保护范围的划定，不影响安全保护范围内的土地及其附着物的所有权、使用权，安全保护范围内的单位、居民可以照常生产、生活，但不得危害军事设施的安全保密和使用效能。

第十六条 在作战工程安全保护范围内，禁止开山采石、采矿、爆破，禁止采伐林木；修筑建筑物、构筑物、道路和进行农田水利基本建设，应当征得作战工程管理单位的上级主管军事机关和当地军事设施保护委员会同意，并不得影响作战工程的安全保密和使用效能。

第十七条 禁止私自开启封闭的作战工程，禁止破坏作战工程的伪装，禁止阻断入出作战工程的通道。

未经作战工程管理单位的上级师级以上主管军事机关批准，不得对作战工程进行摄影、摄像、勘察、测量、描绘和记述，不得在作战工程内存放非军用物资器材或者从事种植、养殖等生产活动。

第十八条 新建工程和建设项目，确实难以避开作战工程的，应当按照国家有关规定提出拆除或者迁建、改建作战工程的申请；申请未获批准，不得拆除或者迁建、改建作战工程。

第四章 军用机场净空的保护

第十九条 本办法所称军用机场净空，是指保证军用飞机（含直升机）起飞、着陆和复飞的安全,在飞行场地周围划定的限制物体高度的空间区域。

军用机场净空保护标准按照国家有关规定执行。

第二十条　在军用机场净空保护区域内,禁止修建超出机场净空标准的建筑物、构筑物或者其他设施。

第二十一条　在军用机场净空保护区域内种植植物,设置灯光或者物体,排放烟尘、粉尘、火焰、废气或者从事其他类似活动,不得影响飞行安全和机场助航设施的使用效能。

第二十二条　军用机场管理单位应当了解当地城市规划和村庄、集镇规划和高大建筑项目建设计划,提供军用机场净空保护技术咨询。

第二十三条　在军用机场净空保护区域内建设高大建筑物、构筑物或者其他设施的,建设单位必须在申请立项前书面征求军用机场管理单位的军级以上主管军事机关的意见;未征求军事机关意见或者建设项目设计高度超过军用机场净空保护标准的,国务院有关部门、地方人民政府有关部门不予办理建设许可手续。

第二十四条　军用机场管理单位应当定期检查机场净空保护情况,发现擅自修建超过军用机场净空保护标准的建筑物、构筑物或者其他设施的,应当及时向上级和当地军事设施保护委员会报告。

地方人民政府应当掌握当地军用机场净空保护有关情况,制定保护措施,督促有关单位对军用机场净空保护区域内的高大建筑物、构筑物或者其他设施设置飞行障碍标志。

第二十五条　在军用机场侧净空保护区域内原有自然障碍物附近新建高大建筑物、构筑物或者其他设施,必须符合国家有关机场净空的规定。

第二十六条　军民合用机场以及由军队管理的保留旧机场、公路飞行跑道的净空保护工作,适用军用机场净空保护的有关规定。

第五章　军用通信、输电线路和军用输油、输水管道的保护

第二十七条　军事设施保护法所称军用通信、输电线路包括:

(一)架空线路:电杆(杆塔)、电线(缆)、变压器、配电室以及其他附属设施;

(二)埋设线路:地下、水底电(光)缆,管道,检查井、标石、水线标志

牌，无人值守载波增音站，电缆充气站以及其他附属设施；

（三）无线线路：无人值守微波站、微波无源反射板、各类无线电固定台（站）天线以及其他附属设施。

第二十八条　军事设施保护法所称军用输油、输水管道，是指专供军队使用的地面或者地下、水下输油、输水管道和管道沿线的加压站、计量站、处理场、油库、阀室、标志物以及其他附属设施。

第二十九条　军用通信、输电线路和军用输油、输水管道（以下简称军用管线）管理单位，应当加强维护管理工作，坚持巡查和测试检查制度；必要时，可以组织武装巡查，发现问题，及时处理。

第三十条　地方各级人民政府和驻地军事机关，应当根据实际情况组织军用管线沿线群众实行军民联防护线，采取委托看管、分段负责等形式，保护军用管线的安全。

第三十一条　地下军用管线应当设立路由标石或者永久性标志，易遭损坏的路段（部位）应当设置标志牌。水下军用管线应当在海图上标明。

第三十二条　军用管线的具体保护要求以及军用管线与其他设施相互妨碍的处理，按照国务院、中央军事委员会的有关规定执行。

第六章　军用无线电固定设施电磁环境的保护

第三十三条　本办法所称军用无线电固定设施电磁环境（以下简称军用电磁环境），是指为保证军用无线电收（发）信、侦察、测向、雷达、导航定位等固定设施正常工作，在其周围划定的限制电磁干扰信号和电磁障碍物体的区域。

军用电磁环境的具体保护要求，按照国家规定的有关标准执行。

第三十四条　在军用电磁环境保护范围内，禁止建设、设置或者使用发射、辐射电磁信号的设备和电磁障碍物体。

第三十五条　地方在军用电磁环境保护范围内安排建设项目，对军用电磁环境可能产生影响的，应当按照规定征求有关军事机关的意见；必要时，可以由军事设施管理单位和地方有关部门共同对其干扰程度和电磁障碍物的影响情况进行测试和论证。

第三十六条　各级人民政府有关部门审批和验收军用电磁环境保护范围内的建设项目，应当审查发射、辐射电磁信号设备和电磁障碍物的状况，以及征求军事机关意见的情况；未征求军事机关意见或者不符合国家电磁环境保护标准的,不予办理建设或者使用许可手续。

第三十七条　军用无线电固定设施管理单位,应当掌握军用电磁环境保护情况,发现问题及时向上级军事机关和当地军事设施保护委员会报告。

第七章　边防设施和军用测量标志的保护

第三十八条　本办法所称边防设施,是指边防巡逻路、边境铁丝网(铁栅栏)、边境监控设备、边境管理辅助标志以及边防直升机起降场、边防船艇停泊点等由边防部队使用、管理的军事设施。

第三十九条　任何组织或者个人未经边防设施管理单位同意,不得擅自拆除或者移动边防设施。

第四十条　边境地区开辟口岸、互市贸易区、旅游景点或者修建道路、管线、桥梁等项目涉及边防设施的,应当按照有关规定征求军事机关的意见;需要迁建、改建边防设施的,应当报有关省、自治区、直辖市军事设施保护委员会批准;迁建、改建的边防设施的位置、质量、标准必须符合国家有关规定。

第四十一条　军用测量标志的保护,依照国家有关法律、法规的规定办理。

第八章　强制措施和法律责任

第四十二条　军事设施管理单位执勤人员遇有军事设施保护法第三十条所列违法行为,可以采取下列强制措施,予以制止:

(一)驱逐非法进入军事禁区的人员离开军事禁区;

(二)对用于实施违法行为的器材、工具或者其他物品予以扣押,对违法情节严重的人员予以扣留,立即移送公安机关或者国家安全机关;

(三)在紧急情况下,清除严重危害军事设施安全和使用效能的障碍物。

第四十三条　违反本办法第九条、第十条、第十一条的规定,在水域军事禁区、军事管理区内或者军民合用港口的水域建筑、设置非军事设施的,由城市规划、交通、渔业行政主管部门依据各自的职权责令停止兴建活动;已建成的,责令限期拆除。

第四十四条　违反本办法第九条、第十条的规定,擅自进入水域军事禁区、在水域军事禁区内从事水产养殖、捕捞,或者在水域军事管理区内从事水产养殖的,由交通、渔业行政主管部门依据各自的职权给予警告,责令离开,可以没收渔具、渔获物。

第四十五条 违反本办法第十六条的规定,在作战工程安全保护范围内开山采石、采矿、爆破、采伐林木的,由公安机关以及国土资源、林业行政主管部门依据各自的职权责令停止违法行为,没收采出的产品和违法所得;造成损失的,依法赔偿损失。

第四十六条 违反本办法第十六条的规定,擅自在作战工程安全保护范围内修筑建筑物、构筑物、道路或者进行农田水利基本建设的,由城市规划、交通、农业行政主管部门依据各自的职权给予警告,责令限期改正;造成损失的,依法赔偿损失。

第四十七条 违反本办法第十七条的规定,破坏作战工程封闭伪装,阻断作战工程通道,或者将作战工程用于堆物、种植、养殖的,由公安机关责令停止违法行为,限期恢复原状;造成损失的,依法赔偿损失。

第四十八条 违反本办法第二十条、第二十五条的规定,在军用机场净空保护区域内修建超出军用机场净空保护标准的建筑物、构筑物或者其他设施的,由城市规划行政主管部门责令限期拆除超高部分。

第四十九条 违反本办法第三十四条的规定,在军用电磁环境保护范围内建设、设置或者使用发射、辐射电磁信号的设备和电磁障碍物体的,由城市规划、信息产业行政主管部门依据各自的职权给予警告,责令限期改正;拒不改正的,查封干扰设备或者强制拆除障碍物。

第五十条 违反本办法第十八条、第三十九条、第四十条的规定,擅自拆除、迁建、改建作战工程、边防设施或者擅自移动边防设施的,由城市规划行政主管部门责令停止违法行为,限期恢复原状;造成损失的,依法赔偿损失。

第五十一条 违反本办法,构成违反治安管理行为的,由公安机关依法处罚;构成犯罪的,依法追究刑事责任。

第九章 附　则

第五十二条 中国人民武装警察部队所属军事设施的保护,适用军事设施保护法和本办法。

第五十三条 本办法自公布之日起施行。

国防交通条例

1. 1995年2月24日国务院、中央军事委员会令第173号发布
2. 根据2011年1月8日国务院令第588号《关于废止和修改部分行政法规的决定》修订

第一章 总 则

第一条 为了加强国防交通建设,保障战时和特殊情况下国防交通顺畅,制定本条例。

第二条 在中华人民共和国领域内从事国防交通活动,必须遵守本条例。

本条例所称国防交通,是指为国防建设服务的铁路、道路、水路、航空、管道、邮电通信等交通体系。

第三条 国防交通工作实行统一领导、分级负责、全面规划、平战结合的原则。

第四条 各级人民政府、军事机关应当重视国防交通建设,为国防交通工作提供必要条件。

县级以上人民政府交通管理部门和有关交通企业事业单位,应当做好国防交通工作。

第五条 对在国防交通建设中做出重大贡献的单位和个人,各级人民政府、交通管理部门和军事机关应当给予奖励。

第二章 管理机构及其职责

第六条 国家国防交通主管机构在国务院、中央军事委员会领导下,负责全国国防交通工作,履行下列职责:

(一)拟订国防交通工作的方针、政策,草拟有关法律、行政法规;

(二)规划全国国防交通网络布局,对国家交通建设提出有关国防要求的建议;

(三)拟订全国国防交通保障计划,为重大军事行动和其他紧急任务组织交通保障;

(四)组织全国国防交通科学技术研究;

（五）指导检查国防交通工作，协调有关方面的关系；

（六）国务院、中央军事委员会赋予的其他职责。

第七条 军区国防交通主管机构和县级以上地方国防交通主管机构负责本地区国防交通工作，履行下列职责：

（一）贯彻执行国家国防交通工作的方针、政策和法律、法规、规章，拟订本地区有关国防交通工作的规定；

（二）规划本地区国防交通网络布局，对本地区交通建设提出有关国防要求的建议，参加有关交通工程设施的勘察、设计鉴（审）定和竣工验收；

（三）拟订本地区国防交通保障计划，组织国防交通保障队伍，为本地区内的军事行动和其他紧急任务组织交通保障；

（四）负责本地区的国防运力动员和运力征用；

（五）按照国家有关规定，制定和实施本地区的国防交通物资储备计划，调用国防交通物资；

（六）组织本地区国防交通科学技术研究及其成果的推广、应用；

（七）指导、检查、监督本地区国防交通工作，协调处理有关问题；

（八）上级国防交通主管机构和本级人民政府赋予的其他职责。

第八条 国务院交通管理部门分别负责本系统的国防交通工作，履行下列职责：

（一）贯彻执行国家国防交通工作的方针、政策和法律、法规、规章；

（二）制定并组织落实本系统的国防交通建设规划和技术规范；

（三）制定本系统的国防交通保障计划，指导国防交通专业保障队伍建设；

（四）按照国家有关规定，管理和使用本系统的国防交通资产；

（五）组织本系统国防交通科学技术研究及其成果的推广、应用；

（六）指导、检查、监督本系统的国防交通工作，协调处理有关问题。

第九条 承担国防交通任务的交通企业事业单位，在国防交通工作中履行下列职责：

（一）贯彻执行国家国防交通工作的方针、政策和法律、法规、规章；

（二）参加有关国防交通工程设施的勘察、设计鉴（审）定和竣工验收；

（三）制定本单位国防交通保障计划，完成国防交通保障任务；

（四）按照国家有关规定，管理和使用本单位的国防交通资产；

（五）负责本单位的国防交通专业保障队伍的组织、训练和管理工作。

第十条　在特殊情况下,省级国防交通主管机构可以提请有关省、自治区、直辖市人民政府决定,由公安机关、港务监督机构分别在自己的职责范围内对局部地区的道路、水路实行交通管制。

第三章　保障计划

第十一条　本条例所称国防交通保障计划(以下简称保障计划),是指保障战时和特殊情况下国防交通顺畅的预定方案,主要包括:国防交通保障的方针、任务,各项国防交通保障工作的技术措施和组织措施。

保障计划分为:全国保障计划、军区保障计划、地区保障计划和专业保障计划。

第十二条　全国保障计划由国家国防交通主管机构组织国务院有关部门和有关军事机关拟订,报国务院、中央军事委员会批准。

第十三条　军区保障计划由军区国防交通主管机构组织本地区省、自治区、直辖市人民政府有关部门和有关军事机关拟订,征求国家国防交通主管机构的意见后,报军区批准。

第十四条　地区保障计划由县级以上地方国防交通主管机构组织本级人民政府有关部门和有关军事机关拟订,征求上一级国防交通主管机构意见后,报本级人民政府批准。

第十五条　专业保障计划由国务院交通管理部门在各自的职责范围内分别制定,征求国务院其他有关部门意见后,报国家国防交通主管机构同意。

第四章　工程设施

第十六条　本条例所称国防交通工程设施,是指为保障战时和特殊情况下国防交通顺畅而建造的下列建筑和设备:

（一）国家修建的主要为国防建设服务的交通基础设施;
（二）专用的指挥、检修、仓储、防护等工程与设施;
（三）专用的车辆、船舶、航空器;
（四）国防需要的其他交通工程设施。

第十七条　建设国防交通工程设施,应当兼顾经济建设的需要。

建设其他交通工程设施或者研制重要交通工具,应当兼顾国防建设的需要。

第十八条　国防交通主管机构拟订的国防交通建设规划,应当送本级人民政府计划部门和交通管理部门综合平衡。

县级以上人民政府计划部门和交通管理部门在制定交通建设规划时,应当征求本级国防交通主管机构的意见,并将已经确定的国防交通工程设施建设项目和需要贯彻国防要求的建设项目,列入交通建设规划。

第十九条　交通建设规划中有关贯彻国防要求的建设项目,必须按照国防要求进行建设。

第二十条　国防交通工程设施建设项目和有关贯彻国防要求的建设项目,其设计鉴(审)定、竣工验收应当经有关的国防交通主管机构同意。

第二十一条　国防交通工程设施的管理单位,必须加强对国防交通工程设施的维护管理。

改变国防交通工程设施的用途或者将其作报废处理的,必须经管理单位的上一级国防交通主管机构批准。

第二十二条　国家对国防交通工程设施的建设实行优惠政策。具体办法由国家国防交通主管机构会同国务院有关部门制定。

第二十三条　土地管理部门和城市规划主管部门,应当将经批准的预定抢建重要国防交通工程设施的土地作为国防交通控制用地,纳入土地利用总体规划和城市规划。

未经土地管理部门、城市规划主管部门和国防交通主管机构批准,任何单位或者个人不得占用国防交通控制用地。

第二十四条　任何单位或者个人进行生产和其他活动,不得影响国防交通工程设施的正常使用,不得危及国防交通工程设施的安全。

第五章　保障队伍

第二十五条　本条例所称国防交通保障队伍,是指战时和特殊情况下执行抢修、抢建、防护国防交通工程设施、抢运国防交通物资和通信保障任务的组织。

国防交通保障队伍,分为专业保障队伍和交通沿线保障队伍。

第二十六条　专业保障队伍,由交通管理部门以本系统交通企业生产单位为基础进行组建;执行交通保障任务时,由国防交通主管机构统一调配。

交通沿线保障队伍,由当地人民政府和有关军事机关负责组织。

第二十七条　交通管理部门负责专业保障队伍的训练,战时应当保持专业保障队伍人员稳定。

有关军事机关负责组织交通沿线保障队伍的专业训练;国防交通主管机构负责提供教材、器材和业务指导。

第二十八条　县级以上人民政府及有关部门,对专业保障队伍应当给予必要的扶持。

第二十九条　交通保障队伍的车辆、船舶和其他机动设备,应当按照国家国防交通主管机构的规定,设置统一标志;在战时和特殊情况下可以优先通行。

第六章　运力动员和运力征用

第三十条　本条例所称运力动员,是指战时国家发布动员令,对任何单位和个人所拥有的运载工具、设备以及操作人员,进行统一组织和调用的活动。

本条例所称运力征用,是指在特殊情况下,省、自治区、直辖市人民政府依法采取行政措施,调用单位和个人所拥有的运载工具、设备以及操作人员的活动。

第三十一条　县级以上人民政府交通管理部门和其他有关部门应当向国防交通主管机构提供运力注册登记的有关资料。

第三十二条　战时军队需要使用动员的运力的,应当向所在地的军区国防交通主管机构提出申请。武装警察部队、民兵组织和其他单位需要使用动员的运力的,应当向当地国防交通主管机构提出申请。

第三十三条　动员国务院交通管理部门所属的运力,应当经国务院、中央军事委员会批准。动员地方交通管理部门所属的运力或者社会运力,应当经省、自治区、直辖市人民政府批准。

第三十四条　在特殊情况下,军队或者其他单位需要使用征用的运力的,应当向当地国防交通主管机构提出申请,由省、自治区、直辖市人民政府批准。

第三十五条　被动员或者被征用运力的单位和个人必须依法履行义务,保证被动员或者被征用的运载工具和设备的技术状况良好,并保证随同的操作人员具有相应的技能。

第三十六条　需要对动员或者征用的运载工具、设备作重大改造的,必须经相应的国防交通主管机构批准。

第三十七条　对被动员和被征用运力的操作人员的抚恤优待,按照国家有关规定执行；运载工具、设备的补偿办法另行规定。

第七章 军事运输

第三十八条 交通管理部门和交通企业应当优先安排军事运输计划，重点保障紧急、重要的军事运输。运输军事人员、装备及其他军用物资，应当迅速准确、安全保密。

第三十九条 地方各级人民政府和有条件的承运单位，应当为实施军事运输的人员提供饮食、住宿和医疗方便。

第四十条 军队可以在铁路、水路、航空等交通运输单位或其所在地区派驻军事代表，会同有关单位共同完成军事运输和交通保障任务。

第八章 物资储备

第四十一条 国家建立国防交通物资储备制度，保证战时和特殊情况下国防交通顺畅的需要。

第四十二条 国防交通物资储备分为国家储备、部门储备和地方储备，分别列入县级以上各级人民政府和有关部门的物资储备计划。

第四十三条 负责储备国防交通物资的单位，必须对所储备的物资加强维护和管理，不得损坏、丢失。

第四十四条 未经国防交通主管机构批准，任何单位或者个人不得动用储备的国防交通物资。

经批准使用储备的国防交通物资，应当按照规定支付费用。

第四十五条 由地方人民政府或者交通管理部门管理的用作战费、支前费、军费购置的交通保障物资，应当列入国防交通物资储备。

第九章 教育与科研

第四十六条 交通管理部门和交通企业事业单位，应当对本系统、本单位的人员进行国防交通教育。

交通运输院校和邮电通信院校，应当在相关课程中设置国防交通的内容。

第四十七条 交通管理部门和有关的科研机构，应当加强国防交通科学技术研究。国防交通科学技术研究项目，应当纳入各级科学技术研究规划。

第十章 罚 则

第四十八条 违反本条例有关规定，有下列行为之一的，对负有直接责任的

主管人员和其他直接责任人员依法给予行政处分;构成犯罪的,依法追究刑事责任:

(一)应当贯彻国防要求的交通工程设施,在施工过程中没有贯彻国防要求的;

(二)对国防交通工程设施管理不善,造成损失的,或者擅自改变国防交通工程设施的用途或者擅自作报废处理的;

(三)对储备的国防交通物资管理不善,造成损失的;

(四)未经批准动用储备的国防交通物资的。

第四十九条　危及国防交通工程设施安全或者侵占国防交通控制用地的,由国防交通主管机构责令停止违法行为,给予警告,可以并处5万元以下的罚款;造成经济损失的,应当依法赔偿。

第五十条　逃避或者抗拒运力动员或者运力征用的,由国防交通主管机构给予警告,可以并处相当于被动员或者被征用的运载工具、设备价值2倍以下的罚款。

第五十一条　有下列行为之一的,依照《中华人民共和国治安管理处罚法》的有关规定给予处罚;构成犯罪的,依法追究刑事责任:

(一)扰乱、妨碍军事运输和国防交通保障的;

(二)扰乱、妨碍国防交通工程设施建设的;

(三)破坏国防交通工程设施的;

(四)盗窃、哄抢国防交通物资的。

第五十二条　国防交通主管机构的工作人员,滥用职权、玩忽职守的,依法给予行政处分;构成犯罪的,依法追究刑事责任。

第十一章　附　　则

第五十三条　本条例下列用语的含义:

(一)特殊情况,是指局部战争、武装冲突和其他突发事件;

(二)交通管理部门,是指主管铁路、道路、水路、航空和邮电通信的行业管理部门。

第五十四条　国防交通经费由中央、地方、部门、企业共同承担。具体办法由国家国防交通主管机构会同国务院有关部门制定。

第五十五条　本条例自发布之日起施行。

武器装备质量管理条例

1. 2010年9月30日国务院、中央军事委员会令第582号公布
2. 自2010年11月1日起施行

第一章 总　　则

第一条 为了加强对武器装备质量的监督管理，提高武器装备质量水平，根据《中华人民共和国国防法》和《中华人民共和国产品质量法》，制定本条例。

第二条 本条例所称武器装备，是指实施和保障军事行动的武器、武器系统和军事技术器材。

　　武器装备以及用于武器装备的计算机软件、专用元器件、配套产品、原材料的质量管理，适用本条例。

第三条 武器装备质量管理的基本任务是依照有关法律、法规，对武器装备质量特性的形成、保持和恢复等过程实施控制和监督，保证武器装备性能满足规定或者预期要求。

第四条 武器装备论证、研制、生产、试验和维修单位应当建立健全质量管理体系，对其承担的武器装备论证、研制、生产、试验和维修任务实行有效的质量管理，确保武器装备质量符合要求。

第五条 武器装备论证、研制、生产、试验和维修应当执行军用标准以及其他满足武器装备质量要求的国家标准、行业标准和企业标准；鼓励采用适用的国际标准和国外先进标准。

　　武器装备研制、生产、试验和维修单位应当依照计量法律、法规和其他有关规定，实施计量保障和监督，确保武器装备和检测设备的量值准确和计量单位统一。

第六条 武器装备论证、研制、生产、试验和维修单位应当建立武器装备质量信息系统和信息交流制度，及时记录、收集、分析、上报、反馈、交流武器装备的质量信息，实现质量信息资源共享，并确保质量信息安全，做好保密工作。

第七条 国务院国防科技工业主管部门、国务院有关部门和中国人民解放

军总装备部(以下简称总装备部),在各自的职责范围内负责武器装备质量的监督管理工作。

第八条　国家鼓励采用先进的科学技术和管理方法提高武器装备质量,并对保证和提高武器装备质量作出突出贡献的单位和个人,给予表彰和奖励。

第二章　论证质量管理

第九条　武器装备论证质量管理的任务是保证论证科学、合理、可行,论证结果满足作战任务需求。

军队有关装备部门组织武器装备的论证,并对武器装备论证质量负责。

第十条　武器装备论证单位应当制定并执行论证工作程序和规范,实施论证过程的质量管理。

第十一条　武器装备论证单位应当根据论证任务需求,统筹考虑武器装备性能(含功能特性、可靠性、维修性、保障性、测试性和安全性等,下同)、研制进度和费用,提出相互协调的武器装备性能的定性定量要求、质量保证要求和保障要求。

第十二条　武器装备论证单位应当征求作战、训练、运输等部门和武器装备研制、生产、试验、使用、维修等单位的意见,确认各种需求和约束条件,并在论证结果中落实。

第十三条　武器装备论证单位应当对论证结果进行风险分析,提出降低或者控制风险的措施。武器装备研制总体方案应当优先选用成熟技术,对采用的新技术和关键技术,应当经过试验或者验证。

第十四条　武器装备论证单位应当拟制多种备选的武器装备研制总体方案,并提出优选方案。

第十五条　军队有关装备部门应当按照规定的程序,组织作战、训练、运输等部门和武器装备研制、生产、试验、使用、维修等单位对武器装备论证结果进行评审。

第三章　研制、生产与试验质量管理

第十六条　武器装备研制、生产与试验质量管理的任务是保证武器装备质量符合研制总要求和合同要求。

武器装备研制、生产单位对其研制、生产的武器装备质量负责;武器装备试验单位对其承担的武器装备试验结论的正确性和准确性负责。

中央管理的企业对所属单位承担的武器装备研制、生产质量实施监督管理。

第十七条　订立武器装备研制、生产合同应当明确规定武器装备的性能指标、质量保证要求、依据的标准、验收准则和方法以及合同双方的质量责任。

第十八条　武器装备研制、生产涉及若干单位的,其质量保证工作由任务总体单位或者总承包单位负责组织。

第十九条　武器装备研制、生产单位应当根据合同要求和研制、生产程序制定武器装备研制、生产项目质量计划,并将其纳入研制、生产和条件保障计划。

第二十条　武器装备研制、生产单位应当运用可靠性、维修性、保障性、测试性和安全性等工程技术方法,优化武器装备的设计方案和保障方案。

第二十一条　武器装备研制单位应当在满足武器装备研制总要求和合同要求的前提下,优先采用成熟技术和通用化、系列化、组合化的产品。

武器装备研制单位对设计方案采用的新技术、新材料、新工艺应当进行充分的论证、试验和鉴定,并按照规定履行审批手续。

第二十二条　武器装备研制单位应当对计算机软件开发实施工程化管理,对影响武器装备性能和安全的计算机软件进行独立的测试和评价。

第二十三条　武器装备研制、生产单位应当对武器装备的研制、生产过程严格实施技术状态管理。更改技术状态应当按照规定履行审批手续;对可能影响武器装备性能和合同要求的技术状态的更改,应当充分论证和验证,并经原审批部门批准。

第二十四条　武器装备研制、生产单位应当严格执行设计评审、工艺评审和产品质量评审制度。对技术复杂、质量要求高的产品,应当进行可靠性、维修性、保障性、测试性和安全性以及计算机软件、元器件、原材料等专题评审。

第二十五条　军队有关装备部门应当按照武器装备研制程序,组织转阶段审查,确认达到规定的质量要求后,方可批准转入下一研制阶段。

第二十六条　武器装备研制、生产单位应当实行图样和技术资料的校对、审核、批准的审签制度,工艺和质量会签制度以及标准化审查制度。

第二十七条　武器装备研制、生产单位应当对产品的关键件或者关键特性、重要件或者重要特性、关键工序、特种工艺编制质量控制文件,并对关键件、重要件进行首件鉴定。

第二十八条 武器装备研制、生产和试验单位应当建立故障的报告、分析和纠正措施系统。对武器装备研制、生产和试验过程中出现的故障,应当及时采取纠正和预防措施。

第二十九条 武器装备研制单位组织实施研制试验,应当编制试验大纲或者试验方案,明确试验质量保证要求,对试验过程进行质量控制。

第三十条 承担武器装备定型试验的单位应当根据武器装备定型有关规定,拟制试验大纲,明确试验项目质量要求以及保障条件,对试验过程进行质量控制,保证试验数据真实、准确和试验结论完整、正确。

试验单位所用的试验装备及其配套的检测设备应当符合使用要求,并依法定期进行检定、校准,保持完好的技术状态;对一次性使用的试验装备,应当进行试验前的检定、校准。

第三十一条 提交武器装备设计定型审查的图样、技术资料应当正确、完整,试验报告的数据应当全面、准确,结论明确。

第三十二条 提交武器装备生产定型审查的图样、技术资料应当符合规定要求;试验报告和部队试用报告的数据应当全面、准确,结论明确。

第三十三条 武器装备研制、生产单位应当对其外购、外协产品的质量负责,对采购过程实施严格控制,对供应单位的质量保证能力进行评定和跟踪,并编制合格供应单位名录。未经检验合格的外购、外协产品,不得投入使用。

第三十四条 武器装备的生产应当符合下列要求:

(一)工艺文件和质量控制文件经审查批准;
(二)制造、测量、试验设备和工艺装置依法经检定或者测试合格;
(三)元器件、原材料、外协件、成品件经检验合格;
(四)工作环境符合规定要求;
(五)操作人员经培训并考核合格;
(六)法律、法规规定的其他要求。

第三十五条 武器装备研制、生产单位应当建立产品批次管理制度和产品标识制度,严格实行工艺流程控制,保证产品质量原始记录的真实和完整。

第三十六条 武器装备研制、生产单位应当按照标准和程序要求进行进货检验、工序检验和最终产品检验；对首件产品应当进行规定的检验；对实行军检的项目，应当按照规定提交军队派驻的军事代表（以下简称军事代表）检验。

第三十七条 武器装备研制、生产单位应当建立不合格产品处置制度。

第三十八条 武器装备研制、生产单位应当运用统计技术，分析工序能力，改进过程质量控制，保证产品质量的一致性和稳定性。

第三十九条 武器装备研制、生产单位交付的武器装备及其配套的设备、备件和技术资料应当经检验合格；交付的技术资料应当满足使用单位对武器装备的使用和维修要求。新型武器装备交付前，武器装备研制、生产单位还应当完成对使用和维修单位的技术培训。

军事代表应当按照合同和验收技术要求对交付的武器装备及其配套的设备、备件和技术资料进行检验、验收，并监督新型武器装备使用和维修技术培训的实施。

第四十条 武器装备研制、生产单位对暂停生产的武器装备图样和技术资料应当按照规定归档并妥善保管，不得擅自销毁。

第四章 维修质量管理

第四十一条 武器装备维修质量管理的任务是保持和恢复武器装备性能。

武器装备维修单位对武器装备维修质量负责。

第四十二条 武器装备维修单位应当落实质量责任制，严格执行各项规章制度，如实记录武器装备维修质量状态，及时报告发现的质量问题。

第四十三条 军队有关装备部门应当定期组织武器装备质量评估，将武器装备质量问题及时反馈武器装备研制、生产、维修单位，并督促其采取纠正措施。

第四十四条 武器装备研制、生产和维修单位发现武器装备存在质量缺陷的，应当及时、主动通报军队有关装备部门及有关单位，采取纠正措施，解决武器装备质量问题，防止类似质量缺陷重复发生。

第四十五条 武器装备研制、生产和维修单位应当建立健全售（修）后服务保障机制，依据合同组织武器装备售（修）后技术服务，及时解决装备交付后出现的质量问题，协助武器装备使用单位培训技术骨干，并对武器装备的退役和报废工作提供技术支持。

部队执行作战和重大任务时，武器装备研制、生产和维修单位应当依照法律、法规的要求组织伴随保障和应急维修保障,协助部队保持、恢复武器装备的质量水平。

第五章 质量监督

第四十六条 国务院国防科技工业主管部门和总装备部联合组织对承担武器装备研制、生产、维修任务单位的质量管理体系实施认证,对用于武器装备的通用零(部)件、重要元器件和原材料实施认证。

国务院国防科技工业主管部门和总装备部在各自的职责范围内,组织对武器装备测试和校准试验室实施认可,对质量专业人员实施资格管理。

未通过质量管理体系认证的单位,不得承担武器装备研制、生产、维修任务。

第四十七条 军工产品定型工作机构应当按照国务院、中央军事委员会的有关规定,全面考核新型武器装备质量,确认其达到武器装备研制总要求和规定标准的质量要求。

第四十八条 军事代表依照国务院、中央军事委员会的有关规定和武器装备合同要求,对武器装备研制、生产、维修的质量和质量管理工作实施监督。

第四十九条 国务院国防科技工业主管部门、总装备部会同国务院有关部门查处武器装备研制、生产、维修过程中制造、销售和使用假冒伪劣产品的违法行为。省级人民政府及其有关部门应当积极配合查处工作。

第五十条 武器装备研制、生产、试验、使用和维修过程中发生质量事故时,有关单位应当及时向上级主管部门报告,不得隐瞒不报、谎报或者延误报告。负责武器装备质量监督管理的部门对重大质量事故应当及时调查处理。

第五十一条 任何单位和个人对违反本条例的行为,有权向负责武器装备质量监督管理的部门以及其他有关部门举报。

第六章 法律责任

第五十二条 违反本条例规定,在武器装备论证工作中弄虚作假,或者违反武器装备论证工作程序,造成严重后果的,对直接负责的主管人员和其他直接责任人员,依照有关规定给予处分;构成犯罪的,依法追究刑事责任。

第五十三条 违反本条例规定,有下列情形之一的,由国务院国防科技工业主管部门、国务院有关部门依照有关法律、法规的规定处罚；属于军队的武器装备研制、生产、试验和维修单位，由军队有关部门按照有关规定处理：

（一）因管理不善、工作失职，导致发生武器装备重大质量事故的；

（二）对武器装备重大质量事故隐瞒不报、谎报或者延误报告，造成严重后果的；

（三）在武器装备试验中出具虚假试验数据，造成严重后果的；

（四）将不合格的武器装备交付部队使用的。

前款规定的违法行为情节严重的，由国务院国防科技工业主管部门和军队有关部门依法取消其武器装备研制、生产、试验和维修的资格；造成损失的，依法承担赔偿责任；构成犯罪的，依法追究刑事责任。

第五十四条　违反本条例规定，泄露武器装备质量信息秘密的，由国务院国防科技工业主管部门、国务院有关部门依照《中华人民共和国保守国家秘密法》等有关法律、法规的规定处罚；属于军队的武器装备研制、生产、试验和维修单位，由军队有关部门按照有关规定处理；构成犯罪的，依法追究刑事责任。

第五十五条　违反本条例规定，阻碍、干扰武器装备质量监督管理工作，情节严重的，由国务院国防科技工业主管部门、国务院有关部门依照有关法律、法规的规定处罚；属于军队的武器装备研制、生产、试验和维修单位，由军队有关部门按照有关规定处理；构成犯罪的，依法追究刑事责任。

第五十六条　违反本条例规定，为武器装备研制、生产、试验和维修单位提供元器件、原材料以及其他产品，以次充好、以假充真的，由国务院国防科技工业主管部门、国务院有关部门依照《中华人民共和国产品质量法》等有关法律、法规的规定处罚；造成损失的，依法承担赔偿责任；构成犯罪的，依法追究刑事责任。

第五十七条　武器装备质量检验机构、认证机构与武器装备研制、生产单位恶意串通，弄虚作假，或者伪造检验、认证结果，出具虚假证明的，取消其检验、认证资格，并由国务院国防科技工业主管部门、国务院有关部门依照《中华人民共和国认证认可条例》的有关规定处罚；属于军队的武器装备质量检验机构、认证机构，由军队有关部门按照有关规定处理；构成犯罪的，依法追究刑事责任。

第五十八条　武器装备质量监督管理人员玩忽职守、滥用职权、徇私舞弊的,由所在单位或者上级主管部门依法给予处分;构成犯罪的,依法追究刑事责任。

第七章 附 则

第五十九条 武器装备预先研究、专项工程的质量管理工作,参照本条例执行。

第六十条 中国人民武装警察部队和民兵的武器装备质量管理工作,参照本条例执行。

第六十一条 本条例自2010年11月1日起施行。1987年5月25日国务院、中央军事委员会批准,1987年6月5日国防科工委发布的《军工产品质量管理条例》同时废止。

民兵武器装备管理条例

1. 1995年6月3日国务院、中央军事委员会令第178号发布
2. 根据2011年1月8日国务院令第588号《关于废止和修改部分行政法规的决定》修订

第一章 总 则

第一条 为了加强民兵武器装备管理,保障民兵完成作战、执勤、训练等项任务,制定本条例。

第二条 本条例所称民兵武器装备,是指配备给民兵使用和储存的武器、弹药和军事技术器材。

第三条 民兵武器装备管理工作的基本任务是保证民兵武器装备经常处于良好的技术状态,防止发生丢失、被盗等事故,确保安全,保障民兵能随时用于执行任务。

第四条 全国的民兵武器装备管理工作在国务院、中央军事委员会领导下,由中国人民解放军总参谋部(以下简称总参谋部)主管。

军区、省军区(含卫戍区、警备区,下同)、军分区(含警备区,下同)、县(含自治县、不设区的市、市辖区,下同)人民武装部和乡(含民族乡、镇,下同)人民武装部、企业事业单位人民武装部,负责本地区或者本单

位的民兵武器装备管理工作。

第五条　地方各级人民政府必须加强对民兵武器装备管理工作的领导,督促有关单位做好民兵武器装备管理工作。

地方各级人民政府有关部门,应当协助军事机关做好民兵武器装备管理工作,解决有关问题。

企业事业单位应当按照当地人民政府和本地区军事机关的要求,把民兵武器装备管理工作纳入管理计划,做好各项工作。

第六条　民兵武器装备管理,应当贯彻艰苦奋斗、勤俭建军的方针,实行管理科学化、制度化,管好现有武器装备,立足于民兵使用现有武器装备完成各项任务。

第二章　职责与分工

第七条　军区、省军区、军分区、县人民武装部、乡人民武装部、企业事业单位人民武装部管理民兵武器装备,履行下列职责:

（一）根据本条例和上级军事机关有关民兵武器装备管理的规定,制定本地区或者本单位民兵武器装备管理的规章制度;

（二）组织、督促所属单位和人员执行民兵武器装备管理法规和规章制度,建立和保持良好的管理秩序;

（三）选配和培训民兵武器装备看管人员和技术人员;

（四）教育民兵武器装备的看管人员和使用人员管好用好武器装备;

（五）做好民兵武器装备的安全和防止事故工作;

（六）掌握民兵武器装备管理情况,及时报告并解决管理中的问题;

（七）完成上级军事机关赋予的与民兵武器装备管理有关的其他工作。

第八条　民兵武器装备的看管人员和使用人员应当履行下列职责:

（一）遵守民兵武器装备管理法规和规章制度;

（二）熟悉民兵武器装备性能,做到会使用、会保养、会检查、会排除一般故障;

（三）保守民兵武器装备秘密;

（四）做好民兵武器装备的安全和防止事故工作;

（五）看管和使用民兵武器装备的其他有关职责。

第九条　民兵武器装备的配备、补充、调整、动用、封存等组织计划工作,由军事机关司令部门负责。

第十条　民兵武器装备的储存保管、技术鉴定、维护修理等技术管理工作，按照职责分工，由军事机关的司令部门或者装备技术部门负责。

第三章　配备与补充

第十一条　民兵武器装备的配备与补充，由总参谋部统一规划。军区、省军区、军分区和县人民武装部，根据上级的规划，制定本地区的配备与补充计划，并组织实施。

第十二条　民兵武器装备的配备，应当根据基干民兵的组建计划和战备、执勤、训练等项任务的需要，做到保障重点，合理布局。

第十三条　民兵配属部队执行作战、支前任务所需的武器装备，由县人民武装部配发；到达部队后，由所在部队按照损耗补充。

第十四条　民兵武器装备的调整，按照管辖范围，分别由县人民武装部、军分区、省军区、军区批准；超出管辖范围的，由上级军事机关批准；调出民兵系统的，由总参谋部批准。

第十五条　民兵武器装备的制造、装配、接收、购置，必须经总参谋部批准。

第四章　保管与使用

第十六条　民兵武器装备的保管，应当符合技术和战备、安全的要求，建立健全值班、交接、登记、检查、保养等制度，做到无丢失、无损坏、无锈蚀、无霉烂变质。

　　武器、弹药应当分开存放。

第十七条　民兵武器装备，应当集中在县以上民兵武器装备仓库保管；因战备、值勤的需要，经省军区批准，可以由乡人民武装部、企业事业单位或者民兵值勤点保管。

　　配备给乡、企业事业单位的高射机枪和火炮，由乡人民武装部、企业事业单位保管。

第十八条　省军区、军分区民兵武器装备仓库的管理，除依照本条例执行外，并应当执行中国人民解放军军械仓库业务管理的有关规定；县以下民兵武器装备仓库的管理，除依照本条例执行外，并应当执行上级军事机关的有关规定。

第十九条　保管民兵武器装备的乡人民武装部、企业事业单位必须有牢固的库房、枪柜（箱、架）和可靠的安全设施，配备专职看管人员。

第二十条　民兵武器装备仓库是国家的军事设施,地方各级人民政府和军事机关应当依照《中华人民共和国军事设施保护法》做好保护工作。

第二十一条　掌握武器装备的民兵和民兵武器装备仓库的看管人员,应当由人民武装部门按照有关规定审查批准,并报上一级军事机关备案。

第二十二条　省军区、军分区和县、乡人民武装部民兵武器装备仓库的新建、扩建和改建,应当纳入地方基本建设计划统筹安排,所需经费由同级人民政府解决。企业事业单位民兵武器装备仓库的修建和改建所需的经费,按照国家有关规定解决。

省军区、军分区民兵武器装备仓库的职工工资、公务事业费和福利费等,从国防费中开支;县民兵武器装备仓库的维修费、业务费和职工工资等,按照国家的有关规定执行。

第二十三条　平时启用封存的民兵武器装备,应当经过批准。启用简易封存的民兵武器装备,由军分区以上军事机关批准;启用新品和长期封存的民兵武器装备,由省军区以上军事机关批准。

第二十四条　高等院校学生军事训练用的教练枪,应当按照规定经过批准,由当地县人民武装部提供,由院校负责保管。

学生军事训练用的教练枪,必须经过技术处理,使其不能用于实弹射击。

第二十五条　高等院校、高级中学和相当于高级中学的学校学生军事训练所需的实弹射击用枪,由当地县人民武装部提供并负责管理。

第二十六条　民兵配合部队执行任务或者配合公安机关维护社会治安,需要动用民兵武器装备时,应当按照有关规定执行。

第二十七条　民兵武器装备,不得擅自借出。因执勤、训练需要借用配发给民兵或者民兵组织的武器装备的,必须报经县人民武装部批准。借用县以上民兵武器装备仓库保管的民兵武器装备,必须报上一级军事机关批准。

第二十八条　保管与使用民兵武器、弹药的,必须遵守下列规定:

（一）不准随意射击、投掷;

（二）不准用与武器非配用的弹药射击;

（三）不准持武器、弹药打闹;

（四）不准随意拆卸武器、弹药和改变其性能;

（五）不准擅自借出武器、弹药;

（六）不准擅自动用武器、弹药打猎；

（七）不准擅自携带武器、弹药；

（八）不准动用武器、弹药参加械斗和参与处理民间纠纷。

第二十九条 因执行任务需要，按照规定配发给个人的民兵武器、弹药，实行持枪证和持枪通行证制度。持枪证和持枪通行证式样及使用办法，由总参谋部规定。

第三十条 民兵弹药的使用，应当执行用旧存新、用零存整的原则。军事训练、武器修理、试验等剩余的弹药，必须交回县以上民兵武器装备仓库保管，列入本年度装备实力统计，任何单位或者个人不得私自留存。

第三十一条 民兵、学生军事训练所需弹药，由总参谋部规定标准和下达指标，逐级进行分配。

第三十二条 经中央军事委员会或者总参谋部批准，民兵为外国人进行军事表演所需弹药，由省军区拨给。

第三十三条 修理、试验民兵武器和进行试验、化验所需要的弹药，按照中国人民解放军有关标准执行，由省军区装备技术部批准拨给；未设装备技术部的，由司令部批准拨给。

第三十四条 严禁挪用、出租、交换民兵武器装备。

未经中央军事委员会或者总参谋部批准，不得馈赠、出售民兵武器装备。

第三十五条 未经总参谋部批准，不得动用民兵武器装备从事生产经营活动。

第三十六条 发生民兵武器装备丢失、被盗等事故时，应当立即向当地军事机关和人民政府报告，并迅速处理。

军事机关必须及时逐级上报总参谋部。

第五章　修理与报废

第三十七条 县人民武装部负责修理其管理的民兵武器装备，企业事业单位负责修理其保管的民兵武器装备；无力修理的，由军分区、省军区、军区修械所（厂）修理。其中，弹药的修理，由省军区民兵武器装备仓库负责；无力修理的，由军区司令部门安排修理。

民兵武器装备维修所需的经费，从民兵事业费的装备管理维修费中开支。

第三十八条 军分区、省军区修械所负责修理民兵武器装备和军分区、省军区直属分队的武器装备。其职工工资、公务事业费和福利费等从国防费中开支。

第三十九条 民兵武器装备的分级和转级，按照中国人民解放军有关规定执行。

第四十条 民兵武器装备的报废，应当经过批准。报废的批准和处理权限，由总参谋部规定。

民兵武器装备的报废处理规则，按照中国人民解放军有关规定执行。

有重要历史意义的民兵武器装备，应当妥善保管，不得自行处理。

第四十一条 严禁将民兵武器装备管理维修费、民兵武器装备维修材料或者备件挪作他用。

第六章 奖励与惩处

第四十二条 符合下列条件之一的单位和个人，由人民政府、军事机关给予奖励：

（一）同抢劫、盗窃、破坏民兵武器装备以及其他危害民兵武器装备的行为进行斗争的；

（二）在危险事故中抢救或者保护民兵武器装备，或者避免危险事故发生的；

（三）长期在基层从事民兵武器装备管理工作或者在民兵武器装备维修等项工作中，完成任务出色的；

（四）在民兵武器装备管理工作中从事危险作业，圆满完成任务的；

（五）在民兵武器装备管理工作中严格执行各项规章制度，成绩突出的。

第四十三条 有下列行为之一的，依法给予行政处分；属于违反治安管理行为的，依照治安管理处罚法的有关规定处罚；构成犯罪的，依法追究刑事责任：

（一）私藏、盗窃、抢劫、破坏民兵武器装备，或者利用民兵武器装备进行违法活动的；

（二）擅自制造、装配、接收、购置民兵武器装备或者擅自挪用、出租、交换、馈赠、出售、携带、留存、动用、借出民兵武器装备的；

（三）挪用民兵装备管理维修费、武器装备维修材料或者备件的；

(四)玩忽职守,致使民兵武器装备丢失、被盗或者损坏、锈蚀、霉烂变质,影响使用的;

(五)违反民兵武器装备操作规程和使用规定,造成后果的;

(六)在民兵武器装备受到抢劫、盗窃、破坏时,不采取制止和保护措施,致使武器装备遭受损失的;

(七)对民兵武器装备事故隐瞒不报的;

(八)有违反本条例的其他行为的。

第四十四条 有本条例第四十三条所列行为之一的单位,除对主管负责人员和直接责任人员给予行政处分、行政处罚或者依法追究刑事责任外,应当对该单位给予通报批评,并限期改正。

第七章 附 则

第四十五条 民兵通信装备、工兵装备、防化装备的管理办法,由总参谋部根据本条例制定。

省、自治区、直辖市人民政府和省军区可以根据本条例,制定本地区民兵武器装备管理的具体办法。

第四十六条 本条例自发布之日起施行。

军工关键设备设施管理条例

1. 2011年6月24日国务院、中央军事委员会令第598号公布
2. 自2011年10月1日起施行

第一条 为了保持和提高国防科研生产能力,加强军工关键设备设施的管理,保障军工关键设备设施的安全、完整和有效使用,制定本条例。

第二条 本条例所称军工关键设备设施,是指直接用于武器装备科研生产的重要的实验设施、工艺设备、试验及测试设备等专用的军工设备设施。

军工关键设备设施的目录,由国务院国防科技工业主管部门会同军队武器装备主管部门、国务院国有资产监督管理机构和国务院有关部门制定。

第三条 国家对军工关键设备设施实行登记管理,对使用国家财政资金购建的用于武器装备总体、关键分系统、核心配套产品科研生产的军工关键设备设施的处置实行审批管理。

第四条 国务院国防科技工业主管部门会同国务院有关部门依照本条例规定,对全国军工关键设备设施进行管理。

省、自治区、直辖市人民政府负责国防科技工业管理的部门会同同级有关部门依照本条例规定,对有关军工关键设备设施进行管理。

第五条 军工关键设备设施管理,应当遵循严格责任、分工负责、方便有效的原则。

第六条 占有、使用军工关键设备设施的企业、事业单位(以下简称企业、事业单位)及其工作人员,负责军工关键设备设施管理的部门、单位及其工作人员,对知悉的国家秘密和商业秘密负有保密义务。

第七条 中央管理的企业负责办理所属单位军工关键设备设施的登记。国务院教育主管部门负责办理所属高等学校军工关键设备设施的登记。中国科学院负责办理所属科研机构军工关键设备设施的登记。

省、自治区、直辖市人民政府负责国防科技工业管理的部门负责办理本行政区域内前款规定以外的企业、事业单位军工关键设备设施的登记。

第八条 企业、事业单位应当自军工关键设备设施投入使用之日起30日内向负责登记的部门、单位提交载明下列内容的文件材料,办理登记手续:

(一)企业、事业单位的名称、住所等基本情况;

(二)军工关键设备设施的名称、产地、价值、性能、状态、资金来源、权属等基本情况。

企业、事业单位应当对其提交的文件材料的真实性负责。

第九条 负责登记的部门、单位应当自收到提交的文件材料之日起30日内办结登记,并对军工关键设备设施赋予专用代码。

第十条 军工关键设备设施登记的具体内容和专用代码,由国务院国防科技工业主管部门统一规定和分配。

第十一条 企业、事业单位占有、使用的军工关键设备设施损毁、报废、灭失或者权属发生变更的,应当自上述事实发生之日起30日内向负责登记的部门、单位报告。负责登记的部门、单位应当及时变更登记信息。

第十二条 负责登记的部门、单位应当按照国务院国防科技工业主管部门的规定将登记信息报送国务院国防科技工业主管部门。

国务院国防科技工业主管部门和负责登记的部门、单位可以根据需要,对登记信息进行核查。

第十三条 企业、事业单位应当建立健全军工关键设备设施使用管理制度,保证军工关键设备设施的安全、完整和有效使用,并对其占有、使用的军工关键设备设施的名称、规格、性能、状态、数量、权属等基本情况作完整记录。

第十四条 企业、事业单位应当按照国务院国防科技工业主管部门的规定,在需要特殊管控的军工关键设施外围划定安全控制范围,并在其外沿设置安全警戒标志。

第十五条 企业、事业单位改变其占有、使用的军工关键设备设施的用途的,应当向负责登记的部门、单位提交有关文件材料,办理补充登记。负责登记的部门、单位应当按照国务院国防科技工业主管部门的规定向国务院国防科技工业主管部门报送补充登记信息。

企业、事业单位改变使用国家财政资金购建的军工关键设备设施的用途,影响武器装备科研生产任务完成的,国务院国防科技工业主管部门应当及时予以纠正。

第十六条 企业、事业单位拟通过转让、租赁等方式处置使用国家财政资金购建的用于武器装备总体、关键分系统、核心配套产品科研生产的军工关键设备设施,应当经国务院国防科技工业主管部门批准。申请批准应当提交载明下列内容的文件材料:

(一)军工关键设备设施的名称、数量、价值、性能、使用等情况;

(二)不影响承担武器装备科研生产任务的情况说明;

(三)处置的原因及方式;

(四)受让人或者承租人的基本情况。

第十七条 国务院国防科技工业主管部门应当自收到处置申请之日起30日内,作出批准或者不予批准的决定。作出批准决定的,国务院国防科技工业主管部门应当向申请人颁发批准文件;作出不予批准决定的,国务院国防科技工业主管部门应当书面通知申请人,并说明理由。

国务院国防科技工业主管部门作出批准或者不予批准的决定,应当征求军队武器装备主管部门、国务院国有资产监督管理机构和国务院有关部门的意见。涉及国防科研生产能力、结构和布局调整的,应当按照国家有关规定会同军队武器装备主管部门、国务院国有资产监督管理机构和国务院有关部门,作出批准或者不予批准的决定。

企业、事业单位取得批准文件后,应当依照本条例第十一条的规定及时向负责登记的部门、单位报告。

第十八条 国有资产监督管理机构等有关部门依照法定职责和程序决定企业、事业单位合并、分立、改制、解散、申请破产等重大事项,涉及使用国家财政资金购建的用于武器装备总体、关键分系统、核心配套产品科研生产的军工关键设备设施权属变更的,应当征求国防科技工业主管部门的意见。

第十九条 企业、事业单位未依照本条例规定办理军工关键设备设施登记,或者其占有、使用的军工关键设备设施损毁、报废、灭失或者权属发生变更未及时向负责登记的部门、单位报告的,责令限期改正,逾期未改正的,处以1万元以上2万元以下罚款。

第二十条 企业、事业单位提交虚假文件材料办理登记的,责令改正,处以1万元以上2万元以下罚款。

第二十一条 企业、事业单位违反本条例规定,未经批准处置使用国家财政资金购建的用于武器装备总体、关键分系统、核心配套产品科研生产的军工关键设备设施的,责令限期改正,处以50万元以上100万元以下罚款,对直接负责的主管人员和其他直接责任人员处以5000元以上2万元以下罚款;有违法所得的,没收违法所得。

第二十二条 企业、事业单位以欺骗、贿赂等不正当手段取得有关军工关键设备设施处置的批准文件的,处以5万元以上20万元以下罚款;对违法取得的批准文件依法予以撤销。

第二十三条 本条例规定的行政处罚,由国务院国防科技工业主管部门决定。但是,对本条例第七条第二款规定的企业、事业单位有本条例第十九条规定的违法行为的行政处罚,由省、自治区、直辖市人民政府负责国防科技工业管理的部门决定。

第二十四条 负责军工关键设备设施登记管理、处置审批管理的部门、单位的工作人员滥用职权、玩忽职守、徇私舞弊的,依法给予处分;构成犯罪的,依法追究刑事责任。

第二十五条 本条例自2011年10月1日起施行。

军服管理条例

1. 2009年1月13日国务院、中央军事委员会令第547号公布
2. 自2009年3月1日起施行

第一条 为了加强军服管理,维护军服的专用性和严肃性,制定本条例。

第二条 本条例所称军服,是指中国人民解放军现行装备的制式服装及其标志服饰。

第三条 军服的制式由中央军事委员会批准。

军服由军队军需主管部门负责监制。

第四条 生产军服、军服专用材料的企业(以下称军服承制企业)应当具备生产军服、军服专用材料必需的条件和能力,具有质量保证体系和良好资信,并符合军队军需主管部门规定的其他条件。

申请生产军服、军服专用材料的企业,经军队军需主管部门或者其授权的机构查验,具备前款规定条件的,列入军服承制企业备选名录。

军队军需主管部门或者其授权的机构根据军服、军服专用材料生产任务,从军服承制企业备选名录中择优确定军服承制企业,与其签订军服、军服专用材料生产合同。

第五条 军服承制企业应当严格履行军服、军服专用材料生产合同,按照合同约定的时间、品种、数量完成军服、军服专用材料生产任务,执行军服生产技术规范。

军服承制企业不得转让军服、军服专用材料生产合同或者军服生产技术规范,也不得委托其他企业生产军服、军服专用材料。

军服承制企业的工作人员不得泄露军服专用材料生产技术,不得泄露军服、军服专用材料生产数量、接收单位等涉及国家秘密的信息。

第六条 军服、军服专用材料生产中的试制品,经军队军需主管部门或者其授权的机构检验合格的,作为制成品接收;军服、军服专用材料生产中的残次品,未经改制、染色等处理的,不得销售或者以其他方式转让;军服生产中剩余的军服专用材料,应当按照军队军需主管部门或者其授权的机构的要求,妥善保管或者移交。

第七条　承运军服、军服专用材料的企业,应当具备货物运输资质。军队军需主管部门或者其授权的机构应当与其签订运输合同。承运企业应当严格履行运输合同,承运企业工作人员不得泄露运输的军服、军服专用材料的数量、接收单位等涉及国家秘密的信息。

第八条　军队军需主管部门或者其授权的机构应当对军服承制企业生产军服、军服专用材料的情况进行检查,并向国务院工商行政管理部门通报军服、军服专用材料生产合同签订和履行的情况。

第九条　现役军人以及依照法律、法规和军队有关规定可以穿着军服的人员,应当依照有关规定穿着军服。

军队警备执勤人员应当加强检查、纠察,及时纠正违法穿着军服的行为。

影视制作和文艺演出单位的演艺人员因扮演军人角色需要穿着军服的,应当遵守军队关于军服穿着的规定,不得损害军队和军人形象。非拍摄、演出时不得穿着军服。

第十条　禁止买卖、出租或者擅自出借、赠送军服。

禁止使用军服和中国人民解放军曾经装备的制式服装从事经营活动。

禁止以"军需"、"军服"、"军品"等用语招揽顾客。

第十一条　机关、团体、企业事业单位和其他组织的制式服装及其标志服饰,应当与军服有明显区别。

禁止生产、销售、购买和使用仿照军服样式、颜色制作的足以使公众视为军服的仿制品。

第十二条　违反本条例规定,有下列情形之一的,由工商行政管理部门没收违法物品和违法所得,处1万元以上10万元以下的罚款;违法经营数额巨大的,吊销营业执照;构成犯罪的,依法追究刑事责任:

(一)非法生产军服、军服专用材料的;

(二)买卖军服、军服专用材料的;

(三)生产、销售军服仿制品的。

工商行政管理部门发现涉嫌非法生产、销售军服或者军服仿制品的行为时,可以查封、扣押涉嫌物品。

第十三条　军服承制企业违反本条例规定,有下列情形之一的,由工商行政管理部门责令改正,处1万元以上5万元以下的罚款;拒不改正的,责令停业整顿：

（一）转让军服、军服专用材料生产合同或者生产技术规范，或者委托其他企业生产军服、军服专用材料的；

（二）销售或者以其他方式转让未经改制、染色等处理的军服、军服专用材料残次品的；

（三）未将军服生产中剩余的军服专用材料妥善保管、移交的。

具有前款规定情形之一的，军队军需主管部门应当将其从军服承制企业备选名录中除名，并不得再列入军服承制企业备选名录。

第十四条　军服承制企业的工作人员泄露军服专用材料生产技术，或者军服承制、承运企业的工作人员泄露军服、军服专用材料生产、运输数量以及接收单位等涉及国家秘密的信息，构成犯罪的，依法追究刑事责任。

第十五条　违反本条例规定，使用军服和中国人民解放军曾经装备的制式服装从事经营活动，或者以"军需"、"军服"、"军品"等用语招揽顾客的，由工商行政管理部门责令改正，没收违法物品和违法所得，并处2000元以上2万元以下的罚款；拒不改正的，责令停业整顿。

第十六条　穿着军服或者军服仿制品冒充军人招摇撞骗的，由公安机关依法给予治安管理处罚；构成犯罪的，依法追究刑事责任。

第十七条　公务员和现役军人在军服管理工作中滥用职权、玩忽职守、徇私舞弊的，依法给予处分；构成犯罪的，依法追究刑事责任。

现役军人出租或者擅自出借、赠送军服的，依照《中国人民解放军纪律条令》的规定给予处分。

第十八条　对公安机关、工商行政管理部门查获的军服仿制品的认定存在争议的，由省军区（卫戍区、警备区）或者军分区（警备区）军需主管部门鉴定。

公安机关、工商行政管理部门依法没收的军服、军服专用材料，应当移交省军区（卫戍区、警备区）或者军分区（警备区）军需主管部门；依法没收的军服仿制品，应当按照国家有关规定处理。

第十九条　中国人民武装警察部队现行装备的制式服装及其标志服饰的管理，参照本条例执行。

第二十条　本条例自2009年3月1日起施行。

军用饮食供应站供水站管理办法

1. 1989年10月4日国务院、中央军委批准
2. 1989年11月17日民政部、总后勤部令第1号发布
3. 根据2019年3月2日国务院令第709号《关于修改部分行政法规的决定》修订

第一条 为了加强军用饮食供应站、军用供水站(以下统称军供站)的管理,保障军队平时、战时在运输途中的饮食饮水供应,制定本办法。

第二条 军供站是人民政府支援过往部队的组织机构和战备设施,在人民政府领导下,由退役军人事务部门负责管理。

第三条 军供站的任务是保障成批过往的部队、入伍的新兵、退伍的老兵和支前民兵、民工等在运输途中的饮食饮水的供应以及军运马匹的草料和饮水的供应。

第四条 军供站由省、自治区、直辖市人民政府根据军区的要求,在铁路、公路、水路沿线设置。

第五条 军供站分为常设站和临时站。常设站设置在主要铁路和公路干线的大站、水路的重要港口等军事运输繁忙地方;临时站设置在大批或者紧急军事运输任务需要的地方,任务完成后即行撤销。

第六条 常设军用饮食供应站的基本建设项目应当有厨房、餐厅、仓库、锅炉房、办公室、宿舍、厕所、汽车库、平场、盥洗设施,并根据需要设置遛马场和饮马设备。常设军用供水站的基本建设项目应当有锅炉房、办公室、宿舍、厕所、盥洗设施。

第七条 军供站的基本建设、设施维修、设备购置和用于过往部队接待工作的经费,军供站固定编制人员的工资、福利费和公用经费,按照国家规定的开支渠道,由地方财政安排解决。

第八条 常设军供站应当有少量固定编制的人员,其名额由省、自治区、直辖市人民政府根据军供站的军供任务和所处战略位置的需要确定,并在省、自治区、直辖市的行政编制总额中解决。

遇到大批军供任务,军供站工作人员不足时,由当地人民政府临时抽调人员协助工作。

第九条　国家在新建、改建车站和港口时,铁路、交通部门应当根据总后勤部军事交通部的要求,将军供站列入工程计划之内一并修建。工程竣工后,铁路、交通部门应当将军供站移交给人民政府的退役军人事务部门。退役军人事务部门对军供站的房屋和设备负责维修。

第十条　中国人民解放军派驻铁路、交通部门的军事代表办事处负责对军供站的业务指导。在有大批军供任务时,军事交通部门应当向军供站预先通报供应任务和注意事项,并指定专人与军供站保持联系。必要时,应当派遣军事代表常驻军供站协助工作。

第十一条　军供站应当根据有关法律、法规,经常对工作人员进行保卫和保密教育,建立、健全保卫和保密工作制度。

第十二条　军供站按照正规化建设要求,实现工作制度化、程序化、标准化,加强对工作人员的思想教育和业务培训,不断提高应变能力和快速保障能力,做好军供工作。

第十三条　对军供站供应工作的基本要求:

（一）军供站应当根据供应通报和军事代表的要求,做到保质保量供应,保证部队按时用餐、用水;

（二）军供站必须严格执行食品卫生的法律、法规,做好供应部队的饮食饮水的检查工作,防止食物中毒;

（三）军供站应当贯彻勤俭办事的精神,厉行节约,反对铺张浪费,并建立严格的财务制度和物资管理制度,防止贪污、盗窃和挪用供应部队的物资等违法行为。每次供应任务完成后,军供站应当按照供应成本向部队核收伙食费、粮票及马料票、马草用款。

第十四条　军供站所在地人民政府的有关部门负责做好下列工作:

（一）商业、粮食、供销、煤炭等部门,分别负责保证供应过往部队所需的主副食品、燃料、必要生活用品和马草、马料,并按国家和有关部门规定,在品种和价格等方面实行优待。

（二）卫生部门负责过往部队的饮食饮水的检验和伤病员的急救等工作,对不能随部队行动的伤病员负责收治。留在当地医院治疗的伤病员的医疗费、伙食费、归队差旅费和死亡丧葬费,由当地的武装部门垫支后,向所在军区的后勤部门实报实销。

（三）铁路、交通部门负责解决铁路、公路、水路沿线的军供站的供电、通信、给水等设备。

（四）交通部门应当按照对行政机关的有关规定减免军供站编制内的机动车辆的养路费。

（五）公安部门负责军供站周围的治安管理、交通管理和保卫、保密工作，防止可能发生的破坏活动。

第十五条 部队应当尊重地方工作人员，遵守军供站的供应制度和规定，凭供应通报就餐，并如数交付伙食费和粮票。使用马草马料，应如数交付马料票、马草用款。损坏餐具等物品应当照价赔偿。

第十六条 军供站在保证完成军供任务的前提下，实行平战结合，可以利用现有设施，为部队服务，为社会服务。

第十七条 本办法由退役军人事务部和总后勤部共同解释。

第十八条 本办法自发布之日起施行。一九六五年四月七日国务院批转总参谋部、内务部制定的《军用饮食供应站、供水站组织管理暂行办法》同时废止。

七、退役保障

1. 综　　合

中华人民共和国退役军人保障法

1. 2020年11月11日第十三届全国人民代表大会常务委员会第二十三次会议通过
2. 2020年11月11日中华人民共和国主席令第63号公布
3. 自2021年1月1日起施行

目　　录

第一章　总　　则
第二章　移交接收
第三章　退役安置
第四章　教育培训
第五章　就业创业
第六章　抚恤优待
第七章　褒扬激励
第八章　服务管理
第九章　法律责任
第十章　附　　则

第一章　总　　则

第一条　【立法目的和根据】为了加强退役军人保障工作，维护退役军人合法权益，让军人成为全社会尊崇的职业，根据宪法，制定本法。

第二条　【适用对象】本法所称退役军人，是指从中国人民解放军依法退出现役的军官、军士和义务兵等人员。

第三条 【退役军人的权益保障】退役军人为国防和军队建设做出了重要贡献,是社会主义现代化建设的重要力量。

尊重、关爱退役军人是全社会的共同责任。国家关心、优待退役军人,加强退役军人保障体系建设,保障退役军人依法享有相应的权益。

第四条 【退役军人保障工作的方针、原则】退役军人保障工作坚持中国共产党的领导,坚持为经济社会发展服务、为国防和军队建设服务的方针,遵循以人为本、分类保障、服务优先、依法管理的原则。

第五条 【退役军人保障、安置原则及特别优待机制】退役军人保障应当与经济发展相协调,与社会进步相适应。

退役军人安置工作应当公开、公平、公正。

退役军人的政治、生活等待遇与其服现役期间所做贡献挂钩。

国家建立参战退役军人特别优待机制。

第六条 【退役军人的责任】退役军人应当继续发扬人民军队优良传统,模范遵守宪法和法律法规,保守军事秘密,践行社会主义核心价值观,积极参加社会主义现代化建设。

第七条 【主管部门】国务院退役军人工作主管部门负责全国的退役军人保障工作。县级以上地方人民政府退役军人工作主管部门负责本行政区域的退役军人保障工作。

中央和国家有关机关、中央军事委员会有关部门、地方各级有关机关应当在各自职责范围内做好退役军人保障工作。

军队各级负责退役军人有关工作的部门与县级以上人民政府退役军人工作主管部门应当密切配合,做好退役军人保障工作。

第八条 【加强信息化建设】国家加强退役军人保障工作信息化建设,为退役军人建档立卡,实现有关部门之间信息共享,为提高退役军人保障能力提供支持。

国务院退役军人工作主管部门应当与中央和国家有关机关、中央军事委员会有关部门密切配合,统筹做好信息数据系统的建设、维护、应用和信息安全管理等工作。

第九条 【经费】退役军人保障工作所需经费由中央和地方财政共同负担。退役安置、教育培训、抚恤优待资金主要由中央财政负担。

第十条 【支持和帮助】国家鼓励和引导企业、社会组织、个人等社会力量依法通过捐赠、设立基金、志愿服务等方式为退役军人提供支持和帮助。

第十一条 【表彰、奖励】对在退役军人保障工作中做出突出贡献的单位和个人,按照国家有关规定给予表彰、奖励。

第二章 移交接收

第十二条 【制定年度移交接收计划】国务院退役军人工作主管部门、中央军事委员会政治工作部门、中央和国家有关机关应当制定全国退役军人的年度移交接收计划。

第十三条 【退役军人的安置地】退役军人原所在部队应当将退役军人移交安置地人民政府退役军人工作主管部门,安置地人民政府退役军人工作主管部门负责接收退役军人。

退役军人的安置地,按照国家有关规定确定。

第十四条 【持证按时报到】退役军人应当在规定时间内,持军队出具的退役证明到安置地人民政府退役军人工作主管部门报到。

第十五条 【退役军人优待证】安置地人民政府退役军人工作主管部门在接收退役军人时,向退役军人发放退役军人优待证。

退役军人优待证全国统一制发、统一编号,管理使用办法由国务院退役军人工作主管部门会同有关部门制定。

第十六条 【人事档案管理】军人所在部队在军人退役时,应当及时将其人事档案移交安置地人民政府退役军人工作主管部门。

安置地人民政府退役军人工作主管部门应当按照国家人事档案管理有关规定,接收、保管并向有关单位移交退役军人人事档案。

第十七条 【户口登记】安置地人民政府公安机关应当按照国家有关规定,及时为退役军人办理户口登记,同级退役军人工作主管部门应当予以协助。

第十八条 【社会保险】退役军人原所在部队应当按照有关法律法规规定,及时将退役军人及随军未就业配偶的养老、医疗等社会保险关系和相应资金,转入安置地社会保险经办机构。

安置地人民政府退役军人工作主管部门应当与社会保险经办机构、军队有关部门密切配合,依法做好有关社会保险关系和相应资金转移接续工作。

第十九条 【移交接收问题的处理】退役军人移交接收过程中,发生与其服现役有关的问题,由原所在部队负责处理;发生与其安置有关的问题,由安置地人民政府负责处理;发生其他移交接收方面问题的,由安置地人民政府负责处理,原所在部队予以配合。

退役军人原所在部队撤销或者转隶、合并的,由原所在部队的上级单位或者转隶、合并后的单位按照前款规定处理。

第三章 退役安置

第二十条 【退役军人安置】地方各级人民政府应当按照移交接收计划,做好退役军人安置工作,完成退役军人安置任务。

机关、群团组织、企业事业单位和社会组织应当依法接收安置退役军人,退役军人应当接受安置。

第二十一条 【军官退役安置方式】对退役的军官,国家采取退休、转业、逐月领取退役金、复员等方式妥善安置。

以退休方式移交人民政府安置的,由安置地人民政府按照国家保障与社会化服务相结合的方式,做好服务管理工作,保障其待遇。

以转业方式安置的,由安置地人民政府根据其德才条件以及服现役期间的职务、等级、所做贡献、专长等和工作需要安排工作岗位,确定相应的职务职级。

服现役满规定年限,以逐月领取退役金方式安置的,按照国家有关规定逐月领取退役金。

以复员方式安置的,按照国家有关规定领取复员费。

第二十二条 【军士退役安置方式】对退役的军士,国家采取逐月领取退役金、自主就业、安排工作、退休、供养等方式妥善安置。

服现役满规定年限,以逐月领取退役金方式安置的,按照国家有关规定逐月领取退役金。

服现役不满规定年限,以自主就业方式安置的,领取一次性退役金。

以安排工作方式安置的,由安置地人民政府根据其服现役期间所做贡献、专长等安排工作岗位。

以退休方式安置的,由安置地人民政府按照国家保障与社会化服务相结合的方式,做好服务管理工作,保障其待遇。

以供养方式安置的,由国家供养终身。

第二十三条 【义务兵退役安置方式】对退役的义务兵,国家采取自主就业、安排工作、供养等方式妥善安置。

以自主就业方式安置的,领取一次性退役金。

以安排工作方式安置的,由安置地人民政府根据其服现役期间所做贡献、专长等安排工作岗位。

以供养方式安置的,由国家供养终身。

第二十四条　**【不同安置方式的适用条件】**退休、转业、逐月领取退役金、复员、自主就业、安排工作、供养等安置方式的适用条件,按照相关法律法规执行。

第二十五条　**【优先安置】**转业军官、安排工作的军士和义务兵,由机关、群团组织、事业单位和国有企业接收安置。对下列退役军人,优先安置:

(一)参战退役军人;

(二)担任作战部队师、旅、团、营级单位主官的转业军官;

(三)属于烈士子女、功臣模范的退役军人;

(四)长期在艰苦边远地区或者特殊岗位服现役的退役军人。

第二十六条　**【单位、企业接收安置转业军人的要求】**机关、群团组织、事业单位接收安置转业军官、安排工作的军士和义务兵的,应当按照国家有关规定给予编制保障。

国有企业接收安置转业军官、安排工作的军士和义务兵的,应当按照国家规定与其签订劳动合同,保障相应待遇。

前两款规定的用人单位依法裁减人员时,应当优先留用接收安置的转业和安排工作的退役军人。

第二十七条　**【停发退役金情形】**以逐月领取退役金方式安置的退役军官和军士,被录用为公务员或者聘用为事业单位工作人员的,自被录用、聘用下月起停发退役金,其待遇按照公务员、事业单位工作人员管理相关法律法规执行。

第二十八条　**【伤病残退役军人移交安置、收治休养制度】**国家建立伤病残退役军人指令性移交安置、收治休养制度。军队有关部门应当及时将伤病残退役军人移交安置地人民政府安置。安置地人民政府应当妥善解决伤病残退役军人的住房、医疗、康复、护理和生活困难。

第二十九条　**【拥军优属】**各级人民政府加强拥军优属工作,为军人和家属排忧解难。

符合条件的军官和军士退出现役时,其配偶和子女可以按照国家有关规定随调随迁。

随调配偶在机关或者事业单位工作,符合有关法律法规规定的,安置地人民政府负责安排到相应的工作单位;随调配偶在其他单位工作或者无工作单位的,安置地人民政府应当提供就业指导,协助实现就业。

随迁子女需要转学、入学的,安置地人民政府教育行政部门应当予以及时办理。对下列退役军人的随迁子女,优先保障:

(一)参战退役军人;

(二)属于烈士子女、功臣模范的退役军人;

(三)长期在艰苦边远地区或者特殊岗位服现役的退役军人;

(四)其他符合条件的退役军人。

第三十条 【退役安置办法制定】军人退役安置的具体办法由国务院、中央军事委员会制定。

第四章 教育培训

第三十一条 【教育培训导向】退役军人的教育培训应当以提高就业质量为导向,紧密围绕社会需求,为退役军人提供有特色、精细化、针对性强的培训服务。

国家采取措施加强对退役军人的教育培训,帮助退役军人完善知识结构,提高思想政治水平、职业技能水平和综合职业素养,提升就业创业能力。

第三十二条 【学历教育和职业技能培训并行并举】国家建立学历教育和职业技能培训并行并举的退役军人教育培训体系,建立退役军人教育培训协调机制,统筹规划退役军人教育培训工作。

第三十三条 【军人退役前的培训和继续教育】军人退役前,所在部队在保证完成军事任务的前提下,可以根据部队特点和条件提供职业技能储备培训,组织参加高等教育自学考试和各类高等学校举办的高等学历继续教育,以及知识拓展、技能培训等非学历继续教育。

部队所在地县级以上地方人民政府退役军人工作主管部门应当为现役军人所在部队开展教育培训提供支持和协助。

第三十四条 【国家教育资助】退役军人在接受学历教育时,按照国家有关规定享受学费和助学金资助等国家教育资助政策。

高等学校根据国家统筹安排,可以通过单列计划、单独招生等方式招考退役军人。

第三十五条 【入学、复学】现役军人入伍前已被普通高等学校录取或者是正在普通高等学校就学的学生,服现役期间保留入学资格或者学籍,退役后两年内允许入学或者复学,可以按照国家有关规定转入本校其他专业学习。达到报考研究生条件的,按照国家有关规定享受优惠政策。

第三十六条 【职业技能培训补贴等相应扶持政策】国家依托和支持普通高等学校、职业院校(含技工院校)、专业培训机构等教育资源,为退役军人提供职业技能培训。退役军人未达到法定退休年龄需要就业创业的,可以享受职业技能培训补贴等相应扶持政策。

军人退出现役,安置地人民政府应当根据就业需求组织其免费参加职业教育、技能培训,经考试考核合格的,发给相应的学历证书、职业资格证书或者职业技能等级证书并推荐就业。

第三十七条 【对培训质量的检查和考核】省级人民政府退役军人工作主管部门会同有关部门加强动态管理,定期对为退役军人提供职业技能培训的普通高等学校、职业院校(含技工院校)、专业培训机构的培训质量进行检查和考核,提高职业技能培训质量和水平。

第五章 就业创业

第三十八条 【鼓励、扶持退役军人就业创业】国家采取政府推动、市场引导、社会支持相结合的方式,鼓励和扶持退役军人就业创业。

第三十九条 【对退役军人就业创业的指导和服务】各级人民政府应当加强对退役军人就业创业的指导和服务。

县级以上地方人民政府退役军人工作主管部门应当加强对退役军人就业创业的宣传、组织、协调等工作,会同有关部门采取退役军人专场招聘会等形式,开展就业推荐、职业指导,帮助退役军人就业。

第四十条 【残疾退役军人就业优惠政策】服现役期间因战、因公、因病致残被评定残疾等级和退役后补评或者重新评定残疾等级的残疾退役军人,有劳动能力和就业意愿的,优先享受国家规定的残疾人就业优惠政策。

第四十一条 【免费或优惠的就业创业服务】公共人力资源服务机构应当免费为退役军人提供职业介绍、创业指导等服务。

国家鼓励经营性人力资源服务机构和社会组织为退役军人就业创业提供免费或者优惠服务。

退役军人未能及时就业的,在人力资源和社会保障部门办理求职登记后,可以按照规定享受失业保险待遇。

第四十二条 【优先招录、招聘退役军人及退役军人复职复工】机关、群团组织、事业单位和国有企业在招录或者招聘人员时,对退役军人的年龄和学历条件可以适当放宽,同等条件下优先招录、招聘退役军人。退役的军士和义务兵服现役经历视为基层工作经历。

退役的军士和义务兵入伍前是机关、群团组织、事业单位或者国有企业人员的,退役后可以选择复职复工。

第四十三条 【面向退役军人招考的各种岗位】各地应当设置一定数量的基层公务员职位,面向服现役满五年的高校毕业生退役军人招考。

服现役满五年的高校毕业生退役军人可以报考面向服务基层项目人员定向考录的职位,同服务基层项目人员共享公务员定向考录计划。

各地应当注重从优秀退役军人中选聘党的基层组织、社区和村专职工作人员。

军队文职人员岗位、国防教育机构岗位等,应当优先选用符合条件的退役军人。

国家鼓励退役军人参加稳边固边等边疆建设工作。

第四十四条 【服役年限计算为工龄】退役军人服现役年限计算为工龄,退役后与所在单位工作年限累计计算。

第四十五条 【创业孵化基地和创业园区对退役军人创业的优惠服务】县级以上地方人民政府投资建设或者与社会共建的创业孵化基地和创业园区,应当优先为退役军人创业提供服务。有条件的地区可以建立退役军人创业孵化基地和创业园区,为退役军人提供经营场地、投资融资等方面的优惠服务。

第四十六条 【退役军人创业优待】退役军人创办小微企业,可以按照国家有关规定申请创业担保贷款,并享受贷款贴息等融资优惠政策。

退役军人从事个体经营,依法享受税收优惠政策。

第四十七条 【招用退役军人享受优惠政策】用人单位招用退役军人符合国家规定的,依法享受税收优惠等政策。

第六章 抚恤优待

第四十八条 【普惠与优待叠加原则】各级人民政府应当坚持普惠与优待

叠加的原则,在保障退役军人享受普惠性政策和公共服务基础上,结合服现役期间所做贡献和各地实际情况给予优待。

对参战退役军人,应当提高优待标准。

第四十九条 【建立统筹平衡的抚恤优待量化标准体系】国家逐步消除退役军人抚恤优待制度城乡差异、缩小地区差异,建立统筹平衡的抚恤优待量化标准体系。

第五十条 【社会保险待遇】退役军人依法参加养老、医疗、工伤、失业、生育等社会保险,并享受相应待遇。

退役军人服现役年限与入伍前、退役后参加职工基本养老保险、职工基本医疗保险、失业保险的缴费年限依法合并计算。

第五十一条 【安置住房优待】退役军人符合安置住房优待条件的,实行市场购买与军地集中统建相结合,由安置地人民政府统筹规划、科学实施。

第五十二条 【就医优待】军队医疗机构、公立医疗机构应当为退役军人就医提供优待服务,并对参战退役军人、残疾退役军人给予优惠。

第五十三条 【公共交通、文化和旅游优待】退役军人凭退役军人优待证等有效证件享受公共交通、文化和旅游等优待,具体办法由省级人民政府制定。

第五十四条 【收治或集中供养孤老、生活不能自理的退役军人】县级以上人民政府加强优抚医院、光荣院建设,充分利用现有医疗和养老服务资源,收治或者集中供养孤老、生活不能自理的退役军人。

各类社会福利机构应当优先接收老年退役军人和残疾退役军人。

第五十五条 【对生活困难的退役军人给予帮扶援助】国家建立退役军人帮扶援助机制,在养老、医疗、住房等方面,对生活困难的退役军人按照国家有关规定给予帮扶援助。

第五十六条 【抚恤】残疾退役军人依法享受抚恤。

残疾退役军人按照残疾等级享受残疾抚恤金,标准由国务院退役军人工作主管部门会同国务院财政部门综合考虑国家经济社会发展水平、消费物价水平、全国城镇单位就业人员工资水平、国家财力情况等因素确定。残疾抚恤金由县级人民政府退役军人工作主管部门发放。

第七章 褒扬激励

第五十七条 【荣誉激励机制】国家建立退役军人荣誉激励机制,对在社会主义现代化建设中做出突出贡献的退役军人予以表彰、奖励。退役军人服现役期间获得表彰、奖励的,退役后按照国家有关规定享受相应待遇。

第五十八条 【迎接仪式】退役军人安置地人民政府在接收退役军人时,应当举行迎接仪式。迎接仪式由安置地人民政府退役军人工作主管部门负责实施。

第五十九条 【光荣牌】地方人民政府应当为退役军人家庭悬挂光荣牌,定期开展走访慰问活动。

第六十条 【参加重大庆典活动】国家、地方和军队举行重大庆典活动时,应当邀请退役军人代表参加。

被邀请的退役军人参加重大庆典活动时,可以穿着退役时的制式服装,佩戴服现役期间和退役后荣获的勋章、奖章、纪念章等徽章。

第六十一条 【参与爱国主义教育和国防教育】国家注重发挥退役军人在爱国主义教育和国防教育活动中的积极作用。机关、群团组织、企业事业单位和社会组织可以邀请退役军人协助开展爱国主义教育和国防教育。县级以上人民政府教育行政部门可以邀请退役军人参加学校国防教育培训,学校可以聘请退役军人参与学生军事训练。

第六十二条 【先进事迹宣传】县级以上人民政府退役军人工作主管部门应当加强对退役军人先进事迹的宣传,通过制作公益广告、创作主题文艺作品等方式,弘扬爱国主义精神、革命英雄主义精神和退役军人敬业奉献精神。

第六十三条 【编录地方志的退役军人的名录和事迹】县级以上地方人民政府负责地方志工作的机构应当将本行政区域内下列退役军人的名录和事迹,编辑录入地方志:

(一)参战退役军人;
(二)荣获二等功以上奖励的退役军人;
(三)获得省部级或者战区级以上表彰的退役军人;
(四)其他符合条件的退役军人。

第六十四条 【烈士纪念设施的建立及修缮、保管】国家统筹规划烈士纪念设施建设,通过组织开展英雄烈士祭扫纪念活动等多种形式,弘扬英雄烈士精神。退役军人工作主管部门负责烈士纪念设施的修缮、保护和管理。

国家推进军人公墓建设。符合条件的退役军人去世后,可以安葬在军人公墓。

第八章 服务管理

第六十五条 【建立健全退役军人服务体系】国家加强退役军人服务机构建设,建立健全退役军人服务体系。县级以上人民政府设立退役军人服务中心,乡镇、街道、农村和城市社区设立退役军人服务站点,提升退役军人服务保障能力。

第六十六条 【服务保障工作】退役军人服务中心、服务站点等退役军人服务机构应当加强与退役军人联系沟通,做好退役军人就业创业扶持、优抚帮扶、走访慰问、权益维护等服务保障工作。

第六十七条 【加强思想政治教育工作】县级以上人民政府退役军人工作主管部门应当加强退役军人思想政治教育工作,及时掌握退役军人的思想情况和工作生活状况,指导接收安置单位和其他组织做好退役军人的思想政治工作和有关保障工作。

接收安置单位和其他组织应当结合退役军人工作和生活状况,做好退役军人思想政治工作和有关保障工作。

第六十八条 【保密教育和管理】县级以上人民政府退役军人工作主管部门、接收安置单位和其他组织应当加强对退役军人的保密教育和管理。

第六十九条 【宣传与退役军人相关的法律法规和政策制度】县级以上人民政府退役军人工作主管部门应当通过广播、电视、报刊、网络等多种渠道宣传与退役军人相关的法律法规和政策制度。

第七十条 【建立健全退役军人权益保障机制】县级以上人民政府退役军人工作主管部门应当建立健全退役军人权益保障机制,畅通诉求表达渠道,为退役军人维护其合法权益提供支持和帮助。退役军人的合法权益受到侵害,应当依法解决。公共法律服务有关机构应当依法为退役军人提供法律援助等必要的帮助。

第七十一条 【指导、督促退役军人保障工作】县级以上人民政府退役军人工作主管部门应当依法指导、督促有关部门和单位做好退役安置、教育培训、就业创业、抚恤优待、褒扬激励、拥军优属等工作,监督检查退役军人保障相关法律法规和政策措施落实情况,推进解决退役军人保障工作中存在的问题。

第七十二条 【退役军人保障工作责任制和考核评价制度】国家实行退役军人保障工作责任制和考核评价制度。县级以上人民政府应当将退役军人保障工作完成情况,纳入对本级人民政府负责退役军人有关工作的部门及其负责人、下级人民政府及其负责人的考核评价内容。

对退役军人保障政策落实不到位、工作推进不力的地区和单位,由省级以上人民政府退役军人工作主管部门会同有关部门约谈该地区人民政府主要负责人或者该单位主要负责人。

第七十三条　【接受社会监督】退役军人工作主管部门及其工作人员履行职责,应当自觉接受社会监督。

第七十四条　【检举、控告】对退役军人保障工作中违反本法行为的检举、控告,有关机关和部门应当依法及时处理,并将处理结果告知检举人、控告人。

第九章　法律责任

第七十五条　【对退役军人工作主管部门及其工作人员依法给予处分的情形】退役军人工作主管部门及其工作人员有下列行为之一的,由其上级主管部门责令改正,对直接负责的主管人员和其他直接责任人员依法给予处分:

(一)未按照规定确定退役军人安置待遇的;

(二)在退役军人安置工作中出具虚假文件的;

(三)为不符合条件的人员发放退役军人优待证的;

(四)挪用、截留、私分退役军人保障工作经费的;

(五)违反规定确定抚恤优待对象、标准、数额或者给予退役军人相关待遇的;

(六)在退役军人保障工作中利用职务之便为自己或者他人谋取私利的;

(七)在退役军人保障工作中失职渎职的;

(八)有其他违反法律法规行为的。

第七十六条　【其他负责退役军人有关工作的部门及其工作人员的违法责任】其他负责退役军人有关工作的部门及其工作人员违反本法有关规定的,由其上级主管部门责令改正,对直接负责的主管人员和其他直接责任人员依法给予处分。

第七十七条　【拒绝或者无故拖延执行退役军人安置任务的法律责任】违反本法规定,拒绝或者无故拖延执行退役军人安置任务的,由安置地人民政府退役军人工作主管部门责令限期改正;逾期不改正的,予以通报批评。对该单位主要负责人和直接责任人员,由有关部门依法给予处分。

第七十八条 【退役军人弄虚作假骗取退役相关待遇的法律责任】退役军人弄虚作假骗取退役相关待遇的,由县级以上地方人民政府退役军人工作主管部门取消相关待遇,追缴非法所得,并由其所在单位或者有关部门依法给予处分。

第七十九条 【退役军人违法犯罪的法律责任】退役军人违法犯罪的,由省级人民政府退役军人工作主管部门按照国家有关规定中止、降低或者取消其退役相关待遇,报国务院退役军人工作主管部门备案。

退役军人对省级人民政府退役军人工作主管部门作出的中止、降低或者取消其退役相关待遇的决定不服的,可以依法申请行政复议或者提起行政诉讼。

第八十条 【治安管理处罚与刑事责任】违反本法规定,构成违反治安管理行为的,依法给予治安管理处罚;构成犯罪的,依法追究刑事责任。

第十章 附 则

第八十一条 【武警部队人员的法律适用】中国人民武装警察部队依法退出现役的警官、警士和义务兵等人员,适用本法。

第八十二条 【文职干部与军队院校学员的法律适用】本法有关军官的规定适用于文职干部。

军队院校学员依法退出现役的,参照本法有关规定执行。

第八十三条 【参战退役军人、参试退役军人相关规定】参试退役军人参照本法有关参战退役军人的规定执行。

参战退役军人、参试退役军人的范围和认定标准、认定程序,由中央军事委员会有关部门会同国务院退役军人工作主管部门等部门规定。

第八十四条 【其他安置管理】军官离职休养和军级以上职务军官退休后,按照国务院和中央军事委员会的有关规定安置管理。

本法施行前已经按照自主择业方式安置的退役军人的待遇保障,按照国务院和中央军事委员会的有关规定执行。

第八十五条 【施行日期】本法自2021年1月1日起施行。

残疾退役军人医疗保障办法

1. 2022年1月5日退役军人事务部、财政部、人力资源社会保障部、国家卫生健康委、国家医保局、中央军委后勤保障部印发
2. 退役军人部发〔2022〕3号

第一条 为切实保障残疾退役军人的医疗待遇,根据《中华人民共和国退役军人保障法》、《军人抚恤优待条例》等法律法规的规定,制定本办法。

第二条 本办法适用于服现役期间因战、因公、因病致残被评定残疾等级和退役后补评或者重新评定残疾等级的残疾退役军人。

第三条 坚持待遇与贡献匹配、普惠与优待叠加原则,残疾退役军人按规定参加基本医疗保险并享受相应待遇,符合条件的困难残疾退役军人按规定享受医疗救助。

第四条 一级至六级残疾退役军人按照属地原则参加职工基本医疗保险,七级至十级残疾退役军人按照属地原则相应参加职工基本医疗保险、城乡居民基本医疗保险。鼓励残疾退役军人参加其他形式的补充医疗保险。

第五条 残疾退役军人在按规定享受基本医疗保障待遇的基础上,享受优抚对象医疗补助。各地要进一步健全完善优抚对象医疗补助制度,保障水平应当与各地经济发展水平和财政承受能力相适应,保证残疾退役军人现有医疗待遇不降低。

第六条 有工作单位的一级至六级残疾退役军人随单位参加职工基本医疗保险,按规定缴费;无工作单位的一级至六级残疾退役军人参加职工基本医疗保险,以统筹地区上一年度城镇单位就业人员平均工资作为缴费基数。

所在单位无力参保和无工作单位的一级至六级残疾退役军人由统筹地区退役军人事务部门统一办理参保手续。其单位缴费部分,经统筹地区医疗保障、退役军人事务、财政部门共同审核确认后,由残疾退役军人户籍所在地财政安排资金。

一级至六级残疾退役军人参加职工基本医疗保险个人缴费确有困难

的,由残疾退役军人所在单位帮助解决;所在单位无力解决和无工作单位的,经统筹地区医疗保障、退役军人事务、财政部门共同审核确认后,由残疾退役军人户籍所在地财政安排资金。

移交政府安置军队离退休干部退休士官中的一级至六级残疾退役军人医疗保险按照国家有关规定执行。

第七条 有工作单位的七级至十级残疾退役军人,随单位参加职工基本医疗保险,按规定缴费。当地退役军人事务部门应当督促残疾退役军人所在单位按规定缴费参保,所在单位确有困难的,各地应当通过多渠道筹资帮助其参保。

未就业的七级至十级残疾退役军人,可按规定参加城乡居民基本医疗保险。其中纳入低保、特困人员救助供养范围的残疾退役军人,由其户籍所在地医疗保障部门通过医疗救助基金等对其参加居民基本医疗保险的个人缴费部分给予补贴。

未参加基本医疗保障制度的,以及参加上述基本医疗保障制度但个人医疗费用负担较重的残疾退役军人,按规定享受城乡医疗救助和优抚对象医疗补助政策。

第八条 残疾退役军人按规定在户籍所在地享受优抚对象医疗补助,医疗补助所需资金由当地退役军人事务部门根据本地经济发展水平、财政承受能力、残疾退役军人医疗费实际支出和服现役期间医疗保障水平等因素测算,经同级财政部门审核确定后,列入当年财政预算。各地应当通过财政预算安排、吸收社会捐赠等多种渠道,筹集医疗补助资金。医疗补助资金单独列账。

第九条 因战因公致残的残疾退役军人旧伤复发的医疗费用,参加工伤保险并依法认定为工伤的,按照《工伤保险条例》的有关规定解决。未参加工伤保险但医疗费用符合工伤保险诊疗项目目录、工伤保险药品目录、工伤保险住院服务标准的,有工作的由工作单位解决;所在单位无力支付和无工作单位的,从优抚对象医疗补助资金中解决。

因战因公致残的残疾退役军人旧伤复发,由其户籍所在地设区的市级以上人民政府退役军人事务部门组织医疗卫生专家小组进行确认,医疗卫生专家小组出具旧伤复发医学鉴定意见。因战因公致残残疾退役军人取得旧伤复发医学鉴定意见后,有工作单位的依据《工伤保险条例》相关规定申请工伤认定,无工作单位的按规定申请优抚对象医疗补助。

第十条　残疾退役军人到医疗机构就医时按规定享受优先挂号、取药、缴费、检查、住院服务,优先享受家庭医生签约和健康教育、慢性病管理等基本公共卫生服务。

残疾退役军人在优抚医院享受优惠体检和优先就诊、检查、住院等服务,并免除普通门诊挂号费。

残疾退役军人在军队医疗机构就医,凭残疾军人证与同职级现役军人享受同等水平的挂号、就诊、检查、治疗、取药、入院全流程优先,以及就诊场所、病房条件等优待,并免除门急诊挂号费。

第十一条　医疗机构应当公开对残疾退役军人优先、优惠的医疗服务项目;完善并落实各项诊疗规范和管理制度,合理检查、合理用药、合理诊疗、合理收费。医保定点医疗机构和工伤保险协议医疗机构应当严格执行医保和工伤保险药品、医用耗材、医疗服务项目等目录,优先配备使用医保和工伤保险目录内药品。

第十二条　残疾退役军人医疗保障工作由退役军人事务、财政、人力资源社会保障、卫生健康、医疗保障、军队后勤保障等部门管理并组织实施,各部门应当密切配合,切实履行各自职责。

第十三条　退役军人事务部门应当严格残疾退役军人的审核工作并提供有关资料,负责为所在单位无力参保和无工作单位的一级至六级残疾退役军人办理参加职工基本医疗保险等手续;组织发放优抚对象医疗补助,协调有关部门研究处理医疗保障工作中遇到的具体问题;组织因战因公致残残疾退役军人旧伤复发鉴定,及时向工伤保险行政部门提供残疾退役军人伤情等信息,配合工伤认定调查;对年老体弱、行动不便的残疾退役军人就医等给予协助;按照预算管理要求编制年度优抚对象医疗补助资金预算,报同级财政部门审核。

第十四条　各级财政部门按规定落实经费保障,并会同有关部门加强资金的监督。省级财政要切实负起责任,减轻基层压力。中央财政按规定对优抚对象医疗保障经费给予适当补助。

第十五条　人力资源社会保障部门应当做好参加工伤保险的因战因公致残残疾退役军人旧伤复发医疗费用支付工作。

第十六条　卫生健康部门应当组织医疗机构为残疾退役军人提供优质医疗服务;加强对医疗机构的监督管理,规范医疗服务,提高服务质量,保障医疗安全;支持、鼓励和引导医疗机构制定相关优待政策,落实优待措施。

第十七条　医疗保障部门应当将符合条件的残疾退役军人纳入职工基本医疗保险、城乡居民基本医疗保险、医疗救助制度覆盖范围；做好已参保残疾退役军人的医疗保险服务管理工作，按规定落实参保残疾退役军人相应的医疗保险待遇、医疗救助待遇。

第十八条　有关单位、组织和个人应当如实提供所需情况，积极配合残疾退役军人医疗保障的调查核实工作。

第十九条　各地应当积极完善基本医疗保险、大病保险、医疗救助、工伤保险、优抚对象医疗补助"一站式"费用结算信息平台建设，努力实现资源协调、信息共享、结算同步，减轻残疾退役军人医疗费用垫付压力。

第二十条　各地退役军人事务、财政、人力资源社会保障、卫生健康、医疗保障部门可以根据本办法并结合本地区实际情况制定实施办法，切实保障残疾退役军人医疗待遇的落实。

第二十一条　本办法由退役军人事务部会同财政部、人力资源社会保障部、国家卫生健康委、国家医保局以及中央军委后勤保障部解释。

第二十二条　本办法自印发之日起施行。2005年12月21日民政部、财政部、原劳动和社会保障部印发的《一至六级残疾军人医疗保障办法》同时废止。

退役军人名录和事迹载入地方志实施办法（试行）

1. 2022年5月20日印发
2. 退役军人部发〔2022〕40号

第一条　为更好地营造全社会尊崇军人职业的良好氛围，激励军人为国防和军队建设作出更大贡献，引导退役军人在社会主义现代化建设中发挥积极作用，依法规范记载退役军人名录和事迹，根据《中华人民共和国退役军人保障法》《地方志工作条例》和地方志编纂相关规定，特制定本实施办法。

第二条　本实施办法所称退役军人，是指从中国人民解放军依法退出现役的军官、军士和义务兵等人员。

第三条　本实施办法所称地方志，包括地方志书、地方综合年鉴。

地方志书,是指全面系统地记述本行政区域自然、政治、经济、文化和社会的历史与现状的资料性文献。

地方综合年鉴,是指系统记述本行政区域自然、政治、经济、文化、社会等方面情况的年度资料性文献。

第四条 退役军人名录和事迹载入地方志(以下简称载入地方志),应坚持正确的政治方向和思想导向,坚持辩证唯物主义和历史唯物主义的立场、观点和方法,坚持与贡献匹配,遵循存真求实的原则,遵守地方志相关编纂规范要求。

第五条 退役军人事务部、中国地方志指导小组、中央军委政治工作部、中央军委国防动员部负责指导全国的载入地方志工作。

省级、地市级、县级人民政府退役军人事务部门会同同级地方志工作机构,省军区(卫戍区、警备区)、军分区(警备区)、县(市、区、旗)人民武装部负责本行政区域内的载入地方志工作。

各级退役军人服务中心(站)参与载入地方志具体事务性工作。

第六条 服现役期间符合下列条件的退役军人的名录和事迹,编辑录入地方志:

(一)参战退役军人;

(二)荣获二等功以上奖励的退役军人;

(三)获得省部级、战区级或者二级以上表彰的退役军人;

(四)其他符合条件的退役军人。

第七条 地方各级地方志工作机构应依据志书记述时限,结合本地实际,遵循编纂规范,将本行政区域内符合入志条件的退役军人名录和事迹,载入地方志书。

(一)省级志书应在人物志(卷、篇)采用人物简介、人物表(名录)等形式,或者在有关篇章采取以事系人的方式,记载本行政区域内获得勋章、荣誉称号的退役军人,荣立二等战功以上奖励的参战退役军人,荣立一等功以上奖励的退役军人,获得省部级、战区级或者二级以上表彰的退役军人。

(二)地市级志书应在人物篇或者相应章节采用人物简介、人物表(名录)等形式,或者在有关篇章采取以事系人的方式,记载本行政区域内获得勋章、荣誉称号的退役军人,荣立三等战功以上奖励的参战退役军人,荣立二等功以上奖励的退役军人,获得省部级、战区级或者二级以上表彰的退役军人。

（三）县级志书应在人物篇或者相应章节采用人物简介、人物表（名录）等形式，或者在有关篇章采取以事系人的方式，记载本行政区域内获得勋章、荣誉称号的退役军人，参战退役军人，荣立二等功以上奖励的退役军人，获得省部级、战区级或者二级以上表彰的退役军人。

（四）已故退役军人事迹特别突出的，可采用人物传的形式载入相应级别的志书。

第八条　地方各级地方志工作机构参照本实施办法第七条第一、二、三、四项规定，将上年度本行政区域内退出现役的符合本实施办法第六条规定的退役军人的名录和事迹，以人物传、人物简介、人物表（名录）等形式分别载入省级、地市级、县级综合年鉴中。

第九条　符合载入条件的退役军人数量较多、地方志书无法承担记录任务的地区，应组织编纂退役军人志等分（专）志，鼓励和支持有条件的地区编写宣传退役军人先进典型事迹的地情书、地情资料等。

第十条　载入地方志书的一般以退役军人出生地为主，载入地方综合年鉴的一般以退役军人安置地为主。

第十一条　载入地方志工作按照明确要求、材料收集、联合审核、分级载入的程序开展。

第十二条　省级、地市级、县级人民政府退役军人事务部门会同同级地方志工作机构，省军区（卫戍区、警备区）、军分区（警备区）、县（市、区、旗）人民武装部明确载入本级地方志的条件、方式等要求，并进行广泛宣传。

第十三条　省级、地市级、县级退役军人服务中心结合信息采集、建档立卡、送喜报、安置接收等工作，收集汇总本行政区域内符合入志条件的退役军人相关材料。

符合入志条件的退役军人，也可由本人向县级退役军人服务中心提出载入地方志申请并提供相应材料。

第十四条　省级、地市级、县级人民政府退役军人事务部门会同同级地方志工作机构，省军区（卫戍区、警备区）、军分区（警备区）、县（市、区、旗）人民武装部联合审核相应级别退役军人服务中心收集汇总的材料和退役军人的个人申请材料，重点审核是否符合入志条件、是否符合真实情况、是否符合保密要求等。

第十五条　省级、地市级、县级人民政府退役军人事务部门应在联合审核前,就拟载入地方志的退役军人名录和事迹征求相应级别的纪检监察机关和组织、司法行政等部门意见,并向相应级别的公安部门查询有关情况。

第十六条　省级、地市级、县级人民政府退役军人事务部门要会同省军区(卫戍区、警备区)、军分区(警备区)、县(市、区、旗)人民武装部对拟载入地方志的退役军人名录和事迹进行保密审查,确保符合保密规定。

第十七条　通过联合审核并符合保密要求的,经县级退役军人服务中心征得本人同意后,由相应级别地方志工作机构载入地方志。

对已故退役军人,应结合亲属或者相关人员意见,经参与联合审核的退役军人事务部门确认后,由相应级别地方志工作机构载入地方志。

个人申请未通过联合审核的,接受申请的退役军人服务中心应及时告知申请人。

第十八条　省级、地市级、县级地方志工作机构应对入志材料的提交、审核、审查、反馈时间等作出具体规定,保证地方志书编修进度和地方综合年鉴编纂出版的时效性。

第十九条　省级、地市级、县级人民政府退役军人事务部门应定期评估已载入地方志的退役军人,在征求相应级别的纪检监察机关和组织、司法行政等部门意见,并向相应级别的公安部门查询有关情况后,会同同级地方志工作机构,适时修订退役军人名录和事迹。

第二十条　省级、地市级、县级人民政府退役军人事务部门和地方志工作机构,省军区(卫戍区、警备区)、军分区(警备区)、县(市、区、旗)人民武装部要加强沟通,明确工作机制,加强统筹协调和工作联动,加大宣传力度。

省级退役军人事务部门和地方志工作机构、省军区(卫戍区、警备区)要依据本实施办法细化具体要求,并负责指导落实。

第二十一条　中国人民武装警察部队依法退出现役的警官、警士和义务兵等人员,适用本实施办法。

第二十二条　文职干部和依法退出现役的军队院校学员适用本实施办法。

第二十三条　参试退役军人参照本实施办法中参战退役军人的规定执行。

第二十四条　退役军人非服现役期间的表现载入地方志,按照地方志编纂相关规定执行。

第二十五条　本实施办法由退役军人事务部、中国地方志指导小组、中央军委政治工作部、中央军委国防动员部负责解释。

第二十六条 本实施办法自印发之日起施行。

民政部关于进一步规范带病回乡
退伍军人认定有关问题的通知

1. 2012年8月6日发布
2. 民函〔2012〕255号

各省、自治区、直辖市民政厅（局），各计划单列市民政局，新疆生产建设兵团民政局：

为进一步规范带病回乡退伍军人认定程序，现就有关问题通知如下：

一、申请享受带病回乡退伍军人待遇，应当由当事人向县级人民政府民政部门提出，由设区的市级以上地方人民政府民政部门审批。具体审批机关由省级人民政府民政部门规定。

二、县级人民政府民政部门根据《民政部关于带病回乡退伍军人认定及待遇问题的通知》（民发〔2009〕166号）的有关规定，对申请人提交的申请书、户口本、退伍军人证、军队医院证明以及就诊病历、相关医疗检查报告、诊断结论等相关材料进行审查。经审查符合条件的，填写《带病回乡退伍军人病情送检表》（附后）交予申请人；填写《带病回乡退伍军人审批表》（表格样式由各省级人民政府民政部门制定），逐级报送审批机关。

三、申请人根据审批机关安排，持《带病回乡退伍军人病情送检表》到审批机关指定的医院，对其服役期间军队医院证明的所患慢性疾病进行检查，检查结果及《带病回乡退伍军人病情送检表》由医院直接送交审批机关。

四、审批机关应当从所建立的医疗专家库中随机抽取3名或者5名相关专家组成医疗卫生专家小组，根据医院检查结果，作出是否符合《带病回乡常见慢性病范围》（民发〔2011〕208号）的认定意见。

五、根据医疗卫生专家小组意见，审批机关做出是否符合享受带病回乡退伍军人待遇的结论，告知申请人，并逐级通知县级人民政府民政部门。设区的市级人民政府民政部门为审批机关的，审批机关需同时将有关材料报省级人民政府民政部门备案。

本通知自下发之日起执行。此前与本通知不符的，以本通知为准。

退役军人事务部、民政部、财政部等关于加强困难退役军人帮扶援助工作的意见

1. 2019年10月9日退役军人事务部、民政部、财政部、住房和城乡建设部、国家医疗保障局发布
2. 退役军人部发〔2019〕62号

各省、自治区、直辖市退役军人事务厅（局）、民政厅（局）、财政厅（局）、住房和城乡建设厅（局）、医疗保障局，新疆生产建设兵团退役军人事务局、民政局、财政局、住房和城乡建设局、医疗保障局：

加强困难退役军人帮扶援助工作，是新形势下做好退役军人和其他优抚对象服务保障的重要内容，对服务军地改革发展、促进社会和谐稳定、体现社会尊崇优待具有重要意义。根据党中央、国务院、中央军委有关改革部署要求，现就加强困难退役军人帮扶援助工作，提出以下意见。

一、指导思想

以习近平新时代中国特色社会主义思想为指导，深入贯彻落实党的十九大和十九届二中、三中全会精神，践行以人民为中心的发展思想，围绕决胜全面建成小康社会，支持国防和军队现代化建设，立足帮助退役军人摆脱困境，加快建立突出协同性、体现优待性、注重时效性、调动积极性的工作新机制，推动形成对象明确、保障适度、规范高效的工作新格局，不断提高救急济难水平，增强困难退役军人安全感、获得感和荣誉感，为保障他们共享经济社会改革发展成果奠定坚实基础。

二、基本原则

（一）立足济难解困。对因军事职业特殊性造成重残重病、长期失业或遭遇突发性、临时性事件等导致生活陷入困境的退役军人，按照保基本、救急难、求实效的要求，给予及时帮扶援助。

（二）体现尊崇优待。充分体现退役军人为国防和军队建设作出的

牺牲贡献,对其面临的工作生活等方面的实际困难,在保障其享有公民普惠待遇的基础上,由地方人民政府退役军人事务部门给予临时性、过渡性的帮扶援助,把党和国家对困难退役军人的关心关爱落到实处。

(三)创新方式方法。借鉴国内外有益做法,立足退役军人特点诉求,结合管理服务需要,坚持政府主导、社会参与,统筹利用现有资金渠道,充分调动社会力量,为困难退役军人提供多主体供给、多渠道保障的帮扶援助。

三、帮扶援助对象

(一)退役军人。是指依法退出现役的军官和士兵。

(二)领取定期抚恤补助的"三属"。有条件的地区可将现役军人父母、配偶、未成年子女纳入帮扶援助范围。

四、帮扶援助情形

按照"普惠加优待"的原则,符合条件的困难退役军人、"三属"在充分享受社会救助政策的同时,对因以下五种情形导致生活陷入困境的,根据困难程度和现实表现,可以按规定申请帮扶援助。

(一)退役军人因服役期间致残或因患有严重疾病等原因造成退役后本人就业困难,医疗和康复等必需支出突然增加超出家庭承受能力,导致生活出现严重困难的;

(二)退役军人因服役时间长、市场就业能力弱等原因造成长期失业或突然下岗,导致生活出现严重困难的;

(三)退役军人因旧伤复发、残情病情加重等原因,导致生活出现严重困难的;

(四)退役军人、"三属"等因火灾水灾、交通事故、重大疾病、人身伤害、见义勇为等突发事件,导致生活出现严重困难的;

(五)遭遇其他特殊情况导致生活出现严重困难的。

五、帮扶援助方式

对符合条件的帮扶援助对象,各地应当根据帮扶援助标准和对象基本需要,采取以下一种或多种方式予以帮扶援助。

(一)提供资金援助。按照专款专用、科学公正、加强监管的原则,全面推行社会化发放,确保资金发放安全、及时、便捷、足额。必要时,可直接发放现金。

(二)提供实物援助。包括发放衣被、食品、饮用水、医药等生活必需品、部分生产资料,以及提供临时住所等。

(三)提供社会化服务援助。鼓励和引导公益慈善组织、社会工作服务机构、企业等社会力量,通过纳入慈善项目、发动社会募捐、提供专业服务、开展志愿服务等形式,给予多元化、个性化帮扶援助。

六、帮扶援助标准

各地要着力提高帮扶援助力度,做到既尽力而为,又量力而行;根据帮扶援助对象的困难情形和程度、当地经济社会发展和救助保障水平等因素,合理确定困难退役军人帮扶援助标准,并适时调整。省级相关部门要加强对工作的统筹指导,推动逐步形成相对统一的区域帮扶援助标准体系。

七、办理程序

帮扶援助工作实行一事一批,按照个人申请、乡镇审核、县级审批的程序办理,做到公正公开,接受社会监督。

(一)个人申请。一般由符合条件的对象本人书面向所在乡镇人民政府(街道办事处)退役军人服务站提出申请。没有单独建立服务站的,可向负责退役军人工作的工作人员提出申请。本人因行动不便、精神障碍等原因不能自行申请的,其监护人、家属、所在村(居)可代为提出申请。申请时应当按规定如实提交相关资料。无正当理由,申请人不得因同一事由重复提出申请。

(二)乡镇(街道)审核。乡镇人民政府(街道办事处)退役军人服务站应当在村(居)民委员会协助下,对申请人身份、家庭经济状况、困难情形程度、各类救助情况等逐一调查,提出审核意见,并视情在申请人所居住的村(居)公示后,报县级人民政府退役军人事务部门审批。

(三)县级审批。县级人民政府退役军人事务部门受理后,可委托县级退役军人服务中心开展信息核实等工作,并应当及时作出审批决定,不予批准的应当书面说明理由。申请人无正当理由以同一事由重复申请的,不予批准。申请人对审批结果有异议的,可向县级人民政府或上一级人民政府退役军人事务部门申请复核。

遇有紧急情况,各相关单位应当先行帮扶援助再按规定补齐审核审批手续。

困难退役军人生活、医疗和住房等救助工作按现行相关规定办理,退役军人服务中心(站)应当给予积极协助。

八、组织保障

（一）健全工作机制。地方各级各有关部门要把困难退役军人帮扶援助工作摆上重要位置，切实强化政治责任和使命担当。要建立健全在政府统一领导下，退役军人事务部门统筹协调，民政、财政、住房城乡建设、医疗保障等部门各司其职、密切配合的工作机制。

（二）加强经费保障。安置地要将帮扶援助资金列入财政预算予以保障。鼓励通过社会捐赠等多种方式筹集资金用于帮扶援助工作。有条件的地方可设立困难退役军人关爱帮扶基金，拓宽资金保障渠道。

（三）强化服务意识。各相关部门要不断创新服务形式，优化服务流程，提升服务效能。各级退役军人事务部门要进一步树立主管主责意识，主动作为，因人施策，切实做到应帮尽帮、应援尽援、帮援及时。

（四）坚持依法援助。审核审批机关工作人员要严守纪律规矩，依法依规做好帮扶援助工作。退役军人应当做到诚实守信，确保提供的材料真实准确。对骗取帮扶援助的，应当追回已享受的相应待遇；情节严重的，依法依规追究相关责任。对违法犯罪被追究刑事责任的，因不当行为被纳入失信联合惩戒对象名单的，组织煽动、串联聚集、缠访闹访、滞留滋事、网上恶意炒作或造谣、多次参加聚集上访的，不支持不配合管理服务工作造成恶劣影响的，以及有其他违法违纪情形的人员，不予帮扶援助。

本意见自2019年10月9日起施行。各地要根据本意见，结合实际制定具体实施办法，切实做好本地区困难退役军人帮扶援助工作。

退役军人事务部办公厅关于残疾军人证等证件和有关印章使用管理问题的通知

1. 2018年11月12日公布
2. 退役军人办函〔2018〕189号

各省、自治区、直辖市退役军人事务厅（局），新疆生产建设兵团退役军人事务局：

为解决各地退役军人事务部门成立后评残审批和证件使用方面存在的问题，保证评残工作有效衔接、规范运行，现就有关问题通知如下：

一、在退役军人事务部制发新的证件之前,仍延用现有伤残人员证(含《中华人民共和国残疾军人证》、《中华人民共和国伤残人民警察证》、《中华人民共和国伤残公务员证》、《中华人民共和国因战因公伤残人员证》,下同)。

二、各地退役军人事务部门成立后,应及时制作并启用新的残疾人员审核、审批印章。已发放的残疾人员证暂不更换、继续有效;新增审核、审批或事项变更的加盖新的印章。

三、各地退役军人事务部门要加强有关证件和印章的管理,严格审批手续,依法履职尽责,做好工作衔接和相关解释说明,确保评残工作平稳过渡、规范有序。

人力资源社会保障部、财政部、总参谋部等关于军人退役基本养老保险关系转移接续有关问题的通知

1. 2015年9月30日人力资源社会保障部、财政部、总参谋部、总政治部、总后勤部发布
2. 后财〔2015〕1726号

各省、自治区、直辖市人民政府,新疆生产建设兵团,各军区、各军兵种、总装备部、军事科学院、国防大学、国防科学技术大学、武警部队:

为了贯彻实施《中华人民共和国社会保险法》《中华人民共和国军人保险法》和《国务院关于机关事业单位工作人员养老保险制度改革的决定》(国发〔2015〕2号),维护军人养老保险权益,实现军地政策顺畅衔接,经国务院、中央军委批准,现就军人退役基本养老保险关系转移接续有关问题通知如下:

一、军人退出现役参加基本养老保险的,国家给予军人退役基本养老保险补助。军人服现役期间单位和个人应当缴纳的基本养老保险费由中央财政承担,所需经费由总后勤部列年度军费预算安排。

二、军队各级后勤(联勤、保障)机关财务部门(以下简称财务部门),负责军人退役基本养老保险关系的建立、转移和军人退役基本养老保险补助的

计算、审核、划转工作。

各级人民政府人力资源社会保障部门负责军人退役基本养老保险关系接续和补助资金接收,以及基本养老保险待遇落实等工作。各级人民政府财政部门按职责做好军人退役基本养老保险关系转移接续的相关工作。

三、军人退役基本养老保险补助由军人所在单位财务部门在军人退出现役时一次算清记实。

计划分配到企业工作的军队转业干部和军队复员干部,以及由人民政府安排到企业工作和自主就业的退役士兵,退出现役后参加企业职工或者城乡居民基本养老保险。军人退役基本养老保险补助的计算办法为:军官、文职干部和士官,按本人服现役期间各年度月缴费工资20%的总和计算;义务兵和供给制学员,按本人退出现役时当年下士月缴费工资起点标准的20%乘以服现役月数计算。其中,12%作为单位缴费,8%作为个人缴费。

计划分配到机关事业单位工作的军队转业干部和退役士兵,退出现役后参加机关事业单位基本养老保险。军人退役基本养老保险补助的计算办法为:军官、文职干部和士官,按本通知施行后服现役期间各年度月缴费工资20%的总和计算;义务兵和供给制学员,按本人退出现役时当年下士月缴费工资起点标准的20%乘以本通知施行后服现役月数计算。其中,12%作为单位缴费,8%作为个人缴费。

四、军人退役基本养老保险补助的月缴费工资,本通知施行前,军官、文职干部和士官为本人月工资数额,义务兵和供给制学员为本人退出现役时当年下士月工资起点标准;本通知施行后,军官、文职干部和士官为本人月工资数额乘以养老保险缴费工资调整系数,义务兵和供给制学员为本人退出现役时当年下士月工资起点标准乘以养老保险缴费工资调整系数。养老保险缴费工资调整系数确定为1.136。

计算军人退役基本养老保险补助的月工资项目,本通知施行前包括:基本工资、军人职业津贴、工作性津贴、生活性补贴和奖励工资;本通知施行后包括:基本工资、军人职业津贴、工作性津贴、生活性补贴、艰苦边远地区津贴、驻西藏部队特殊津贴、高山海岛津贴、地区附加津贴和奖励工资。

五、军人退役基本养老保险个人缴费部分按规定计息,在军人退出现役时一次算清记实。本通知施行前的利率,按照中国人民银行公布的同期存款利率执行;本通知施行后的利率,按照国家规定的利率执行。

六、计划分配到企业工作的军队转业干部和军队复员干部,以及由人民政府安排到企业工作和自主就业的退役士兵,其军人退役基本养老保险关系转移至安置地负责企业职工基本养老保险的县级以上社会保险经办机构。

计划分配到机关事业单位工作的军队转业干部和退役士兵,其军人退役基本养老保险关系转移至安置地负责机关事业单位基本养老保险的县级以上社会保险经办机构。

七、军人退出现役时,由军人所在单位财务部门依据军人退役命令,安置地军队转业干部安置工作部门或者退役士兵安置工作主管部门的报到通知,以及军队团级以上单位司令机关军务部门或者政治机关干部部门的审核认定意见,开具《军人退役基本养老保险参保缴费凭证》《军人退役基本养老保险关系转移接续信息表》(以下简称《缴费凭证》《信息表》,见附件1、2),将军人退役基本养老保险补助资金通过银行汇至退役军人安置地县级以上社会保险经办机构,《缴费凭证》《信息表》和银行受理回执一并交给本人。军人所在单位财务部门同时向退役军人安置地县级以上社会保险经办机构邮寄《缴费凭证》和《信息表》。

社会保险经办机构收到军队财务部门邮寄的《缴费凭证》和《信息表》,核实到账资金无误后,为退役军人建立基本养老保险个人账户。退役军人应及时到安置地县级以上社会保险经办机构办理养老保险关系接续手续。

八、县级以上社会保险经办机构应将经办企业职工、机关事业单位基本养老保险的社会保险经办机构的通信地址、银行账户信息等,上报人力资源社会保障部社会保险事业管理中心,并及时报告信息变更情况。人力资源社会保障部社会保险事业管理中心与总后勤部军人保险基金管理中心建立社会保险经办机构信息交换机制;总后勤部军人保险基金管理中心负责将相关信息分发军队各级财务部门。

九、军人退出现役后参加城乡居民基本养老保险的,由安置地社会保险经办机构保存其军人退役基本养老保险关系并按规定计息。待达到企业职工基本养老保险法定退休年龄后,按照国家规定办理城乡养老保险制度衔接手续。

十、军人入伍前已经参加基本养老保险的,其基本养老保险关系和相应资金不转移到军队,由原参保地社会保险经办机构开具参保缴费凭证交给本人,并保存其全部参保缴费记录。军人本人应当将原参保地社会保险经办机构开具的参保缴费凭证,交给军人所在单位财务部门存档,在军人退出现役时,随军人退役基本养老保险关系一并交还本人。军人退出现役后继续参加基本养老保险的,按照国家规定接续基本养老保险关系。

十一、自主择业的军队转业干部退出现役,由安置地人民政府逐月发给退役金,退出现役时不给予军人退役基本养老保险补助。军人所在单位财务部门,按照参加机关事业单位基本养老保险的办法,开具《军队自主择业转业干部缴费工资基数表》(见附件3)交给本人,由本人随供给关系交给安置地军队转业干部安置工作部门。

自主择业的军队转业干部被党和国家机关、人民团体或者财政拨款的事业单位选用为正式工作人员的,从下月起停发退役金,按照国家规定参加机关事业单位基本养老保险。本通知施行前的个人服现役年限视同缴费年限;本通知施行后在军队服现役期间的基本养老保险补助,由军队转业干部安置工作部门根据《军队自主择业转业干部缴费工资基数表》,以其在军队服现役期间各年度月缴费工资之和为基数,通过退役金拨付渠道申请20%的养老保险补助,拨付至其单位所在地社会保险经办机构,其中8%记入个人账户。所需经费由中央财政解决。

自主择业的军队转业干部按照国家规定依法参加当地企业职工基本养老保险的,其养老保险缴费年限从在当地缴纳养老保险费之日算起。

十二、军人退出现役采取退休方式安置的,实行退休金保障制度,退出现役时不给予军人退役基本养老保险补助。

一至四级残疾军人退出现役采取国家供养方式安置的,其生活保障按照国家规定执行,退出现役时不给予军人退役基本养老保险补助。

军人入伍前已经参加基本养老保险,退出现役采取退休、供养方式安置的,经本人申请,由原参保地社会保险经办机构依据军人所在团级以上单位出具的《军人退休(供养)证明》(见附件4)和参保缴费凭证等,退还原基本养老保险个人账户储存额,终止基本养老保险关系。

十三、军人服现役期间死亡的,由所在单位财务部门按照退出现役后参加企业职工基本养老保险的军人退役基本养老保险补助计算办法,将其服现役期间应当计算的退役养老保险个人缴费及利息一次算清,发给其合法继承人。

十四、军人退出现役后按规定办理基本养老保险关系转移接续手续的,军人退役基本养老保险补助年限与入伍前和退出现役后参加企业职工或者机关事业单位基本养老保险的缴费年限合并计算。

军人退出现役后参加机关事业单位基本养老保险的,本通知施行前的军人服现役年限视同机关事业单位基本养老保险缴费年限。

军人退役基本养老保险补助年限(含视同缴费年限)计算为军人退役时首次安置地企业职工或者机关事业单位基本养老保险参保缴费年限。

十五、军人退出现役后参加基本养老保险,达到法定退休年龄和国家规定的基本养老保险待遇领取条件的,按照待遇领取地有关规定享受相应的基本养老保险待遇。

十六、军人所在单位财务部门在开具转移凭证时,军人服现役期间的行政区划代码统一填写为"910000",转入地社会保险经办机构据此做好人员身份标识,再次转移养老保险关系时,其服现役期间的行政区划代码不变,并在相应缴费期间的记录中注明"军人退役基本养老保险补助"。各级人民政府人力资源社会保障部门应加强信息系统建设,建立完善军人退役基本养老保险关系转移接续信息交换机制,促进军人退役基本养老保险关系顺畅转移接续。

十七、各级人民政府应加强对军人退役基本养老保险工作的组织领导,各级人力资源社会保障部门要会同财政部门和军队有关部门按照职责分工,加强协调配合,做好本通知的贯彻落实。

十八、中国人民武装警察退役基本养老保险关系转移接续有关问题执行本通知。

十九、本通知自 2014 年 10 月 1 日起施行。人力资源社会保障部、财政部、总参谋部、总政治部、总后勤部《关于军人退役养老保险关系转移接续有关问题的通知》(后财〔2012〕547 号),劳动社会保障部、财政部、人事部、总政治部、总后勤部《关于转业到企业工作的军官、文职干部养老保险有关问题处理意见的通知》(〔2002〕后联字第 3 号)同时废止。

二十、本通知由人力资源社会保障部、总后勤部负责解释。

  附件:1. 军人退役基本养老保险参保缴费凭证(略)
    2. 军人退役基本养老保险关系转移接续信息表(略)
    3. 军队自主择业转业干部缴费工资基数表(略)
    4. 军人退休(供养)证明(略)

2. 退役安置

退役军人安置条例

1. 2024年7月29日国务院、中央军事委员会令第787号公布
2. 自2024年9月1日起施行

第一章 总 则

第一条 为了规范退役军人安置工作，妥善安置退役军人，维护退役军人合法权益，让军人成为全社会尊崇的职业，根据《中华人民共和国退役军人保障法》、《中华人民共和国兵役法》、《中华人民共和国军人地位和权益保障法》，制定本条例。

第二条 本条例所称退役军人，是指从中国人民解放军依法退出现役的军官、军士和义务兵等人员。

第三条 退役军人为国防和军队建设做出了重要贡献，是社会主义现代化建设的重要力量。

国家关心、优待退役军人，保障退役军人依法享有相应的权益。

全社会应当尊重、优待退役军人，支持退役军人安置工作。

第四条 退役军人安置工作坚持中国共产党的领导，坚持为经济社会发展服务、为国防和军队建设服务的方针，贯彻妥善安置、合理使用、人尽其才、各得其所的原则。

退役军人安置工作应当公开、公平、公正，军地协同推进。

第五条 对退役的军官，国家采取退休、转业、逐月领取退役金、复员等方式妥善安置。

对退役的军士，国家采取逐月领取退役金、自主就业、安排工作、退休、供养等方式妥善安置。

对退役的义务兵，国家采取自主就业、安排工作、供养等方式妥善安置。

对参战退役军人，担任作战部队师、旅、团、营级单位主官的转业军

官,属于烈士子女、功臣模范的退役军人,以及长期在艰苦边远地区或者飞行、舰艇、涉核等特殊岗位服现役的退役军人,依法优先安置。

第六条 中央退役军人事务工作领导机构负责退役军人安置工作顶层设计、统筹协调、整体推进、督促落实。地方各级退役军人事务工作领导机构负责本地区退役军人安置工作的组织领导和统筹实施。

第七条 国务院退役军人工作主管部门负责全国的退役军人安置工作。中央军事委员会政治工作部门负责组织指导全军军人退役工作。中央和国家有关机关、中央军事委员会机关有关部门应当在各自职责范围内做好退役军人安置工作。

县级以上地方人民政府退役军人工作主管部门负责本行政区域的退役军人安置工作。军队团级以上单位政治工作部门(含履行政治工作职责的部门,下同)负责本单位军人退役工作。地方各级有关机关应当在各自职责范围内做好退役军人安置工作。

省军区(卫戍区、警备区)负责全军到所在省、自治区、直辖市以转业、逐月领取退役金、复员方式安置的退役军官和逐月领取退役金的退役军士移交工作,配合安置地做好安置工作;配合做好退休军官、军士以及以安排工作、供养方式安置的退役军士和义务兵移交工作。

第八条 退役军人安置所需经费,按照中央与地方财政事权和支出责任划分原则,列入中央和地方预算,并根据经济社会发展水平适时调整。

第九条 机关、群团组织、企业事业单位和社会组织应当依法接收安置退役军人,退役军人应当接受安置。

退役军人应当模范遵守宪法和法律法规,保守军事秘密,保持发扬人民军队光荣传统和优良作风,积极投身全面建设社会主义现代化国家的事业。

第十条 县级以上地方人民政府应当把退役军人安置工作纳入年度重点工作计划,纳入目标管理,建立健全安置工作责任制和考核评价制度,将安置工作完成情况纳入对本级人民政府负责退役军人有关工作的部门及其负责人、下级人民政府及其负责人的考核评价内容,作为双拥模范城(县)考评重要内容。

第十一条 对在退役军人安置工作中做出突出贡献的单位和个人,按照国家有关规定给予表彰、奖励。

第二章　退役军官安置方式

第十二条　军官退出现役,符合规定条件的,可以作退休、转业或者逐月领取退役金安置。

军官退出现役,有规定情形的,作复员安置。

第十三条　对退休军官,安置地人民政府应当按照国家保障与社会化服务相结合的方式,做好服务管理工作,保障其待遇。

第十四条　安置地人民政府根据工作需要设置、调整退休军官服务管理机构,服务管理退休军官。

第十五条　转业军官由机关、群团组织、事业单位和国有企业接收安置。

安置地人民政府应当根据转业军官德才条件以及服现役期间的职务、等级、所作贡献、专长等和工作需要,结合实际统筹采取考核选调、赋分选岗、考试考核、双向选择、直通安置、指令性分配等办法,妥善安排其工作岗位,确定相应的职务职级。

第十六条　退役军官逐月领取退役金的具体办法由国务院退役军人工作主管部门会同有关部门制定。

第十七条　复员军官按照国务院退役军人工作主管部门、中央军事委员会政治工作部门制定的有关规定享受复员费以及其他待遇等。

第三章　退役军士和义务兵安置方式

第一节　逐月领取退役金

第十八条　军士退出现役,符合规定条件的,可以作逐月领取退役金安置。

第十九条　退役军士逐月领取退役金的具体办法由国务院退役军人工作主管部门会同有关部门制定。

第二节　自主就业

第二十条　退役军士不符合逐月领取退役金、安排工作、退休、供养条件的,退役义务兵不符合安排工作、供养条件的,以自主就业方式安置。

退役军士符合逐月领取退役金、安排工作条件的,退役义务兵符合安排工作条件的,可以选择以自主就业方式安置。

第二十一条　对自主就业的退役军士和义务兵,根据其服现役年限发放一次性退役金。

自主就业退役军士和义务兵的一次性退役金由中央财政专项安排,具体标准由国务院退役军人工作主管部门、中央军事委员会政治工作部门会同国务院财政部门,根据国民经济发展水平、国家财力情况、全国城镇单位就业人员平均工资和军人职业特殊性等因素确定,并适时调整。

第二十二条 自主就业的退役军士和义务兵服现役期间个人获得勋章、荣誉称号或者表彰奖励的,按照下列比例增发一次性退役金:

(一)获得勋章、荣誉称号的,增发25%;

(二)荣立一等战功或者获得一级表彰的,增发20%;

(三)荣立二等战功、一等功或者获得二级表彰并经批准享受相关待遇的,增发15%;

(四)荣立三等战功或者二等功的,增发10%;

(五)荣立四等战功或者三等功的,增发5%。

第二十三条 对自主就业的退役军士和义务兵,地方人民政府可以根据当地实际情况给予一次性经济补助,补助标准及发放办法由省、自治区、直辖市人民政府制定。

第二十四条 因患精神障碍被评定为5级至6级残疾等级的初级军士和义务兵退出现役后,需要住院治疗或者无直系亲属照顾的,可以由安置地人民政府退役军人工作主管部门安排到有关医院接受治疗,依法给予保障。

第三节 安排工作

第二十五条 军士和义务兵退出现役,符合下列条件之一的,由安置地人民政府安排工作:

(一)军士服现役满12年的;

(二)服现役期间个人获得勋章、荣誉称号的;

(三)服现役期间个人荣获三等战功、二等功以上奖励的;

(四)服现役期间个人获得一级表彰的;

(五)因战致残被评定为5级至8级残疾等级的;

(六)是烈士子女的。

符合逐月领取退役金条件的军士,本人自愿放弃以逐月领取退役金方式安置的,可以选择以安排工作方式安置。

因战致残被评定为5级至6级残疾等级的中级以上军士,本人自愿放弃以退休方式安置的,可以选择以安排工作方式安置。

第二十六条 对安排工作的退役军士和义务兵,主要采取赋分选岗的办法安排到事业单位和国有企业;符合规定条件的,可以择优招录到基层党政机关公务员岗位。

安排工作的退役军士和义务兵服现役表现量化评分的具体办法由国务院退役军人工作主管部门会同中央军事委员会政治工作部门制定。

第二十七条　根据工作需要和基层政权建设要求,省级公务员主管部门应当确定一定数量的基层公务员录用计划,综合考虑服现役表现等因素,按照本条例第二十六条的规定择优招录具有本科以上学历的安排工作的退役军士和义务兵。招录岗位可以在省级行政区域内统筹安排。

参加招录的退役军士和义务兵是烈士子女的,或者在艰苦边远地区服现役满5年的,同等条件下优先录用。

艰苦边远地区和边疆民族地区在招录退役军士和义务兵时,可以根据本地实际适当放宽安置去向、年龄、学历等条件。

第二十八条　根据安置工作需要,省级以上人民政府可以指定一批专项岗位,按照规定接收安置安排工作的退役军士和义务兵。

第二十九条　对安排到事业单位的退役军士和义务兵,应当根据其服现役期间所作贡献、专长特长等,合理安排工作岗位。符合相应岗位条件的,可以安排到管理岗位或者专业技术岗位。

第三十条　机关、群团组织、事业单位接收安置安排工作的退役军士和义务兵的,应当按照国家有关规定给予编制保障。

国有企业应当按照本企业全系统新招录职工数量的规定比例核定年度接收计划,用于接收安置安排工作的退役军士和义务兵。

第三十一条　对接收安置安排工作的退役军士和义务兵任务较重的地方,上级人民政府可以在本行政区域内统筹调剂安排。

安置地人民政府应当在接收退役军士和义务兵的6个月内完成安排退役军士和义务兵工作的任务。

第三十二条　安排工作的退役军士和义务兵的安置岗位需要签订聘用合同或者劳动合同的,用人单位应当按照规定与其签订不少于3年的中长期聘用合同或者劳动合同。其中,企业接收军龄10年以上的退役军士的,应当与其签订无固定期限劳动合同。

第三十三条　对安排工作的残疾退役军士和义务兵,接收单位应当安排力所能及的工作。

安排工作的因战、因公致残退役军士和义务兵,除依法享受工伤保险待遇外,还享受与所在单位工伤人员同等的生活福利、医疗等其他待遇。

第三十四条 符合安排工作条件的退役军士和义务兵无正当理由拒不服从安置地人民政府安排工作的，视为放弃安排工作待遇；在待安排工作期间被依法追究刑事责任的，取消其安排工作待遇。

第三十五条 军士和义务兵退出现役，有下列情形之一的，不以安排工作方式安置：

（一）被开除中国共产党党籍的；

（二）受过刑事处罚的；

（三）法律法规规定的因被强制退役等原因不宜以安排工作方式安置的其他情形。

第四节 退休与供养

第三十六条 中级以上军士退出现役，符合下列条件之一的，作退休安置：

（一）退出现役时年满55周岁的；

（二）服现役满30年的；

（三）因战、因公致残被评定为1级至6级残疾等级的；

（四）患有严重疾病且经医学鉴定基本丧失工作能力的。

第三十七条 退休军士移交政府安置服务管理工作，参照退休军官的有关规定执行。

第三十八条 被评定为1级至4级残疾等级的初级军士和义务兵退出现役的，由国家供养终身。

因战、因公致残被评定为1级至4级残疾等级的中级以上军士，本人自愿放弃退休安置的，可以选择由国家供养终身。

国家供养分为集中供养和分散供养。

第四章 移交接收

第一节 安置计划

第三十九条 退役军人安置计划包括全国退役军人安置计划和地方退役军人安置计划，区分退役军官和退役军士、义务兵分类分批下达。

全国退役军人安置计划，由国务院退役军人工作主管部门会同中央军事委员会政治工作部门、中央和国家有关机关编制下达。

县级以上地方退役军人安置计划，由本级退役军人工作主管部门编制下达或者会同有关部门编制下达。

第四十条 伤病残退役军人安置计划可以纳入本条例第三十九条规定的计

划一并编制下达,也可以专项编制下达。

退役军人随调随迁配偶和子女安置计划与退役军人安置计划一并下达。

第四十一条　中央和国家机关及其管理的企业事业单位接收退役军人的安置计划,按照国家有关规定编制下达。

第四十二条　因军队体制编制调整,军人整建制成批次退出现役的安置,由国务院退役军人工作主管部门、中央军事委员会政治工作部门会同中央和国家有关机关协商办理。

第二节　安　置　地

第四十三条　退役军人安置地按照服从工作需要、彰显服役贡献、有利于家庭生活的原则确定。

第四十四条　退役军官和以逐月领取退役金、退休方式安置的退役军士的安置地按照国家有关规定确定。

第四十五条　退役义务兵和以自主就业、安排工作、供养方式安置的退役军士的安置地为其入伍时户口所在地。但是,入伍时是普通高等学校在校学生,退出现役后不复学的,其安置地为入学前的户口所在地。

退役义务兵和以自主就业、安排工作、供养方式安置的退役军士有下列情形之一的,可以易地安置:

（一）服现役期间父母任何一方户口所在地变更的,可以在父母任何一方现户口所在地安置;

（二）退役军士已婚的,可以在配偶或者配偶父母任何一方户口所在地安置;

（三）退役军士的配偶为现役军人且符合随军规定的,可以在配偶部队驻地安置;双方同时退役的,可以在配偶的安置地安置;

（四）因其他特殊情况,由军队旅级以上单位政治工作部门出具证明,经省级以上人民政府退役军人工作主管部门批准,可以易地安置。

退役军士按照前款第二项、第三项规定在国务院确定的中等以上城市安置的,应当结婚满2年。

第四十六条　因国家重大改革、重点项目建设以及国防和军队改革需要等情况,退役军人经国务院退役军人工作主管部门批准,可以跨省、自治区、直辖市安置。

符合安置地吸引人才特殊政策规定条件的退役军人,由接收安置单位所在省级人民政府退役军人工作主管部门商同级人才工作主管部门同意,经国务院退役军人工作主管部门和中央军事委员会政治工作部门批准,可以跨省、自治区、直辖市安置。

第四十七条 对因战致残、服现役期间个人荣获三等战功或者二等功以上奖励、是烈士子女的退役军人,以及父母双亡的退役军士和义务兵,可以根据本人申请,由省级以上人民政府退役军人工作主管部门按照有利于其生活的原则确定安置地。

第四十八条 退役军人在国务院确定的超大城市安置的,除符合其安置方式对应的规定条件外,按照本人部队驻地安置的,还应当在驻该城市部队连续服役满规定年限;按照投靠方式安置的,还应当符合国家有关规定要求的其他资格条件。

第四十九条 退役军人服现役期间个人获得勋章、荣誉称号的,荣立一等战功或者获得一级表彰的,可以在全国范围内选择安置地。其中,退役军人选择在国务院确定的超大城市安置的,不受本条例第四十八条规定的限制。

退役军人服现役期间个人荣立二等战功或者一等功的,获得二级表彰并经批准享受相关待遇的,在西藏、新疆、军队确定的四类以上艰苦边远地区、军队确定的二类以上岛屿或者飞行、舰艇、涉核等特殊岗位服现役累计满15年的,可以在符合安置条件的省级行政区域内选择安置地。

退役军人在西藏、新疆、军队确定的四类以上艰苦边远地区、军队确定的二类以上岛屿或者飞行、舰艇、涉核等特殊岗位服现役累计满10年的,可以在符合安置条件的设区的市级行政区域内选择安置地。

第三节 交　接

第五十条 以转业、逐月领取退役金、复员方式安置的退役军官和以逐月领取退役金方式安置的退役军士的人事档案,由中央军事委员会机关部委、中央军事委员会直属机构、中央军事委员会联合作战指挥中心、战区、军兵种、中央军事委员会直属单位等单位的政治工作部门向安置地省军区(卫戍区、警备区)移交后,由安置地省军区(卫戍区、警备区)向省级人民政府退役军人工作主管部门进行移交。

安排工作的退役军士和义务兵的人事档案,由中央军事委员会机关部委、中央军事委员会直属机构、中央军事委员会联合作战指挥中心、战区、军兵种、中央军事委员会直属单位等单位的政治工作部门向安置地省级人民政府退役军人工作主管部门进行移交。

以自主就业、供养方式安置的退役军士和义务兵的人事档案,由军队师、旅、团级单位政治工作部门向安置地人民政府退役军人工作主管部门进行移交。

第五十一条　以转业、逐月领取退役金、复员方式安置的退役军官,由退役军人工作主管部门发出接收安置报到通知,所在部队应当及时为其办理相关手续,督促按时报到。

以逐月领取退役金、安排工作、供养方式安置的退役军士和以安排工作、供养方式安置的退役义务兵,应当按照规定时间到安置地人民政府退役军人工作主管部门报到;自主就业的退役军士和义务兵,应当自被批准退出现役之日起30日内,到安置地人民政府退役军人工作主管部门报到。无正当理由不按照规定时间报到超过30日的,视为放弃安置待遇。

第五十二条　退休军官和军士的移交接收,由退休军官和军士所在部队团级以上单位政治工作部门和安置地人民政府退役军人工作主管部门组织办理。

第五十三条　退役军人报到后,退役军人工作主管部门应当及时为需要办理户口登记的退役军人开具户口登记介绍信,公安机关据此办理户口登记。

退役军人工作主管部门应当督促退役军人及时办理兵役登记信息变更。

实行组织移交的复员军官,由军队旅级以上单位政治工作部门会同安置地人民政府退役军人工作主管部门和公安机关办理移交落户等相关手续。

第五十四条　对符合移交条件的伤病残退役军人,军队有关单位和安置地人民政府退役军人工作主管部门应当及时移交接收,予以妥善安置。

第五十五条　对退役军人安置政策落实不到位、工作推进不力的地区和单位,由省级以上人民政府退役军人工作主管部门会同有关部门约谈该地区人民政府主要负责人或者该单位主要负责人;对拒绝接收安置退役军人或者未完成安置任务的部门和单位,组织、编制、人力资源社会保障等部门可以视情况暂缓办理其人员调动、录(聘)用和编制等审批事项。

第五章　家属安置

第五十六条　以转业、逐月领取退役金、复员方式安置的退役军官和以逐月领取退役金、安排工作方式安置且符合家属随军规定的退役军士,其配偶可以随调随迁,未成年子女可以随迁。

以转业、逐月领取退役金、复员方式安置的退役军官身边无子女的,可以随调一名已经工作的子女及其配偶。

第五十七条　退役军人随调配偶在机关或者事业单位工作,符合有关法律法规规定的,安置地人民政府负责安排到相应的工作单位。对在其他单位工作或者无工作单位的随调随迁配偶,安置地人民政府应当提供就业指导,协助实现就业。

对安排到企业事业单位的退役军人随调配偶,安置岗位需要签订聘用合同或者劳动合同的,用人单位应当与其签订不少于3年的中长期聘用合同或者劳动合同。

鼓励和支持退役军人随调随迁家属自主就业创业。对有自主就业创业意愿的随调配偶,可以采取发放一次性就业补助费等措施进行安置,并提供就业指导服务。一次性就业补助费标准及发放办法由省、自治区、直辖市人民政府制定。随调随迁家属按照规定享受就业创业扶持相关优惠政策。

退役军人随调配偶应当与退役军人同时接收安置,同时发出报到通知。

第五十八条　退役军人随调随迁家属户口的迁移、登记等手续,由安置地公安机关根据退役军人工作主管部门的通知及时办理。

退役军人随迁子女需要转学、入学的,安置地人民政府教育行政部门应当及时办理。

第五十九条　转业军官和安排工作的退役军士自愿到艰苦边远地区工作的,其随调随迁配偶和子女可以在原符合安置条件的地区安置。

第六十条　退休军官、军士随迁配偶和子女的落户、各项社会保险关系转移接续以及随迁子女转学、入学,按照国家有关规定执行。

第六章　教育培训

第六十一条　退役军人离队前,所在部队在保证完成军事任务的前提下,应当根据需要开展教育培训,介绍国家改革发展形势,宣讲退役军人安置政策,组织法律法规和保密纪律等方面的教育。县级以上地方人民政府退役军人工作主管部门应当给予支持配合。

第六十二条 军人退出现役后,退役军人工作主管部门和其他负责退役军人安置工作的部门应当区分不同安置方式的退役军人,组织适应性培训。

对符合条件的退役军人,县级以上人民政府退役军人工作主管部门可以组织专业培训。

第六十三条 符合条件的退役军人定岗后,安置地人民政府退役军人工作主管部门、接收安置单位可以根据岗位需要和本人实际,选派到高等学校或者相关教育培训机构进行专项学习培训。退役军人参加专项学习培训期间同等享受所在单位相关待遇。

第六十四条 退役军人依法享受教育优待政策。

退役军人在达到法定退休年龄前参加职业技能培训的,按照规定享受职业技能培训补贴等相应扶持政策。

第六十五条 退役军人教育培训的规划、组织协调、督促检查、补助发放工作,以及师资、教学设施等方面保障,由退役军人工作主管部门和教育培训行政主管部门按照分工负责。

第七章　就业创业扶持

第六十六条 国家采取政府推动、市场引导、社会支持相结合的方式,鼓励和扶持退役军人就业创业。以逐月领取退役金、自主就业、复员方式安置的退役军人,按照规定享受相应就业创业扶持政策。

第六十七条 各级人民政府应当加强对退役军人就业创业的指导和服务。县级以上地方人民政府每年应当组织开展退役军人专场招聘活动,帮助退役军人就业。

对符合当地就业困难人员认定条件的退役军人,安置地人民政府应当将其纳入就业援助范围。对其中确实难以通过市场实现就业的,依法纳入公益性岗位保障范围。

第六十八条 机关、群团组织、事业单位和国有企业在招录或者招聘人员时,对退役军人的年龄和学历条件可以适当放宽,同等条件下优先招录、招聘退役军人。退役军官在军队团和相当于团以下单位工作的经历,退役军士和义务兵服现役的经历,视为基层工作经历。

各地应当设置一定数量的基层公务员职位,面向服现役满 5 年的高校毕业生退役军人招考。

用人单位招用退役军人符合国家规定的,依法享受税收优惠等政策。

第六十九条 自主就业的退役军士和义务兵入伍前是机关、群团组织、事业单位或者国有企业人员的,退出现役后可以选择复职复工,其工资、福利待遇不得低于本单位同等条件人员的平均水平。

第七十条 自主就业的退役军士和义务兵入伍前通过家庭承包方式承包的农村土地,承包期内不得违法收回或者强迫、阻碍土地经营权流转;通过招标、拍卖、公开协商等非家庭承包方式承包的农村土地,承包期内其家庭成员可以继续承包;承包的农村土地被依法征收、征用或者占用的,与其他农村集体经济组织成员享有同等权利。

符合条件的复员军官、自主就业的退役军士和义务兵回入伍时户口所在地落户,属于农村集体经济组织成员但没有承包农村土地的,可以申请承包农村土地,农村集体经济组织或者村民委员会、村民小组应当优先解决。

第七十一条 服现役期间因战、因公、因病致残被评定残疾等级和退役后补评或者重新评定残疾等级的残疾退役军人,有劳动能力和就业意愿的,优先享受国家规定的残疾人就业优惠政策。退役军人所在单位不得因其残疾而辞退、解除聘用合同或者劳动合同。

第八章 待遇保障

第七十二条 退休军官的政治待遇按照安置地国家机关相应职务层次退休公务员有关规定执行。退休军官和军士的生活待遇按照军队统一的项目和标准执行。

第七十三条 转业军官的待遇保障按照国家有关规定执行。

安排工作的退役军士和义务兵的工资待遇按照国家有关规定确定,享受接收安置单位同等条件人员的其他相关待遇。

第七十四条 退役军人服现役年限计算为工龄,退役后与所在单位工作年限累计计算,享受国家和所在单位规定的与工龄有关的相应待遇。其中,安排工作的退役军士和义务兵的服现役年限以及符合本条例规定的待安排工作时间合并计算为工龄。

第七十五条 安排工作的退役军士和义务兵待安排工作期间,安置地人民政府应当按照当地月最低工资标准逐月发放生活补助。

接收安置单位应当在安排工作介绍信开具30日内,安排退役军士和义务兵上岗。非因退役军士和义务兵本人原因,接收安置单位未按照规定安排上岗的,应当从介绍信开具当月起,按照不低于本单位同等条件人员平均工资80%的标准,逐月发放生活费直至上岗为止。

第七十六条　军人服现役期间享受的残疾抚恤金、护理费等其他待遇,退出现役移交地方后按照地方有关规定执行。退休军官和军士享受的护理费等生活待遇按照军队有关规定执行。

第七十七条　符合条件的退役军人申请保障性住房和农村危房改造的,同等条件下予以优先安排。

退役军人符合安置住房优待条件的,实行市场购买与军地集中统建相结合的方式解决安置住房,由安置地人民政府统筹规划、科学实施。

第七十八条　分散供养的退役军士和义务兵购(建)房所需经费的标准,按照安置地县(市、区、旗)经济适用住房平均价格和60平方米的建筑面积确定;没有经济适用住房的地区按照普通商品住房价格确定。所购(建)房屋产权归分散供养的退役军士和义务兵所有,依法办理不动产登记。

分散供养的退役军士和义务兵自行解决住房的,按照前款规定的标准将购(建)房费用发给本人。

第七十九条　军官和军士退出现役时,服现役期间的住房公积金按照规定一次性发给本人,也可以根据本人意愿转移接续到安置地,并按照当地规定缴存、使用住房公积金;服现役期间的住房补贴发放按照有关规定执行。

第八十条　退役军人服现役期间获得功勋荣誉表彰的,退出现役后依法享受相应待遇。

第九章　社会保险

第八十一条　军人退出现役时,军队按照规定转移军人保险关系和相应资金,安置地社会保险经办机构应当及时办理相应的转移接续手续。

退役军人依法参加养老、医疗、工伤、失业、生育等社会保险,缴纳社会保险费,享受社会保险待遇。

退役军人服现役年限与入伍前、退役后参加社会保险的缴费年限依法合并计算。

第八十二条　安排工作的退役军士和义务兵在国家规定的待安排工作期

间,按照规定参加安置地职工基本养老保险并享受相应待遇,所需费用由安置地人民政府同级财政资金安排。

第八十三条 安置到机关、群团组织、企业事业单位的退役军人,依法参加职工基本医疗保险并享受相应待遇。

安排工作的退役军士和义务兵在国家规定的待安排工作期间,依法参加安置地职工基本医疗保险并享受相应待遇,单位缴费部分由安置地人民政府缴纳,个人缴费部分由个人缴纳。

逐月领取退役金的退役军官和军士、复员军官、自主就业的退役军士和义务兵依法参加职工基本医疗保险或者城乡居民基本医疗保险并享受相应待遇。

第八十四条 退休军官和军士移交人民政府安置后,由安置地人民政府按照有关规定纳入医疗保险和相关医疗补助。

退休军官享受安置地国家机关相应职务层次退休公务员的医疗待遇,退休军士医疗待遇参照退休军官有关规定执行。

第八十五条 退役军人未及时就业的,可以依法向户口所在地人力资源社会保障部门申领失业保险待遇,服现役年限视同参保缴费年限,但是以退休、供养方式安置的退役军人除外。

第八十六条 退役军人随调随迁家属,已经参加社会保险的,其社会保险关系和相应资金转移接续由社会保险经办机构依法办理。

第十章 法律责任

第八十七条 退役军人工作主管部门和其他负责退役军人安置工作的部门及其工作人员有下列行为之一的,由其上级主管部门责令改正,对负有责任的领导人员和直接责任人员依法给予处分:

(一)违反国家政策另设接收条件、提高安置门槛的;

(二)未按照规定确定退役军人安置待遇的;

(三)在退役军人安置工作中出具虚假文件的;

(四)挪用、截留、私分退役军人安置工作经费的;

(五)在退役军人安置工作中利用职务之便为自己或者他人谋取私利的;

(六)有其他违反退役军人安置法律法规行为的。

第八十八条 接收安置退役军人的单位及其工作人员有下列行为之一的,

由当地人民政府退役军人工作主管部门责令限期改正;逾期不改正的,予以通报批评,并对负有责任的领导人员和直接责任人员依法给予处分:

(一)拒绝或者无故拖延执行退役军人安置计划的;

(二)在国家政策之外另设接收条件、提高安置门槛的;

(三)将接收安置退役军人编制截留、挪用的;

(四)未按照规定落实退役军人安置待遇的;

(五)未依法与退役军人签订聘用合同或者劳动合同的;

(六)违法与残疾退役军人解除聘用合同或者劳动合同的;

(七)有其他违反退役军人安置法律法规行为的。

对干扰退役军人安置工作、损害退役军人合法权益的其他单位和个人,依法追究责任。

第八十九条 退役军人弄虚作假骗取安置待遇的,由县级以上地方人民政府退役军人工作主管部门取消相关待遇,追缴非法所得,依法追究责任。

第九十条 违反本条例规定,构成违反治安管理行为的,依法给予治安管理处罚;构成犯罪的,依法追究刑事责任。

第十一章 附 则

第九十一条 中国人民武装警察部队依法退出现役的警官、警士和义务兵等人员的安置,适用本条例。

本条例有关军官的规定适用于军队文职干部。

士兵制度改革后未进行军衔转换士官的退役安置,参照本条例有关规定执行。

第九十二条 军官离职休养和少将以上军官退休后,按照国务院和中央军事委员会的有关规定安置管理。

军队院校学员依法退出现役的,按照国家有关规定执行。

已经按照自主择业方式安置的退役军人的待遇保障,按照国务院和中央军事委员会的有关规定执行。

第九十三条 本条例自2024年9月1日起施行。《退役士兵安置条例》同时废止。

军队转业干部安置暂行办法

1. 2001年1月19日中共中央、国务院、中央军委印发
2. 中发〔2001〕3号

第一章 总 则

第一条 为了做好军队转业干部安置工作,加强国防和军队建设,促进经济和社会发展,保持社会稳定,根据《中华人民共和国国防法》、《中华人民共和国兵役法》和其他有关法律法规的规定,制定本办法。

第二条 本办法所称军队转业干部,是指退出现役作转业安置的军官和文职干部。

第三条 军队转业干部是党和国家干部队伍的组成部分,是重要的人才资源,是社会主义现代化建设的重要力量。

军队转业干部为国防事业、军队建设作出了牺牲和贡献,应当受到国家和社会的尊重、优待。

第四条 军队干部转业到地方工作,是国家和军队的一项重要制度。国家对军队转业干部实行计划分配和自主择业相结合的方式安置。

计划分配的军队转业干部由党委、政府负责安排工作和职务;自主择业的军队转业干部由政府协助就业、发给退役金。

第五条 军队转业干部安置工作,坚持为经济社会发展和军队建设服务的方针,贯彻妥善安置、合理使用、人尽其才、各得其所的原则。

第六条 国家设立军队转业干部安置工作机构,在中共中央、国务院、中央军事委员会领导下,负责全国军队转业干部安置工作。

省(自治区、直辖市)设立相应的军队转业干部安置工作机构,负责本行政区域的军队转业干部安置工作。市(地)可以根据实际情况设立军队转业干部安置工作机构。

第七条 解放军总政治部统一管理全军干部转业工作。

军队团级以上单位党委和政治机关负责本单位干部转业工作。

省军区(卫戍区、警备区)负责全军转业到所在省、自治区、直辖市干部的移交,并配合当地党委、政府做好军队转业干部安置工作。

第八条　接收、安置军队转业干部是一项重要的政治任务,是全社会的共同责任。党和国家机关、团体、企业事业单位,应当按照国家有关规定,按时完成军队转业干部安置任务。

第九条　军队转业干部应当保持和发扬人民军队的优良传统,适应国家经济和社会发展的需要,服从组织安排,努力学习,积极进取,为社会主义现代化建设贡献力量。

第十条　对在社会主义现代化建设中贡献突出的军队转业干部和在军队转业干部安置工作中做出显著成绩的单位、个人,国家和军队给予表彰奖励。

第二章　转业安置计划

第十一条　全国的军队转业干部安置计划,由国家军队转业干部安置工作主管部门会同解放军总政治部编制下达。

省(自治区、直辖市)的军队转业干部安置计划,由省(自治区、直辖市)军队转业干部安置工作主管部门编制下达。

中央和国家机关及其管理的在京企业事业单位军队转业干部安置计划,由国家军队转业干部安置工作主管部门编制下达。

中央和国家机关京外直属机构、企业事业单位的军队转业干部安置计划,由所在省(自治区、直辖市)军队转业干部安置工作主管部门编制下达。

第十二条　担任团级以下职务(含处级以下文职干部和享受相当待遇的专业技术干部,下同)的军队干部,有下列情形之一的,列入军队干部转业安置计划:

(一)达到平时服现役最高年龄的;

(二)受军队编制员额限制不能调整使用的;

(三)因身体状况不能坚持军队正常工作但能够适应地方工作的;

(四)其他原因需要退出现役作转业安置的。

第十三条　担任团级以下职务的军队干部,有下列情形之一的,不列入军队干部转业安置计划:

(一)年龄超过50周岁的;

(二)二等甲级以上伤残的;

(三)患有严重疾病,经驻军医院以上医院诊断确认,不能坚持正常工作的；

（四）受审查尚未作出结论或者留党察看期未满的；

（五）故意犯罪受刑事处罚的；

（六）被开除党籍或者受劳动教养丧失干部资格的；

（七）其他原因不宜作转业安置的。

第十四条 担任师级职务（含局级文职干部，下同）或高级专业技术职务的军队干部，年龄50周岁以下的，本人申请，经批准可以安排转业，列入军队干部转业安置计划。

担任师级职务或高级专业技术职务的军队干部，年龄超过50周岁、地方工作需要的，可以批准转业，另行办理。

第十五条 因军队体制、编制调整或者国家经济社会发展需要，成建制成批军队干部的转业安置，由解放军总政治部与国家军队转业干部安置工作主管部门协商办理。

中央和国家机关及其管理的在京企业事业单位计划外选调军队干部，经大军区级单位政治机关审核并报解放军总政治部批准转业后，由国家军队转业干部安置工作主管部门办理审批。

第三章 安置地点

第十六条 军队转业干部一般由其原籍或者入伍时所在省（自治区、直辖市）安置，也可以到配偶随军前或者结婚时常住户口所在地安置。

第十七条 配偶已随军的军队转业干部，具备下列条件之一的，可以到配偶常住户口所在地安置：

（一）配偶取得北京市常住户口满4年的；

（二）配偶取得上海市常住户口满3年的；

（三）配偶取得天津市、重庆市和省会（自治区首府）城市、副省级城市常住户口满2年的；

（四）配偶取得其他城市常住户口的。

第十八条 父母身边无子女或者配偶为独生子女的军队转业干部，可以到其父母或者配偶父母常住户口所在地安置。未婚的军队转业干部可以到其父母常住户口所在地安置。

父母双方或者一方为军人且长期在边远艰苦地区工作的军队转业干部，可以到父母原籍、入伍地或者父母离退休安置地安置。

第十九条　军队转业干部具备下列条件之一的,可以到配偶常住户口所在地安置,也可以到其父母或者配偶父母、本人子女常住户口所在地安置:

（一）自主择业的;

（二）在边远艰苦地区或者从事飞行、舰艇工作满10年的;

（三）战时获三等功、平时获了二等功以上奖励的;

（四）因战因公致残的。

第二十条　夫妇同为军队干部且同时转业的,可以到任何一方的原籍或者入伍地安置,也可以到符合配偶随军条件的一方所在地安置;一方转业,留队一方符合配偶随军条件的,转业一方可以到留队一方所在地安置。

第二十一条　因国家重点工程、重点建设项目、新建扩建单位以及其他工作需要的军队转业干部,经接收单位所在省（自治区、直辖市）军队转业干部安置工作主管部门批准,可以跨省（自治区、直辖市）安置。

符合安置地吸引人才特殊政策规定条件的军队转业干部,可以到该地区安置。

第四章　工作分配与就业

第二十二条　担任师级职务的军队转业干部或者担任营级以下职务（含科级以下文职干部和享受相当待遇的专业技术干部,下同）且军龄不满20年的军队转业干部,由党委、政府采取计划分配的方式安置。

担任团级职务的军队转业干部或者担任营级职务且军龄满20年的军队转业干部,可以选择计划分配或者自主择业的方式安置。

第二十三条　计划分配的军队转业干部,党委、政府应当根据其德才条件和在军队的职务等级、贡献、专长安排工作和职务。

担任师级领导职务或者担任团级领导职务且任职满最低年限的军队转业干部,一般安排相应的领导职务。接收师、团级职务军队转业干部人数较多、安排领导职务确有困难的地区,可以安排相应的非领导职务。

其他担任师、团级职务或者担任营级领导职务且任职满最低年限的军队转业干部,参照上述规定,合理安排。

第二十四条　各省、自治区、直辖市应当制定优惠的政策措施,鼓励军队转业干部到艰苦地区和基层单位工作。

对自愿到边远艰苦地区工作的军队转业干部,应当安排相应的领导职务,德才优秀的可以提职安排。

在西藏或者其他海拔 3500 米以上地区连续工作满 5 年的军队转业干部,应当安排相应的领导职务或者非领导职务,对正职领导干部安排正职确有困难的,可以安排同级副职。

第二十五条　各地区、各部门、各单位应当采取使用空出的领导职位、按规定增加非领导职数或者先进后出、带编分配等办法,安排好师、团级职务军队转业干部的工作和职务。

党和国家机关按照军队转业干部安置计划数的 15% 增加行政编制,所增加的编制主要用于安排师、团级职务军队转业干部。

各地区、各部门、各单位应当把师、团级职务军队转业干部的安排与领导班子建设通盘考虑,有计划地选调师、团级职务军队转业干部,安排到市(地)、县(市)级领导班子或者事业单位、国有大中型企业领导班子任职。

第二十六条　担任专业技术职务的军队转业干部,一般应当按照其在军队担任的专业技术职务或者国家承认的专业技术资格,聘任相应的专业技术职务;工作需要的可以安排行政职务。

担任行政职务并兼任专业技术职务的军队转业干部,根据地方工作需要和本人志愿,可以安排相应的行政职务或者聘任相应的专业技术职务。

第二十七条　国家下达的机关、团体、事业单位的年度增人计划,应当首先用于安置军队转业干部。编制满员的事业单位接收安置军队转业干部,按照实际接收人数相应增加编制,并据此增加人员工资总额计划。

第二十八条　党和国家机关接收计划分配的军队转业干部,按照干部管理权限,在主管部门的组织、指导下,对担任师、团级职务的,采取考核选调等办法安置;对担任营级以下职务的,采取考试考核和双向选择等办法安置。对有的岗位,也可以在军队转业干部中采取竞争上岗的办法安置。

第二十九条　对计划分配到事业单位的军队转业干部,参照其军队职务等级安排相应的管理或者专业技术工作岗位,并给予 3 年适应期。

企业接收军队转业干部,由军队转业干部安置工作主管部门编制计划,根据军队转业干部本人志愿进行分配,企业安排管理或者专业技术工作岗位,并给予 2 年适应期。

军队转业干部可以按照有关规定与用人单位签订无固定期限或者有固定期限劳动、聘用合同,用人单位不得违约解聘、辞退或者解除劳动、聘用合同。

第三十条 中央和国家机关京外直属机构、企业事业单位,应当按时完成所在地党委、政府下达的军队转业干部安置任务。需要增加编制、职数和工资总额的,其上级主管部门应当予以支持。

第三十一条 对自主择业的军队转业干部,安置地政府应当采取提供政策咨询、组织就业培训、拓宽就业渠道、向用人单位推荐、纳入人才市场等措施,为其就业创造条件。

第三十二条 党和国家机关、团体、企业事业单位在社会上招聘录用人员时,对适合军队转业干部工作的岗位,应当优先录用、聘用自主择业的军队转业干部。

第三十三条 对从事个体经营或者创办经济实体的自主择业的军队转业干部,安置地政府应当在政策上给予扶持,金融、工商、税务等部门,应当视情提供低息贷款,及时核发营业执照,按照社会再就业人员的有关规定减免营业税、所得税等税费。

第五章 待 遇

第三十四条 计划分配到党和国家机关、团体、事业单位的军队转业干部,其工资待遇按照不低于接收安置单位与其军队职务等级相应或者同等条件人员的标准确定,津贴、补贴、奖金以及其他生活福利待遇,按照国家有关规定执行。

第三十五条 计划分配到党和国家机关、团体、事业单位的军队转业干部,退休时的职务等级低于转业时军队职务等级的,享受所在单位与其转业时军队职务等级相应或者同等条件人员的退休待遇。

本条规定不适用于到地方后受降级以上处分的军队转业干部。

第三十六条 计划分配到企业的军队转业干部,其工资和津贴、补贴、奖金以及其他生活福利待遇,按照国家和所在企业的有关规定执行。

第三十七条 军队转业干部的军龄,计算为接收安置单位的连续工龄(工作年限),享受相应的待遇。在军队从事护理、教学工作,转业后仍从事该职业的,其在军队的护龄、教龄应当连续计算,享受接收安置单位同类人员的待遇。

第三十八条 自主择业的军队转业干部,由安置地政府逐月发给退役金。团级职务和军龄满20年的营级职务军队转业干部的月退役金,按照本人转业时安置地同职务等级军队干部月职务、军衔（级别）工资和军队统一规定的津贴补贴为计发基数80%的数额与基础、军龄工资的全额之和计发。军龄满20年以上的，从第21年起，军龄每增加一年，增发月退役金计发基数的1%。

第三十九条 自主择业的军队转业干部，按照下列条件和标准增发退役金：

（一）荣立三等功、二等功、一等功或者被大军区级以上单位授予荣誉称号的，分别增发月退役金计发基数的5%、10%、15%。符合其中两项以上的，按照最高的一项标准增发。

（二）在边远艰苦地区或者从事飞行、舰艇工作满10年、15年、20年以上的，分别增发月退役金计发基数的5%、10%、15%。符合其中两项以上的，按照最高的一项标准增发。

本办法第三十八条和本条各项规定的标准合并计算后，月退役金数额不得超过本人转业时安置地同职务等级军队干部月职务、军衔、基础、军龄工资和军队统一规定的津贴补贴之和。

第四十条 自主择业的军队转业干部的退役金，根据移交地方安置的军队退休干部退休生活费调整的情况相应调整增加。

经济比较发达的地区，自主择业军队转业干部的月退役金低于安置地当年党和国家机关相应职务等级退休干部月退休生活费数额的，安置地政府可以发给差额补贴。

自主择业的军队转业干部的退役金，免征个人所得税。

自主择业的军队转业干部，被党和国家机关选用为正式工作人员的，停发退役金。其工资等各项待遇按照本办法第三十四条规定执行。

第四十一条 自主择业的军队转业干部去世后，从去世的下月起停发退役金。区别不同情况，一次发给本人生前10个月至40个月的退役金作为抚恤金和一定数额的退役金作为丧葬补助费。具体办法由有关部门另行制定。

自主择业的军队转业干部的遗属生活确有困难的，由安置地政府按照国家和当地的有关规定发给生活困难补助金。

第四十二条 计划分配的军队转业干部，享受所在单位与其军队职务等级相应或者同等条件人员的政治待遇；自主择业的军队转业干部，享受安置地相应职务等级退休干部的有关政治待遇。

第四十三条 军队转业干部在服现役期间被中央军事委员会授予荣誉称号

的,比照全国劳动模范(先进工作者)享受相应待遇;被大军区级单位授予荣誉称号或者荣立一等功,以及被评为全国模范军队转业干部的,比照省部级劳动模范(先进工作者)享受相应待遇。

第六章 培 训

第四十四条 军队转业干部的培训工作,是军队转业干部安置工作的重要组成部分,各级党委、政府和有关部门应当在政策和经费等方面提供必要保障。

第四十五条 对计划分配的军队转业干部应当进行适应性培训和专业培训,有条件的地区也可以在安置前组织适应性培训。培训工作贯彻"学用结合、按需施教、注重实效"和"培训、考核、使用相结合"的原则,增强针对性和实用性,提高培训质量。

军队转业干部培训的规划、组织协调和督促检查工作,由军队转业干部安置工作主管部门负责。

第四十六条 计划分配的军队转业干部的专业培训,由省(自治区、直辖市)按部门或者专业编班集中组织实施,培训时间不少于3个月。

军队转业干部参加培训期间享受接收安置单位在职人员的各项待遇。

第四十七条 自主择业的军队转业干部的就业培训,主要依托军队转业干部培训中心具体实施,也可以委托地方院校、职业培训机构承担具体工作。负责培训的部门应当根据社会人才需求合理设置专业课程,加强定向职业技能培训,以提高自主择业的军队转业干部就业竞争能力。

第四十八条 军队转业干部培训中心,主要承担计划分配的军队转业干部的适应性培训和部分专业培训,以及自主择业的军队转业干部的就业培训。

军队转业干部安置工作主管部门应当加强对军队转业干部培训中心的管理。军队转业干部培训中心从事社会服务的收益,主要用于补助培训经费的不足。

第四十九条 各级教育行政管理部门应当在师资、教学设施等方面,支持军队转业干部培训工作。对报考各类院校的军队转业干部,应适当放宽年龄条件,在与其他考生同等条件下,优先录取;对获二等功以上奖励的,应适当降低录取分数线投档。

第七章 社会保障

第五十条 军队转业干部的住房,由安置地政府按照统筹规划、优先安排、重点保障、合理负担的原则给予保障,主要采取购买经济适用住房、现有住房或者租住周转住房,以及修建自有住房等方式解决。

计划分配的军队转业干部,到地方单位工作后的住房补贴,由安置地政府或者接收安置单位按照有关规定解决。自主择业的军队转业干部,到地方后未被党和国家机关、团体、企业事业单位录用聘用期间的住房补贴,按照安置地党和国家机关与其军队职务等级相应或者同等条件人员的住房补贴的规定执行。

军队转业干部因配偶无住房补贴,购买经济适用住房超过家庭合理负担的部分,个人支付确有困难的,安置地政府应当视情给予购房补助或者优先提供住房公积金贷款。

军队转业干部住房保障具体办法,按照国家有关规定执行。

第五十一条 军队转业干部的军龄视同社会保险缴费年限。其服现役期间的医疗等社会保险费,转入安置地社会保险经办机构。

第五十二条 计划分配到党和国家机关、团体、事业单位的军队转业干部,享受接收安置单位与其军队职务等级相应或者同等条件人员的医疗、养老、失业、工伤、生育等社会保险待遇;计划分配到企业的军队转业干部,按照国家有关规定参加社会保险,缴纳社会保险费,享受社会保险待遇。

第五十三条 自主择业的军队转业干部,到地方后未被党和国家机关、团体、企业事业单位录用聘用期间的医疗保障,按照安置地党和国家机关与其军队职务等级相应或者同等条件人员的有关规定执行。

第八章 家属安置

第五十四条 军队转业干部随调配偶的工作,安置地党委、政府应当参照本人职务等级和从事的职业合理安排,与军队转业干部同时接收安置,发出报到通知。调入调出单位相应增减工资总额。

对安排到实行合同制、聘任制企业事业单位的军队转业干部随调配偶,应当给予2年适应期。适应期内,非本人原因不得擅自违约解聘、辞退或者解除劳动、聘用合同。

第五十五条 军队转业干部随迁配偶、子女符合就业条件的,安置地政府应当提供就业指导和服务,帮助其实现就业;对从事个体经营或者创办经济实体的,应当在政策上给予扶持,并按照国家和安置地促进就业的有关规定减免税费。

第五十六条 军队转业干部配偶和未参加工作的子女可以随调随迁,各地公安部门凭军队转业干部安置工作主管部门的通知及时办理迁移、落户手续。随迁子女需要转学、入学的,由安置地教育行政管理部门负责安排;报考各类院校时,在与其他考生同等条件下优先录取。

军队转业干部身边无子女的,可以随调一名已经工作的子女及其配偶。

各地在办理军队转业干部及其随调随迁配偶、子女的工作安排、落户和转学、入学事宜时,不得收取国家政策规定以外的费用。

第五十七条 军队转业干部随调随迁配偶、子女,已经参加医疗、养老、失业、工伤、生育等社会保险的,其社会保险关系和社会保险基金,由社会保险经办机构按照国家有关规定一并转移或者继续支付。未参加社会保险的,按照国家和安置地有关规定,参加医疗、养老、失业、工伤、生育等社会保险。

第九章 安置经费

第五十八条 军队转业干部安置经费,分别列入中央财政、地方财政和军费预算,并根据经济社会发展,逐步加大投入。

军队转业干部安置工作涉及的行政事业费、培训费、转业生活补助费、安家补助费和服现役期间的住房补贴,按照现行的经费供应渠道予以保障。

军队转业干部培训经费的不足部分由地方财政补贴。安置业务经费由本级财政部门解决。

第五十九条 自主择业的军队转业干部的退役金,由中央财政专项安排;到地方后未被党和国家机关、团体、企业事业单位录用聘用期间的住房补贴和医疗保障所需经费,由安置地政府解决。

第六十条 军队转业干部安置经费应当专款专用,不得挪用、截留、克扣、侵占,有关职能部门对安置经费的使用情况应当进行监督检查。

第十章 管理与监督

第六十一条 各级党委、政府应当把军队转业干部安置工作纳入目标管理,建立健全领导责任制,作为考核领导班子、领导干部政绩的重要内容和评选双拥模范城(县)的重要条件。

第六十二条　军队转业干部安置工作主管部门主要负责军队转业干部的计划安置、就业指导、就业培训、经费管理和协调军队转业干部的社会保障等工作。

　　自主择业的军队转业干部,由军队转业干部安置工作主管部门管理,主要负责自主择业的军队转业干部的政策指导、就业培训、协助就业、退役金发放、档案接转与存放,并协调解决有关问题;其他日常管理服务工作,由户口所在街道、乡镇负责。

第六十三条　各级党委、政府应当加强对军队转业干部安置工作的监督检查,坚决制止和纠正违反法律、法规和政策的行为;对拒绝接收军队转业干部或者未完成安置任务的部门和单位,组织、人事、编制等部门可以视情暂缓办理其人员调动、录用和编制等审批事项。

第六十四条　军队转业干部到地方报到前发生的问题,由其原部队负责处理;到地方报到后发生的问题,由安置地政府负责处理,涉及原部队的,由原部队协助安置地政府处理。

　　对无正当理由经教育仍不到地方报到的军队转业干部,由原部队根据有关规定给予党纪、军纪处分或者其他处罚。

第六十五条　退出现役被确定转服军官预备役的军队转业干部,到地方接收安置单位报到时,应当到当地人民武装部进行预备役军官登记,履行其预备役军官的职责和义务。

第六十六条　凡违反本办法规定,对军队转业干部安置工作造成严重影响的单位和个人,视情节轻重给予批评教育或者处分、处罚;构成犯罪的,依法追究刑事责任。

第十一章　附　　则

第六十七条　中国人民武装警察部队转业干部的安置工作,按照本办法执行。

第六十八条　各省、自治区、直辖市依据本办法制定实施细则。

第六十九条　本办法自发布之日起施行,适用于此后批准转业的军队干部。以往有关军队转业干部安置工作的规定,凡与本办法不一致的,以本办法为准。

第七十条　本办法由国家军队转业干部安置工作主管的部门会同有关部门负责解释。

退役安置补助经费管理办法

1. 2014年11月25日财社〔2014〕187号发布
2. 根据2019年11月18日《财政部、退役军人部、医保局关于修改退役安置等补助资金管理办法的通知》(财社〔2019〕225号)修正

第一条 为规范退役安置补助经费管理,保障退役安置工作顺利推进,根据国家相关法律法规和政策规定,制定本办法。

第二条 退役安置补助经费,是指各级财政部门安排用于保障军队移交政府离退休人员生活待遇及相关管理工作、军队离退休干部服务管理机构(以下简称服务管理机构)用房建设、1级至4级分散供养残疾退役士兵购(建)房以及自主就业退役士兵免费参加一次职业教育和技能培训等方面支出的资金。

中央财政补助资金实施期限暂至2023年12月31日。期满后财政部会同退役军人部根据法律、行政法规和国务院有关规定及工作需要评估确定后续期限。

第三条 本办法所称离退休人员,包括军队和武警部队移交政府安置的离休干部、退休干部、退休士官(退休志愿兵,下同)和无军籍离休干部、退休退职职工。

第四条 本办法所称的服务管理机构用房主要包括:管理人员办公室、为老干部提供服务管理的活动室和医疗室等专门用房以及车库等配套用房。

第五条 退役安置补助经费的使用必须坚持专款专用、科学管理、强化监督的原则,严格按照规定的范围、标准和程序使用,确保资金使用安全、规范、高效。

第六条 退役安置补助经费包括:

(一)用于保障军队移交政府离退休人员生活待遇及相关管理工作的资金,由各级财政部门安排的补助资金、军队安排资金及其他收入组成。其中由军队负担的经费,包括离退休人员移交当年剩余月份离退休经费、退休干部和士官部分定期增资经费、离退休干部和士官调整生活待遇当年经费以及国务院、中央军委有关部门规定的其他经费。

（二）用于服务管理机构用房建设、1级至4级分散供养残疾退役士兵购（建）房以及自主就业退役士兵免费参加一次职业教育和技能培训等方面的资金由中央财政安排，不足部分由地方财政解决，相应纳入各级政府预算。

第七条　退役安置补助经费支出范围包括：离退休人员经费、服务管理机构经费、军队离退休干部服务管理机构用房建设补助资金、1级至4级分散供养残疾退役士兵购（建）房补助资金、退役士兵职业教育和技能培训补助资金等。

第八条　离退休人员经费主要包括：

（一）基本离退休费，指发给军队离退休人员的基本离退休费。

（二）生活补助，指发给军队离退休人员个人的各项生活补助。

（三）医疗费，指离退休人员和离退休干部无经济收入家属、遗属医疗保障和医疗补助经费。包括已参加基本医疗保险按规定向社会保险经办机构缴纳基本医疗保险费和对退休干部个人自付医疗费较多部分的补助，以及未参加基本医疗保险的离退休人员和离退休干部无经济收入家属、遗属按规定准予报销的医疗费用。

（四）离休干部特需费，指国家定额补助、服务管理机构集中用于解决离休干部特殊困难和必要的活动经费开支。

（五）福利费，指服务管理机构按规定比例从离退休人员基本离退休费提取的，用于离退休人员各项福利的经费。

（六）家属、遗属生活补助费，指发放给离退休干部和士官的无经济收入家属、遗属个人的生活补助费。

（七）其他费用，指按规定用于离退休人员开支的其他费用。

上述第一项、第二项和第六项发给个人的经费要逐步通过银行发放，第三项中参加医疗保险和公务员医疗补助代缴经费要及时代缴，其他费用由服务管理机构统一掌握，按规定开支。

第九条　服务管理机构经费主要包括：

（一）基本支出，指服务管理机构工作人员的人员经费和日常公用经费。

（二）项目支出，指离退休干部住房维修、机构开办费等经财政部门批准的项目经费支出。

第十条　军队离退休干部服务管理机构用房建设补助资金包括用于管理人

员办公室,为老干部提供服务管理的活动室、医疗室等专门用房,以及车库等配套用房的改建、扩建、新建、购置等方面支出的资金。

第十一条 1级至4级分散供养残疾退役士兵购(建)房补助资金是用于1级至4级分散供养残疾退役士兵移交地方安置时购(建)房补助支出的资金。

第十二条 退役士兵职业教育和技能培训补助资金包括自主就业退役士兵免费参加一次职业教育和技能培训所需的学杂费、住宿费、技能鉴定费、生活补助费,以及转业士官待分配期间管理教育(含培训)和医疗补助资金等。

第十三条 按政策规定支出标准分配的退役安置补助经费,其分配依据为:

(一)中央财政按照退役军人部汇总的各地接收军队移交政府离退休人员情况和有关政策规定安排中央补助地方军队离退休人员经费。

(二)中央财政按照军地有关部门核定的移交安置计划和相关规定标准对各地军队离退休干部服务管理机构经费给予补助。

(三)安置地政府按照集中安置军队离退休干部购房补贴建筑面积标准的10%统一规划建设服务管理机构用房,中央财政综合考虑国家统计局最新统计的各地办公楼销售价格,安排军队离退休干部服务管理机构用房建设补助资金。

(四)中央财政根据1级至4级分散供养残疾退役士兵人数(由中央军委政治工作部和训练管理部等有关部门提供,退役军人部审核汇总)和中央财政定额补助标准,安排1级至4级分散供养残疾退役士兵购(建)房补助资金。

(五)中央财政按照各省(自治区、直辖市)自主就业退役士兵参加教育培训人数(由各地退役军人事务部门上报,退役军人部审核汇总)和中央财政定额补助标准,安排自主就业退役士兵职业教育和技能培训资金。

第十四条 地方财政结合中央财政补助资金,根据有关政策规定、退役军人事务部门汇总的基础数据和经费需求,在本级预算中科学合理安排相关经费。地方各级财政部门要保证中央财政和本级财政安排的安置经费及时足额到位。对军队划拨的经费以及其他收入要严格纳入预算管理。

第十五条 地方各级退役军人事务部门和服务管理机构,每年应会同同级财政部门审核汇总上一年度新接收退役安置人员情况、已接收人员变化情况以及退役安置补助经费需求情况,并逐级及时汇总上报退役军人部。

退役军人部会同军队有关部门提出资金分配方案及分区域绩效目标,函报财政部。财政部接收资金分配方案后,在30日内审定并下达补助经费预算,同步下达区域绩效目标,抄送退役军人部和财政部各地监管局。年度执行中,退役军人部会同财政部指导省级退役军人事务部门、财政部门对绩效目标实现情况进行监控,确保绩效目标如期实现。

省级退役军人事务部门应会同同级财政部门组织市县做好补助经费绩效自评工作,将区域绩效自评结果报送退役军人部、财政部,并抄送财政部当地监管局。财政部和退役军人部适时开展退役安置补助经费重点绩效评价。绩效评价结果作为预算安排、政策调整和改进管理的重要依据。

第十六条 地方各级财政应将服务管理机构开展工作所需支出纳入本级政府预算,按照同类事业单位并结合上级补助经费核定基本支出和项目支出,统筹安排同级服务管理机构经费预算,保障服务管理工作的正常开展。服务管理机构用房由安置地政府统一规划,可以采取改建、扩建、新建、购置等方式。地方各级退役军人事务、财政部门应会同军地有关部门核定同级服务管理机构用房面积,按照服务管理社会化的要求,合理制定服务管理机构用房的建设规划,并报主管部门批准。

第十七条 地方各级退役军人事务部门和服务管理机构应当严格按照本办法规定的开支范围执行。离退休人员经费和服务管理机构经费结余报经同级财政部门确认后,可结转下一年度继续使用。服务管理机构固定资产要按国家有关规定进行分类登记入账,加强日常管理。

第十八条 地方各级退役军人事务、财政部门应当根据开展教育培训工作的内容,制定教育培训补助资金的申请和拨付程序,并根据参加教育培训退役士兵实际人数、培训阶段、学习效果、就业情况等因素实施绩效考评,采取分阶段、分比例的方式将补助资金直接拨付到承担教育培训的机构。

承担教育培训任务的机构向组织教育培训的退役军人事务部门提出资金申请,申请报告必须附有退役士兵学员花名册,并经相应行政主管部门审核确认。

组织教育培训的退役军人事务部门应当在认真审核申请报告及花名册的基础上,确认教育培训工作任务,并提出补助资金分配方案;同级财政部门对退役军人事务部门提出的资金分配方案审核确认后及时下达补助资金。

第十九条　各级财政、退役军人事务部门应当强化补助经费的使用管理,并积极配合有关部门做好审计、稽查等工作。财政部各地监管局在规定职权范围内,依法对补助经费的使用管理情况进行监督。

各级财政、退役军人事务部门及其工作人员在补助经费的分配、审核、使用、管理等工作中,存在违反本办法规定的行为,以及其他滥用职权、玩忽职守、徇私舞弊等违法违纪行为的,按照《中华人民共和国预算法》《中华人民共和国公务员法》《中华人民共和国监察法》《财政违法行为处罚处分条例》等国家有关规定追究相应责任;涉嫌犯罪的,依法移送司法机关处理。

第二十条　省级财政、退役军人事务部门可以依据本办法,结合当地实际,制定具体的实施细则。

第二十一条　本办法由财政部会同退役军人部负责解释。

第二十二条　本办法自发布之日起施行。《军队移交政府离退休人员安置经费使用管理办法》(财社〔2005〕52号)、《退役士兵职业教育和技能培训资金使用管理办法》(财社〔2011〕35号)、《1级至4级分散供养残疾退役士兵购(建)房资金使用管理办法》(财社〔2013〕15号)、《军队离退休干部服务管理机构用房建设专项补助资金使用管理办法》(财社〔2013〕16号)同时废止。

伤病残士兵退役交接安置工作规程(试行)

1. 2012年10月20日民政部印发
2. 民办发〔2012〕24号

为建立健全伤病残士兵退役交接安置工作长效机制,推动伤病残士兵退役交接安置工作规范、高效、有序进行,根据《退役士兵安置条例》(国务院、中央军委令第608号)、《军人抚恤优待条例》(国务院、中央军委令第602号)和有关法规文件,制定本规程。

一、士兵残疾性质认定和等级评定

士兵出现伤病残情后,所在部队应积极组织治疗,及时掌握医疗情况。医疗期满后,凡符合评定残疾申报条件的士兵(精神病患者由其利害关系人,下同),可以向所在团级以上单位后(联)勤机关卫生部门申请残疾性质认定和残疾等级评定。

(一)残疾性质认定。

残疾性质分为因战致残、因公致残和因病致残,其中:

因战致残是指:①对敌作战负伤致残的;②因执行任务遭敌人或者犯罪分子伤害致残,或者被俘、被捕后不屈遭敌人折磨致残的;③为抢救和保护国家财产、人民生命财产或者执行反恐怖任务和处置突发事件致残的;④因执行军事演习、战备航行飞行、空降和导弹发射训练、试航试飞任务以及参加武器装备科研试验致残的;⑤在执行外交任务或者国家派遣的对外援助、维持国际和平任务中致残的;⑥其他因战致残的。

因公致残是指:①在执行任务中或者在上下班途中,由于意外事件致残的;②因患职业病致残的;③在执行任务中或者在工作岗位上因病猝然致残,或者因医疗事故致残的;④其他因公致残的。

因病致残是指:患因公致残第②、③项规定情形以外其他疾病致残的。

(二)残疾等级评定。

根据士兵医疗期满后器官缺损、功能障碍、心理障碍和对医疗护理依赖的程度,将士兵因战、因公(含职业病)残疾等级评定标准由重至轻分为1级至10级。其中,1级至6级适用于因病致残的义务兵和初级士官。残疾等级评定按照民政部、人力资源和社会保障部、卫生部、总后勤部《军人残疾等级评定标准》(民发〔2011〕218号),总参谋部、总政治部、总后勤部《军人因病基本丧失工作能力医学鉴定和因战因公因病致残残疾等级评定管理办法》(后发〔2011〕27号),总后勤部《军人因病基本丧失工作能力医学鉴定标准》(后卫〔2011〕844号)等有关规定执行。

二、交接安置方式和适用对象

伤病残士兵交接安置包括计划移交安置、集中移交安置、随年度士兵退役安置三种方式。不同交接安置方式适用于不同的对象,其中:

计划移交安置方式主要适用于不宜由政府安排工作或需由国家供养终身的伤病残退役士兵:①因战、因公、因病(不含精神病)被评定为1级至4级残疾等级的义务兵和初级士官;②因患精神病被评定为1级至6级残疾等级的义务兵和初级士官;③自愿放弃退休安置的因战、因公被评定为1级至4级残疾等级的中级以上士官;④参照执行的军队院校伤病残士官学员。

集中移交安置方式主要适用于符合由政府安排工作条件、退役时未选择自主就业安置的伤病残退役士兵:①因战被评定为5级至8级残疾等级的士兵;②因战被评定为9级至10级残疾等级的服现役满12年(2011年11月前入伍且服现役满10年)的士官;③因公被评定为7级至10级残疾等级的服现役满12年(2011年11月前入伍且服现役满10年)的士官;④2011年11月以前入伍因公被评定为5级至8级残疾等级的士官;⑤其他需要集中移交安置的伤病残士兵;⑥参照执行的军队院校伤病残士官学员。

随年度士兵退役安置方式主要适用于不符合由政府安排工作条件的伤病残退役士兵:①因战被评定为9级至10级残疾等级的义务兵和服役未满12年(2011年11月前入伍且服现役未满10年)的士官;②因公被评定为5级至10级残疾等级的义务兵和服役未满12年(2011年11月前入伍且服现役未满10年)的士官;③因病(不含精神病)被评定为5级至6级残疾等级的义务兵和服役未满12年(2011年11月前入伍且服现役未满10年)的初级士官;④其他随年度士兵退役的伤病残义务兵和士官;⑤参照执行的军队院校伤病残士官学员。

三、实行计划移交安置的伤病残士兵交接安置流程

(一)交接前的准备。

1. 逐级汇总上报。每年部队将已评定残疾等级和医学鉴定符合计划移交安置要求的伤病残士兵情况进行汇总,并将人员名单逐级上报至总参谋部军务部。

2. 整理档案材料。伤病残士兵所在团(旅)级单位的军务部门对伤病残士兵档案进行整理,其中档案材料和残级等级评定、医学鉴定材料应当符合《中国人民解放军士兵档案管理规定》(〔2002〕参字第5号)、《军人因病基本丧失工作能力医学鉴定和因战因公因病致残疾致残等级评定管理办法》(后发〔2011〕27号)等有关要求。伤病残士兵档案材料主要包括:①入伍材料,包括应征公民体格检查表、应征公民政治审查表(1990年3月以前入伍为应征公民入伍登记表)、应征公民入伍批准书(1990年3月以前入伍士兵无此件)、士兵登记表(1990年冬季以前入伍的士兵无此表)等;②党(团)员材料,主要是入党(团)志愿书;③军衔、职务晋升调整材料,包括士兵军衔报告(登记)表、士兵任职报告表;④奖惩材料,包

括个人奖励登记(报告)表、处分登记(报告)表;⑤士官材料,包括士官注册登记表(1979年至1990年选改的志愿兵为志愿兵申请表,1991年至1998年选取的士官为选改专业军士报告表,1999年至2009年选取的士官为士官选取报告表)、士官学员入学批准书(1997年以前为军士长学员毕业分配表,1998年、1999年为军士长学员入学批准书);⑥医疗和评残鉴定相关证明材料;⑦退出现役材料,包括义务兵退出现役登记表、士官退出现役登记表;⑧其他按规定需要装入档案的材料。

3. 军地共同做好伤病残士兵及家属的思想工作。伤病残士兵所在团(旅)级单位应及时向安置地民政部门通报有关情况,安置地民政部门应主动向伤病残士兵及其家属讲清有关安置政策,会同部队共同做好相关人员的思想工作,消除顾虑,为顺利移交安置奠定基础。

4. 结转相关费用。接到上级单位通知后,伤病残士兵所在团(旅)级部队应及时结算相关费用,主要包括:①复员(退伍)费;②一次性安置补助费;③一次性退役金(因患精神病被评定为5级至6级残疾等级的义务兵和初级士官享受);④移交当年残疾抚恤金及其他费用;⑤军队的军人保险管理部门与地方的社会保险经办机构,应当按照国家有关规定为退役士兵办理保险关系转移接续手续。对患精神病的伤病残退役士兵,应当在其利害关系人的协助下办理。

(二)交接程序。大军区级单位军务部门与省级民政部门协商确定1级至4级残疾士兵退役供养方式、5级至6级患精神病残疾士兵收治方式

军地分别逐级下发年度移交安置通知、下达移交安置计划和人员名单,民政部商财政部下拨分散供养的1级至4级残疾士兵购(建)房补助费

部队与安置地民政部门联系沟通、移交档案→安置地民政部门审查档案材料并将审查结果、交接时间等及时通告伤病残士兵所在旅(团)级单位→军地组织移交接收→落实安置待遇。

详见实行计划移交安置的伤病残士兵交接安置流程图(附件1)。

(三)安置待遇。1级至4级残疾等级的,由国家供养终身,分为集中供养和分散供养。对需要长年医疗或者独身一人不便分散安置的,经省级人民政府民政部门批准,可以集中供养;对不符合集中供养条件或者虽符合集中供养条件但本人自愿回家休养的,可以分散供养。国家供养的

伤病残退役士兵,按规定享受抚恤、医疗、护理和住房等待遇。分散供养的,购(建)房经费标准按照安置地县(市)经济适用住房价格(没有经济适用住房的按照普通商品房价格)和60平方米建筑面积确定。购(建)房所需经费由中央财政专项安排,不足部分由地方财政解决。购(建)房屋产权归分散供养的残疾退役士兵所有。分散供养的残疾退役士兵自行解决住房的,按照上述标准将购(建)房费用发给本人。患精神病的义务兵和初级士官,需要住院治疗或独身一人无直系亲属照顾的,送民政部门管理的精神病医院接收治疗,按有关规定进行保障。

四、实行集中移交安置的伤病残士兵交接安置流程

(一)交接前的准备。

1. 逐级汇总上报。每年部队将已评定残疾等级符合集中移交安置要求的伤病残士兵情况进行汇总,并将人员名单逐级上报至总参谋部军务部。

2. 整理档案材料。与实行计划移交安置伤病残退役士兵档案材料内容相同。

3. 军地共同做好伤病残士兵及家属的思想工作。伤病残士兵所在大军区级单位军务部门按规定时间向省级民政部门通报有关情况、移交档案材料;安置地民政部门对档案材料复审后,应主动向伤病残士兵家属讲清安置政策,会同部队共同做好相关人员的思想工作,消除顾虑,为顺利移交安置奠定基础。

4. 结转相关费用。一般包括:①转业(复员、退伍)费;②一次性安置补助费(5级至6级伤病残士兵享受);③移交当年残疾抚恤金及其他费用;④军队的军人保险管理部门与地方的社会保险经办机构,应当按照国家有关规定为退役士兵办理保险关系转移接续手续。

(二)交接程序。民政部、总参谋部下发年度符合政府安排工作条件退役士兵(包括伤病残退役士兵)移交安置工作通知、明确集中移交安置计划和人员名单→军队大单位军务部门整理、移交档案材料→省级安置部门集中审档、签发《接收安置通知书》→伤病残士兵报到、安置地民政部门接收→落实安置待遇。

详见实行集中移交安置的伤病残士兵交接安置流程图(附件2)。

(三)安置待遇。符合政府安排工作条件未选择自主就业的伤病残退役士兵,按规定享受抚恤、医疗、保险接续、安排工作等待遇。安置地县级以上地方人民政府应当在接收伤病残退役士兵6个月内,完成本年度安排伤病残退役士兵工作的任务。待安排工作期间,安置地人民政府应当按照不低于当地最低生活水平的标准,按月发给生活补助费。承担安排伤病残退役士兵工作任务的单位,应在安置部门开出介绍信1个月内安排伤病残退役士兵上岗,并与其依法签订期限不少于3年的劳动合同或者聘用合同,不得因其残疾与其解除劳动关系或者人事关系。伤病残退役士兵服现役年限和待安排工作时间计算为工龄,享受所在单位同等条件人员的工资、福利待遇,以及所在单位工伤人员同等的生活福利和医疗待遇。非因伤病残退役士兵本人原因,接收单位未按照规定安排其上岗的,应当从安置部门开出介绍信的当月起,按照不低于本单位同等条件人员平均工资80%的标准,逐月发给伤病残退役士兵生活费至其上岗为止。

五、随年度退役士兵离队的伤病残士兵退役安置流程

(一)退役离队前的准备。

1. 整理档案材料。按照实行计划移交安置伤病残退役士兵档案材料要求整理相关档案材料。

2. 结转相关费用。①复员(退伍)费;②一次性安置补助费(5级至6级伤病残士兵享受);③一次性退役金;④移交当年残疾抚恤金及其他费用;⑤军队的军人保险管理部门与地方的社会保险经办机构,应当按照国家有关规定为退役士兵办理保险关系转移接续手续。

(二)离队报到程序。伤病残士兵随年度退役士兵退出现役离队返乡

部队军务部门按规定要求移交档案→伤病残退役士兵到安置地民政部门报到、安置地民政部门审查档案、办理接收→落实安置待遇。

部队应当督促伤病残退役士兵按规定时间到安置地民政部门报到;安置地民政部门应当向伤病残退役士兵及其家属讲清相关安置政策,引导他们服从政府安排。

详见随年度退役士兵离队的伤病残士兵退役安置流程图(附件3)。

(三)安置待遇。随年度退役士兵离队的伤病残士兵,符合政府安排工作条件的,按国家有关政策规定予以安置;自主就业的,按规定享受抚恤、医疗、保险接续、免费职业教育和技能培训、小额贷款、税收减免、一次性退役金和一次性经济补助等待遇。地方政府采取组织职业介绍、就业推荐、专场招聘会等方式扶持其就业。自主就业的伤病残退役士兵可以

免费参加政府组织的职业教育和技能培训，在从事个体经营、复工复职、复学、承包农村土地等方面享受相关优惠政策，有就业能力的优先享受国家规定的残疾人就业优惠政策。伤病残退役士兵服现役年限计算为工龄，与所在单位工作年限累计计算，享受国家和所在单位规定的与工龄有关的相应待遇。

中国人民武装警察部队伤病残士兵退役交接安置工作参照本规程执行。

附件：（略）

优抚对象补助经费管理办法

1. 2024年2月2日财政部、退役军人事务部、中央军委国防动员部修订印发
2. 财社〔2024〕5号
3. 自2024年1月1日起施行

第一章 总 则

第一条 为规范优抚对象补助经费管理，提高资金使用效益，确保优抚对象补助经费及时足额发放，根据《中华人民共和国预算法》、《军人抚恤优待条例》、《烈士褒扬条例》等法律法规和预算管理相关规定，制定本办法。

第二条 本办法所称优抚对象补助经费，是指中央财政对地方发放优抚对象等人员抚恤和生活补助、义务兵家庭优待金、烈士褒扬金等给予补助的共同财政事权转移支付资金，实施期限暂至2028年12月31日。到期前，财政部会同退役军人事务部、中央军委国防动员部组织开展评估，根据评估结果确定是否延续补助政策及延续期限。

第三条 本办法所称优抚对象等人员（以下简称优抚对象）是指按规定享受抚恤金和生活补助的残疾军人（含伤残人民警察、伤残预备役人员和民兵民工、其他因公伤残人员）、"三属"（烈士遗属、因公牺牲军人遗属和病故军人遗属）、在乡退伍红军老战士（含红军失散人员）、在乡复员军人、带病回乡退役军人、参战参试退役军人（含直接参与铀矿开采退役军人）、烈士老年子女（含新中国成立前错杀后被平反人员的子女）、农村籍退役士兵、新中国成立前加入中国共产党的农村老党员和未享受离退休待遇的城镇老党员（以下简称老党员）等人员。

第二章 资金分配与使用

第四条 中央财政每年根据各省（自治区、直辖市，以下简称省）当年各类优抚对象群体人数和规定补助标准安排优抚对象抚恤和生活补助中央财政补助资金。各地可统筹使用中央财政补助资金和地方财政安排的补助资金用于发放优抚对象定期抚恤金和生活补助，以及国家按规定向优抚对象发放的一次性生活补助等。

中央财政每年根据各省当年和上年度义务兵批准入伍人数以及规定补助标准安排义务兵家庭优待金中央财政补助资金。各地可统筹使用中央财政补助资金和地方财政安排的补助资金用于义务兵服现役期间对其家庭发放的优待金。

中央财政每年根据上年度烈士评定备案人数和规定标准安排烈士褒扬金。

第五条 地方各级退役军人事务部门应当建立优抚对象数据动态管理机制，将本地区优抚对象的各项数据信息全面、准确、及时地录入全国优抚信息管理系统，新增人员、自然减员以及优抚对象本身情况发生变化的，应当及时在全国优抚信息管理系统中进行更新。

第六条 地方各级退役军人事务部门每年会同同级财政部门对享受定期抚恤补助待遇的优抚对象人员情况（不含老党员）进行审核，并逐级及时汇总上报，其中，省级退役军人事务部门应当会同同级财政部门于每年全国优抚对象数据集中审定前，将本地区当年应享受补助待遇的优抚对象人员情况，经省人民政府批准后上报退役军人事务部；老党员人数等情况由中央组织部向退役军人事务部提供。退役军人事务部提出资金分配方案及区域绩效目标，函报财政部。财政部接收资金分配方案后，及时审定并下达补助经费预算，同步下达区域绩效目标，抄送退役军人事务部和财政部各地监管局。

中央军委国防动员部每年向退役军人事务部提供各省当年和上年度义务兵批准入伍人数。退役军人事务部提出资金分配方案及区域绩效目标，函报财政部。财政部接收资金分配方案后，及时审定并下达补助经费预算，同步下达区域绩效目标，抄送退役军人事务部、中央军委国防动员部和财政部各地监管局。

退役军人事务部每年根据上年度烈士评定备案人数和规定标准，提出资金分配方案及区域绩效目标，函报财政部。财政部接收资金分配方案后，及时审定并下达补助经费预算，同步下达区域绩效目标，抄送退役军人事务部和财政部有关监管局。

第七条　各级财政、退役军人事务等部门和兵役机关按照"谁提供、谁负责"原则,对所提供数据的真实性、准确性、完整性负责。

第八条　省级财政部门收到中央财政下达的预算后,应当按职责分工,会同本级退役军人事务部门确定资金分配方案、分解区域绩效目标,在30日内正式下达到本级有关部门和本行政区域县级以上财政部门,并抄送财政部当地监管局。

第九条　优抚对象补助经费分配结果应当按照预算公开有关规定将适宜公开的内容向社会公布。地方各级财政部门应当按照预算公开有关规定将优抚对象补助经费安排详细情况中适宜的内容进行公开,接受社会监督。

预算执行中,退役军人事务部会同财政部、中央军委国防动员部指导省级退役军人事务部门、财政部门和兵役机关对绩效目标实现情况进行监控,确保绩效目标如期实现。

预算执行结束后,省级退役军人事务部门应会同同级财政部门和兵役机关组织市县做好优抚对象补助经费绩效自评工作,将区域绩效自评结果报送退役军人事务部、财政部、中央军委国防动员部,并抄送财政部当地监管局。财政部会同退役军人事务部根据工作需要适时开展优抚对象补助经费重点绩效评价,绩效评价结果作为预算安排、政策调整和改进管理的重要依据。

地方各级退役军人事务部门应当严格按照本办法规定的开支范围执行。年末剩余资金,可以按规定结转下一年度继续使用。

第十条　地方财政结合中央财政补助资金,根据有关政策规定、退役军人事务部门汇总的基础数据和经费需求,科学合理安排相关经费并列入本级政府预算。

第三章　监督检查

第十一条　优抚对象补助经费应当坚持科学管理、加强监督的原则,严格按照规定的支出范围、补助标准和程序使用,确保资金使用安全、规范、高效。各地不得将优抚对象补助经费用于工作经费支出,不得挤占、挪用、截留和滞留,不得向优抚对象收取任何管理费用。各地应当统筹使用好中央和地方财政安排的补助资金,按规定及时、准确、足额发放优抚对象等人员相关待遇。

第十二条　各级财政、退役军人事务部门和兵役机关应当强化优抚对象补助经费的使用管理,并积极配合有关部门做好审计等工作。财政部各地监管局按照工作职责和财政部要求,对优抚对象补助经费的使用管理情况进行监督。

第十三条　各级财政、退役军人事务部门和兵役机关及其工作人员在优抚对象补助经费的分配、审核、使用、管理等工作中,存在违反本办法规定的行为,以及其他滥用职权、玩忽职守、徇私舞弊等违法违规行为的,依法追究相应责任;涉嫌犯罪的,依法移送有关机关处理。

第四章　附　　则

第十四条　各省、自治区、直辖市财政厅(局)、退役军人事务厅(局),新疆生产建设兵团财政局、退役军人事务局,各省军区(卫戍区、警备区)、新疆军区、西藏军区、新疆生产建设兵团军事部可以依据本办法,结合当地实际,制定实施细则。

第十五条　本办法由财政部会同退役军人事务部、中央军委国防动员部负责解释。

第十六条　本办法自2024年1月1日起施行。《财政部 民政部关于印发〈优抚对象抚恤补助资金使用管理办法〉的通知》(财社〔2012〕221号)、《财政部 退役军人部 医保局关于修改退役安置等补助资金管理办法的通知》(财社〔2019〕225号)、《财政部 退役军人部关于退役安置等补助资金管理办法的补充通知》(财社〔2021〕108号)同时废止。此前有关规定与本办法不一致的,以本办法为准。

优抚对象医疗保障经费管理办法

1. 2024年1月10日财政部、退役军人事务部、国家医保局修订印发
2. 财社〔2024〕3号
3. 自2024年1月1日起施行

第一章　总　　则

第一条　为规范优抚对象医疗保障经费使用管理,提高资金使用效益,切实

保障优抚对象医疗待遇的落实,根据《中华人民共和国预算法》、《军人抚恤优待条例》、《残疾退役军人医疗保障办法》、《优抚对象医疗保障办法》等法律法规和预算管理相关规定,制定本办法。

第二条 本办法所称优抚对象医疗保障经费是指中央财政对地方落实优抚对象医疗待遇给予补助的共同财政事权转移支付资金,实施期限暂至2028年12月31日。到期前,财政部会同退役军人事务部、国家医保局组织开展评估,根据评估结果确定是否延续补助政策及延续期限。

第三条 本办法所称优抚对象是指按规定享受医疗保障的残疾军人、烈士遗属、因公牺牲军人遗属、病故军人遗属、在乡复员军人、带病回乡退役军人、参战参试退役军人等。

第二章 资金分配与使用

第四条 优抚对象医疗保障经费主要用于:

(一)缴费补助。

对一级至六级残疾军人参加职工基本医疗保险的缴费给予补助。对未就业、不符合城乡医疗救助资助参保条件且个人缴费确有困难的优抚对象参加城乡居民基本医疗保险视情给予适当补助。

(二)医疗费用补助。

1. 对优抚对象经基本医疗保险报销后,个人负担较重的自付医疗费用给予适当补助;

2. 对未参加职工基本医疗保险、城乡居民基本医疗保险等基本医疗保障制度,个人医疗费用负担较重的优抚对象给予补助;

3. 对所在单位无力支付或者无工作单位的因战因公致残的残疾军人旧伤复发的医疗费用给予补助;

4. 省、自治区、直辖市人民政府依据《军人抚恤优待条例》规定的其他医疗费用补助。

第五条 退役军人事务部每年根据当年预算规模以及各省(自治区、直辖市)相关优抚对象人数和中央财政补助标准,提出资金分配方案和区域绩效目标,函报财政部。财政部接收资金分配方案后,及时审定并下达优抚对象医疗保障经费预算,同步下达区域绩效目标,抄送退役军人事务部和财政部各地监管局。省级财政部门收到中央财政下达的预算后,应当按职责分工,会同本级退役军人事务部门确定资金分配方案、分解区域绩效目标,在30日内正式下达到本级有关部门和本行政区域县级以上财政部门,并抄送财政部当地监管局。

第六条 各级财政、退役军人事务和医疗保障部门按照"谁提供、谁负责"原则,对所提供数据的真实性、准确性、完整性负责。

第七条 优抚对象医疗保障经费分配结果应当按照预算公开有关规定向社会公布。地方各级财政部门应当按照预算公开有关规定将优抚对象医疗保障经费安排详细情况公开,接受社会监督。

预算执行中,退役军人事务部会同财政部指导省级退役军人事务部门、财政部门对绩效目标实现情况进行监控,确保区域绩效目标如期实现。

预算执行结束后,省级退役军人事务部门应会同同级财政部门组织市县做好优抚对象医疗保障经费绩效自评工作,将区域绩效自评结果报送退役军人事务部、财政部,并抄送财政部当地监管局。财政部会同退役军人事务部根据工作需要适时开展重点绩效评价,绩效评价结果作为预算安排、政策调整和改进管理的重要依据。

地方各级退役军人事务部门应当严格按照本办法规定的开支范围执行。年末剩余资金,可以按规定结转下年度继续使用。

第八条 优抚对象医疗保障经费用于补助一级至六级残疾军人参加职工基本医疗保险缴费部分,由统筹地区财政部门根据参保人数和补助标准,直接核拨至社会保障基金财政专户,并纳入该财政专户职工基本医疗保险基金专账中核算;用于补助其他事项的优抚对象医疗保障经费应按县级退役军人事务部门提供的用款计划审核拨付。

第九条 各地财政、退役军人事务、医疗保障部门应当制定措施,建立健全财务管理制度,并本着方便优抚对象就医的原则,制定优抚对象医疗费用及时结算办法。

第三章 监督检查

第十条 各地应加强优抚对象医疗保障经费管理,不得擅自扩大支出范围,不得与优抚对象补助、城乡医疗救助等资金混用,不得用于优抚对象生活困难补助、医疗机构补助、基本医疗保险经办机构和退役军人事务部门工作经费等支出。

第十一条 各级财政、退役军人事务和医疗保障部门应当强化优抚对象医疗保障经费的使用管理,并积极配合有关部门做好审计等工作。财政部各地监管局根据工作职责和财政部要求,对优抚对象医疗保障经费的使用管理情况进行监督。

第十二条 各级财政、退役军人事务和医疗保障部门及其工作人员在优抚对象医疗保障经费的分配、审核、使用、管理等工作中,存在违反本办法规定的行为,以及其他滥用职权、玩忽职守、徇私舞弊等违法违规行为的,依法追究相应责任;涉嫌犯罪的,依法移送有关机关处理。

第四章 附 则

第十三条 各省、自治区、直辖市、计划单列市财政厅(局)、退役军人事务厅(局)、医疗保障局,新疆生产建设兵团财政局、退役军人事务局、医疗保障局可以依据本办法,结合当地实际,会同有关部门制定实施细则。

第十四条 本办法由财政部会同退役军人事务部、国家医保局负责解释。

第十五条 本办法自2024年1月1日起施行。《财政部 民政部 人力资源社会保障部关于印发〈优抚对象医疗补助资金使用管理办法〉的通知》(财社〔2013〕6号)同时废止。此前有关规定与本办法不一致的,以本办法为准。

逐月领取退役金退役军人服务管理规定

1. 2022年6月1日发布
2. 退役军人部发〔2022〕43号

第一章 总 则

第一条 为规范逐月领取退役金退役军人服务管理工作,根据《中华人民共和国退役军人保障法》、《退役军人逐月领取退役金安置办法》等法律政策,制定本规定。

第二条 本规定所称逐月领取退役金退役军人,是指按照《退役军人逐月领取退役金安置办法》退出现役并以逐月领取退役金方式安置的军队退役人员。

第三条 逐月领取退役金退役军人服务管理工作坚持政治引领、关心关爱、服务优先、依法管理的原则。

第四条 逐月领取退役金退役军人服务管理坚持党的领导,由退役军人事务部门主管,退役军人服务中心、站(以下统称退役军人服务机构)组织实施。

退役军人事务部门负责逐月领取退役金退役军人服务管理工作,及时协调解决问题,监督检查相关法规政策落实情况。

退役军人服务机构承担逐月领取退役金退役军人日常服务管理工作。

第二章 服务管理内容

第五条 退役军人事务部门、退役军人服务机构应当加强对逐月退役军人的思想政治教育和保密教育提醒,引导其继续发扬人民军队优良传统,坚决拥护党的路线方针政策,模范遵守宪法和法律法规,永葆政治本色。

第六条 退役军人服务机构应当协助所在街道、乡镇党组织加强对逐月领取退役金退役军人党员的教育管理,督促履行党员义务。

逐月领取退役金退役军人党员所在党组织每年对其参加组织生活、缴纳党费及日常表现等情况提出的评定意见,可作为退役军人事务部门确定其政治荣誉、优待服务的参考依据。

第七条 接收安置工作实行先转接党员组织关系、后办理报到手续的程序。市、县级退役军人事务部门、退役军人服务机构应当主动协调相关部门组织做好逐月领取退役金退役军人党员组织关系转接、办理落户、社会保险关系转接、住房公积金转接、预备役登记、开设银行账户等工作。有条件的地方提供"一站式"服务,提高办事效率,优化服务质量,方便逐月领取退役金退役军人办理接收安置手续。

第八条 县级退役军人事务部门、退役军人服务机构应当做好逐月领取退役金退役军人人事档案存放工作,建立健全入档、保管、查阅、复制、转接等制度,定期开展档案安全检查,按照规定建立数字档案。

第九条 市、县级退役军人服务机构应当建立逐月领取退役金退役军人年度登记审核制度,每年1月至3月采取现场或互联网的方式对逐月领取退役金退役军人提供的参加党组织生活、参加社团、出入国境、奖惩情况等信息进行审核。对年度登记审核通过的,按规定落实相关待遇;对年度登记审核未通过的,及时通知逐月领取退役金退役军人补正有关信息;对发现的苗头性问题,及时约谈提醒、教育引导。

第十条 退役军人事务部门按照有关规定为逐月领取退役金退役军人发放和调整退役金。

第十一条　退役军人事务部门在接收逐月领取退役金退役军人时举行迎接仪式,按国家有关规定组织逐月领取退役金退役军人参加重大庆典活动、对有突出贡献的给予表彰奖励,协调有关部门将符合条件的逐月领取退役金退役军人编入地方志。

第十二条　退役军人事务部门、退役军人服务机构落实常态化联系退役军人制度,定期联系逐月领取退役金退役军人,开展走访慰问活动,及时掌握思想、工作、生活等情况,传递党和政府的关心关爱。

　　对患有严重疾病、遭遇重大突发情况等导致生活困难的逐月领取退役金退役军人,按规定给予帮扶援助。

第十三条　退役军人事务部门、退役军人服务机构扶持逐月领取退役金退役军人就业创业,鼓励其结合自身优势,在基层治理、稳边固边、国防教育、志愿服务等方面发挥积极作用。

第三章　服务管理方式

第十四条　退役军人服务机构应当建立健全逐月领取退役金退役军人服务管理工作制度,不断提升服务管理水平。

第十五条　退役军人服务机构应当完善服务管理网络,发挥服务站点末梢作用,探索开展网格化管理,实现逐月领取退役金退役军人服务管理的全覆盖。

第十六条　退役军人服务机构应当按照退役军人事务部门制定的规范标准,推进服务管理工作的标准化建设,确保规范运行。

第十七条　退役军人事务部门、退役军人服务机构应当加强信息化建设,发挥安置服务管理信息系统等信息化平台作用,提高服务管理效能。

第十八条　逐月领取退役金退役军人已就业的,退役军人服务机构引导用人单位依据国家法律政策做好服务管理工作、及时告知重要情况。

第十九条　退役军人服务机构鼓励和支持逐月领取退役金退役军人加强自我教育、自我服务、自我管理,可以遴选政治过硬、身体健康、经验丰富、能力较强的逐月领取退役金退役军人在自我服务管理中发挥带头作用。

第四章　服务管理保障

第二十条　退役军人事务部门、退役军人服务机构应当加强自身队伍建设,县级以上退役军人服务中心明确责任处(科)室、乡镇(街道)退役军人服务站明确专人负责相关服务管理工作。有条件的地方可以引进专业化社会服务力量提升服务效能。

第二十一条　退役军人事务部门、退役军人服务机构应当加强能力建设,通过政治教育、业务培训、岗位练兵等方式,提升工作人员思想政治素质、政策业务水平和服务管理能力。

第二十二条　逐月领取退役金退役军人服务管理经费,由中央和地方按照财政事权和支出责任划分分别承担,用于服务管理相关工作。

第二十三条　退役军人事务部门应当建立逐月领取退役金退役军人服务管理工作考核评价制度,纳入年度工作绩效和领导班子考核。对做出突出贡献的单位和个人,按照国家有关规定给予表彰、奖励。

第二十四条　退役军人事务部门、退役军人服务机构应当加强对工作人员的作风纪律监督,引导其树牢满腔热忱为退役军人服务的意识。对政策落实不到位、工作推进不力的单位和人员,按照相关规定追究责任。

第五章　附　则

第二十五条　本规定由退役军人事务部、财政部负责解释。

第二十六条　本规定自发布之日起施行。

国家工商行政管理总局关于进一步发挥工商行政管理职能作用做好退役士兵安置工作的通知

1. 2013年10月8日发布
2. 工商个字〔2013〕163号

各省、自治区、直辖市及计划单列市、副省级市工商行政管理局、市场监督管理局:

退役士兵是对国家对人民作出过贡献的特殊群体,是我国宝贵的人力资源。做好退役士兵安置工作,事关经济发展、国防建设、和谐稳定的大局,是各级政府及相关部门的重要职责。《国务院办公厅、中央军委办公厅转发民政部、总参谋部等部门关于深入贯彻〈退役士兵安置条例〉扎实做好退役士兵安置工作意见的通知》(国办发〔2013〕78号,以下简称国办发78号文件),对按照以扶持就业为主、多种方式相结合、城乡一体的退役士兵安置制度,进一步做好退役士兵安置工作提出了明确要求。为贯彻国办发 78 号文件精神,进一步发挥工商行政管理职能作用,大力扶持自主就业退役士兵就业创业,现通知如下:

一、完善"绿色通道",对退役士兵实行挂牌服务。依法放宽市场准入条件,鼓励退役士兵自主创业。各地要专门设立退役士兵工商登记注册窗口,更有针对性地为退役士兵提供"一站式"开业指导、注册登记和跟踪服务。退役士兵工商注册登记专门窗口应及时张贴、更新宣传材料,免费发放工商法规、国家政策宣传手册和办事指南。

二、扩大费用减免范围,减轻退役士兵创业负担。按照城乡一体化原则,将《国务院办公厅转发民政部等部门关于扶持城镇退役士兵自谋职业优惠政策意见的通知》(国办发〔2004〕10 号)规定的个体经营优惠政策,调整适用于所有自主就业退役士兵。退役士兵从事个体经营的,自其首次在工商部门注册登记之日起,3 年内免收登记类、证照类等有关行政事业性收费。退役士兵自主创业采用其他市场主体形式的,在有关政策规定时间范围内免收工商登记注册费等行政事业性收费。

三、积极开展行政指导,帮助退役士兵规范经营。引导退役士兵在符合国家产业政策的领域自主创业。指导自主创业的退役士兵运用商标、广告、合同等手段,实施品牌经营和规范化运作,提高企业生存能力和市场竞争能力。

四、加大监管执法力度,维护退役士兵合法权益。会同公安、民政等部门严厉打击传销违法犯罪活动,严惩诱骗退役士兵参与传销的组织者和骨干分子。积极参与清理整顿人力资源市场秩序专项行动,严厉查处和打击"黑中介"及各种侵害退役士兵合法权益的行为。

五、发挥协会作用,拓宽退役士兵就业创业服务平台。指导各级个私协会加强退役士兵自主就业创业扶持政策宣传,引导退役士兵到个体私营经济领域实现就业或自主创业。动员和引导个体私营企业积极履行社会责任,提供更多就业岗位,吸纳退役士兵就业。加强军地协作,开展退役士兵创业培训和职业技能培训,提高他们的自主就业创业能力。

六、加强数据统计,研究建立退役士兵安置情况通报制度。各地要把退役士兵在个体私营领域就业创业情况纳入工商统计范围,掌握退役士兵就业创业及享受有关优惠政策的数据。相关数据应于每年 6 月底和 12 月底及时报送总局。

七、加强组织领导,促进退役士兵安置工作落实到位。在当地党委政府统一领导下,各地工商部门要立足职能,切实加强组织领导,与有关部门密切配合,共同做好退役士兵安置工作。首先要及早安排,配合做好今冬退役士兵安置工作。同时,要探索建立发挥工商部门职能作用扶持退役士兵自主就业创业的长效工作机制。

民政部、财政部、总参谋部关于士兵退役移交安置工作若干具体问题的意见

1. 2014年6月23日发布
2. 民发〔2014〕136号

各省、自治区、直辖市民政、财政厅(局),新疆生产建设兵团民政、财务局,各军区、各军兵种司令部,总参管理保障部,总政直工部,总后、总装司令部,军事科学院、国防大学院(校)务部,国防科学技术大学训练部,武警部队司令部:

《退役士兵安置条例》公布施行以来,军地各级依据相关法规,研究出台配套政策,加大经费投入力度,建立完善工作机制,较好地保障了退役士兵安置改革的有序推进。但在组织实施过程中,军地各有关部门也反映了一些具体问题,需要及时予以明确。经研究,现就有关问题提出以下意见:

一、关于确保符合政府安排工作条件退役士兵岗位落实。按照《国务院办公厅 中央军委办公厅转发民政部 总参谋部等部门关于深入贯彻〈退役士兵安置条例〉扎实做好退役士兵安置工作意见的通知》(国办发〔2013〕78号)要求,采取有力措施保障符合政府安排工作条件的退役士兵就业。地方各级民政部门要会同机构编制、人力资源社会保障、国有资产管理等部门,按照国防义务均衡负担原则,科学合理拟订计划并报同级人民政府下达,保障有岗可安;着眼公开公正公平,制定、公布符合政府安排工作条件退役士兵安排工作的具体办法,体现对服役时间长、贡献大退役士兵的优待,确保凡符合政府安排工作条件且选择由政府安排工作的退役士兵都能得到妥善安置。

二、关于退役士兵复工、复职、复学。复工、复职、复学的退役士兵,享受安置地自主就业退役士兵同等待遇,地方安置部门不再出具安排工作介绍信。在校大学生退役后复学的,由征集地人民政府按照《退役士兵安置条例》有关规定发放自主就业一次性经济补助。

三、关于地方人民政府在当地驻军中定向招录的退役士兵的安置待遇。《退役士兵安置条例》施行后,地方人民政府在当地驻军中定向招录的退役士兵,因其是竞争上岗,其安置方式视同自主就业,退役时部队发给一次性退役金。其中,退役士兵档案由部队转递(送达)原征集地安置部门、且本人在规定时限内报到的,享受原征集地自主就业退役士兵的相关待遇;退役士兵档案未转递(送达)原征集地的,自主就业的相关待遇由招录地人民政府确定,不再享受原征集地自主就业退役士兵的相关待遇。

四、关于自主就业退役士兵被行政机关或财政补助的事业单位录用后,是否退回已领取的一次性退役金和一次性经济补助。自主就业退役士兵通过竞争机制实现就业,不需要退回已经领取的一次性退役金和一次性经济补助。

五、关于自主就业退役士兵医疗保险。自主就业退役士兵可以参加职工基本医疗保险、城镇居民基本医疗保险或者新型农村合作医疗。退役士兵参加职工基本医疗保险的,其军人退役医疗保险金,按照国家有关规定转入退役士兵安置地的社会保险经办机构。实行工龄视同参加基本医疗保险缴费年限规定的地区,退役士兵的服现役年限视同参保缴费年限。退役士兵参加城镇居民基本医疗保险或者新型农村合作医疗的,如地方没有建立个人医疗保险账户,其军人退役医疗保险金在士兵退役时由部队发给本人。士兵退役回到地方后参加城镇居民基本医疗保险或者新型农村合作医疗的,按照当地医疗保险经办机构规定办理。

六、关于符合全程退役条件的士官的退役接收安置。2009 年,经中央军委批准建立了士官有条件全程退役制度,规定士官在本级服役期内,因编制限制、现实表现、工作能力、身体状况等原因不适宜继续服役的,每年都可以安排退出现役。部队对符合全程退役条件的士官应严格把关,列入年度退役计划,统一下达退役命令。地方安置部门应按照相关规定予以接收,落实与其实际服役年限、立功受奖等情形相对应的待遇。

七、关于随时安排退出现役的情形和安置待遇。士兵因留用察看期满后拒不改正错误的,受刑事处罚未被开除军籍服刑期满或者被处劳动教养

(2013年12月28日全国人大常委会通过关于废止有关劳动教养法律法规的决定以前)期满后不适宜留队服现役的,图谋行凶、自杀或者搞其他破坏活动继续留队确有现实危险的,可以按照有关规定随时安排退出现役。对于此类人员,部队要严格掌握条件,书面告知地方安置部门;安置部门要及时接收,按自主就业方式安置。

士兵被开除军籍或除名的,离队时不予办理退役手续,由入伍前户籍所在地公安部门办理落户手续,不享受退役士兵相关待遇。

八、关于退役士兵档案的移交与审查。士兵退役时,部队要按照档案管理规定认真整理士兵档案,做到要素齐全、清晰完整、真实准确。地方安置部门在审核档案时,应将《应征公民政治审查表》(1990年3月以前入伍为应征公民入伍登记表)、《应征公民体格检查表》、《应征公民入伍批准书》、《士兵登记表》和士官退役时本级《士官选取注册表》、《士兵退出现役登记表》或者由总参谋部军务部统一制发的相应证明材料作为确定退役士兵身份的必要材料。对于退役士兵档案中缺少服役期间其他材料的,地方安置部门应加强与相关部队单位的联系沟通(不宜直接将退役士兵档案退回相关部队单位),相关部队单位应按照规定补齐或出具相关证明材料。

对于立功受奖、伤残评定、易地安置等与安置待遇相关材料的审定,仍按现行有关规定执行。

九、关于易地安置退役士兵有关证明材料的提供。申请易地安置的退役士兵,本人或相关关系人居民身份证可以提供复印件(本人签名承诺确保真实),居民户口簿一般为原件(是集体户口的,其复印件需加盖户口专用章)。地方安置部门审核时需要查证居民身份证等材料原件的,可以要求安置对象提供有关原件。审核发现弄虚作假的,退役士兵安置主管部门不批准易地安置申请,并将有关情况通报相关部队单位。相关部队单位应根据有关规定对造假者作出处理后按实际情况移交。

十、关于退役士兵"服现役年限"的计算。《中国人民解放军现役士兵服役条例》第五条第二款规定,士兵服现役年限"自兵役机关批准服现役之日起,至部队下达退役命令之日止计算"。士兵在服役期间被处以刑罚、劳动教养的(2013年12月28日全国人大常委会通过关于废止有关劳动教养法律法规的决定以前),服刑和劳动教养时间不计入服现役年限。

十一、关于"家庭发生重大变故"的界定与出证要求。家庭发生重大变故是指士兵在服役期间,因父母等家庭主要成员伤亡病残而造成家庭经济严重困难,本人成为家庭的唯一劳动力,非其回去不能维持家庭正常生活。因家庭发生重大变故士兵申请提前退出现役的,由地方县(含)以上安置部门认真核查,符合条件的应出具证明;士兵本人应向部队提供相关证明材料。

十二、关于"因战致残"情形的确认。根据《军人抚恤优待条例》有关规定,因战致残的情形包括:对敌作战负伤致残的;因执行任务遭敌人或者犯罪分子伤害致残,或者被俘、被捕后不屈遭敌人折磨致残的;为抢救和保护国家财产、人民生命财产或者执行反恐怖任务和处置突发事件致残的;因执行军事演习、战备航行飞行、空降和导弹发射训练、试航试飞任务以及参加武器装备科研试验致残的;在执行外交任务或者国家派遣的对外援助、维持国际和平任务中致残的。

十三、关于"战时三等功"的认定。战时,是指国家宣布进入战争状态、部队受领作战任务或者遭敌突然袭击时。部队执行戒严任务或者处置突发性暴力事件时,以战时论。上述情况下荣立的三等功,按"战时三等功"认定。

十四、关于从非军事部门直接招收的士官退役后能否安排工作。《退役士兵安置条例》施行前(2011 年 11 月 1 日以前)从非军事部门直接招收的士官,其服现役虽不满 12 年但满上士军衔规定年限的,在《退役士兵安置条例》施行以后退出现役,可以选择按《退役士兵安置条例》施行前政策由政府安排工作或自谋职业;《退役士兵安置条例》施行后(2011 年 11 月 1 日以后)从非军事部门直接招收的士官,符合《退役士兵安置条例》第二十九条规定且未选择自主就业安置的,退出现役后由政府安排工作。

十五、关于因公致残被评定为 5 级至 8 级残疾等级的退役士兵能否安排工作。《退役士兵安置条例》施行前(2011 年 11 月 1 日以前)入伍、施行以后退出现役且服役期间因公致残被评定为 5 级至 8 级残疾等级的退役士兵,可以选择按《退役士兵安置条例》施行前政策由政府安排工作或自谋职业;《退役士兵安置条例》施行后(2011 年 11 月 1 日以后)入伍、服役期间因公致残被评定为 5 级至 8 级残疾等级的退役士兵,如无其他符合安排工作条件情形,政府不负责安排工作。

十六、关于《退役士兵安置条例》施行前已批准退休的初级士官的移交安置。2011 年 11 月 1 日前已经批准作退休安置的初级士官,按照《退役士兵安置条例》施行前政策继续移交地方安置;《退役士兵安置条例》施行后(2011 年 11 月 1 日以后),不再批准初级士官作退休安置。

关于解决部分退役士兵社会保险问题的意见

2019年4月28日中共中央办公厅、国务院办公厅印发

广大退役士兵曾经为国防和军队建设作出贡献,在党和政府的重视关怀下,总体上得到了妥善安置,受到社会的尊崇和优待。但是,一些退役士兵未能及时参加基本养老、基本医疗保险或参保后因企业经营困难、下岗失业等原因缴费中断,享受养老、医疗保障待遇面临困难。为保证退役士兵享有的保障待遇与服役贡献相匹配、与经济社会发展水平相适应,切实维护他们的切身利益,现提出如下意见。

一、总体要求

以习近平新时代中国特色社会主义思想为指导,紧紧围绕统筹推进"五位一体"总体布局和协调推进"四个全面"战略布局,贯彻新发展理念,践行以人民为中心的发展思想,在既有制度框架内,抓住主要矛盾,坚持问题导向,深挖制度潜力,创新政策措施,依法合理解决广大退役士兵最关心最直接最现实的利益问题,完善基本养老、基本医疗保险参保和接续政策,使他们退休后能够享受相关待遇,共享经济社会改革发展成果,切实感受到党和政府的关怀与优待,体会到社会尊崇。

二、政策措施

以政府安排工作方式退出现役的退役士兵,适用以下政策。

(一)允许参保和补缴

未参加社会保险的允许参保。退役士兵入伍时未参加城镇职工基本养老、基本医疗保险的,入伍时间视为首次参保时间;2012年7月1日《中华人民共和国军人保险法》实施前退役的,军龄视同为基本养老保险、基本医疗保险缴费年限;在《中华人民共和国军人保险法》实施后退役、国家给予军人退役基本养老保险补助的,军龄与参加基本养老保险、基本医疗保险的缴费年限合并计算。

参保后缴费中断的允许补缴。退役士兵参加基本养老保险出现欠缴、断缴的,允许按不超过本人军龄的年限补缴,补缴免收滞纳金。达到法定退休年龄、基本养老保险累计缴费年限(含军龄)未达到国家规定最低缴费年限的,允许延长缴费至最低缴费年限;2011年7月1日《中华人民共和国社会保险法》实施前首次参保、延长缴费5年后仍不足最低缴费年限的,允许一次性缴费至最低缴费年限。达到法定退休年龄、城镇职工基本医疗保险累计缴费年限(含军龄)未达到国家规定年限的,可以缴费至国家规定年限。

退役士兵参加工伤保险、失业保险、生育保险存在的问题,各地按规定予以解决。

(二)补缴责任和要求

退役士兵参加社会保险缴纳费用,原则上单位缴费部分由所在单位负担,个人缴费部分由个人负担。

原单位已不存在或缴纳确有困难的,由原单位上级主管部门负责补缴;上级主管部门不存在或无力缴纳的,由安置地退役军人事务主管部门申请财政资金解决。政府补缴年限不超过本人军龄。上述单位缴费财政补助部分由中央、省、市、县四级承担,安置地省级政府承担主体责任,中央财政对地方给予适当补助。

对于个人缴费部分,个人属于最低生活保障对象、特困人员的,地方政府对其个人缴费予以适当补助。

(三)缴费工资基数和费率

城镇职工基本养老保险。缴费工资基数由安置地按照补缴时上年度职工平均工资的60%予以确定,单位和个人缴费费率按补缴时安置地规定执行,相应记录个人权益。

城镇职工基本医疗保险。缴费工资基数由参保地按照补缴时上年度职工平均工资的60%予以确定,单位和个人缴费费率按参保地规定执行。

(四)参保和补缴手续

建立"一门受理、协同办理"的经办机制。需要参加社会保险或补缴社会保险费的退役士兵持本人有效身份证件和相关退役证明,到安置地退役军人事务主管部门登记军龄、提出申请。安置地退役军人事务主管部门将相关认定信息及证明材料分别提供给安置地(或参保地)社会保险、医疗保险及相关征收机构办理参保和补缴手续。

三、加强组织领导

(一)健全工作机制。地方各级政府各有关部门要强化政治责任和使命担当,建立党委和政府统一领导,退役军人事务部门统筹协调,财政、

（二）加强督导落实。各地要对照本意见要求，对符合条件的退役士兵登记造册，制定方案，核算资金，确保政策落实到位。其中，涉及基本养老保险的补缴工作，要结合实际加快工作进度，争取尽快完成工作任务。各地要实行工作进展情况通报制度，对因工作不到位、责任不落实未能完成任务的，要倒查责任、严肃追责。

（三）强化帮扶援助。对于达到法定退休年龄，按照本意见缴费后仍未达到最低缴费年限的，各地要采取多种有效措施予以帮助。要积极通过教育培训、推荐就业、扶持创业等方式，帮助退役士兵就业创业。对于年龄偏大、扶持后仍就业困难的退役士兵，符合条件的，优先通过政府购买的公共服务岗位帮扶就业。有就业能力的退役士兵应主动就业创业，用工单位和退役士兵应依法缴纳社会保险费。

本意见适用于施行前出现的未参保和断缴问题。各省区市各有关部门要根据本地区本系统实际制定具体落实措施，实施过程中的重大问题、重要情况要及时向党中央、国务院报告。

财政部、退役军人部、人力资源社会保障部等关于解决部分退役士兵社会保险问题中央财政补助资金有关事项的通知

1. 2019年7月5日财政部、退役军人部、人力资源社会保障部、医保局、民政部、税务总局发布
2. 财社〔2019〕81号

各省、自治区、直辖市财政厅（局）、退役军人事务厅（局）、人力资源社会保障厅（局）、医疗保障局、民政厅（局），税务总局各省、自治区、直辖市和计划单列市税务局，新疆生产建设兵团财政局、退役军人事务局、人力资源社会保障局、医疗保障局、民政局：

为贯彻落实《中共中央办公厅 国务院办公厅印发〈关于解决部分退

役士兵社会保险问题的意见〉的通知》(以下称《通知》),妥善解决部分退役士兵基本养老保险和基本医疗保险未参保和中断缴费问题,规范中央财政补助资金使用管理,现将有关事项通知如下:

一、政府补助范围

以政府安排工作方式退出现役的退役士兵,在《通知》实施前,未参加基本养老保险和基本医疗保险或参保后缴费中断的,可以按不超过本人军龄的年限补缴。

退役士兵参加基本养老保险和基本医疗保险所需缴费,原则上单位缴费部分由所在单位负担,个人缴费部分由个人负担。原单位已不存在或缴纳确有困难的,由原单位上级主管部门负责补缴;上级主管部门不存在或无力缴纳的,由安置地退役军人事务主管部门申请财政资金解决。

二、中央财政补助范围及标准

退役士兵补缴基本养老保险单位缴费部分所需政府补助资金,中央财政对中西部兵员大省、中西部非兵员大省、东部兵员大省、东部非兵员大省分别按照50%、40%、30%、20%的比例给予补助。1978年以来,累计接收符合政府安排工作条件的退役士兵达40万人以上的,认定为兵员大省。

退役士兵补缴基本医疗保险单位缴费部分所需政府补助资金,由地方财政承担。退役士兵个人属于最低生活保障对象、特困人员的,地方政府对其补缴基本养老保险和基本医疗保险个人缴费予以适当补助,所需资金由地方财政承担。

三、中央财政补助资金预拨和结算

中央财政补助资金实行先预拨后结算的补助方式。2019年起,中央财政根据各地工作进展情况预拨补助资金,2022年结算剩余补助资金。鼓励各地加快工作进度,对提前完成工作任务的,中央财政将及时结算补助资金。

部分退役士兵基本养老保险补缴工作完成后,地方各级退役军人事务部门应会同人力资源社会保障、财政部门按要求逐级汇总上报《部分退役士兵补缴基本养老保险中央财政补助资金结算申请表》(附件1)和《部分退役士兵补缴基本养老保险情况统计表》(附件2)。2022年4月1日前,各省(区、市)退役军人事务部门应会同人力资源社会保障、财政部门向退役军人部上报中央财政补助资金结算申请报告及附件1。结算申请报告应包括:本地基本养老保险补缴工作开展情况;基本养老保险补缴人数、补缴年限、补缴金额;地方财政补助资金安排及中央财政补助资金分配使用情况;申请结算的补助资金;工作中存在的问题及建议等。退役军人部对各省(区、市)的结算申请报告及其附件进行审核后向财政部提出结算建议,财政部根据退役军人部审核情况结算中央财政补助资金。

四、补助资金使用管理

各省(区、市)财政部门在收到中央财政预拨资金预算后,应及时将资金预算分解下达到市(区)、县(市)财政部门或安排用于省级退役军人事务部门办理的退役士兵基本养老保险补缴工作。地方各级财政部门应统筹使用中央和地方安排的财政补助资金,做好退役士兵基本养老保险补缴工作,对补缴所需资金不得挂账处理,切实保障退役士兵养老保险权益。

对《通知》出台前,已经开展部分退役士兵基本养老保险补缴工作的地区,中央财政按照本通知规定安排和结算补助资金。退役士兵基本养老保险补缴工作完成后,各地可根据本地实际将中央财政补助资金统筹用于其他支出。

五、监督检查

退役军人部、人力资源社会保障部、财政部将对各省(区、市)中央财政补助资金安排使用情况进行专项检查。各级财政、退役军人事务、人力资源社会保障等部门及其工作人员在退役士兵补缴基本养老保险中央财政补助资金使用管理工作中,存在虚报退役士兵补缴人数和补助金额、挤占挪用补助资金、贪污浪费以及其他滥用职权、玩忽职守、徇私舞弊等违法违纪行为的,按照《中华人民共和国预算法》《中华人民共和国公务员法》《中华人民共和国监察法》《财政违法行为处罚处分条例》等有关规定追究相关部门和个人责任;涉嫌犯罪的,移送司法机关处理。

六、有关工作要求

各地各有关部门要各司其职、密切配合,最迟于 2021 年底前完成部分退役士兵基本养老保险补缴工作。退役军人事务部门要做好人员摸排、身份审核确认、补助资金审核申请等工作,并切实承担起统筹协调责任。人力资源社会保障、医保、税务部门要根据部门职责,做好历史参保记录核查、费用补缴和征收、参保权益确认等工作。民政部门要积极协助做好最低生活保障对象、特困人员等身份确认工作。财政部门要及时安排拨付基本养老保险和基本医疗保险补缴所需补助资金,切实做好资金保障,会同相关部门加强资金管理,确保资金使用安全、规范、高效。

附件:(略)

退役军人事务部、中共中央组织部、中央精神文明建设指导委员会办公室等关于进一步加强由政府安排工作退役士兵就业安置工作的意见

1. 2018年7月27日退役军人事务部、中共中央组织部、中央精神文明建设指导委员会办公室、国家发展和改革委员会、公安部、财政部、人力资源和社会保障部、国务院国有资产监督管理委员会、国家医疗保障局、中央军委政治工作部发布
2. 退役军人部发〔2018〕27号

各省、自治区、直辖市、新疆生产建设兵团党委组织部,文明办,发展改革委、公安厅(局)、民政厅(局)、财政厅(局)、人力资源社会保障厅(局)、医疗保障局(办)、国资委,各战区、各军兵种、军委机关各部门、军事科学院、国防大学、国防科技大学、武警部队政治工作部(局、处):

为进一步加强和改进由政府安排工作退役士兵就业安置工作,真正把党和国家关心关爱退役士兵的各项要求落到实处,显著提高退役士兵的获得感、荣誉感,根据《退役士兵安置条例》等有关政策规定,结合新时代做好退役士兵安置工作的新任务新要求,现提出如下意见:

一、统一思想认识

退役士兵是退役军人的重要组成部分,由政府安排工作退役士兵曾是部队建设的骨干、是地方发展的重要人力资源。妥善安置这些人员,对贯彻落实改革强军战略,推进国防和军队建设;对维护政治社会大局稳定,全面建成小康社会具有重要意义。习近平总书记对退役军人工作高度重视,对退役安置作出一系列重要论述。各部门要提高政治站位,深刻领会习近平总书记关于退役军人工作的重要指示批示精神,把退役士兵安置作为一项重要的政治任务,不讲条件、不打折扣地履行安置责任和国防义务,为现役官兵安心服役、专谋打赢提供有力保障,为退役士兵融入社会、就业创业创造良好条件。任何部门、行业和单位都不得以任何理由拒绝接收安置退役士兵。

二、提升安置质量

(一)严格落实政策规定。

各类机关、团体、企事业单位都要严格落实中发〔2016〕24号文件要求,确保"由政府安排工作退役士兵安置到机关、事业单位和国有企业的比例不低于80%"。安置地退役士兵安置工作主管部门要制定具体的办法措施,形成机关、事业单位和国有企业科学合理的分类接收结构比例。党政机关要采取措施鼓励退役士兵参加公务员招考,事业单位和国有企业要发挥安置主渠道作用,确保提供充足的安置岗位数量,不断提高安置岗位质量。

国有、国有控股和国有资本占主导地位的企业,要按照本企业全系统新招录职工数量的5%核定年度接收计划,每年4月底前主动报送同级人民政府退役士兵安置工作主管部门,审核通过后按计划落实。不得提供濒临破产或生产有困难的企业岗位以及与退役士兵安置地不在同一地区(设区市)的岗位给退役士兵。中央企业岗位不计入属地提供的岗位数量。

(二)改进接收安置制度

1. 放宽安置地限制。

士兵服现役期间父母户口所在地变更的,可随父母任何一方安置。经本人申请,也可在配偶或者配偶父母任何一方户口所在地安置。其中,易地安置落户到国务院确定的超大城市的,应符合其关于落户的相关政策规定。

2. 加强计划统筹。

县级安置任务较重的可由市级在本行政区域内统筹安排,市级安置有困难的可由省级统筹调剂安排。由上级统筹安排的人员,要经本人同意且不受户口所在地限制,公安部门根据实际安置地办理落户手续。

3. 允许灵活就业。

选择由政府安排工作的退役士兵回到地方后又放弃安排工作待遇的,经本人申请确认后,由安置地人民政府按照其在部队选择自主就业应领取的一次性退役金和地方一次性经济补助金之和的80%,发给一次性就业补助金,同时按规定享受扶持退役军人就业创业的各项优惠政策。

三、依法保障待遇

(一)及时安排上岗。

接收单位应当从所在地人民政府退役士兵安置工作主管部门开出介

绍信的1个月内,安排退役士兵上岗。非因退役士兵本人原因,接收单位未按照规定安排上岗的,应当从开出介绍信的当月起,按照不低于本单位同等条件人员平均工资80%的标准,逐月发给退役士兵生活费直至上岗为止。

(二)落实岗位待遇。

退役士兵享受所在单位正式员工同工龄、同工种、同岗位、同级别待遇。军龄10年以上的,接收的企业应当与其签订无固定期限劳动合同,接收的事业单位应当与其签订期限不少于3年的聘用合同。任何部门、行业和单位不得出台针对退役士兵的歧视性措施,严禁以劳务派遣等形式代替接收安置。

(三)发放相关补助。

退役士兵待安排工作期间,安置地人民政府应当按照上年度最低工资标准逐月发放生活补助。

(四)接续基本保险。

退役士兵在国家规定的待安排工作期,以其在军队服役最后年度的缴费工资为基数,按20%的费率缴纳基本养老保险费,其中8%作为个人缴费记入个人账户,所需费用由安置地人民政府同级财政资金安排。退役士兵在国家规定的待安排工作期按规定参加安置地职工基本医疗保险,单位缴费部分由安置地人民政府足额缴纳,个人缴费部分由退役士兵个人缴纳,军地相关部门协同做好保险关系接续,确保待遇连续享受。

(五)坚持公平公正。

把退役士兵服现役期间的表现作为安排工作的主要依据,结合量化评分情况进行排序选岗,使服役时间长、贡献大的退役士兵能够优先选岗。要进一步健全"阳光安置"制度,各地可结合实际研究制定选岗定岗的具体办法措施。

四、强化组织领导

(一)明确列入考核范围。

各级各有关部门要协调推动将由政府安排工作退役士兵就业安置工作纳入党委政府目标考核体系,作为对下级党委政府年度考核内容,作为参加双拥模范城(县)、爱国拥军模范单位和个人评选的重要条件,作为文明城市、文明单位评选和社会信用评价的重要依据。

（二）切实加强督导检查。

各级退役士兵安置工作主管部门要采取定期跟踪、实地督导等方式及时跟进了解工作情况。结合重视程度、工作力度以及任务完成情况，进行通报表扬或通报批评，对有问题的地区和单位，要限期整改。年度接收安置工作结束后，接收安置退役士兵的用人单位，要向同级人民政府退役士兵安置工作主管部门报告安置任务落实情况，地方人民政府退役士兵安置工作主管部门要向上级人民政府退役士兵安置工作主管部门报告安置任务落实情况。

（三）依法依规追究责任。

各级要及时梳理汇总年度落实岗位、取消安置待遇等情况，形成存据、规范管理。要建立责任倒查制度，退役士兵安置工作主管部门要积极会同相关部门，对政策落实不到位的地区和拒收退役士兵的单位，进行约谈督促、挂牌督办、媒体曝光，责令限期整改；对拒绝整改的，要对相关单位负责人和直接责任人依法依规问责。

（四）高度重视教育管理。

强化政策宣讲。每年士兵退役前，县级以上退役士兵安置工作主管部门到驻地部队开展 2 次以上"政策进军营"活动；退役士兵待安排工作期间，要向他们讲清安置政策和不同单位行业基本用人需求及发展预期等，帮助其找准就业预期与就业现状的平衡点，使他们能够更好更快融入社会。

坚持规范管理。由政府安排工作退役士兵无正当理由自开出安置介绍信 15 个工作日内拒不服从安置地人民政府安排工作的，视为放弃安排工作待遇；在待安排工作期间被依法追究刑事责任的，取消其安排工作待遇；弄虚作假骗取安置待遇的，取消相关安置待遇。

注重宣传引导。对接收安置工作积极、措施得力、成效显著的行业部门以及在不同岗位建功立业的退役士兵，要作为先进典型及时给予宣传表扬，激励各部门行业不断提高接收安置的积极性，引导广大退役士兵退伍不褪色，珍惜荣誉，自觉做改革发展的维护者、推动者。

本意见自 2018 年 8 月 1 日起执行，2018 年 8 月 1 日后退出现役的士兵适用本意见。各地各有关部门要根据本意见，制定具体实施办法，落实好各项规定和任务。

人力资源社会保障部、财政部、总参谋部等 关于退役军人失业保险有关问题的通知

1. 2013年7月30日人力资源社会保障部、财政部、总参谋部、总政治部、总后勤部发布
2. 人社部发〔2013〕53号

各省、自治区、直辖市人力资源社会保障、财政厅(局),新疆生产建设兵团人力资源社会保障、财务局,各军区、各军兵种、总装备部、军事科学院、国防大学、国防科学技术大学、武警部队:

  为贯彻落实《中华人民共和国社会保险法》和《中华人民共和国军人保险法》,维护退役军人失业保险权益,现就军人退出现役后失业保险有关问题通知如下:

一、计划分配的军队转业干部和复员的军队干部,以及安排工作和自主就业的退役士兵(以下简称退役军人)参加失业保险的,其服现役年限视同失业保险缴费年限。军人服现役年限按实际服役时间计算到月。

二、退役军人离开部队时,由所在团级以上单位后勤(联勤、保障)机关财务部门,根据其实际服役时间开具《军人服现役年限视同失业保险缴费年限证明》(以下简称《缴费年限证明》)并交给本人。

三、退役军人在城镇企业事业等用人单位就业的,由所在单位或者本人持《缴费年限证明》及军官(文职干部)转业(复员)证,或者士官(义务兵)退出现役证,到当地失业保险经办机构办理失业保险参保缴费手续。失业保险经办机构将视同缴费年限记入失业保险个人缴费记录,与入伍前和退出现役后参加失业保险的缴费年限合并计算。

四、军人入伍前已参加失业保险的,其失业保险关系不转移到军队,由原参保地失业保险经办机构保存其全部缴费记录。军人退出现役后继续参加失业保险的,按规定办理失业保险关系转移接续手续。

五、根据《关于自主择业的军队转业干部安置管理若干问题的意见》(〔2001〕国转联8号),自主择业的军队转业干部在城镇企业事业等用人单位就业后,应当依法参加失业保险并缴纳失业保险费,其服现役年限不再视同失业保险缴费年限,失业保险缴费年限从其在当地实际缴纳失业

保险费之日起累计计算。
六、退役军人参保缴费满一年后失业的,按规定享受失业保险待遇。
七、本通知自2013年8月1日起执行。本通知执行前已退出现役的军人,其失业保险按原有规定执行。
八、本通知由人力资源社会保障部、总后勤部负责解释。

附件:军人服现役年限视同失业保险缴费年限证明(略)

3. 教 育 培 训

国务院关于推行终身职业技能培训制度的意见(节录)

1. 2018年5月3日发布
2. 国发〔2018〕11号

各省、自治区、直辖市人民政府,国务院各部委、各直属机构:

职业技能培训是全面提升劳动者就业创业能力、缓解技能人才短缺的结构性矛盾、提高就业质量的根本举措,是适应经济高质量发展、培育经济发展新动能、推进供给侧结构性改革的内在要求,对推动大众创业万众创新、推进制造强国建设、提高全要素生产率、推动经济迈上中高端具有重要意义。为全面提高劳动者素质,促进就业创业和经济社会发展,根据党的十九大精神和"十三五"规划纲要相关要求,现就推行终身职业技能培训制度提出以下意见。

二、构建终身职业技能培训体系

(五)围绕就业创业重点群体,广泛开展就业技能培训。持续开展高校毕业生技能就业行动,增强高校毕业生适应产业发展、岗位需求和基层就业工作能力。深入实施农民工职业技能提升计划——"春潮行动",将农村转移就业人员和新生代农民工培养成为高素质技能劳动者。配合化解过剩产能职工安置工作,实施失业人员和转岗职工特别职业培训计划。

实施新型职业农民培育工程和农村实用人才培训计划,全面建立职业农民制度。对城乡未继续升学的初、高中毕业生开展劳动预备制培训。对即将退役的军人开展退役前技能储备培训和职业指导,对退役军人开展就业技能培训。面向符合条件的建档立卡贫困家庭、农村"低保"家庭、困难职工家庭和残疾人,开展技能脱贫攻坚行动,实施"雨露计划"、技能脱贫千校行动、残疾人职业技能提升计划。对服刑人员、强制隔离戒毒人员,开展以顺利回归社会为目的的就业技能培训。(人力资源社会保障部、教育部、工业和信息化部、民政部、司法部、住房城乡建设部、农业农村部、退役军人事务部、国务院国资委、国务院扶贫办、全国总工会、共青团中央、全国妇联、中国残联等按职责分工负责)

(七)适应产业转型升级需要,着力加强高技能人才培训。面向经济社会发展急需紧缺职业(工种),大力开展高技能人才培训,增加高技能人才供给。深入实施国家高技能人才振兴计划,紧密结合战略性新兴产业、先进制造业、现代服务业等发展需求,开展技师、高级技师培训。对重点关键岗位的高技能人才,通过开展新知识、新技术、新工艺等方面培训以及技术研修攻关等方式,进一步提高他们的专业知识水平、解决实际问题能力和创新创造能力。支持高技能领军人才更多参与国家科研项目。发挥高技能领军人才在带徒传技、技能推广等方面的重要作用。(人力资源社会保障部、教育部、工业和信息化部、住房城乡建设部、国务院国资委、全国总工会等按职责分工负责)

(八)大力推进创业创新培训。组织有创业意愿和培训需求的人员参加创业创新培训。以高等学校和职业院校毕业生、科技人员、留学回国人员、退役军人、农村转移就业和返乡下乡创业人员、失业人员和转岗职工等群体为重点,依托高等学校、职业院校、职业培训机构、创业培训(实训)中心、创业孵化基地、众创空间、网络平台等,开展创业意识教育、创新素质培养、创业项目指导、开业指导、企业经营管理等培训,提升创业创新能力。健全以政策支持、项目评定、孵化实训、科技金融、创业服务为主要内容的创业创新支持体系,将高等学校、职业院校学生在校期间开展的"试创业"实践活动纳入政策支持范围。发挥技能大师工作室、劳模和职工创新工作室作用,开展集智创新、技术攻关、技能研修、技艺传承等群众性技术创新活动,做好创新成果总结命名推广工作,加大对劳动者创业创新的扶持力度。(人力资源社会保障部、教育部、科技部、工业和信息化部、住房城乡建设部、农业农村部、退役军人事务部、国务院国资委、国务院扶贫办、全国总工会、共青团中央、全国妇联、中国残联等按职责分工负责)

民政部、财政部、总参谋部关于加强和改进退役士兵教育培训工作的通知

1. 2014年1月16日发布
2. 民发〔2014〕11号

各省、自治区、直辖市民政、财政厅(局),新疆生产建设兵团民政、财务局,各军区、各军兵种司令部,总参管理保障部,总政直工部,总后、总装司令部,军事科学院、国防大学院(校)务部,国防科学技术大学训练部,军委办公厅,武警部队司令部:

为落实习近平总书记在全国政协军队委员赴四川省考察兵役工作报告上的重要批示精神,结合贯彻《国务院 中央军委关于加强退役士兵职业教育和技能培训工作的通知》(国发〔2010〕42号)要求,现就进一步加强和改进退役士兵教育培训工作通知如下:

一、加大政策宣传力度,进一步提高退役士兵政策知晓率

(一)把退役士兵教育培训作为建立新型退役士兵安置制度的重要内容,广泛深入开展宣传活动。要大力宣传教育培训在社会主义现代化建设中的重要地位和作用,广泛宣传优秀技能人才的劳动价值和社会贡献,努力在退役士兵中营造争学技能绝活、争当技术能手的新风尚,形成自立自强、创业创新、创先争优的好氛围。可采取召开动员会、座谈会、家庭走访、组织退役士兵到教育培训机构参观见学等方式,向退役士兵讲清楚教育培训的政策,讲清楚参加教育培训的好处,让退役士兵明白"知识改变命运、技能成就人生"的道理,让退役士兵知晓可以按照"个人自愿、自选专业、免费参加"的原则,参加政府组织的技能培训、中等职业教育、高等职业教育、成人教育和普通高等教育。各级兵役机关在征兵宣传时,应当将退役士兵免费教育培训政策纳入宣讲内容;各基层部队在开展士兵离队教育时,也要宣讲士兵退役到安置地民政部门报到后可参加当地

民政部门组织的免费教育培训。要通过灵活多样的宣传,让广大退役士兵了解教育培训的重要意义、主要内容、基本程序等,充分感受到党和政府的关爱,自觉自愿参加教育培训。

二、完善教育培训方式,进一步提高退役士兵参训率

（二）编制教育培训工作流程。根据国发〔2010〕42号业已明确的工作职责,细化任务分工,编制教育培训工作流程,确保相关经费渠道不乱、用途不变,相关部门各司其职、各负其责。

（三）逐步开展省级行政区域内易地教育培训。允许退役士兵在安置地省级行政区域内的承训机构中易地选择教育培训机构,让退役士兵满足意愿的选择性更强。退役士兵可凭《士兵（士官）退出现役证》、安置地民政部门证明向培训机构所在地民政部门申请,经省（自治区、直辖市）民政厅（局）审核同意后,易地参加教育培训,所需交通费、保险费等额外费用由退役士兵本人自理。毕业后,凭毕业证书、职业资格证书、学费收据向安置地民政部门申请,按不超过安置地相关教育培训标准据实报销。探索跨省（自治区、直辖市）易地培训的办法,逐步实现退役士兵可在全国范围内选择培训机构和专业。

（四）试点开展网络远程教育。针对一些退役士兵居住地分散、集中学习组织难以及部分退役士兵希望边就业边自学、工作时间与学习时间冲突的问题,有条件的地方可试点开展网络远程教育,逐步实现只要有网络的地方退役士兵都能方便参加教育培训。

（五）试点开展创业培训。依托有资质的教育培训机构,鼓励有创业要求和培训愿望、具备一定创业条件的退役士兵参加创业培训。要结合当地产业发展和创业项目,重点开展创业意识教育、创业项目指导和企业经营管理培训,通过案例剖析、考察观摩、企业家现身说法等方式,提高退役士兵的创业能力。要强化创业培训与小额贷款担保、税费减免等扶持政策的衔接,落实退役士兵创业优惠政策,提高创业成功率。

三、提升教育培训质量,进一步提高退役士兵学员的合格率

（六）精心选择承训机构。各省（自治区、直辖市）民政厅（局）要按照"条件公开、自愿申请、择优认定、社会公示"的原则,选择师资力量强、实训设施好、教学质量高的教育培训机构作为退役士兵教育培训定点机构,并与其签订教育培训协议。重点支持办好一批适应市场需求、退役士兵信得过、用人单位信得过的教育培训示范机构,打造退役士兵教育培训

品牌。

（七）合理设置培训专业。要通过广泛调查摸底，摸清退役士兵参加教育培训的意愿和兴趣，摸清市场用工需求，在此基础上以就业为导向设置教育培训专业，提升教育培训和实现就业的关联度。

（八）规范教学组织。指导承训机构着眼市场和社会需要，结合退役士兵文化水平、自身特点和就业意向等实际情况，因地制宜，因材施教，认真制订教学计划，精心设置课程，积极改进教学方法，选用或编写高质量的施训教材，切实增强教学的针对性和有效性。严格教学规程，确保教学时间、实训时间落实。强化实践环节，退役士兵参训期间的实习、实训时间原则上不得少于参训时间的一半。认真组织考试考核和相关职业技能鉴定，确保教育培训的质量。

（九）严格教学管理。退役士兵学员既可以单独编班，也可以与社会其他学员混合编班。要指导承训机构完善规章制度，严格校纪校规，加强对退役士兵学员的日常管理，把退役士兵培养成掌握一定技能的高素质人才。

（十）建立退役士兵教育培训生活补助费、教育培训经费拨付比例与到课率相挂钩的机制。具体标准由委托承训的民政部门与同级财政部门商定，其中月到课时数不足规定课时数60%的退役士兵学员，不予发放生活补助费。退役士兵学员培训期内平均到课时数低于总课时数70%的承训机构，下年度取消其承训资格。

（十一）建立健全退役士兵教育培训考核体系以及承训机构评估与年检制度。加强教育培训质量的过程管理和结果考核，以退役士兵学员获取职业资格证书、毕业证书（培训合格证书）和就业效果为考核的主要内容。未组织退役士兵学员进行职业技能鉴定的，以及毕业证书、职业资格证书"双证"获取率达不到85%的承训机构，下年度取消承训资格。鼓励各地引入第三方监督机制，委托有资质的社会中介组织对教育培训机构的培训质量及资金使用情况进行评估。

四、强化就业指导服务，进一步提高退役士兵学员的就业率

（十二）大力推行以就业为导向的教育培训。积极协调有关部门，指导教育培训机构主动与各类企业等用人单位建立密切联系，开展"订单式"教育培训、定向教育培训、定岗教育培训，做到需求、培训、就业有机衔接，三位一体。

(十三)切实加强就业服务工作。各地民政部门要积极转变政府安置职能,把教育培训的出发点和落脚点放在就业为本、技能为先上,努力帮助退役士兵实现最大限度的就业。指导承训机构按照"谁办学,谁负责推荐就业"的要求,积极指导并优先推荐退役士兵学员就业。

(十四)研发退役士兵安置信息管理软件。充分整合利用现有民政业务管理信息系统,逐步建立全国统一互联、资源共享、高效兼容的退役士兵服务管理信息平台,为退役士兵提供政策咨询、岗位信息、职业指导等服务和援助。依托信息平台,探索推行政府补贴教育培训实名制管理,探索信息公开、跟踪服务、动态监管、绩效考核、社会评估等信息化、精细化、社会化管理办法。

军地各级各有关部门特别是民政部门要加强跟踪问效,及时总结推广退役士兵教育培训工作先进经验,充分发挥典型示范和导向作用,不断推进退役士兵教育培训工作科学发展。

教育部关于进一步落实好退役士兵就读中等职业学校和高等学校相关政策的通知

1. 2014年1月16日发布
2. 教职成函[2014]4号

各省、自治区、直辖市教育厅(教委)、招生委员会办公室,各计划单列市教育局,新疆生产建设兵团教育局,有关部门(单位)教育司(局),部属各高等学校:

落实好退役士兵就读中等职业学校和高等学校相关政策是完善中国特色退役士兵安置制度,加快培育现代化建设人才的迫切需要,有利于加强军政军民团结,促进社会和谐稳定,有利于深化教育领域综合改革,全面推进终身学习、人人成才,是利国利军利民的大事,具有重要的政治意义和现实意义。

为进一步贯彻《退役士兵安置条例》和《国务院办公厅 中央军委办公厅转发民政部总参谋部等部门关于深入贯彻〈退役士兵安置条例〉扎实做好退役士兵安置工作意见的通知》要求,落实"自主就业的退役士兵

(以下简称退役士兵)进入中等职业学校学习、报考成人高等学校或者普通高等学校,按照国家有关规定享受优待"的要求,根据国家有关考试招生政策,现就退役士兵就读中等职业学校和高等学校相关政策重申和规定如下,请各地和有关院校遵照执行。

一、大力推进中等职业学校招收退役士兵

1. 实行注册入学。退役士兵申请就读中等职业学校,经学校考核同意,可免试入学,并纳入年度招生计划。

2. 享受国家补助。凡就读中等职业学校具有全日制正式学籍的退役士兵,可享受国家资助政策,具体包括:公办中等职业学校一、二、三年级在校生中所有农村(含县镇)学生、城市涉农专业学生和家庭经济困难学生免除学费(艺术类相关表演专业学生除外);一、二年级在校涉农专业学生和非涉农专业家庭经济困难学生享受国家助学金,其中,六盘山区等11个连片特困地区和西藏、四省藏区、新疆南疆三地州中等职业学校农村学生(不含县城)全部纳入享受助学金范围。

二、加大成人高等学校招收退役士兵力度

3. 实行加分政策。退役士兵参加全国成人高考,省级成招办可以在考生考试成绩基础上增加10分投档。

4. 专升本免试入学。应征入伍服义务兵役退役的普通高职(专科)毕业生,凭身份证、普通高职(专科)毕业证、士兵退役证,可申请免试就读所在省(区、市)的成人高校专升本。

三、积极推进普通高等学校招收退役士兵

5. 落实全国普通高考优惠政策。自谋职业的退役士兵可在其全国普通高考统考成绩总分的基础上增加10分投档。在服役期间荣立二等功以上或被大军区以上单位授予荣誉称号的退役军人,可在其统考成绩总分的基础上增加20分投档。退役考生,在与其他考生同等条件下优先录取。

6. 落实全国硕士研究生招生考试优惠政策。普通高等学校应届毕业生应征入伍服义务兵役退役后的考生,3年内参加全国硕士研究生招生考试,享受初试总分加10分并在同等条件下优先录取的政策。退役士兵服役期间立二等功以上且符合报考条件的,可免试推荐攻读研究生。

7. 做好入伍前已被普通高校录取退役士兵的入学与复学工作。入伍前已被普通高等学校录取并保留入学资格或者保留学籍的退役士兵,退

役后 2 年内允许入学或者复学,并按照《财政部 教育部 总参谋部关于印发〈高等学校学生应征入伍服义务兵役国家资助办法〉的通知》(财教〔2013〕236 号)执行。家庭经济困难的,按照国家有关规定给予资助。入学后或者复学期间可以免修军事技能训练,直接获得学分。入学或者复学后参加国防生选拔、参加国家组织的农村基层服务项目人选选拔,以及毕业后参加军官人选选拔的,优先录取。

8. 积极引导国家示范(骨干)高等职业学校开展面向退役士兵的单独招生。具有高中学历的复转军人纳入各地高等职业学校单独招生范围。

9. 落实高职(专科)毕业生服义务兵役退役后接受普通本科教育办法。

——各省级教育行政部门指定的部分省属公办本科普通高校举办普通专科起点升本科教育,应采取计划单列、自愿报名、统一考试、单独录取的办法,面向本省(区、市)具有普通高职(专科)毕业学历的退役士兵招生。学生在校学习时间一般为 2 年。

——专科起点升本科教育招生计划在国家核定的各省(区、市)普通高校年度招生本科事业计划总规模内单列,一般不超过当年本省(区、市)具有普通高职(专科)毕业学历退役士兵人数的 30%。

10. 积极做好政法干警招录培养体制改革试点招收退役士兵相关工作。退役士兵是政法干警招录培养体制改革试点的重点招录对象。试点分为专科教育、本科教育和研究生教育三个层次,学制 2 年。完成规定学业学生获得相应的毕业证书和学位证书。考生报考即定向、定单位,学生毕业一律按入学时确定的定向单位到中西部和其他经济欠发达地区县(市)级以下政法机关工作,服务一定年限后方可交流。对在服役期间荣立个人三等功以上奖励的退役士兵,报名和录用时在同等条件下优先考虑。应征入伍的高校毕业生退役后报考试点班的,教育考试笔试成绩总分加 10 分。

四、积极组织职业院校承接退役士兵培训任务

11. 不断扩大培训覆盖面。本着退役士兵自愿参加、自选专业、免费培训的原则,以省或市(地)为单位统一组织实施技能培训,力争经过培训使大多数退役士兵取得相应职业资格证书。

12. 坚持统筹衔接待遇政策。退役 1 年内的退役士兵可按规定免费参加教育培训;退役1年以上考入全日制普通高等学校或者参加职业培训的,按规定给予资助或者补贴。

13. 努力创新教育培训形式和内容。鼓励有条件的职业教育机构、技能培训机构、企业承担教育培训任务,提供实训实习条件;鼓励各地开展有针对性的创业培训,提高退役士兵创业成功率。

以上政策具体操作办法按照《国务院 中央军委关于加强退役士兵职业教育和技能培训工作的通知》(国发〔2010〕42号)、《中央政法委 中央组织部 中央编办 最高人民法院 最高人民检察院 教育部 公安部 国家安全部 司法部 财政部 人力资源和社会保障部 国家公务员局关于印发〈2013年政法干警招录培养体制改革试点工作实施方案〉的通知》(中政委〔2013〕7号)、《财政部 国家发展改革委 教育部 人力资源社会保障部关于扩大中等职业教育免学费政策范围 进一步完善国家助学金制度的意见》(财教〔2012〕376号)、《教育部办公厅关于做好普通高职(专科)毕业生服义务兵役和"下基层"服务期满后接受本科教育招生工作的通知》(教学厅〔2009〕6号)等文件规定执行。

各地及有关学校要高度重视面向退役士兵的招生工作。要进一步加强组织领导,结合实际制订具体办法,确保国家政策落实到位。建立监管机制,加大信息公开力度,实施"阳光招生"。加强宣传引导,扩大政策影响力,确保深入人心。各地、各校要积极总结、推广实践中的典型经验做法,全面推动退役士兵就读中等职业学校和高等学校工作。

教育部办公厅、退役军人事务部办公厅、财政部办公厅关于全面做好退役士兵职业教育工作的通知

1. 2019年8月7日发布
2. 教职成厅函〔2019〕17号

各省、自治区、直辖市教育厅(教委)、退役军人事务厅(局)、财政厅(局),新疆生产建设兵团教育局、退役军人事务局、财政局:

为深入贯彻落实党中央、国务院、中央军委关于新时代退役军人工作的决策部署,适应经济社会发展需要,提高退役士兵就业创业能力,促进

退役士兵充分稳定就业,根据《国家职业教育改革实施方案》和《高职扩招专项工作实施方案》精神,现就全面推动退役士兵接受职业教育工作通知如下:

一、加大招生工作力度

(一)鼓励符合高考报名条件的退役士兵报考高职院校,由省级教育部门指导有关高职院校在高职分类招生考试中采取自愿报名、单列计划、单独录取的办法组织实施,确保有升学意愿且达到基本培养要求的考生能被录取。退役士兵可免于文化素质考试,由各校组织与报考专业相关的职业适应性面试或技能测试,鼓励采用情景模拟、问答、才艺展示等方式进行测试。学校可通过联合测试或成绩互认等方法,减轻考生考试负担。各地退役军人事务部门负责招生宣传动员,发动符合条件的退役士兵积极报考;根据教育部门提供的报名数据,严格开展退役士兵考生资格审核。

(二)退役士兵申请就读中等职业学校,可免试入学。

(三)退役士兵学员修业年限可适当延长,达到毕业要求的可颁发相应学历证书,符合相关学位授予条件即可取得学位证书。

(四)鼓励支持退役士兵参加高等教育自学考试及各类高等学校举办的学历继续教育。各地退役军人事务部门负责退役士兵考生的资格审核工作。

(五)鼓励高职(专科)学历的退役士兵申请就读普通本科高校,具体招生办法由省级教育部门制定。

二、灵活开展教育教学

(一)各地教育、退役军人事务部门要加强工作统筹,指导相应院校制定专项规章制度,提高退役士兵学生教学与管理的灵活性、针对性、有效性。就读职业院校的退役士兵学生应建立正式学籍,一般单独编班开展教学。

(二)教育部门要指导学校针对退役士兵需求与特点,优化专业设置。退役士兵入学后采取学分制管理、多元化教学,实行弹性学习时间,鼓励半工半读、工学结合。同时,要坚持"宽进严出"原则,严格培养质量,严把考试考核关口,严肃作风纪律要求,使退役士兵学有所获、学有所成。经过有关复核程序,退役士兵可以免修服役岗位相关专业课程以及公共体育课、军事课等课程,获得相应学分。对于取得职业技能等级证书的，根据证书等级和类别按规定免修相应课程。服役经历可以视作相关岗位实习经历和参加社会实践活动。

（三）支持退役士兵学生参加"1+X证书"制度试点，鼓励退役士兵学员获得学历证书的同时积极取得多类职业技能等级证书。面向技术技能人才紧缺行业领域，打造针对退役士兵的高水平专业化产教融合实训基地。支持职业院校坚持学历教育与培训并举并重，按照育训结合、长短结合、内外结合的要求，积极引进、开发就业创业培训项目。

（四）各地要围绕现代农业、先进制造业、现代服务业、战略性新兴产业等行业领域需求，积极研究编制针对退役士兵的教育项目。民族地区、边疆地区、贫困地区等地方，可以结合国家战略、区域特点、地方需要，有针对性的创设符合实际的教育教学形式。对于服役期间有过士官长、班长、士官参谋、专业技师以及支部委员等岗位经验的退役士兵，要给予重点关注，注重发挥示范作用。

三、加强就业指导服务

（一）退役军人事务等部门要按照职责对退役军人提供有针对性的就业服务。各地要指导职业院校积极与各类企业等用人单位建立紧密、稳定的合作关系，坚持就业导向，开设就业指导课程，搭建就业平台，提供就业岗位，将就业指导贯穿教育全过程，大力开展"订单、定岗、定向"教育培训，促进退役士兵充分就业。

（二）各地要强化校企深度合作，发挥企业在退役士兵职业教育中的重要作用。加大政策激励与指导力度，鼓励支持大企业举办退役士兵教育培训后帮助其就业。有条件的地方探索设立退役士兵职业教育集团，强化教育培训针对性、有效性，有机衔接教育培训与就业。鼓励企业积极推动新招录退役士兵参加学徒培训，按规定享受相关补贴。

（三）退役士兵就读期间，院校应该采取多种渠道，组织有针对性的创业教育，定期开展创业论坛等活动，开展创业意识教育、创业项目指导、经营管理咨询等专项培训，联合成功创业退役军人组建创业指导团队，鼓励引导有条件、有能力的退役士兵创业发展，以创业带动就业。

四、完善保障机制措施

（一）各地教育、退役军人事务、财政部门要充分利用现有退役军人事务工作机制以及教育相关工作机制，会同职业院校、企业等单位，健全专项协作模式，相互配合支持，统筹规划，定期会商，及时妥善研究解决工作中遇到的新情况新问题,确保工作有序进行。

(二)各级财政要落实《退役士兵安置条例》等法律法规,将自主就业退役士兵的职业教育和技能培训经费列入县级以上人民政府财政预算。加强资金监管,确保资金效能与安全。

(三)退役士兵接受学历职业教育,纳入招生计划,按照当地生均财政拨款标准拨付经费。退役士兵学生,按照规定享受学费减免、助学金等资助政策。

(四)各级退役军人事务部门要主动协同教育部门,在每年退伍季集中开展政策宣传,本着自愿参加、自选专业的原则,积极引导退役士兵参加职业教育,为退役士兵提高学历层次、增强职业技能提供更多保障渠道。各级退役军人事务部门要制定切实可行措施,通过普遍通知、重点走访、召开座谈会等方式做好宣传,并结合信息采集、光荣牌发放、走访慰问、送政策进军营等活动积极动员,引导退役士兵参加职业教育,确保政策落地落实。

(五)省级退役军人事务部门要加强组织管理工作,全面建立退役士兵教育培训台账。要会同教育部门加强对教育教学过程与效果的考核考评,制定有效措施,建立资金联动,设定评价标准,实施动态管理。要加快信息化建设,有效对接需求与供给,提供便捷线上线下服务。

(六)各地要积极正面宣传政策措施,树立积极承接、出色完成任务的院校典型,以及通过教育培训实现充分稳定就业、成功创业的退役士兵典型,营造全社会关心退役军人人才建设、支持退役军人教育培训工作、助力退役军人就业创业的良好氛围。

(七)各地要深刻认识退役士兵职业教育工作的重要意义,充分发挥退役士兵群体的人力资源优势,将面向退役士兵的高职扩招工作与退役士兵职业教育工作统筹考虑,形成全面推进退役士兵接受职业教育的合力,有质量地扩大高素质技术技能人才培养规模。

国务院、中央军委关于加强退役士兵
职业教育和技能培训工作的通知

1. 2010年12月9日发布
2. 国发〔2010〕42号

各省、自治区、直辖市人民政府，国务院各部委、各直属机构，各军区、各军兵种、各总部，军事科学院、国防大学、国防科学技术大学，武警部队：

为适应社会主义市场经济要求，提高退役士兵就业能力，促进退役士兵充分就业，现就加强退役士兵职业教育和技能培训工作通知如下：

一、提高思想认识，建立教育培训制度

（一）充分认识加强退役士兵职业教育和技能培训工作的重要意义。加强退役士兵职业教育和技能培训，提高退役士兵就业能力，是贯彻落实科学发展观要求、加快培养现代化建设人才的迫切需要，是新形势下促进军政军民团结、服务国防和军队现代化建设的重要内容，是利国利军利民的大事，具有重要的政治意义和深远的历史意义。地方各级人民政府、军地各有关部门要充分认识加强退役士兵职业教育和技能培训工作的重要性和紧迫性，把这项工作作为一项政治任务摆上重要议事日程，纳入双拥模范城（县）考评内容，建立完善退役士兵职业教育和技能培训制度。

（二）组织引导退役士兵免费参加职业教育和技能培训。坚持以促进就业为目的、以市场需求为导向、以中等职业教育和技能培训为主体、以高等职业教育、成人教育和普通高等教育为补充，本着退役士兵自愿参加、自选专业、免费培训的原则，以省或市（地）为单位统一组织实施，力求通过职业教育和技能培训，使大多数退役士兵取得相应学历证书或职业资格证书。2010年及以后退出现役的自主就业退役士兵，在退出现役1年内可以选择免费参加职业教育和技能培训，教育培训期限一般为2年，最短不少于3个月；退役士兵退出现役1年以上的，参加职业培训按《国务院关于加强职业培训促进就业的意见》（国发〔2010〕36号）规定的政策执行。教育培训任务由师资力量强、实训设施好、教学质量高的各级

各类教育培训院校和机构承担。

（三）合理安排退役士兵职业教育和技能培训经费。职业教育和技能培训经费由各级财政负担,列入退役士兵安置科目,主要用于教育培训所需学杂费、住宿费、技能鉴定费、生活补助费等,视教育培训成效和实现就业情况分段直接拨付教育培训机构。中央财政根据地方财政状况、教育培训绩效等因素予以专项补助,并向经济欠发达地区、兵员较多地区倾斜。

二、加强教学管理,提高教育培训质量

（四）创新教学模式。民政、教育、人力资源社会保障等部门要指导教育培训机构根据退役士兵学员的文化水平、自身特点和就业需求,制定相应的职业教育和技能培训计划、大纲,采取学分制、半工半读、工学结合等模式,加大实际操作课程比例,重点培训就业所需知识和专业技能。

（五）坚持科学管理。退役士兵学员原则上与其他学员混合编班。教育、人力资源社会保障等部门要指导教育培训机构制定规章制度,加强对退役士兵学员的日常管理,增强退役士兵学员的自律意识和纪律观念。省军区系统要积极协助教育培训机构做好退役士兵学员管理工作。

三、加强就业指导,搞好就业服务

（六）强化就业指导。教育、人力资源社会保障等部门要指导教育培训机构积极与各类企业等用人单位建立密切联系,建立完善校企合作培养机制,根据就业需求和退役士兵学员特点设置课程,大力开展"订单式"教育和培训。同时,要指导教育培训机构开设就业指导课程,将就业指导贯穿于教育培训全过程。

（七）完善就业服务。依托各类就业服务机构,通过举办专场招聘会等多种形式,搭建退役士兵学员与用人单位双向选择的平台,优先推荐退役士兵学员就业。各级公共就业服务机构要及时为退役士兵学员提供就业信息、职业介绍等免费服务,帮助退役士兵学员实现就业。

（八）落实优惠政策。按照退役士兵安置法规政策,指导督促各类用人单位承担录用(聘用)退役士兵学员的相关责任。进一步落实国家鼓励就业创业和扶持退役士兵自谋职业的优惠政策,积极引导退役士兵自谋职业、自主创业。

四、加强组织领导,落实工作责任

(九)健全工作机制。建立由民政部门牵头,教育、财政、人力资源社会保障和军队有关部门参加的工作机制,统筹协调、组织指导退役士兵职业教育和技能培训工作,重点做好研究制定政策、拟定实施方案、确定教育培训机构等重要事项。军地有关部门要密切配合,通力协作,及时妥善处理退役士兵职业教育和技能培训工作遇到的新情况新问题,确保退役士兵职业教育和技能培训工作有序进行。

(十)明确任务分工。民政部门负责退役士兵职业教育和技能培训的组织协调、宣传发动、人数预测、经费测算、动员报名、资格审查、档案接转等事宜。教育、人力资源社会保障部门分别负责推荐并指导所属教育培训机构做好招生录取、教学管理、就业推荐等组织实施工作。财政部门负责退役士兵职业教育和技能培训经费的安排与监管,确保职业教育和技能培训资金落实到位。军队有关部门负责士兵入伍时和退役前的政策宣传和思想教育工作。

(十一)强化监督考评。建立健全退役士兵职业教育和技能培训目标考核体系和教育培训机构年检制度,加强对教育培训机构的监督和指导。对完不成教育培训任务、达不到要求的教育培训机构,取消其退役士兵职业教育和技能培训资格;对违规使用职业教育和技能培训资金的教育培训机构和个人,依法严肃查处。退役士兵职业教育和技能培训工作达不到规定要求的市(县),不能评为全国双拥模范城(县)。

各省、自治区、直辖市要根据本通知精神,结合实际,制定退役士兵职业教育和技能培训具体办法。

4. 就业创业

退役军人事务部、中共中央组织部、中共中央政法委员会等关于促进新时代退役军人就业创业工作的意见

1. 2018年7月27日退役军人事务部、中共中央组织部、中共中央政法委员会、教育部、公安部、民政部、财政部、人力资源和社会保障部、国务院国有资产监督管理委员会、国家税务总局、国务院扶贫开发领导小组办公室、中央军委政治工作部发布
2. 退役军人部发〔2018〕26号

各省、自治区、直辖市党委组织部、政法委,政府办公厅、教育厅(局)、公安厅(局)、民政厅(局)、财政厅(局)、人力资源社会保障厅(局)、国资委、扶贫办,国家税务总局各省、自治区、直辖市、计划单列市税务局,各战区、各军兵种、军委机关各部门、军事科学院、国防大学、国防科技大学、武警部队政治工作部(局、处):

  退役军人是重要的人力资源,是建设中国特色社会主义的重要力量。促进他们就业创业、引导他们积极投身"大众创业、万众创新"实践,对于更好实现退役军人自身价值、助推经济社会发展、服务国防和军队建设具有重要意义。新时代退役军人就业创业工作要以习近平新时代中国特色社会主义思想为指导,坚持政府推动、政策优先,市场导向、需求牵引,自愿选择、自主作为,社会支持、多方参与,调动各方面力量共同推进,保障退役军人在享受普惠性就业创业扶持政策和公共服务基础上再给予特殊优待。现就促进退役军人(自主就业退役士兵、自主择业军转干部、复员干部)就业创业工作提出如下意见:

一、提升就业创业能力

  (一)完善多层次、多样化的教育培训体系。将退役军人就业创业培训纳入国家学历教育和职业教育体系,依托普通高校、职业院校(含技工

院校)等教育资源,促进现役军人与退役军人教育培训相衔接、学历教育与技能培训互为补充,改善知识结构,提升能力素质。

(二)开展退役前技能储备培训。组织开展退役前技能储备培训和职业指导,深入开展"送政策进军营"活动,加强经济社会发展和就业形势介绍、政策咨询、心理调适、"一对一"职业规划,有条件的部队可在军人退役前开展技能培训,努力把退役军人服役期间锤炼的品质转化为就业创业的优势。

(三)加强退役后职业技能培训。引导退役军人积极参加职业技能培训,退役后可选择接受一次免费(免学杂费、免住宿费、免技能鉴定费)培训,并享受培训期间生活补助。教育培训期限一般为2年,最短不少于3个月。督促指导承训机构突出提高社会适应能力和就业所需知识及技能,按需求进行实用性培训,开展"订单式""定向式""定岗式"培训,推进培训精细化、个性化。坚持谁培训、谁推荐就业,压实目标责任,提高就业成功率。

(四)推行终身职业技能培训。将退役军人纳入国家终身职业技能培训政策和组织实施体系,鼓励用人单位定期组织退役军人参加岗位技能提升和知识更新培训。对下岗失业退役军人,及时纳入失业人员特别职业培训计划、职业技能培训等范围,并按规定予以补贴。

(五)鼓励参加学历教育。鼓励各地将符合高考报名条件的退役军人纳入高等职业院校单独考试招生范围。退役军人参加全国普通高考、成人高考、研究生考试,符合条件的可享受加分照顾,同等条件下优先录取。成人高校招生专升本免试入学,服役期间立二等功以上且符合报考条件的,可申请免初试攻读硕士研究生。退役军人接受中等职业教育可实行注册入学。中等职业教育期间,按规定享受免学费和国家助学金资助;对退役一年以上、参加全国统一高考,考入全日制普通本科和高专高职学校的自主就业退役士兵,学历教育期间按规定享受学费资助和相关奖助学金资助,家庭经济困难退役士兵享受学生生活费补助。国家鼓励军人服役期间参加开放教育、自学考试等学历继续教育,退役后可根据需要继续完成学业,获得相应国民高等教育学历文凭。

(六)加强教育培训管理。建立退役军人职业技能承训机构目录、承训企业目录和普通高校、职业学校目录,及时向社会公开并实行定期考核、动态管理。各类目录由省级退役军人事务部门每年发布。经省级退役军人事务部门同意,退役军人可参加跨省异地教育培训。加强对承训单位教育培训质量考核,建立激励机制。

二、加大就业支持力度

(七)适当放宽招录(聘)条件。机关、社会团体、企业事业单位在招收录用工作人员或聘用职工时,对退役军人的年龄和学历条件适当放宽,同等条件下优先招录聘用退役军人。

(八)加大公务员招录力度。在军队服役5年(含)以上的高校毕业生士兵退役后可以报考面向服务基层项目人员定向考录的职位,同服务基层项目人员共享公务员定向考录计划,优先录用建档立卡贫困户家庭高校毕业生退役士兵。各地特别是边疆地区、深度贫困地区结合实施乡村振兴、脱贫攻坚等战略,设置一定数量基层公务员职位面向退役军人招考,西藏和四川、云南、甘肃、青海四省藏区以及新疆南疆地区县乡逐步扩大招考数量。各级党政机关在组织开展选调生工作时,注意选调有服役经历的优秀大学生。适当提高政法干警招录培养体制改革试点定向招录退役军人比例,应征入伍的高校毕业生退役后报考试点班的,教育考试笔试成绩总分加10分。有效拓宽从反恐特战等退役军人中招录公安机关人民警察渠道。

(九)拓展就业渠道。研究制定适合退役军人就业的岗位目录,提高退役军人服务保障以及安保等岗位招录退役军人的比例,辅警岗位同等条件下优先招录退役军人。选派退役军人参与社会治理、稳边固边、脱贫攻坚等重点工作,鼓励退役军人到党的基层组织、城乡社区担任专职工作人员。

(十)鼓励企业招用。吸纳退役军人就业的企业,符合条件的可享受相关税收优惠。对退役军人就业作出突出贡献的企业,给予表彰、奖励。

(十一)强化就业服务。各级公共就业服务机构设立退役军人窗口或实行退役军人优先制度,为其提供便捷高效服务。县级以上地方人民政府每年至少组织2次退役军人专场招聘活动,为其就业搭建平台。国家鼓励专业人力资源企业和社会组织为退役军人就业提供免费服务。

(十二)实施后续扶持。建立退役军人就业台帐,实行实名制管理,动态掌握就业情况,对出现下岗失业的,及时纳入再就业帮扶范围。接收退役军人的单位裁减人员的,优先留用退役军人。单位依法关闭、破产、改制的,当地人民政府优先推荐退役军人再就业,优先保障退役军人合法权益。

三、积极优化创业环境

(十三)开展创业培训。组织有创业意愿的退役军人,依托专业培训机构和大学科技园、众创空间、网络平台等,开展创业意识教育、创业项目指导、企业经营管理等培训,增强创业信心,提升创业能力。加强创业培训质量评估,对培训质量好的培训机构给予奖励。

(十四)优先提供创业场所。政府投资或社会共建的创业孵化基地和创业园区可设立退役军人专区,有条件的地区可专门建立退役军人创业孵化基地、众创空间和创业园区,并按规定落实经营场地、水电减免、投融资、人力资源、宣传推广等优惠服务。

(十五)享受金融税收优惠。符合条件的退役军人及其创办的小微企业可申请创业担保贷款,并按国家规定享受贷款贴息。鼓励有条件的地方因地制宜加大对退役军人就业创业的支持力度。退役军人从事个体经营,符合条件的可享受国家相关税收优惠。适时研究完善支持退役军人就业创业的税收优惠政策。

(十六)探索设立创业基金。引导企业和社会组织积极扶持退役军人创业,鼓励社会资本设立退役军人创业基金,拓宽资金保障渠道。

四、建立健全服务体系

(十七)搭建信息平台。加强信息化建设,形成全国贯通、实时共享、上下联动的退役军人就业创业服务信息平台,充分运用大数据,畅通信息渠道,促进供需有效对接,为退役军人就业创业提供精准服务。

(十八)建立指导队伍。组织动员创业经验丰富、关爱退役军人、热心公益事业的企业家和专家学者等人员,组成退役军人就业创业指导团队,发挥其在职业规划、创业指导、吸纳就业等方面的传帮带作用。

(十九)建设实训基地。依托现有专为退役军人服务的机构,按照分级分类管理原则,加快建立优势互补、资源共享、专为退役军人服务的区域化实训基地,将其纳入国家政策支持范围,给予适当补助。

(二十)引导多元服务。积极倡导全社会共同参与退役军人就业创业,把政府提供公共服务、社会力量补充服务、退役军人自我服务结合起来,支持为退役军人就业创业服务的社会组织依法开展工作。

五、切实加强组织领导

(二十一)健全工作机制。要把退役军人就业创业工作作为一项政治任务摆上重要议事日程,健全工作机制,统筹协调、组织指导退役军人就业创业工作,重点做好研究制定政策、拟定实施方案、选定承训单位和就业创业指导服务机构、开展监督考评等重要事项。

（二十二）明确任务分工。退役军人事务部门负责退役军人就业创业的组织协调、宣传发动、监督考评等工作。教育部门负责推荐并指导所属教育培训机构做好招生录取、教学管理、就业推荐等组织实施工作。财政部门负责退役军人就业创业经费的安排与监管工作。人力资源社会保障部门负责指导职业培训机构、公共就业服务机构为退役军人提供职业技能培训、基本公共就业服务。军地有关部门按照职责共同做好退役军人就业创业相关工作。

（二十三）严格追责问责。要把退役军人就业创业工作纳入年度绩效考核内容，加强监督检查，严格追踪问效，确保政策落实落地。对在中央政策之外增设条件、提高门槛的，坚决予以清理和纠正；对政策落实不到位、工作推进不力的，及时进行督查督办；对严重违反政策规定、造成不良影响的，严肃追究相关人员责任。

（二十四）强化宣传教育。加强退役军人思想政治和择业观念教育，帮助他们尽快实现角色转换，顺利融入社会，退役不褪色、退伍不褪志，继续保持发扬人民军队的光荣传统和优良作风，在社会主义现代化建设事业中再立新功、赢得全社会尊重。同时，大力宣传退役军人就业创业典型，弘扬自信自强、积极向上的精神风貌。宣传社会各界关心支持退役军人就业创业的先进事迹，营造有利于退役军人就业创业的良好氛围。

各地结合实际制定实施细则，贯彻落实情况及时报告。

财政部、税务总局、退役军人事务部关于进一步扶持自主就业退役士兵创业就业有关税收政策的通知

1. 2019年2月2日发布
2. 财税〔2019〕21号

各省、自治区、直辖市、计划单列市财政厅（局）、退役军人事务厅（局），国家税务总局各省、自治区、直辖市、计划单列市税务局，新疆生产建设兵团财政局：

为进一步扶持自主就业退役士兵创业就业，现将有关税收政策通知如下：

一、自主就业退役士兵从事个体经营的,自办理个体工商户登记当月起,在3年(36个月,下同)内按每户每年12000元为限额依次扣减其当年实际应缴纳的增值税、城市维护建设税、教育费附加、地方教育附加和个人所得税。限额标准最高可上浮20%,各省、自治区、直辖市人民政府可根据本地区实际情况在此幅度内确定具体限额标准。

纳税人年度应缴纳税款小于上述扣减限额的,减免税额以其实际缴纳的税款为限;大于上述扣减限额的,以上述扣减限额为限。纳税人的实际经营期不足1年的,应当按月换算其减免税限额。换算公式为:减免税限额=年度减免税限额÷12×实际经营月数。城市维护建设税、教育费附加、地方教育附加的计税依据是享受本项税收优惠政策前的增值税应纳税额。

二、企业招用自主就业退役士兵,与其签订1年以上期限劳动合同并依法缴纳社会保险费的,自签订劳动合同并缴纳社会保险当月起,在3年内按实际招用人数予以定额依次扣减增值税、城市维护建设税、教育费附加、地方教育附加和企业所得税优惠。定额标准为每人每年6000元,最高可上浮50%,各省、自治区、直辖市人民政府可根据本地区实际情况在此幅度内确定具体定额标准。

企业按招用人数和签订的劳动合同时间核算企业减免税总额,在核算减免税总额内每月依次扣减增值税、城市维护建设税、教育费附加和地方教育附加。企业实际应缴纳的增值税、城市维护建设税、教育费附加和地方教育附加小于核算减免税总额的,以实际应缴纳的增值税、城市维护建设税、教育费附加和地方教育附加为限;实际应缴纳的增值税、城市维护建设税、教育费附加和地方教育附加大于核算减免税总额的,以核算减免税总额为限。

纳税年度终了,如果企业实际减免的增值税、城市维护建设税、教育费附加和地方教育附加小于核算减免税总额,企业在企业所得税汇算清缴时以差额部分扣减企业所得税。当年扣减不完的,不再结转以后年度扣减。

自主就业退役士兵在企业工作不满1年的,应当按月换算减免税限额。计算公式为:企业核算减免税总额=Σ每名自主就业退役士兵本年度在本单位工作月份÷12×具体定额标准。

城市维护建设税、教育费附加、地方教育附加的计税依据是享受本项税收优惠政策前的增值税应纳税额。

三、本通知所称自主就业退役士兵是指依照《退役士兵安置条例》(国务院、中央军委令第608号)的规定退出现役并按自主就业方式安置的退役士兵。

本通知所称企业是指属于增值税纳税人或企业所得税纳税人的企业等单位。

四、自主就业退役士兵从事个体经营的,在享受税收优惠政策进行纳税申报时,注明其退役军人身份,并将《中国人民解放军义务兵退出现役证》《中国人民解放军士官退出现役证》或《中国人民武装警察部队义务兵退出现役证》《中国人民武装警察部队士官退出现役证》留存备查。

企业招用自主就业退役士兵享受税收优惠政策的,将以下资料留存备查:1.招用自主就业退役士兵的《中国人民解放军义务兵退出现役证》《中国人民解放军士官退出现役证》或《中国人民武装警察部队义务兵退出现役证》《中国人民武装警察部队士官退出现役证》;2.企业与招用自主就业退役士兵签订的劳动合同(副本),为职工缴纳的社会保险费记录;3.自主就业退役士兵本年度在企业工作时间表(见附件)。

五、企业招用自主就业退役士兵既可以适用本通知规定的税收优惠政策,又可以适用其他扶持就业专项税收优惠政策的,企业可以选择适用最优惠的政策,但不得重复享受。

六、本通知规定的税收政策执行期限为2019年1月1日至2021年12月31日。纳税人在2021年12月31日享受本通知规定税收优惠政策未满3年的,可继续享受至3年期满为止。《财政部 税务总局 民政部关于继续实施扶持自主就业退役士兵创业就业有关税收政策的通知》(财税〔2017〕46号)自2019年1月1日起停止执行。

退役士兵以前年度已享受退役士兵创业就业税收优惠政策满3年的,不得再享受本通知规定的税收优惠政策;以前年度享受退役士兵创业就业税收优惠政策未满3年且符合本通知规定条件的,可按本通知规定享受优惠至3年期满。

各地财政、税务、退役军人事务部门要加强领导、周密部署,把扶持自主就业退役士兵创业就业工作作为一项重要任务,主动做好政策宣传和解释工作,加强部门间的协调配合,确保政策落实到位。同时,要密切关注税收政策的执行情况,对发现的问题及时逐级向财政部、税务总局、退役军人部反映。

附件:(略)

教育部办公厅关于进一步做好高职学校退役军人学生招收、培养与管理工作的通知

1. 2020年10月28日发布
2. 教职成厅函〔2020〕16号

各省、自治区、直辖市教育厅（教委），新疆生产建设兵团教育局：

为深入贯彻落实国务院关于高职扩招和加强退役军人教育培训工作有关部署，提升退役军人技术技能水平和就业创业能力，促进其充分稳定就业，现就进一步做好高职学校退役军人学生招收、培养与管理工作通知如下。

一、精准设置招生专业

（一）加强省级统筹。各省级教育行政部门要根据退役军人规模、区域分布等情况，统筹招收退役军人学生的高等职业学校布局。指导有关高职学校按照社会急需、基础适切、就业率高的原则，依托优质教育教学资源，根据地方经济社会发展需要，结合退役军人自身基础与优势等因素，在充分调研退役军人就业创业需求的基础上，统筹规划、科学设置专业。

（二）鼓励设置发挥退役军人优势的专业。有关高职学校应针对退役军人政治素质过硬、作风纪律严明、身体素质较好等优势，结合服役期间的业务专长，优先考虑设置社会工作、党务工作、健身指导与管理、救援技术、建设工程管理、汽车运用与维修技术、船舶工程技术、飞行器维修技术等专业，重点培养城乡社区和"两新组织"等基层党群工作者、体育和健身教练、消防和应急救援人员、建筑工程技术人员、汽车（或船舶、民用航空器）维修人员等高素质技术技能人才。

二、全面落实招生考试政策

（一）优化招生考试方式。鼓励符合高考报名条件的退役军人报考高职学校，由省级教育行政部门指导有关高职学校在高职分类招生考试中采取自愿报名、单列计划、单独考试、单独录取的办法组织实施，各校组织与报考专业相关的职业适应性面试或技能测试，鼓励采用情景模拟、问

答、技术技能展示等方式进行测试。

（二）落实相关考试政策。符合条件的退役军人可免于文化素质考试,取得相关职业技能等级证书以及职业资格证书的,报考相关专业可免予职业技能测试。对于符合免试条件的技能拔尖退役军人,可以由高职学校按规定予以免试录取。鼓励高职学校通过联合考试或成绩互认等方式,减轻退役军人考试负担。

三、灵活确定培养模式

（一）创新培养模式。在标准不降的前提下,根据退役军人学生的学情调研分析结果,为退役军人学生提供个性化、菜单式培养方式,鼓励实施现代学徒制培养、订单培养、定向培养,鼓励半工半读、工学结合,缓解退役军人学生工学矛盾。

（二）单独制订人才培养方案。落实《教育部关于职业院校专业人才培养方案制订与实施工作的指导意见》（教职成〔2019〕13号）要求,单独编制适合退役军人学生培养的专业人才培养方案,合理设置课程,确保总学时不低于2500,其中集中学习不得低于总学时的40%。退役军人学生可按规定提出转专业、辅修第二专业等。退役军人学生可申请免修公共体育、军事技能和军事理论等课程,直接获得相应学分。

（三）灵活安排教学进程。退役军人入学后可实行弹性学制、弹性学期、弹性学时,学业年限3—6年。要充分发挥学分制优势,灵活学习时间,支持利用周末、寒暑假、晚间等开展教学。坚持集中教学和分散教学相结合,线下和线上相结合,在校学习和社区（企业）学习、"送教上门"相结合。创新实习管理方式,集中安排实习和学生自主实习相结合。用好专业教学资源库、在线开放课程、虚拟仿真实训等优质教学资源,鼓励采用项目式、案例式、问题式、参与式、讨论式等教学方法,融教学做于一体,使学生的技能不断提升。

四、创新教学管理与评价

（一）做好学分认定积累与转换。将退役军人服役期间的学历教育和非学历教育学习成果纳入职业教育国家学分银行。鼓励退役军人学生参加1+X证书制度试点,学习储备多种职业技能,拓展就业本领。对于取得职业技能等级证书的,根据证书等级和类别按规定免修相应课程或减免相应学分。

（二）创新学生管理。退役军人学生可单独编班,配足配强辅导员或班主任。对学习时间有保障的退役军人学生,经本人自愿申请,可编入统招生班级培养。鼓励退役军人学生选推"老班长"、党员、立功受奖人员担任学生干部,开展自我管理、自我教育、自我监督。鼓励符合条件的退役军人担任兼职辅导员,或参与学校军训指导、体育课教学、宿舍管理等。

(三)实施多元化考核评价。针对退役军人学生单独设计考核评价方法,积极探索考试与考查相结合、过程性考核与课程结业考试相结合、线上考试与线下考试相结合,对退役军人学生的学习成果进行多元评价,为退役军人学习提供方便。坚持"宽进严出"原则,修完规定内容,成绩合格、达到学校毕业要求的,由学校颁发普通全日制毕业证书。达到最长修学年限尚未达到毕业要求的,按照相关规定,颁发肄业证或结业证,坚决杜绝"清考"行为。

五、推进职业教育与继续教育融合

(一)开展学历继续教育。鼓励支持退役军人参加高等教育自学考试及各类学历继续教育。通过多种形式,支持具有高中学历的退役军人接受专科层次继续教育,符合条件的可接受本科层次继续教育;支持具有高等职业教育(专科)学历的退役军人接受本科层次继续教育。支持将退役军人纳入"一村一名大学生计划"等项目。

(二)扩大培训供给。鼓励社会力量和行业企业参与培训,开设符合产业升级和技术进步趋势、就业潜力大、含金量高的职业技能培训项目,提高退役军人就业创业能力。鼓励有条件的职业学校牵头组建退役军人教育培训集团(联盟),推动退役、培训、就业有机衔接。

六、完善服务保障体系

(一)健全联动工作机制。各省级教育行政部门要发挥好职业教育部门联席会议作用,主动加强与退役军人事务管理部门的沟通配合,统筹规划,定期会商,并向省委教育工作领导小组报告工作进展。

(二)加强就业创业指导。坚持就业导向,将就业指导贯穿教育全过程,开设职业生涯规划和就业指导课程,大力开展订单、定岗、定向教育培训,促进退役军人充分就业。要加强退役军人创业教育,为他们成功创业提供便利、创造条件。

(三)做好典型宣传推广。各地要认真推广在退役军人学生培养中有突出贡献、重大创新、显著成效的学校典型案例,积极宣传广大教师和辅导员关心、支持、帮助退役军人学生学习就业的先进事迹,广大退役军人学生勤奋好学、厚德强技、创新创业的典型事例,营造支持退役军人教育培训和就业创业的良好氛围。

退役军人事务部、国家发展改革委、科技部等关于促进退役军人到开发区就业创业的意见

1. 2021年1月27日退役军人事务部、国家发展改革委、科技部、财政部、自然资源部、商务部、海关总署、税务总局发布
2. 退役军人部发〔2021〕6号

各省、自治区、直辖市退役军人事务厅(局)、发展改革委、科技厅(委、局)、财政厅(局)、自然资源厅(局)、商务厅(局),新疆生产建设兵团退役军人事务局、发展改革委、科技局、财政局、自然资源局、商务局,海关总署广东分署、驻天津、上海特派办,各直属海关,税务总局各省、自治区、直辖市、计划单列市税务局:

退役军人是重要的人力资源,是建设中国特色社会主义的重要力量。促进他们到企业、产业集聚的各类开发区实现稳定就业、投身"双创"实践,对更好实现退役军人自身价值、助推经济社会发展、服务国防和军队建设具有重要意义。退役军人到开发区就业创业促进工作要以习近平新时代中国特色社会主义思想为指导,坚持政府推动、市场引导、社会支持相结合,紧密结合国家区域发展战略,调动各方面力量共同推进,保障退役军人在本区域就业创业享受同等条件下优先、普惠基础上优待。现就促进退役军人到开发区就业创业提出以下意见:

一、落实扶持政策

(一)开发区内退役军人从事个体经营或企业招用退役军人,符合相关规定的,可享受税收优惠政策。

(二)对退役军人创办中小微企业吸纳就业困难人员、农村建档立卡贫困人员就业的,按规定给予社会保险补贴。

二、积极促进就业

(三)发挥各区管委会促进就业的主导作用,需管委会审批、核准的生产经营性项目,享受管委会政策扶持的企业,在招录用工时,同等条件

下优先录用退役军人。鼓励所有驻区企业优先招用退役军人。

（四）政府投资项目以及区内自行投资项目产生的岗位，招聘的物业公司、自身平台公司等企业和机构用工岗位中，设定一定比例（数量）招用退役军人。

（五）各区在开展的特色招聘活动中设置退役军人招聘专区，定向提供适合退役军人就业的岗位。

（六）加强岗位信息归集提供，建立各区与退役军人事务部门岗位信息共享渠道，用好退役军人就业创业网、中国开发区网等平台，加快实现公共机构岗位信息区域和全国公开发布。定期统计并与当地退役军人事务部门共享区内退役军人就业数据。

三、优化创业环境

（七）鼓励政府投资开发的孵化基地等创业载体对退役军人予以优先支持。对各区孵化基地等创业载体，优惠或免费提供退役军人场地、设置退役军人专区的，当地政府可视情给予适当支持。

（八）加大对退役军人初创企业的土地使用、项目遴选、贷款抵押、导师推荐、房租减免、住房优惠等政策扶持力度，减低创业成本。鼓励各区根据实际情况出台相关措施，对退役军人创办的紧跟国家产业发展导向的、获得版权注册或专利等创新技术的、推动经济转型或具有较强就业吸纳作用的企业，给予重点关注和支持。

（九）充分发挥创业投资和政府创业投资引导基金作用，支持退役军人初创企业发展。

四、加强服务管理

（十）发挥区内创新创业服务机构作用，在同等条件下，优先优惠为退役军人及其创办企业提供有关金融、外贸、法律、保险、审计、会计、知识产权、资产评估、计算、测试、信息咨询、人才交流与培训等支撑服务。

（十一）鼓励各区开设退役军人"绿色通道"，对符合入驻条件的，简化相关核准手续。

（十二）加强对区内退役军人创办企业的信用培育。退役军人创办企业申请高信用等级管理的，应加快认定工作进程。

（十三）对违反国家及地方法律法规、各区相关制度及管理规定，造成社会危害、损害退役军人及军创企业良好社会形象的，依法依规进行处理。

本意见所称开发区是指经济技术开发区、高新技术产业开发区、海关特殊监管区域等国家级开发区和经济开发区、工业园区、高新技术产业园区等省级开发区,具体可参照《中国开发区审核公告目录》。各地要高度重视、上下配合,结合实际情况,制定具体措施,积极促进退役军人就业创业。

八、军人纠纷解决

中华人民共和国人民检察院组织法

1. 1979年7月1日第五届全国人民代表大会第二次会议通过
2. 根据1983年9月2日第六届全国人民代表大会常务委员会第二次会议《关于修改〈中华人民共和国人民检察院组织法〉的决定》第一次修正
3. 根据1986年12月2日第六届全国人民代表大会常务委员会第十八次会议《关于修改〈中华人民共和国地方各级人民代表大会和地方各级人民政府组织法〉的决定》第二次修正
4. 2018年10月26日第十三届全国人民代表大会常务委员会第六次会议修订

目 录

第一章 总 则
第二章 人民检察院的设置和职权
第三章 人民检察院的办案组织
第四章 人民检察院的人员组成
第五章 人民检察院行使职权的保障
第六章 附 则

第一章 总 则

第一条 【立法目的和根据】为了规范人民检察院的设置、组织和职权,保障人民检察院依法履行职责,根据宪法,制定本法。

第二条 【人民检察院性质和任务】人民检察院是国家的法律监督机关。

人民检察院通过行使检察权,追诉犯罪,维护国家安全和社会秩序,维护个人和组织的合法权益,维护国家利益和社会公共利益,保障法律正确实施,维护社会公平正义,维护国家法制统一、尊严和权威,保障中国特色社会主义建设的顺利进行。

第三条 【人民检察院设置依据】人民检察院依照宪法、法律和全国人民代表大会常务委员会的决定设置。

第四条　【独立行使检察权】人民检察院依照法律规定独立行使检察权,不受行政机关、社会团体和个人的干涉。

第五条　【平等】人民检察院行使检察权在适用法律上一律平等,不允许任何组织和个人有超越法律的特权,禁止任何形式的歧视。

第六条　【公正】人民检察院坚持司法公正,以事实为根据,以法律为准绳,遵守法定程序,尊重和保障人权。

第七条　【公开】人民检察院实行司法公开,法律另有规定的除外。

第八条　【司法责任制】人民检察院实行司法责任制,建立健全权责统一的司法权力运行机制。

第九条　【各级人大及其常委会的监督】最高人民检察院对全国人民代表大会及其常务委员会负责并报告工作。地方各级人民检察院对本级人民代表大会及其常务委员会负责并报告工作。

各级人民代表大会及其常务委员会对本级人民检察院的工作实施监督。

第十条　【最高人民检察院地位】最高人民检察院是最高检察机关。

最高人民检察院领导地方各级人民检察院和专门人民检察院的工作,上级人民检察院领导下级人民检察院的工作。

第十一条　【接受群众监督】人民检察院应当接受人民群众监督,保障人民群众对人民检察院工作依法享有知情权、参与权和监督权。

第二章　人民检察院的设置和职权

第十二条　【人民检察院的设置】人民检察院分为:

(一)最高人民检察院;

(二)地方各级人民检察院;

(三)军事检察院等专门人民检察院。

第十三条　【地方各级人民检察院的设置】地方各级人民检察院分为:

(一)省级人民检察院,包括省、自治区、直辖市人民检察院;

(二)设区的市级人民检察院,包括省、自治区辖市人民检察院,自治州人民检察院,省、自治区、直辖市人民检察院分院;

(三)基层人民检察院,包括县、自治县、不设区的市、市辖区人民检察院。

第十四条 【新疆生产建设兵团检察院的管理】在新疆生产建设兵团设立的人民检察院的组织、案件管辖范围和检察官任免,依照全国人民代表大会常务委员会的有关规定。

第十五条 【专门人民检察院的管理】专门人民检察院的设置、组织、职权和检察官任免,由全国人民代表大会常务委员会规定。

第十六条 【特定区域人民检察院的设立】省级人民检察院和设区的市级人民检察院根据检察工作需要,经最高人民检察院和省级有关部门同意,并提请本级人民代表大会常务委员会批准,可以在辖区内特定区域设立人民检察院,作为派出机构。

第十七条 【检察室的设立】人民检察院根据检察工作需要,可以在监狱、看守所等场所设立检察室,行使派出它的人民检察院的部分职权,也可以对上述场所进行巡回检察。

省级人民检察院设立检察室,应当经最高人民检察院和省级有关部门同意。设区的市级人民检察院、基层人民检察院设立检察室,应当经省级人民检察院和省级有关部门同意。

第十八条 【业务机构的设立】人民检察院根据检察工作需要,设必要的业务机构。检察官员额较少的设区的市级人民检察院和基层人民检察院,可以设综合业务机构。

第十九条 【检察辅助机构和行政管理机构的设立】人民检察院根据工作需要,可以设必要的检察辅助机构和行政管理机构。

第二十条 【人民检察院职权】人民检察院行使下列职权:

(一)依照法律规定对有关刑事案件行使侦查权;

(二)对刑事案件进行审查,批准或者决定是否逮捕犯罪嫌疑人;

(三)对刑事案件进行审查,决定是否提起公诉,对决定提起公诉的案件支持公诉;

(四)依照法律规定提起公益诉讼;

(五)对诉讼活动实行法律监督;

(六)对判决、裁定等生效法律文书的执行工作实行法律监督;

(七)对监狱、看守所的执法活动实行法律监督;

(八)法律规定的其他职权。

第二十一条 【行使法律监督职权的调查核实】人民检察院行使本法第二十条规定的法律监督职权,可以进行调查核实,并依法提出抗诉、纠正意见、检察建议。有关单位应当予以配合,并及时将采纳纠正意见、检察建议的情况书面回复人民检察院。

抗诉、纠正意见、检察建议的适用范围及其程序,依照法律有关规定。

第二十二条　【对死刑复核、追诉案件的监督审查】最高人民检察院对最高人民法院的死刑复核活动实行监督;对报请核准追诉的案件进行审查,决定是否追诉。

第二十三条　【司法解释与指导性案例】最高人民检察院可以对属于检察工作中具体应用法律的问题进行解释。

最高人民检察院可以发布指导性案例。

第二十四条　【上级人民检察院的职权】上级人民检察院对下级人民检察院行使下列职权:

(一)认为下级人民检察院的决定错误的,指令下级人民检察院纠正,或者依法撤销、变更;

(二)可以对下级人民检察院管辖的案件指定管辖;

(三)可以办理下级人民检察院管辖的案件;

(四)可以统一调用辖区的检察人员办理案件。

上级人民检察院的决定,应当以书面形式作出。

第二十五条　【下级人民检察院的执行义务】下级人民检察院应当执行上级人民检察院的决定;有不同意见的,可以在执行的同时向上级人民检察院报告。

第二十六条　【列席同级人民法院审判委员会会议】人民检察院检察长或者检察长委托的副检察长,可以列席同级人民法院审判委员会会议。

第二十七条　【人民监督员的监督权】人民监督员依照规定对人民检察院的办案活动实行监督。

第三章　人民检察院的办案组织

第二十八条　【办理案件方式】人民检察院办理案件,根据案件情况可以由一名检察官独任办理,也可以由两名以上检察官组成办案组办理。

由检察官办案组办理的,检察长应当指定一名检察官担任主办检察官,组织、指挥办案组办理案件。

第二十九条　【检察长的职权】检察官在检察长领导下开展工作,重大办案事项由检察长决定。检察长可以将部分职权委托检察官行使,可以授权检察官签发法律文书。

第三十条　【检察委员会设置】各级人民检察院设检察委员会。检察委员会由检察长、副检察长和若干资深检察官组成,成员应当为单数。

第三十一条　【检察委员会职能】检察委员会履行下列职能:

(一)总结检察工作经验;

(二)讨论决定重大、疑难、复杂案件;

(三)讨论决定其他有关检察工作的重大问题。

最高人民检察院对属于检察工作中具体应用法律的问题进行解释、发布指导性案例,应当由检察委员会讨论通过。

第三十二条　【检察委员会会议要求】检察委员会召开会议,应当有其组成人员的过半数出席。

检察委员会会议由检察长或者检察长委托的副检察长主持。检察委员会实行民主集中制。

地方各级人民检察院的检察长不同意本院检察委员会多数人的意见,属于办理案件的,可以报请上一级人民检察院决定;属于重大事项的,可以报请上一级人民检察院或者本级人民代表大会常务委员会决定。

第三十三条　【提请检察委员会讨论案件】检察官可以就重大案件和其他重大问题,提请检察长决定。检察长可以根据案件情况,提交检察委员会讨论决定。

检察委员会讨论案件,检察官对其汇报的事实负责,检察委员会委员对本人发表的意见和表决负责。检察委员会的决定,检察官应当执行。

第三十四条　【检察官办案责任制】人民检察院实行检察官办案责任制。检察官对其职权范围内就案件作出的决定负责。检察长、检察委员会对案件作出决定的,承担相应责任。

第四章　人民检察院的人员组成

第三十五条　【检察人员的组成】人民检察院的检察人员由检察长、副检察长、检察委员会委员和检察员等人员组成。

第三十六条　【检察长、副检察长职责】人民检察院检察长领导本院检察工作,管理本院行政事务。人民检察院副检察长协助检察长工作。

第三十七条　【最高检检察官产生办法】最高人民检察院检察长由全国人民代表大会选举和罢免,副检察长、检察委员会委员和检察员由检察长提请全国人民代表大会常务委员会任免。

第三十八条　【地方各级检察官产生办法】地方各级人民检察院检察长由本级人民代表大会选举和罢免,副检察长、检察委员会委员和检察员由检察长提请本级人民代表大会常务委员会任免。

地方各级人民检察院检察长的任免,须报上一级人民检察院检察长提请本级人民代表大会常务委员会批准。

省、自治区、直辖市人民检察院分院检察长、副检察长、检察委员会委员和检察员,由省、自治区、直辖市人民检察院检察长提请本级人民代表大会常务委员会任免。

第三十九条　【检察长任期】人民检察院检察长任期与产生它的人民代表大会每届任期相同。

全国人民代表大会常务委员会和省、自治区、直辖市人民代表大会常务委员会根据本级人民检察院检察长的建议,可以撤换下级人民检察院检察长、副检察长和检察委员会委员。

第四十条　【人员分类管理】人民检察院的检察官、检察辅助人员和司法行政人员实行分类管理。

第四十一条　【员额制】检察官实行员额制。检察官员额根据案件数量、经济社会发展情况、人口数量和人民检察院层级等因素确定。

最高人民检察院检察官员额由最高人民检察院商有关部门确定。地方各级人民检察院检察官员额,在省、自治区、直辖市内实行总量控制、动态管理。

第四十二条　【检察官选任】检察官从取得法律职业资格并且具备法律规定的其他条件的人员中选任。初任检察官应当由检察官遴选委员会进行专业能力审核。上级人民检察院的检察官一般从下级人民检察院的检察官中择优遴选。

检察长应当具有法学专业知识和法律职业经历。副检察长、检察委员会委员应当从检察官、法官或者其他具备检察官、法官条件的人员中产生。

检察官的职责、管理和保障,依照《中华人民共和国检察官法》的规定。

第四十三条　【检察官助理职责】人民检察院的检察官助理在检察官指导下负责审查案件材料、草拟法律文书等检察辅助事务。

符合检察官任职条件的检察官助理，经遴选后可以按照检察官任免程序任命为检察官。

第四十四条　【书记员职责】人民检察院的书记员负责案件记录等检察辅助事务。

第四十五条　【司法警察职责】人民检察院的司法警察负责办案场所警戒、人员押解和看管等警务事项。

司法警察依照《中华人民共和国人民警察法》管理。

第四十六条　【检察技术人员】人民检察院根据检察工作需要，可以设检察技术人员，负责与检察工作有关的事项。

第五章　人民检察院行使职权的保障

第四十七条　【禁止越权行为】任何单位或者个人不得要求检察官从事超出法定职责范围的事务。

对于领导干部等干预司法活动、插手具体案件处理，或者人民检察院内部人员过问案件情况的，办案人员应当全面如实记录并报告；有违法违纪情形的，由有关机关根据情节轻重追究行为人的责任。

第四十八条　【妨害公务的法律责任】人民检察院采取必要措施，维护办案安全。对妨碍人民检察院依法行使职权的违法犯罪行为，依法追究法律责任。

第四十九条　【培训制度】人民检察院实行培训制度，检察官、检察辅助人员和司法行政人员应当接受理论和业务培训。

第五十条　【编制管理】人民检察院人员编制实行专项管理。

第五十一条　【经费保障】人民检察院的经费按照事权划分的原则列入财政预算，保障检察工作需要。

第五十二条　【信息化建设】人民检察院应当加强信息化建设，运用现代信息技术，促进司法公开，提高工作效率。

第六章　附　　则

第五十三条　【施行日期】本法自 2019 年 1 月 1 日起施行。

中华人民共和国人民法院组织法

1. 1979 年 7 月 1 日第五届全国人民代表大会第二次会议通过
2. 根据 1983 年 9 月 2 日第六届全国人民代表大会常务委员会第二次会议《关于修改〈中华人民共和国人民法院组织法〉的决定》第一次修正
3. 根据 1986 年 12 月 2 日第六届全国人民代表大会常务委员会第十八次会议《关于修改〈中华人民共和国地方各级人民代表大会和地方各级人民政府组织法〉的决定》第二次修正
4. 根据 2006 年 10 月 31 日第十届全国人民代表大会常务委员会第二十四次会议《关于修改〈中华人民共和国人民法院组织法〉的决定》第三次修正
5. 2018 年 10 月 26 日第十三届全国人民代表大会常务委员会第六次会议修订

目 录

第一章 总 则
第二章 人民法院的设置和职权
第三章 人民法院的审判组织
第四章 人民法院的人员组成
第五章 人民法院行使职权的保障
第六章 附 则

第一章 总 则

第一条 【立法目的和根据】为了规范人民法院的设置、组织和职权,保障人民法院依法履行职责,根据宪法,制定本法。

第二条 【人民法院性质和任务】人民法院是国家的审判机关。

人民法院通过审判刑事案件、民事案件、行政案件以及法律规定的其他案件,惩罚犯罪,保障无罪的人不受刑事追究,解决民事、行政纠纷,保护个人和组织的合法权益,监督行政机关依法行使职权,维护国家安全和社会秩序,维护社会公平正义,维护国家法制统一、尊严和权威,保障中国特色社会主义建设的顺利进行。

第三条 【人民法院设置依据】人民法院依照宪法、法律和全国人民代表大会常务委员会的决定设置。

第四条　【审判权独立】人民法院依照法律规定独立行使审判权,不受行政机关、社会团体和个人的干涉。

第五条　【平等】人民法院审判案件在适用法律上一律平等,不允许任何组织和个人有超越法律的特权,禁止任何形式的歧视。

第六条　【公正】人民法院坚持司法公正,以事实为根据,以法律为准绳,遵守法定程序,依法保护个人和组织的诉讼权利和其他合法权益,尊重和保障人权。

第七条　【公开】人民法院实行司法公开,法律另有规定的除外。

第八条　【司法责任制】人民法院实行司法责任制,建立健全权责统一的司法权力运行机制。

第九条　【各级人大及其常委会的监督】最高人民法院对全国人民代表大会及其常务委员会负责并报告工作。地方各级人民法院对本级人民代表大会及其常务委员会负责并报告工作。

各级人民代表大会及其常务委员会对本级人民法院的工作实施监督。

第十条　【最高人民法院地位】最高人民法院是最高审判机关。

最高人民法院监督地方各级人民法院和专门人民法院的审判工作,上级人民法院监督下级人民法院的审判工作。

第十一条　【接受群众监督】人民法院应当接受人民群众监督,保障人民群众对人民法院工作依法享有知情权、参与权和监督权。

第二章　人民法院的设置和职权

第十二条　【人民法院的设置】人民法院分为:

（一）最高人民法院;

（二）地方各级人民法院;

（三）专门人民法院。

第十三条　【地方各级人民法院的设置】地方各级人民法院分为高级人民法院、中级人民法院和基层人民法院。

第十四条　【新疆生产建设兵团法院的管理】在新疆生产建设兵团设立的人民法院的组织、案件管辖范围和法官任免,依照全国人民代表大会常务委员会的有关规定。

第十五条 【专门人民法院的管理】专门人民法院包括军事法院和海事法院、知识产权法院、金融法院等。

专门人民法院的设置、组织、职权和法官任免,由全国人民代表大会常务委员会规定。

第十六条 【最高人民法院受案范围】最高人民法院审理下列案件:

(一)法律规定由其管辖的和其认为应当由自己管辖的第一审案件;

(二)对高级人民法院判决和裁定的上诉、抗诉案件;

(三)按照全国人民代表大会常务委员会的规定提起的上诉、抗诉案件;

(四)按照审判监督程序提起的再审案件;

(五)高级人民法院报请核准的死刑案件。

第十七条 【死刑核准】死刑除依法由最高人民法院判决的以外,应当报请最高人民法院核准。

第十八条 【司法解释及指导性案例】最高人民法院可以对属于审判工作中具体应用法律的问题进行解释。

最高人民法院可以发布指导性案例。

第十九条 【巡回法庭】最高人民法院可以设巡回法庭,审理最高人民法院依法确定的案件。

巡回法庭是最高人民法院的组成部分。巡回法庭的判决和裁定即最高人民法院的判决和裁定。

第二十条 【高级人民法院序列】高级人民法院包括:

(一)省高级人民法院;

(二)自治区高级人民法院;

(三)直辖市高级人民法院。

第二十一条 【高级人民法院受案范围】高级人民法院审理下列案件:

(一)法律规定由其管辖的第一审案件;

(二)下级人民法院报请审理的第一审案件;

(三)最高人民法院指定管辖的第一审案件;

(四)对中级人民法院判决和裁定的上诉、抗诉案件;

(五)按照审判监督程序提起的再审案件;

(六)中级人民法院报请复核的死刑案件。

第二十二条 【中级人民法院序列】中级人民法院包括:

(一)省、自治区辖市的中级人民法院；
(二)在直辖市内设立的中级人民法院；
(三)自治州中级人民法院；
(四)在省、自治区内按地区设立的中级人民法院。

第二十三条 【中级人民法院受案范围】中级人民法院审理下列案件：
(一)法律规定由其管辖的第一审案件；
(二)基层人民法院报请审理的第一审案件；
(三)上级人民法院指定管辖的第一审案件；
(四)对基层人民法院判决和裁定的上诉、抗诉案件；
(五)按照审判监督程序提起的再审案件。

第二十四条 【基层人民法院序列】基层人民法院包括：
(一)县、自治县人民法院；
(二)不设区的市人民法院；
(三)市辖区人民法院。

第二十五条 【基层人民法院职责】基层人民法院审理第一审案件,法律另有规定的除外。

基层人民法院对人民调解委员会的调解工作进行业务指导。

第二十六条 【人民法庭】基层人民法院根据地区、人口和案件情况,可以设立若干人民法庭。

人民法庭是基层人民法院的组成部分。人民法庭的判决和裁定即基层人民法院的判决和裁定。

第二十七条 【专业审判庭和综合业务机构】人民法院根据审判工作需要,可以设必要的专业审判庭。法官员额较少的中级人民法院和基层人民法院,可以设综合审判庭或者不设审判庭。

人民法院根据审判工作需要,可以设综合业务机构。法官员额较少的中级人民法院和基层人民法院,可以不设综合业务机构。

第二十八条 【审判辅助机构和行政管理机构】人民法院根据工作需要,可以设必要的审判辅助机构和行政管理机构。

第三章 人民法院的审判组织

第二十九条 【审理案件方式】人民法院审理案件,由合议庭或者法官一人独任审理。

合议庭和法官独任审理的案件范围由法律规定。

第三十条　【合议庭的组成】合议庭由法官组成,或者由法官和人民陪审员组成,成员为三人以上单数。

合议庭由一名法官担任审判长。院长或者庭长参加审理案件时,由自己担任审判长。

审判长主持庭审、组织评议案件,评议案件时与合议庭其他成员权利平等。

第三十一条　【合议庭决定依据】合议庭评议案件应当按照多数人的意见作出决定,少数人的意见应当记入笔录。评议案件笔录由合议庭全体组成人员签名。

第三十二条　【裁判文书】合议庭或者法官独任审理案件形成的裁判文书,经合议庭组成人员或者独任法官签署,由人民法院发布。

第三十三条　【责任制】合议庭审理案件,法官对案件的事实认定和法律适用负责;法官独任审理案件,独任法官对案件的事实认定和法律适用负责。

人民法院应当加强内部监督,审判活动有违法情形的,应当及时调查核实,并根据违法情形依法处理。

第三十四条　【陪审员参与】人民陪审员依照法律规定参加合议庭审理案件。

第三十五条　【赔偿委员会】中级以上人民法院设赔偿委员会,依法审理国家赔偿案件。

赔偿委员会由三名以上法官组成,成员应当为单数,按照多数人的意见作出决定。

第三十六条　【审判委员会设置】各级人民法院设审判委员会。审判委员会由院长、副院长和若干资深法官组成,成员应当为单数。

审判委员会会议分为全体会议和专业委员会会议。

中级以上人民法院根据审判工作需要,可以按照审判委员会委员专业和工作分工,召开刑事审判、民事行政审判等专业委员会会议。

第三十七条　【审判委员会职能】审判委员会履行下列职能:

(一)总结审判工作经验;

(二)讨论决定重大、疑难、复杂案件的法律适用;

(三)讨论决定本院已经发生法律效力的判决、裁定、调解书是否应当再审;

(四)讨论决定其他有关审判工作的重大问题。

最高人民法院对属于审判工作中具体应用法律的问题进行解释,应当由审判委员会全体会议讨论通过;发布指导性案例,可以由审判委员会专业委员会会议讨论通过。

第三十八条 【审判委员会会议要求】审判委员会召开全体会议和专业委员会会议,应当有其组成人员的过半数出席。

审判委员会会议由院长或者院长委托的副院长主持。审判委员会实行民主集中制。

审判委员会举行会议时,同级人民检察院检察长或者检察长委托的副检察长可以列席。

第三十九条 【提请审判委员会讨论案件】合议庭认为案件需要提交审判委员会讨论决定的,由审判长提出申请,院长批准。

审判委员会讨论案件,合议庭对其汇报的事实负责,审判委员会委员对本人发表的意见和表决负责。审判委员会的决定,合议庭应当执行。

审判委员会讨论案件的决定及其理由应当在裁判文书中公开,法律规定不公开的除外。

第四章 人民法院的人员组成

第四十条 【审判人员的组成】人民法院的审判人员由院长、副院长、审判委员会委员和审判员等人员组成。

第四十一条 【院长、副院长职责】人民法院院长负责本院全面工作,监督本院审判工作,管理本院行政事务。人民法院副院长协助院长工作。

第四十二条 【最高人民法院法官产生办法】最高人民法院院长由全国人民代表大会选举,副院长、审判委员会委员、庭长、副庭长和审判员由院长提请全国人民代表大会常务委员会任免。

最高人民法院巡回法庭庭长、副庭长,由最高人民法院院长提请全国人民代表大会常务委员会任免。

第四十三条 【地方各级法官产生办法】地方各级人民法院院长由本级人民代表大会选举,副院长、审判委员会委员、庭长、副庭长和审判员由院长提请本级人民代表大会常务委员会任免。

在省、自治区内按地区设立的和在直辖市内设立的中级人民法院院长,由省、自治区、直辖市人民代表大会常务委员会根据主任会议的提名决定任免,副院长、审判委员会委员、庭长、副庭长和审判员由高级人民法院院长提请省、自治区、直辖市人民代表大会常务委员会任免。

第四十四条 【院长任期】人民法院院长任期与产生它的人民代表大会每届任期相同。

各级人民代表大会有权罢免由其选出的人民法院院长。在地方人民代表大会闭会期间,本级人民代表大会常务委员会认为人民法院院长需要撤换的,应当报请上级人民代表大会常务委员会批准。

第四十五条 【人员分类管理】人民法院的法官、审判辅助人员和司法行政人员实行分类管理。

第四十六条 【员额制】法官实行员额制。法官员额根据案件数量、经济社会发展情况、人口数量和人民法院审级等因素确定。

最高人民法院法官员额由最高人民法院商有关部门确定。地方各级人民法院法官员额,在省、自治区、直辖市内实行总量控制、动态管理。

第四十七条 【法官选任】法官从取得法律职业资格并且具备法律规定的其他条件的人员中选任。初任法官应当由法官遴选委员会进行专业能力审核。上级人民法院的法官一般从下级人民法院的法官中择优遴选。

院长应当具有法学专业知识和法律职业经历。副院长、审判委员会委员应当从法官、检察官或者其他具备法官、检察官条件的人员中产生。

法官的职责、管理和保障,依照《中华人民共和国法官法》的规定。

第四十八条 【法官助理职责】人民法院的法官助理在法官指导下负责审查案件材料、草拟法律文书等审判辅助事务。

符合法官任职条件的法官助理,经遴选后可以按照法官任免程序任命为法官。

第四十九条 【书记员职责】人民法院的书记员负责法庭审理记录等审判辅助事务。

第五十条 【司法警察职责】人民法院的司法警察负责法庭警戒、人员押解和看管等警务事项。

司法警察依照《中华人民共和国人民警察法》管理。

第五十一条 【司法技术人员职责】人民法院根据审判工作需要,可以设司法技术人员,负责与审判工作有关的事项。

第五章　人民法院行使职权的保障

第五十二条 【禁止越权行为】任何单位或者个人不得要求法官从事超出

法定职责范围的事务。

对于领导干部等干预司法活动、插手具体案件处理,或者人民法院内部人员过问案件情况的,办案人员应当全面如实记录并报告;有违法违纪情形的,由有关机关根据情节轻重追究行为人的责任。

第五十三条 【生效法律文书的履行】人民法院作出的判决、裁定等生效法律文书,义务人应当依法履行;拒不履行的,依法追究法律责任。

第五十四条 【维护法庭秩序和审判权威】人民法院采取必要措施,维护法庭秩序和审判权威。对妨碍人民法院依法行使职权的违法犯罪行为,依法追究法律责任。

第五十五条 【培训制度】人民法院实行培训制度,法官、审判辅助人员和司法行政人员应当接受理论和业务培训。

第五十六条 【人员编制】人民法院人员编制实行专项管理。

第五十七条 【经费保障】人民法院的经费按照事权划分的原则列入财政预算,保障审判工作需要。

第五十八条 【信息化建设】人民法院应当加强信息化建设,运用现代信息技术,促进司法公开,提高工作效率。

第六章 附 则

第五十九条 【施行日期】本法自2019年1月1日起施行。

军人违反职责罪案件立案标准的规定

1. 2013年2月26日最高人民检察院、解放军总政治部公布
2. 政检〔2013〕1号
3. 自2013年3月28日起施行

为了依法惩治军人违反职责犯罪,保护国家军事利益,根据《中华人民共和国刑法》《中华人民共和国刑事诉讼法》和其他有关规定,结合军队司法实践,制定本规定。

第一条 战时违抗命令案(刑法第四百二十一条)

战时违抗命令罪是指战时违抗命令,对作战造成危害的行为。

违抗命令,是指主观上出于故意,客观上违背、抗拒首长、上级职权范

围内的命令,包括拒绝接受命令、拒不执行命令,或者不按照命令的具体要求行动等。

战时涉嫌下列情形之一的,应予立案:

(一)扰乱作战部署或者贻误战机的;

(二)造成作战任务不能完成或者迟缓完成的;

(三)造成我方人员死亡一人以上,或者重伤二人以上,或者轻伤三人以上的;

(四)造成武器装备、军事设施、军用物资损毁,直接影响作战任务完成的;

(五)对作战造成其他危害的。

第二条 隐瞒、谎报军情案(刑法第四百二十二条)

隐瞒、谎报军情罪是指故意隐瞒、谎报军情,对作战造成危害的行为。

涉嫌下列情形之一的,应予立案:

(一)造成首长、上级决策失误的;

(二)造成作战任务不能完成或者迟缓完成的;

(三)造成我方人员死亡一人以上,或者重伤二人以上,或者轻伤三人以上的;

(四)造成武器装备、军事设施、军用物资损毁,直接影响作战任务完成的;

(五)对作战造成其他危害的。

第三条 拒传、假传军令案(刑法第四百二十二条)

拒传军令罪是指负有传递军令职责的军人,明知是军令而故意拒绝传递或者拖延传递,对作战造成危害的行为。

假传军令罪是指故意伪造、篡改军令,或者明知是伪造、篡改的军令而予以传达或者发布,对作战造成危害的行为。

涉嫌下列情形之一的,应予立案:

(一)造成首长、上级决策失误的;

(二)造成作战任务不能完成或者迟缓完成的;

(三)造成我方人员死亡一人以上,或者重伤二人以上,或者轻伤三人以上的;

(四)造成武器装备、军事设施、军用物资损毁,直接影响作战任务完成的;

（五）对作战造成其他危害的。

第四条 投降案（刑法第四百二十三条）

投降罪是指在战场上贪生怕死，自动放下武器投降敌人的行为。

凡涉嫌投降敌人的，应予立案。

第五条 战时临阵脱逃案（刑法第四百二十四条）

战时临阵脱逃罪是指在战斗中或者在接受作战任务后，逃离战斗岗位的行为。

凡战时涉嫌临阵脱逃的，应予立案。

第六条 擅离、玩忽军事职守案（刑法第四百二十五条）

擅离、玩忽军事职守罪是指指挥人员和值班、值勤人员擅自离开正在履行职责的岗位，或者在履行职责的岗位上，严重不负责任，不履行或者不正确履行职责，造成严重后果的行为。

指挥人员，是指对部队或者部属负有组织、领导、管理职责的人员。专业主管人员在其业务管理范围内，视为指挥人员。

值班人员，是指军队各单位、各部门为保持指挥或者履行职责不间断而设立的、负责处理本单位、本部门特定事务的人员。

值勤人员，是指正在担任警卫、巡逻、观察、纠察、押运等勤务，或者作战勤务工作的人员。

涉嫌下列情形之一的，应予立案：

（一）造成重大任务不能完成或者迟缓完成的；

（二）造成死亡一人以上，或者重伤三人以上，或者重伤二人、轻伤四人以上，或者重伤一人、轻伤七人以上，或者轻伤十人以上的；

（三）造成枪支、手榴弹、爆炸装置或者子弹十发、雷管三十枚、导火索或者导爆索三十米、炸药一千克以上丢失、被盗，或者不满规定数量，但后果严重，或者造成其他重要武器装备、器材丢失、被盗的；

（四）造成武器装备、军事设施、军用物资或者其他财产损毁，直接经济损失三十万元以上，或者直接经济损失、间接经济损失合计一百五十万元以上的；

（五）造成其他严重后果的。

第七条 阻碍执行军事职务案（刑法第四百二十六条）

阻碍执行军事职务罪是指以暴力、威胁方法，阻碍指挥人员或者值班、值勤人员执行职务的行为。

凡涉嫌阻碍执行军事职务的,应予立案。

第八条　指使部属违反职责案(刑法第四百二十七条)

指使部属违反职责罪是指指挥人员滥用职权,指使部属进行违反职责的活动,造成严重后果的行为。

涉嫌下列情形之一的,应予立案:

(一)造成重大任务不能完成或者迟缓完成的;

(二)造成死亡一人以上,或者重伤二人以上,或者重伤一人、轻伤三人以上,或者轻伤五人以上的;

(三)造成武器装备、军事设施、军用物资或者其他财产损毁,直接经济损失二十万元以上,或者直接经济损失、间接经济损失合计一百万元以上的;

(四)造成其他严重后果的。

第九条　违令作战消极案(刑法第四百二十八条)

违令作战消极罪是指指挥人员违抗命令,临阵畏缩,作战消极,造成严重后果的行为。

违抗命令,临阵畏缩,作战消极,是指在作战中故意违背、抗拒执行首长、上级的命令,面临战斗任务而畏难怕险,怯战怠战,行动消极。

涉嫌下列情形之一的,应予立案:

(一)扰乱作战部署或者贻误战机的;

(二)造成作战任务不能完成或者迟缓完成的;

(三)造成我方人员死亡一人以上,或者重伤二人以上,或者轻伤三人以上的;

(四)造成武器装备、军事设施、军用物资或者其他财产损毁,直接经济损失二十万元以上,或者直接经济损失、间接经济损失合计一百万元以上的;

(五)造成其他严重后果的。

第十条　拒不救援友邻部队案(刑法第四百二十九条)

拒不救援友邻部队罪是指指挥人员在战场上,明知友邻部队面临被敌人包围、追击或者阵地将被攻陷等危急情况请求救援,能救援而不救援,致使友邻部队遭受重大损失的行为。

能救援而不救援,是指根据当时自己部队(分队)所处的环境、作战能力及所担负的任务,有条件组织救援却没有组织救援。

涉嫌下列情形之一的,应予立案:

(一)造成战斗失利的;

(二)造成阵地失陷的;

(三)造成突围严重受挫的;

(四)造成我方人员死亡三人以上,或者重伤十人以上,或者轻伤十五人以上的;

(五)造成武器装备、军事设施、军用物资损毁,直接经济损失一百万元以上的;

(六)造成其他重大损失的。

第十一条 军人叛逃案(刑法第四百三十条)

军人叛逃罪是指军人在履行公务期间,擅离岗位,叛逃境外或者在境外叛逃,危害国家军事利益的行为。

涉嫌下列情形之一的,应予立案:

(一)因反对国家政权和社会主义制度而出逃的;

(二)掌握、携带军事秘密出境后滞留不归的;

(三)申请政治避难的;

(四)公开发表叛国言论的;

(五)投靠境外反动机构或者组织的;

(六)出逃至交战对方区域的;

(七)进行其他危害国家军事利益活动的。

第十二条 非法获取军事秘密案(刑法第四百三十一条第一款)

非法获取军事秘密罪是指违反国家和军队的保密规定,采取窃取、刺探、收买方法,非法获取军事秘密的行为。

军事秘密,是关系国防安全和军事利益,依照规定的权限和程序确定,在一定时间内只限一定范围的人员知悉的事项。内容包括:

(一)国防和武装力量建设规划及其实施情况;

(二)军事部署,作战、训练以及处置突发事件等军事行动中需要控制知悉范围的事项;

(三)军事情报及其来源,军事通信、信息对抗以及其他特种业务的手段、能力,密码以及有关资料;

(四)武装力量的组织编制,部队的任务、实力、状态等情况中需要控制知悉范围的事项,特殊单位以及师级以下部队的番号;

（五）国防动员计划及其实施情况；

（六）武器装备的研制、生产、配备情况和补充、维修能力，特种军事装备的战术技术性能；

（七）军事学术和国防科学技术研究的重要项目、成果及其应用情况中需要控制知悉范围的事项；

（八）军队政治工作中不宜公开的事项；

（九）国防费分配和使用的具体事项，军事物资的筹措、生产、供应和储备等情况中需要控制知悉范围的事项；

（十）军事设施及其保护情况中不宜公开的事项；

（十一）对外军事交流与合作中不宜公开的事项；

（十二）其他需要保密的事项。

凡涉嫌非法获取军事秘密的，应予立案。

第十三条 为境外窃取、刺探、收买、非法提供军事秘密案（刑法第四百三十一条第二款）

为境外窃取、刺探、收买、非法提供军事秘密罪是指违反国家和军队的保密规定，为境外的机构、组织、人员窃取、刺探、收买、非法提供军事秘密的行为。

凡涉嫌为境外窃取、刺探、收买、非法提供军事秘密的，应予立案。

第十四条 故意泄露军事秘密案（刑法第四百三十二条）

故意泄露军事秘密罪是指违反国家和军队的保密规定，故意使军事秘密被不应知悉者知悉或者超出了限定的接触范围，情节严重的行为。

涉嫌下列情形之一的，应予立案：

（一）泄露绝密级或者机密级军事秘密一项（件）以上的；

（二）泄露秘密级军事秘密三项（件）以上的；

（三）向公众散布、传播军事秘密的；

（四）泄露军事秘密造成严重危害后果的；

（五）利用职权指使或者强迫他人泄露军事秘密的；

（六）负有特殊保密义务的人员泄密的；

（七）以牟取私利为目的泄露军事秘密的；

（八）执行重大任务时泄密的；

（九）有其他情节严重行为的。

第十五条 过失泄露军事秘密案（刑法第四百三十二条）

过失泄露军事秘密罪是指违反国家和军队的保密规定,过失泄露军事秘密,致使军事秘密被不应知悉者知悉或者超出了限定的接触范围,情节严重的行为。

涉嫌下列情形之一的,应予立案:

(一)泄露绝密级军事秘密一项(件)以上的;

(二)泄露机密级军事秘密三项(件)以上的;

(三)泄露秘密级军事秘密四项(件)以上的;

(四)负有特殊保密义务的人员泄密的;

(五)泄露军事秘密或者遗失军事秘密载体,不按照规定报告,或者不如实提供有关情况,或者未及时采取补救措施的;

(六)有其他情节严重行为的。

第十六条　战时造谣惑众案(刑法第四百三十三条)

战时造谣惑众罪是指在战时造谣惑众,动摇军心的行为。

造谣惑众,动摇军心,是指故意编造、散布谣言,煽动怯战、厌战或者恐怖情绪,蛊惑官兵,造成或者足以造成部队情绪恐慌、士气不振、军心涣散的行为。

凡战时涉嫌造谣惑众,动摇军心的,应予立案。

第十七条　战时自伤案(刑法第四百三十四条)

战时自伤罪是指在战时为了逃避军事义务,故意伤害自己身体的行为。

逃避军事义务,是指逃避临战准备、作战行动、战场勤务和其他作战保障任务等与作战有关的义务。

凡战时涉嫌自伤致使不能履行军事义务的,应予立案。

第十八条　逃离部队案(刑法第四百三十五条)

逃离部队罪是指违反兵役法规,逃离部队,情节严重的行为。

违反兵役法规,是指违反国防法、兵役法和军队条令条例以及其他有关兵役方面的法律规定。

逃离部队,是指擅自离开部队或者经批准外出逾期拒不归队。

涉嫌下列情形之一的,应予立案:

(一)逃离部队持续时间达三个月以上或者三次以上或者累计时间达六个月以上的;

(二)担负重要职责的人员逃离部队的;

(三)策动三人以上或者胁迫他人逃离部队的;
(四)在执行重大任务期间逃离部队的;
(五)携带武器装备逃离部队的;
(六)有其他情节严重行为的。

第十九条 武器装备肇事案(刑法第四百三十六条)

武器装备肇事罪是指违反武器装备使用规定,情节严重,因而发生责任事故,致人重伤、死亡或者造成其他严重后果的行为。

情节严重,是指故意违反武器装备使用规定,或者在使用过程中严重不负责任。

涉嫌下列情形之一的,应予立案:

(一)影响重大任务完成的;
(二)造成死亡一人以上,或者重伤二人以上,或者轻伤三人以上的;
(三)造成武器装备、军事设施、军用物资或者其他财产损毁,直接经济损失三十万元以上,或者直接经济损失、间接经济损失合计一百五十万元以上的;
(四)严重损害国家和军队声誉,造成恶劣影响的;
(五)造成其他严重后果的。

第二十条 擅自改变武器装备编配用途案(刑法第四百三十七条)

擅自改变武器装备编配用途罪是指违反武器装备管理规定,未经有权机关批准,擅自将编配的武器装备改作其他用途,造成严重后果的行为。

涉嫌下列情形之一的,应予立案:

(一)造成重大任务不能完成或者迟缓完成的;
(二)造成死亡一人以上,或者重伤三人以上,或者重伤二人、轻伤四人以上,或者重伤一人、轻伤七人以上,或者轻伤十人以上的;
(三)造成武器装备、军事设施、军用物资或者其他财产损毁,直接经济损失三十万元以上,或者直接经济损失、间接经济损失合计一百五十万元以上的;
(四)造成其他严重后果的。

第二十一条 盗窃、抢夺武器装备、军用物资案(刑法第四百三十八条)

盗窃武器装备罪是指以非法占有为目的,秘密窃取武器装备的行为。

抢夺武器装备罪是指以非法占有为目的,乘人不备,公然夺取武器装备的行为。

凡涉嫌盗窃、抢夺武器装备的,应予立案。

盗窃军用物资罪是指以非法占有为目的,秘密窃取军用物资的行为。

抢夺军用物资罪是指以非法占有为目的,乘人不备,公然夺取军用物资的行为。

凡涉嫌盗窃、抢夺军用物资价值二千元以上,或者不满规定数额,但后果严重的,应予立案。

第二十二条 非法出卖、转让武器装备案(刑法第四百三十九条)

非法出卖、转让武器装备罪是指非法出卖、转让武器装备的行为。

出卖、转让,是指违反武器装备管理规定,未经有权机关批准,擅自用武器装备换取金钱、财物或者其他利益,或者将武器装备馈赠他人的行为。

涉嫌下列情形之一的,应予立案:

(一)非法出卖、转让枪支、手榴弹、爆炸装置的;

(二)非法出卖、转让子弹十发、雷管三十枚、导火索或者导爆索三十米、炸药一千克以上,或者不满规定数量,但后果严重的;

(三)非法出卖、转让武器装备零部件或者维修器材、设备,致使武器装备报废或者直接经济损失三十万元以上的;

(四)非法出卖、转让其他重要武器装备的。

第二十三条 遗弃武器装备案(刑法第四百四十条)

遗弃武器装备罪是指负有保管、使用武器装备义务的军人,违抗命令,故意遗弃武器装备的行为。

涉嫌下列情形之一的,应予立案:

(一)遗弃枪支、手榴弹、爆炸装置的;

(二)遗弃子弹十发、雷管三十枚、导火索或者导爆索三十米、炸药一千克以上,或者不满规定数量,但后果严重的;

(三)遗弃武器装备零部件或者维修器材、设备,致使武器装备报废或者直接经济损失三十万元以上的;

(四)遗弃其他重要武器装备的。

第二十四条 遗失武器装备案(刑法第四百四十一条)

遗失武器装备罪是指遗失武器装备,不及时报告或者有其他严重情节的行为。

其他严重情节,是指遗失武器装备严重影响重大任务完成的;给人民群众生命财产安全造成严重危害的;遗失的武器装备被敌人或者境外的机构、组织和人员或者国内恐怖组织和人员利用,造成严重后果或者恶劣影响的;遗失的武器装备数量多、价值高的;战时遗失的,等等。

凡涉嫌遗失武器装备不及时报告或者有其他严重情节的,应予立案。

第二十五条 擅自出卖、转让军队房地产案(刑法第四百四十二条)

擅自出卖、转让军队房地产罪是指违反军队房地产管理和使用规定,未经有权机关批准,擅自出卖、转让军队房地产,情节严重的行为。

军队房地产,是指依法由军队使用管理的土地及其地上地下用于营房保障的建筑物、构筑物、附属设施设备,以及其他附着物。

涉嫌下列情形之一的,应予立案:

(一)擅自出卖、转让军队房地产价值三十万元以上的;

(二)擅自出卖、转让军队房地产给境外的机构、组织、人员的;

(三)擅自出卖、转让军队房地产严重影响部队正常战备、训练、工作、生活和完成军事任务的;

(四)擅自出卖、转让军队房地产给军事设施安全造成严重危害的;

(五)有其他情节严重行为的。

第二十六条 虐待部属案(刑法第四百四十三条)

虐待部属罪是指滥用职权,虐待部属,情节恶劣,致人重伤、死亡或者造成其他严重后果的行为。

虐待部属,是指采取殴打、体罚、冻饿或者其他有损身心健康的手段,折磨、摧残部属的行为。

情节恶劣,是指虐待手段残酷的;虐待三人以上的;虐待部属三次以上的;虐待伤病残部属的,等等。

其他严重后果,是指部属不堪忍受虐待而自杀、自残造成重伤或者精神失常的;诱发其他案件、事故的;导致部属一人逃离部队三次以上,或者二人以上逃离部队的;造成恶劣影响的,等等。

凡涉嫌虐待部属,情节恶劣,致人重伤、死亡或者造成其他严重后果的,应予立案。

第二十七条 遗弃伤病军人案(刑法第四百四十四条)

遗弃伤病军人罪是指在战场上故意遗弃我方伤病军人,情节恶劣的行为。

涉嫌下列情形之一的,应予立案:

(一)为挟嫌报复而遗弃伤病军人的;

(二)遗弃伤病军人三人以上的;

(三)导致伤病军人死亡、失踪、被俘的;

(四)有其他恶劣情节的。

第二十八条 战时拒不救治伤病军人案(刑法第四百四十五条)

战时拒不救治伤病军人罪是指战时在救护治疗职位上,有条件救治而拒不救治危重伤病军人的行为。

有条件救治而拒不救治,是指根据伤病军人的伤情或者病情,结合救护人员的技术水平、医疗单位的医疗条件及当时的客观环境等因素,能够给予救治而拒绝抢救、治疗。

凡战时涉嫌拒不救治伤病军人的,应予立案。

第二十九条 战时残害居民、掠夺居民财物案(刑法第四百四十六条)

战时残害居民罪是指战时在军事行动地区残害无辜居民的行为。

无辜居民,是指对我军无敌对行动的平民。

战时涉嫌下列情形之一的,应予立案:

(一)故意造成无辜居民死亡、重伤或者轻伤三人以上的;

(二)强奸无辜居民的;

(三)故意损毁无辜居民财物价值五千元以上,或者不满规定数额,但手段恶劣、后果严重的。

战时掠夺居民财物罪是指战时在军事行动地区抢劫、抢夺无辜居民财物的行为。

战时涉嫌下列情形之一的,应予立案:

(一)抢劫无辜居民财物的;

(二)抢夺无辜居民财物价值二千元以上,或者不满规定数额,但手段恶劣、后果严重的。

第三十条 私放俘虏案(刑法第四百四十七条)

私放俘虏罪是指擅自将俘虏放走的行为。凡涉嫌私放俘虏的,应予立案。

第三十一条 虐待俘虏案(刑法第四百四十八条)

虐待俘虏罪是指虐待俘虏,情节恶劣的行为。

涉嫌下列情形之一的,应予立案:

(一)指挥人员虐待俘虏的；
(二)虐待俘虏三人以上,或者虐待俘虏三次以上的；
(三)虐待俘虏手段特别残忍的；
(四)虐待伤病俘虏的；
(五)导致俘虏自杀、逃跑等严重后果的；
(六)造成恶劣影响的；
(七)有其他恶劣情节的。

第三十二条　本规定适用于中国人民解放军的现役军官、文职干部、士兵及具有军籍的学员和中国人民武装警察部队的现役警官、文职干部、士兵及具有军籍的学员以及执行军事任务的预备役人员和其他人员涉嫌军人违反职责犯罪的案件。

第三十三条　本规定所称"战时",是指国家宣布进入战争状态、部队受领作战任务或者遭敌突然袭击时。部队执行戒严任务或者处置突发性暴力事件时,以战时论。

第三十四条　本规定中的"违反职责",是指违反国家法律、法规,军事法规、军事规章所规定的军人职责,包括军人的共同职责,士兵、军官和首长的一般职责,各类主管人员和其他从事专门工作的军人的专业职责等。

第三十五条　本规定所称"以上",包括本数;有关犯罪数额"不满",是指已达到该数额百分之八十以上。

第三十六条　本规定中的"直接经济损失",是指与行为有直接因果关系而造成的财产损毁、减少的实际价值;"间接经济损失",是指由直接经济损失引起和牵连的其他损失,包括失去在正常情况下可能获得的利益和为恢复正常管理活动或者为挽回已经造成的损失所支付的各种费用等。

第三十七条　本规定中的"武器装备",是实施和保障军事行动的武器、武器系统和军事技术器材的统称。

第三十八条　本规定中的"军用物资",是除武器装备以外专供武装力量使用的各种物资的统称,包括装备器材、军需物资、医疗物资、油料物资、营房物资等。

第三十九条　本规定中财物价值和损失的确定,由部队驻地人民法院、人民检察院和公安机关指定的价格事务机构进行估价。武器装备、军事设施、军用物资的价值和损失,由部队军以上单位的主管部门确定;有条件的,也可以由部队驻地人民法院、人民检察院和公安机关指定的价格事务机构进行估价。

第四十条　本规定自2013年3月28日起施行。2002年10月31日总政治部发布的《关于军人违反职责罪案件立案标准的规定(试行)》同时废止。

最高人民法院关于军事法院
管辖民事案件若干问题的规定

1. 2012年8月20日最高人民法院审判委员会第1553次会议通过、2012年8月28日公布、自2012年9月17日起施行(法释〔2012〕11号)
2. 根据2020年12月23日最高人民法院审判委员会第1823次会议通过、2020年12月29日公布、自2021年1月1日起施行的《最高人民法院关于修改〈最高人民法院关于人民法院民事调解工作若干问题的规定〉等十九件民事诉讼类司法解释的决定》(法释〔2020〕20号)修正

根据《中华人民共和国人民法院组织法》《中华人民共和国民事诉讼法》等法律规定,结合人民法院民事审判工作实际,对军事法院管辖民事案件有关问题作如下规定:

第一条　下列民事案件,由军事法院管辖:
(一)双方当事人均为军人或者军队单位的案件,但法律另有规定的除外;
(二)涉及机密级以上军事秘密的案件;
(三)军队设立选举委员会的选民资格案件;
(四)认定营区内无主财产案件。

第二条　下列民事案件,地方当事人向军事法院提起诉讼或者提出申请的,军事法院应当受理:
(一)军人或者军队单位执行职务过程中造成他人损害的侵权责任纠纷案件;
(二)当事人一方为军人或者军队单位,侵权行为发生在营区内的侵权责任纠纷案件;
(三)当事人一方为军人的婚姻家庭纠纷案件;
(四)民事诉讼法第三十三条规定的不动产所在地、港口所在地、被

继承人死亡时住所地或者主要遗产所在地在营区内,且当事人一方为军人或者军队单位的案件;

（五）申请宣告军人失踪或者死亡的案件;

（六）申请认定军人无民事行为能力或者限制民事行为能力的案件。

第三条　当事人一方是军人或者军队单位,且合同履行地或者标的物所在地在营区内的合同纠纷,当事人书面约定由军事法院管辖,不违反法律关于级别管辖、专属管辖和专门管辖规定的,可以由军事法院管辖。

第四条　军事法院受理第一审民事案件,应当参照民事诉讼法关于地域管辖、级别管辖的规定确定。

当事人住所地省级行政区划内没有可以受理案件的第一审军事法院,或者处于交通十分不便的边远地区,双方当事人同意由地方人民法院管辖的,地方人民法院可以管辖,但本规定第一条第(二)项规定的案件除外。

第五条　军事法院发现受理的民事案件属于地方人民法院管辖的,应当移送有管辖权的地方人民法院,受移送的地方人民法院应当受理。地方人民法院认为受移送的案件不属于本院管辖的,应当报请上级地方人民法院处理,不得再自行移送。

地方人民法院发现受理的民事案件属于军事法院管辖的,参照前款规定办理。

第六条　军事法院与地方人民法院之间因管辖权发生争议,由争议双方协商解决;协商不成的,报请各自的上级法院协商解决;仍然协商不成的,报请最高人民法院指定管辖。

第七条　军事法院受理案件后,当事人对管辖权有异议的,应当在提交答辩状期间提出。军事法院对当事人提出的异议,应当审查。异议成立的,裁定将案件移送有管辖权的军事法院或者地方人民法院;异议不成立的,裁定驳回。

第八条　本规定所称军人是指中国人民解放军的现役军官、文职干部、士兵及具有军籍的学员,中国人民武装警察部队的现役警官、文职干部、士兵及具有军籍的学员。军队中的文职人员、非现役公勤人员、正式职工,由军队管理的离退休人员,参照军人确定管辖。

军队单位是指中国人民解放军现役部队和预备役部队、中国人民武装警察部队及其编制内的企业事业单位。

营区是指由军队管理使用的区域,包括军事禁区、军事管理区。

第九条 本解释施行前本院公布的司法解释以及司法解释性文件与本解释不一致的,以本解释为准。

国务院、中央军委关于进一步加强军人军属法律援助工作的意见

1. 2014年9月7日发布
2. 国发〔2014〕37号

各省、自治区、直辖市人民政府,国务院各部委、各直属机构,各军区、各军兵种、各总部、军事科学院、国防大学、国防科学技术大学,武警部队:

  做好军人军属法律援助工作,事关广大官兵切身利益,事关国防和军队建设,事关社会和谐稳定,对实现党在新形势下的强军目标,增强部队凝聚力战斗力,促进军政军民团结,具有重要作用。近年来,各级司法行政机关和法律援助机构在军队有关部门的支持配合下,建立健全军人军属法律援助工作站和联系点,及时为军人军属提供法律咨询;组织广大法律援助人员深入军营,为官兵普及法律知识;积极办理军人军属法律援助案件,最大限度维护军人军属合法权益,努力为国防和军队建设服务。但仍存在保障机制不够完善,法律援助供需矛盾突出等问题。为深入贯彻党的十八大和十八届二中、三中全会精神,落实党中央、国务院、中央军委的决策部署,促进国防和军队建设,有效满足军人军属法律援助需求,现就进一步加强军人军属法律援助工作提出如下意见。

一、加强军人军属法律援助工作的重要性和总体要求

  (一)充分认识重要性。军人军属法律援助工作是中国特色法律援助事业的重要组成部分。做好军人军属法律援助工作,是司法行政机关和部队有关部门的重要任务,对于完善法律援助制度,促进社会公平正义,推动军民融合深度发展,实现党在新形势下的强军目标,都具有重要意义。近年来,军地各级认真履行职责,密切协作配合,积极为军人军属提供法律援助服务,维护军人军属合法权益,取得明显成效。但也还存在一些问题,主要是:各地对军人军属法律援助申请条件、事项范围的规定

不一致；军队律师人员较少，难以满足军人军属法律援助需求；军地有关部门协作机制不够健全等。地方各级人民政府、各有关部门和军队各级要高度重视解决这些问题，充分调动各方面力量，切实做好军人军属法律援助工作，依法维护军人军属合法权益。

（二）把握总体要求。要以邓小平理论、"三个代表"重要思想、科学发展观为指导，深入贯彻落实习近平总书记系列重要讲话精神，坚持军爱民、民拥军，坚持围绕中心、服务大局，按照中央关于全面深化改革的要求，健全军队和地方统筹协调、需求对接、法律援助资源共享、优势互补机制，完善军人军属法律援助制度。逐步扩大军人军属法律援助范围，健全军地法律援助服务网络，建立军地法律援助衔接工作制度，加强各环节工作规范化建设，努力形成党委政府重视、有关部门组织协调、军地密切配合、社会各界支持的工作格局，最大限度满足军人军属法律援助需求。

二、进一步扩大军人军属法律援助覆盖面

（三）适当放宽经济困难条件。法律援助机构要把军人军属作为重点援助对象，及时有效地维护其合法权益。对军人军属申请法律援助的案件，经济困难条件应适当放宽。下列人员申请法律援助，免予经济困难条件审查：义务兵、供给制学员及军属；执行作战、重大非战争军事行动任务的军人及军属；烈士、因公牺牲军人、病故军人的遗属。军队中的文职人员、非现役公勤人员、在编职工，由军队管理的离退休人员，以及执行军事任务的预备役人员和其他人员，参照军人条件执行。

（四）逐步扩大法律援助事项范围。要逐步将民生领域与军人军属权益密切相关的事项纳入法律援助范围。对符合经济困难条件或免予经济困难条件审查的军人军属，在《法律援助条例》规定事项范围的基础上，申请下列需要代理的事项，应给予法律援助：请求给予优抚待遇的；涉及军人婚姻家庭纠纷的；因医疗、交通、工伤事故以及其他人身伤害案件造成人身损害或财产损失请求赔偿的；涉及农资产品质量纠纷、土地承包纠纷、宅基地纠纷以及保险赔付的。

（五）开展多种形式法律援助服务。积极帮助解决军人军属日常工作、生产生活中发生的矛盾纠纷，为他们排忧解难。司法行政机关要会同部队有关部门经常了解掌握军人军属法律需求状况，通过设置法律信箱、加强"12348"法律援助热线建设、开通网上专栏等方式，及时提供法律咨询等服务，为官兵解疑释惑。组织开展法律援助进军营、送法下基层等活动,普及法律知识,增强官兵法治意识,使知法用法守法、依法维权成为官兵的自觉行为。

（六）提高办案质量。完善案件指派工作,根据军人军属案件性质、法律援助人员专业特长和受援人意愿等因素,合理指派承办机构和人员,提高案件办理专业化水平。健全办案质量监督机制,加强案件质量检查、回访当事人等工作,督促法律援助机构和人员依法履行职责。对重大疑难案件,加强跟踪检查,确保军人军属获得优质高效的法律援助。

三、健全军人军属法律援助工作机制

（七）拓宽申请渠道。各地法律援助机构可在省军区（卫戍区、警备区）、军分区（警备区）、县（市、区）人民武装部建立军人军属法律援助工作站,有条件的可在团级以上部队建立军人军属法律援助工作站或联络点,接受军人军属的法律援助申请,作初步审查后转交法律援助机构办理。法律援助机构应派人参加军人军属法律援助工作站日常值班、接待咨询等工作。积极探索法律援助机构授权律师事务所等法律服务机构代为受理军人军属法律援助申请。开展流动服务和网上申请、受理,对伤病残等有特殊困难的军人军属实行电话申请、邮寄申请、上门受理等便利服务。

（八）优化办理程序。对军人军属申请法律援助的,应优先受理,并简化受理审查程序;情况紧急的可以先行受理,事后补办手续。健全军人军属法律援助案件异地协作机制,对需要异地调查取证的,相关地法律援助机构应积极给予协助,努力降低办案成本。办理军人军属法律援助案件,法律援助机构应及时向军队相关部门和军人所在单位通报情况、反馈信息,取得支持配合。要充分发挥军队法律顾问处和军队律师的职能作用,积极做好军人军属法律援助工作。

四、积极提供政策支持和相关保障

（九）完善政策措施。省级人民政府要根据经济社会发展实际和军人军属法律援助需求,及时调整法律援助补充事项范围,把与军人军属权益保护密切相关的事项纳入法律援助范围,放宽经济困难标准,让更多的军人军属受益受惠,努力实现应援尽援。省军区（卫戍区、警备区）要充分发挥桥梁纽带作用,积极配合地方人民政府制定完善有关政策措施并抓好落实。

（十）加强经费保障。各级人民政府要将军人军属法律援助经费纳入财政保障范围,并根据经济社会发展水平逐步加大经费投入。司法行政机关要积极推动落实法律援助经费保障政策,促进军人军属法律援助工作发展。有条件的地方可探索建立军人军属法律援助基金,专门用于办理军人军属法律援助案件。军队有关部门要积极配合地方司法行政机关,加强对军人军属法律援助工作站的规划、建设和管理,并给予必要的财力物力支持。要多方开辟法律援助经费筹措渠道,广泛吸纳社会资金,提倡和鼓励社会组织、企业和个人提供捐助,支持军人军属法律援助工作。

五、切实加强组织领导

(十一)坚持统一领导。做好军人军属法律援助工作是政府、军队和社会的共同责任,必须加强统一领导,齐抓共管。各级人民政府要把军人军属法律援助工作纳入地方经济社会发展总体规划,纳入双拥共建活动范畴,纳入社会治理和平安建设考评体系,统筹安排,整体推进。军地各有关部门要切实履行职责,建立军地法律援助衔接工作联席会议制度,及时沟通情况信息,研究存在问题,提出解决办法,齐心协力抓好工作落实。

(十二)搞好工作指导。各级司法行政机关和部队有关部门要认真履行组织、协调和指导军人军属法律援助工作的职责,充分发挥职能作用。进一步加强沟通协调,密切工作配合,建立制度化、规范化的衔接工作机制。加强调查研究,善于发现总结经验,发挥典型示范引领作用。法律援助机构要拓宽服务领域,丰富服务内容,创新服务方式,不断提高为军人军属提供法律援助服务的能力和水平。

(十三)加强队伍建设。积极依托军地法律人才资源,通过选用招聘、专兼职相结合等办法,充实军人军属法律援助工作力量。要把军队律师培养工作摆在突出位置,通过组织军人参加国家司法考试、加强业务培训、开展军队法律顾问处与地方法律援助机构或律师事务所共建活动等措施,努力建设一支素质优良、业务熟练的军队法律援助队伍。法律援助人员要牢固树立政治意识和责任意识,弘扬优良作风,立足本职,无私奉献,满腔热情做好军人军属法律援助工作。

(十四)抓好宣传引导。通过多种方式,广泛宣传做好军人军属法律援助工作的重要意义,宣传相关政策制度,大力培养和宣传为军人军属提供法律援助服务的先进典型,努力营造社会各界和广大群众积极参与、支持军人军属法律援助工作的浓厚氛围。对作出突出贡献的单位和个人给予表彰奖励,推动军人军属法律援助工作深入开展。

最高人民法院关于进一步加强
人民法院涉军案件审判工作的通知

1. 2010年7月28日发布
2. 法〔2010〕254号

各省、自治区、直辖市高级人民法院,解放军军事法院,新疆维吾尔自治区高级人民法院生产建设兵团分院:

最高人民法院、解放军总政治部《关于认真处理涉军纠纷和案件切实维护国防利益和军人军属合法权益的意见》发布近十年来,人民法院依法妥善处理了一大批涉军纠纷案件,为维护国防利益和军人军属合法权益,促进国防和军队建设作出了积极贡献。随着经济社会发展和军队使命任务拓展,军队建设和多样化军事任务中遇到的涉法涉诉问题日益增多,涉军案件审判工作面临许多新情况新问题。为了适应新的形势和任务要求,认真贯彻落实全国维护国防利益和军人军属合法权益工作表彰会议精神,人民法院要认真总结经验,发扬成绩,开拓创新,进一步发挥审判职能,为人民军队有效履行新的历史使命提供有力司法保障。

一、统一思想认识,进一步增强维护国防安全、保障社会稳定的责任感、使命感

1. 充分认识涉军案件审判工作的重要意义。依法行使涉军案件审判权,是人民法院服务国防和军队建设大局的主要途径,是落实党的拥军优属政策的必然要求,是深入推进"三项重点工作"的重要内容,也是深化"人民法官为人民"主题实践活动的有效载体。各级人民法院要以邓小平理论和"三个代表"重要思想为指导,深入贯彻落实科学发展观,紧紧围绕维护国防安全和促进社会稳定,把涉军案件审判工作状况纳入双拥工作、社会治安综合治理考评体系,坚持公平公正执法与保护国防利益相统一,依法独立行使审判权与军地协调配合相统一,认真贯彻党的有关政策,严格遵守法律规定,充分考虑部队实际,坚持能动司法,特事特办、高效便捷,提高审判质量效益,切实履行好维护国防利益和军人军属合法权

益的重要职责。

二、建立健全工作机制,规范涉军案件审判工作

2. 建立健全组织机构。按照中央关于加强涉军维权工作长效机制建设的总体要求,建立健全涉军案件审判工作组织机构。各级人民法院可结合审判实际,设立涉军案件审判工作领导小组,由一名院领导任组长,相关业务庭领导为成员,研究解决涉军审判工作中的重大问题,指导涉军审判工作的开展。指定审判管理机构或相关业务庭承担领导小组办公室职责,统一协调管理涉军案件审判工作,负责办理日常事务。相关业务庭应有相对固定的合议庭、独任审判员负责审理涉军案件。受理涉军案件较多的中级、基层人民法院可设立专门合议庭或审判庭。在各级人民法院尤其是基层人民法院,可选任现役军人、退役军人、军属担任陪审员,参与涉军案件审判。

3. 规范审判流程管理。各级人民法院对涉军案件立案、分案、排期、开庭、结案等环节,实施规范化管理。立案时,确定系涉军案件的,应在审判信息管理系统中作出"涉军"记载,分流到涉军案件专门审判组织进行审理。根据涉军案件的特点,制定审判流程管理和案件质量评查工作细则,杜绝超期限审理。建立完善涉军案件专门统计制度,应当及时将涉军案件当事人的基本情况、案由、简要案情等报本院涉军案件审判工作领导小组办公室,做到登记及时、数据准确。

4. 完善军地协调机制。各级人民法院要加强与驻地部队的联系沟通,建立健全军地联席会议、涉军案件信息通报、重大涉军案件督办等制度,研究交流涉军审判事宜。要协调相关军区、人民武装部和军事法院,在涉军案件确认、文书送达、调查取证、诉外协调、诉讼调解、裁判执行等方面,支持配合地方人民法院,共同做好涉军案件审判工作。处理重大疑难涉军案件,要通过当地涉军维权工作领导小组,与涉案部队及时联系,争取部队理解支持。

5. 积极开展司法救助和法律援助。对经济困难的军人军属,请求给付赡养费、抚养费、扶养费、抚恤金、优待金、社会保险金、劳动报酬和经济补偿金、人身损害赔偿等案件,依法决定诉讼费的缓、减、免交。军人军属合法财产权益因不能执行兑现、生活困难的,应积极协调有关部门,给予必要救助。军人军属需要法律援助的,应积极协调有关法律援助机构,及时提供法律援助。

三、抓住重点和关键,破解涉军案件审判工作难题

6. 依法确定涉军案件范围。涉军案件是指人民法院受理的以军队单位和军人军属为一方当事人的刑事、民事、行政等案件。军队单位是指中国人民解放军现役部队和预备役部队、中国人民武装警察部队及其编制内的企业事业单位。军人是指现役军(警)官、文职干部、士兵及具有军籍的学员。军队中的文职人员、非现役工勤人员、在编职工,由军队管理的离退休人员,以及执行军事任务的预备役人员和其他人员,按军人对待。军属是指军人的配偶、子女、父母以及其他与军人有法定扶养关系的亲属。

7. 突出抓好重大案件的审理。各级人民法院要突出重点,集中力量,着力抓好重大涉军案件的审判工作。依法严厉打击非法获取、故意泄露军事秘密、破坏武器装备、军事设施、军事通信、冒充军人招摇撞骗等犯罪,有效维护国防利益和军事安全;依法妥善处理涉及部队战备执勤、演习训练、国防工程建设、军事设施保护、军用土地权属、军事禁区管理等纠纷案件,保障部队正常的战备、训练和工作秩序;依法惩处故意杀害伤害军人军属、诱骗拐卖军属、破坏军婚等案件,切实保障军人军属的合法权益;审慎解决可能导致群体性事件以及因历史遗留问题引发的重大纠纷案件,维护军队的良好声誉。

8. 畅通诉讼绿色通道。涉军案件审判要做到优先立案、优先审结、优先执行,尽快消除因涉军纠纷案件给部队建设带来的消极影响。在立案大厅设立涉军案件立案窗口,引导当事人理性对待诉讼,合理选择纠纷解决方式,提高部队和军人军属依法诉讼的能力。凡符合立案条件的,要做到尽快受理,并及时将诉讼材料移送涉军案件审判组织。依法适用简易程序审理的,要加大审判力度,缩短办案周期。对军队一方当事人确有困难,无法自行收集证据的,人民法院可依职权调取证据。积极开展巡回审判,对于边远艰苦、交通不便的部队,可采取信函、传真等方式立案,借助互联网、视频系统等进行案件审理,为边海防和驻地偏远部队及军人军属提供诉讼便利。

9. 更加深入扎实做好调解工作。涉军案件审判要更加注重调解,切实把调解优先原则贯穿于审判工作全过程。要充分运用诉讼与非诉讼相衔接的纠纷解决机制,努力把涉军纠纷化解在诉讼之前。要在认真做好地方当事人调解工作的同时,通过部队做好军队一方当事人的思想工作,引导军地双方当事人达成共识、消除纷争。重大涉军案件,积极协调人民

武装部、团以上部队政治机关,形成合力,共同做好调解工作,最大限度地实现法律效果、社会效果和政治效果的统一。

10. 确保生效裁判的及时执行。切实加强涉军案件执行工作,保障当事人合法权益。在向军队一方当事人送达裁判文书时,要释明有关法律规定,指导其及时申请执行;军队一方为申请执行人的,要加大执行力度,必要时可请上级人民法院提级执行;军队一方为被执行人的,可通过部队组织督促被执行人履行法定义务,必要时可以请部队所在地的军事法院协助执行。

11. 扩大审判效果延伸司法服务。结合涉军案件审判工作,积极扩大办案效果,拓展司法服务领域。选择危害国防利益和军人军属合法权益的典型案例,开展法制宣传教育,增强广大人民群众的国防法制观念。可通过开设涉军纠纷法律咨询热线电话、网站专栏,向部队、军人军属发放"维权服务联系卡",设置驻军部队司法信箱等方式,为部队和军人军属依法维权提供司法服务。积极开展庭审观摩进军营、法律咨询进军营、法律培训进军营等活动,增强官兵依法办事意识和解决涉法涉诉问题的能力。

四、加强组织领导,推动涉军案件审判工作全面深入发展

12. 切实搞好统筹督导。各级人民法院要把涉军案件审判工作与其他工作科学统筹、协调推进。各级人民法院涉军案件审判工作领导小组每年应对本院涉军案件审判工作情况进行一次综合检查,加强监督指导,积极解决工作中遇到的困难和问题,保障涉军案件审判工作顺利进行。

13. 加强审判队伍建设。各级人民法院要选派政治过硬、业务精通、经验丰富、作风优良的业务骨干,充实涉军案件审判队伍。优先安排涉军案件合议庭或审判庭成员参加相关业务培训,通过参观走访、参加"国防教育日"等活动,激发爱国热情,增强国防观念,掌握必要的国防知识,准确把握部队和官兵维权需求,提高涉军案件审判水平。

14. 建立报告和通报制度。各级人民法院应将涉军案件审判工作情况纳入人民法院年度工作报告。要定期向当地涉军维权工作领导小组通报涉军案件审判工作情况,共同推动涉军维权工作深入开展。

15. 注重培养宣传先进典型。各级人民法院要把开展涉军案件审判工作情况纳入单位和个人业绩考核体系,作为创先争优的硬指标,对涉军案件审判工作实绩突出的单位和个人进行表彰;对工作失职渎职造成不良后果的,要追究相应的责任。要不断总结先进典型经验,与时俱进地树立和培养新的典型,广泛宣传他们的先进事迹,大力弘扬人民法院司法拥军的时代精神。

16. 加大物质装备保障力度。各级人民法院要从涉军案件审判工作实际出发,在年度预算中安排必要的经费,为涉军案件合议庭或审判庭配备必要的办案器材和工具,创造良好的工作条件,切实保障涉军案件审判工作的顺利开展。

最高人民法院、解放军总政治部关于认真处理涉军纠纷和案件切实维护国防利益和军人军属合法权益的意见

2000年12月25日发布

依法审理涉军案件是人民法院的职责,也是审判工作为国防事业和军队建设服务的重要体现;妥善解决官兵的涉法问题是部队各级党委的任务,也是加强部队思想政治建设、提高战斗力的客观需要。各级人民法院和部队各级党委应当充分认识处理涉军纠纷和案件的重要性,依据《中华人民共和国宪法》和《中华人民共和国国防法》等法律规定的精神,采取有力措施,建立有效的工作机制,切实维护国防利益和军人军属的合法权益。

一、充分认识依法妥善处理涉军纠纷和案件,维护国防利益和军人军属合法权益的重大意义。

当前我国正处于深刻的社会变革时期,各种社会矛盾和法律纠纷增多,军人军属涉法问题逐年增加。依法妥善处理涉军纠纷和案件,显得十分重要和迫切。人民解放军是执行革命政治任务的武装集团,担负着保卫国家安全、抵御外来侵略、维护国家统一的神圣使命。妥善处理部队涉法问题和涉军案件,直接关系到国防巩固和军政军民团结,关系到军队建设的长远发展,关系到党赋予人民解放军历史使命的完成。各级人民法院和部队各级党委,要进一步增强大局意识和法制观念,把依法妥善处理涉军纠纷和案件的工作,作为贯彻落实江泽民总书记关于"三个代表"重要思想以及《关于改革开放和发展社会主义市场经济条件下军队思想政

治建设若干问题的决定》的实际行动,为加强国防和军队建设创造良好的法制环境。

二、建立有效的工作机制,依法及时妥善地审理涉军案件。

近年来,一些地方人民法院以改革创新的精神积极探索,在不增加编制、人员和不打乱内部业务分工的前提下,建立审理涉军案件的工作机制,有效地提高了涉军案件的审判质量和效率,收到了良好的法律效果和社会效果。各级人民法院尤其是中级人民法院和基层人民法院,要学习借鉴成功的经验,由院领导牵头,有关业务庭负责人具体负责,加强对审理涉军案件的指导和协调。有关审判庭可以从实际出发,组成涉军案件合议庭,并逐步建立相应的工作机制。

人民法院办理涉军案件,要坚持审判质量与审判效率相统一,法律效果与社会效果相统一,平等保护诉讼当事人的合法权益,切实维护司法公正。要充分考虑涉军案件的特点,在法定时限内,及时立案、及时审理、及时审结、及时执行,切实维护国防利益和军人军属的合法权益。

三、充分发挥省军区系统的职能作用,做好解决涉军纠纷和案件的协调工作。

省军区系统特别是人民武装部作为联系部队和地方的桥梁纽带,在协调妥善处理涉军纠纷和案件方面,应当发挥重要的作用。各省军区(卫戍区、警备区)、军分区(警备区)和县(市、区)人民武装部,要把这项工作作为一项基本职能和重要任务,纳入"双拥"活动,支持、协助各地建立维护军人军属合法权益的工作机制,从组织领导上保证这项工作的健康开展。要建立健全法律服务组织,特别是人民武装部建立的军人军属法律服务站,要有专人负责,认真接待军人军属的来信来访,搞好法律咨询服务,配合、协助有关部门做好涉军纠纷的调解工作。

四、加强部队法律服务工作,建立健全法律服务信息网络。

各部队要加强与有关方面和部门的联系,为官兵涉法问题的解决创造条件。部队各级法律服务组织,要明确职责,完善制度,保证法律服务活动的经常开展。要充分利用现代科技手段,建立网上信息传输反馈系统,及时了解掌握官兵及其家庭涉及问题的情况,开展网上法律咨询服务活动,及时向官兵提供有关保护军人军属合法权益的政策、法规和解决涉法问题的对策和建议。各部队要充分利用省军区系统的法律咨询服务机构,及时与地方有关部门取得联系,反映军人军属的意见和要求。各级军事法院要充分发挥职能作用,进一步拓宽法律服务工作领域,加强与地方人民法院的联系和配合,共同维护司法公正,使涉军案件的审判收到最佳效果。

五、深入开展法制宣传教育,提高官兵依法办事的意识和能力。

开展法制宣传教育,是加强部队思想政治建设的一项重要内容,也是解决部队涉法问题的基础性工作。部队的法制宣传教育要在组织官兵系统学习法律知识,提高法律素质上下功夫,把学法、守法有机结合起来。既要组织官兵学习国家的基本法律,强化遵纪守法的自觉性,又要注意提高官兵运用法律知识解决实际问题能力。要教育引导官兵进一步明确,军人应带头按章办事,依法行使权利,不能因为自己是军人而谋求法外特权,要求法外照顾。要执行地方人民法院的裁判和有关部门的处理决定,认真履行应尽的义务。对可能处理不公的问题,要依法解决。同时要切实做好当事人的思想工作,坚决防止矛盾激化,引发事故和案件。

最高人民法院关于进一步发挥职能作用维护国防利益和军人军属合法权益的意见

1. 2014年10月29日发布
2. 法〔2014〕271号

人民法院作为国家司法机关,肩负着为经济社会发展和国家安全提供司法保障的历史重任。近年来,各级人民法院始终把涉军维权工作作为重要政治任务常抓不懈,紧贴部队官兵维权需要,积极履职尽能,不断探索创新,开展了多种形式的司法拥军活动,有力服务和保障了国防和军队建设。为落实中央政法委有关加强维护国防利益和军人军属合法权益工作的精神,进一步发挥人民法院职能作用,加强新形势下涉军维权工作力度,维护国防利益和军人军属合法权益,全面推进人民法院涉军维权工作,结合审判工作实际,提出如下意见:

一、深化思想认识,切实增强做好涉军维权工作的责任感使命感

1. 人民法院要站在党和国家工作全局高度,充分认识涉军维权工作的重要意义。建设强大国防和军队是实现国家长治久安的坚强后盾,是促进经济社会发展的安全保障。侵害国防利益、损害部队战斗力的案件，严重影响部队的安全稳定，危害国防安全和军事斗争准备。依法妥善审理涉军案件，严厉惩处侵害国防利益和军人军属合法权益的违法犯罪活动，优先化解各类涉军纠纷，为国防和军队建设提供司法保障，是人民法院开展涉军维权工作的主要途径，是落实党和国家拥军优属政策法规的实际举措，是服务国家安全稳定大局的重要内容。

2. 各级人民法院和广大干警，要深入学习贯彻党的十八大和十八届二中、三中、四中全会精神和习近平总书记系列重要讲话精神，依法公正及时审理涉军案件，切实维护国防利益和军人军属合法权益，充分发挥司法职能，为促进部队全面建设、提升部队战斗力提供有力司法保障，努力为实现强军目标作出积极贡献。

二、充分发挥人民法院职能作用，依法做好涉军案件审理工作

3. 依法做好涉军案件的受理工作。按照《最高人民法院关于进一步加强人民法院涉军案件审判工作的通知》《最高人民法院、最高人民检察院、公安部、国家安全部、司法部、解放军总政治部关于印发〈办理军队和地方互涉刑事案件规定〉的通知》《最高人民法院关于军事法院管辖民事案件若干问题的规定》等要求，准确确定涉军案件的受理和管辖范围。有需求、有条件的人民法院应在立案大厅设立涉军案件立案窗口，加强诉讼引导。要结合本地区特点，创新司法服务，为军人军属提供必要的诉讼指导，充分保障军人军属的诉讼权利。要通过诉前调解等方式，积极引导当事人理性对待诉讼，合理选择纠纷解决方式，提高部队和军人军属依法解决纠纷的能力。对符合立案条件的，要做到尽快受理，并及时将诉讼材料移送涉军案件审判组织。对边海防和驻地偏远的部队及军人军属，可以通过上门、远程、信函、传真等多种方式立案。

4. 依法对涉军案件当事人实施司法救助和法律援助。对经济确有困难的军人、军属请求给付赡养费、抚养费、抚育费、抚恤金、社会保险金、经济补偿金、人身损害赔偿金等案件，要积极落实司法救助政策，依法准许其免交、减交、缓交诉讼费用。对需要法律援助的军人、军属，要主动协调有关法律援助机构，及时提供法律援助。

5. 依法审理好各类涉军案件。依法严厉打击破坏武器装备、军事设施、军事通信，聚众冲击军事禁区，聚众扰乱军事管理区秩序等侵害国防利益的犯罪，切实维护军事安全；依法严惩冒充军人招摇撞骗，伪造、变

造、买卖或者盗窃、抢夺部队公文、证件、印章,非法生产、买卖部队制式服装,伪造、盗窃、买卖或者非法提供、使用武装部队专用标志等涉军造假犯罪,维护军队声誉、形象;依法惩处侵害军人军属人身财产权益的犯罪活动,有效保障军人军属合法权益。依法妥善处理涉及国防工程建设、军事设施保护、军用土地权属、军事禁区管理等涉军民事案件,保障部队正常的战备、训练和工作秩序;依法稳妥处理涉及军人军属的各类民事纠纷,维护好军人军属合法权益;依法审慎解决可能导致群体性事件以及因历史遗留问题引发的重大纠纷案件,维护军队的良好声誉。依法为军队核心产业、军工企业的科学发展提供司法支持,保障优势资源真正依法依规应用于充实核心国防力量。

6. 切实保障诉讼绿色通道畅通。要坚持按照优先立案、优先审结、优先执行的原则,确保涉军案件得到优质高效的审理和执行。对依法适用简易程序、小额诉讼程序审理的案件,要加大审判力度,缩短办案周期;严格执行审限制度,无法定事由不得擅自延长审限;对确因军事需要不能在法定期限内参加诉讼的官兵,依法采取中止诉讼等方式保障其诉讼权利。对涉军案件中涉及损害国防利益的事实和相关程序性事项,人民法院应当依职权主动调查取证;对军队一方当事人确有困难,无法自行收集的证据,人民法院可依职权调取证据。要积极开展巡回审判,结合本地涉军案件的实际和特点,通过建立驻军巡回办案点、开设"假日法庭"、实施远程视频开庭等方式,方便当事人诉讼,及时就地调处涉军纠纷。

7. 深入扎实做好涉军纠纷调解工作。要把维护军政、军民、军地团结作为涉军纠纷案件审判工作重要的价值取向,切实将调解优先原则贯彻于涉军案件审判工作全过程。要坚持预防为主、关口前移,强化涉军矛盾纠纷排查调处工作,充分运用诉讼与非诉讼相衔接的纠纷解决机制,努力把涉军纠纷化解在诉讼之前;要在认真做好地方当事人调解工作的同时,通过部队做好军队一方当事人的思想工作,引导军地双方当事人达成共识、消除纷争;要着眼于纠纷的实质性解决,充分运用军地资源,积极选聘军人、复退转业军人、军属担任人民陪审员、特约调解员等,做好纠纷调处工作,创新调解方式方法;对重大涉军案件,要积极协调人民武装部、团以上部队政治机关等形成合力,共同做好调解工作,最大限度地实现法律效果、社会效果和政治效果的统一;对达成调解协议的案件,要督促和引导当事人按照协议约定自觉履行。

8. 切实加强涉军案件裁判执行工作。人民法院在向军队一方当事人送达生效裁判文书时,应当释明有关法律规定,指导其及时申请执行,督促其及时履行生效裁判确定的义务。在执行中,对军队一方为申请执行人的,应当依法加大执行力度,对执行确有困难的,必要时可及时提请上级人民法院提级执行或者指令其他人民法院执行;对军队一方为被执行人的,可通过部队组织督促被执行人履行法定义务,必要时可以委托部队所在地有管辖权的军事法院执行。有需求、有条件的人民法院,可以通过设立专门的涉军案件执行机构、确定相对固定的执行人员等方式,提高案件执行效率,保障案件执行效果。

9. 加强涉军司法服务。各地人民法院要结合本地区实际,创新和丰富宣传教育的手段载体,选择危害国防利益和军人军属合法权益的典型案例,开展法制宣传教育,增强广大人民群众的国防法制观念,广泛宣传涉军案件审判执行工作的先进事迹、做法经验,不断扩大涉军案件审判执行工作的社会影响,营造拥军优属的社会氛围。要结合部队工作需要和特点,通过积极开展庭审观摩进军营、法律咨询进军营、法律培训进军营等活动,增强官兵依法办事意识和解决涉法涉诉问题的能力,促进部队依法治军。要不断创新司法拥军的内容和形式,通过发送司法建议、开设涉军纠纷法律咨询电话、网站专栏、电子邮箱、微博微信,向部队、军人军属发放"维权服务联系卡",设置驻军部队司法信箱等方式,为部队和军人军属依法维权提供司法服务。

三、健全完善审判工作机制,努力提高涉军维权工作质量和效果

10. 完善工作机制。各级人民法院要加强对涉军审判工作的组织领导,完善相关业务庭和各职能部门的沟通协调机制,建立健全研究解决涉军审判重大问题的工作制度。要结合审判工作实际,健全涉军审判工作的组织机构,明确岗位职责,配备政治素养好、业务能力强的审判人员。各级人民法院要定期向上级人民法院书面报告辖区内涉军审判工作情况,重大问题随时报告。针对涉军案件出现的新情况、新问题,要适时开展检查调研,提出针对性的措施办法。规范涉军案件登记管理,完善涉军案件统计制度,提高审判工作效率。

11. 密切军地协作。各级人民法院要坚持依法独立行使审判权与积极服务国防和军队建设相统一、公平公正执法与保护国防利益相统一,把党和国家的拥军优属政策和各项法律规定贯彻落实到审判活动全过程。

要重视加强与部队的联系沟通,下级法院因审理案件需要与军队联系沟通存在困难的,应当及时向上级法院报告,由上级法院提供协调和帮助。要认真落实军地联席会议、涉军案件信息通报、重大涉军案件督办等制度,充分听取军事法院、部队有关涉军案件审判工作的意见建议,尊重军事活动的特点规律,合理组织开展审判活动。要加强与部队政治部门、军事法院、省军区系统的协调配合,发挥部队思想政治工作优势,做好当事人思想工作和调解工作,争取对涉军案件审判工作的理解支持。

12. 探索建立和完善涉军案件统计制度。设计科学、运行顺畅的台账及统计制度,是加强涉军案件审判管理和决策分析的前提基础。各级人民法院要在立案、审判、执行等案件审理流程中,加强对涉军案件的管理和统计,适时开展专项司法统计分析,积极探索借助信息网络平台建设,促进涉军案件审判管理的规范化、信息化。

13. 加强工作考评,落实奖惩制度。各级人民法院要把年度综治考评作为推动涉军案件审判工作落实的重要手段,坚持高标准、严要求,搞好组织实施。要加强对涉军案件审判工作的考核评比,发挥考评的激励督导作用,要将涉军案件审判工作情况列入年终考核内容,纳入部门岗位责任目标管理,作为评先创优、选拔使用的重要政治指标。对工作不力造成不良后果的部门和法院,要及时督办问责,适时给予通报批评,情节严重的取消评先评优资格。要适时对涉军案件审判工作成绩突出的单位和个人进行通报表扬,及时依法依纪追究因工作懈怠造成严重后果者的责任。

四、进一步加强组织领导,推动涉军维权工作再上新台阶

14. 搞好统筹和组织协调。各级人民法院要在党委政法委统一领导和支持下,依法履行审判职能,科学统筹审判工作与支持国防和军队建设的关系,自觉将涉军案件审判纳入司法拥军范畴,作为维护国防利益和军人军属合法权益的重要手段。要根据涉军案件特点,科学制定审判流程管理和案件质量工作细则,合理安排涉军案件的立案、分案、排期、开庭、结案等环节,在事关案件审判的全局性、普遍性问题上,及时把关定向。要积极参与和支持各地涉军维权工作领导小组工作,与其他职能部门紧密配合,积极开展跨区域协作,依法妥善处理工作中遇到的困难和问题,保障涉军案件审判工作顺利进行。

15. 全力支持军事法院做好涉军维权工作。近年来,在党中央、中央

军委的坚强领导下,军事法院充分发挥职能作用,依法组织开展涉军维权工作,积极回应官兵维权需求。随着官兵法律需求的不断增长,军事法院涉军维权工作任务日益繁重。地方各级人民法院要把支持军事法院开展涉军维权工作作为重要任务,发挥本部门本地区工作优势,在重大疑难案件处理、涉军案件执行、法官学习培训、司法实践锻炼、审判业务交流等方面及时提供支持和帮助。要有序推进军地法院之间内部网络建设,加大设备和技术投入,尽快落实网络互联互通,实现信息资源共享。要支持军事法院开展国防和军队建设重大涉法问题调查研究,积极提供人才服务、资料互通、法理研究等方面的帮助,合力推动工作发展。

16.强化审判工作物质保障。各级人民法院要从涉军维权工作实际需要出发,按照办公有场所、办案有装备、办事有经费的要求,不断提升物质保障水平。要将经费保障纳入年度预算,建立与工作任务相适应的增长机制,为顺利开展工作创造条件。

关于加强军地检察机关公益诉讼协作工作的意见

1. 2020年4月22日最高人民检察院、中央军委政法委员会印发
2. 高检发〔2020〕8号

为了进一步加强军事检察机关与地方检察机关(以下简称军地检察机关)公益诉讼协作工作,推动检察公益诉讼深入开展,共同维护国家利益和社会公共利益,维护国防和军事利益,根据宪法、法律和其他有关规定,提出如下意见。

一、把握总体要求

(一)指导思想

以习近平新时代中国特色社会主义思想为指导,深入贯彻习近平强军思想,坚决落实习近平全面依法治国新理念新思想新战略,紧紧围绕"五位一体"总体布局和"四个全面"战略布局,以维护国家利益和社会公共利益、国防和军事利益为目的,以服务强军目标、服务备战打仗、服务依法治军为重点,以健全制度机制为保障,全面、深入、高效开展军地检察机关公益诉讼协作,充分发挥法律监督职能作用,为实现强国强军提供有力

司法保障。

(二)基本原则

——围绕中心,服务大局。坚持党的绝对领导,坚持为大局服务、为人民司法,紧紧围绕党、国家和军队的中心工作聚焦用力,充分发挥检察公益诉讼服务经济社会发展、保障国防和军队建设的职能作用。

——依法有序,高效便捷。以宪法、法律为依据,遵循诉讼规律和法律监督规律,健全机制,严格程序,提高效率,不断提升协作工作的制度化、规范化水平。

——密切配合,相互促进。树立"一盘棋"思想,强化"一体化"观念,主动作为、积极协调,资源共享、优势互补,不断拓展协作的广度深度,实现相互促进、共同提高、协同发展。

——与时俱进,开拓创新。适应新形势、解决新问题,积极探索特点规律,在办案中监督,在监督中办案,推动检察公益诉讼实践创新、理论创新、制度创新,保持协作工作的生机与活力。

——督促协同,共治共赢。践行双赢多赢共赢理念,提高政治站位,加强沟通协调,凝聚多方智慧,形成整体合力,促进共治共享共赢,努力实现政治效果、法律效果、社会效果和强军效果的有机统一。

二、丰富协作内容

(一)关于协作案件范围。军地检察机关在依法办理生态环境和资源保护、食品药品安全、国有财产保护、国有土地使用权出让、英雄烈士保护等领域涉军公益诉讼案件中加强协作配合。认真贯彻党的十九届四中全会关于拓展公益诉讼案件范围的决策部署,加大对破坏军事设施、侵占军用土地等涉军公益诉讼案件的办理力度,积极稳妥探索办理在国防动员、国防教育、国防资产、军事行动、军队形象声誉、军人地位和权益保护等方面的公益诉讼案件,着力维护国防和军事利益。

(二)关于协作案件管辖。办理军地互涉公益诉讼案件,当事人是地方单位或者人员的由地方检察机关管辖,是军队单位或者人员的由军事检察机关管辖。刑事附带民事公益诉讼案件,一般依照刑事案件确定管辖。管辖存在争议的,由发生争议的检察院或者争议双方各自上级检察院协商确定,不能协商确定的,层报最高人民检察院指定管辖。

(三)关于线索移送。军地检察机关要综合运用12309服务热线、相关信息平台、开展专项活动等途径摸排公益诉讼线索,注重发现涉及国防和军事利益的问题线索。对于管辖不明确、事实不清楚的案件线索,要进行审查评估,必要时可以调查核实,属于本院管辖的及时立案调查;属于对方管辖的,及时将案件线索和相关材料向对方移送,接收方应当及时反馈线索处理或案件办理情况。

(四)关于调查取证。办理公益诉讼案件中,地方检察机关需要向军队单位、人员或者在军队营区内调查取证的,军事检察机关应当予以协助;军事检察机关需要向地方单位或者人员调查取证的,地方检察机关应当予以协助。军地检察机关应当充分发挥自身人才、技术和信息等优势,为对方在专业领域调查取证提供支持。

(五)关于诉前程序。办理涉军民事公益诉讼案件,军地检察机关可以联合督促法律规定的机关或者建议有关组织提起民事公益诉讼;法律规定的机关或者有关组织提起民事公益诉讼的,军地检察机关可以支持起诉。办理涉军行政公益诉讼案件,军地检察机关可以联合发出检察建议、联合督导履职、召集军地有关单位共同研究磋商。军事检察机关在确有必要的情况下,可以单独向地方有关单位发出检察建议。

(六)关于提起诉讼。对军地互涉的公益诉讼案件提起诉讼,军地检察机关可以就案件事实、证据、适用法律和诉讼请求等进行充分磋商,探索共同派员参加庭前会议,对提起诉讼的检察机关给予支持。提起公益诉讼的检察机关决定撤回起诉的,一般应当征求对方检察机关意见。

(七)关于联合开展专项行动。军地检察机关应当结合办理公益诉讼案件,认真研究相关领域、重点环节具有普遍性、代表性的突出问题,联合开展专项监督行动,及时推荐推送指导性案例和典型案例,以个案办理推动行业系统整治,做到办理一案、教育一片、服务一方,实现公益诉讼效益最大化。

三、建立工作机制

(一)日常联络机制。建立常态化联络机制,明确专门联络机构,指定具体联络人员,做好沟通协调、线索移送、文件传输等日常联络工作。

(二)联席会议机制。定期或不定期召开联席会议,通报有关公益诉讼案件办理情况,研究解决办案中遇到的矛盾问题,围绕充分发挥职能作用、加强和改进协作工作等方面问题,研讨交流,凝聚共识。对于涉及双方的检察公益诉讼重大案件、重大事件、重要舆情以及突发性敏感问题,共同研究会商,妥善处置应对。

（三）一体化办案机制。办理军地互涉公益诉讼案件，可以根据需要成立协调小组，加强对办案工作的指挥协调，健全完善提办、领办、参办、交办、督办制度。对于涉及国家重大部署、群众反映强烈、社会高度关注、影响特别重大的案件，可以探索建立联合办案指挥中心，实现办案风险评估、办案力量调配、办案工作指挥方面的协同配合，尽快查清案件事实，精准实施法律监督，积极回应社会关切。

（四）资源共享和技术支持机制。加强信息交流和资源整合，有条件的可探索共建信息平台，在把握政策、应用法律、办理案件等方面互相借鉴，加强协同。发挥各自优势，为对方提供技术支持和服务保障，共享公益诉讼先鉴定后收费等优待政策。深化智慧借助，共用公益诉讼技术专家库，为办理疑难复杂案件提供专业指导。

（五）交流培训机制。定期开展业务交流，相互了解工作情况、介绍办案经验、研讨疑难问题，共同探索检察公益诉讼特点规律。军事检察机关可有计划地派员到地方检察机关见习锻炼，适时邀请地方检察机关专家骨干指导办案、培训授课。地方检察机关组织业务培训，可为军队预留名额，军事检察机关根据队伍建设情况和工作需要，统筹派员参加，提升干部队伍整体素质。

四、务求协作实效

（一）加强组织领导。人民检察院党组、军事检察院党委（支部）和部队党委政法委员会要将协作工作摆上重要位置，主要领导靠前指挥，加强统筹协调，及时跟进指导，解决困难问题，抓好工作落实。各省、自治区、直辖市人民检察院与驻地军事检察院可以结合实际，研究制定具体协作实施办法。

（二）加大协调力度。军地检察机关要成立公益诉讼协作领导小组，加强工作指导和办案协调。在积极开展协作的同时，军事检察机关要主动与案件管辖单位对接协调，争取支持配合；地方检察机关要坚持党的领导，依靠人大支持，加强与行政机关沟通配合，努力形成检察公益诉讼"一体两翼"、多元驱动的良好格局。

（三）注重调查研究。军地检察机关要积极适应检察公益诉讼面临的新形势新任务，围绕公益保护的重点难点、协作工作面临的矛盾困难、公益诉讼制度运行的实践路径等问题，深入开展调查研究，不断完善细化军地协作办法举措，加强协作工作科学化、规范化、制度化建设，促进军地检察公益诉讼工作相得益彰、协调发展。

（四）加强工作宣传。军地检察机关要积极通过主流媒体发声，综合运用广播电视、报纸杂志、门户网站、"两微一端"等媒介，广泛宣传检察公益诉讼协作工作情况、典型案件办理以及取得的显著成效，不断提高人民群众和广大官兵的认知度和认同感，为军地检察公益诉讼工作创新发展营造良好舆论环境。

附　录

人民法院依法维护国防利益和军人军属合法权益典型案例[①]

案例一

许某生破坏军事设施案

一、基本案情

2023年9月上中旬，许某生明知某输油管道是军事设施，为盗窃管道内飞机燃油，采用电钻钻孔的方式对军用输油管道实施破坏，并安装阀门、塑料管。9月17日，该管道进行输油作业时，阀门被冲落，造成飞机燃油喷出。经鉴定，泄漏损失9吨燃油，价值67977元，管道修复价格为14800元。案发后，被告人许某生如实供述自己的犯罪事实，并签署认罪认罚具结书。

二、裁判结果

生效裁判认为，被告人许某生破坏军事设施，造成严重后果，其行为构成破坏军事设施罪。案发后，许某生能如实供述自己的罪行，可以从轻处罚。许某生自愿认罪认罚，可以从宽处理。许某生的犯罪行为给被害军事单位造成的经济损失应予赔偿。遂以犯破坏军事设施罪，判处被告人许某生有期徒刑二年六个月；责令被告人许某生赔偿被害军事单位损失82777元。

三、典型意义

本案系依法惩治破坏军事设施犯罪的典型案例。军事设施是指国家直接用于军事目的、法律规定予以特殊保护的建筑、场地和设备。军事设施一旦受到破坏，损失的不仅仅是经济价值，还破坏了军队战斗力的生成和提

[①] 参见《人民法院依法维护国防利益和军人军属合法权益典型案例》，载最高人民法院官网2024年7月31日，https://www.court.gov.cn/zixun/xiangqing/439571.html。

高。本案中,许某生为实施盗窃,采取破坏军用输油管道的手段,导致飞机燃油泄漏、输油管道被迫停用、直接影响部队日常训练,其行为构成破坏军事设施罪。同时,审理法院还注重弥补部队经济损失,依法责令许某生予以赔偿,并在判决后及时执行,实现了政治效果、社会效果和法律效果的有机统一。

案例二

郑某超阻碍军人执行职务案

一、基本案情

2021年2月3日,中国人民解放军某部战士赵某、王某等人驾驶巡逻艇在某海域军事禁区内执行巡逻警戒任务。当天8时30分许,被告人郑某超与其堂弟驾驶载着违规渔具的自制小快艇擅自闯入军事禁区。战士赵某、王某对郑某超两人表明军人身份后要求其停船接受检查。郑某超因担心违规渔具被查扣,立即将小快艇掉头逃窜规避检查。8时50分许,该小快艇被巡逻艇截停,战士王某登临检查。郑某超为阻止检查,多次对王某推搡、拉扯,致使其落入海中。战士赵某随即对小快艇实施控制,并将落海的王某救起,郑某超则趁两战士不备跳入海中逃跑。随后,郑某超主动投案,如实供述犯罪事实,并表示自愿认罪认罚。

二、裁判结果

生效裁判认为,被告人郑某超以暴力阻碍军人依法执行职务,其行为已构成阻碍军人执行职务罪。案发后,郑某超主动投案,如实供述罪行,具有自首情节,可以从轻处罚;其自愿认罪认罚,可以从宽处理。遂判决被告人郑某超犯阻碍军人执行职务罪,判处拘役二个月,扣押的快艇等物品依法予以处理。

三、典型意义

本案是依法惩治阻碍军人执行职务犯罪的典型案例。军人执行演习演训、值班值勤、巡逻警戒等军事任务,是履行维护国家主权和安全的职务行为,不容阻挠干扰,更不得以暴力、威胁方法予以阻碍,否则将依法受到惩处。本案被告人擅自闯入军事禁区,拒不接受检查、驾艇逃逸,以推搡、拉扯等暴力方式阻碍军人执行职务,依法应当定罪处罚。审理法院考虑到被告人存在自首和认罪认罚等法定从轻从宽情节,本着惩罚与教育相结合的原则,对被告人"小惩大诫",表明了人民法院依法保护军人履职的司法态度。

案例三

曾某侵害英雄烈士名誉、荣誉权益民事公益诉讼案

一、基本案情

2021年2月19日,曾某在200多人的微信群聊中多次就中国人民解放军某边防团官兵誓死捍卫祖国领土的事迹发布带有侮辱性的不当、不实言论,诋毁英雄烈士,造成不良社会影响。检察机关对此依法提起了侵害英雄烈士名誉、荣誉权益民事公益诉讼,要求曾某在省级以上媒体公开赔礼道歉、消除影响。

二、裁判结果

生效裁判认为,曾某在人数众多的微信群中多次发布贬损、丑化英雄烈士名誉、荣誉的不实和不当言论,造成不良社会影响,不但损害英雄烈士人格权益,而且侵害社会公共利益,应承担侵权民事责任。遂判决曾某在省级以上媒体公开赔礼道歉、消除影响。判决生效后,曾某履行了判决确定的义务。

三、典型意义

本案是维护英雄烈士名誉、荣誉权益的典型案例。英雄烈士的事迹和精神,是中华民族共同的历史记忆和宝贵的精神财富。卫国戍边军人守护祖国大好河山,有的甚至献出生命,他们的英雄事迹和牺牲奉献精神需要全社会铭记和尊崇,不容许任何人玷污和践踏。人民法院依法判决被告承担相应的民事责任,旗帜鲜明地亮明了坚决打击贬损、诋毁英雄烈士名誉、荣誉的司法态度,对于促进和引领全社会形成尊重英烈、推崇英烈的社会风尚具有积极意义。

案例四

退役军人刘某才申请国家司法救助案

一、基本案情

申请人刘某才68岁,农业户籍,退役军人,未婚无子女,一人生活,身患癌症,生活困难。2021年,刘某才被朱某豹驾驶的机动车撞伤致残,起诉至法院。法院依法判决朱某豹承担相应的损害赔偿责任。但因朱某豹无偿付能力,生效判决无法执行到位。

二、救助过程

刘某才提出司法救助申请后,受理法院及时调查核实,接谈申请人,掌握现实急迫困难,秉持"救急救困""拥军优属"的救助理念,不到一周就完成救助工作,向刘某才发放司法救助金12万元。此后,受理法院加强跟踪回访,刘某才收到救助金后很快就到医院进行了手术治疗。

三、典型意义

本案是依法救助退役军人的典型案例。退役军人为国防和军队建设作出了重要贡献,尊重和保护退役军人合法权益,对于促进让军人成为全社会尊崇的职业具有重要意义。对于权利受到侵害,无法获得有效赔偿,生活面临急迫困难,符合国家司法救助条件的退役军人,应当优先救助。本案作为紧贴退役军人生活的"小案件",鲜活践行了将党和国家对困难退役军人的帮扶关爱落到实处的"大道理",体现了人民法院能动履职关心关爱退役军人合法权益的司法温度。

案例五

军人军属张某、王某琼申请执行案

一、基本案情

2021年6月,军人张小某在北京市西城区一路口被某公司运营车辆撞倒,受伤送医一个月后不治身亡。张小某的父母张某、王某琼将该公司诉至法院,法院判决被告赔偿医疗费、死亡赔偿金等共计105万余元。

二、执行情况

因涉案公司未履行生效判决确定的赔偿义务,张某、王某琼申请强制执行。经查询,涉案公司财产仅有现金3000余元,执行工作陷入困难。深入调查后,执行法院了解到涉案公司系在正常经营,遂加大调解力度,多次约谈涉案公司主要负责人,促成双方达成分期赔付的执行和解协议。此后,涉案公司如约履行了赔偿义务。

三、典型意义

本案是人民法院坚持能动履职、高效优先执行涉军案件的典型案例。优待军人军属是党和国家的一贯政策,也是对军人保家卫国、无私奉献的褒扬。本案中,执行法院加大执行力度,通过畅通高效优先执行的绿色通道,努力促成执行和解并得以履行,有效维护了军人军属合法权益,真正实现了案件执结事了人和。

英雄烈士保护领域检察公益诉讼典型案例[①]

1. 上海市静安区人民检察院诉张某侵害陈尔晋、王曼霞烈士名誉、荣誉刑事附带民事公益诉讼案

【关键词】

刑事附带民事公益诉讼 侵害英雄烈士名誉、荣誉 网络空间 消除影响 一体履职

【要旨】

检察机关办理通过短视频散布发布虚假信息等侵害英雄烈士名誉、荣誉公益诉讼案时,可根据网络平台传播的规律及计价规则等,通过诉请购买平台推广服务的方式,扩大恢复名誉等内容的传播范围,切实达到消除影响的目的。此外,可同步审查是否构成刑事犯罪,通过移送线索等方式一体履职。

【基本案情】

陈尔晋、王曼霞夫妇系中共地下党员,二人一直战斗在党的隐蔽战线,

---

① 参见《英雄烈士保护领域检察公益诉讼典型案例》,载最高人民检察院官网,https://www.spp.gov.cn/xwfbh/wsfbt/202409/t20240930_667742.shtml#2

收集情报、开展统战工作。1949年5月上海解放前夕，陈尔晋夫妇在获取国民党军队布防情报的行动中不幸被捕，后英勇就义。1950年，上海市人民政府追认陈尔晋、王曼霞为革命烈士。2023年5月至6月间，张某为提升其账号在某短视频平台的关注度，先后发布使用"加入不明武装"（实为加入中国共产党）"美人计""枪毙"等存在误导性词语的两条短视频，侮辱、贬损革命烈士陈尔晋、王曼霞，导致其他用户陷入错误认识，恶意跟评累计上百条，造成恶劣社会影响。烈士家属看到上述视频和跟评后，感情受到严重伤害，遂向上海市、区两级退役军人事务局反映。

【调查和诉讼】

2023年6月，上海市静安区人民检察院（以下简称静安区院）收到静安区退役军人事务局移交的案件线索，经初查后，遂以民事公益诉讼立案。静安区院分别向静安区退役军人事务局、烈士家属等收集烈士事迹材料，询问烈属感受及起诉意愿；向某短视频平台调取涉案账号的人员身份信息、涉案短视频数据信息等。经调查查明，2023年9月涉案账号注销前，两条涉案短视频播放量分别达到1万余次、9千余次。

调查中，静安区院公益诉讼检察部门认为张某的行为涉嫌侵害英雄烈士名誉、荣誉罪，根据《人民检察院内部移送法律监督线索工作规定》将线索移送至静安区院刑事检察部门，刑事检察部门审查后认为张某的行为构成侵害英雄烈士名誉、荣誉罪。

2024年4月3日，静安区院在征询烈士近亲属的意见并获同意后，以侵害英雄烈士名誉、荣誉罪对张某提起刑事附带民事公益诉讼。考虑到仅发布公开致歉信，传播范围有限，难以实现消除影响的目的，无法达到《中华人民共和国民法典》第一千条第一款"应当与行为的具体方式和造成的影响范围相当"的要求，静安区院组织召开网络空间英雄烈士保护领域检察公益诉讼履职听证会，邀请人民监督员、"益心为公"志愿者、有关专家、相关单位等参会。与会人员一致认为，通过网络平台侵害英烈名誉、荣誉的，可以通过制作并发布缅怀、宣扬英烈精神的宣传片等形式消除影响，还可使用平台推广服务来扩大宣传片的传播范围。因张某发布的两条短视频持续播放展示的时间合计约五个月，则张某发布的正面宣传片及使用平台推广服务的播放展示时间不应低于五个月。关于公益损害赔偿金，应综合考虑案涉侵权行为的过错程度、影响范围、侵害情节、获利情况、侵害人经济和生活状况、制作宣传片等缅怀英烈公益事项所需的费用等因素对应提出。

静安区院提出三项诉讼请求,请求判令张某在某短视频平台用个人账号发布道歉声明,并在国家级新闻媒体正义网上公开赔礼道歉;在某短视频平台上发布正面宣传英烈事迹的宣传片,并购买平台推广服务达到最低投放量,时间跨度不低于五个月,用以消除不良影响;承担公益损害赔偿金一万元,用于制作公益宣传片等纪念、缅怀英雄烈士的公益事项。

同年7月25日,静安区人民法院(以下简称静安法院)公开开庭审理本案,烈士家属、人大代表、人民监督员、"益心为公"志愿者等40余名相关人员旁听庭审。9月20日,静安区法院以张某犯侵害英雄烈士名誉、荣誉罪,判处被告人有期徒刑六个月,缓期一年执行,并支持检察机关提出的附带民事公益诉讼的全部诉讼请求。静安区法院认为,张某通过短视频平台侵害英雄烈士名誉、荣誉,亦应当通过同一平台采取有效方式切实消除不良影响。

【典型意义】

网络空间不是"法外之地",检察机关应加强对短视频平台等网络空间英雄烈士名誉、荣誉的公益保护。本案中,检察机关探索针对短视频平台内侵害英雄烈士名誉、荣誉公益损害问题提出消除影响等诉讼请求时,充分考虑短视频平台网络空间快捷性、综合性、开放性的传播特点,结合违法行为的持续时间,采取购买平台推广服务等方式,扩大致歉信、正面宣传视频等内容的传播范围,切实实现在网络空间消除影响的良好效果。同时,注重检察一体履职,通过向刑事检察部门移送线索,形成刑事打击和公益保护的合力。

2. 广东省惠州市人民检察院诉陈某萍侵害叶挺烈士名誉、荣誉民事公益诉讼案

【关键词】

民事公益诉讼　侵害英雄烈士名誉、荣誉　管辖权确定　侵权责任承担

【要旨】

针对在网络上侵害英雄烈士名誉、荣誉的行为,根据法律规定,并结合信息网络侵权行为的特点和本案实际情况,可由英雄烈士籍贯地人民检察院依法向人民法院提起公益诉讼,要求侵权人承担赔礼道歉、消除影响等侵

权责任。

【基本案情】

2017年至2022年期间,陈某萍通过"扬平说史"微信公众号刊发《毛主席送他三个宝贝将军,他却枪毙两个,逃出一个成开国中将》《新四军缺骨干将领,毛主席送三人却被枪毙两,逃出的成开国中将》《毛主席给叶挺送去三员虎将,却被他枪毙两个,幸存者成为开国中将》《叶挺错杀徐帅的老部下,毛主席勃然大怒,45年后为他平反》4篇微文,以及通过"飞扬短视频"视频号发布《毛主席送叶挺3个宝贝将领,他枪毙两个,活着的成开国中将》短视频讲解。以上微文和短视频讲解歪曲史实,带有丑化、诋毁性质的不实言论,且通过互联网传播,共计被阅读约20万次,造成恶劣的社会影响,侵害了叶挺烈士的名誉和荣誉。

【调查和诉讼】

2022年8月,有人大代表向广东省惠州市惠阳区人民检察院(以下简称惠阳区院)反映网络上出现侵害叶挺烈士名誉、荣誉的不实文章,惠阳区院经初步调查,发现陈某萍多次在"扬平说史"微信公众号刊登关于叶挺烈士的负面微文,遂于2022年9月22日作出立案决定。

2023年3月14日,惠阳区院将本案移送惠州市人民检察院(以下简称惠州市院)办理。2023年3月31日,惠州市院向叶挺近亲属发出《征询意见函》,叶挺近亲属一致同意并支持惠州市院提起民事公益诉讼,依法追究违法行为人的侵权责任。

案件办理期间,惠州市检察机关分别从惠州市委党校、惠阳区党史研究办公室及互联网信息办公室调取有关文章失实的证明材料,并赴陈某萍的住所地湖北省武汉市对其进行询问,确认陈某萍为提高自己经营的自媒体流量和收益,发布带有丑化、诋毁性质不实言论的事实。惠州市院经审查认为,叶挺烈士故乡位于广东省归善县(今惠阳区)秋溪乡周田村,损害叶挺烈士名誉和荣誉的行为严重伤害了烈士后人以及故里乡亲的感情,叶挺近亲属均希望惠州市检察机关为叶挺烈士挽回名誉,根据《最高人民法院关于适用〈中华人民共和国民事诉讼法〉的解释》第二十五条及相关规定,由英雄烈士籍贯地检察机关提起诉讼更有利于消除影响和保护公益。根据《中华人民共和国民法典》第一百八十五条的规定,"侵害英雄烈士等的姓名、肖像、名誉、荣誉,损害社会公共利益的,应当承担民事责任"。陈某萍的行为不仅侵害叶挺烈士的人格尊严,同时损害社会公共利益,应当承担民事责任。

2023年6月14日,惠州市院向惠州市中级人民法院(以下简称"惠州中院")提起民事公益诉讼,诉请判令陈某萍通过全国性媒体及其管理和使用的微信公众号公开赔礼道歉、消除影响,并在其微信公众号连续刊发不少于5篇介绍叶挺烈士荣誉事迹的史实文章。惠州中院受理该案并于2023年9月5日公开开庭审理。叶挺烈士近亲属、叶挺纪念馆工作人员、部分检察干警旁听了庭审。庭审中,陈某萍承认在微信公众号发表不当言论对烈士亲属造成了伤害,愿意通过媒体公开赔礼道歉,当庭向叶挺烈士近亲属宣读并递交了道歉信。

2023年10月7日,惠州中院作出一审判决,支持惠州市院的全部诉讼请求。一审判决后,陈某萍未上诉并积极履行判决。2024年2月7日,陈某萍在其经营的多个微信公众号连续刊发《叶挺将军:北伐骁勇善战,铁军扬名天下》等五篇介绍叶挺烈士荣誉事迹的史实文章。2024年2月20日,陈某萍在其经营的多个微信公众号发表致歉声明,并在《法治日报》公开刊登道歉信。案件执行后,叶挺烈士的近亲属向检察机关表示感谢。

【典型意义】

少数自媒体博主为了"博眼球",故意歪曲丑化我国民族英雄烈士以获取流量,主观上明显存在过错,且文章、短视频等通过互联网传播造成较为恶劣的社会影响,不仅侵害了烈士名誉、荣誉,也损害了民族情感,扰乱了网络秩序,依法应当承担民事责任。在负面影响未消除、受损害的社会公益未修复的情况下,通过诉请侵权人在原传播和扩散渠道采取消除影响措施,丰富了侵权责任承担方式。检察机关通过以案释法,积极参与网络空间治理,弘扬社会主义核心价值观,捍卫英雄烈士的荣光。

3. 重庆市人民检察院第五分院诉网络自媒体博主侵害红岩英烈肖像、名誉民事公益诉讼案

【关键词】

民事公益诉讼　侵害英雄烈士肖像、名誉　诉讼管辖　"益心为公"志愿者

【要旨】

针对侵害英雄烈士肖像、名誉的网络侵权行为,检察机关可由检察技术

部门在线取证固证。在确认烈士没有存世近亲属后,烈士相关事迹与精神发生地、传播地的检察机关可以依法提起民事公益诉讼,并可以通过诉请侵权行为人制作、发布烈士事迹正面宣传视频等方式消除不良影响。

【基本案情】

刘国鋕、车耀先、陈然、何敬平、许建业系红岩英烈,其中刘国鋕系小说《红岩》中刘思扬的原型,红岩英烈革命事迹和精神在重庆地区传播广泛。部分自媒体博主在互联网平台长期发布多则不实视频,将刘国鋕烈士肖像照用于军统特务等历史负面人物形象中,侵害红岩英烈人格利益,部分案涉视频播放点击量达14万次,网络传播广,产生较大负面影响,损害了社会公共利益。

【调查和诉讼】

2023年12月,"益心为公"志愿者向重庆市大渡口区人民检察院(以下简称大渡口区院)反映案涉线索,大渡口区院初步调查后于2024年1月12日立案,同年3月5日发布公告,公告期满后移送至重庆市人民检察院第五分院(以下简称五分院)进行民事公益诉讼审查起诉。

五分院经调查查明,刘国鋕烈士已无近亲属存世,进一步审查发现,案涉自媒体博主居住地及发文账号注册地均在重庆市外,遂针对五分院是否具有起诉管辖权,特邀高校法学专家开展咨询论证。专家认为,因相关红岩烈士已无近亲属存世,从实际损害的社会效应来看,重庆渝中、大渡口等地系刘国鋕烈士相关事迹与精神发生地、传播地,也是相关群体民族感情较为深厚的地域,从实际损害来看,重庆市渝中区等地应是主要侵权结果发生地,五分院具有管辖权。

五分院就其中播放量较大的4条不实视频,核实系由两人发布,后于2024年4月19日向重庆市第五中级人民法院分别提起民事公益诉讼,诉请两名被告在全国具有影响力的媒体上公开赔礼道歉,并就烈士肖像更正说明。为有效消除侵权行为影响、加强警示教育作用,五分院要求被告人制作介绍红岩英烈革命事迹和精神的正面报道,在原平台宣传。二被告对五分院认定的侵权事实予以认可,自愿承担相应民事责任。2024年9月9日,重庆市第五中级人民法院对两案调解结案。调解生效后,两被告分别在国家级媒体赔礼道歉,删除侵权视频4份,并制作发布介绍刘国鋕烈士事迹的宣传视频。

为全面有效保护红岩英烈名誉、荣誉,五分院公益诉讼检察部门与检察技术部门以多位红岩英烈肖像作为图片搜索对象,开展4次在线数据提取,共检索出51条同类问题,查明案涉烈士名誉荣誉网络侵权问题较为普遍,具有类案治理必要性。对此,五分院与红岩革命历史文化中心等部门多次召开座谈会,并将案件线索移送至网信部门。目前,网信部门已督促侵权账号进行内容删除下架处理。2024年8月30日,五分院向案涉网络平台公司制发社会治理检察建议,提出开展网络清理、实施红岩英烈肖像照片推送识别分级管理、建立侵害英雄烈士人格利益举报处断机制等工作建议,现平台公司已完成治理工作。

【典型意义】

英雄烈士是民族的脊梁、时代的先锋,其革命事迹和精神不容歪曲,肖像、名誉更不容侵犯。检察机关在办理互联网侵害英雄烈士肖像、名誉公益诉讼案件时,可以综合考虑网络侵权行为的特殊性以及更有利于烈士保护的目的,将烈士事迹与精神发生地、传播地作为侵权结果发生地。通过提起民事公益诉讼,针对性提出诉讼请求,有效消除侵权行为所产生的不良影响。通过信息化手段全面取证,运用座谈会、社会治理类检察建议等方式,推动源头防控类似侵权行为发生,切实维护英雄烈士名誉、荣誉。

4.黑龙江省哈尔滨市人民检察院督促保护鸡冠山抗联密营遗址行政公益诉讼案

【关键词】

行政公益诉讼检察建议　抗联英烈遗址保护　保护范围

【要旨】

针对东北抗联英烈遗址保护不善及面临灭失风险等公益损害问题,检察机关一体履职,通过公开听证、检察建议等,督促行政主管部门和属地政府依法全面履行对英烈遗址的监督管理职责,促成英烈遗址得到升级保护和整体性利用。

【基本案情】

黑龙江省木兰县鸡冠山东北抗联密营遗址群(以下简称密营遗址群)曾是赵尚志、李兆麟、冯仲云等著名抗日英雄率领的东北抗日联军第三军所在地,该遗址群是见证东北抗联14年艰苦卓绝抗战的鲜活史料。2017年6月1日,该遗址群被黑龙江省委宣传部、省全民国防教育领导小组命名为第五批省级国防教育基地。目前,密营遗址群缺乏保护,经过80多年风化和自然侵蚀,破损严重,纪念抗联英烈英勇战斗遗迹面临灭失风险。

【调查和督促履职】

2023年1月31日,黑龙江省人民检察院(以下简称黑龙江省院)将该线索交哈尔滨市人民检察院(以下简称哈尔滨市院)办理。哈尔滨市院、木兰县人民检察院(以下简称木兰县院)成立联合办案组,对遗址群开展全面调查。经初步调查,遗址群共有遗址378处,其中124处被定为县级文物保护单位,254处未定级,遗址内长期堆积落叶、枯枝、石块,倒木横置,部分遗址无警示、标识牌及防护围栏,难以区分保护范围,未纳入保护单位的遗址无任何保护措施,伴随风化和自然侵蚀,英烈战地原貌存在灭失风险。

2023年9月28日,哈尔滨市院决定立案办理。其间行政机关认为其对未纳入文物保护单位范围的遗迹不具有监管职责,哈尔滨市院专门邀请具有文物保护专家身份的志愿者参与调查论证,就行政机关对未纳入文物保护单位范围的遗迹是否具有监管职责问题召开公开听证会。听证员一致认为密营遗址群记载了14年抗联英烈生活战斗痕迹,具有重要纪念意义,属于《中华人民共和国文物保护法》第二条、《文物认定管理暂行办法》第二条规定的应纳入文物保护的范畴。2023年11月3日,哈尔滨市院向木兰县文化广电和旅游局(以下简称木兰县文旅局)制发检察建议,督促其全面履行管理和保护职责,对已纳入保护范围内遗址加强巡查管护,保持遗迹原貌,对未纳入保护范围内的遗址制定具体保护措施,开展更高级别文物保护单位申报和抢救性保护。

2023年12月19日,木兰县文旅局回函,该局已组织出动300余人次清理遗址群内全部杂物,配齐保护及警示标志。为推动遗址群整体保护,木兰县文旅局推动木兰县人民政府发布《关于调整木兰县鸡冠山东北抗联密营遗址保护范围和建设控制地带的通知》(木政发〔2023〕18号),重新调整、划定遗址群保护范围和控制地带,共计11.05平方千米,并成功将遗址群整体升级为省级文物保护单位,保护范围涵盖先前未纳入县级文物保护单位的遗址。同时还促成该遗址群被列入国家文物局、国家发展和改革委员会、财政部联合印发的《东北抗联革命文物保护利用三年行动计划(2023－2025)》。

【典型意义】

针对抗联英烈遗址保护不善及面临灭失风险,检察机关一体履职,通过公开听证,厘清监管职责,制发检察建议督促行政机关全面履行管理和保护职责,在加强日常管护的同时,将抗联英烈遗址全面纳入文物保护范围并提升保护层级,为弘扬英烈精神、传承红色基因贡献智慧和力量。

5. 湖北省咸宁市咸安区人民检察院督促保护烈士纪念设施行政公益诉讼案

【关键词】

行政公益诉讼　烈士纪念设施　军地协作　"益心为公"志愿者

【要旨】

针对零散烈士纪念设施保护缺位,行政机关以属于军队资产为由怠于履行保护管理职责,检察机关通过检察建议、提起诉讼等方式,督促行政机关明确保护管理责任,依法履行职责。同时,军地检察机关充分发挥协作优势,破解涉军证据调取等难题,形成保护合力。

【基本案情】

一九五革命公墓内安葬的人员为解放战争、抗美援朝战争时期医治无效的伤病员。2019年,经湖北省咸宁市人民政府批准,在原址改建后更名为一九五烈士公园,但现存在烈士公园内安葬烈士数量与史料记载有出入,底数不清;132座烈士墓碑篆刻不规范,57处烈士姓名、籍贯、入伍时间、部队番号、牺牲年龄等碑文信息残缺不全等问题,有损烈士纪念设施庄严、肃穆的环境和氛围。

【调查和督促履职】

2024年1月,"益心为公"志愿者向湖北省咸宁市咸安区人民检察院(以下简称咸安区院)反映涉案线索。咸安区院通过实地勘察、走访调查予以查实,另查明涉案烈士墓确属军队管理。2024年1月31日,根据《烈士纪念设施保护管理办法》第四条规定,咸安区院对辖区烈士纪念设施负有保护管理职责的咸安区退役军人事务局(以下简称区退役军人事务局),启动行政公益诉讼立案程序。

针对区退役军人事务局是否对归属于军队管理的烈士纪念设施负有保护管理职责问题,咸安区院认为,根据退役军人事务部等八部门联合印发的《关于进一步加强烈士纪念设施规范管理的意见》中"有序逐步推进烈士纪念设施统一归口退役军人事务部门管理"的规定,区退役军人事务局对涉案烈士公园负有保护管理职责。2024年2月2日,咸安区院邀请"益心为公"志愿者开展公开听证,进一步确认涉案烈士公园的产权归属不影响区退役军人事务局履行监管职责。

2024年2月27日,根据《中华人民共和国英雄烈士保护法》第四条第二款、第十条、第十六条以及《烈士纪念设施保护管理办法》第十八条、第三十四条规定,咸安区院向区退役军人事务局制发检察建议,督促其依法履行对一九五烈士公园的日常管理和维护职责,采取有效措施,恢复和保持纪念设施庄严、肃穆的环境和氛围。2024年3月27日,区退役军人事务局回复称,针对一九五烈士公园内存在的墓碑篆刻不规范、牺牲时间错误、碑文重复等问题进行了整改。

2024年4月3日,检察机关跟进调查发现区退役军人事务局并未按回复内容进行整改。4月28日,针对本案办理过程中反映的军队资产改制中烈士公园管理权归属难以确定,以及涉军证据调取难的问题,咸安区院与武汉军事检察院签署了《关于建立军地检察机关协作机制的意见》。通过军事检察机关调取一九五烈士公园的权属登记、流转资料,及军队改制中针对烈士纪念设施保护管理相关制度,明确该烈士公园属于零散烈士纪念设施,退役军人工作主管部门对烈士纪念设施具有法定职责。

【诉讼过程】

2024年5月17日,咸安区院依法向咸安区人民法院提起行政公益诉讼,请求判令咸安区退役军人事务局依法履行对一九五烈士公园的法定管理保护职责,采取有效措施解决一九五烈士公园存在的碑文篆刻不规范、烈士陵墓重复、烈士身份核查等问题,以维护一九五烈士公园庄严、肃穆的环境和氛围。起诉后,区退役军人事务局虽对部分碑文篆刻不规范的问题进行了整改,但未彻底全面整改,公益损害持续存在。2024年8月30日,咸安区人民法院判决责令被告咸安区退役军人事务局在两个月内依法全面履行对一九五烈士公园的法定管理保护职责。该案判决生效后,咸安区退役军人事务局积极整改,核实烈士身份信息,统一更换墓碑。同时专题报告区政府,拟将一九五革命公园安葬的烈士集中迁入咸宁鄂南烈士陵园,做到"集中管护",方便群众缅怀,慰藉烈士家属,传承英烈精神。

【典型意义】

针对产权归属于军队的零散烈士纪念设施,存在权属变动情况复杂、监管主体不明确等问题的,检察机关应当依法厘清监管职责,可以运用公开听证、检察建议、提起诉讼等方式,督促行政机关依法全面履职。同时,强化军地检察协作,凝聚公益保护合力,破解涉军证据调取难的问题,确保行政公益诉讼起诉的精准性,以法治方式保护英烈权益。

6. 贵州省安顺市西秀区人民检察院督促保护七眼桥烈士纪念塔行政公益诉讼案

【关键词】

行政公益诉讼　烈士纪念设施保护　安全隐患　归口管理

【要旨】

针对烈士纪念设施因管护权责不清而导致其安全隐患长期得不到治理的问题,检察机关通过提起行政公益诉讼,推动统一归口退役军人事务部门依法履行对具有文物属性的烈士纪念塔的管理,有效促进红色资源得到全面保护。

【基本案情】

七眼桥烈士纪念塔位于安顺市西秀区七眼桥镇七眼桥居委会102省道西北面20米处的马树桥半山坡上,系1951年6月原安顺县人民政府为纪念在"安顺二铺剿匪战斗"中牺牲的23名烈士所建,是解放军解放安顺的实物见证,系省级革命文物。由于管护部门长年缺失,导致塔基因周边环境逐渐受到侵蚀后出现严重的垮塌风险和安全隐患,烈士纪念塔未得到有效管理和保护,丧失了缅怀先烈的红色阵地作用。

【调查和督促履职】

2022年1月,贵州省安顺市西秀区人民检察院(以下简称西秀区院)在开展"烈士纪念设施管理保护专项行动"中发现七眼桥烈士纪念塔存在管理不善的线索,经初步调查后于1月13日立案。通过现场实地勘查、走访当地村民,并委托具有资质的专业机构开展地质灾害调查,查明七眼桥烈士纪念塔的基础失稳,存在垮塌风险和安全隐患,相关部门怠于履行管护职责。根据《烈士褒扬条例》第六条"县级以上地方人民政府退役军人事务部门负责本行政区域的烈士褒扬工作",以及退役军人事务部等八部门联合印发的《关于进一步加强烈士纪念设施规范管理的意见》中"退役军人事务、宣传、文化和旅游、文物、民政等相关部门以及军队有关单位要有序逐步推进烈士纪念设施统一归口退役军人事务部门管理。由文物部门管理的烈士纪念设施,原则上应归口到退役军人事务局统一管理"之规定,2022年1月14日,西秀区院依法向西秀区退役军人事务局制发检察建议,督促其依法履行对具有文物属性的烈士纪念设施实施统一管理的职责,及时采取有效整治措施做好七眼桥烈士纪念塔的保护管理工作。

检察建议回复期届满后,西秀区退役军人事务局未回复。2022年4月2日,西秀区院实地查看,发现该纪念塔存在的管护不善和安全隐患等仍未得到有效整改,国家利益和社会公共利益仍处于受侵害状态。

【诉讼过程】

2022年5月15日,按照行政公益诉讼案件集中管辖的相关规定,西秀区院依法向镇宁布依族苗族自治县人民法院(以下简称镇宁县法院)提起行政公益诉讼,诉请法院判令西秀区退役军人事务局依法履行对烈士纪念设施实施统一管理的职责,立即采取有效整治措施做好七眼桥烈士纪念塔的保护管理工作。

2022年11月4日,镇宁县法院公开开庭审理本案。庭审中,检察机关与被告围绕"西秀区退役军人事务局对案涉纪念塔是否具有保护管理职责"的焦点问题展开辩论。检察机关出示、宣读了相关文史资料、地质灾害应急调查报告、无人机航拍视频等证据,证明七眼桥烈士纪念塔属于《烈士纪念设施保护管理办法》中规定的不可移动文物类烈士纪念设施,根据《烈士纪念设施保护管理办法》中"烈士纪念设施保护单位和管理单位应当按照国家有关规定,加强对烈士纪念设施中文物和历史建筑物的保护管理",以及退役军人事务部等八部门联合印发的《关于进一步加强烈士纪念设施规范管理的意见》中"由文物部门管理的烈士纪念设施,原则上应归口到退役军人事务局统一管理"的规定,被告负有对七眼桥烈士纪念塔依法履行保护管理的法定职责。镇宁县法院经审理,于2022年11月22日公开宣判支持检察机关全部诉求,被告亦当庭表示服判。

判决生效后,西秀区退役军人事务局立即采取临时保护措施,在七眼桥烈士纪念塔旁设置警示标识,并制定易地迁移保护方案逐级请示贵州省人民政府同意后,于2023年9月投入26万元专项资金,将七眼桥烈士纪念塔整体迁往贵州省革命文物王若飞烈士陵园中集中管护保护。

【典型意义】

烈士纪念设施是发扬红色传统、传承红色基因的重要红色文化资源,而革命文物类的烈士纪念设施,因文物保护部门和退役军人事务部门职责交叉,可能存在"无人管"或者相互推诿的情形。检察机关制发检察建议督促行政机关履职后仍未整改的,以"诉"的确认明确管护责任,推动此类烈士纪念设施归口管理,由退役军人事务部门实施整体迁移保护,彻底消除安全隐患,切实维护英雄烈士尊严。

7. 河南省鹤壁市人民检察院督促保护 浚县象山烈士陵园行政公益诉讼案

【关键词】

行政公益诉讼检察建议　烈士纪念设施保护　土地使用权证　保护级别评定

【要旨】

针对烈士纪念设施因历史遗留问题久未办理土地使用权证、未划定保护级别、园内设施管护不力等问题,检察机关以具有统筹协调职能的县政府为监督对象,通过制发检察建议,促使相关行政机关形成合力,推动公益损害问题得到实质性解决,烈士纪念设施得到依法管理保护。

【基本案情】

河南省浚县象山烈士陵园位于屯子镇董场村西侧象山东麓,占地面积28.28亩,安葬着1578名烈士,是鹤壁市第二大烈士陵园、鹤壁市爱国主义教育基地、中共党史教育基地。因土地使用权证长期未能办理,陵园的级别评定受限,致使修缮资金迟迟得不到批复,陵园内部设施陈旧、损毁严重亟待修缮。

【调查和督促履职】

2023年12月1日,河南省鹤壁市人民检察院(以下简称鹤壁市院)在"益心为公"志愿者平台收到该线索,初步调查后,于同年12月4日立案。经实地勘查、调取书证等方式查明,浚县象山烈士陵园土地使用权证办理系长达十余年未解决的历史遗留问题。根据该县"三定"方案,烈士陵园管理职责原属民政部门,机构改革时划转至退役军人事务管理部门,因部门职能衔接不畅,办证手续不全,浚县退役军人事务局多次向自然资源局申请办证未果。土地使用权证是陵园级别评定的必要条件之一,影响修缮资金的审批。因陵园土地使用权证长久未办理,致使维修资金申请得不到批复,园内的部分基建设施损毁严重,展板陈旧、展馆漏水,部分花草树木枯死等,严重侵害了社会公共利益。

鹤壁市院询问了市自然资源和规划局、退役军人事务局相关人员，调取了土地使用权证的办理流程及相关法律规定，并两次组织浚县自然资源局、民政局、退役军人事务局等部门专题座谈。座谈时各单位均表示因时间久远，原有建设用地规划、划拨等手续不齐，无法办理该处土地使用权证。鉴于以上情况，鹤壁市院认为该案涉及部门较多，由浚县人民政府统筹推进更有利于推动公益损害问题整改。2023年12月12日，根据《中华人民共和国英雄烈士保护法》第四条、《烈士纪念设施保护管理办法》第十三条、《中华人民共和国土地管理法》第十二条、《不动产登记暂行管理条例》第四条、《河南省实施〈土地管理法〉办法》第七条规定，鹤壁市院向浚县人民政府公开宣告送达检察建议，督促明确部门职责，加快办理土地使用合法化手续；提升保护级别，落实资金保障，完善陵园设施，发挥红色资源传承作用。

浚县人民政府收到检察建议后，组织县退役军人事务局、民政局、自然资源局等部门召开联席会议，列明证件办理所需材料、责任人和时限，定时督促进展。2024年1月10日，浚县象山烈士陵园取得不动产权证书，土地证办理问题顺利解决；浚县退役军人事务局《关于象山烈士陵园所需维修资金的请示》获批，专款46.5万元用于陵园修缮，陵园的设施更新、环境改善；在批复同意陵园升级为县级烈士纪念设施、划定保护范围后，又积极申报评定市级烈士纪念设施，现已进入公示阶段。

浚县人民政府回复后，鹤壁市院持续跟进监督，邀请"益心为公"志愿者实地查看、座谈交流、共同评估整改效果，目前该陵园存在的土地使用合法化、陵园等级认定、资金保障、日常监管等问题已全部整改到位，整体形象得到大幅提升，组织开展50余次爱国主义教育活动，教育功能得以更好发挥。

【典型意义】

烈士纪念设施作为革命先辈精神谱系的历史见证，是弥足珍贵的红色资源。针对历史遗留问题，检察机关充分发挥公益诉讼检察职能，精准确定监督对象，既解决了搁置多年的"办证难"问题，又从烈士陵园长远发挥褒扬烈士、教育后人作用出发，推动对烈士陵园保护级别的申报评定、专项资金批复等，以公益诉讼检察助力保护红色资源、守护红色信仰。

8. 江苏省扬州市江都区人民检察院督促保护真武烈士陵园行政公益诉讼案

【关键词】

行政公益诉讼检察建议　烈士纪念设施保护　"益心为公"志愿者

【要旨】

针对乡镇烈士纪念设施存在的日常管理不足、史料收集不完善、周边环境污染等问题,检察机关针对不同公益问题对具有监管职责的多个行政机关分别立案并发出检察建议,督促职能部门依法履职。同时,强化与退役军人事务部门的协作配合,推动烈士纪念设施全面系统保护。

【基本案情】

真武烈士陵园建于1980年,坐落于江苏省扬州市江都区真武镇杨庄。该烈士陵园安葬着57名参加抗日斗争英勇牺牲的烈士,其中19名牺牲于杨庄战斗、38名牺牲于解放邵伯战斗。距离该烈士陵园20米处有一砂石厂,生产期间未采取覆盖等防尘措施,车辆经过扬起大量灰尘,烈士陵园内生活垃圾散落,陈列的烈士史料不丰富,损害了瞻仰、悼念烈士的氛围和环境,影响了烈士纪念设施红色资源宣传教育功能的发挥。

【调查和督促履职】

2022年6月,江苏省扬州市江都区人民检察院(以下简称江都区院)收到"益心为公"志愿者、区政协委员反映线索,真武烈士陵园附近环境较差,影响群众瞻仰革命烈士。

经初步调查,同年6月16日,江都区院启动行政公益诉讼立案程序。同年6月20日,江都区院邀请"益心为公"志愿者对真武烈士陵园及周边环境开展调查,发现存在烈士陵园陈列的烈士史料不丰富、文字介绍过于简单,不利于开展纪念教育活动;烈士陵园日常管理、清扫不及时,生活垃圾散落;案涉砂石厂成立于2016年,未批先建,生产中未采取防尘措施,导致扬尘污染严重损害陵园环境等公益损害问题。

同年6月30日,江都区院分别向区退役军人事务局、真武镇政府和生态环境局制发检察建议,督促区退役军人事务局加强烈士陵园环境治理和史料收集、陈列工作;督促真武镇政府履行烈士纪念设施属地监督管理职责,强化日常管理,保持烈士陵园庄严、肃穆、清净的环境;督促生态环境局对案涉砂石厂未批先建、未采取防扬尘措施等环境违法行为进行调查处理。

收到检察建议后，江都区退役军人事务局、生态环境局、真武镇政府联合成立工作组，共同治理真武烈士陵园缺乏管理和砂石厂扬尘污染等问题。江都区退役军人事务局组织专人开展烈士史料收集整理、事迹编纂和陈列展示等工作，共收集"杨庄战斗""高峰""徐方恺"等烈士事迹史料近百件，进一步宣扬烈士英雄事迹。真武镇政府牵头与砂石厂商谈搬迁事宜，安排专人定期维护烈士陵园环境，加强日常管护。江都区生态环境局对砂石厂环境违法行为依法立案查处，于同年10月8日作出处罚决定，责令改正违法行为并处以罚款二万元。同年7月29日、8月25日、8月30日，江都区生态环境局、真武镇政府、退役军人事务局先后向江都区院作出书面回复。同年12月，案涉砂石厂拆除全部生产设备，并办理注销手续。

2023年3月31日，江都区院与区退役军人事务局会签《关于加强英烈保护和退役军人保障领域行政管理与检察监督协作配合的意见》，推动江都区宜陵镇、吴桥镇、大桥镇烈士纪念设施4处、零散烈士墓14处得到整改。

【典型意义】

检察机关办理烈士纪念设施公益诉讼案件从设施维修改造、环境整治、展陈宣传等多角度入手，实现全方位保护。针对烈士纪念设施保护中存在的不同公益侵害问题，检察机关可以对具有监管职责的多个行政机关分别立案并制发检察建议，督促各部门依法履职。检察机关强化与退役军人事务部门的协作配合，合力加强烈士陵园设施修缮、丰富史料陈列、优化环境治理，为群众营造良好的瞻仰、悼念英烈环境，以务实的履职担当保护红色资源、坚定红色信念。

9. 长征出发地旧址及烈士纪念设施保护公益诉讼系列案

【关键词】

行政公益诉讼　长征出发地旧址　散葬烈士墓　红军标语　整体保护

【要旨】

针对长征出发地旧址保护管理不善、红军烈士散葬墓保护不到位、红军长征标语被破坏等问题，检察机关运用制发检察建议、提起行政公益诉讼等方式，督促行政机关依法全面履职，并持续跟进监督，建立健全长效机制，推动长征出发地旧址及烈士纪念设施的整体保护。

【基本案情】

江西赣州是红色故都,是原中央苏区的核心区域,中华苏维埃共和国在这里奠基,举世闻名的中央红军二万五千里长征从这里出发。近年来,因自然条件、城乡建设等原因,赣州辖区内瑞金市、于都县存在长征出发地旧址保护管理不善、红军烈士散葬墓保护不到位、红军长征标语被破坏等问题,瑞金市部分长征革命旧址存在破损坍塌、环境脏乱、杂物堆积等问题;于都县长征烈士散葬烈士墓、红军长征标语以及红军长征文物等受到自然和人为破坏,存在毁损、灭失风险,损害国家利益和社会公共利益。

【调查和督促履职】

为迎接中央红军长征出发90周年,江西省赣州市人民检察院主动服务长征文化公园(赣州段)建设,推动长征出发地旧址及英烈设施整体保护,组织瑞金市、于都县等检察院重点开展长征文物和文化资源保护法律监督活动。瑞金市人民检察院(以下简称瑞金市院)走访摸排辖区内17个乡镇127处红色旧址,发现"长征第一山""长征第一桥""长征第一站"等3处旧址保护不到位问题较为突出,于2023年8月启动行政公益诉讼立案程序。经调查查明:"长征第一桥""长征第一站"旧址杂草丛生、瓦片破碎、房梁脱落等维护修缮管理缺失,旧址内的"毛泽东同志旧居"日常管护不到位,环境卫生保护措施缺位、部分墙体文物字迹毁损严重;"长征第一山"旧址景区范围内的古樟树树冠投影范围内地面违规硬化,严重损害古树名木生长环境,影响革命旧址周边环境和整体风貌。于都县人民检察院(以下简称于都县院)集中对23个乡镇122处革命旧居旧址、536处不可移动文物开展全面摸排,发现长征文物和文化资源存在毁损、灭失风险,遂于2023年5月立案。调查查明:于都县马安乡蒋志松等36名烈士(均为长征途中或长征前夕牺牲)合葬散葬烈士墓存在损毁、灭失风险;小溪乡红军长征标语修缮不规范、风化侵蚀严重,用红砖进行本体修复,破坏文物风格;长征渡口、中央革命军事委员会旧址等长征文物保护修缮不到位、展览陈列不规范。

针对调查查明的问题,瑞金市院根据《中华人民共和国文物保护法》《江西省文物保护条例》《赣州市革命遗址保护条例》等规定,于2023年8月先后向瑞金市文化广电旅游局、林业局以及属地乡镇人民政府制发检察建议,督促文化广电旅游局对案涉革命旧址的修缮和保护履行监管职责;督促林业局对案涉"长征第一山"旧址周边的古树名木进行管理保护,整体保护革命旧址周边环境风貌；督促属地乡镇人民政府落实革命旧址及古树名木保护、管理、利用等工作。于都县院根据《中华人民共和国英雄烈士保护法》《中华人民共和国文物保护法》《江西省革命文物保护条例》等规定，于2023年6月向于都县文化广电旅游局、退役军人事务局和属地乡镇人民政府制发检察建议，督促文化广电旅游局加强红色标语名录保护及长征文物保护修缮等工作，查处文物保护范围和建设控制地带内违法建设等问题；督促退役军人事务局加强散葬墓迁葬入园和修缮工作；督促属地乡镇人民政府落实长征文物旧址修缮和保护利用工作。

相关行政机关收到检察建议后，积极履行监管职责，召开专题调度会研究整改措施并联合开展专项行动。瑞金市院推动市文化广电旅游局和属地乡镇人民政府对"长征第一桥""长征第一站"等周边旧址及设施环境卫生全面整改，旧址内"中华苏维埃共和国临时中央政府春耕生产运动赠旗大会会址"保护等级提档升级为省级文物保护单位；对"毛泽东同志旧居"环境卫生及时进行清理，并强化日常管护。于都县院推动县退役军人事务局制定散葬烈士墓迁葬入园方案，启动第三批散葬烈士墓迁葬入园暨烈士纪念园提升改造项目，安排迁葬入园659个；于都县文化广电旅游局根据旧址保留的历史信息，将修缮使用的现代材料更换，抢救性保护长征红色标语30余处，避免房屋坍塌、不规范修缮导致红色标语的毁损灭失；推动拆除长征前夕"毛泽东同志旧居"保护范围和建设控制地带的违章建筑20余个3000余平方米。属地乡镇人民政府对长征渡口、中央革命军事委员会旧址等进行修缮保护，10余处长征文物和文化资源名录完成修缮，完善了中央革命军事委员会旧址等3处长征文物的展陈，建成开馆长征历史展馆1个。

针对"长征第一山"革命旧址古樟树生长环境保护问题，瑞金市林业局和属地乡镇人民政府虽回复采纳并采取一定措施，但仍履职不到位。瑞金市院于2024年6月依法对市林业局和属地乡镇人民政府提起行政公益诉讼，通过"诉的确认"推动相关单位进一步采取挖除硬化地面、修复原貌等措施，使案涉古樟树生长环境得到彻底改善。同时，瑞金市文化广电旅游局争取资金100余万元，用于对"长征第一山"范围内旧址修缮保护。

为加强长效保护，瑞金市院与福建省长汀县人民检察院会签《关于加强红色文化遗存保护工作的协作意见》，进一步深化对长征沿线重要会议遗址、纪念设施等跨区域协作保护利用，以法治方式破解长征沿线旧址及烈士纪念设施保护利用难题。于都县院推动县文化广电旅游局、博物馆等单位联合印发《于都县业余文物保护员管理方案》,强化长征文物和文化资源日常管护,拓宽社会参与及保护修复资金来源渠道,推动争取800余万元修缮资金,用于修缮和展陈长征文物16处。

【典型意义】

习近平总书记指出:"加强革命文物保护利用,弘扬革命文化,传承红色基因,是全党全社会的共同责任"。长征出发地旧址和烈士纪念设施是光辉长征历史和伟大长征精神的鲜活载体,是赓续红色基因、传承长征精神的生动教材。检察机关聚焦长征出发地旧址和烈士纪念设施保护、管理、修缮不到位等问题,运用检察建议、提起诉讼等方式,督促行政机关依法全面履行监督职责,协同相关部门形成监督合力,凝聚保护共识。检察机关持续跟进监督,通过跨区域协作、完善日常管护、拓宽社会参与等方式,一体促进长征出发地旧址及烈士纪念设施的整体保护、长效保护。

检察机关依法维护国防利益、军人军属合法权益典型案(事)例[①]

案例一

江苏许某某破坏军事设施案

【关键词】

破坏军事设施 军事安全 引导侦查 融合履职

【基本案情】

被告人许某某,男,1964年6月出生,务工人员。

2023年9月,被告人许某某明知位于某村的输油管道属于军事设施,为窃取管道内飞机燃油,使用电钻在管道上打孔,并在管道上安装阀门、塑料管以便盗窃之用。2023年9月17日,部队在进行输油作业时,管内燃油压力将许某某安装的阀门冲落,导致飞机燃油喷出,造成损失共计8.28万

---

① 参见《检察机关依法维护国防利益、军人军属合法权益典型案(事)例》,载最高人民检察院官网,https://www.spp.gov.cn/xwfbh/wsfbt/202407/t20240731_662012.shtml#2。

元(其中燃油损失价值6.8万元、管道修复费用1.48万元),致使输油管道被迫停用、多次飞行任务受到影响。

2024年1月26日,江苏省如皋市人民检察院以许某某构成破坏军事设施罪向法院提起公诉。2024年2月1日,如皋市人民法院依法适用简易程序,以许某某犯破坏军事设施罪,判处其有期徒刑二年六个月,并责令退赔8.28万元。被告人未上诉,判决已生效。

【检察机关履职情况】

(一)主动提前介入,引导侦查取证。侦查机关立案后,检察机关主动提前介入,通过实地查看现场、听取案情介绍、查阅案件卷宗,详细了解情况,引导侦查机关及时规范提取痕迹物证,围绕燃油损失价值、管道修复费用、造成环境影响等问题重点取证,特别是强化犯罪嫌疑人主观故意和明知方面的侦查取证,不断完善证据体系。

(二)加强协作配合,准确认定事实。侦查机关起诉意见书认定本案损失至少9吨飞机燃油,涉案价值至少6.71万元。检察机关在审查起诉过程中,加强与部队沟通,进一步确认飞机燃油损失价值计算依据,补充管道修复费用相关证据,最终认定本案损失共计8.28万元,使指控犯罪更为精准,也为法院判决责令退赔数额提供了具体依据,最终法院判决认定事实与检察机关指控一致。

(三)强化综合履职,推动源头治理。针对案发现场发现的军事设施保护标志缺失、燃油泄漏污染土壤等问题,检察机关同步启动公益诉讼调查程序,并向当地街道办事处制发检察建议,推动做好修缮管道沿线警示标志、修复污染土壤等工作。同时,检察机关结合案件办理制作了国防安全教育宣传片,开展普法宣传,促进提升全社会维护国防利益意识。

【典型意义】

(一)准确认定案件事实,依法精准指控犯罪。军事设施保护,直接关系到国防安全和军事利益,对采取任何手段破坏军事设施的行为都应依法追究责任。本案中,被告人许某某因盗窃行为破坏军事设施,同时构成盗窃罪(未遂)和破坏军事设施罪,综合全案具体情节,依照处罚较重的破坏军事设施罪追究其刑事责任。办理破坏军事设施案件,要加强部门沟通与协作,通过提前介入引导侦查取证、充分听取部队意见等方式,完善证据体系,查明案件事实,精准指控犯罪。

(二)协调联动齐抓共治,推动加强源头保护。检察机关办理破坏军事设施案件中,要融合推进办案与监督、治罪与治理,针对办案中发现的军事设施保护措施不完善、社会公共利益受损害等问题,及时启动公益诉讼调查程序,依法制发检察建议,加强普法宣传,督促相关职能部门履职到位,增强群众国防意识,共同守护军事安全。

案例二

四川于某冒充军人招摇撞骗案

【关键词】

冒充军人 招摇撞骗 骗取待遇 督促立案

【基本案情】

被告人于某,男,1996年9月出生,个体人员,2022年9月曾因冒充军人身份以征兵为由实施诈骗,被公安机关行政拘留九日。

2023年3月至8月,于某在四川、重庆、青海三省21家酒店办理入住时,为享受惠军折扣,采取穿着部队作训服、肩背迷彩背包、出示抬头为某军区发票等方式,让酒店工作人员相信其为现役军人,要求酒店按照军人优惠价结算房费,至案发时,于某先后十余次骗取酒店住宿费用减免金额共计1000余元。同时,于某为便于结交女性,多次冒充军人身份与别人建立联系。

2024年2月29日,四川省华蓥市人民检察院以于某构成冒充军人招摇撞骗罪向法院提起公诉。2024年6月13日,华蓥市人民法院以于某犯冒充军人招摇撞骗罪,判处其有期徒刑六个月。被告人未上诉,判决已生效。

【检察机关履职情况】

(一)主动发现线索,督促立案侦查。检察机关通过侦查监督与协作配合机制了解到该案线索,主动与公安机关沟通,提出于某作案次数多、涉及区域广,损害了军队、军人形象和声誉,应当依法追究其刑事责任,公安机关采纳检察机关意见对本案立案侦查。检察机关主动提前介入,引导侦查机关全面收集酒店监控、入住记录、开票信息、当日房价及酒店工作人员证言等证据,夯实指控证明体系。

(二)准确适用法律,客观公正履职。检察机关结合在案证据,认定被告人于某属于冒充军人骗取待遇,应以冒充军人招摇撞骗罪追究其刑事责任。同时,在认定行骗次数与获利数额上,检察机关坚持客观公正原则,对于虽有入住记录,但酒店住宿折扣不属于军人待遇,也没有开具部队抬头发票的,依法予以排除。检察机关坚持惩教结合,促使于某自愿认罪认罚,最终依法提出从轻处理的量刑建议,获法院判决采纳。

(三)建立工作机制,完善防范措施。针对本案反映出冒充军人招摇撞骗的犯罪对象由具体个人转为企业、由传统的冒充军人与他人恋爱交往、骗取财物扩展到骗取军人待遇等新特点,结合办案中发现的问题,检察机关分别向当地人武部门和公安机关制发检察建议。当地人武部门已与检察机关建立案件沟通协调机制,加强军地协作,联合宣传涉军法律法规及如何准确识别军人身份等涉军类常识,落实普法责任。公安机关对辖区内军人入住酒店情况进行了摸底核实并对从业人员组织开展了相关培训,取得良好效果。

【典型意义】

(一)依法打击各类冒充军人招摇撞骗犯罪。检察机关坚持依法打击行为人利用人民群众对人民军队的信任、爱戴,冒充军人骗取非法利益的各类冒充军人招摇撞骗犯罪行为。充分发挥侦查监督与协作配合机制的作用,主动挖掘与发现案件线索,结合此类犯罪呈现的新特点、新形式,加强引导侦查取证,强化法律适用研究,依法准确客观认定案件事实,切实保护被害人合法权益,维护军队、军人的良好形象和声誉。

(二)能动履职监督,形成防范打击犯罪合力。一些犯罪分子利用社会公众对军队军人的信赖认同和酒店等服务行业难以准确识别军人身份的情形,骗取军人优惠待遇。检察机关要积极延伸职能,向酒店行业监管部门制发检察建议提示风险,促进夯实监管责任、堵塞制度漏洞;建立健全沟通协调机制,加强法治宣传,形成防范打击犯罪合力。

案例三

北京余某某、谭某、刘某某买卖武装部队证件、
张某使用虚假身份证件案

【关键词】

买卖武装部队证件 使用虚假身份证件 数字检察 融合履职

【基本案情】

被告人余某某,男,1989年11月出生,无业。曾因犯冒充军人招摇撞骗罪,于2014年4月被山东某法院判处有期徒刑十个月。

被告人谭某,男,1975年5月出生,无业。曾因使用伪造的军官证件招摇撞骗,于2021年8月被公安机关行政拘留十日。

被告人刘某某,男,1961年11月出生,无业。

被告人张某,男,1975年4月出生,某公司人员。

2017年,余某某为满足自己的虚荣心,通过网络联系到假证制作人"谭某某",为自己购买了1本伪造的军官证。2019年6月至2020年8月,谭某、张某因在多起民事诉讼中未依法履行给付义务,被多家司法机关发出限制消费令。为逃避上述限制消费措施,谭某于2020年6月通过微信联系到自称有"渠道"的余某某,从余某某处为自己与张某购买了2本伪造的军官证,用于冒充军人身份,以便在出行过程中规避限制消费。之后,谭某又陆续通过余某某为刘某某等人购买了10本伪造的军官证。经查,2020年8月至2021年2月,张某使用伪造的军官证冒充军人身份在全国各地机场通过安检或者网上订票共计19次。

2021年11月25日,北京市朝阳区人民检察院以余某某、谭某、刘某某构成买卖武装部队证件罪,向法院提起公诉;2022年7月18日,朝阳区人民法院以余某某、谭某、刘某某犯买卖武装部队证件罪,分别判处有期徒刑三年六个月、有期徒刑二年三个月、有期徒刑一年。2023年12月14日,朝阳区人民检察院以张某构成使用虚假身份证件罪,向法院提起公诉;2023年12月26日,朝阳区人民法院以张某犯使用虚假身份证件罪,判处其拘役五个月,缓刑六个月,罚金人民币五千元。上述判决均已生效。

【检察机关履职情况】

(一)聚焦涉军造假案件中反映的上下游犯罪,构建涉军造假大数据监督模型。一是检察机关提前介入,通过电子证据审查,挖出销售假军官证源头,引导侦查机关在提请审查逮捕前抓获遗漏同案犯刘某某,查获假军官证10本,使案件办理取得重大突破。二是结合办案中取得的案件数据,构建涉军造假大数据监督模型,对已查实的假军官证信息与中国执行信息网等数据进行比对,发现余某某等3人买卖武装部队证件案中有4名证人存在使用假军官证的行为,即形成4条刑事犯罪线索移送公安机关。其中,余某某等3人案的关联证人张某,以使用虚假身份证件罪被立案侦查、提起公诉并依法判决；其余3条线索公安机关正在核查中。

（二）依托涉军造假类大数据监督模型，实现监督线索全口径管理。检察机关以本案办理为契机，梳理相关刑事案件，筛查出42本已查实的假军官证信息，将假军官证使用记录数据与民航客运登记数据、铁路客运登记数据、限制消费人员数据等进行碰撞比对，经研判形成涉假军官证刑事犯罪线索、冒充军人逃避执行限制消费措施的民事执行监督线索和骗取军人专属优待政策的行政监督线索共计27条。在此基础上，检察机关会同当地公安机关，商请当地部队定期在机场开展专项纠查工作，并同步与军事检察机关开展军地协作座谈，将"涉军造假"专项监督纳入军地协作台账。

（三）在民事检察领域发现民事执行监督线索，协助法院惩治拒不执行判决裁定行为。依托大数据监督模型，在梳理出的相关刑事案件中，检察机关共发现9名刑事案件涉案人员系被法院裁定限制消费的失信被执行人，以上人员为规避法院执行限制消费措施，使用假军官证购票多次乘坐飞机、高铁。检察机关将上述涉及拒不执行法院判决、裁定的民事执行监督线索，按照管辖向发出限制令的法院移送民事执行处罚线索。目前，北京市、重庆市、四川省等地相关法院已向检察机关回电称收到线索，认为线索具有处罚必要性，现正在着手追查相关拒不执行法院判决、裁定人员的去向。

【典型意义】

（一）发挥数字检察优势，深挖彻查伪造武装部队证件类监督线索，在涉军造假领域开展诉源治理。检察机关在办理伪造、变造、买卖武装部队公文、证件、印章案件时，应重视数字检察工作，关注行为人冒充军人身份的主要目的，结合案件本身特征及所获取的数据信息，通过所搭建的涉军造假大数据监督模型，在相关领域开展数据碰撞比对，形成常态化法律监督工作机制，深入挖掘案件中反映的社会治理问题，实现"从模型到个案"的法律监督落地，进而实现涉军造假类案诉源治理。

（二）依托"四大检察"融合履职，延伸治理"半径"，多主体共治，推动完善涉军证件审核查验机制。部分单位在审核军人身份时仍停留在形式审核，容易给不法分子可乘之机。检察机关应针对此类社会管理漏洞，通过在国防利益领域开展公益诉讼，探索推动交通运输部门、市场监管部门等单位建立武装部队证件在互联网客运票务平台上购票的审验机制；推动规范银行机构、公园景区、公共交通、医疗服务等行业审核查验认证制度；向相关网络购物平台制发检察建议等，依法守护军人合法利益和国防利益。

(三)加强军地协作,形成涉军领域保护合力。检察机关在办理涉军案件过程中,积极履行检察职能,落实军地协作工作机制,与部队有关部门加强沟通协调,主动听取部队相关意见,依法妥善处理案件,确保政治效果、法律效果和社会效果的有机统一。

案例四

浙江魏某某、周某某非法买卖武装部队制式服装案

【关键词】

非法买卖武装部队制式服装　网络经营　直播间销售　行刑衔接

【基本案情】

被告人魏某某,男,1993年11月出生,个体人员。

被告人周某某,男,1986年10月出生,个体人员。

被告人魏某某、周某某均未取得武装部队制式服装销售许可。2023年5月至6月,魏某某通过微信与周某某联系购买仿制武装部队制式服装,由魏某某通过其经营的抖音店铺进行销售,周某某从上门推销的流动商贩处购买仿制作训服、作训帽、迷彩标识等并打包发货。经查,周某某共向魏某某出售仿制21式作训服等军服900余套,21式迷彩帽等军帽600余件,臂章、胸标等标识500余件,销售金额达26万余元,违法所得1万余元。魏某某将上述仿制武装部队制式服装出售给他人,销售金额达29万余元,违法所得1.9万余元。经鉴定,查获的物品均为现制式军服(仿冒军服)。案发后,魏某某、周某某均已退缴全部违法所得。

2024年4月12日,浙江省东阳市人民检察院以魏某某、周某某构成非法买卖武装部队制式服装罪,向法院提起公诉。2024年5月10日,东阳市人民法院以非法买卖武装部队制式服装罪,判处魏某某有期徒刑一年二个月,缓刑一年八个月,并处罚金人民币二万元;周某某有期徒刑一年,缓刑一年六个月,并处罚金人民币一万二千元。二被告人均未提出上诉,判决已生效。

【检察机关履职情况】

(一)加强行刑衔接与军地协作,依法移交案件线索。魏某某涉案线索系由当地市场监督管理局、人武部发现后移送检察机关,经检察机关、人武

部、市场监督管理局三方联合会商研判,认为该案已达刑事立案标准,即移送公安机关立案侦查。案件移送公安机关后,检察机关第一时间提前介入,建议侦查机关及时提取魏某某交易记录、抖音店铺后台数据等证据,并通过对交易数据的分析锁定魏某某上家系周某某,后公安机关将其抓获归案。

(二)贯彻宽严相济刑事政策,依法提出量刑建议。检察机关在审查起诉过程中,对魏某某、周某某开展社会调查,全面掌握二人工作状况、家庭环境、社会关系等,并对抖音店铺经营方式、营业状况进行分析,了解涉案原因,深度剖析社会危害性。鉴于二人案发前经营活动基本正常,售卖涉案军服时间较短,无违法犯罪前科,社区表现记录良好,检察机关依法提出对二人适用缓刑的量刑建议,并被法院判决采纳。

(三)组织庭审观摩,提出监督建议,促进社会治理。检察机关邀请当地公安局、市场监督管理局、人武部等部门及军人军属参与旁听庭审,邀请相关媒体对庭审活动进行宣传,进一步强调维护国防利益的重要性,切实增强公民法治意识和国防安全意识。同时,检察机关针对办案中发现的很多网络经营者通过直播间销售仿制军服、在店铺页面仅展示军服背面规避平台监管等问题,通过座谈会商等方式,向市场监督管理局等部门提出规范网络经营、加强管理巡查、深化法治宣传等意见建议。

【典型意义】

(一)完善行刑衔接机制,全链条打击犯罪。近年来,非法制售军服类违法犯罪活动,网络化、团伙化作案特征突出,打击犯罪面临一定挑战。检察机关在办案过程中,应健全长效工作机制,构建"行刑衔接+军地协作"等治理模式,深入联合开展"守护戎装"专项行动,持续打源头、溯流向、断网络,斩断非法制售军服利益链条,维护军队良好形象。

(二)关注犯罪的新模式,完善系统预防体系。直播电商已成为推动经济发展的重要力量,在稳增长、促就业、惠民生方面起着重要作用。针对部分直播电商从业者为追求快速高额回报而忽视守法经营的问题,检察机关应对从业者、主管部门提出加强和完善网络经营管理建议,并通过组织公开庭审观摩、新媒体宣传、纸媒电视报道等方式,加大涉军普法宣传教育,能动助推营商环境优化提升,维护涉军装备正常管理秩序。

案例五

河北省廊坊市人民检察院诉某测绘院有限公司、林某侵害国防和军事利益民事公益诉讼案

【关键词】

民事公益诉讼　国防和军事利益　军地协作　无人机违规飞行　国防战备资源损失赔偿

【基本案情】

河北省廊坊市三河市地处首都东大门,空域安全尤为重要。2022年10月31日,三河市某单位与某测绘院有限公司签订委托协议,委托该公司通过无人机进行航拍。2022年11月28日10时许,某测绘院有限公司在未向空域管理部门进行飞行申请的情况下,安排没有无人机驾驶资质的林某擅自在涉案地区空域驾驶由自己组装的无人机进行航拍,被当地驻军监测为异常空情,致使相关军事部队动用陆、空多型装备参与查证处置,其行为严重扰乱首都空中控制区管理秩序,造成国防战备资源损失。

【检察机关履职情况】

2023年1月9日,石家庄军事检察院将本案线索移送至廊坊市人民检察院(以下简称廊坊市院)。在对案件线索深入研判后,廊坊市院综合考虑办案实际情况,于2023年1月29日依法将本案移交三河市人民检察院(以下简称三河市院)办理。

为查明本案违法行为人和违法事实,办案人员调取了涉案人员无人机违规飞行行政处罚材料,并联合石家庄军事检察院走访了无人机飞行工作委托单位,调取关键证据材料。在全面掌握案件情况后,三河市院认为,某测绘院有限公司和林某长期从事无人机相关工作,明知需要资质及审批却擅自违规飞行,导致异常空情及战备资源损耗,二者应当承担相应的民事侵权责任。2023年4月17日,三河市院依法对涉案某测绘院有限公司、林某立案。

为合理确定国防和军事利益损失费用,廊坊市院、三河市院会同中部战区军事检察院、石家庄军事检察院召开案件研讨会,就本案国防和军事利益损失费用计算情况进行了深入交流,并协调相关部队出具了军事资源损失证据材料,为检察机关计算国防和军事利益损失费用提供了合理依据。同

时，因军事装备具体损耗情况涉及军事秘密，无法由第三方机构评估鉴定，致使军事资源损失证据材料证明力相对较弱。为此，中部战区有关部队主动配合检察机关，指派两名专业技术人员作为证人出庭作证，为检察机关后续起诉工作提供了有力支持。

2023年5月30日，三河市院在正义网发布公告，公告期满后，没有法律规定的机关和有关组织提起诉讼。2023年9月18日，三河市院根据公益诉讼管辖的规定将本案移送至廊坊市院审查起诉。

2023年10月20日，廊坊市院依法向廊坊市中级人民法院提起民事公益诉讼，诉请判令某测绘院有限公司、林某赔偿国防和军事利益损失费用，并在国家级媒体公开赔礼道歉。2023年11月24日，廊坊市中级人民法院开庭审理此案，中部战区军事检察院、石家庄军事检察院、中部战区有关部队代表人员旁听案件审理。庭前，石家庄军事检察院向廊坊市院提交了《关于对某测绘院有限公司、林某提起民事公益诉讼的意见》，表示完全支持廊坊市院对某测绘院有限公司、林某提起民事公益诉讼。庭审过程中，廊坊市院从主体身份、委托事实、违法行为、公益损失、程序合法五个方面充分举证。二被告均无异议，表示将认真吸取教训，积极承担侵权责任。2023年12月4日，廊坊市中级人民法院作出判决并于12月7日公开宣判：被告某测绘院有限公司、林某共同赔偿国防战备资源损失费用；被告某测绘院有限公司、林某在正义网及《解放军报》上刊登书面声明赔礼道歉。判决全部支持了检察机关诉讼请求，二被告均已主动承担民事责任并履行完毕。

【典型意义】

针对"低慢小"航空器"黑飞"侵害国防军事利益的违法行为，军地检察机关密切协作，联合开展调查取证，地方检察机关依法提起诉讼，军事检察机关协助配合，大大提高了办案质效，为办理军地协作案件提供了良好典范。对于违法行为人的侵权责任，检察机关在诉请其赔偿国防战备资源损失的同时，要求其在国家级媒体公开赔礼道歉，对教育引导公众知悉并严格遵守相关法规，增强全民国防意识具有重要意义。

案例六

湖南省检察机关、中国人民解放军长沙军事检察院督促保障军用机场备用跑道净空安全公益诉讼案

【关键词】

行政公益诉讼和民事公益诉讼　军用机场净空保护　军地协作　违法建(构)筑物　一体化办案

【基本案情】

位于湖南省的空军某机场备用跑道始建于20世纪70年代,近年随着经济发展,跑道周边建(构)筑物不断增多。经评估,净空区内存在违法建筑物170处,违法构筑物144处,不仅干扰了军机飞行训练安全和战备执勤,影响军人有效履行职责,也对人民群众生命财产安全造成潜在风险。

【检察机关履职情况】

2022年8月30日,最高人民检察院将该机场备用跑道净空区多处超高建(构)筑物影响军事飞行的案件线索交办至湖南省人民检察院(以下简称湖南省院)。

鉴于该案事关国防军事利益、社会经济建设及民生保护,且涉及多个违法行政主体以及军地双方职责,湖南省院决定成立专案组,与中国人民解放军长沙军事检察院(以下简称长沙军检)一体推进案件办理。军地检察机关联合分析了备用跑道净空安全形成的历史原因和现状,对超高房屋特别是占用军事用地房屋入户核查,并向军地相关行政机关和人员逐一核实。经调查查明,170处违法建筑物包含超高建筑物、占用军事用地建筑物和影响飞机滑行建筑物,144处违法构筑物主要包括通信电杆和通信铁塔等,且上述建(构)筑物均未合法取得建设规划、用地许可、权属证书。考虑到该案系历史成因且法律关系复杂,湖南省院于2023年10月18日对驻地市人民政府以行政公益诉讼立案,同日对国网湖南省电力有限公司、某市供电公司(以下统称湖南电力公司)等建设超高电力设施问题以民事公益诉讼立案。同时,湖南省院充分发挥一体化优势,同步指导湖南省衡阳市人民检察院(以下简称衡阳市院)于2023年10月18日对中国铁塔股份有限公司衡阳分公司、中国移动通信集团湖南有限公司衡阳分公司、中国电信股份有限公司衡阳分公司和中国联合网络通信集团有限公司衡阳市分公司(以下统

称衡阳通信公司)建设超高通信设施问题以民事公益诉讼立案,指导湖南省驻地市人民检察院分别对市自然资源局、市农业农村局等部门以行政公益诉讼立案6件。

为推动形成整改共识,检察机关先后8次召开座谈会、圆桌会,就该机场备用跑道净空安全涉及公益侵害问题、行政机关履职情况、整改推进等事项进行沟通、协调、督促。2023年10月20日,省、市、县三级检察机关与南部战区军事检察院、长沙军检联合组织召开机场备用跑道案件磋商会。会上,检察机关全面分析了机场备用跑道净空安全问题的历史成因及军地各自职责,通过向驻地市、镇人民政府及市自然资源局、林业局、农业农村局等行政机关分别送达检察建议及磋商函,督促驻地政府及其相关职能部门与部队单位协作配合,共同解决机场净空安全问题;要求湖南电力公司、衡阳通信公司等相关企业主动停止违法行为,及时采取公益保护措施,消除影响部队飞行训练的安全隐患。同时会议还综合考虑整改实际,确定了"先易后难、轻重缓急、分步推进"的整改原则及公用设施"先建后拆"的处置方案,在推进问题有效整改的同时,最大程度减少对周边村民生产、生活可能产生的影响。

会后,检察机关与驻地政府、企业反复沟通,促进驻地政府及相关行政机关成立整改专班,积极筹措资金实施整改,湖南电力公司、衡阳通信公司主动对接地方政府及部队单位实施拆迁施工。截至目前,已完成超高建筑物拆除39处,根据最终航行评估报告和飞行程序设计报告应拆131处建筑物已全部签订拆迁补偿协议;根据杆线迁改方案拆除通信电杆66根、通信铁塔1座、高低压杆塔51基、烟囱1座、路灯25根,同时新立高压、低压杆塔39基、通信线杆17根,通信运营商业务已割接至净空管理区外的新建铁塔。2024年1月31日,省市县三级检察机关联合驻地市人民政府和部队对超高通信设施等整改情况进行验收,相关拆迁安置点、环场公路项目也已开工建设,并按计划对其他不需要拆除的超高建(构)筑物进行降高或加装航空障碍物灯等工作。

【典型意义】

办理军地互涉案件中,检察机关坚持上下联动、军地协同配合,通过行政公益诉讼督促相关行政机关依法履行职责,对超高建(构)筑物影响军用机场净空安全问题进行整治,服务保障国防和军事利益;同时充分发挥民事公益诉讼职能作用,督促、引导和支持国有企业主动担当作为,高效解决公益损害问题。办案中，坚持维护国防军事利益和依法保障民生民利的有机统一，最大限度降低对周边居民生产、生活的影响，实现强军兴军与地区发展的同频共振。

案例七

辽宁张某茹国家司法救助案

【关键词】

现役军人家属　故意伤害案被害人　线索移送　综合帮扶　联合回访

【基本案情】

被救助人张某茹，女，1966年2月出生，系王某宁故意伤害案被害人，现役军人王某的母亲。

2018年6月16日18时许，王某宁在辽宁省大连市金州区某村持石头将张某茹头部砸伤。经鉴定，张某茹伤情为重伤二级。经公安机关立案侦查、移送审查起诉，2018年12月28日，大连市金州区人民检察院以王某宁犯故意伤害罪提起公诉。张某茹提起刑事附带民事诉讼。2019年3月26日，金州区人民法院以王某宁犯故意伤害罪，判处其有期徒刑三年六个月，赔偿张某茹各项经济损失103129.13元。王某宁不服提出上诉，张某茹就附带民事诉讼赔偿部分提出上诉。2019年5月30日，大连市中级人民法院裁定驳回上诉，维持原判。法院裁判生效后，王某宁拒不履行刑事附带民事诉讼赔偿责任，张某茹向金州区人民法院申请强制执行。2019年11月7日，金州区人民法院扣划被执行人王某宁存款13700元。2019年11月25日，因王某宁无可供执行财产，金州区人民法院裁定终结本次执行程序。

【检察机关履职情况】

2023年10月，中国人民解放军某部队在执行任务中发现，现役军人王某情绪低落，经进一步了解，王某的母亲张某茹因案致伤后，王某宁未予赔偿，遂将该情况逐级报送至北部战区军事检察院，北部战区军事检察院将线索转至沈阳军事检察院。沈阳军事检察院认为，王某的母亲张某茹可能符合司法救助条件，遂向辽宁省人民检察院发函移送司法救助线索。辽宁省人民检察院收到线索后，立即启动一体化办案机制，指导大连市、金山区两级检察机关迅速启动司法救助程序。经调查核实：张某茹早年丧偶，独自养育一子一女,家庭曾系低保户。儿子王某现在中国人民解放军某部队服役,女儿远嫁外地。张某茹独居,无人照料,且患有多种疾病,长年服药,系低保边缘户家庭。案发后,张某茹人身及精神受到较大伤害,原刑事附带民事赔偿金只有小部分得到实际执行,家庭欠下医疗费等7万余元,生活十分困难。

金州区人民检察院审查认为,张某茹因案导致家庭生活困难,符合司法救助条件,且系现役军人母亲、农村地区生活困难妇女,属于检察机关司法救助的重点对象,决定开通司法救助"绿色通道",优先办理,并提请辽宁省人民检察院、大连市人民检察院进行联合救助,及时发放司法救助金,有效缓解被救助人家庭生活面临的急迫困难。针对张某茹家庭实际困难情况,大连市检察机关积极协调退役军人事务部门、妇联等单位,开展多元救助帮扶:一是大连市退役军人事务局向张某茹发放慰问金,将其纳入困难帮扶人员范围,由张某茹户籍地所在区退役军人事务局开展常态化走访慰问,并安排区退役军人法律志愿服务中心的律师提供法律帮助;二是区民政局将张某茹识别为边缘易致贫户,持续跟踪关注被救助人生活情况,落实相关社会帮扶政策;三是区妇联向张某茹提供经济救助,将其纳入重点帮扶对象,持续关注其心理健康状况,适时开展心理疏导;四是大连市、区两级慈善总会通过现有慈善项目向张某茹发放社会慈善救助金;五是检察机关持续跟踪关注原刑事附带民事判决赔偿项部分的执行情况,切实维护张某茹的合法权益。

司法救助案件办结后,大连市、金州区两级检察机关与区退役军人事务局、妇联多次到张某茹家中进行回访慰问。张某茹表示,各项帮扶措施均已落实到位,今后将乐观面对生活,回馈党和国家的关怀。北部战区军事检察院、沈阳军事检察院及现役军人王某所在部队,与辽宁省、大连市、金州区三级检察院进行座谈交流,王某本人及所在部队代表分别向辽宁省三级检察机关赠送锦旗,对检察机关给予的司法救助表示感谢,王某还表达了今后将全身心投入到战备训练的决心和争取继续留队服役多为国家作贡献的志愿。以本案办理为契机,辽宁省军地检察机关建立了军人军属司法救助衔接工作机制,推动全省同类案件办理工作,切实维护军人军属合法权益,为现役军人解除后顾之忧,为国防安全提供检察保障。大连市人民检察院还与该市退役军人事务局共同建立退役军人司法救助长效工作机制,定期对辖区内符合司法救助条件的退役军人、现役军人家属等落实救助措施,并由该市双拥办牵头,结合"送政策进军营"活动,向部队官兵宣传司法救助政策,将司法救助案例编入"双拥"工作简报,通报成员单位及各县区。

【典型意义】

本案系军地检察机关联合退役军人事务部门等多家单位,对现役军人家属协同开展司法救助和多元帮扶的典型案例。本案中,辽宁省、市、区三级检察机关针对被救助人系现役军人家属、因案导致生活困难等情况,及时进行联合救助,并切实加强与退役军人事务局等部门的协作,开展经济扶助、心理疏导、法律帮助等多元化综合帮扶工作,切实解决被救助人家庭的急难愁盼。开展联合回访,持续传递党和国家温暖,让现役军人安心投身国防事业。与军事检察院、退役军人事务局建立对现役军人家属、退役军人的司法救助长效工作机制,将司法救助与拥军优属工作融合衔接,充分彰显军地检察机关及退役军人事务部门关心关爱军人军属的责任担当。

案例八

安徽詹某国国家司法救助案

【关键词】

解放军老战士　道路交通事故受害人　"党建+救助"

【基本案情】

被救助人詹某国,男,1947年12月出生,系民事执行监督案申请人,解放军老战士。

2022年4月4日,詹某国与朱某兵发生道路交通事故,经交警部门认定,朱某兵负该事故主要责任。詹某国向安徽省全椒县人民法院提起道路交通事故侵权纠纷民事诉讼,2022年9月6日,全椒县人民法院判令朱某兵赔偿詹某国医疗费等损失18992.59元。因执行未果,詹某国向全椒县人民检察院申请民事执行监督。

【检察机关履职情况】

2024年1月,全椒县人民检察院在办理詹某国申请民事执行监督案过程中,发现詹某国可能符合司法救助条件,主动启动司法救助程序。经调查核实:詹某国自1963年11月起在中国人民解放军某部队服役,连续四年被评为"五好"战士,1968年3月退役后回乡与妻子务农,现二人均年近八旬,每月收入只有800元,其子女外出务工,家庭负担较重;交通事故发生后,詹某国住院治疗,因家庭生活困难且不愿拖累子女,未及康复即自行出院;被执行人朱某兵名下暂无可供执行财产,未给予任何赔偿。

全椒县人民检察院审查认为,詹某国因案导致生活困难,符合司法救助条件,且詹某国系解放军老战士,属于检察机关司法救助的重点对象,决定予以救助,及时发放司法救助金,缓解被救助人面临的急迫困难。为进一步提升救助效果,全椒县人民检察院积极协调县退役军人事务局、民政局、属地镇党委政府等,多部门实施综合帮扶:一是县退役军人事务局向詹某国发放慰问金及慰问品,将其纳入关爱帮扶重点对象,常态化开展慰问;二是积极对接法院执行部门,加大案件执行力度,为詹某国释法说理,化解心结,詹某国主动撤回监督申请;三是县民政局向詹某国发放慰问金,属地镇党委政府落实医疗救助,为詹某国安排体检及后续治疗服务;四是将詹某国家庭确定为党建联系点,由党员干部担任专职观护员,跟进救助帮扶举措。

司法救助案件办结后,全椒县人民检察院、县退役军人事务局对詹某国进行联合回访慰问,了解各项救助帮扶措施落实情况和家庭生活近况。詹某国对检察机关、退役军人事务局等有关部门的关心关爱十分感谢,表示将结合其作战经验讲授爱国主义教育课程,发挥自身余热,回报党和国家。全椒县人民检察院第一党支部与属地镇退役军人服务站共同协作,邀请詹某国在全椒县某党总支为100多名党员讲授"老党员上党课,话初心感党恩"专题党课,传承红色精神,弘扬拥军优属优良传统。以本案办理为契机,全椒县人民检察院与该县退役军人事务局、民政局共同签署《关于推进全椒县退役军人群体司法救助工作的意见》,着力加大对退役军人司法救助力度,为司法救助与社会救助有机衔接提供长效制度保障。县退役军人事务局根据该意见,对全县在册登记退役军人进行全面线索摸排,并通过微信公众号等平台在全县退役军人中广泛宣传司法救助工作。

【典型意义】

本案系检察机关与退役军人事务等部门合力加强对退役军人救助的典型案例。本案中,全椒县人民检察院能动履职,在办案中发现救助线索,主动启动司法救助程序。为切实提升救助效果,联合退役军人事务局、民政局、属地镇党委政府开展全方位、多元化的救助帮扶措施。以个案办理为契机,建立检察机关、退役军人事务部门、民政部门"多位一体"的协作救助机制。通过"党建+救助"方式,跟进落实救助举措,把党和国家对退役军人的关爱落到实处。开展宣传教育,传承红色精神,弘扬拥军优属优良传统,促进实现"办理一案,影响一片"的良好效果。

事例一

上海市宝山区人民检察院构建"检安军地协作新范式"

【基本情况】

多年来,驻沪部队与地方紧密协作,共同守护国防安全。上海市宝山区人民检察院立足检察办案,依法能动履职,强化军地协作机制,深化溯源治理,构建"检安军地协作新范式"。

(一)突出"机制先行",夯实军地协作制度保障。宝山区人民检察院在《上海市人民检察院与上海军事检察院协作工作实施办法》的基础上,结合办案实际,与辖区内海军基地签署《军检维护国家安全共建工作备忘录》,建立常态化共建联络协作机制,明确军地互涉案件信息通报、涉军维权、法律监督等方面的具体协作方式,完善了"普法进军营"、人才培养业务交流等协作内容。为进一步落实国防安全中"防渗透、防策反、防窃密"工作职责任务,会同国家安全机关、驻沪部队共同研究防范潜在泄密风险隐患的对策,签订了《加强国家安全类案件办理与防控协作的实施办法》,推动构建"打防治"三位一体联防共治格局。

(二)凝聚"多方合力",推动军地协作纵深发展。宝山区人民检察院充分发挥军地检察机关协作机制,针对办案中发现的辖区内某高楼频繁成为军事观搜点位的情况,联合军事检察院向涉案楼宇物业管理公司制发检察建议,提出增加警示标牌和监控设备数量、加大重点区域安保巡逻力度、加强对大厦管理人员国防安全教育培训等意见,并跟进督促落实整改。针对办案中发现的涉案大学生国防安全意识薄弱问题,宝山区人民检察院会同驻沪部队、国家安全机关等共同开发了国防安全教育课件,已纳入涉案高校思政教育必修课程,受到高校师生的认可。

(三)坚持"问题导向",构建军地协作全新模式。针对办案中发现的军事设施周边安全防控问题,检察机关多次赴部队营地及周边进行亲历性调查,在上海市人民检察院的牵头指导下,宝山区人民检察院与国家安全机关、国防动员主管部门、驻沪部队等共同组建专班,以登上军舰、进入营区、座谈交流等方式开展"沉浸式"调研。今年7月,上海军地检察机关共同举办了"检安军地一体溯源治理 共护国防安全"研讨会,邀请了国家安全局、上海警备区、驻沪部队、国防动员等部门相关负责人以及国防安全法学专家学者共商国防安全溯源治理工作,为创新军地协作模式、拓宽军地协作领域提供理论支撑和工作指导,共创"检安军地协作新范式"。

【典型意义】

国防和军队建设是国家安全的坚强后盾。检察机关要从聚焦服务保障备战打仗的高度,提高政治站位,以司法办案为支点,依法能动履职,坚持治罪与治理并重,惩治与预防并行,通过走访调研,发现问题、分析成因、提出对策建议,结合工作实际创新构建全域联动、立体高效的国家安全防护体系,打通军地协作信息壁垒,凝聚军地各方力量,共同守护国防利益和军事安全。

事例二

山东省青岛市检察机关深化落实三项机制, 推动新时代军地检察协作高质量发展

【基本情况】

近年来,青岛市检察机关依法能动履行检察职能,深化军地检察协作配合、权益保障和诉源治理工作机制,有力服务国防和军队现代化建设。

(一)深化落实多元协作机制,高标准构建军地检察协作工作新格局。一是坚持"军地检察协作+府检联动"双协同,联合市退役军人事务局、青岛警备区等部门,出台《青岛市退役军人司法救助工作办法》《关于建立未成年烈属司法保护工作协作配合工作机制的实施意见》等文件,建立30余项工作制度,形成军人军属军娃全覆盖保护体系。建立涉军案件"绿色通道",协同军事检察院构建"优先受理、线索同步、资源共享"的办案机制,确保涉军案件高质效办理。二是创新办案模式,针对青岛区位特点,组建专业化办案团队,与部队在信息查询、密级鉴定等方面开展深度协作,创设采用侦查实验方式复盘犯罪过程,破解取证难题,有力打击涉军违法犯罪。三是数字化赋能军地联络,创建"线下+线上"联络新模式,与驻青部队代表座谈,点对点落实"部队法治需求清单"。依托"青岛检察代表委员服务平

台",为部队代表委员提供"全时在线"检察服务。

（二）深化落实服务保障机制,全方位维护国防利益、保障军人地位和合法权益。一是开展国防安全专项保护,就渔民违规养殖占用军事禁区的问题,向地方党委政府作专题报告,并向相关部门制发检察建议,联席会商后形成清理方案,督促清理渔民违规养殖海域300余亩。二是开展军人地位和权益保护等专项行动,联合济南军事检察院向有关主管部门制发检察建议,推动银行、医院等1000余处公共场所张贴军人优先标识;向退役军人事务局制发磋商函,为87处英烈设施确立管理人,建立巡查巡护长效管理机制;督促城管、文旅等相关职能部门全面履职,推动拨付专项修缮资金150万元。三是运用跨区域协作和接续救助等方式开展涉军权益保障工作,协调发放救助资金、赔偿款等300余万元。

（三）深化落实"一二三"诉源治理机制,高质效服务强军大局。一是坚持党建"一"体统领,以海军节、建军节等为契机,深入部队开展"送法进军营"等活动百余次。二是用好个案办理和类案监督"两"个抓手,针对办案中发现的军官证查验识别能力不高等问题,联合济南军事检察院向属地机场制发检察建议,堵塞管理漏洞。牵头组织部队、国安、属地政府等多部门共建共治,提升军事基地周边区域安全保护力度。三是深化宣传、教育和预防"三"个结合,在军事重点区域开展国防安全教育活动60余次,为从源头预防涉军违法犯罪、提升全民国防安全法治意识提供检察支持。

【典型意义】

紧密结合区位特点,在践行"高质效办好每一个案件"中守护国防利益和军人军属合法权益,是军地检察机关贯彻习近平强军思想、习近平法治思想的生动体现。检察机关要坚决扛牢政治责任,创新赋能军地检察协作机制建设,打造全方位、立体式军地检察协作工作新格局。注重拓展协作范围、凝聚系统内外合力,全链条推动诉源治理、前端治理,确保军地检察协作多赢共赢,为实现新时代强军目标提供更加有力的检察保障。

全国检察机关依法惩治侵犯军人军属合法权益犯罪典型案例[1]

案例一：

刘某某、武某某冒充军人招摇撞骗案

（一）基本案情

被告人刘某某、武某某，均系男性，无业。2020年12月，被告人刘某某犯冒充军人招摇撞骗罪刑满释放后，故伎重施，从互联网上购买迷彩服、作战靴、肩章、迷彩帽、迷彩包等作案工具，伙同武某某冒充军人招摇撞骗。2020年12月至2021年3月，刘某某谎称自己为某部队现役军人，编造假名，通过社交软件骗取李某某等6名被害人信任，与上述被害人多次发生性关系，骗取被害人钱款共计人民币14777元。被告人武某某冒充某市人民武装部人员，帮助刘某某取得其中两名被害人信任，骗取共计人民币3150元。

内蒙古自治区乌拉特前旗人民检察院于2021年9月7日以刘某某、武某某犯冒充军人招摇撞骗罪提起公诉。同年10月11日，乌拉特前旗人民法院以冒充军人招摇撞骗罪，判处被告人刘某某有期徒刑三年五个月，判处被告人武某某有期徒刑七个月。被告人均未提出上诉。

（二）检察履职情况

1. 审查发现犯罪线索，及时开展立案监督。乌拉特前旗人民检察院依托与公安机关的侦查监督与协作配合机制，在常态化履职过程中发现刘某某冒充军人招摇撞骗案件线索。经查阅卷宗并与侦查人员沟通，检察机关认为刘某某的行为已达到立案追诉标准且可能判处有期徒刑以上刑罚，要求公安机关说明不立案理由，公安机关听取检察机关意见后，决定立案侦查。

---

[1] 参见《全国检察机关依法惩治侵犯军人军属合法权益犯罪典型案例》，载最高人民检察院官网，https://www.spp.gov.cn/spp/xwfbh/wsfbh/202207/t20220729_568848.shtml。

2.积极引导侦查,深挖漏罪漏犯。案件办理中,检察机关经审查发现可能还存在其他被害人,在作出批准逮捕决定的同时,发出继续侦查提纲,引导公安机关根据通话记录、资金流向等查证漏犯漏罪情况。后经公安机关调查取证并补充移送证据材料,追加起诉遗漏同案犯武某某及两起遗漏犯罪事实。

3.加强类案研判,依法惩治犯罪。刑法第三百七十二条规定的冒充军人招摇撞骗罪中"情节严重"没有明确的认定标准,也没有明确的量刑指导意见。为确保案件指控有力、量刑准确,检察官查阅大量生效判决后,认为多次冒充军人招摇撞骗且与多名女性发生性关系,属于情节严重,依法应当判处三年以上十年以下有期徒刑。综合累犯、认罪认罚等情节,检察机关提出判处被告人刘某某有期徒刑三年五个月、被告人武某某有期徒刑七个月的确定刑量刑建议,被法院判决采纳。

(三)典型意义

1.全面把握犯罪行为的危害性,精准惩治涉军犯罪。冒充军人实施招摇撞骗等违法犯罪行为,不仅损害被害人的合法权益,更损害了社会公众对军队和军人的信赖认同,危害国防和军队建设。根据刑法第三百七十二条的规定,冒充军人身份进行招摇撞骗的,构成冒充军人招摇撞骗罪,处三年以下有期徒刑、拘役、管制或者剥夺政治权利;情节严重的,处三年以上十年以下有期徒刑。本案被告人冒充军人骗取被害人的信任,与被害人发生性关系并骗取钱财,严重损害军人形象和军队威信。检察机关办理此类案件,应当准确把握冒充军人招摇撞骗罪的构成要件,准确认定犯罪情节,依法惩治涉军招摇撞骗犯罪,维护军队和军人良好形象。

2.强化协作配合,提升办案效果。检察机关应当以落实最高人民检察院和公安部联合印发的《关于健全完善侦查监督与协作配合机制的意见》为契机,依托侦查监督与协作配合办公室,及早发现涉军犯罪线索,强化立案监督,形成工作合力。案件办理中,充分发挥捕诉一体办案机制作用,强化对侦查取证的引导,深挖漏罪漏犯,确保办案质效。

案例二：

吴某某诈骗案

（一）基本案情

被告人吴某某，女，无业。2016年至2019年间，被告人吴某某在江苏省太仓市、河南省郑州市、荥阳市等地，利用网购的军官证、军服以及解放军某医院公章，冒充某部少校女军官"叶磊"，虚构其父母是部队领导干部，以帮别人介绍入伍、合伙承包部队医院保障项目为由，多次骗取丁某某等5名被害人共计人民币243万余元。

2021年7月6日，江苏省太仓市人民检察院以吴某某犯诈骗罪提起公诉。同年9月23日，太仓市人民法院以诈骗罪判处被告人吴某某有期徒刑十年六个月，并处罚金人民币10万元。吴某某未上诉。

（二）检察履职情况

1. 主动提前介入，引导全面收集证据。鉴于该案涉军的特殊性，检察机关主动提前介入侦查，根据吴某某作案手段，建议公安机关及时固定相关证据。考虑到该案对军人权益和军队声誉的影响，检察机关与公安机关、人民武装部召开案情通报会，加强沟通协作，就案件办理、普法宣传、维护军人权益等方面达成共识，确保案件依法从快从严办理。

2. 强化证据审查，深挖彻查犯罪事实。检察机关经审查银行卡流水、微信聊天记录等客观证据，结合证人证言及吴某某作案手段，认为本案可能还存在其他被害人。因此，在作出批准逮捕决定的同时，引导公安机关并案侦查，调取吴某某及其伪造的女军官身份"叶磊"名下所有银行卡交易流水，顺利锁定其余4名被害人。最终，公安机关移送犯罪事实从审查逮捕的1笔增加到审查起诉的5笔，涉案金额从36万元增至243万余元。

3. 准确适用法律，依法从严惩处。公安机关以吴某某涉嫌伪造、买卖武装部队证件、印章罪和冒充军人招摇撞骗罪，提请批准逮捕。检察机关经审查认为，伪造、买卖武装部队证件、印章是冒充军人招摇撞骗的手段行为，前后存在牵连关系，依法以冒充军人招摇撞骗罪对吴某某批准逮捕，并继续引导侦查。随着深挖犯罪的推进，犯罪事实逐渐清晰，检察机关认为本案吴某某的行为同时触犯冒充军人招摇撞骗罪和诈骗罪，两个罪存在竞合关系，应择一重罪论处，建议公安机关变更罪名移送审查起诉。公安机关采纳检察机关意见,以诈骗罪移送审查起诉,检察机关以诈骗罪提起公诉,最终法院判决予以采纳。

4. 加强军地协作,促进源头治理。针对案件中反映出的利用伪造军官证免费游玩景点博取被害人信任等问题,检察机关开展犯罪源头治理,向旅游行业主管机构发出风险提示,促进夯实监管责任、堵塞制度漏洞。同时,健全军地协作机制,走访对接太仓市人民武装部,围绕涉军法律服务、法治宣传教育、案件协调沟通等内容开展探讨交流,在军人合法权益保护领域形成合力。检察机关还积极落实普法责任,通过官方微信、宣传海报等渠道宣传反诈骗相关知识,引导居民注册"国家反诈中心"APP及"防诈金钟罩"微信小程序,引导居民提高警惕、防止受骗。

(三)典型意义

1. 准确适用法律,依法严厉惩治冒充军人招摇撞骗、诈骗犯罪。检察机关在办理此类案件过程中,应当注重引导公安机关对资金流水、聊天记录、通话记录等客观证据进行全面梳理,对有关线索及时分析研判,深入挖掘犯罪事实,依法严厉惩治涉军诈骗犯罪。犯罪行为同时构成冒充军人招摇撞骗罪与诈骗罪的,应择一重罪论处。本案中吴某某的行为同时构成冒充军人招摇撞骗罪和诈骗罪,如果按照冒充军人招摇撞骗罪论处,属于刑法第三百七十二条规定的情节严重情形,量刑幅度为三年以上十年以下有期徒刑;如果按照诈骗罪论处,属于刑法第二百六十六条规定的数额特别巨大的情形,量刑幅度为十年以上有期徒刑或者无期徒刑,并处罚金或者没收财产。根据罪责刑相一致原则,结合本案事实,对吴某某按照诈骗罪论处,更能准确评价其犯罪行为,更有利于惩治犯罪。

2. 依托军地协作,强化涉军案件综合治理。冒充军人身份实施的诈骗案件严重损害军队、军人形象。地方检察机关办理此类案件,应当加强军地协作,充分听取军事检察机关和有关部队单位的意见,在案件办理、普法宣传、推进落实军人合法权益保护等方面完善协作配合机制,形成工作合力。同时,注重延伸职能,主动作为,针对办案中发现的制度机制漏洞,通过风险提示、检察建议等方式推动有关部门建章立制、堵塞漏洞、消除隐患,强化涉军案件综合治理。

案例三：

李某破坏军婚、刘某重婚案

（一）基本案情

被告人李某，女，无业。被告人刘某，男，某公司职工。2019年4月，被告人刘某与现役军人程某（女）登记结婚。2019年5月起，刘某前女友李某在明知刘某已结婚，且其配偶程某为现役军人的情况下，仍然与被告人刘某长期保持不正当关系。在现役军人程某怀孕期间，李某与刘某生下一子，并于2020年9月1日起在刘某所在城市以夫妻名义租房共同生活，造成程某与刘某感情破裂。

2022年1月24日，检察机关以李某犯破坏军婚罪、刘某犯重婚罪向法院提起公诉；同年3月3日，法院以破坏军婚罪判处李某有期徒刑九个月，以重婚罪判处刘某有期徒刑一年。李某、刘某均未提出上诉。

（二）检察履职情况

1. 积极主动履职，依法追捕漏犯漏罪。本案办理之初，公安机关仅就李某的破坏军婚行为向检察机关提请批准逮捕，未对刘某的重婚行为予以追责。检察机关全面审查在案证据后认为，刘某有配偶而与他人保持情人关系并生子，进而以夫妻名义同居，其行为符合重婚罪的构成要件，涉嫌重婚罪，应当负刑事责任。考虑到本案社会影响恶劣，检察机关向公安机关发出应当逮捕犯罪嫌疑人建议书，并提出详细的继续侦查取证意见引导侦查取证。公安机关采纳检察机关建议，以刘某涉嫌重婚罪提请批准逮捕，检察机关审查后作出批准逮捕决定。

2. 准确认定罪名，精准打击破坏军婚犯罪。审查起诉阶段，检察官经审查认为，李某在明知刘某妻子程某为现役军人的情况下，仍与刘某长期保持不正当两性关系并生下一子，还以夫妻名义长期租房共同生活，造成程某与刘某感情破裂。李某的行为严重破坏了程某的婚姻，构成破坏军婚罪；刘某有配偶，而与李某生子、以夫妻名义共同生活，属于重婚行为，构成重婚罪。办案中，检察机关积极开展认罪认罚教育工作，通过释法说理，李某、刘某自愿认罪认罚并在值班律师在场的情况下签署了认罪认罚具结书。检察机关以李某犯破坏军婚罪、刘某犯重婚罪提起公诉，并对李某提出有期徒刑九个月、刘某有期徒刑一年的量刑建议，定罪量刑意见均被法院采纳。

3.传递司法温度,彰显人文关怀。审查起诉期间,程某因疫情无法及时到检察机关说明相关情况,承办检察官多次与其电话沟通,并对程某进行心理安抚,消除其负面情绪,鼓励她克服困难,积极生活。同时,鉴于程某退役后收入低且孩子幼小,符合国家司法救助条件,该院依法及时启动司法救助程序,向程某发放救助资金。

(三)典型意义

1.依法惩治破坏军婚犯罪,保护军人合法权益。军人职业的特殊性、使命的特殊性,决定其婚姻家庭关系不同于普通家庭。现役军人为了保家卫国,远离家庭,艰苦奋斗。对军人婚姻家庭的破坏,严重伤害军人及其亲属的感情,影响军人安心服役,进而影响部队稳定和战斗力,因此我国法律对军婚给予特殊保护。检察机关在办理此类案件时,应当注重发挥司法的引领、教育、警示作用,积极履行法律监督职能,全面审查证据,依法追捕漏罪漏犯,坚决惩治破坏军婚犯罪,有力维护国防利益和军人合法权益,营造拥军优属的良好法治环境。

2.把握罪名认定规则,实现精准打击犯罪。刑法第二百五十九条第一款规定,明知是现役军人的配偶而与之同居或者结婚的,处三年以下有期徒刑或者拘役。第二百五十八条规定,有配偶而重婚的,或者明知他人有配偶而与之结婚的,处二年以下有期徒刑或者拘役。本案中,李某与刘某生育一子,日常公开以夫妻名义共同生活,已达到"结婚"的实质性要素,对他人婚姻造成了实质性破坏,可以认定为刑法意义上的"结婚",刘某的行为属于"有配偶而重婚",李某的行为则构成破坏军婚罪。检察机关在办理此类案件中,在审查认定"同居"的基础上,要注重对重婚行为的审查,确保精准打击犯罪,切实维护军人合法权益。

3.多措并举开展帮扶,有效参与社会治理。检察机关在办理案件过程中,应当坚持以人为本,在依法办案准确惩治犯罪的同时,能动履职,深入实地走访调查,主动了解当事人的实际困难,采取心理疏导、定期回访、司法救助等多元化帮扶措施,有效化解社会矛盾,促进社会治理。

案例四：

庄某破坏军婚案

（一）基本案情

被告人庄某，男，务工人员。2010年4月，黄某某与现役军人宋某某登记结婚。2020年8月，庄某经人介绍与黄某某相识，并知悉黄某某的丈夫系现役军人。2020年12月至2021年4月间，庄某与黄某某多次在黄某某家中、庄某朋友家中以及宾馆等处发生性关系，并共同居住。2021年4月21日，二人在黄某某家中发生性关系，被黄某某丈夫宋某某发现并报警。被告人庄某的行为致黄某某怀孕堕胎。

2021年6月30日，检察机关以庄某犯破坏军婚罪提起公诉。同年9月27日，法院以破坏军婚罪判处庄某有期徒刑一年六个月。庄某未上诉。

（二）检察履职情况

1. 坚持宽严相济，确保精准惩治。检察机关经审查，认为庄某明知黄某某丈夫为现役军人，仍然与黄某某发生关系、共同居住并造成黄某某怀孕的后果，依法构成破坏军婚罪。同时，虽然庄某表示认罪认罚，但鉴于情节恶劣，应当从严把握从宽的幅度。检察机关以破坏军婚罪提起公诉，并提出有期徒刑一年六个月的量刑建议，被法院判决采纳。

2. 依托军地协作，缓解军人后顾之忧。办案过程中，检察机关通过该县人民武装部了解到，宋某某系解放军某部现役士官，部队将其作为专业技术人才重点培养，其本人也有长期留在部队服役为国奉献的意愿。为了让宋某某放下思想包袱，尽快走出阴影，安心服役，检察机关委托专业心理咨询师对宋某某进行心理疏导。同时，检察机关与部队联系，建议部队对宋某某同步进行思想疏导工作，消解案件给其心理造成的影响。案件判决后，检察机关会同退役军人事务局、公安局、村委会等单位，到宋某某父母家中走访慰问，帮助解决生活困难。

3. 制发检察建议，以诉源治理促内生稳定。案件办结后，检察机关向该县退役军人事务局制发检察建议，建议采取多种形式加强宣传教育，并完善奖励激励和保障措施，培育军人的职业使命感、自豪感和荣誉感，激发军人建功立业、报效祖国的积极性、主动性、创造性。退役军人事务局收到检察建议后，联合县委宣传部、县精神文明办公室、县广播电视局等单位，开展

"最美退役军人""我为军人敬个礼"等学习宣传活动,大力宣扬军人危难时刻奋不顾身、无私奉献的感人事迹,营造拥军优属的良好社会氛围。

(三)典型意义

1. 加强对军婚的特殊保护,维护军人合法权益。军人担负着保卫国家主权、领土完整,防御外来侵略和颠覆的艰巨任务,为了祖国和人民的安宁枕戈待旦,战斗在国防岗位上。加强对军婚的特殊保护,依法办理破坏军婚案件,维护好军人的合法权益,为军人安心服役提供坚实的司法保障,助力服务新时代强军事业,是检察机关应当履行的职责。

2. 准确适用法律,依法惩治破坏军婚犯罪。刑法第二百五十九条第一款规定,明知是现役军人的配偶而与之同居或者结婚的,处三年以下有期徒刑或者拘役。司法实践中,"通奸"型的"同居"是认定的难点。检察机关办理此类案件,要注意"通奸"与"同居"的界限与转化。如果只是偶尔通奸,不能认定为"同居"。但是如果通奸持续时间较长,具有延续性、稳定性、高频性,在经济上、生活上有密切联系,甚至造成怀孕、堕胎、生育等严重后果,则已具备同居的实质要素,应当认定为破坏军婚罪中的"同居"。

3. 加强军地协作,提升办案效果。地方检察机关办理此类案件,应当加强与军事检察机关和有关部队单位的协作,在案件办理、问题研究、宣传引导方面形成合力,共同对现役军人进行思想开导和心理纾解,并会同退役军人事务局等部门做好军人的后方稳定工作,切实消除军人的后顾之忧。

案例五：

张某虎司法救助案

(一)基本案情

救助申请人张某虎,男,海军某部退役军人;张某鑫,2013年3月出生,系张某虎之子。

被告人郭某寿于2021年9月5日20时许,在太原市迎泽区柳巷南肖墙路,趁被害人沈某骑电动车不备,窃取其随身携带的手机一部。沈某发现手机被盗后,边追赶边呼喊抓小偷,张某虎听到呼喊后挺身而出,奋力追上郭某寿。为抗拒抓捕,郭某寿用随身携带的折叠刀将张某虎捅伤。经鉴定,张某虎的膈破裂及失血性休克均构成重伤二级,心脏挫伤致心包积血及体表皮肤裂伤均构成轻伤一级,其创伤性血胸构成轻伤二级。

2021年10月9日,太原市迎泽区人民检察院启动司法救助程序。同年10月12日,迎泽区人民检察院作出司法救助决定,给予张某虎及张某鑫救助金10万元,并及时发放到位。

2021年12月8日,太原市迎泽区人民检察院以郭某寿犯抢劫罪提起公诉。2022年6月6日,迎泽区人民法院以抢劫罪判处被告人郭某寿有期徒刑十四年,并处罚金人民币2万元。

(二)检察履职情况

1. 发挥检察一体优势,积极能动履职。太原市迎泽区人民检察院在办理郭某寿抢劫案过程中,经调查核实,发现张某虎是退役军人,其受伤后,家庭丧失主要经济来源,生活陷入困境,而被告人郭某寿无赔偿能力,张某虎符合司法救助条件,且属于重点救助对象。迎泽区人民检察院与太原市人民检察院发挥检察一体优势,联合开展救助,加紧审核救助申请材料,依法从快办理,对张某虎及张某鑫及时发放司法救助金10万元。

2. 协调多方力量,实施综合帮扶。太原市两级检察机关联合实地走访张某虎工作单位、所在党支部、退役军人事务局等部门,共同研究对张某虎综合帮扶措施;联合教育局走访其子张某鑫就读学校,协调学校减免学杂费用、生活费用等,并将张某鑫纳入助学计划名单;协调太原市红十字会,给张某虎家庭送去日用品、米面、食用油等生活用品。经多方关怀施援,张某虎家庭走出困境,张某虎身体也得到完全康复。2022年4月,办案检察官再次回访了解到,张某虎作为志愿者积极参与当地疫情防控工作,努力回馈社会。

3. 开展法治宣传,发挥见义勇为典型效应。检察机关依托办案,联合相关部门积极开展法治宣传,大力弘扬退役军人见义勇为的高尚精神,倡导见义勇为的社会风尚,让全社会感受到社会正气与司法温度。2021年12月,张某虎被太原市见义勇为协会授予"太原市见义勇为先进个人"。2022年3月,张某虎被太原市人民政府评选为"最美退役军人"。

(三)典型意义

1. 积极主动履职,弘扬社会正气。张某虎作为退役军人,路见不平,不顾个人安危,第一时间冲上前制服窃贼,彰显了新时代军人的道义担当和见义勇为的高尚品质。办理此类案件,检察机关应当积极主动履职,通过严惩犯罪、司法救助、法治宣传,弘扬见义勇为的社会正气,促进形成全社会共同关心国防、尊崇军人的浓厚氛围。

2. 发挥检察一体作用，联动开展救助。检察机关应当认真落实中央政法委员会、最高人民法院、最高人民检察院、公安部、司法部、退役军人事务部联合印发的《关于加强退役军人司法救助工作的意见》，在办案过程中增强司法救助意识，注重发现司法救助线索，对符合条件的困难退役军人及军属及时启动"绿色通道"，落实司法救助等帮扶措施。针对基层救助资金有限的情况，应当发挥检察一体作用，上下级联动开展救助，提升救助质效。

3. 构建协同救助格局，实现救助效果最大化。办理此类案件，检察机关应当加强与退役军人事务局、教育、宣传、社会救助团体等部门的沟通联络，汇聚各方面力量，采取多元化帮扶措施，全力帮助因案受困的退役军人及其家庭渡过难关、走出困境，把党和国家对困难退役军人的关心关爱落到实处，实现政治效果、法律效果和社会效果的有机统一。

案例六：

曹某明司法救助案

（一）基本案情

救助申请人曹某明，男，退役军人，系赵某某合同诈骗案被害人。

2020年3月至11月间，赵某某以能低价购房为由，通过签订购房协议的方式骗取33名被害人钱款共计人民币524万余元，其中，骗取曹某明为其子曹某杰（现役军人）购置婚房钱款共计人民币39万元。赵某某将骗取的钱款用于网络赌博及日常消费。2021年5月25日，河北省景县人民检察院以赵某某犯合同诈骗罪提起公诉。同年8月24日，景县人民法院以合同诈骗罪判处赵某某有期徒刑十四年，并处罚金人民币25万元，并责令赵某某向各被害人退赔款项。

2021年8月26日，景县人民检察院经依法审查作出司法救助决定，给予曹某明救助金3万元，并联合景县退役军人事务局、镇退役军人服务站对曹某明进行综合救助。

（二）检察履职情况

1. 畅通衔接，主动救助。案件办理过程中，检察机关依法告知被害人申请国家司法救助的权利及程序，并主动履职，对33名被害人具体情况逐一筛查，发现曹某明可能符合司法救助条件的线索。检察机关与退役军人事务局组成工作专班，检察长多次带队到曹某明家实地调查，向镇包村干部、村"两委"干部、周边群众详细了解情况，查明曹某明一家两代军人，夫妻均患病，儿子长期戍边，家中有未成年女儿需要抚养，被骗款项中有20余万元是从亲友处借得，经济确有困难，曹某明符合司法救助条件。后经曹某明申请，检察机关启动司法救助程序。

2. 凝聚合力，多元施救。针对曹某明一家两代军人的情况，检察机关积极开辟"退役军人司法救助绿色通道"，优先办理该案，及时向曹某明发放司法救助金3万元，缓解曹某明一家"燃眉之急"。同时，还协调多方力量综合施救，联系县退役军人事务局向其发放帮扶金3000元；协调镇退役军人服务站为其提供个性化帮扶拓展增收渠道，并为其小女儿争取到助学金8000元。

3. 多方配合，追赃挽损。案件办理过程中，检察机关积极引导公安机关加大对赃款去向、犯罪嫌疑人个人财产情况的调查取证，加大对可疑线索的侦查力度。最终查明，被告人赵某某与妻子刘某玲计划通过办理假离婚以转移财产逃避责任，检察机关建议法院对75万元涉案款项予以追缴，并依法返还各被害人。判决后按比例发还曹某明5.5万元。

(三) 典型意义

1. 司法救助既要照顾全面，也要突出重点。本案涉及被害人较多，各被害人家庭情况也各有不同，检察机关严格按照《人民检察院国家司法救助工作细则(试行)》的规定，在应救尽救、分类施策的基础上，依据《关于加强退役军人司法救助工作的意见》，将曹某明纳入重点救助对象范围，及时给予司法救助，帮助解决家庭困难，让曹某明儿子曹某杰在部队安心服役。2021年，曹某杰因表现突出晋升军衔，其所在部队得知案件办理结果后，专门向检察机关致信感谢。

2. 司法救助既要主动，也要及时。办理侵犯军人军属合法权益犯罪案件，检察机关应当对案件情况进行全面审查，对追赃挽损情况提前预判，同时对被害军人军属家庭情况主动进行调查，及时发现救助线索并启动救助程序。本案中，检察机关在办理合同诈骗案件时，主动筛查被害人家庭情况，及时查明曹某明作为退伍军人因案致困的情况，迅速启动司法救助程序，开辟司法救助绿色通道，及时发放救助资金，解决急难问题，取得较好效果。

3. 司法救助既要发挥"扶上马"的合力,更要突出"送一程"的耐力。检察机关应当能动履职,加强与民政、退役军人事务部门的沟通对接,构建国家司法救助与社会救助有效衔接机制,形成救助帮扶工作合力。还应当与乡村振兴部门及基层乡镇政府等建立协作机制,定期开展回访,评估救助帮扶效果,将"一次救助"延伸为"长期关怀",进一步打通司法救助"最后一公里"。